お国ことばを知る

方言の地図帳

【新版】方言の読本

付録CD［お国ことばで聞く桃太郎］

監修
佐藤亮一

小学館

はじめに

ことばの地理的な広がりを地図にあらわしたものを「方言地図」または「言語地図」という。本書は、国立国語研究所編『日本言語地図』（一九六六〜七四）の略図を用いて、全国の方言分布を視覚的に提示し、分布の背景にある日本語の歴史や、新しい方言が創り出される様相を分かりやすく解説したものである。

本書は一九九一年に刊行された『方言の読本』を改訂したものであるが、改訂にあたって、旧版の方言地図を増補し、語彙だけではなく、音韻（音声）に関する言語地図も収録した。また、巻末に記載した方言の基礎知識に関する解説も大幅に増補もしくは改訂した。さらに各地の方言による桃太郎の語りをＣＤに納めて付録とし、方言の音声に触れることができるようにした。

方言地図を資料としてことばの伝播のプロセスや言語生成の過程を解明する学問分野を方言地理学または言語地理学と呼ぶ。方言地理学の祖はフランスの言語学者ジュール・ジリエロン（一八五四〜一九二六）である。ジリエロンは『フランス言語図巻』（一九〇二〜〇九）を刊行して、方言の分布を解釈するさまざまな理論を提唱した。

日本で最初に作られた全国方言地図集は、明治時代に上田万年を主査とする国語調査委員会が全国を調査して作成した『音韻分布図』（一九〇五）と『口語法分布図』（一九〇六）である。こ

はじめに

の調査は、日本における標準語を制定するための基本的な資料を得るために始められたといわれる。これらの地図集は音韻と文法に関するものであるが、語彙についての全国方言地図集は『日本言語地図』が現行唯一のものである。

方言の全国分布地図を用いてことばの伝播のプロセスを言語地理学的に解明したのは、日本では柳田国男の『蝸牛考』（一九三〇）が最初のものである。柳田は全国の「かたつむり」の方言を通信調査によって収集して、京都を中心にさまざまなことばが生まれて水の波紋のように全国に広がり、古いことばほど辺境の地に見られるという「方言周圏論」を唱えた。柳田の理論は当時の方言研究界に衝撃を与えたが、戦前には柳田の方法を踏襲する研究者は現れなかった。しかし、『日本言語地図』の調査を契機として、日本における言語地理学は大きく進展し、全国各地でさまざまな方言地図が作られるようになった。

方言の分布の姿はきわめて多彩である。「しあさって」「居る」「うろこ」のように「糸魚川・浜名湖線」と呼ばれる境界線を境に東西が二分される地図や「かたつむり」「地震」「とんぼ」のように古いことばが日本の両端に見られる地図、「しもやけ」のように太平洋側と日本海側に分かれる地図、「つらら」「おてだま」のように複雑な分布を示す地図などさまざまである。

方言の分布は日本語の長い歴史の反映である。私たちのまわりでは新しい語が次ぎ次ぎに生まれ、在来の語とたたかいながら、次第にその勢力を広げていく。方言の分布は、そのような語の盛衰のプロセスが地理的に展開されたものである。

現在、日本の伝統的な方言は急速に衰退しつつある。本書に見られる種々のことばは明治から

III

はじめに

昭和初期にかけて使われていたものと考えられるが、これらの半数以上はもはや日常の生活では使われなくなっているかもしれない。「かたつむり」「かえる」「とかげ」のような小動物の名や、「おにごっこ」「かくれんぼ」「おてだま」のような子どもの遊びに関する方言は、生活様式の変化にともなって、今や絶滅寸前である。しかし、だからといって、各地の方言がこのまま消滅してしまうとは思えない。現代では老いも若きも方言と共通語を場面に応じて使い分けており、若者を中心として、各地で新しい方言も生まれている。

方言は日本人の心のふるさとであると同時に、日本語に新たな活力を与えるエネルギー源でもある。共通語は周囲の方言を吸収しつつ成長を続けてきた。もし、方言が消滅すれば、日本語の存立そのものがおびやかされることになるだろう。

佐藤亮一

目次

はじめに　I
本書に収録した方言地図について　IX
この本の内容　X

第I部　自然　1

1　天地

こおり　氷　2
こおる　凍る—手拭が凍る　4
つらら　氷柱　6
つむじかぜ　旋風　8
たいよう　太陽　10
じしん　地震　12
つゆ　梅雨　14
もり　森　16
いなずま　稲妻　18
かみなり　雷　20
（雷が）おちる　落ちる　22
ゆうだち　夕立　24
にじ　虹　26
はやし　林　27

2　月日・時間

しあさって　明明後日　28
やのあさって　明明明後日　30
おととい　一昨日　32
きのう　昨日　34
おとといのばん　一昨晩　35
さくばん　昨晩　36
こんばん　今晩　37
◈津軽のことば　38

第II部　人間と生活　39

1　人倫

おんな　女　40
ひまご　曾孫　42
やしゃご　玄孫　44

2　人体の名称など

あたま　頭　46
はげあたま　禿頭　48
つむじ　旋毛　50
ふけ　雲脂　52
かお　顔　54
まゆげ　眉毛　56
め　目　58
ものもらい　麦粒腫　60
ほお　頬　62
くちびる　唇　64

目次

した　舌　66
つば　唾　68
よだれ　涎　70
あご　顎　72
おやゆび　親指　74
ひとさしゆび　人差指　76
なかゆび　中指　78
くすりゆび　薬指　80
こゆび　小指　82
しもやけ　霜焼　84
あか　垢　86
みずおち　鳩尾　88
くるぶし　踝　90
かかと　踵　92
ほくろ　黒子　94
あざ　痣　96
きゅう　灸　98
あざになる　痣になる　100
はげる　禿げる　101
とげ　裂片—指に刺さる木や竹の細片　102
ごみ　塵—目に入るもの　103

3　行為と感情

かぐ　嗅ぐ　104
いびきをかく　鼾をかく　106
せき／せきをする　咳　108
びっくりする　110
おそろしい　恐ろしい　112
いる　居る　114
すわる　座る　116
あぐらをかく　胡座をかく　118
しょう—包みを背負う　120
おんぶする—幼児を背負う　122
かつぐ　担ぐ—材木を担ぐ　124
すてる　捨てる　126
かぞえる　数える　128
きれいに〈なる〉　綺麗に〈なる〉＝掃除　130
うそ　嘘　132
アズケルを〝あてがう〟の意味で使うか　134
オチルを〝下車する〟の意味で使うか　135
オドロクを〝目覚める〟の意味で使うか　136
かつぐ　担ぐ—二人で担ぐ　137
かす　貸す　138
やる　遣る　139
くれる　140
コワイを〝疲れた〟の意味で使うか　141
ステルを〝紛失する〟の意味で使うか　142
ナオスを〝かたづける・しまう〟の意味で使うか　143
かつぐ　担ぐ—てんびん棒を担ぐ　144

目次

センタクスルを〝裁縫する〟の意味で使うか 145
ハソンスルを〝修繕する〟の意味で使うか 146
〈灸を〉すえる 147

4 遊戯

たけうま 竹馬 148
おてだま 御手玉 150
おにごっこ 鬼ごっこ 152
かくれんぼ 隠れん坊 154
かたぐるま 肩車 156
かたあしとび 片足跳び 158
たこ 凧 160

5 食物・料理・味覚

ジャガいも ジャガ芋 162
さといも 里芋 164
さつまいも 甘藷 166
カボチャ 南瓜 168
うるち 粳 170
ぬか 糠 172
はんまい 飯米 174
もみがら 籾殻 176
ゆげ 湯気（蒸気―飯の場合） 178
にる 煮る 180
あまい 甘い 182
すっぱい 酸っぱい 184
しおからい 塩辛い 186
（塩味が）うすい 薄い 188
におい 匂（＝芳香） 190
こげくさい 焦臭い 192
まないた 真魚板 194
すりばち 擂鉢 196
すりこぎ 擂粉木 198
せともの 瀬戸物 200
イモの意味 202
とうがらし 唐辛子 203
たく 炊く 204
とうもろこし 玉蜀黍 205

6 生活

はい 灰 206
いど 井戸 208
にわ 庭 210
ごみ（掃除の対象―塵芥） 212
ほこり 埃 214
た 田―一区画 216
あぜ 畦 218
いくら 幾ら（＝値段） 220
まわた 真綿 222
おおきい 大きい 224
ちいさい 小さい 226
アカイを〝明るい〟の意味で使うか 228
あらい 粗い 229
おつり 御釣り 230
ふとい 太い 231

目次

とりおどし　鳥威　232
かかし　案山子　233
カドを〝前庭―仕事場〟の意味で使うか　234
もめんいと　木綿糸　235
きいろい　黄色い　236
けむり　煙　237
クサルを〝ぬれる〟の意味で使うか　238
コケの意味　239
ほそい　細い　240
こまかい　細かい　241
ごみ（川のごみ―塵芥）　242
た　田―集合　243
いくつ　幾つ（＝個数）　244
ニワを〝土間〟の意味で使うか　245
ニワを〝前庭―作業場〟の意味で使うか　246

第Ⅲ部　動植物　247

1　動物
うし　牛　248
めうし　雌牛　250
おうし　雄牛　252
こうし　子牛　254
めうま　雌馬　256
おうま　雄馬　258
こうま　子馬　260
たてがみ　鬣　262
もぐら　土竜　264
まむし　蝮　266
へび　蛇　268
うろこ　鱗　270
とかげ　蜥蜴　272
かたつむり　蝸牛　274
なめくじ　蛞蝓　276
かえる　蛙　278
ひきがえる　蟇蛙　280
おたまじゃくし　御玉杓子　282

2　鳥
せきれい　鶺鴒　284
ふくろう　梟　286
とさか　鶏冠　288

3　虫
かまきり　蟷螂　290
とんぼ　蜻蛉　292
くも　蜘蛛　294
くものいと　蜘蛛の糸　296

4　植物
どくだみ　蕺草　298
つくし　土筆　300
すぎな　杉菜　302
すみれ　菫　304
たんぽぽ　蒲公英　306
まつかさ　松毬　308
きのこ　茸　310

目次

とげ 刺―いばら・さんしょうなどのとげ 312

音韻編 313

（一）アイ 314
（二）ウイ 315
（三）オイ 316
開合 317
カ行子音 318
ガ行子音 319
歴史的仮名遣クヮの対応 320
セ／ゼ 321
ザ行・ダ行・ラ行の混同の有無 322
歴史的仮名遣ジズヂヅの統合の型 323
ti・tu・di・duの分布 324
ザ行・ダ行・バ行の入りわたり鼻音 325
ハ行四段動詞の音便形 326
サ行四段動詞のイ音便 327
◎京都のことば 328

方言の基礎知識 329

方言の研究 330
東西方言の対立 332
方言周圏論 334
標準語、共通語 336
表現法の地域差 338
江戸語と東京語 340
方言と文学 342
方言辞典・方言集 344
方言の将来 346
新方言 348
気候と方言 350
方言イベント 352
気づかずに使う方言 354
各地の挨拶表現 356
文献国語史と方言国語史 358
文末詞 360
方言の誕生 362
方言録音資料 364
◎薩摩のことば 366

方言五十音順索引 （巻末ページ）8

CD『お国ことばで聞く桃太郎』
解説 （巻末ページ）1

本書に収録した方言地図について

本書に収録した方言地図は、国立国語研究所編『日本言語地図』全六巻（一九六六〜一九七四）の略図である。同書は北海道から琉球列島に至る全国二四〇〇箇所で現地調査を行った結果に基づいて作成された、わが国最初の、かつ、現行唯一の語彙項目を中心とする全国方言地図集である。調査は一九五七年度から一九六四年度にかけて、国立国語研究所員ならびに同地方研究員の手によって行われた。調査対象者は明治三六（一九〇三）年以前出生した、その土地生え抜きの男性（各地点一名）であった。

『日本言語地図』では、調査の結果得られた語形をいくつかのグループに大別し、それぞれのグループに一定の色を与えた上で、さらに、グループ内の諸語形に、語形の類似度を考慮しつつ一定の形の記号を与えている。たとえば「カボチャ（南瓜）」の図（本書一六九ページ参照）では、カボチャ類に水色、ボブラ類に赤色、ナンキン類に橙色、トーナス類に緑色、その他の類に紺色を与え、合計一〇〇の語形を見出しとして凡例に示している。

しかしながら、『日本言語地図』では、調査の結果得られたすべての語形を見出しとして立てているわけではない。たとえば、同書の「カボチャ」の図の凡例の最初にある KABOTYA の見出し語形は、カボチャのほか、カボツァ、カンボチャ、カボチャーなどの語形変種、音声変種をまとめたものである。CYOOSEN の中にはチョーセンのほか、オチョーセンも含まれている。

このように『日本言語地図』では、得られた語形をある程度まとめて、それらの代表語形を見出しとして立てているわけであるが、本書の地図では原図の見出し語形のいくつかをさらにまとめて示し、また、勢力の著しく小さい語形（原則として原図における分布地点が一〇地点以下の語形）は略図への掲載を省略した。

なお、本書の「カボチャ」の図の凡例におけるボ（ー）ブラのような表示は、原図において、それぞれ一定の勢力で分布するボブラとボーブラとをまとめたものであることを表す。また、「肩車」の図（一五七ページ参照）における「アブ〜」「サル〜」のように、同一の形態素をもつ異形をまとめて示したケースもある。たとえば、「アブ〜」は、アブ、アブコ、アブラコ、アブンド、アブノリなどをまとめたものである。

本書の地図は、『日本方言大辞典』（全3巻・小学館刊）のために『日本言語地図』編集当時のスタッフ及びその後の担当研究室員が中心になって作図したものであり、以上の解説も同書と重なるところがある。

この本の内容

一、本書は、『日本方言大辞典』（全3巻・小学館刊）所収の方言地図全一七八点、および「音韻総覧」から選定した地図一四点に解説を付けてまとめたものである。

一、方言地図は全体を三部構成とし、それぞれの中も分類して関連のありそうな項目にまとめた。

Ⅰ　自然――1天地　2月日・時間

Ⅱ　人間と生活――1人倫　2人体の名称など　3行為と感情　4遊戯　5食物・料理・味覚　6生活

Ⅲ　動植物――1動物　2鳥　3虫　4植物

一、各項目は見開きで構成した。右ページには、各項目の見出し（標準語）、代表的な方言、用例文、解説を掲げた。左ページには、方言地図を掲げた。ただし、今回増補した方言地図四八点、音韻の地図一四点は解説と地図を一ページに収めた。

一、本文末では、本文に収録できなかった「方言の基礎知識」をとりあげ、やや詳しい説明を加えた。

一、巻末には、解説文中でとりあげた方言と標準語を網羅した方言五十音順索引と、全国一四か所の方言による付録ＣＤ「お国ことばで聞く桃太郎」の解説を添えた。

執筆者

安部清哉（フェリス女学院大学教授）
大西拓一郎（国立国語研究所主任研究員）
加藤和夫（金沢大学教授）
佐藤亮一（東京女子大学教授）
真田信治（大阪大学教授）
篠崎晃一（東京都立大学助教授）
徳川宗賢（前学習院大学教授）

編集協力　前沢豊子　村山のぞみ

音韻地図作成　相澤正夫　上野善道　加藤和夫　沢木幹栄

カバー画／「大日本沿海輿地図」（伊能忠敬実測）東京大学総合研究博物館西野嘉章教授と日立製作所試作開発センタ長神内俊郎氏のチームが東京大学所蔵の七枚と東京国立博物館所蔵の関東部をデジタル技術を駆使して合成、復元したもの。

第I部

自然

こおり（氷）

氷《こおり》

スガ・シガ
カネコ（ー）リ
ザエ

わが袖のとけぬ**氷**をみる時ぞむすびし人もありとしらるる　（宇津保物語（970–999頃）俊蔭）

コーリが福島以南の地域に広く分布し、そのほか、東北地方にスガ類の語が、新潟を中心としてザエが、鹿児島県にシモガネが分布している。小領域の語としては、能登半島のカガミ、近畿のコゴリがあり、各地に分散して見られるものに、カネコーリ類とタッペなどがある。

スガ・シガは「冬になればシガコも張って、どじょっこだの、ふなっこだの、夜が来たなと思うべな」という歌でも知られるように、東北地方の方言を代表することばの一つである。東北地方はシとスの区別のない方言であるから、スガとシガ、スガマとシガマは同じ語といってよい。「つらら」の分布図（七ページ参照）を見ると、青森・秋田・山形北部にスガやスガマが分布し、この地方では「氷」と「つらら」を同じ語で表現し、区別しない傾向のあることがわかる。

ザエは新潟県付近に集中するが、方言辞典によれば、「水に溶けた雪」の意味で福島県に、「川などを流れる氷」の意味で岩手・宮城・秋田・福島・長野などにザエ・ザイ・ゼーが見られるから、意味範囲を少しずらせば、ザエはかなり広い範囲に分布しているものと思われる。

近畿中央部のコゴリは、「こおる」の図（五ページ参照）に見られるコゴルの名詞形である。コゴリは現代共通語では「にこごり（魚を煮た汁が固まったもの）」という複合語の中にかろうじて生き残っている。

鹿児島県付近のシモガネ・シモグリのシモは「霜」と関係があろう。福島県などのタッペも関東地方に広く分布する「霜柱」の意味のタッペが意味をずらしたものかもしれない。

岐阜県に見られるツララは、平安時代にツララが「水面などに張りつめた氷」（六ページ参照）の意味であったことから、単なる誤答とは考えにくい。

3

こおり（氷）

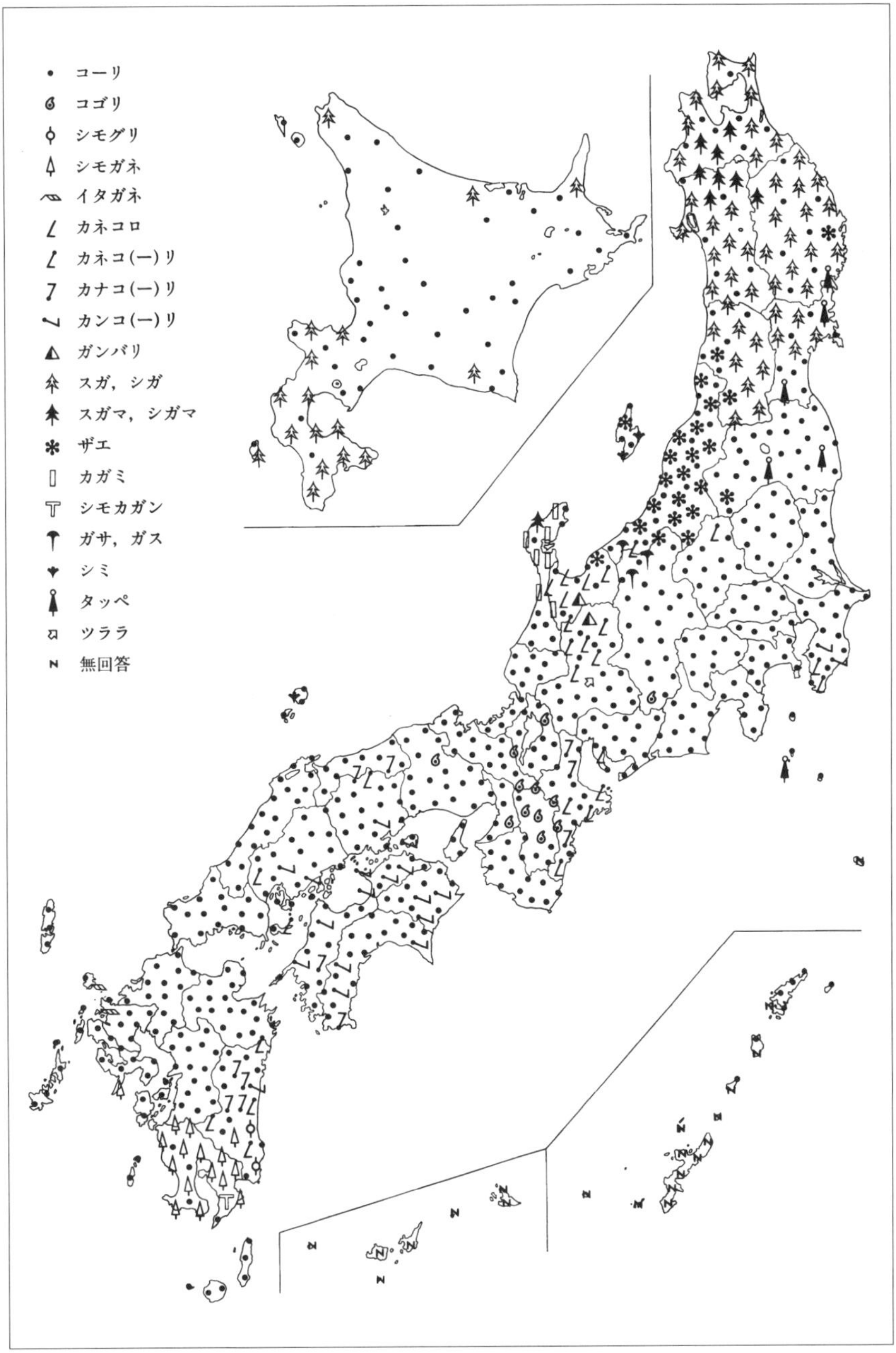
コーリ
コゴリ
シモグリ
シモガネ
イタガネ
カネコロ
カネコ(ー)リ
カナコ(ー)リ
カンコ(ー)リ
ガンバリ
スガ，シガ
スガマ，シガマ
ザエ
カガミ
シモカガン
ガサ，ガス
シミ
タッペ
ツララ
無回答

こおる（凍）―手拭が凍る

凍《こお》る
―手拭《てぬぐい》が凍《こお》る

シミル
コゴル
イテル
シバレル

朝夕、涼みもなきころなれど、身も**しむる**心ちして、言はん方なくおぼゆ　（源氏物語（1001–14頃）若菜上）

シバレル・シミル・コール・イテルがそれぞれ占有領域をもっている。しかし、コゴルやカンジルは他の語形の中に散在する傾向があり、勢力も小さい。シミルおよびコールは近畿のイテルによって東西に分断されている。このことから、イテルはシミルやコールよりも新しい勢力であり、イテルが広がる以前には、近畿にもシミルやコールが勢力を張った時代があると考えられる。

イテルは関東にも点在するが、これはある時期に関西から江戸に飛び火的に伝播し、その周囲に広がったものの残存であろう。また、コゴルはイテルの外側に分布する傾向があり、しかも、コールやシミルより内側に見られる。したがって、分布からはコゴルはイテルよりも古く、コールやシミルよりも新しい発生であると見られる。

ちなみに、文献の上では、「こほる」は上代から存在し、シミルは「しむ」の形で平安時代から現れる。コゴルは『万葉集』にも見られるが、確実な例ではない。イテルは『日本国語大辞典』によれば『堀河院御時百首和歌』（一二世紀前）を初出とする。

北海道はシバレルの世界である。シバレルは東北各地では「非常に寒い」「冷える」の意味で使われている。この図に見られる北海道のシバレルは「凍る」の意味であるから、北海道と東北では意味の範囲が異なることになる。東北のシバレルが北海道に渡り、意味を拡大・変化させて広がったものと思われる。

中国西部から九州北部にかけて散在するカンジルは、方言辞典によれば「強烈に寒さを感じる」の意味で、山形県から広島県にいたる各地で広く使われているから、シバレルが北海道で意味が変わったのと同様の意味変化が、瀬戸内海沿岸地域で起こったのであろう。

5

こおる（凍）—手拭が凍る

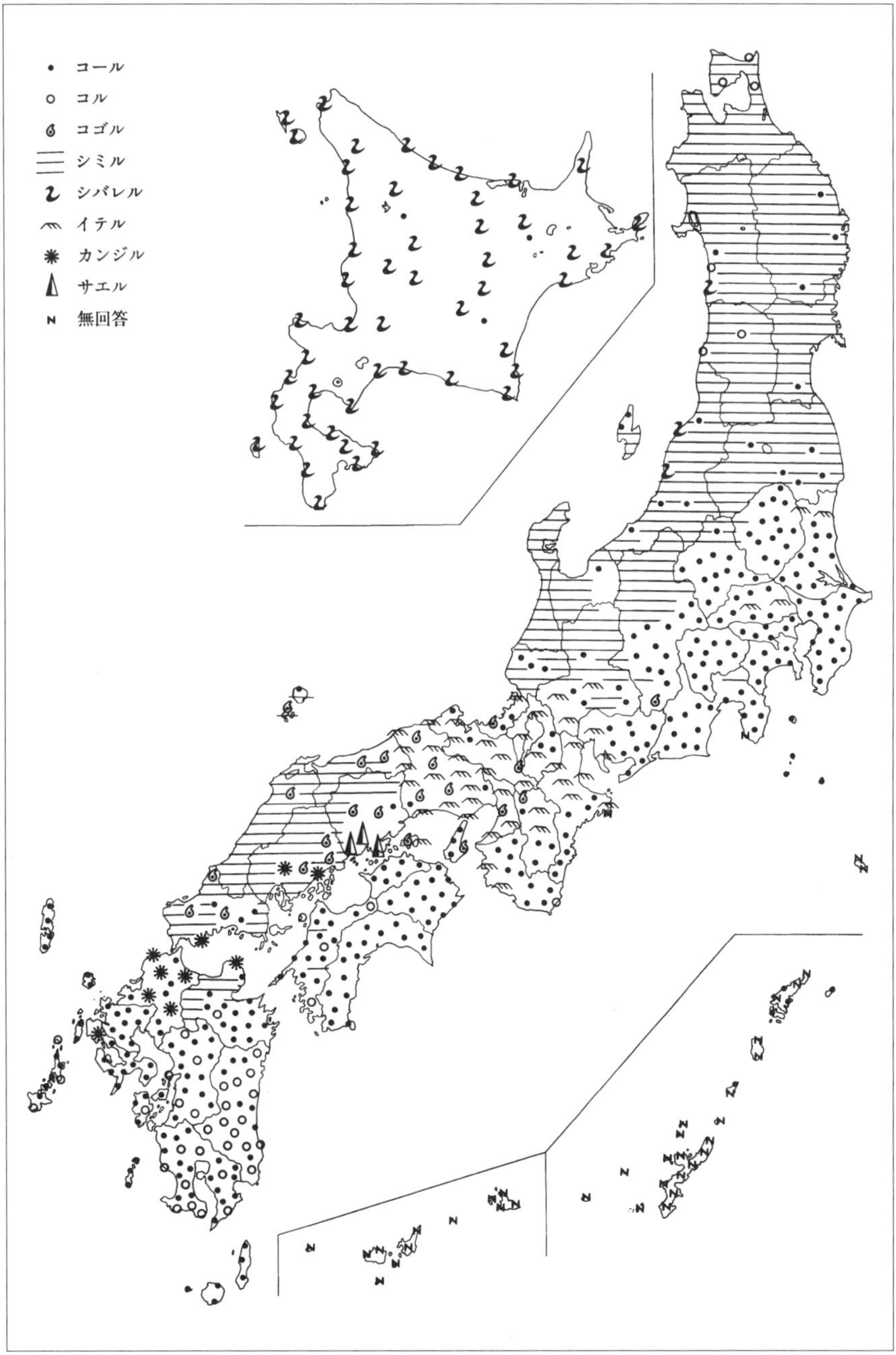

つらら（氷柱）

氷柱《つらら》

タルヒ
アメンボー
ビードロ

日ごろ降りつる雪の今日はやみて風などいたう吹きつれば、**たるひ**いみじうしだり（枕草子（10C終）三〇二・十二月廿四日、宮の御仏名の）

子どものころ、軒先からつららをもぎとって遊んだことのある人はいないだろうか。つららは方言の種類が多い事物の一つであるが、それは、この氷の棒が子どもの世界に関係の深いものであることにもよるものと思われる。

ツララは主として西日本に分布し、関東はアメンボーである。すなわち、ツララは西日本生まれの標準語形ということになる。アメンボーの語源は「雨の棒」あるいは「飴の棒」であろう。

東北地方の方言には古語の残存として知られているものが多いが、タルヒもその例である。タロッペ、タルキなどはその変化と考えられる。『源氏物語』（末摘花）に「朝日さす軒のたるひは解けながらなどかつららの結ぼほるらむ」という歌が見られるが、この時代にはツララは「水面などに張りつめた氷」の意であった。後に意味が変化して「軒先などに垂れ下がる氷」を指すようになり、それとともに、タルヒは中央語の座を退いて、方言として残ったのである。

鹿児島・愛媛・和歌山・静岡・茨城などの沿岸地域に見られるビードロは、ガラスの意のポルトガル語に由来する。日本では西洋から渡来したガラス製品をビードロと呼んだが、朝日にきらめくつららが、夢幻的なガラス細工を連想させたのであろう。ビードロの語が鹿児島から茨城に至る海岸地帯に分布することは、言語の海上伝播を示唆している。九州北部に勢力をもつモーガ（ソコ）、マガンコは、農具の「馬鍬」に形が似ていることによるといわれる。島根県西部に見られるナンリョーは「南鐐」（美しい銀、または銀貨）に、また、大分県東部に見られるヨーラクは「瓔珞」（宝石を連ねて編んだ首飾り）に由来する。これもビードロとともに、つららの美しさを賛美しての表現である。

7

つらら（氷柱）

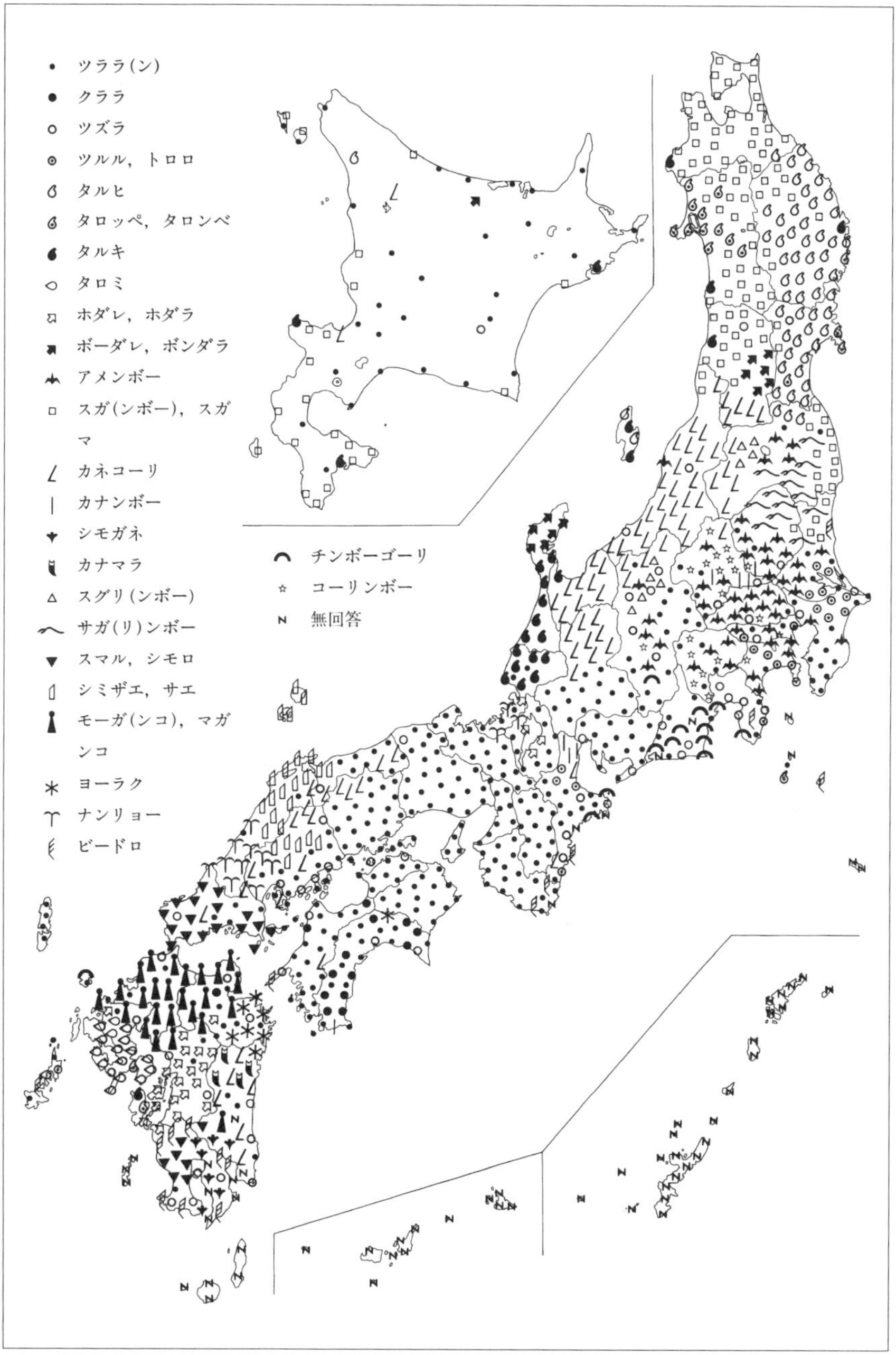
ツララ(ン)
クララ
ツズラ
ツルル，トロロ
タルヒ
タロッペ，タロンベ
タルキ
タロミ
ホダレ，ホダラ
ボーダレ，ボンダラ
アメンボー
スガ(ンボー)，スガマ
カネコーリ
カナンボー
シモガネ
カナマラ
スグリ(ンボー)
サガ(リ)ンボー
スマル，シモロ
シミザエ，サエ
モーガ(ンコ)，マガンコ
ヨーラク
ナンリョー
ビードロ
チンボーゴーリ
コーリンボー
無回答

つむじかぜ（旋風）

旋風《つむじかぜ》

ツジカゼ　シマキ
マキカゼ　タツマキ
マイカゼ

おまへのものどものまゐらせすゑたりけるを、俄に**つじかぜ**のふきまつひて、東大寺の大仏殿の御前におとしたりけるを（大鏡（12C前）六・道長下）

ツムジは、頭の「つむじ」や、四つ辻の意の古語のツムジと語源が同じで、幾筋かのものが集まっている状態や渦巻き状のものを指す語であったと考えられる。

「旋風」を表す語形では、ツムジカゼが文献の上では最も古く、しかも一番用例の多い語形であるが、地図上の分布は関東に偏る。文章語であったものが、近世以降江戸を中心に話しことばとして勢力をもったものと考えられている。このツムジカゼは平安時代にツンジカゼ、さらにツジカゼへと変化し、近世まで西日本で勢力をもった。四国や近畿西部・北陸のツジカゼがその名残である。

シマキは青森と宮崎という南北端のほか三陸・佐渡・紀伊半島・北九州などの沿岸部に分布し、やはり古い語形であると推定される。シマキのシは、風を表す古い語である。すなわち、「あらし（嵐）」は「荒風《アラシ》」であり、シマキは「風巻《シマキ》」の意味であることになる。シより新しい語形であるカゼを使ったマキカゼ（巻風）・カゼマキも東北・中部・南西諸島という三箇所に同じ語が残存する三辺境分布を示し、これも、かなり古い語形であると考えられる。このマキカゼとツジカゼが混じり合ってできたものが、九州に分布するツジマキ（カゼ）である。マキカゼは、更に「くるくる舞う風」という民衆語源によってマイカゼ（舞風）という語形を生んだとも考えられるが、一方マイカゼはマキカゼの音便形である可能性もある。

ところで、山陰から北陸にかけて、無回答とタツマキの地域が続いている。該当する語形がないのは、これらの地域では、一般に「旋風」がよく見られる秋冬は早く雪に覆われることもあり、あまりこの現象が認められないためではないかと考えられる。そのため、質問に対しても大きい方のタツマキで代替回答したケースが多いのではないだろうか。

9

つむじかぜ（旋風）

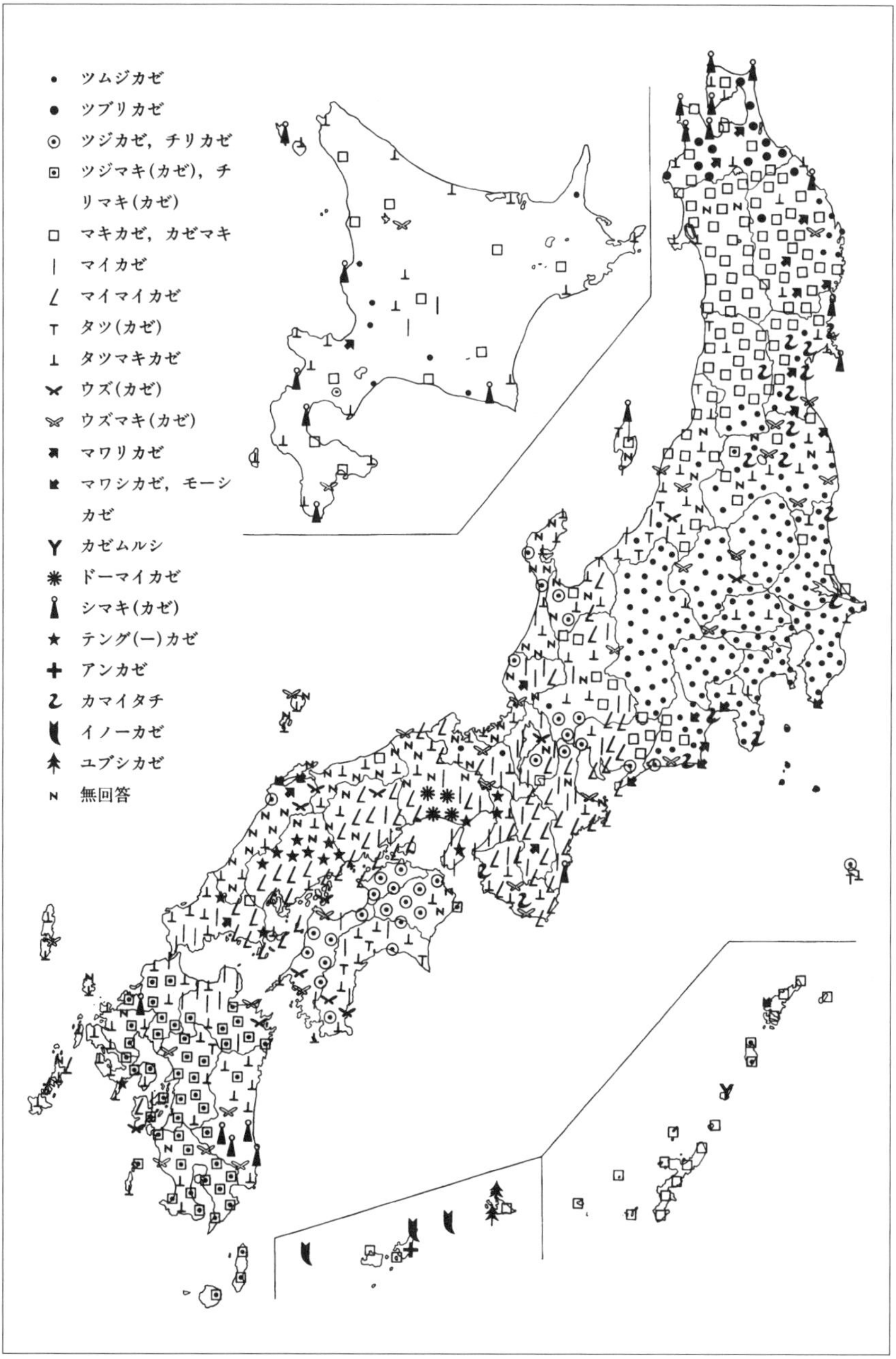

ツムジカゼ
ツブリカゼ
ツジカゼ，チリカゼ
ツジマキ(カゼ)，チリマキ(カゼ)
マキカゼ，カゼマキ
マイカゼ
マイマイカゼ
タツ(カゼ)
タツマキカゼ
ウズ(カゼ)
ウズマキ(カゼ)
マワリカゼ
マワシカゼ，モーシカゼ
カゼムルシ
ドーマイカゼ
シマキ(カゼ)
テング(ー)カゼ
アンカゼ
カマイタチ
イノーカゼ
ユブシカゼ
無回答

たいよう（太陽）

太《たい》陽《よう》

ニチリン
オテントー
ニッテン
コンニチ

出家の首《かうべ》のうへには自然五位の宝冠を現じ、光明蒼天をてらして**日輪**《にちりん》のひかりをうばひ、朝庭婆梨をかかやかして、密厳浄土のぎしきをあらはす
（平家物語（13C前）一〇・高野御幸）

太陽に対する信仰や崇拝の念は様々な民族に認められる。現代語の「太陽」という語には特に崇拝の意味合いは認められず、天体としての「たいよう」そのものを指すが、俗に言う「おてんと様が見てるよ」などという時の太陽を指す「てんとう（天道）」は明らかに畏敬の念を帯びて使われているものである。

方言を見ると、和語の「ひ」を除いてほとんどが漢語であり、その漢語の数も多様であることに驚く。太陽、天道、日輪、日天、今日《コンニチ》、すべて漢語であり、それらが全国に広く分布している。また、「御」「様」「殿」（日殿＝ヒドン）などの敬称が付いた語形も多い。このような漢語の使用と敬称の付加は、やはり「太陽」の呼び名が畏敬崇拝の念を伴って広がっていることを示しているといえよう。

南西諸島のティダには、天道の変化という説と、南方語起源説とがあるが、ティダとは別に明らかに天道に基づくティントー（サマ）という語形（地図では省略）も使われていることは考慮しておく必要があろう。

「ひ（日）」の類は本州の南北にわたって広く分布し、とくに北奥羽と西日本各地の分布が目立つ。和語「ひ」が太陽を表す最も古い語形であることは、この分布にも現れている。

西日本に分布が偏る語形に「日輪」と「今日」がある。「日輪」は中古後半の文献例が確認できる比較的古い語であり、分布も中部地方の東西境界線から九州まで広く及んでいる。「今日」は近世後半からの例しか確認できず、近畿周辺部にまとまって分布し、比較的新しい語であることがわかる。東西に分布が広い「天道」は上代から例があるが、東日本の広がりは近世に江戸で盛んに使われていたことを物語る。「太陽」は中古初期の文献例が見られるが、現在の方言分布は共通語としての新しい広がりであろう。

11

たいよう（太陽）

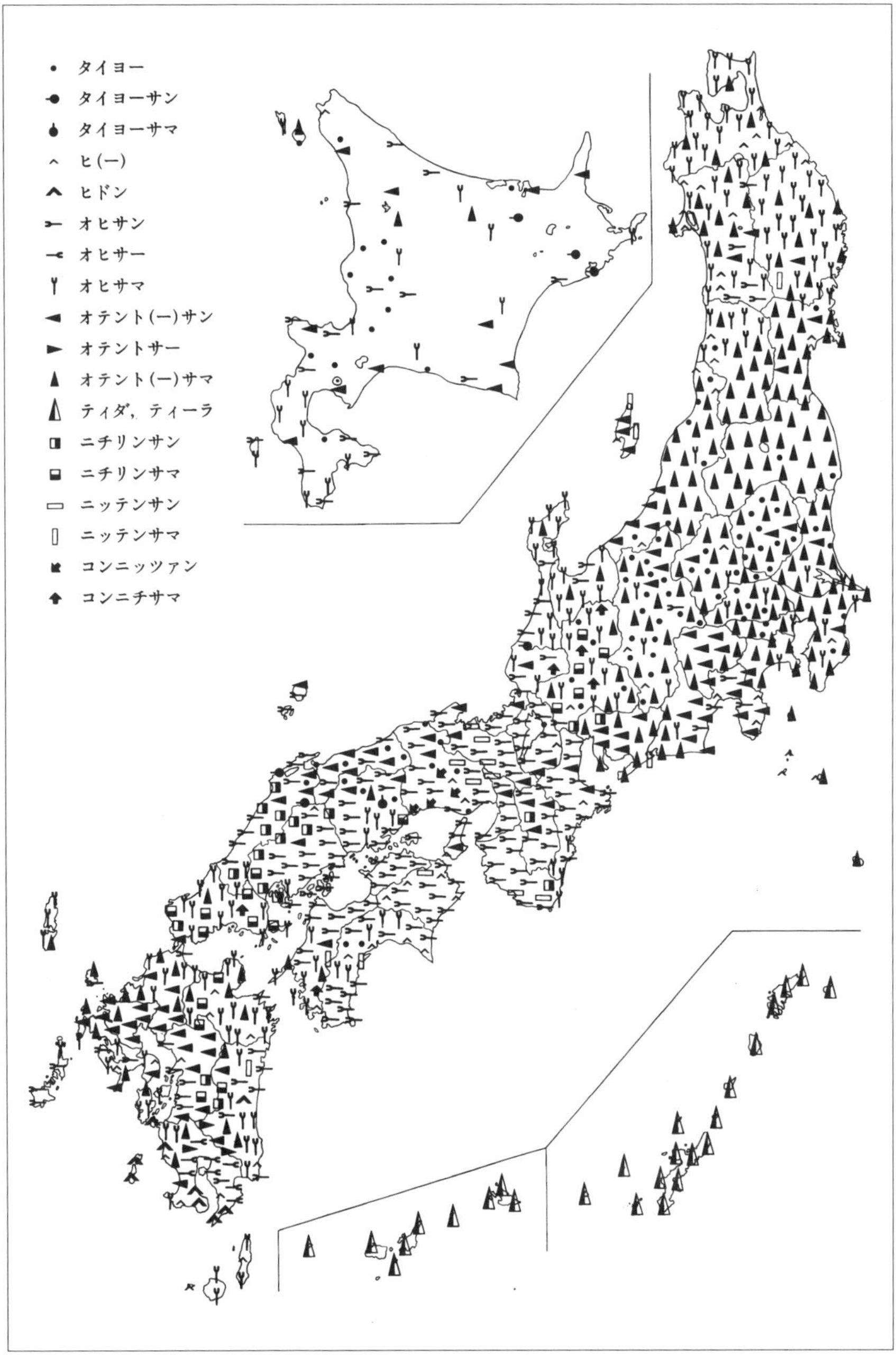
タイヨー
タイヨーサン
タイヨーサマ
ヒ(ー)
ヒドン
オヒサン
オヒサー
オヒサマ
オテント(ー)サン
オテントサー
オテント(ー)サマ
ティダ，ティーラ
ニチリンサン
ニチリンサマ
ニッテンサン
ニッテンサマ
コンニッツァン
コンニチサマ

じしん（地震）

地《じ》震《しん》

ナイ・ナエ
ユリ・ユイ

臣《おみ》の子の　八符《やふ》の柴垣　下とよみ　**那為《なゐ》**が　揺《よ》り来ば　破《や》れむ柴垣（日本書紀〔720〕武烈即位前・歌謡）

全国の大部分がジシンであるが、一部にナイ、ナエ、ネエやユリ、ユイなどの方言形が見える。

言うまでもなく、ジシン（地震）は固有の日本語（やまとことば）ではなく、中国から輸入された語である。しかし、地震という現象そのものは太古から存在し、それを言い表す語も当然あったはずである。上代の文献によれば、地震が起こることは、「なゐがよる」「なゐふる」などと表現されていた。「なゐ」は「大地」の意であり、「なゐがよる」「なゐふる」とは「地面がゆれる」の意味であると考えられる。のちに、動詞部分が省略され、「なゐ」が地震そのものを指すようになった。現在各地に見られるナイ、ナエなどの方言は、古語「なゐ」の残存である。

この方言地図は一九四七年から一九五四年にかけて調査された結果に基づいているが、当時、「なゐ」類の勢力は、近畿以東の地域ではきわめて微弱であり、青森県でナエ、岩手県でナエとネ、佐渡島でナイ、富山県でナイ、石川県でネが、わずかの地点で採集されたにすぎない。調査後五〇年を経た現在、それらの地方で、「なゐ」類の語は、もはや絶滅したのではないだろうか。なお、「ない」「なえ」は『浜荻（仙台）』『新編常陸国誌』のような近世の資料や、秋田県、千葉県、山梨県、京都などの方言集にも見られ、かつての分布の広さをうかがわせる。

佐賀・長崎に見られるユリやユイは動詞「ゆれる（ゆる）」の名詞形であり、これは、「大地がゆれる」の上半分が省略された形と言える。

九州各地ではジシンとナエが混在しており、ジシンを「大きい地震」、ナエを「小さい地震」と意識している人が多い。これは、新しい語形と旧来の語形との間に意味の区別が生じた事例である。

13

じしん（地震）

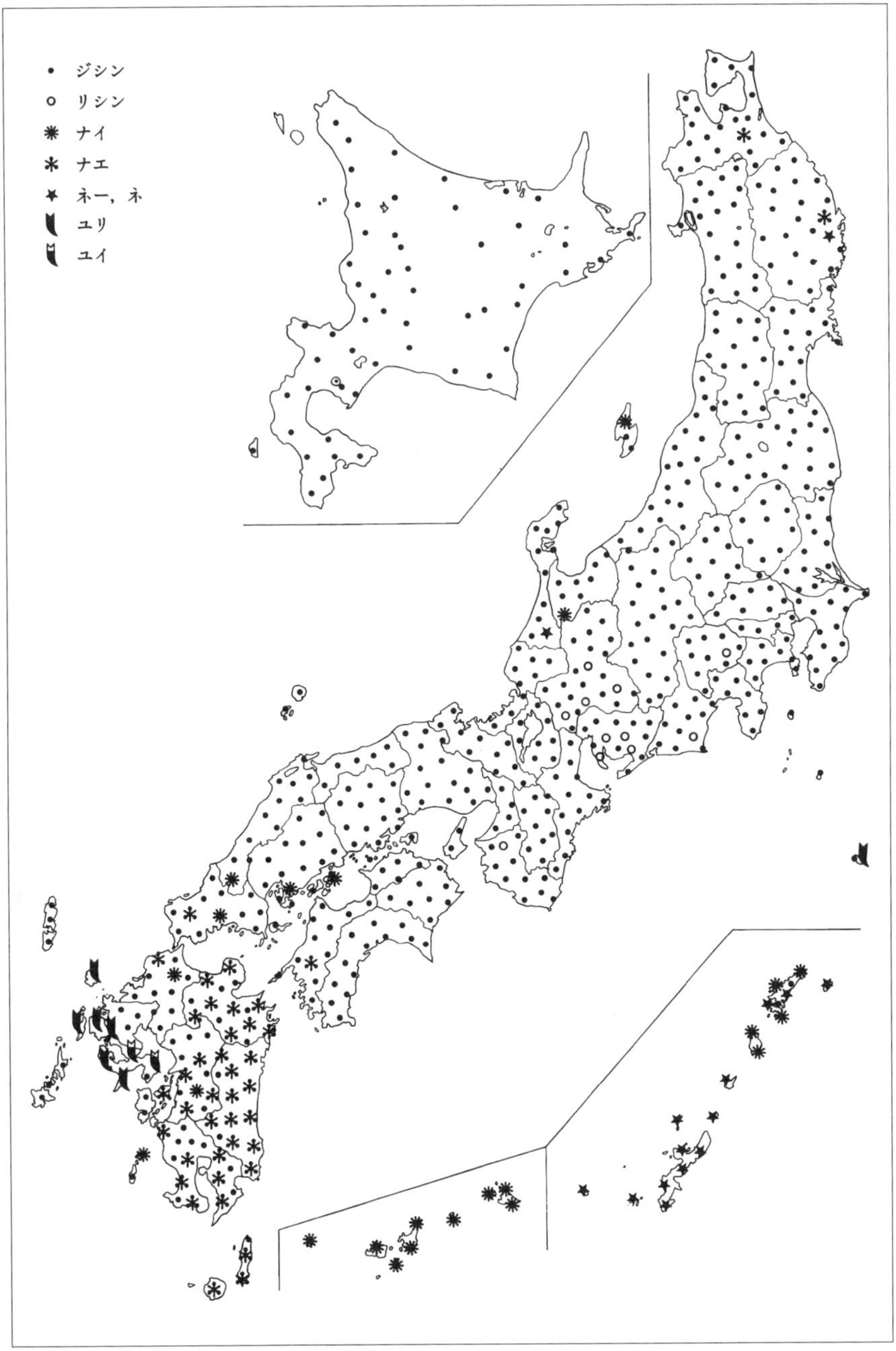

つゆ（梅雨）

梅《つ》雨《ゆ》

ニューバイ
ツイリ
ナガメ
ナガシ

Nagaxi（**ナガシ**）〈訳〉日本で夏長い間続く雨。カミでは **Tçuyu**（**ツユ**）と呼ぶ（日葡辞書（1603））

ツユの類が四国、九州を除く西日本に、ニューバイの類が東日本一帯に、そしてナガシの類が四国と九州にそれぞれ分布している。

ツユは今日の標準語形である。すなわち、西日本系の語形が標準語として採用されたのである。関東における方言レベルでの使用語形はニューバイ、すなわち「入梅」であった。この「入梅」とのかかわりで注目されるのは、紀伊半島南端から東海地方に連続するツユリ、ツイリという語形の存在である。この語は中央の文献にも散見する古いものである。たとえば、『易林本節用集』（一五九七）には「墜栗花 ツイリ 霖雨」とある。ツイリに「墜栗花」の字を当てるのは、この雨が降ると栗の花が散るといわれることからの用字であるとの説があるが、そこには墜栗という字の音への連想も同時に働いていると思われる。「入梅」という字面の発生もまた、このツイリ、すなわちツユイリとのかかわりがあろう。そう考えると、ニューバイという語形はツユという語形よりも使用上は新しいということになる。

分布から推測すると、ニューバイは関東あたりを中心として広まったもののようである。しかし、このことは現在のニューバイの分布領域にも以前にはツユが分布していたということを意味するものではない。なぜなら、古い時代には「梅雨」という自然現象を特定して称する語はなく、単に「長く降り続く雨」としてとらえられていたと思われるからである。

この点で注目されるのは、東北地方や琉球列島などの周縁部におけるナガアメ、ナガメという語形の存在である。また、九州と四国にまとまって分布するナガシ、ナガセという語形も本来的には「長雨」の意味である。これらの語形こそが「梅雨」に関するわが国での原初的な表現形式と考えられるのである。

15

つゆ（梅雨）

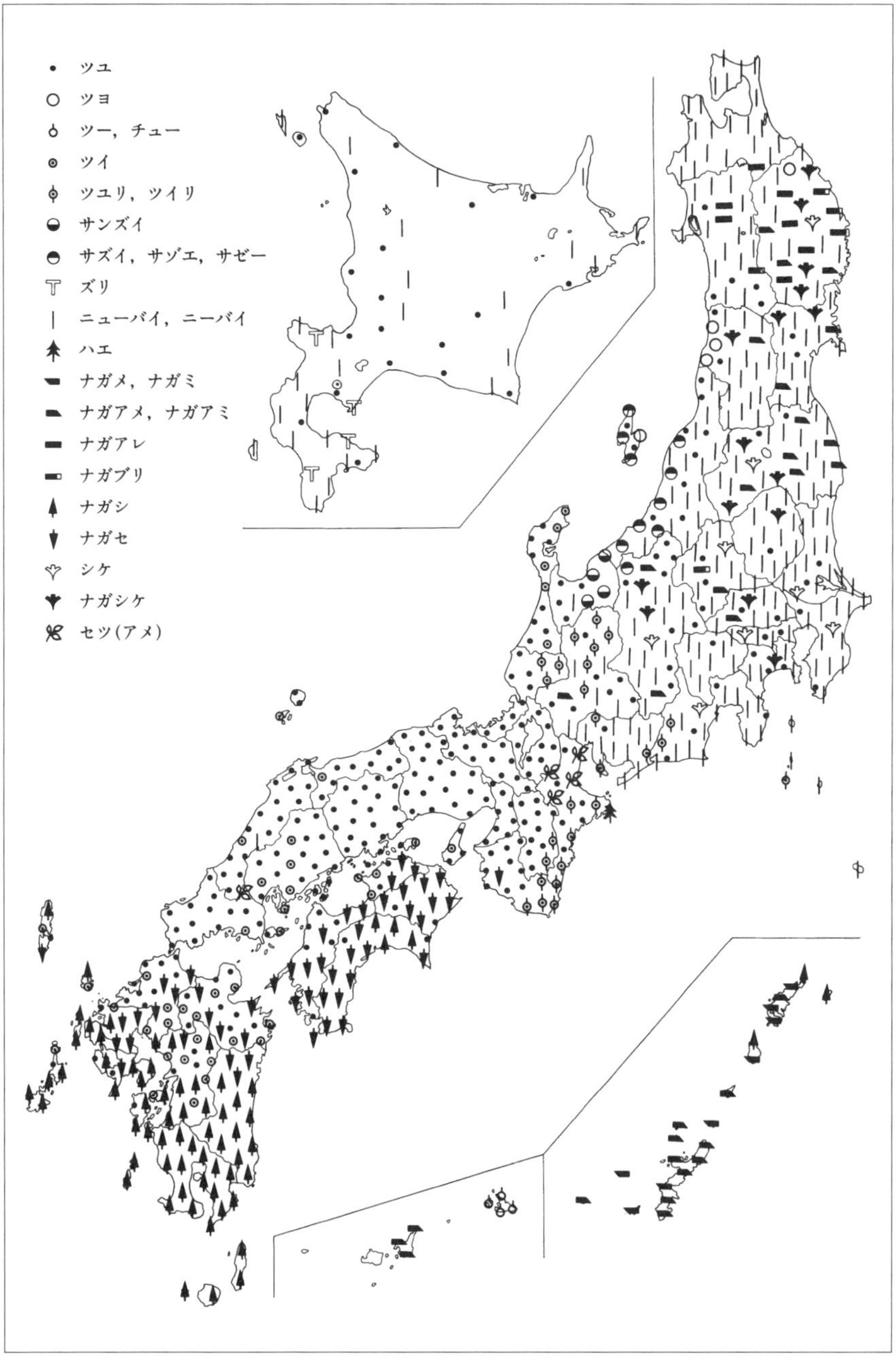
ツユ
ツヨ
ツー，チュー
ツイ
ツユリ，ツイリ
サンズイ
サズイ，サゾエ，サゼー
ズリ
ニューバイ，ニーバイ
ハエ
ナガメ，ナガミ
ナガアメ，ナガアミ
ナガアレ
ナガブリ
ナガシ
ナガセ
シケ
ナガシケ
セツ(アメ)

森《もり》

ハヤシ
ヤマ
ウタキ

木綿かけて斎ふこの神社《もり》越えぬべく思ほゆるかも恋の繁きに〈作者未詳〉（万葉集（8C後）七・一三七八）

この方言地図は「お宮の境内などに木が一か所に集まってこんもりと生えている場所のことを何と言いますか」という質問文によって得られたものであり、いわゆる「森林」を指す方言の分布図ではない。

分布を概観すると、目立つものとしてまず全国に広く分布するモリがある。ヤマは宮崎・鹿児島から琉球にかけてのまとまった地域のほか全国に点々と見え、ハヤシも北海道・東北と四国南部にまとまった分布を見せる。分布から見るとヤマがハヤシ、モリよりも古く、かつては全国に広く分布していたと思われる。「はやし（林）」の図（三七ページ参照）と併せ見ると、古くは全国的に森も林もヤマであったところに、森の意のモリが生まれて森―モリ・林―ヤマとなり、さらに後に林の意のハヤシが生まれ、その結果、森―モリ・林―ハヤシの形が成立したものと考えられそうである。もっとも、この地図に分布するハヤシは、森も林もヤマであったところ、何らかの事情で森の位置にモリよりも早く林の意のハヤシが横すべりした結果かと思われる。

昔は山は信仰の対象であった。各地の山岳に「御岳（みたけ・おんたけ）」と称するものがあることもその現れである。『万葉集』などに「神社」や「社」をモリと読む例が見られるが、これは樹林に神が来臨するという考え方の反映であるといわれる。ヤマやモリが神社と結び付く背景が理解されよう。

沖縄本島以南のウタキ（＝御岳）、ウガミなどは「木がこんもりと生えている場所」を意味するというよりも、むしろ神社や神社のある場所を指す語らしい。青森・岩手・秋田のヤシロ、オミヤ、（オ）ミヤ（ノ）キ、シャボクなどもそれと似た事情であろう。『沖縄語辞典』によれば、ウガン（ウガミ）はウタキよりも小さく、一集落にいくつもあって、拝む人の範囲も限られているという。

17

もり（森）

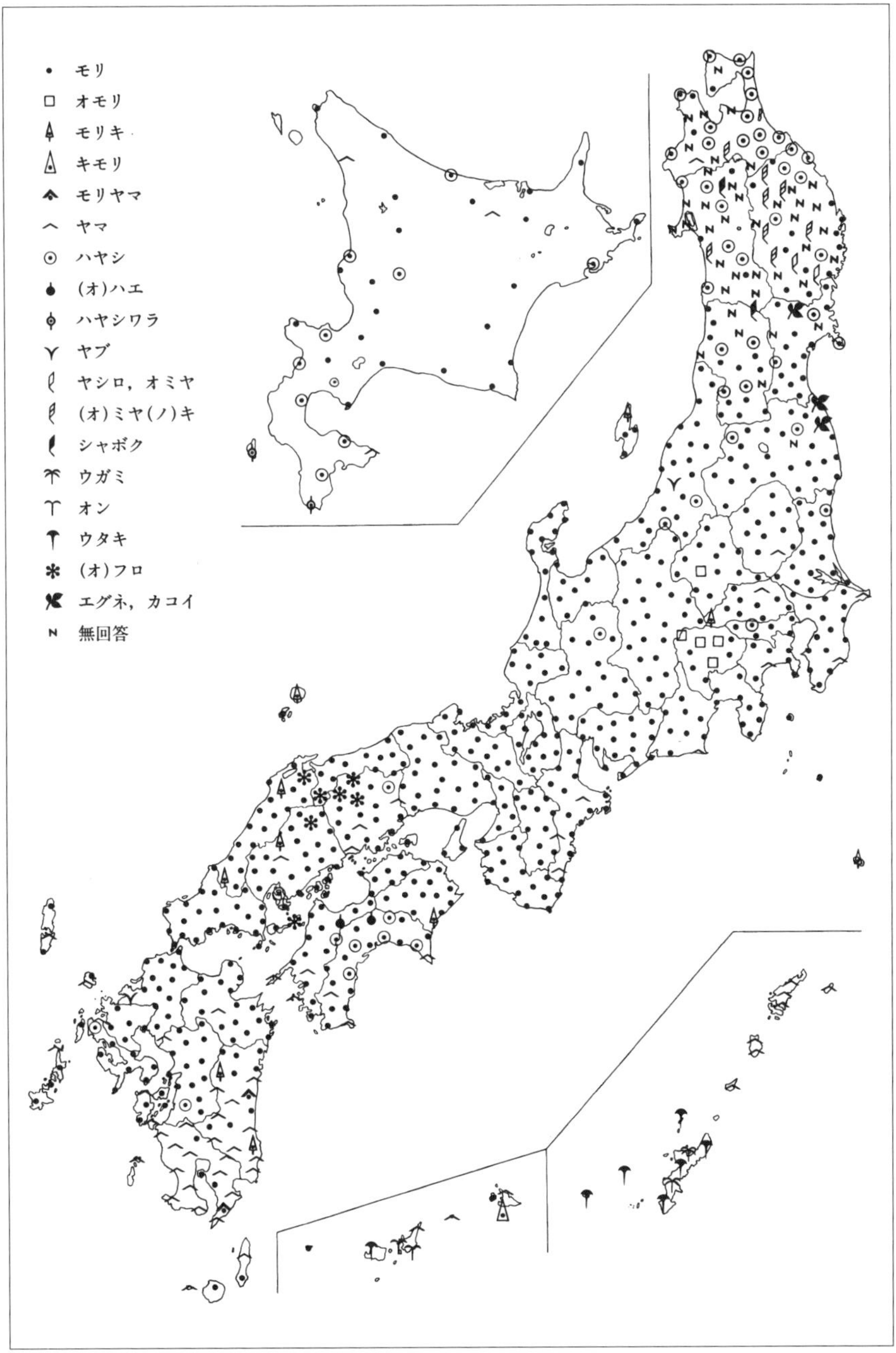
• モリ
□ オモリ
モリキ
キモリ
モリヤマ
ヤマ
ハヤシ
(オ)ハエ
ハヤシワラ
ヤブ
ヤシロ，オミヤ
(オ)ミヤ(ノ)キ
シャボク
ウガミ
オン
ウタキ
(オ)フロ
エグネ，カコイ
無回答

いなずま（稲妻）

稲《いな》妻《ずま》

イナビカリ
オヒカリ
ヒカリモノ
フディー

雷公　霹靂電附〈略〉玉篇云電〈音甸　和名**以奈比加利**　一云以奈豆流比　又云**以奈豆末**〉雷之光也（和名抄（934頃）一）

その昔、我々の祖先たちは稲が「いなずま（歴史的仮名遣は〝いなづま〟）」によって霊的なものと結合して穂を実らせると信じていたという。現在そんな話を信じる人は誰もいないだろうが、そうした祖先の信仰がイナズマ（イナヅマ）という語を生み、イナビカリという語を生んだ。イナヅマは「いなずま」を稲の配偶者になぞらえての「稲の夫（つま＝配偶者）」の意味である。イナビカリも「稲（を実らせる）光」の意だろうから、やはり同様の信仰に基づく命名にちがいない（イナはさらに古く「光」を意味する南島諸語に由来するとの説もある）。「いなずま」には雷鳴を伴うものと伴わないものがあるが、この分布図ではその区別については不明である。

分布図を見ると、イナズマ類とイナビカリ類の全国にわたる分布が確認できる。文献例からもすでに一〇世紀頃には中央語として使われていたと考えられ、これら二つの語は古くから併用されていた可能性が高い。

そのほかの語では、ヒカリ・ピカリ・オヒカリ・ヒカリモノ・ヒカヒカ・ピカピカなどのヒカリ類がある。これらは必ずしも「いなずま」の特称とは限らない場合もあるだろうが、いくつかの地域でまとまった分布を見せている。特に九州にヒカリ、ヒカリモノの分布が目立つ。これらの地域では、ヒカリ類が雷鳴を伴う「いなずま」、イナズマ・イナビカリの類が雷鳴を伴わない「いなずま」だとして、両類を区別しているケースが比較的多い。

東北の三陸沿岸と奄美・沖縄に分布の見えるホデリ・フディー・フドゥイ・ヒジューリは「火照り」がその語源と考えられている。

日本の南北に離れたその分布から、イナズマ・イナビカリよりも古いことばである可能性も考えられる。

いなずま（稲妻）

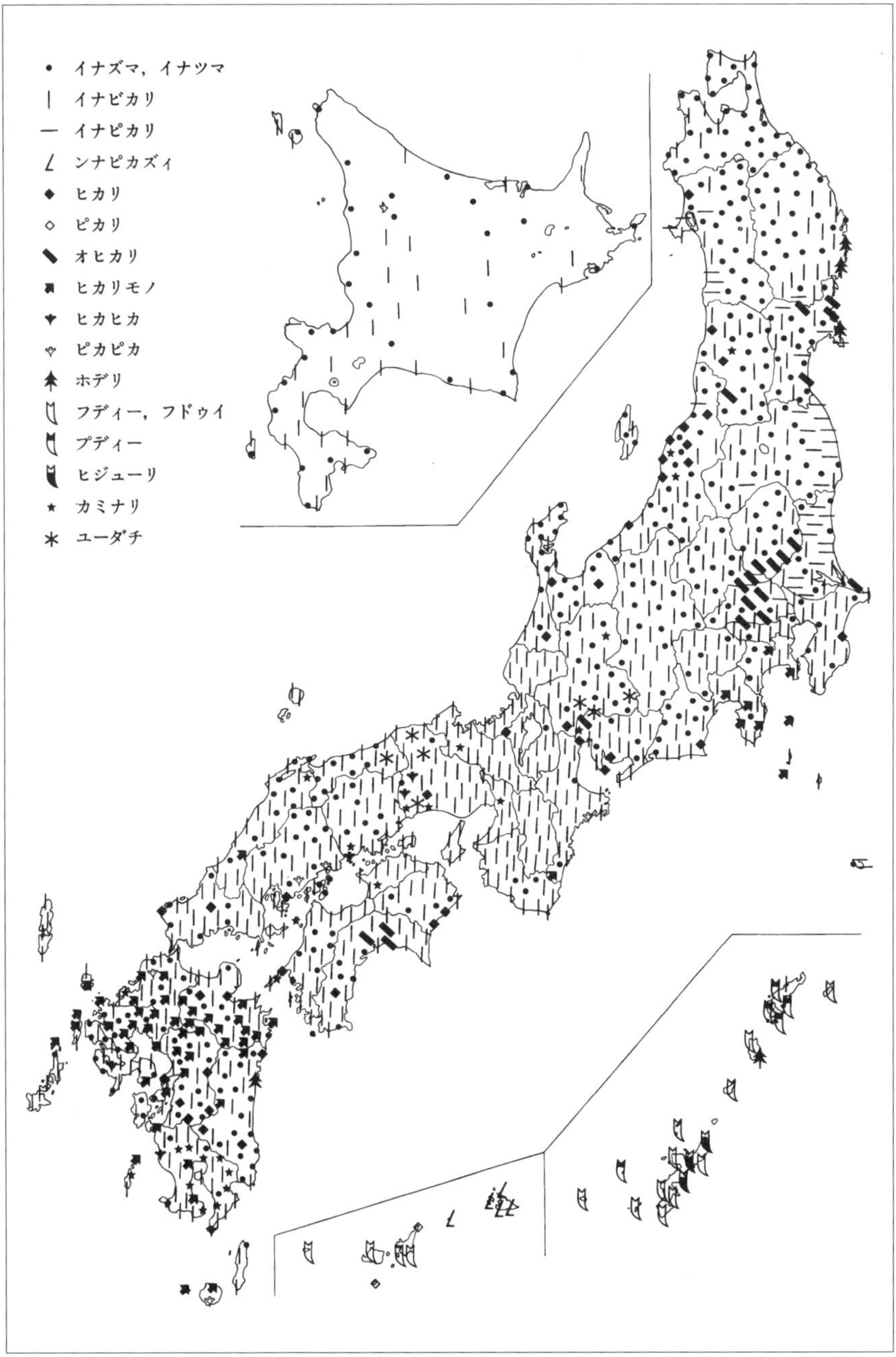

イナズマ，イナツマ
イナビカリ
イナピカリ
ンナピカズィ
ヒカリ
ピカリ
オヒカリ
ヒカリモノ
ヒカヒカ
ピカピカ
ホデリ
フディー，フドゥイ
プディー
ヒジューリ
カミナリ
ユーダチ

かみなり（雷）

雷《かみなり》

ナルカミ（サマ）　ライ（サマ）
ハタガミ　ドンドロ（サマ）
ユーダチ（サマ）

雷神《なるかみ》のしましとよもしさし曇り雨も降らぬか君をとどめむ〈人麻呂歌集〉（万葉集（8C後）一一・二五一三）

「地震、雷、火事、おやじ」ということばがあるように、「かみなり」は我々にとって恐ろしいものの代表である。多くの方言形につく～サマという敬称の接辞が、民衆の畏敬の念をよく表している。

分布図ではまず共通語形でもあるカミナリ（オカミナリ・カンナミを含む）が全国的に広く分布している。語源はもちろん「神鳴り」であるが、現代の人はどのくらいこの語源を意識しているのだろうか。

カミナリに形が似て「鳴る‐神」と逆の語構成となっているものがナルカミである。この語は、西日本の中国地方西部から四国・九州の一部に分布するほか、東日本の石川・秋田の一部と青森下北半島の先端部にもわずかに見ることができる。分布の様子から見て、カミナリよりも古いことばではないかと思われる。文献にも古代の『万葉集』からすでに例が見えている。「ナル‐カミ」の前の部分と後の部分が入れ替わって後に生まれたのがカミナリである。

福井県の南から京都北部に見えるハタガミもやはり「～神」のタイプの語形である。「はたたく神」の意の「はたたがみ」から変化した形で、これも『色葉字類抄』をはじめとする古辞書などに「かみなり」を表す語として出ていることばである。民謡の「秋田おばこ」に歌われる魚のハタハタもこれと関係があるといわれている。

（オ）カンダチ（「神立」）、ユーダチ・ヨーダチ（「夕立」）は、ともに「ゆうだち（夕立）」の分布図（三五ページ参照）に多く見られるものである。本来「夕立」の意味であったものが意味を広げたのだろう。

東北地方の太平洋側から関東北部にかけては（オ）ライ（サマ）が広く分布しているが、これは「雷」の字を音読した語形である。

21

かみなり（雷）

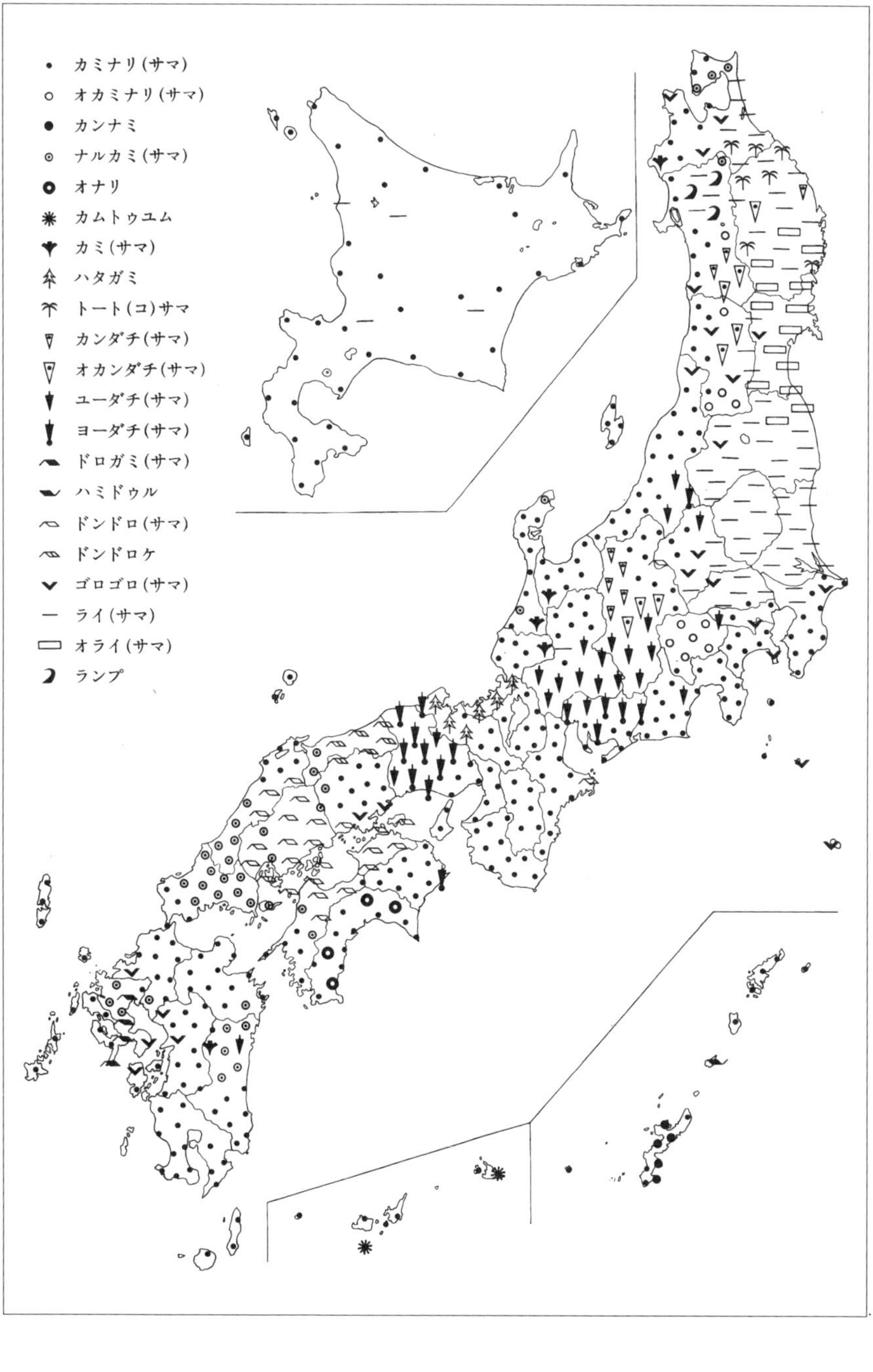

カミナリ(サマ)
オカミナリ(サマ)
カンナミ
ナルカミ(サマ)
オナリ
カムトゥユム
カミ(サマ)
ハタガミ
トート(コ)サマ
カンダチ(サマ)
オカンダチ(サマ)
ユーダチ(サマ)
ヨーダチ(サマ)
ドロガミ(サマ)
ハミドゥル
ドンドロ(サマ)
ドンドロケ
ゴロゴロ(サマ)
ライ(サマ)
オライ(サマ)
ランプ

（雷が）おちる（落）

（雷《かみなり》が）落《お》ちる

オトカエル
サガル
アマル

このあか月、とう寺のたう、かみなり**あまり**て、〈略〉やけ候（御湯殿上日記 永禄六年（1563）四月二日）

「かみなり(雷)」の図（二〇ページ参照）でも述べたように、「かみなり」は「神鳴り」の意味であって、我々の祖先が不気味に鳴り響くあの音を神の鳴らす音であると信じていたことがわかる。この分布図に見える表現形のうち、オチラス、オチヤル、オテラス、オテヤル、ツケコラス、アマラッシャル、オサガリニナル、オリヤル、デヤル、カカジラスなど、その大部分は敬語（尊敬語）の要素を含んだもので、民衆の天上の神への畏敬の念がそうした表現に表れている。

全国にもっとも広い分布が見えるのは、凡例のオチル・オツルからウティルン・ウティーンまでのいわゆるオチルの類である。これらのうち、オツルは、九州にのみ分布する形で、かつての下二段活用の残存である。またオテルやさらに敬語形式のついたオチラス・オチサス・オテラス・オテヤルも九州だけに見られるもので、その他の表現形（熊本のツコクル・ツコケラスと全域に点々と見えるアユルの類〈チアユル・ウッチャユル・ヒッチャユルを含む〉など）とともに九州には実に多彩な表現が発達しており、注目される。オッコチルは関東方言と言っていいだろう。

このほかには、東北地方北部に分布するトケル・トケサル・オトケル・オトカエルのトケル類と、四国の大部分および近畿・中国・九州の一部に分布するアマル・アマラッシャルなどが目につく。東北のトケル類は語源は不明だが、その分布から見てこの地域で生まれたものと考えられる。アマルは「天降る」であろうか。この語は『御湯殿上日記』の例もあり、東の愛知にも分布することなどから、かつて近畿地方を含んで連続して分布したものと思われる。関東北部から宮城県にかけてのサガル・オリル類は、その分布域が「かみなり」の（オ）ライ（サマ）の分布域に含まれることから、両者の関連が考慮される。

23

（雷が）おちる（落）

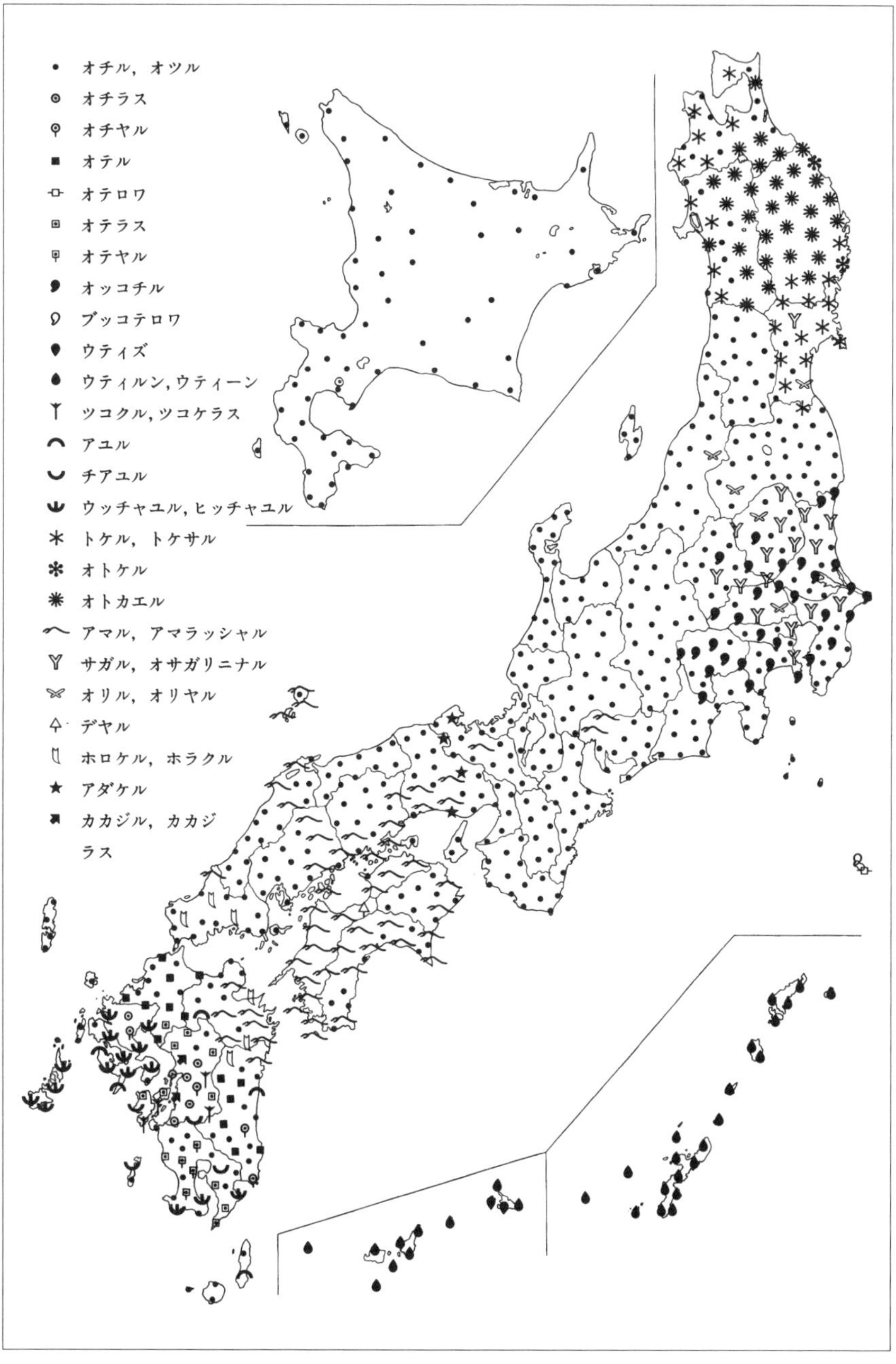
オチル，オツル
オチラス
オチヤル
オテル
オテロワ
オテラス
オテヤル
オッコチル
ブッコテロワ
ウティズ
ウティルン，ウティーン
ツコクル，ツコケラス
アユル
チアユル
ウッチャユル，ヒッチャユル
トケル，トケサル
オトケル
オトカエル
アマル，アマラッシャル
サガル，オサガリニナル
オリル，オリヤル
デヤル
ホロケル，ホラクル
アダケル
カカジル，カカジ
ラス

ゆうだち（夕立）

夕《ゆう》立《だち》

カンダチ
ムラサメ
サダチ
ソバエ

まづ宮の御方におはしけるを、**むら雨《さめ》**のまぎれにて、え知り給はぬに（源氏物語〔1001–14頃〕賢木）

この分布図は、「夏の日に、いままで日が照っていたのに急に大粒の雨が降ってくることがあります。この雨のことを何といいますか」という質問によって得られた語形の分布を示すものである。しかし、ここに見える諸語形のうちには、夕立とは意味がやや異なる通り雨的なものなども含まれている可能性がある。

分布を概観すると、奄美・沖縄を除いて全国に広い分布の見えるユーダチ類（ユーダチ・ヨーダチ）、四国と九州南部のサダチ、東北の岩手・秋田より南で長野県にまで見えるカンダチ、カンダチに囲まれるように東北の太平洋側に見えるライサマアメ、そして北海道南部から東北の日本海側に比較的まとまった分布を見せるニワカアメがまず目につく。そのほかには、関東東北部のシグレ、青森・石川・島根などのムラサメ（ムラサを含む）、瀬戸内海沿岸などのソバエ、伊豆・和歌山・高知などのザブリ、伊勢湾沿岸のハヤテ、そして奄美・沖縄のナチグリ・アマグリ・アモーレーの類などが見られる。

さて、これらのうちもっとも広い分布を示すユーダチ類は「夕（に）たつ（夕方に現れる）」の意であろう。『万葉集』などにも見える古いことばである。サダチの語源は不明であるが、この「サ」は「さつき（五月）」「さみだれ（五月雨）」「さなえ（早苗）」「さおとめ（早乙女）」などの「さ」と関係があるかもしれない。カンダチは「神（が）たつ（神が現れる）」の意であろう。

そのほかのニワカアメ、シグレ、ムラサメ、ソバエ、サブリ、ハヤテなども、それぞれにまとまった分布を見せているが、それらは降雨時期・状態などに関して微妙な違いもあり、「ゆうだち」の特称とは限らないようである。

沖縄・奄美のナチグリのナチは「夏」、アマグリ・アモーレーは「天（雨）降」に由来するとも言われる。

25

ゆうだち（夕立）

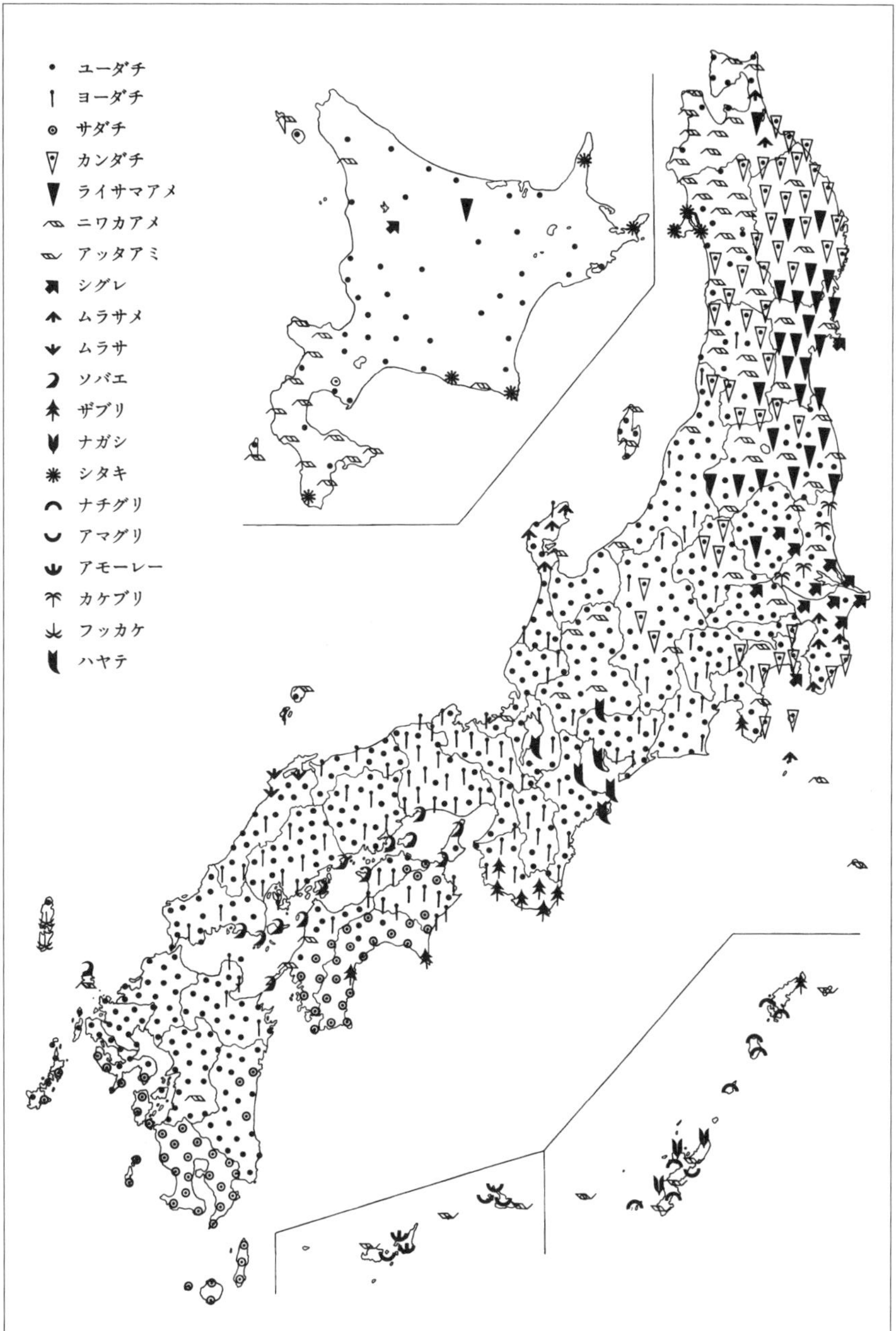
ユーダチ
ヨーダチ
サダチ
カンダチ
ライサマアメ
ニワカアメ
アッタアミ
シグレ
ムラサメ
ムラサ
ソバエ
ザブリ
ナガシ
シタキ
ナチグリ
アマグリ
アモーレー
カケブリ
フッカケ
ハヤテ

にじ（虹）

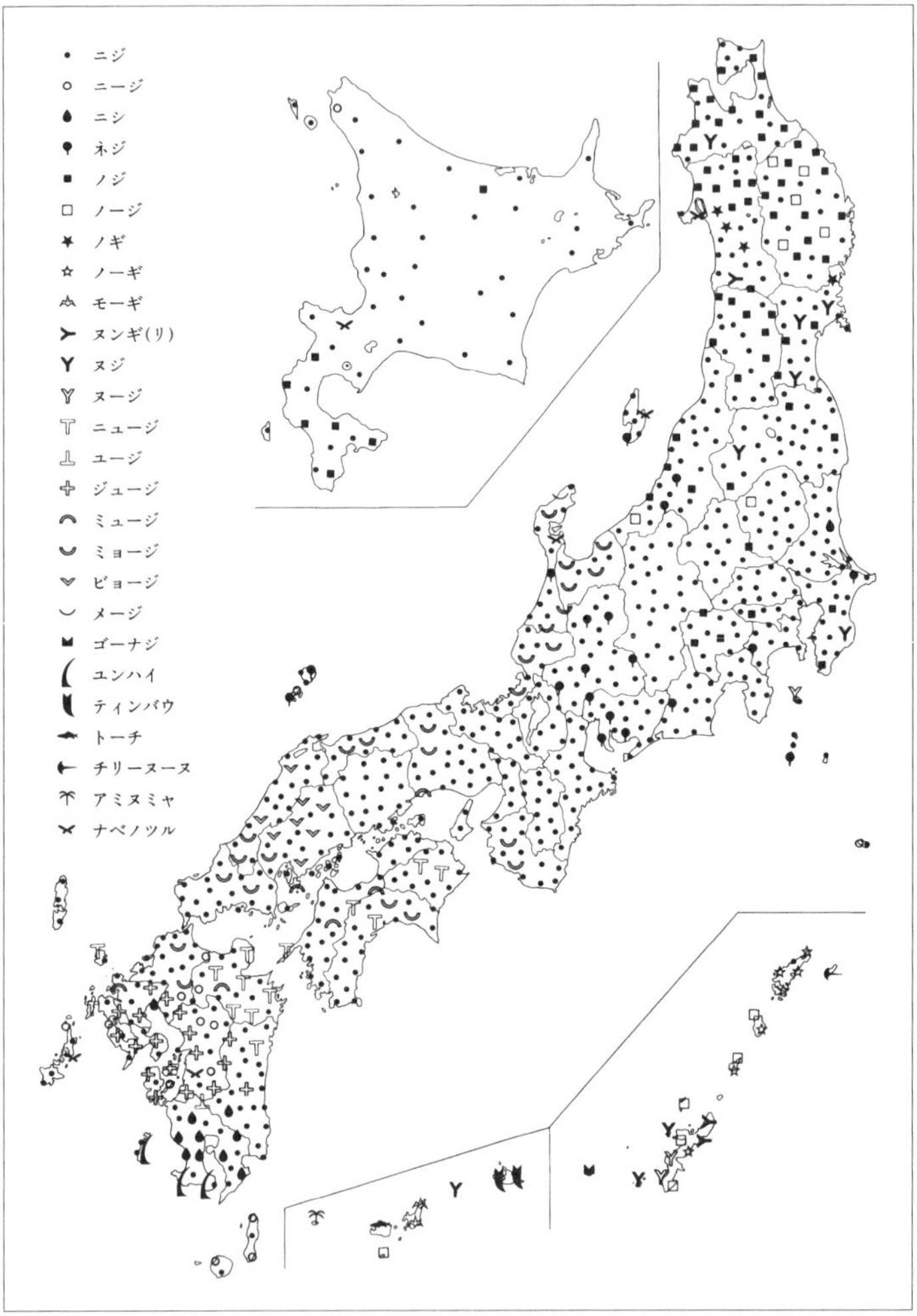
ニジ
ニージ
ニシ
ネジ
ノジ
ノージ
ノギ
ノーギ
モーギ
ヌンギ(リ)
ヌジ
ヌージ
ニュージ
ユージ
ジュージ
ミュージ
ミョージ
ビョージ
メージ
ゴーナジ
ユンハイ
ティンバウ
トーチ
チリーヌーヌ
アミヌミヤ
ナベノツル

虹《にじ》

天空に描かれた七色の縞模様は、何か神秘的な雰囲気を漂わせている。宮古島に見られるティンバウはまさにその姿を「天を這う」と形容した語形である。五島列島のナベノツルや「弓張り」に由来する鹿児島のユンハイなど、虹の形からの発想は南の地域に目立っており興味深い。喜界島のチリーヌーヌも「霧の布」と意識されているようだ。

東北や琉球諸島に周圏分布をなすヌジは、文献の上でも『万葉集』に「努自（ぬじ・のじ）」が見られることから、古い語形であろう。

なお、四国・九州に分布するニュージは、隣接するミュージとニジとの接触によって生じた可能性が高い。

27

はやし（林）

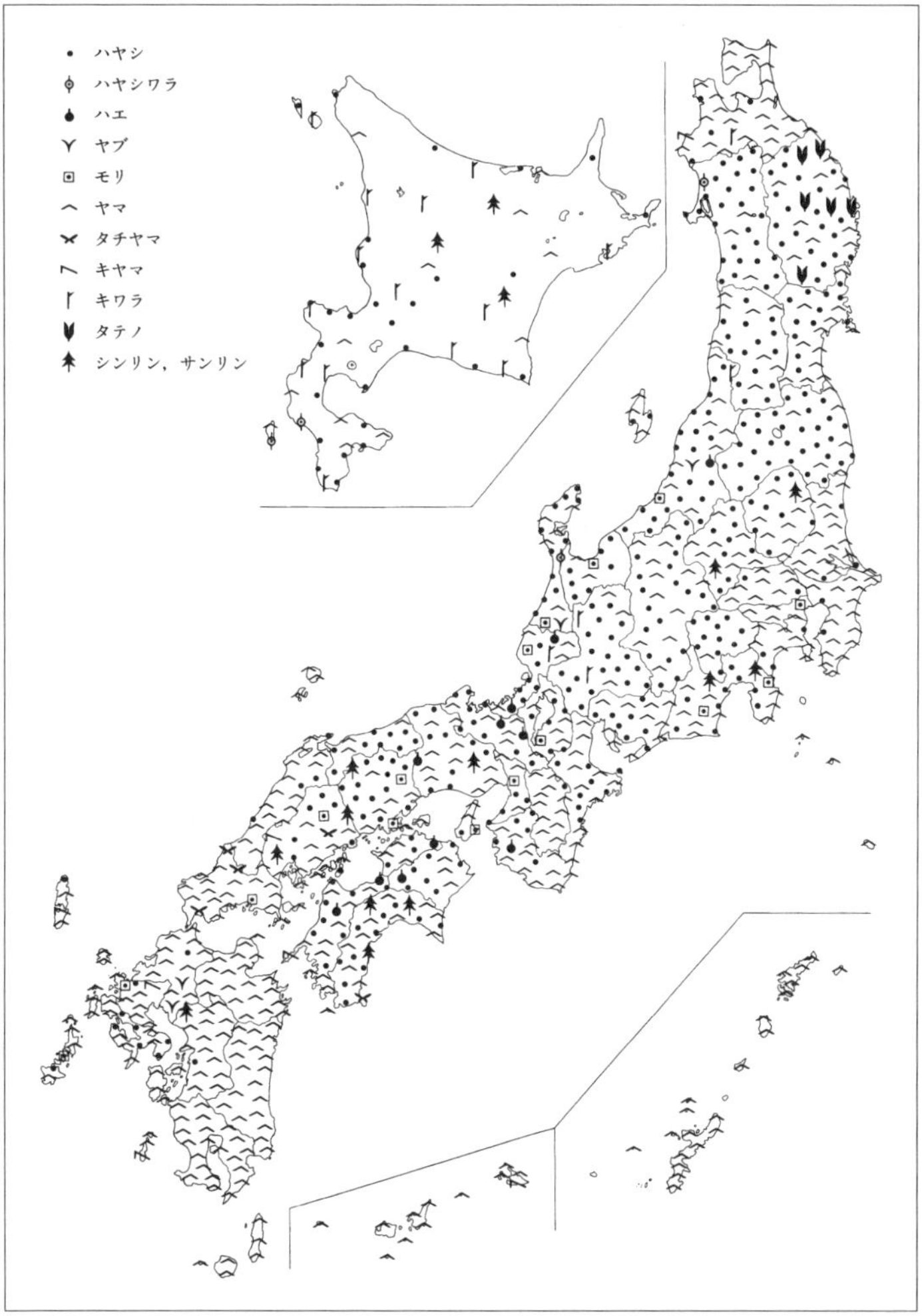
ハヤシ
ハヤシワラ
ハエ
ヤブ
モリ
ヤマ
タチヤマ
キヤマ
キワラ
タテノ
シンリン，サンリン

林《はやし》

共通語形のハヤシは、もともと動詞「はやす」「はゆ」と関連があり、木が盛んに生えている場所を意味する。地図では、ハヤシを取り囲むようにヤマが周圏分布をなしており、ヤマの方が古い語形のようである。このヤマは文献上でも古くから登場し、『万葉集』では薪や用材を伐採するところの意味で用いられている。古くは「森」と「林」の区別がなく、むしろ植林した所をハヤシ、自生している所をヤマというように使い分けてきた所も多いようだ。なお、北海道にまとまって分布するキワラの「〜ワラ」は「原」に対応する形式で、木がある広い場所の意味である。

しあさって（明明後日）

明明後日《しあさって》

シアサッテ
ヤノアサッテ
サ（ー）サッテ

あすはゆうきのごぼう、あさってはのろまのたまご、**やのあさって**はありがた山のやまのいも
（黄表紙・京伝憂世之酔醒（1790））

あなたは「あさっての次の日」を何と言いますか。このような質問を受けて、もし、ヤノアサッテ、ヤナサッテ、ヤネアサッテなどと答えたら、その人は東日本出身の人だろう。もし、シアサッテと答えたら、これはわからない。なぜなら、シアサッテは西日本の方言であると同時に、共通語でもあるからだ。

分布は、概略的に、東日本がヤノアサッテ（ヤナサッテ、ヤネアサッテ、ヤニアサッテなどを含む）、西日本がシアサッテである。しかし、東京都区内は、東日本では例外的にシアサッテである。都区内のシアサッテは周囲をヤノアサッテに囲まれている。すなわち、この語に関する限り、都区内は言語の島である。このような分布は、都区内も一昔前にはヤノアサッテであって、ある時期に関西のシアサッテをとり入れたことを示している。

岐阜県を中心にサ（ー）サッテが分布している。サーサッテはサ＋アサッテであって、このサは「次の」という意味の接頭辞、すなわち、「さらいねん」の「さ」と同じものである。サ（ー）サッテは九州西端の種子島や屋久島にも見られるが、この分布は、サーサッテがシアサッテよりも古い語であり、かつては、西日本一帯にサーサッテが広がっていたことを思わせる。奄美・沖縄地方では、ユーカとアサティヌナーチャが優勢である。ユーカは「四日」の意味であり、「しあさって」が「今日」から数えると四日めに当たることから生まれた表現である。沖縄本島のアサティヌナーチャは「アサティ（あさって）＋ヌ（の）＋ナーチャ（翌日）」の意味である。

この地図は「やのあさって（あさっての翌々日）」の図（三一ページ参照）と関係が深い。両図をあわせて見てほしい。

しあさって（明明後日）

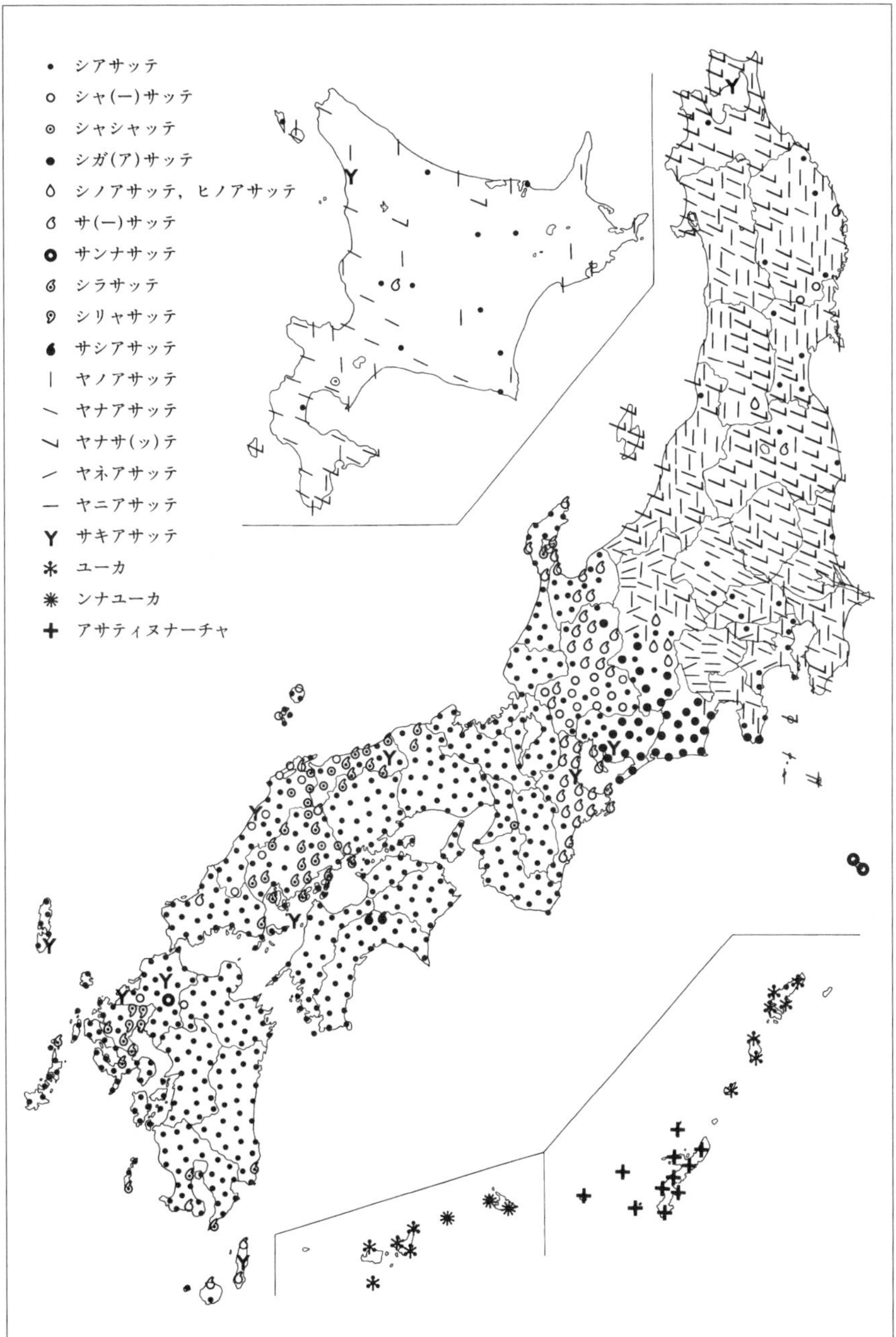

シアサッテ
シャ(ー)サッテ
シャシャッテ
シガ(ア)サッテ
シノアサッテ，ヒノアサッテ
サ(ー)サッテ
サンナサッテ
シラサッテ
シリャサッテ
サシアサッテ
ヤノアサッテ
ヤナアサッテ
ヤナサ(ッ)テ
ヤネアサッテ
ヤニアサッテ
サキアサッテ
ユーカ
ンナユーカ
アサティヌナーチャ

やのあさって（明明明後日）

明明明後日《やのあさって》

ゴアサッテ
シアサッテ
サラヤノアサッテ
サ（ー）サッテ

前ページと対照するとわかるように、都区内ではシアサッテが「あさっての翌日」の意味で使われているのに、その周囲の関東一帯（東京多摩地方を含む）ではシアサッテは「あさっての翌々日」を指す。なぜこのような分布になったのだろうか。

シアサッテの「シ」は「四」に由来し、西日本では「今日」を第一日として数えたためにシアサッテが「あさっての翌日」の意味になり、関東では「明日」を第一日としたために、シアサッテが「翌々日」の名称になったという説がある。しかし、両図のシアサッテの領域は地理的に連続しており、このような場合に、両地域の語形が無関係に発生したとは考えにくい。

この分布のなぞを解く鍵は、福島県や山形県北部に見られるサ（ー）サッテにある。「しあさって」の図でも「やのあさって」の図でも、サ（ー）サッテがシアサッテの外側に分布している。先に「しあさって」の図について、サ（ー）サッテがシアサッテより古いと推定した。そうであれば、「あさっての翌日」はかつては東がヤノアサッテ、西がサーサッテ（さあさって）という東西対立分布であったことになる。西で生まれたサーサッテ、次に生まれたシアサッテが東に侵入しようとしたが、既存のヤノアサッテが強く抵抗したために、隣接の意味分野、すなわち「あさっての翌々日」の位置に侵入したと考えたい。

東京都区内はシアサッテ（あさっての翌日）↓ヤノアサッテ（翌々日）であって、周囲のヤノアサッテ↓シアサッテと逆順になっている。一時代前には都区内もヤノアサッテ↓シアサッテだったのだろう。その後関西との交流が盛んになるにつれて、シアサッテを今度は「あさっての翌日」の意味のままとりいれ、それと同時に、在来のヤノアサッテを「翌々日」の位置に押しやったものと思われる。

31

やのあさって（明明明後日）

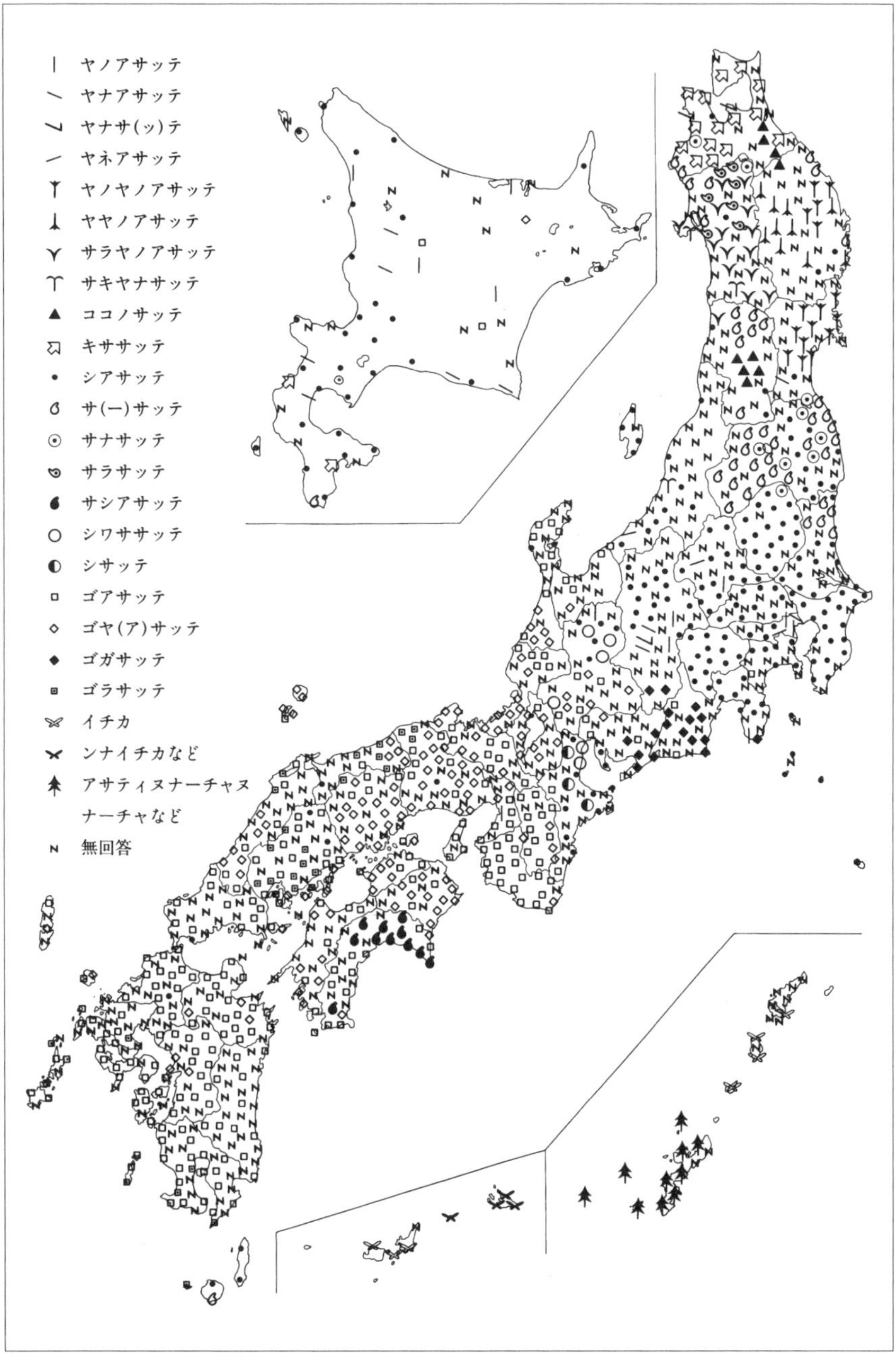
ヤノアサッテ
ヤナアサッテ
ヤナサ(ッ)テ
ヤネアサッテ
ヤノヤノアサッテ
ヤヤノアサッテ
サラヤノアサッテ
サキヤナサッテ
ココノサッテ
キササッテ
シアサッテ
サ(ー)サッテ
サナサッテ
サラサッテ
サシアサッテ
シワササッテ
シサッテ
ゴアサッテ
ゴヤ(ア)サッテ
ゴガサッテ
ゴラサッテ
イチカ
ンナイチカなど
アサティヌナーチャヌ
ナーチャなど
無回答
N

おととい（一昨日）

一昨日《おととい》

オトツイ
オトトイナ

山の峡《かひ》そことも見えず**乎登都日**《をとつひ》も昨日も今日も雪の降れれば〈紀男梶〉（万葉集（8C後）一七・三九二四）

「きのうの前の日」を意味する和語として、「おととい」と「おとつい」という二つの異なる語形が多くの国語辞典の見出し語に掲げられている。

全国の分布を見ると、オトトイは北陸・東北・関東など東日本全域に広がり、さらには九州にも広い分布領域を持っていることが分かる。一方、オトツイは中部・近畿・中国・四国、および九州東部と、西日本一帯に広大な領域を持っていることが分かる。そして、オトトイとオトツイの接触地帯である中部地方や、中国・四国・九州の各地では両形を併用する地点が見られる。これらの併用地点のうち、岐阜および長野県南部から東海地方にかけての地域では、オトツイの方を改まったことば、上品なことばと意識し、逆に西日本の各地域では、オトトイの方をより標準語的なことばと意識しているという調査結果があり、興味深い。東京でも、オトツイの方がより上品なことばであると意識している人がかなりいるようである。

江戸時代初期に京都の俳人安原貞室の著した『片言』（一六五〇）によれば、畿内では、「おとゝひ」が規範にかなう標準語形で、「おとつひ」は俗っぽいことばであるという意識が働いていたようである。しかし、『浪花聞書』（一八二九）では、逆に、「をとつい、一昨日也、江戸でおとゝいとなまる」と記されている。

なお、東北地方の日本海側に、オトトイナ、オットイナという末尾が「〜ナ」となる語形が分布している。この「〜ナ」は主に過去を表す語に用いられ、これらの地域では「昨日」はキノーナ、「昨晩」はユーベナである。

方言集には「さきおととい（埼玉県入間郡）」「さきのおとつい（広島県高田郡）」などの語形も見られ、「きのうの前々日」を意味する標準語の「一昨昨日（さきおととい）」と混同してしまいそうな地域もある。

33

おととい（一昨日）

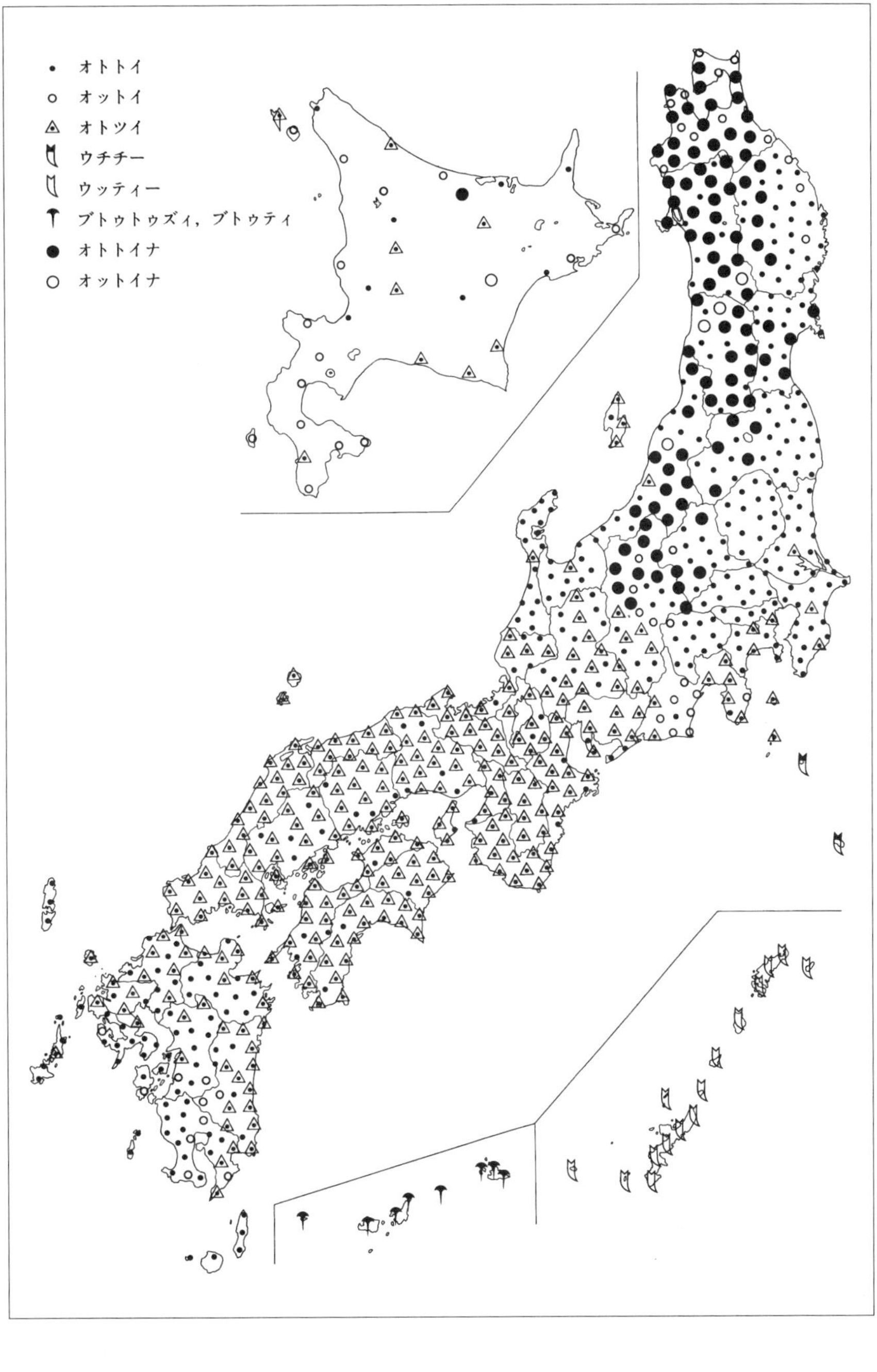
オトトイ
オットイ
オトツイ
ウチチー
ウッティー
ブトゥトゥズィ，ブトゥティ
オトトイナ
オットイナ

きのう（昨日）

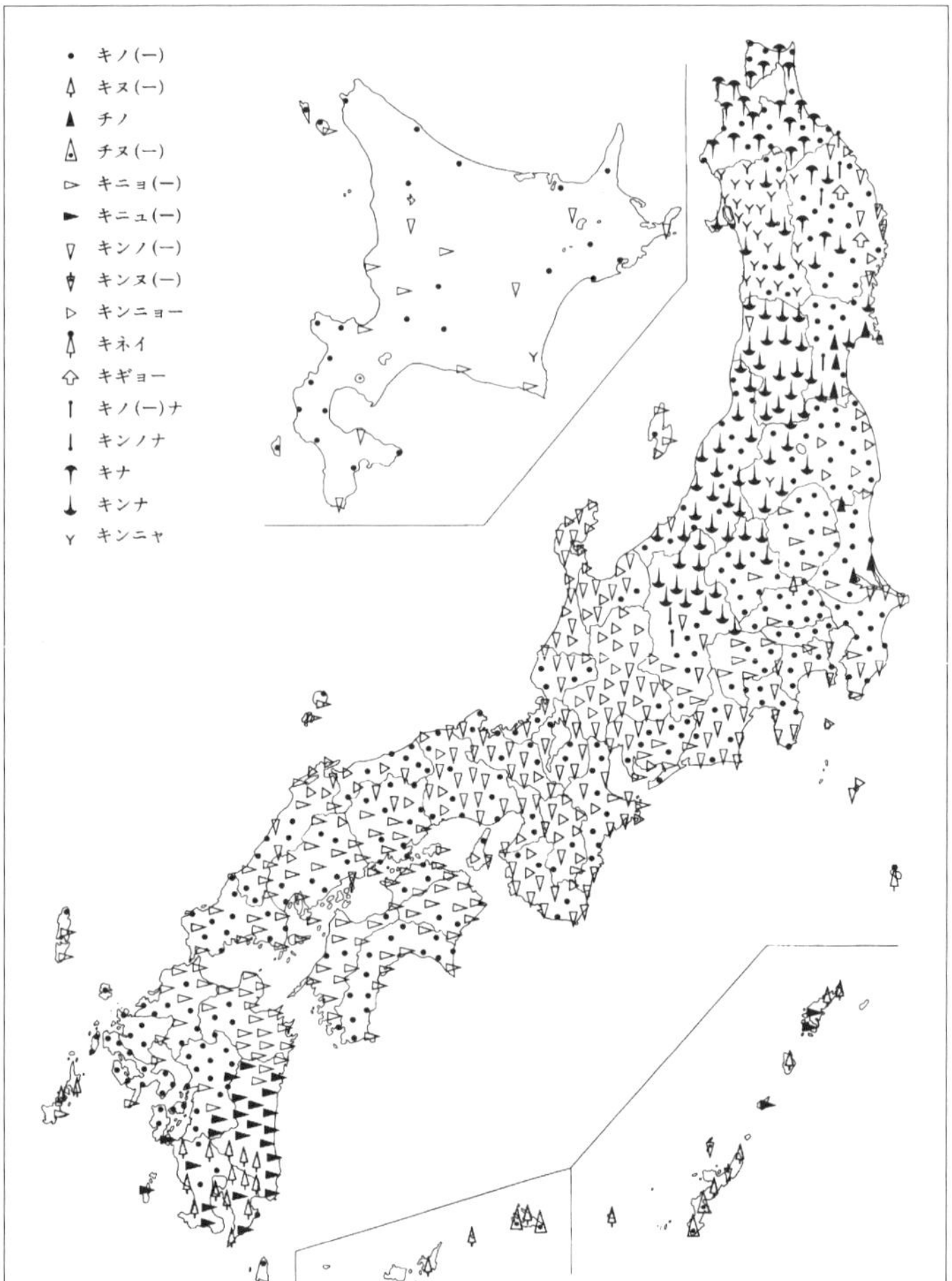
キノ(ー)
キヌ(ー)
チノ
チヌ(ー)
キニョ(ー)
キニュ(ー)
キンノ(ー)
キンヌ(ー)
キンニョー
キネイ
キギョー
キノ(ー)ナ
キンノナ
キナ
キンナ
キンニャ

昨日《きのう》

青森にはキナ、秋田にはキンニャ、東北地方から北関東・新潟・長野北部にかけては、キンナのように末尾がナやニャで終わる形が分布している。これらの地域では、「一昨日」をオトトイナで表す。過去の時間帯をナで終わる形で表す点に共通性があるようだ。近畿の中央部は、キンノーである。そして、それをとりかこむように岐阜や山陰にキンニョーが見られる。さらに、それらキンノー・キンニョーをはさむように東では関東から東海にかけて、また西では中国・四国・九州北部にかけてキニョーが分布している。宮崎・鹿児島のキニューはキニョーと同類と考えられる。

35

おとといのばん（一昨晩）

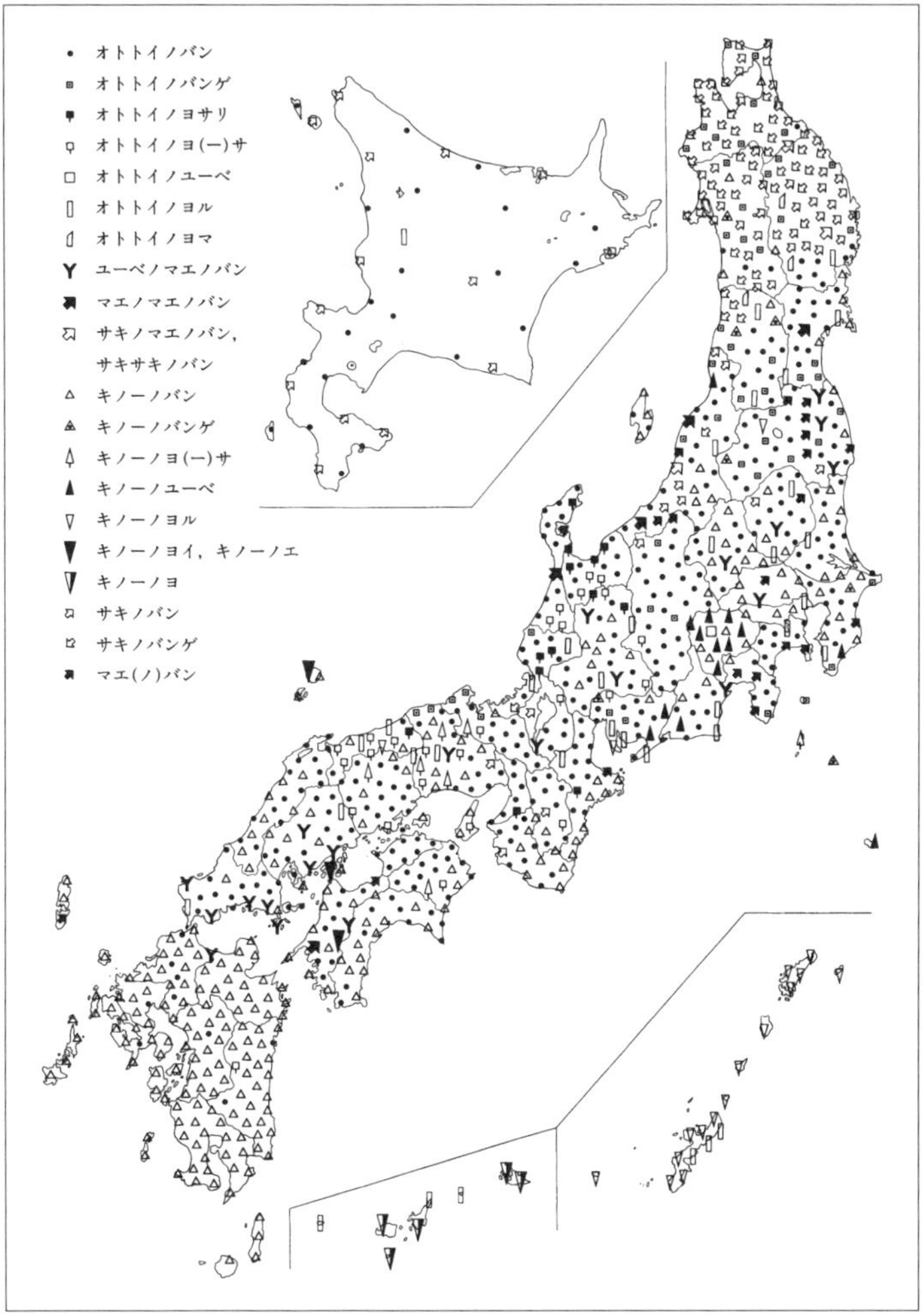
オトトイノバン
オトトイノバンゲ
オトトイノヨサリ
オトトイノヨ(ー)サ
オトトイノユーベ
オトトイノヨル
オトトイノヨマ
ユーベノマエノバン
マエノマエノバン
サキノマエノバン,
サキサキノバン
キノーノバン
キノーノバンゲ
キノーノヨ(ー)サ
キノーノユーベ
キノーノヨル
キノーノヨイ, キノーノエ
キノーノヨ
サキノバン
サキノバンゲ
マエ(ノ)バン

一昨晩《おとといのばん》

「おととい（一昨日）」をオトトイ、オトツイと言いながらも、「一昨日の晩」の前部要素「おととい」に対してはキノーを用いている地域が意外と多く興味深い。九州以南はキノー～類の占有地域であるが、これらの地域では「昨晩」をなんと言っているのだろうか。「昨晩」の地図と併せて見ると、「昨晩」－「一昨晩」の関係は東北地方がユーベ（キノーノバン）－サキノバン、中央部がユーベ－キノーノバン、ユーベ－オトトイノバン、九州以南がユーベ－キノーノバンという組み合わせになっている。「一昨晩」が「昨日」に属するか「一昨日」に属するかという発想の違いがあるようだ。

さくばん（昨晩）

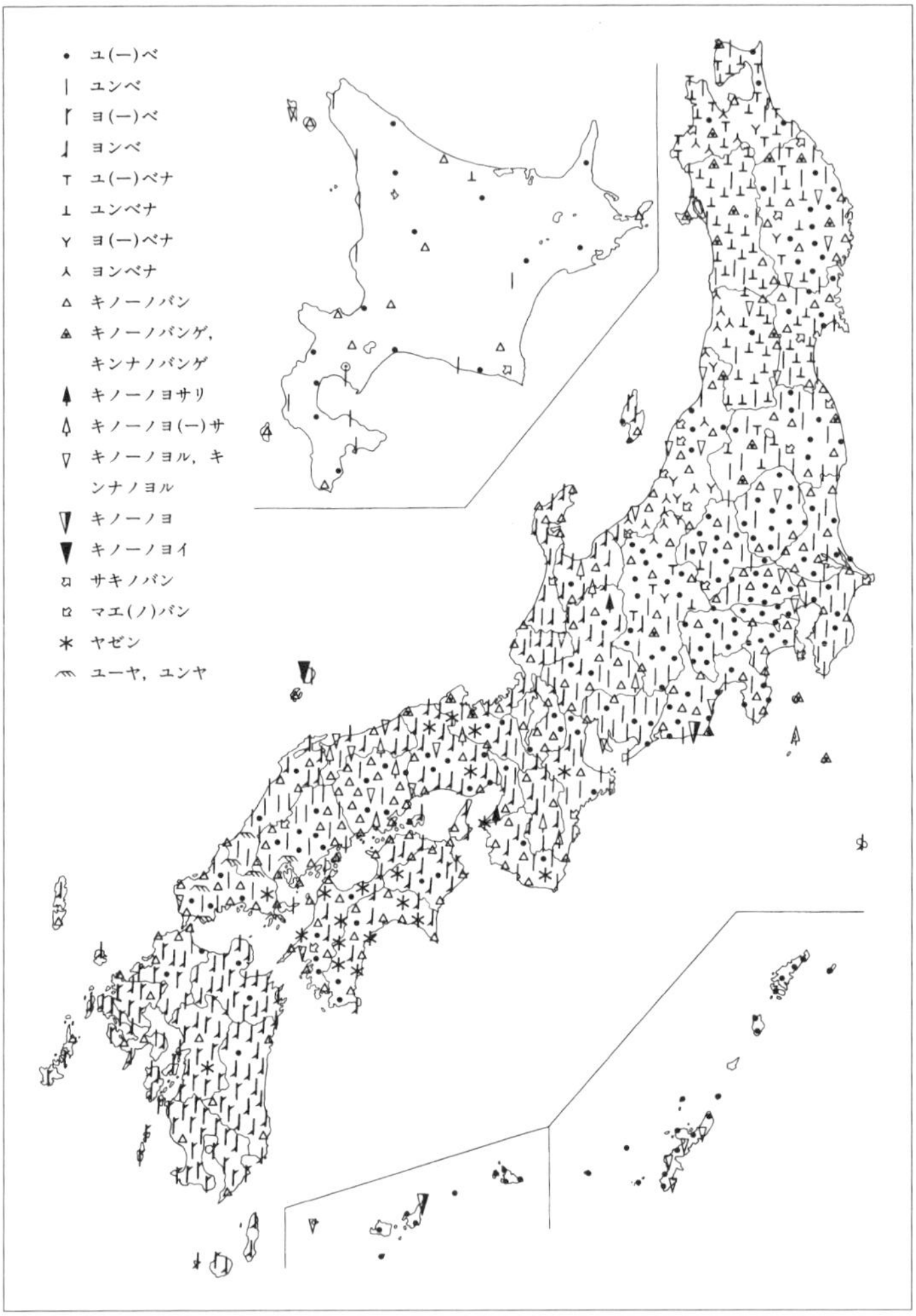
ユ(ー)ベ
ユンベ
ヨ(ー)ベ
ヨンベ
ユ(ー)ベナ
ユンベナ
ヨ(ー)ベナ
ヨンベナ
キノーノバン
キノーノバンゲ，キンナノバンゲ
キノーノヨサリ
キノーノヨ(ー)サ
キノーノヨル，キンナノヨル
キノーノヨ
キノーノヨイ
サキノバン
マエ(ノ)バン
ヤゼン
ユーヤ，ユンヤ

昨晩《さくばん》

　上代では、夜の時間帯が「ゆふべ↓よひ↓よなか↓あかつき↓あした」のように分けられていた。ユーベは、朝になって夜の時間の始まりを回想したところから「昨晩」の意味で使われるようになったといわれている。分布を見ると、このユーベ類とキノーノ～類が全国の大部分を占めている。

　四国を中心に西日本に点在するヤゼンは、「夜前」の表記で平安時代の記録体の文献に現れるが、徐々に使用範囲を広げ、近世には口頭語としても用いられたようである。

　なお、広島西部から山口にかけて見られるユーヤは「夕」と「夜」の複合形であろう。

37

こんばん（今晩）

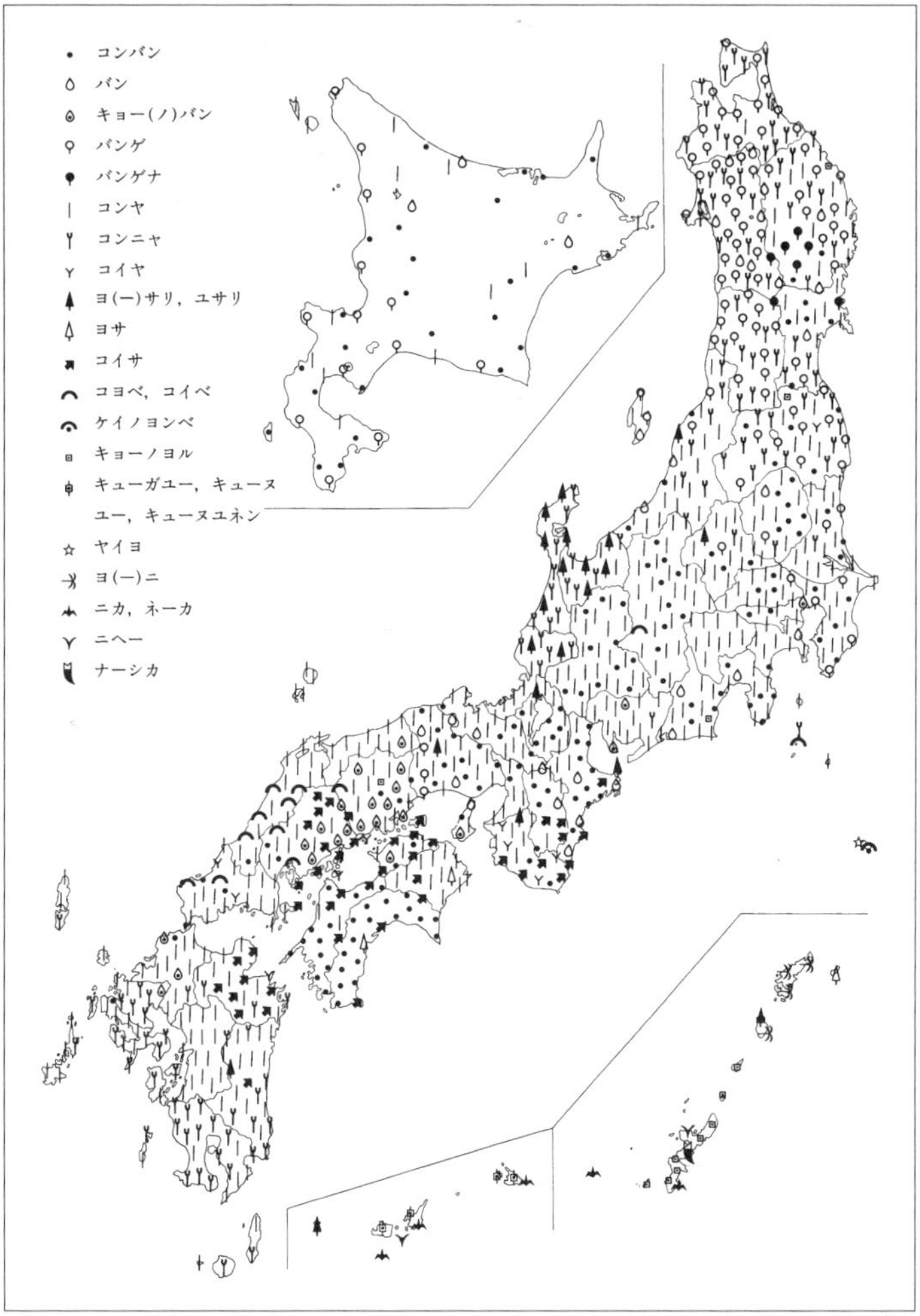
コンバン
バン
キョー(ノ)バン
バンゲ
バンゲナ
コンヤ
コンニャ
コイヤ
ヨ(ー)サリ，ユサリ
ヨサ
コイサ
コヨベ，コイベ
ケイノヨンベ
キョーノヨル
キューガユー，キューヌユー，キューヌユネン
ヤイヨ
ヨ(ー)ニ
ニカ，ネーカ
ニヘー
ナーシカ

今晩《こんばん》

分布図を見ると、コンバンなど漢語の形式が全国に広がっているが、コンヤの音声変化と思われるコンニャが本州の北と南に分断されている点は興味深い。

北陸にまとまって分布するヨサリは、「ヨ（夜）＋サリ」で、この「〜サリ」は、「来る」「近づく」意を表す動詞「さる（去）」の連用形である。平安時代の辞書『新撰字鏡』には、「由布佐利」のように「夕」を含む形で載録されているが、『竹取物語』『伊勢物語』などには和文特有の語としてヨサリが広く使われている。中世には一般民衆の口頭語としても広まっていったようだ。

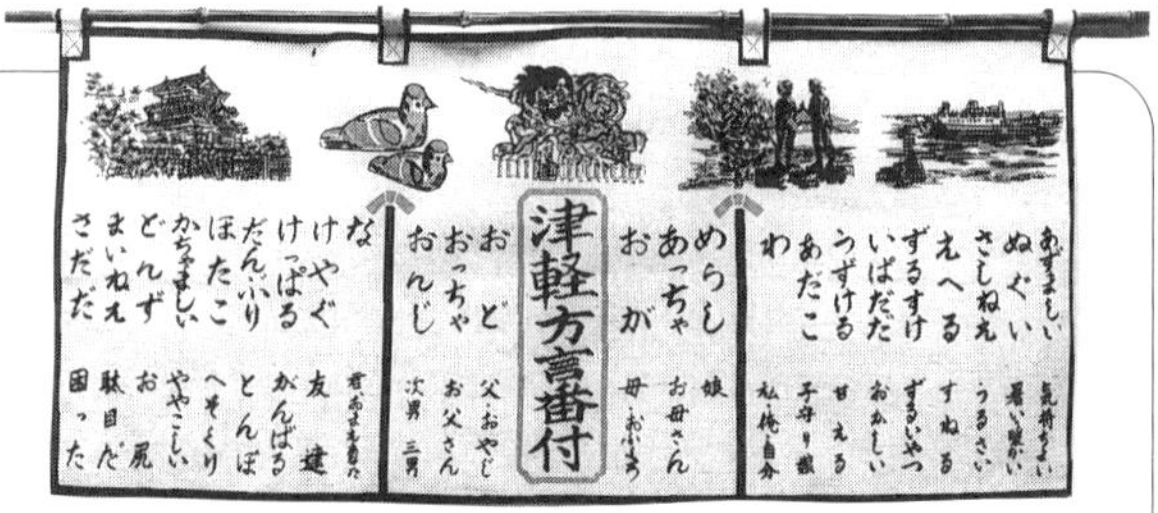

津軽のことば

津軽弁は薩摩弁や沖縄弁とともに日本語の最もわかりにくい方言であるとよくいわれる。それと同時に津軽弁は語り口の美しい方言としても知られている。

津軽弁を代表することばとしてとりあげられることの多いものは「アズマシイ」「マイネ」「ケヤグ」であろう。「アズマシイ」はゆったりした穏やかな気持ちを表すが、この語にぴったり当てはまることばを共通語に見いだすことはむずかしい。詩人の川崎洋氏はこの語のニュアンスを「快くて、気持ちがくつろいで、のびのびできて、拘束されない自由さがあって、せかされるということがなくて、居心地がよくて、ほっとする気持ちと満足感が結びついていて、悠々としている、それらを全部いっしょにしたような……」と表現している。

マイネエは「ソシタゴド、ヘバマイネ」（そんなことをしてはだめだ）のように使う。ケヤグは「友達」の意味である。

第Ⅱ部 人間と生活

1 人倫　40
2 人体の名称など　46
3 行為と感情　104
4 遊戯　148
5 食物・料理・味覚　162
6 生活　206

おんな（女）

女《おんな》

オナゴ
メロ
ニョーボ（ー）

第一**おなご**のたしなみは殿御《とのご》もってが大事ぞや（浄瑠璃・堀川波鼓（1706頃か）中）

Nhôbŏ（ニョウバウ）〈訳〉女　（日葡辞書（1603））

　全国の広い地域でオナゴが使われている。奄美・沖縄地方のウナグやイナグもオナゴに当たる語形である。標準語形のオンナは関東から中部にかけてまとまった領域をもつ。

　オナゴはオンナをはさんでその両側に分布しており、このような場合、方言地理学ではオナゴがオンナより古いと解釈するのが原則である。しかし、事実はその逆であって、文献を調べると「をんな」やその原形としての「をみな」の方が「をなご」「をみなご」よりもずっと古い。

　女性一般を表す最も古い語は、文献の上では「め」である。奈良時代には「め」も「をみな」も使われているが、「め」が「女性」「妻」「雌」の意味であるのに対して、「をみな」は「若い女」「美しい女」の意味合いが強かった。この古語「め」は、現代標準語では複合語「めす」「めうし」「めんどり」などの中に、方言としては北陸のメロ、沖縄のミドゥムの中に残っている。メロは古語「めらう」（女郎または女童）の変化であり、ミドゥムは「めども」（女供）に対応する。

　平安時代に入ると「をみな」が「をんな」の形に変化するとともに、意味も女性一般を指すようになった。一方、「め」は次第に価値が低下し、女性を卑しめ、見下げて言うときの表現になった。「をんなご」は平安時代から見られるが、当初は「幼女」「成人した若い娘」の意味で使われた。「をんなご」の転じた「をなご」は室町期から現れる。

　ニョーボ（ー）、ニョーバは「女房」に由来する。本来は「女官の部屋」を指す語であるが、「貴人に仕える女」「妻」「女性一般」などの意味に変化していったわけである。ネショ（ー）は「女性」（にょしょう）に由来するものであろう。

おんな（女）

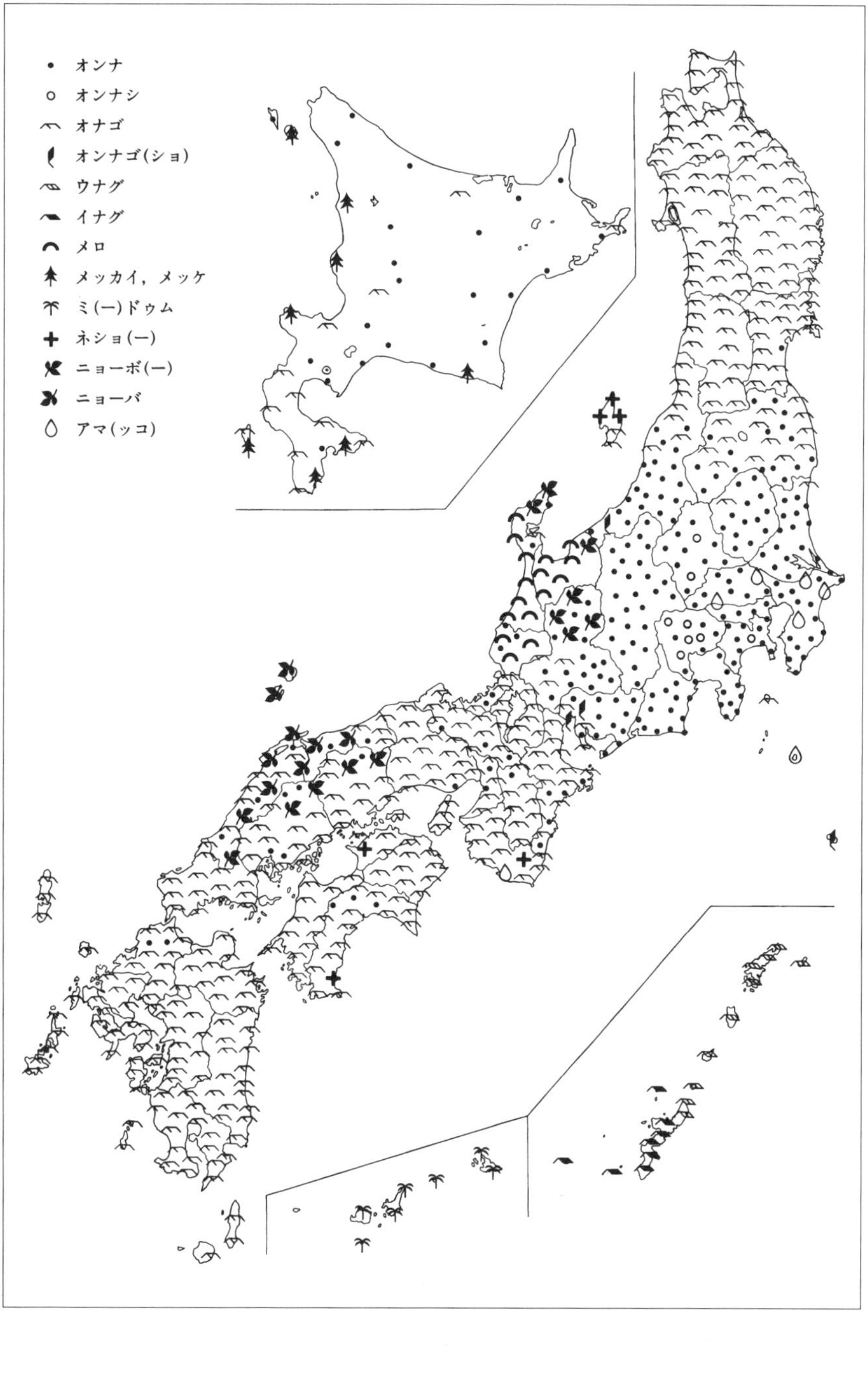

• オンナ
○ オンナシ
オナゴ
オンナゴ(ショ)
ウナグ
イナグ
メロ
メッカイ，メッケ
ミ(ー)ドゥム
ネショ(ー)
ニョーボ(ー)
ニョーバ
アマ(ッコ)

ひまご（曾孫）

曾《ひ》孫《まご》

ヒコ
ヒコマゴ
ヒューマゴ
マタンマガ

それが子、孫、**ひこ**、やしは子にいたるまで、のこりなくとり殺しはてて　（宇治拾遺物語（1221頃）一一・一〇）

文献によれば、上代では孫はウマゴ（ムマゴ）ともヒコとも表現されており、「曾孫」はヒヒコであった。すなわち、上代における「子」「孫」「曾孫」の系列には次の二つが混在していたらしい。

コ－ヒコ－ヒヒコ（Ａ）

コ－ウマゴ（ムマゴ）－ヒヒコ（Ｂ）

このうちＡはきわめて整然とした体系であり、ヒは「次の」という意味の接頭辞、すなわち、「子」「次の子」「次の次の子」の意であると考えられる。おそらく、ＡはＢよりも古く、新しく発生したウマゴ（ムマゴ）によって、奈良時代は一種の混乱状態にあったのだろう。

さて、現代の方言では概略的に次の四系列が認められる。

コ－マゴ－ヒコ（Ｃ）……東日本

コ－マゴ－ヒ（ウ）マゴ（Ｄ）……西日本

コ－マゴ－ヒコマゴ（Ｅ）……東日本

コ－マゴ－マタマゴ（マタマガ）（Ｆ）……奄美・沖縄

このうち、Ｃは、Ｂにおける新勢力のマゴ（ウマゴ・ムマゴ）が「孫」の意味分野を占拠した際に、旧来のヒコが「曾孫」の意味分野に押し出されたものと考えられる。Ｄは「孫」の意のマゴに接頭辞ヒを冠して成立した体系である。ＥはＣの体系が成立した後、ヒコに接頭辞的性格が生じてできたものであろう。関東のＥ体系はＣとＤとの接触（混交）によって生まれたとする見方も可能である。

なお、現代の国語辞書の多くはヒコもヒマゴも「曾孫」の意として載せている。

ひまご（曾孫）

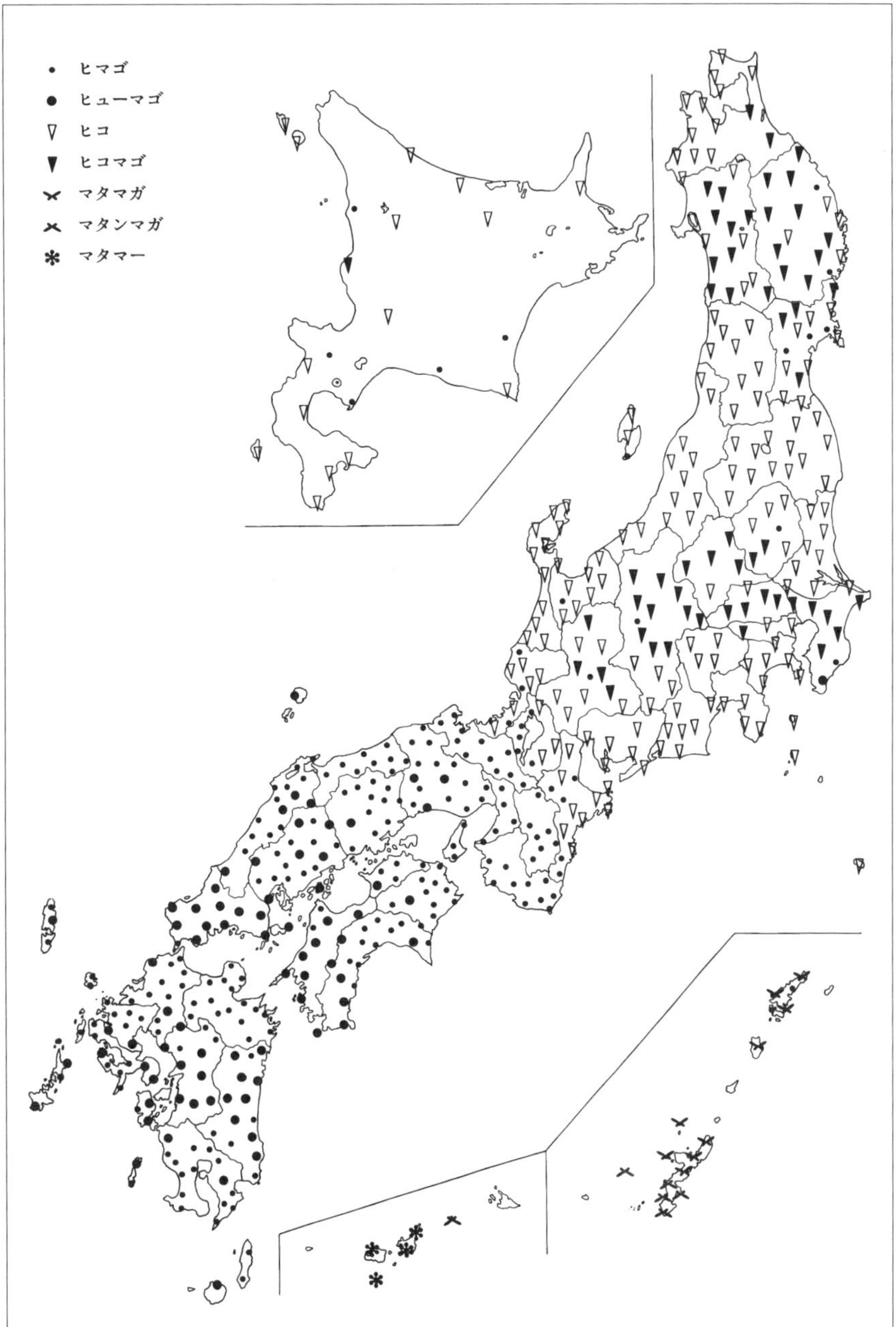
ヒマゴ
ヒューマゴ
ヒコ
ヒコマゴ
マタマガ
マタンマガ
マタマー

やしゃご（玄孫）

玄孫《やしゃご》

ヤシャマゴ
ヒーヒーマゴ
ツル（ノ）マゴ

玄孫　爾雅云曾孫之子為玄孫〈玄遠也　言益疎遠和名**夜之波古**《やしはこ》〉（和名抄（934頃）一）
浦島がため**ひひ孫**の家に移れば世もすでに　（浄瑠璃・浦島年代記（1722）七世の鏡）

「玄孫」は上代には「やしはご」と称されていた。ヤは数の多いことを意味する「や」または「いや（弥）」に由来するらしい。「ひまご（曾孫）」の図の解説（四二ページ参照）に即して述べれば、この意味分野の変遷の過程は次のようであったと考えられる。

コーヒコーヒヒコーヤシハゴ……古代中央語
コー（ウ）マゴーヒコーヤシハゴ……東日本
コー（ウ）マゴーヒ（ウ）マゴーヤシハマゴ……西日本

すなわち、東日本では「曾孫」がヒコであったために「玄孫」のヤシハゴがそのまま保存され、西日本では「曾孫」の呼称がヒ（ウ）マゴとなったために「玄孫」もマゴを後接するヤシハマゴに変化したのである。

沖縄は、コーマゴーマタマゴーヒキマゴの体系であるが、このヒキは「引き」であって、「マタマゴに引き続くマゴ」の意と思われる。西日本にはヒーヒーマゴも多いが、これは「曾孫」のヒマゴにさらに接頭辞のヒを重ねた新表現である。シャシャラマゴはヤシャラマゴが後接のシャの音に引かれて変化したものであろう。近畿を挟んで両側に見られるから、かつては近畿中央でも用いていた可能性もある。

山形・宮城・福島に見られるヤサイゴは面白い表現である。これはヤシャゴのシャをサイのなまった形と誤認してもとの形に戻した「誤れる回帰」（三六三ページ参照）の一種であろう。

ツル（ノ）マゴは近畿中央に集中するほか、西日本各地に散在する。分布から見て、かなり新しい勢力であろう。『天正本節用集』（一五九〇）に「雲孫」の意のツルノマゴが見られるが、「雲孫」とは自分から数えて九代めの孫を指すという。とすれば、隣接意味分野の語形が「玄孫」の意に変化したことになろう。

45

やしゃご（玄孫）

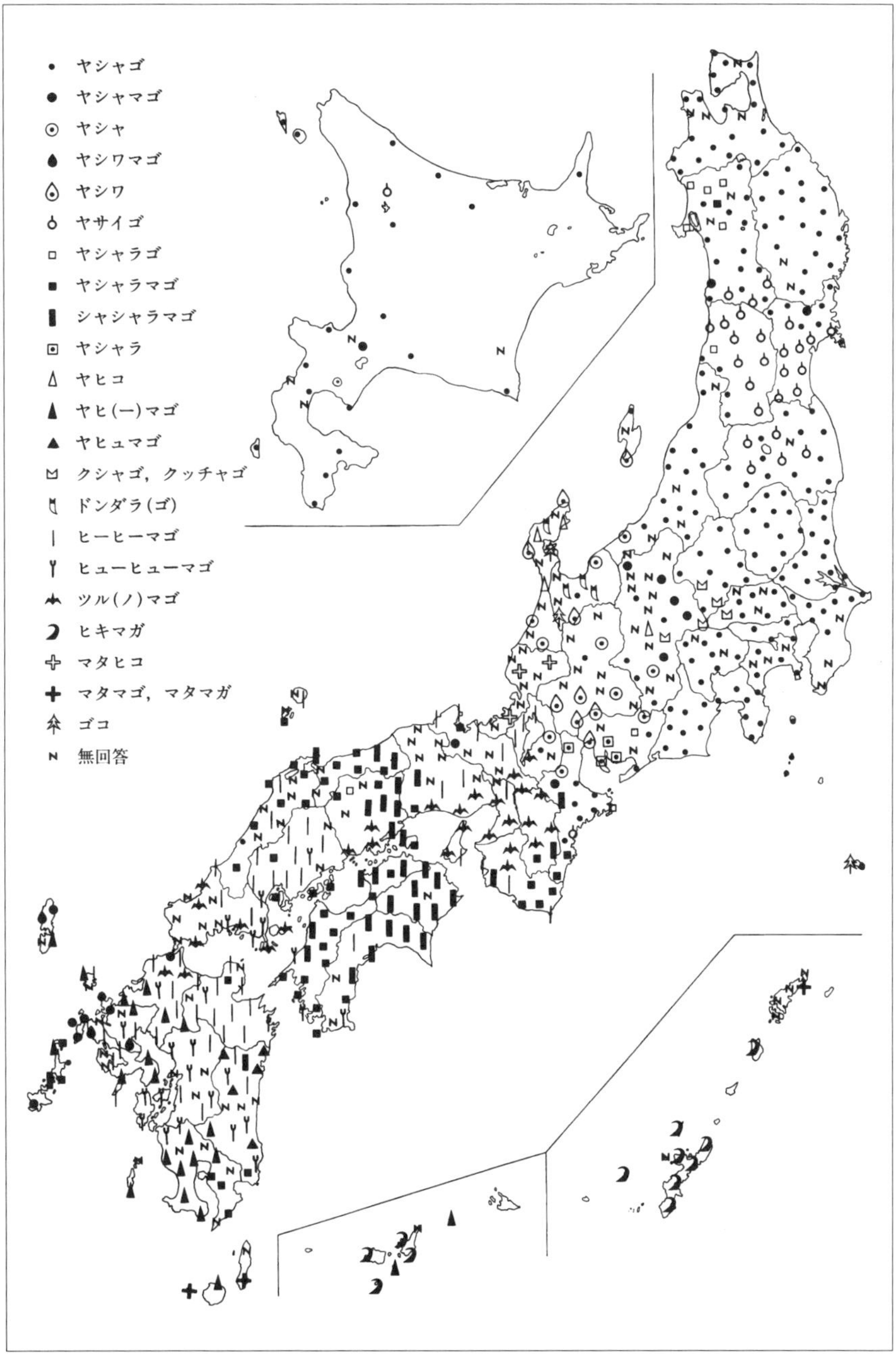
ヤシャゴ
ヤシャマゴ
ヤシャ
ヤシワマゴ
ヤシワ
ヤサイゴ
ヤシャラゴ
ヤシャラマゴ
シャシャラマゴ
ヤシャラ
ヤヒコ
ヤヒ(ー)マゴ
ヤヒュマゴ
クシャゴ，クッチャゴ
ドンダラ(ゴ)
ヒーヒーマゴ
ヒューヒューマゴ
ツル(ノ)マゴ
ヒキマガ
マタヒコ
マタマゴ，マタマガ
ゴコ
無回答

あたま（頭）

頭《あたま》　ビンタ・クビ　スコタン

『**頭**《ぴんた》打ち斬るぞ』『はあ、真平御免なせえ。**びんた**打ちきられてたまるものか』（歌舞伎・蔦紅葉宇都谷峠（1856）三幕）

文献の上では『万葉集』に「父母が可之良（かしら）かき撫で幸（さ）くあれていひし言葉（けとば）ぜ忘れかねつる」（三〇・四三四六）と見られるようにカシラが古い語形である。現在、カシラは人間の頭部を表す語としてはほとんど使われなくなった。「尾かしら付きの鯛」とか、英語の「かしら文字」など、本来の意味から派生した用法として残っている程度である。

コーベはカミヘ（髪辺、上部、上方など）の変化形といわれ、平安期から例が見られるようであるが、現在では、「こうべを垂れる」のような文章語としてのみ使われる。

南九州にビンタがまとまって分布するが、周辺の熊本・福岡・長崎・奄美では「頬」のことをビンタと言っている。標準語では「頬」を平手で打つことを「びんた」「往復びんた」などと呼んで、昔は体罰のひとつとして頻繁に行われたようである。

ズクニューは太った憎々しい僧侶をののしって言う語で、近世の文献にはたびたび登場する。「あたま」の意味では、江戸期の辞典『倭訓栞』に「づくにふ天窓（あたま）の事を土佐加賀にいふ」という記述が見える。

四国の東北部に見られるドクロは、標準語では頭蓋骨を意味する語である。香川県の方言集には「どくろが痛い」という表現が記されており、標準語の「頭」の意味で使われていることがわかる。

地図には見られないが、関西の漫才などで「どたま張り倒したろか」という表現をよく耳にする。このドタマはドアタマの変化形である。「どあほう」のように、ののしる気持ちをこめる接頭語の「ド」がついたもので、現在は卑語として近畿周辺で用いられている。

47

あたま（頭）

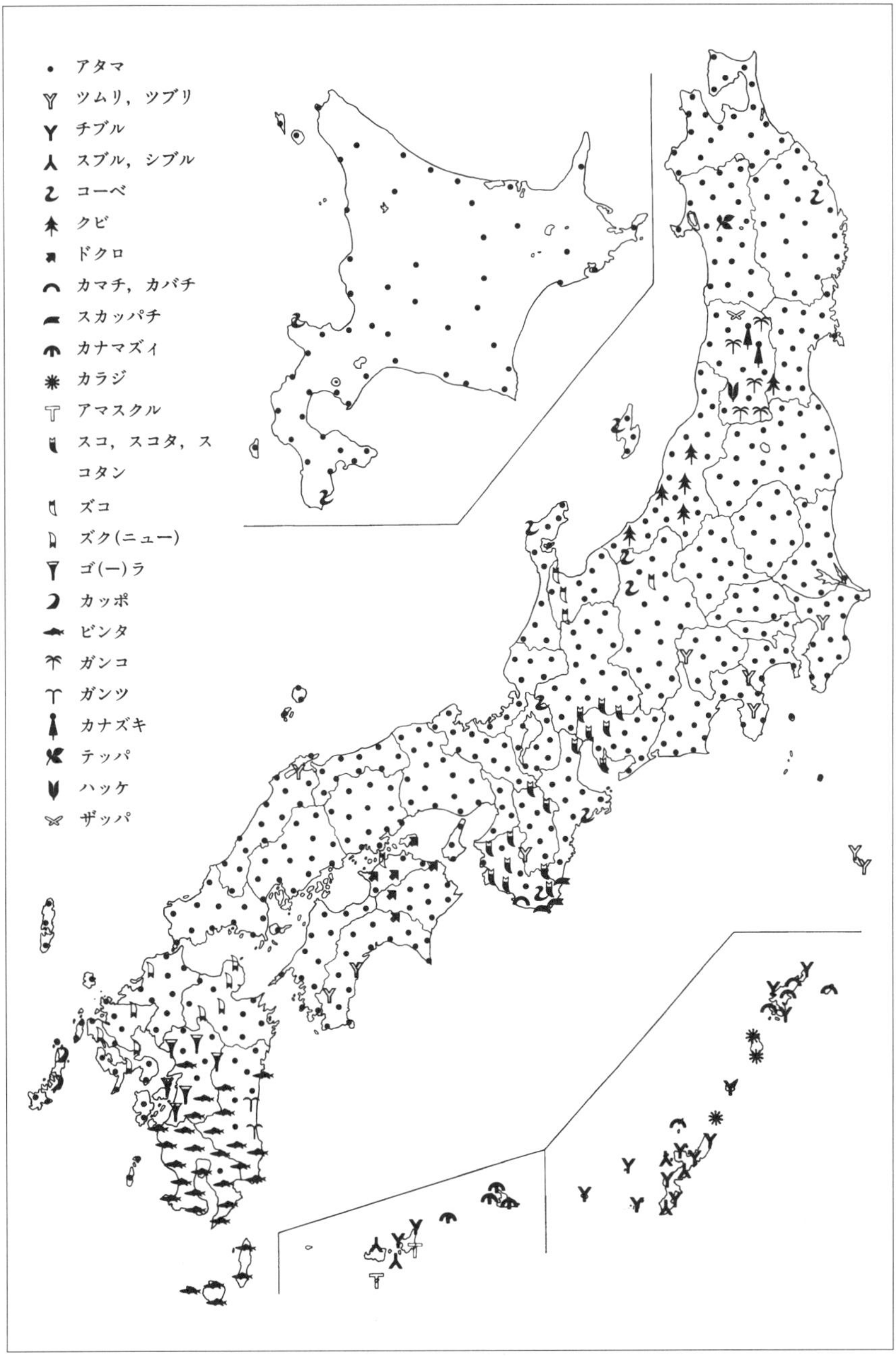
アタマ
ツムリ，ツブリ
チブル
スブル，シブル
コーベ
クビ
ドクロ
カマチ，カバチ
スカッパチ
カナマズィ
カラジ
アマスクル
スコ，スコタ，スコタン
ズコ
ズク(ニュー)
ゴ(ー)ラ
カッポ
ビンタ
ガンコ
ガンツ
カナズキ
テッパ
ハッケ
ザッパ

はげあたま（禿頭）

禿《はげ》頭《あたま》

キンカ・アメ
チャビン

又上髭ありて赤みはしり天窓《あたま》は**きんか**なる人有
（浮世草子・好色一代女（1686）六・四）

地図に示されている語形を整理すると、「はげる」という意味を表す動詞を用いた表現と、形状の似たものにたとえた表現とにわかれる。前者は全国的な広がりを見せているが、後者は近畿・中国にまとまった分布領域を持ち、東日本にも散在している。

石川・富山・岐阜北部にズベ・ズベタがあるが、「はげる」ことをズベルという地域とほぼ重なる。「滑る」と関連があろうか。石川・福井では頭がはげることをズルという。福井の方言集には「彼の男の頭は大分ずって居る」という表現も見られる。

山形・新潟のアメアタマの分布地域も、「はげる」ことをアメルという地域と重なる。新潟ではアメルが「衣類などの布地が、すり減って薄くなる」意味や、「雪道が踏み固められて、鏡のように滑らかになる」意味でも使われている。そうした状態はいずれも頭のはげた様子に通じるところがあり面白い。

チャビン・ハゲチャビンが近畿にまとまって分布しており、ヤカンが東日本に広がりを見せている。『物類称呼』（一七七五）に「やくはん　大坂及中国四国にて、ちゃびんと云」とあり、近畿以西では薬罐をチャビンといっていたようである。頭のはげ上がった様子が薬罐に似ているところからついた名称であろう。

中国から九州にかけてキンカ（アタマ）・キンカン（アタマ）がまとまっている。金柑になぞらえたものである。この語は近世の文献にも多く見られるが、当時は、つるつるした頭をさして「きんかあたまの蠅すべり」などとからかったりもしていたらしい。

なお、沖縄の方言集にみられるイムンツィブルのイムンは鋳物、ツィブルは頭の意味である。

はげあたま（禿頭）

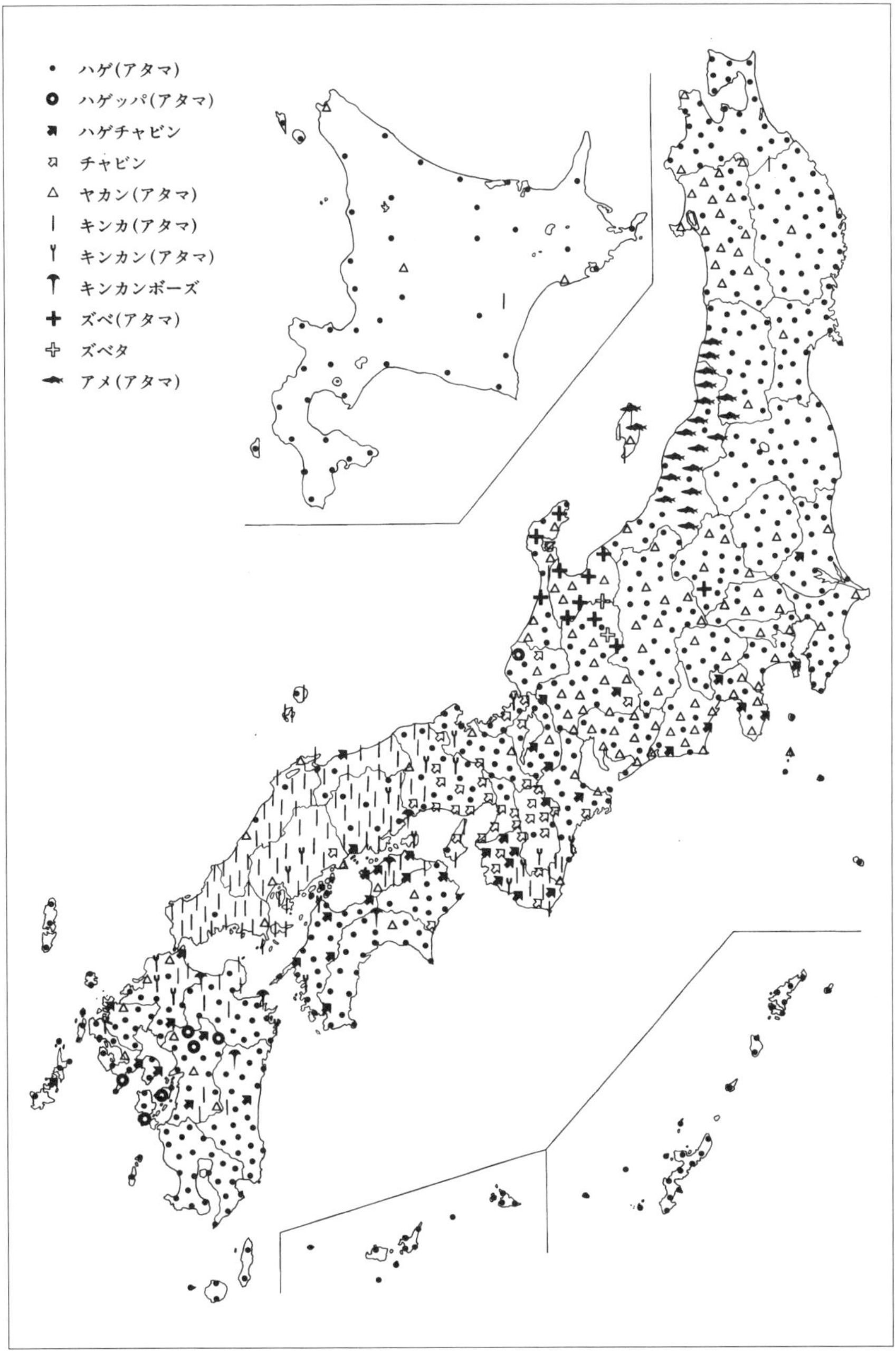

ハゲ(アタマ)
ハゲッパ(アタマ)
ハゲチャビン
チャビン
ヤカン(アタマ)
キンカ(アタマ)
キンカン(アタマ)
キンカンボーズ
ズベ(アタマ)
ズベタ
アメ(アタマ)

つむじ（旋毛）

旋毛《つむじ》

ツジ・マキ
マキメ・マイ
ギリ（ギリ）

二つ斗の子の鼻たれて、あたまの辻《つぢ》ゆがふで、まだ泣たいといふやつをすかして（浮世草子・好色二代男（1684）二・三）

「つむじ」を表す最も古い語はマキであったと推定される。南西諸島・中部・東日本の日本海沿岸のマキ及び重複形マキマキと、マキとメ（目）が複合した北関東・東北のマキメが示す三辺境分布（日本の南北と中間部の三箇所に同じ語が残存するような分布）がその古さを物語っている。マキがほかの語形と複合したものも多い。

マキの後に伝播したと考えられるのがツムジである。ツムジは天平勝宝二（七五〇）年の文献に確認できるが、方言の分布は東日本南部に偏る。これは奈良・京都で使われ伝播したものが関東まで伝わり、特に近世に江戸を中心として再び拡大したもので、西日本では消えてしまったものと考えられる。西日本に広く分布しているツジはツムジ→ツンジ→ツジと変化したものであろう。ツジとマキとが複合したツジマキやその変化形マチジ・ジュジュマキ、マイツジなどもツジ類の語の広がりを示す。

その次の伝播はサラであると推定されるが、文献では確認できない。近世になって大きな勢力をもつのが九州・中国・近畿・北陸を席巻するキリである。キリは「きりもみ旋回」「きりきり舞い」「錐」などに見られるように廻っている状態をいう擬態語であったようで、ギリギリ・ギリギスの他、複合形マキギリや、ツジとも関連があると思われるギジギジ・ツリ・チリなどを生む。近世半ば頃、マキマキに「舞い舞い」の解釈が加わってできた、もしくは、マキマキの音便形としてのマイマイ・マイが登場しており、マイツジなどを生みながら福岡・山口・四国・紀伊・滋賀・中部など、やはり西日本中心に分布している。宮城付近のマキマイはこれらとは別に独自に生まれたものかもしれない。

なお、この図は「つむじかぜ（旋風）」の図（九ページ参照）と密接に関連するので相互に参照してほしい。

51

つむじ（旋毛）

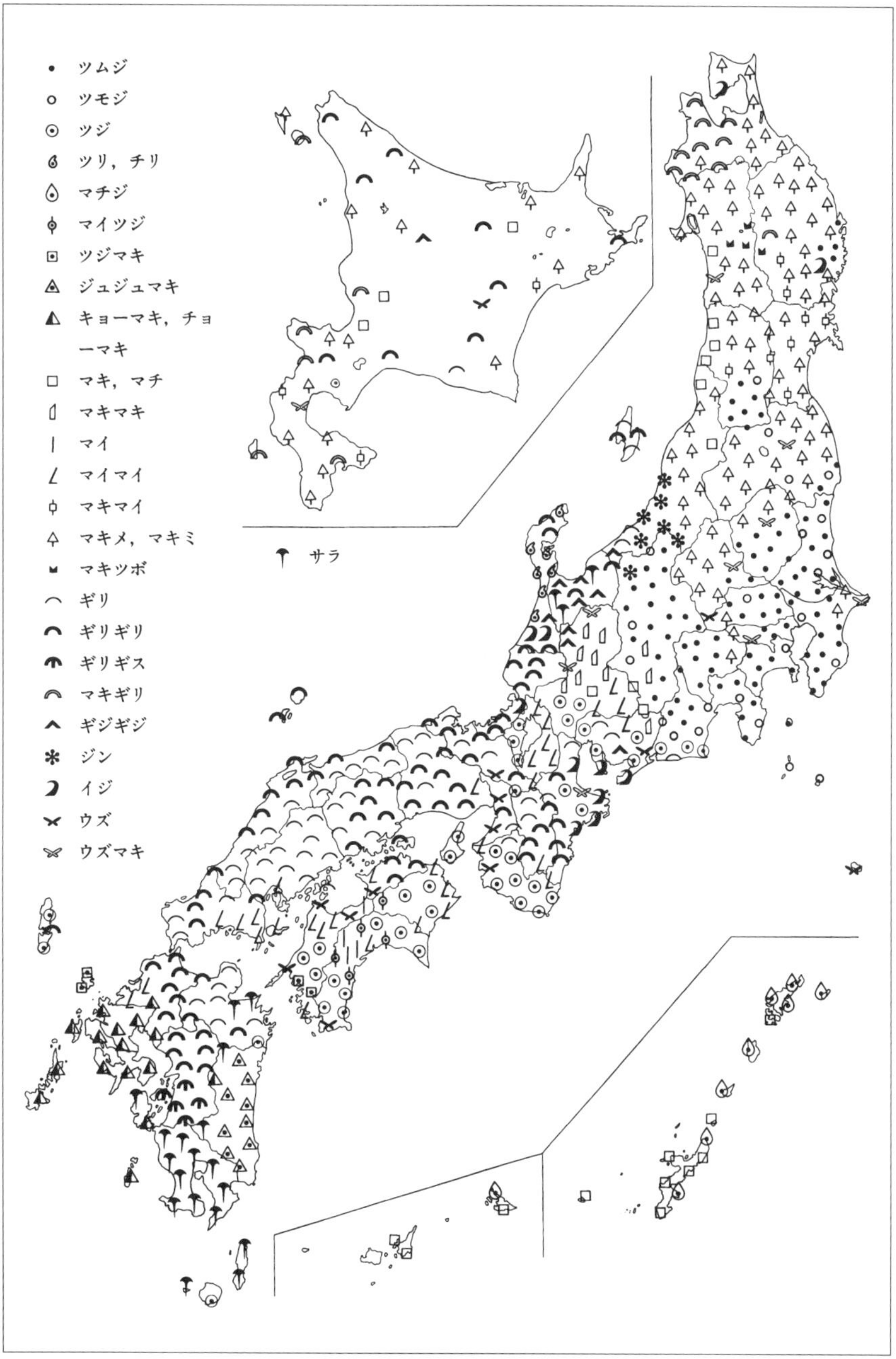

ツムジ
ツモジ
ツジ
ツリ，チリ
マチジ
マイツジ
ツジマキ
ジュジュマキ
キョーマキ，チョーマキ
マキ，マチ
マキマキ
マイ
マイマイ
マキマイ
マキメ，マキミ
マキツボ
ギリ
ギリギリ
ギリギス
マキギリ
ギジギジ
ジン
イジ
ウズ
ウズマキ
サラ

ふけ（雲脂）

雲《ふ》脂《け》

アカ・コケ
イコ・ウロコ

うろこ　**ふけ**共〈略〉魚鱗に似たる心にてかくいひしか。江戸　**ふけ**（浜荻（仙台）（1813頃））

読書などをしているとき、頭を掻いたりすると、髪の毛の間から白いものが本の上に落ちてくることがある。標準語ではフケと言っているが、平安時代の辞書『和名抄』に「加之良乃阿加」と記されているように、古くは、頭にたまる「ふけ」を「あか（垢）」の一種としてとらえていたようである。また、同書の「雲脂」「鱗」の項目には、それぞれ「イロコ」という同じ訓が当てられている。おそらく、当時は「ふけ」というものがはっきりと意識されていなかったのであろう。そのために、どこか似たところがある「うろこ」を意味したイロコを、「ふけ」を表す語形としても代用していたのかもしれない。

なお、このイロコと同類のイコ、イリコ、イリキ、イリチといった語形が九州南部から奄美・沖縄諸島にかけて分布しており、これらの地域では「ふけ」も「うろこ」も語形の上で区別しない傾向が強い。『浜荻』の例に見られるように、江戸時代には仙台で「ふけ」のことをウロコといっていた。現在では、東北および九州南部に点在する。宮崎では「うろこ」もウロコで区別がない。

アカは東北地方にまとまった分布がみられるが、これらの地域では「垢」もアカであって垢と雲脂の区別がない。

コケ類の語形は、各地でいろいろな意味に使用されている点が特徴的である。コケを「うろこ」の意味で用いる例は近世の文献にも見られ、東日本に広い分布領域を持っている。「ふけ」の意味でのコケは高知・熊本・宮崎に主として分布している。また、瀬戸内海地方、中国・四国西部から九州にかけての地域に、「垢」の意味でのコケがまとまって見られる。「きのこ」の意味としては、新潟から北陸・岐阜にかけて連続した分布を示している。

53

ふけ（雲脂）

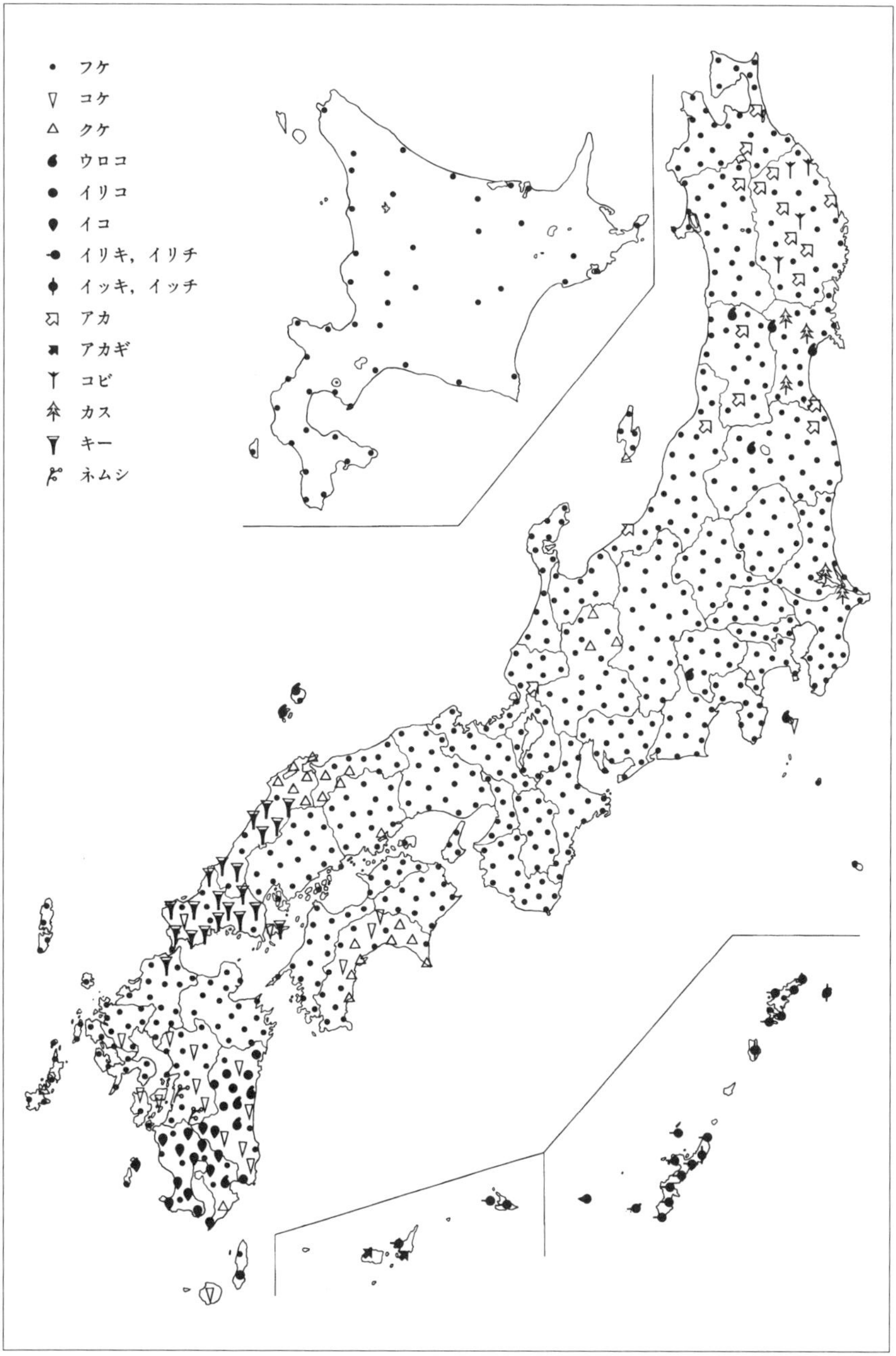

• フケ
コケ
クケ
ウロコ
イリコ
イコ
イリキ，イリチ
イッキ，イッチ
アカ
アカギ
コビ
カス
キー
ネムシ

かお（顔）

顔《かお》

オモテ・ツラ
メン

紅の**意《お》母《も》提《て》**の上に何処《いづく》ゆか皺が来たりし〈山上憶良〉（万葉集（８Ｃ後）五・八〇四）

現在、「顔」を表す共通語はカオであるが、ツラも顔を表す語として使われている。ただ、ツラは「ツラの皮が厚い」「ツラ汚し」「横っツラを張り倒す」でもわかるように、罵倒する場合や嫌悪の対象など、悪い意味に限って使われる傾向がある。しかも、右のような慣用句や「ツラ構え」「ツラ魂」「ツラ付き」などのような複合語での用法が中心であり、使われる場面が限定され、語の生命力が弱ってきていることがうかがえる。また、テレビの時代劇などで「オモテを上げーい」という時のオモテも、顔を表す古い用法が残っているものである。さらに、「メン食い」「メン食らう」などのメンも、顔を表す語である。

さて、ツラはカオを挟んでその両側の地域に見られるから、方言分布の上からはツラがカオよりも古い語であると推定される。ところが文献に現れる順序はその逆であって、カオ（かほ）は容貌の意で『万葉集』など奈良時代の文献に見られるのに対し、顔の意味のツラは平安後期から現れる（奈良時代にはツラは「頬」の意味であった。六二ページ参照）。この矛盾はどのように解釈されるのだろうか。

地図を見ると、日本の中央より最も遠い宮古諸島にオモテが分布する。このオモテが顔を表す最も古い語で、初め顔を表したものが後になって物の表面の意を表すようになったことが文献からも明らかにされている。メンは、地図では省略されているが岡山・兵庫・長野・岩手に各一地点あるだけである。

カオとツラの歴史的関係については、オモテの後、中古に庶民語としてツラが広がり（そのころはカオはまだ貴族語）、その後、中世になってから庶民もカオを使うようになってカオが普通称として広まり、ツラは卑称化したと推定されている。すなわち、方言の分布は貴族語の歴史ではなく、庶民のことばの歴史を反映しているのである。

55

かお（顔）

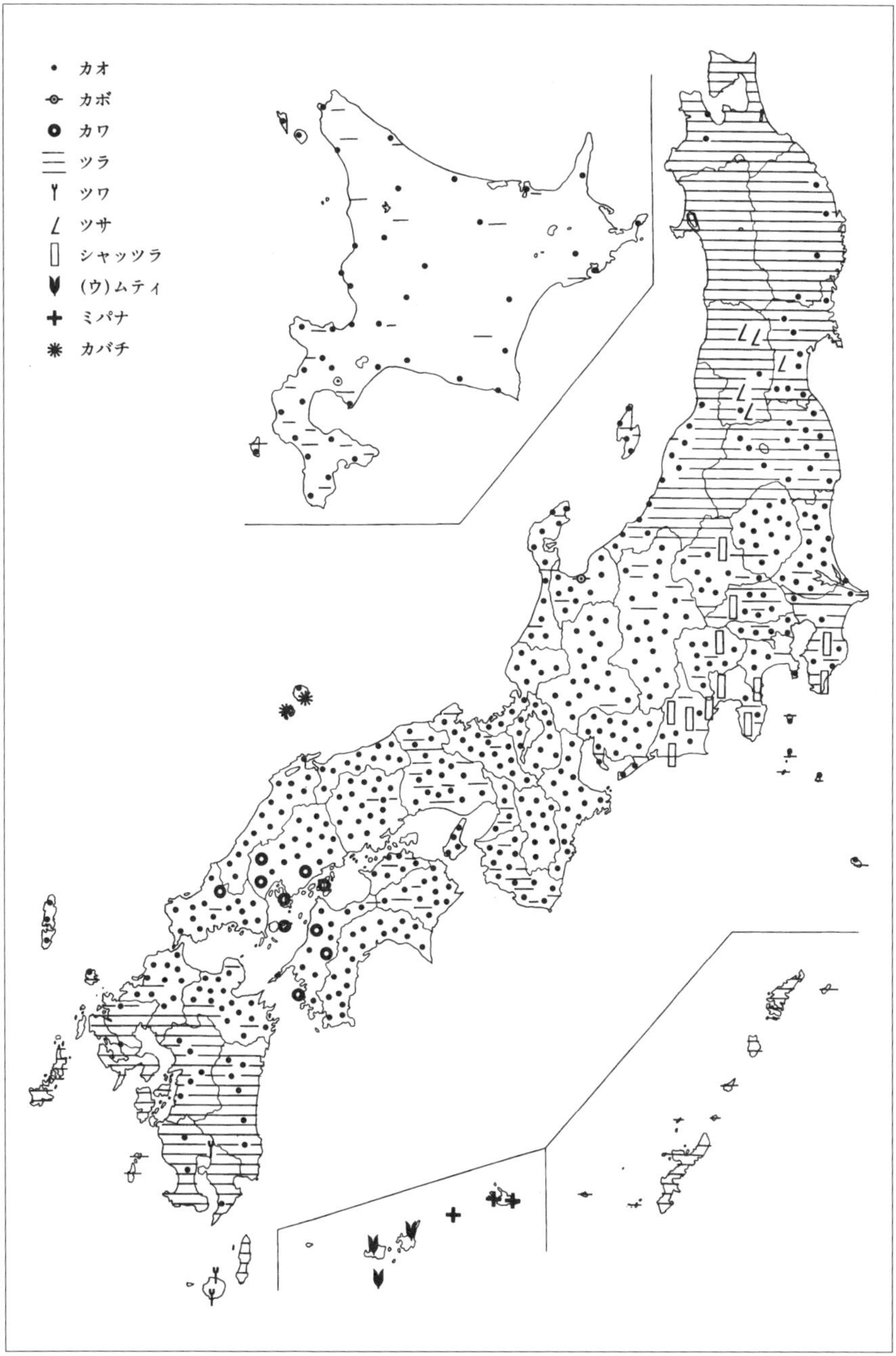
カオ
カボ
カワ
ツラ
ツワ
ツサ
シャッツラ
(ウ)ムティ
ミパナ
カバチ

まゆげ（眉毛）

眉《まゆ》毛《げ》

マヨ（ゲ）　マミゲ
マイ（ゲ）　マミアイ
マゲ・マヒゲ　マミエ

最う三十七八になるだらうが、まだ**眉毛**《まみゑへ》をくっ付けてゐるナ　（滑稽本・浮世床（1813–23）二・上）

文献の上で確認できる最も古い語形はマヨである。このマヨが付く語形を方言分布の上で捜してみると、地図では省略されているが、南西諸島・徳島・能登・新潟・秋田など周辺部に分布し、マヨが古い語形であることを裏付けている。マヨの次に文献に現れるのはその変化形マユで、平安時代になって『和名抄』『源氏物語』に見られ、九州・四国・北陸などやはり周辺部に分布する。そのマユの近く、やはり九州・四国・北陸などに分布するマイは、マユから変化したものと考えられ、文献では室町時代初め頃から見られる。

更に、この少し後の文献ではマユゲ・マイゲなどのケのついた語形が見られるようになる。方言分布の上で、ケの付かない語形とケの付く語形とを比較すると、東日本を別にすれば、ケの付かない語形が南西諸島・九州・四国南部・出雲・北陸など周辺部に分布するのに対し、ケの付く語形がその内側に分布するかたちになっており、後者が前者より新しい語形であることがわかる。また、マゲ（目毛）・メゲが南九州・中部地方に分布する。千葉南部のマンゲもこの類であろう。これらに挟まれるようにして中国・紀伊半島にマヒゲ（目髭）が分布する。分布からは、マゲ・メゲの後マヒゲが伝播したものと推定されるが、これらは文献例が確認できず、マヒゲはマイゲから民衆語源（三六二ページ参照）によって地域的に生まれた可能性も考えられる。一方、地図では省略されているが、島根半島付近・福井・石川・滋賀・静岡西部・愛知などにマエゲが点在する。このマエゲは江戸前期上方での用例が認められる。

関東周辺に見られるマミアイ・マミエ・マミゲは、この順番で近世の文献に確認できる語形であり、これらは、関東周辺では、マユ・マイ・マエ以降の最も新しいものであることがわかる。

57

まゆげ（眉毛）

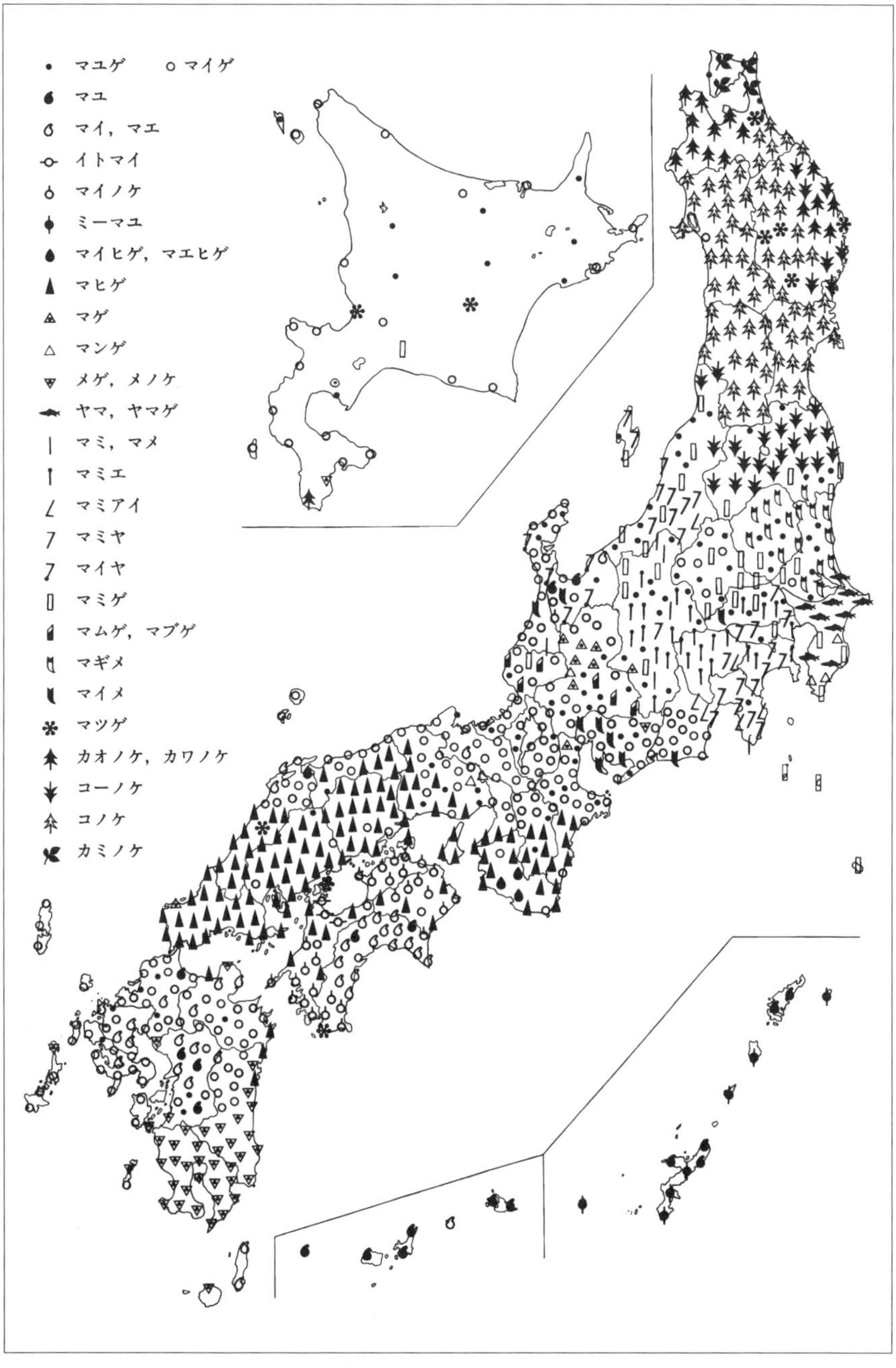
• マユゲ ○ マイゲ
マユ
マイ，マエ
イトマイ
マイノケ
ミーマユ
マイヒゲ，マエヒゲ
マヒゲ
マゲ
マンゲ
メゲ，メノケ
ヤマ，ヤマゲ
マミ，マメ
マミエ
マミアイ
マミヤ
マイヤ
マミゲ
マムゲ，マブゲ
マギメ
マイメ
マツゲ
カオノケ，カワノケ
コーノケ
コノケ
カミノケ

め（目）

目《め》

マナコ
マナク

翁の言ふやう、御迎へに来む人をば、長き爪して、**まなこ**をつかみ潰さむ。さが髪をとりて、かなぐり落とさむ　（竹取物語（9C末－10C初））

現代語で「目」の総称を表す語形を挙げるとすれば、メとマナコがある。マナコは「どんぐりマナコ」などのように使うこともあるが、単独では使わない。古語的な文章語・雅語といえようか。

地図をみると、マナコとマナクが東日本に広く分布しており、東のマナコ（ク）対西のメという東西対立分布をしている。しかし、マナコ（ク）の分布を詳しく見てみると、東日本では東北全域、関東の特に周辺部、伊豆諸島、中部などに分布し、西日本では北陸のほか、兵庫、徳島、出雲、長崎の五島列島などに点在している。すなわち、メと対比してみると、マナコ（ク）は東日本北東部と西日本の比較的周辺部に分布し、マナコの方がメより古い語形であるようにも見える。しかし、マナコの語源は「目之子」であり、古くは黒目の部分を指していたともいわれている。ところで、この地図と似た分布を示すものに「畦《あぜ》」におけるアゼとクロ、「灰」におけるハイとアクの地図があるので比較していただきたい。これらの類似は何らかの歴史的関連を示しているようで興味深い。

マナコとマナクとの区別について見てみると、マナクは東北のほか関東のマナコの間にも点在していて、単に東北訛りの語形ともいえないことがわかる。西日本には見られないが、長崎のことばをうつしているとされる中世末のキリシタン資料にマナクの例がある。東日本のマナクと、この長崎のマナクが関係あるものか、それともそれぞれ独自にマナコから変化した方言形であるかは今後の検討課題である。

なお、東北・関東および九州において共通語形のオ段音がウ段音で現れている例には、「頬」におけるフー類や「顎」におけるアグ類がある。これらは、ある古い段階におけるウ段音化の残存かもしれない。

59

め（目）

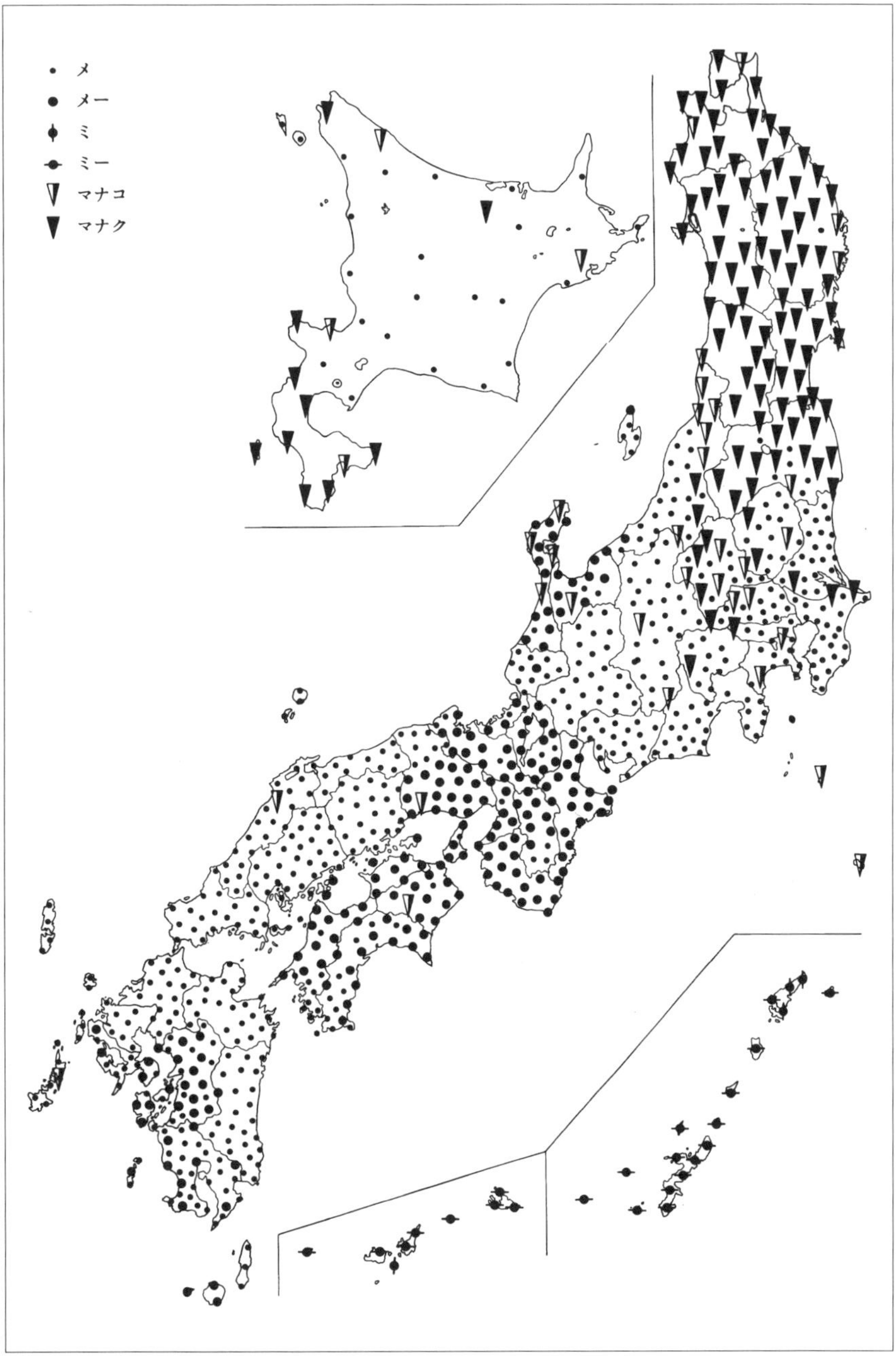

メ
メー
ミ
ミー
マナコ
マナク

ものもらい（麦粒腫）

麦粒腫《ものもらい》

メボイト
（メ）カンジン
インノクソ

うっとしき眼の門口に**物もらひ**（雑俳・しげり柳（1848））

まぶたのへりにぷつっとできる小さなできもので、むずむずしてかゆいが、やがて自然になおる。戦前は誰もが経験したものだが、近ごろはあまりかからなくなった。

この眼病に関しては、「三軒の家から米をもらって食べるとなおる」（福島県東白河郡）、「ざるを持って隣近所五軒から穀物をもらって歩くとなおる。その時橋を渡ってはいけない」（神奈川県箱根町）などのように、他人から何か品物をもらうと治癒するという俗信が各地に見られる。モノモライという名称はこの俗信に由来するものであり、メコジキ、ホイト、メボイト、（メ）カンジンなどの呼称も、「食べ物をもらい歩く人」すなわち「乞食」（こじき）と関係のあることばである。「乞食」は本来「こつじき」、すなわち、僧が修行のため人家の門に立って食を乞い求める「托鉢」のこと、ホイトは「陪堂」（ほいとう）、カンジンは「勧進」に由来し、いずれも仏教用語が各地で乞食を意味する方言に転じたものである。

宮城県のバカや九州のインノクソ（犬の糞）はタブーによる命名で、「ものもらい」の名を口にすることを恐れ、わざと汚いことばにして遠ざけようとしたものかと思われる。オヒメサンはインノクソを逆方向に言い替えた（美化した）ものであろう。

東北北部のヨノメは「いをのめ」（魚の目）と関係があるかもしれない。ノメ（ノンメ）はヨノメの省略形であろう。大阪付近のメバチコや新潟のメッパツの語源は不明であるが、あるいは「目をぱちぱちする」ことと関係がないだろうか。栃木・群馬付近のメカ（イ）ゴは「ざる」の一種であり、ざるをかぶるとものもらいができるとか、ざるを井戸に半分見せるとなおるとかいう俗信と関係がある。

ものもらい（麦粒腫）

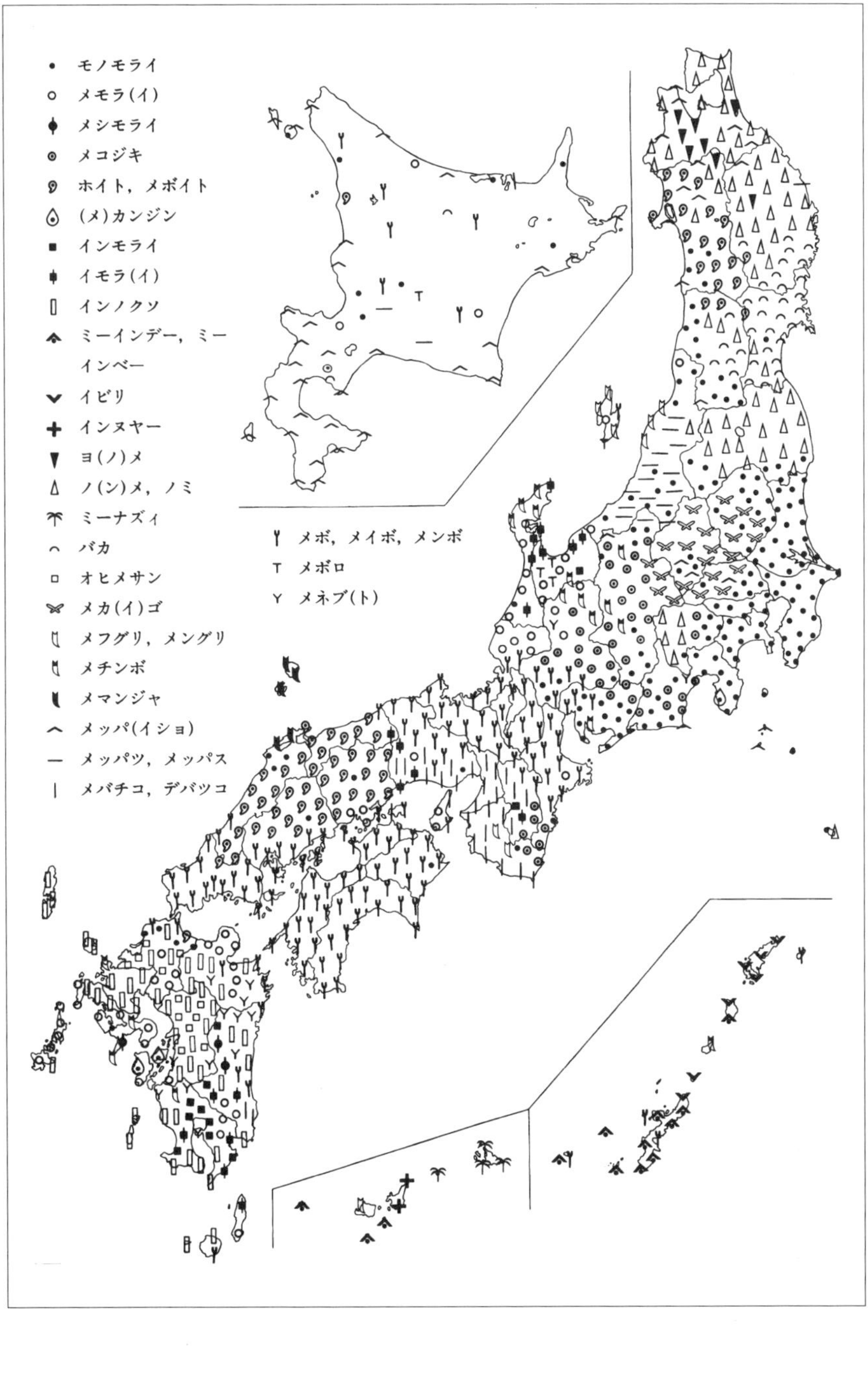
モノモライ
メモラ(イ)
メシモライ
メコジキ
ホイト，メボイト
(メ)カンジン
インモライ
イモラ(イ)
インノクソ
ミーインデー，ミーインベー
イビリ
インヌヤー
ヨ(ノ)メ
ノ(ン)メ，ノミ
ミーナズィ
バカ
オヒメサン
メカ(イ)ゴ
メフグリ，メングリ
メチンボ
メマンジャ
メッパ(イショ)
メッパツ，メッパス
メバチコ，デバッコ
メボ，メイボ，メンボ
メボロ
メネブ(ト)

ほお（頬）

頬《ほお》

ホッペタ　ホッタブ
ホーベタ　ビンタ
ホーベラ

摺《すり》むいた頬《ほう》べらへ、唾を塗てしょげたる所へ（浄瑠璃・小野道風青柳硯（1754）四）

現代共通語における「ほお」の発音や語形には、「頬笑み」などのホホ、「頬紅」の時のホー、口語のホッペタ、その幼児語形のホッペなど、いくつかの使い分けがある。また、頬を平手打ちすることをいうビンタも、九州北西部では「頬」の意味で使われている。

「ほお」を表す文献上の最も古い語形はツラである。ツラは、現代では顔を表す俗語であるが、これはもともと頬を指したツラが平安時代以降「顔」の意味に変化したものである。ツラは「頬」の地図では奄美・沖縄地方で見られるがこれは古語の残存と考えられる。

東西日本を比較して対照的な分布を見せるのは、ホ（ッ）ペタと、ホ（ー）ベタである。例外はあるにしても前者は東日本、後者は西日本に広く分布し、一種の東西対立をなす。ホ（ー）ベタの分布の中にホ（ー）ベラが見られるが、文献ではホ（ー）ベラが一七世紀初頭に見られ、ホ（ー）ベタは一八世紀半ばに現れる。ホ（ー）（ッ）ペタは、一八世紀から例が確認でき、江戸中心に勢力をもって広がった語形と考えられる。

これら東西対立をなすホーベ類とは別に、東西日本とその中間部の三箇所に分断されて分布するホータ類がある。東北南部から関東北部にかけての地域と、四国から九州にかけての地域、そして中部から東海にかけての地域の三辺境に分布するホッタブ・ホータブ、ホータ（ン）ボ、ホータン・ホータネなどである。これらのうちホッタブは東北と種子島という周辺部に見られるから、比較的古い語形であると推定できようか。ホッタブあるいはホータボの **bu・bo** から母音が脱落して、ホータンが生まれ、更にンが落ちたホータ（ー）や、母音が加わったホータネなどが生まれたと推定される。

63

ほお（頬）

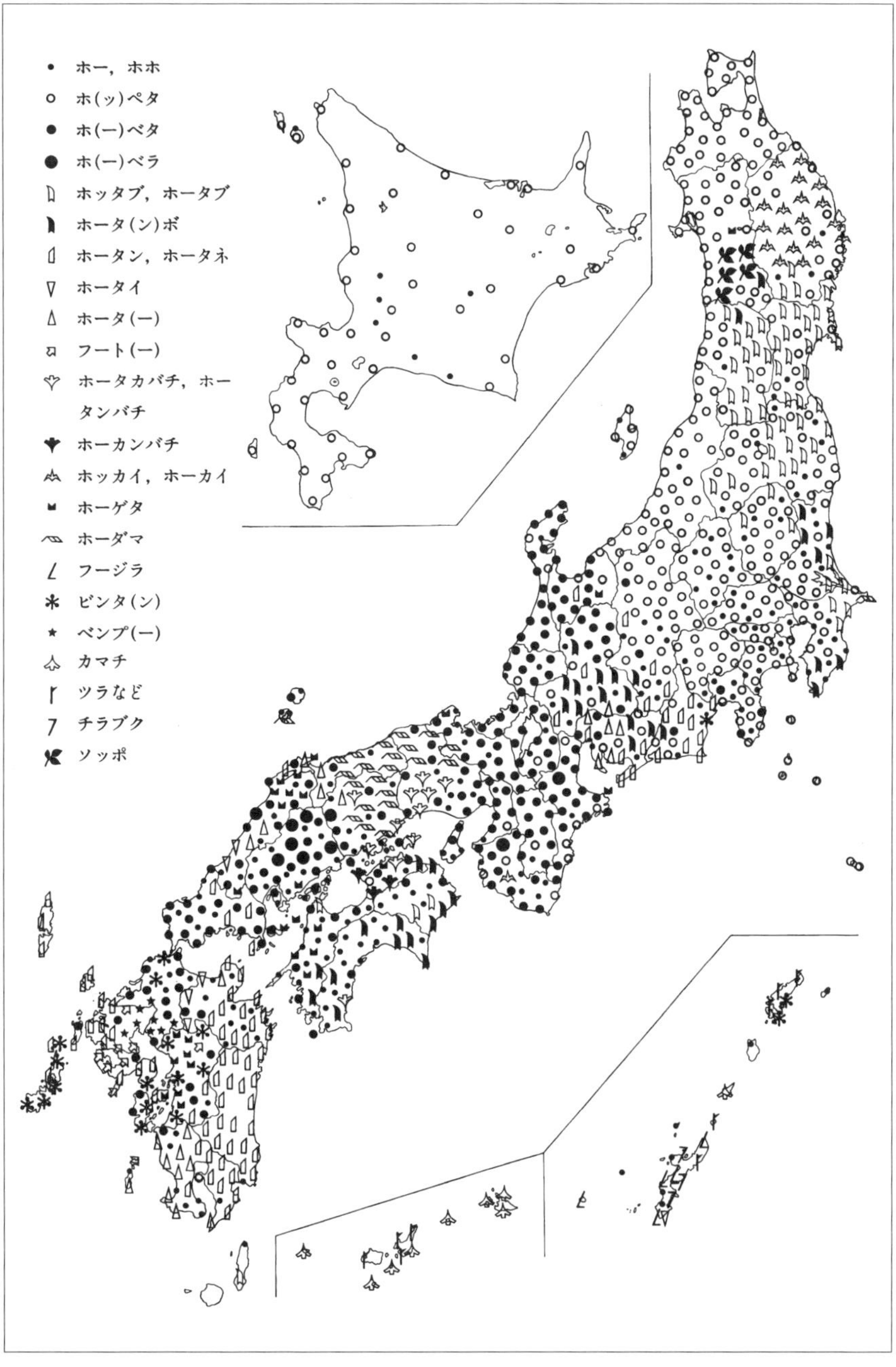
ホー，ホホ
ホ(ッ)ペタ
ホ(ー)ベタ
ホ(ー)ベラ
ホッタブ，ホータブ
ホータ(ン)ボ
ホータン，ホータネ
ホータイ
ホータ(ー)
フート(ー)
ホータカバチ，ホータンバチ
ホーカンバチ
ホッカイ，ホーカイ
ホーゲタ
ホーダマ
フージラ
ピンタ(ン)
ベンプ(ー)
カマチ
ツラなど
チラブク
ソッポ

くちびる（唇）

唇《くちびる》

クチビラ　クチバタ
クチベラ　クチベタ
クチバシ　ツバ

私はうさんに存じますと、**くちびら**そらして申せば　（浮世草子・世間子息気質《せけんむすこかたぎ》（1715）一・三）

唇を表す語形としては、クチビルが古く、地図においても九州南部と宮古・八重山諸島を除いて全国に広く分布しており、この語の古さを物語っている。

クチビル以外で周辺部に分布する語には、クチバシ・クチバタ・クチベタがある。クチバシは鳥の嘴から意味変化したものであろうか、それとも付近に見られるクチバタからそれぞれ独自に変化したものであろうか。クチバタは九州北部、中部・東海、東北北部の三辺境分布（同じ語がこれら三箇所に残存するような分布）を示し、分布の古さをうかがわせている。クチベタは、クチバタから変化したものであろう。

このクチバタ・クチバシにはさまれて分布するのがクチビロとクチビラである。クチビラ（クチベラ）は、近畿北部・中部・北陸・東北中南部に分布が多く、西日本ではクチビロより内側、東日本では関東のクチビロを囲むように分布する。文献では、クチビロが近世前期の『片言』に当時の口語として記され、一方クチビラはその少し後、右の『世間子息気質』など以降に現れるようになる。西日本の分布に限れば、遠方のクチビロが先で京阪中心に分布するクチビラが後の伝播と考えられ、文献の順序と一致する。一方、東日本を見ると、関東のクチビロの周囲にクチビラがあり、それより遠方の東北北部にまたクチビロが分布する。東北北部のものがいつの伝播によるものか問題であるが、西日本と同様、一度クチビロ→クチビラの順で分布があった後、再びクチビロが勢力を盛り返して関東で拡大したように見受けられる。文献でも、近世後期の『誹風柳多留』五五編にクチビロが見られ、上方とは違って近世後半でも江戸ではまだクチビロが使われていたことを裏付けている。九州と奄美・沖縄諸島に分布するツバ・スバは、「唾」「よだれ」の地図にも現れる。「唾」から「唇」へと意味の横滑りを起こしたものであろうか。

くちびる（唇）

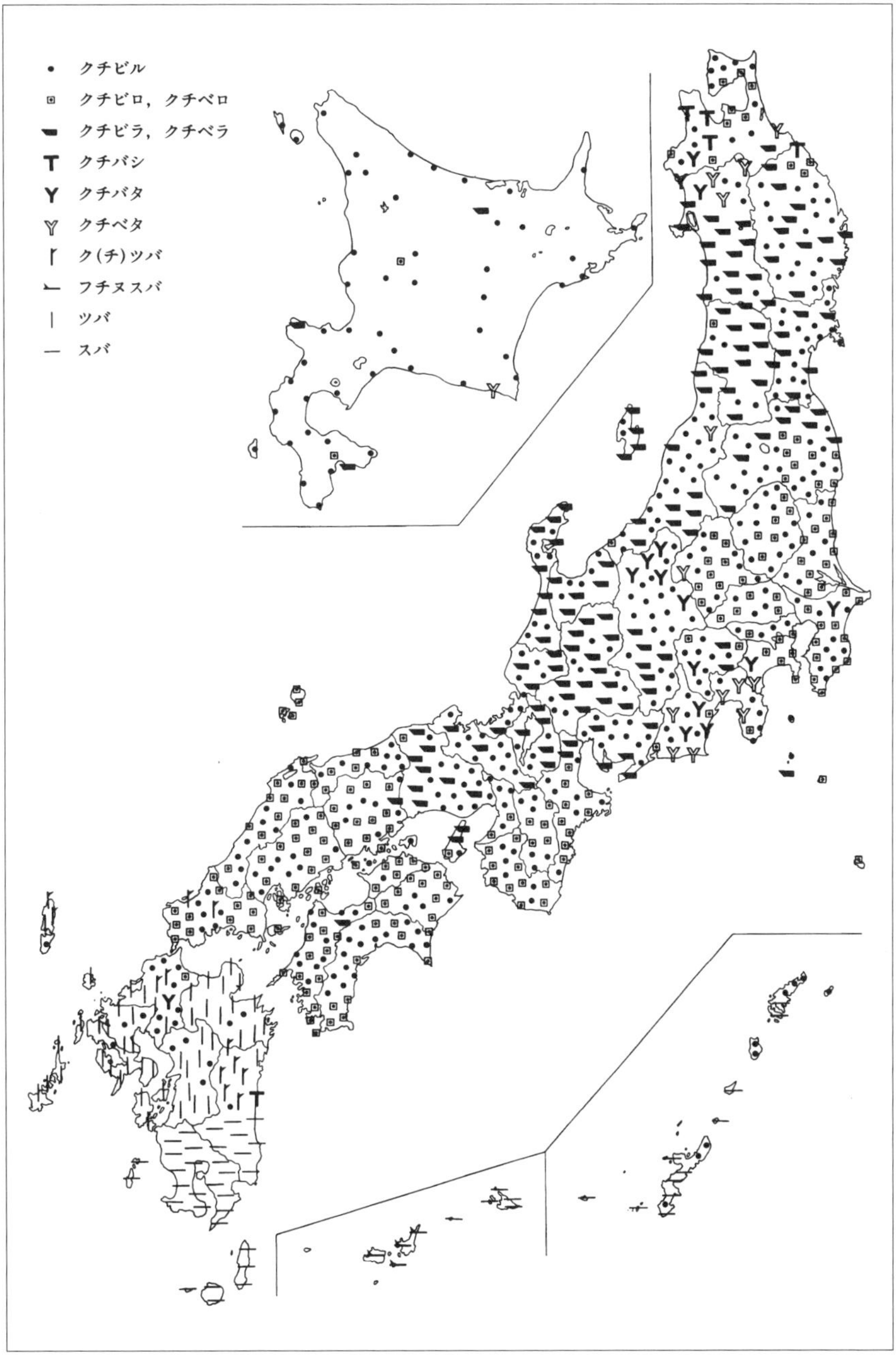

クチビル
クチビロ，クチベロ
クチビラ，クチベラ
クチバシ
クチバタ
クチベタ
ク(チ)ツバ
フチヌスバ
ツバ
スバ

した（舌）

舌《した》

ベロ
ベラ
シタベラ

真赤く塗だ人形か舌《べろ》を出した　（洒落本・真女意《しんめい》題《だい》（1781））

シタとベロとが全国分布の大半を占める。ベロという語形は、舌を動かす時の音や動きから名付けられた擬声語であろうし、ヘラ（ベラ）は形がへらにも似ていることからベロから変化したものであろう。シタベラ・シタベロ・ヘタは、それぞれシタ＋ベラ、シタ＋ベロ、ヘ（ラ）＋（シ）タという結び付きで生まれた複合形ないし混交形であろう。

シタは北は東北北部、南は奄美・沖縄諸島・九州南西部という周辺地域を含む広い分布を示し、語の古さを物語る。これに対してベ〜類は、これらシタの分布の中間地帯に挟まれるような形で分布している。東西日本それぞれを別に見てみると、西日本ではシタ－ベロ－シタの順になっていて、中心地の近畿でベロの後にシタが勢力を取り戻したように見受けられる。東日本も同様で、シタは東北など周辺部にあり、その内側にベ〜類、さらに東海道沿いにシタベラ、南関東にシタが分布する。つまり、古くシタが、次にベロが広がって再びシタが使われるようになったと考えられるのである。

以上の解釈は、文献と対照することによって、さらにきめのこまかい説明が可能になる。シタは上代から途切れることなく使われていて、方言分布のような断絶がないのである。擬声語から生まれたベロは初めから俗語ないし幼児語的性格をもっていたため、シタとは使う場面（位相）を異にしながら併用されたものと推定される。

周辺部のシタの分布は、シタしかなかった時代、その内側のベロはベロが現れシタと併用されたが口語としてはベロが優位だった時代、その更に内側のシタはベロの俗語的（幼児語的）性格が強まりシタの方が普通称として優位になった時代の分布と見ることができよう。

67

した（舌）

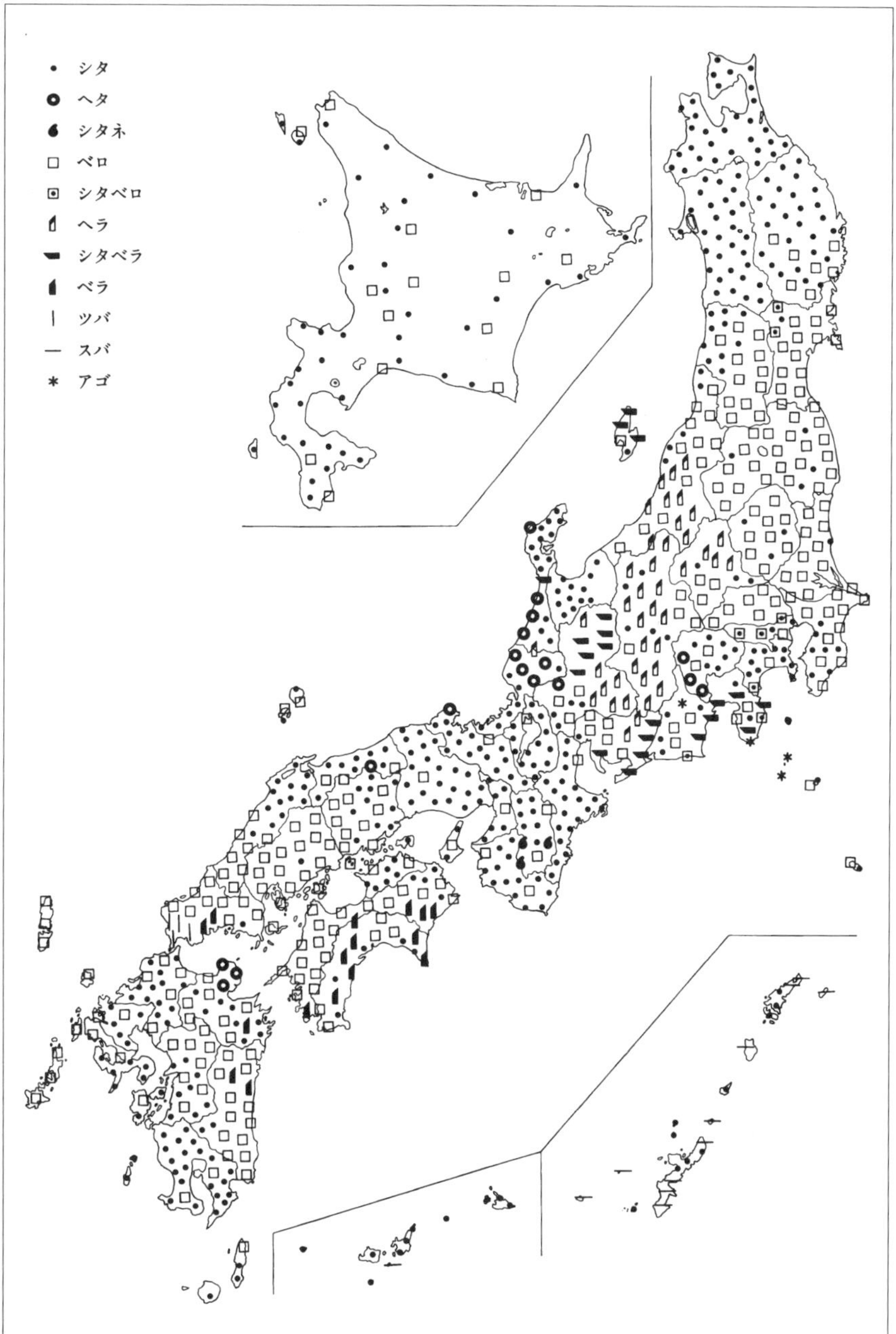

・ シタ
ヘタ
シタネ
□ ベロ
シタベロ
ヘラ
シタベラ
ベラ
ツバ
— スバ
＊ アゴ

つば（唾）

唾《つば》

ツー
ツバキ
ツワ

行住座臥、西方をうしろにせず。**つばき**をはき、大小便、西にむかはず（宇治拾遺物語（1221頃）五・四）

全国の分布は、ツ（チ）を含む語形の地域と、ツ（チ）を含まない北関東・東北以北に大きく二分される。ツを含む関東以南を見ると、ツあるいはその重複形と考えられるツヅ（ツズ）が、北は福島南部、南は奄美・沖縄諸島・九州・中国西部・紀伊半島南部に分布しており、これらが「つば」を表す古い語形と考えられる。このツに「吐く」という動詞が付いて名詞化した「ツ＋吐き」＝「ツハキ↓ツバキ」が生まれたのが次の段階であろうと推定されている。関東以南の東日本で特に広く分布し、西日本では近畿・北陸のほか、中国地方の一部、四国、九州では、周辺部の大分・長崎・天草などに見られる。

西日本では、そのツバキよりも中央である京阪寄りに分布するのがツバで、さらに中央寄りなのがツワである。一見、ツバよりもツワの方が新しそうに見受けられるが、この二語を文献で見ると、ツワは中世末の例が見られるのに対して、ツバは近世初めの例まで待たねばならず、ツワの方が古い。一八一九年の『浪花聞書』に「つば、江戸でつわといふ　つばきのことなり」とあり、ツバが京阪で口語として広がっていたこと、ツバキがツバに比して文章語的であったことがわかる。また、ツワが江戸方言とあり、当時は現在より広く関東に分布していたと考えられる。

北関東以北の語形を南から順に見ると、シタキ（シタケ）・タンペ（タンパ）・ベロ（ビロ）・ヨダレ（ユダレ）が分布している。シタキはシタ（舌）＋キで、ツバ・ツバキの類推からキが液体の意味をもつという語源解釈が生じて生まれたものであろうか。タンは「痰」と関係があるかもしれない。ベロやヨダレは「した（舌）」の図（六七ページ参照）や「よだれ（涎）」の図（七一ページ参照）の分布とかかわるところが大きい。

69

つば（唾）

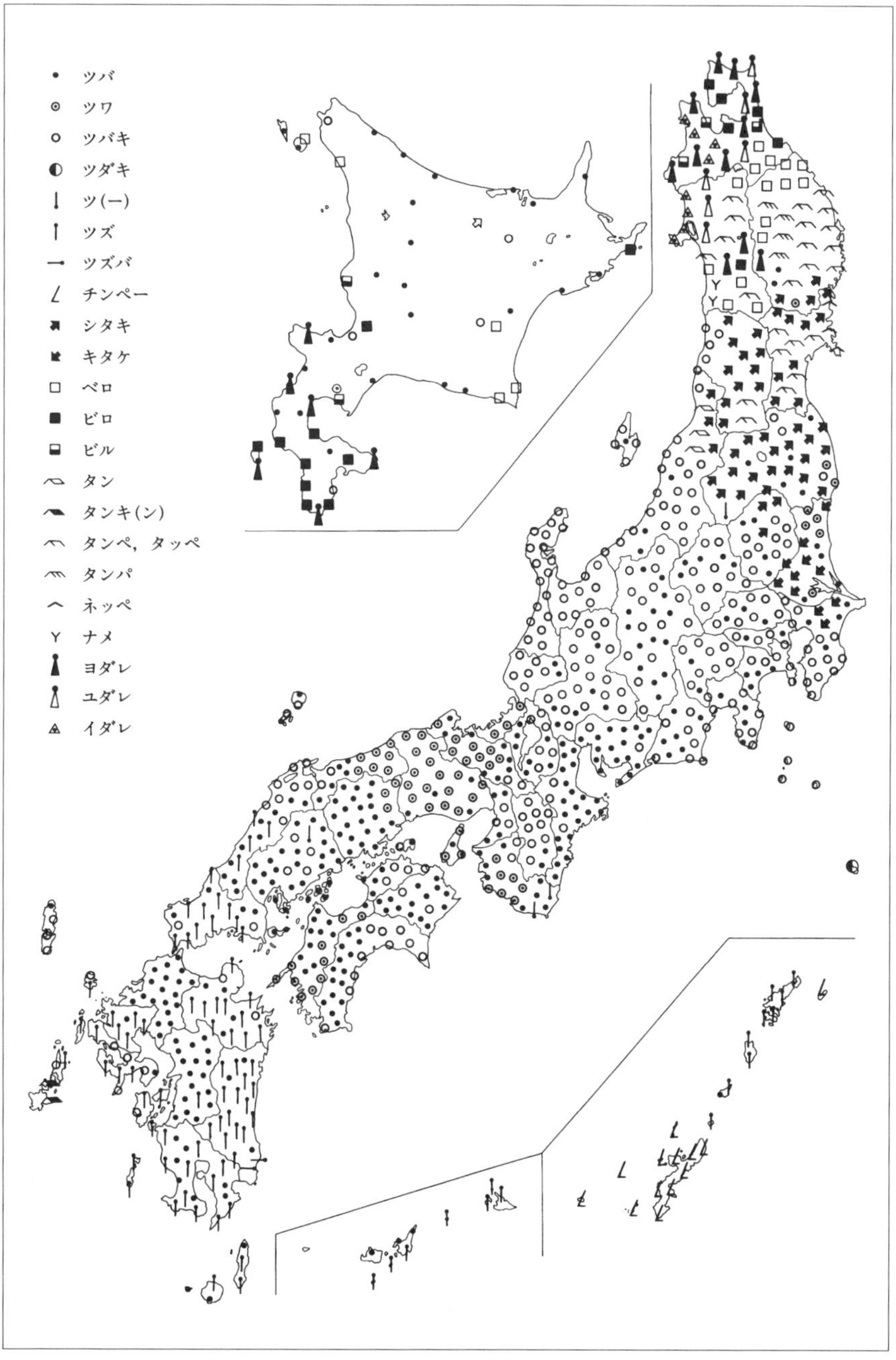

・ ツバ
ツワ
ツバキ
ツダキ
ツ(ー)
ツズ
ツズバ
チンペー
シタキ
キタケ
ベロ
ビロ
ビル
タン
タンキ(ン)
タンペ，タッペ
タンパ
ネッペ
ナメ
ヨダレ
ユダレ
イダレ

よだれ（涎）

涎《よだれ》

ツ・ツズ
ベロ・ビロ
ヨド・ユダレ

卯月のこずゑしげる間に、青梅《あをむめ》がなったぞ。みる人ごとに**つ**をひく。（虎明本狂言・梅の舞〈室町末～近世初〉）

現代語の「つば」と「よだれ」の違いはかなり微妙なものである。口の中にあるときは「つば」であるが、その同じ物質が口元から垂れた状態のときは「よだれ」と呼び、さらに地面に吐き捨てられたりして口からすっかり外に出されてしまうとまた「つば」にもどってしまう。しかし、「つば」と「よだれ」を区別しない方言もある。「よだれ」の方言地図には、ツ・ツズ・ベロ・ビロが見られるが、ツ・ツズ・ベロ・ビロは「唾」、ベロは「舌」の図にも分布する語形であり、三者は関連が深い。

「唾」と共通する語形で、しかも「唾」の分布で最も古いものと考えられるツ類（ツを含むツズ・ツタレ・ヨーズ・ゴボズ）が、出雲地方周辺・紀伊半島南部・新潟・鹿児島、そして地図では省略されているが栃木（ウズ）など、全国的に周辺部に分布し、やはりかなり古そうである。「唾」「涎」はかつて同じツで表されていたものが、後になって別語形で区別するようになったものであろうか。和歌山のツ（ー）の地域では「唾」「涎」ともツ（ー）で、区別をしていない。

全国に広く分布しているのがヨ～類である。ヨダレは、奈良時代にはヨダリという語形であり、「涎」だけでなく涙や鼻水など垂れ流れてくるものを広く指し示した語であったようである。この古いヨダリの分布は、地図ではユダリとして示されているが、奄美・沖縄諸島・長崎（記号は略されている）、富山・石川などの中部や伊豆諸島（記号略）、岩手といった三辺境分布をなし、方言分布の上でもやはり古いことを物語っている。ヨダリは「ヨ＋垂リ」と考えることもできそうであるが、そうであるとすれば新潟のヨーズはこのヨとツが混交したものといえよう。岩手・秋田・青森の北東北にはベロ・ビロが分布する。「涎」をベロと呼ぶ地域の多くは、「唾」もベロといい両者の区別がない。

71

よだれ（涎）

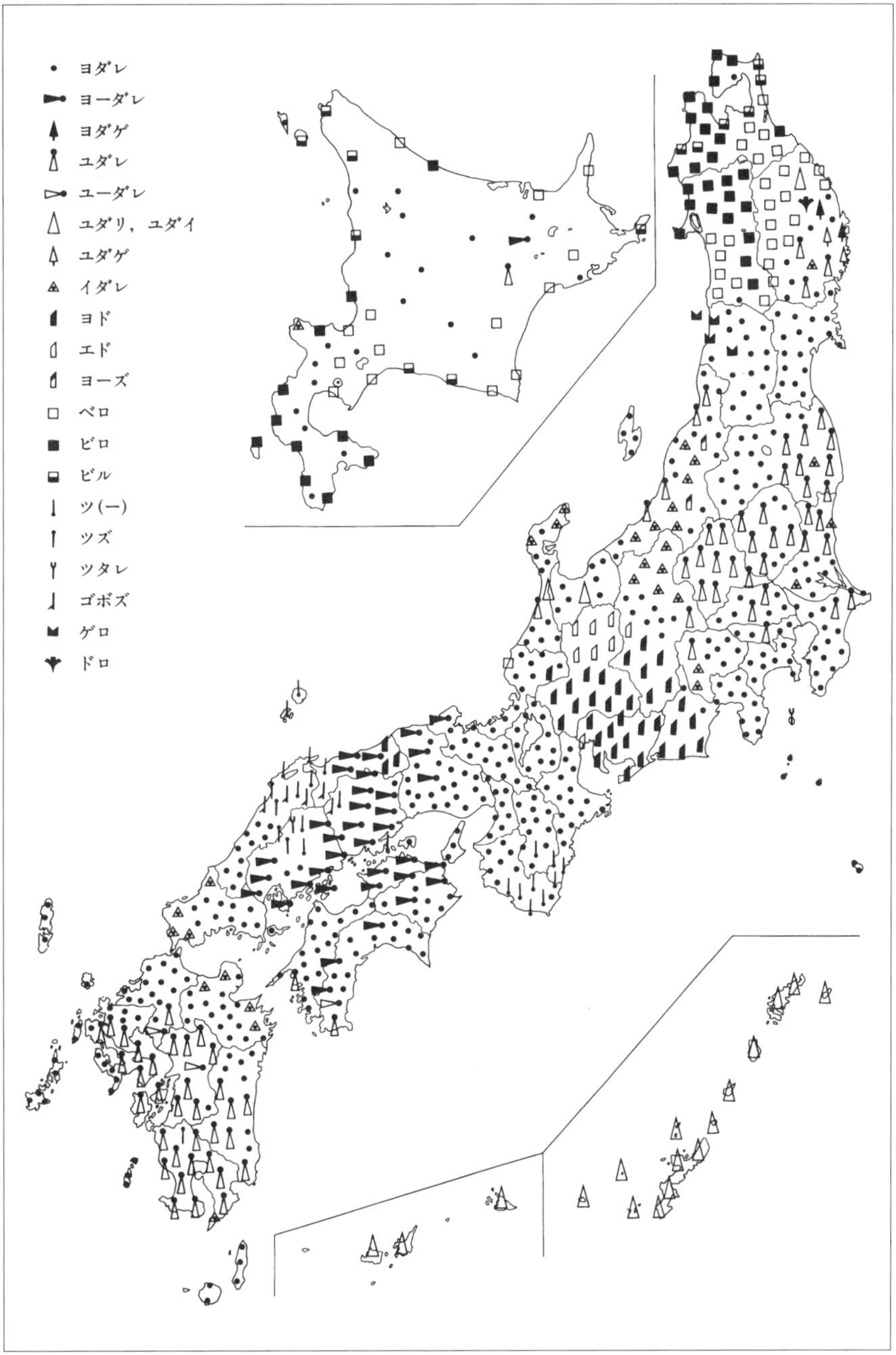
ヨダレ
ヨーダレ
ヨダゲ
ユダレ
ユーダレ
ユダリ，ユダイ
ユダゲ
イダレ
ヨド
エド
ヨーズ
ベロ
ビロ
ビル
ツ(ー)
ツズ
ツタレ
ゴボズ
ゲロ
ドロ

あご（顎）

顎《あご》

オトガイ
アギ（ト）
アゲ（ト）
アゴタ

目はたたざまに付き、〈略〉鼻は横ざまなりとも、ただ口つき愛敬づき、**おとがひ**の下、くびきよげに、声にくからざらん人のみなん思はしかるべき（枕草子（10C終）四九・職の御曹司の西面の）

全体の語形は、ア～類、オトガイ類、カマチ類に三分類される。オトガイは、一〇世紀初めには既にその例が確認でき、現代ではやや文章語的ではあるが、近世まで下顎を表す語形として盛んに使われている。文献では、例も多く、語形変化もなく、下顎を表す代表語形であったことがうかがえる。

それとは対照的に、ア～類は、語形の種類が多く、意味も文献で見る限りでは上顎・下顎・顎全体・耳の下の下顎の両角の尖った所・魚のえらなど様々である。これらのうち、近世前期に現れたアゴをひとまず別にして、他のア～類を地図で見ると、日本の南北に最も広く周圏分布をなしているのが、アギ（タ）とアグ（タ）である。まず、アギは九州・四国と、地図では省略されているが岩手に一地点分布する。青森・岩手と九州に見られるアギタはアギ＋タであり、アギの次に古いものであろう。アグ（タ）もアギに劣らず南北に分布が広い。しかし、アギ（タ）が南北にバランスよく分布しているのと異なり、アグ（タ）は西日本の分布が弱く、関東の分布から見て江戸語の可能性もあり、アギ（タ）から変化したとも推測される。

次にアギト・アゲ（ト）・アゴタを見ると、これらは西日本に分布が偏る。京阪からの遠近で言えば、アギト→アゲ（ト）→アゴタの順での伝播が読み取れる。文献では、アギトは中古の『和名抄』『神田本白氏文集天永四年点』に、アゲは一六五〇年の『片言』に、アゴは一六二六年頃の『三河物語』に、アゴタは一六八八年の『浮世鏡』の例が報告されており、文献においても、アギト→アゲ→アゴ→アゴタの順序が推定できることになる。このアギトと先のアギの文献初出が同時期であるが、分布から考えて以上の語形を整理すると、アギ→アギタ→アギト→アゲ→（アゲ＋ト）→アゴ→アゴタの変遷を推定することができよう。

73

あご（顎）

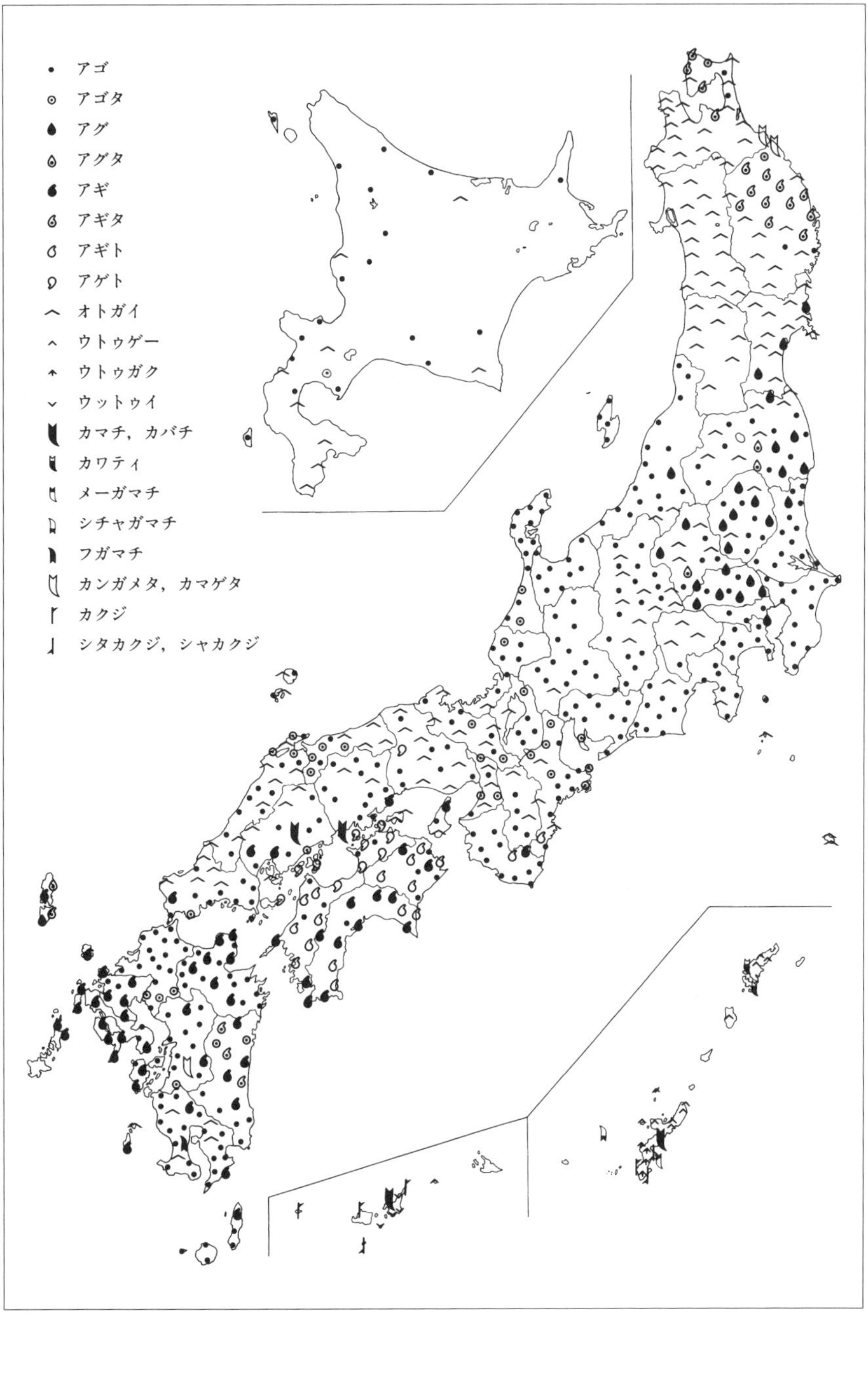
アゴ
アゴタ
アグ
アグタ
アギ
アギタ
アギト
アゲト
オトガイ
ウトゥゲー
ウトゥガク
ウットゥイ
カマチ，カバチ
カワティ
メーガマチ
シチャガマチ
フガマチ
カンガメタ，カマゲタ
カクジ
シタカクジ，シャカクジ

おやゆび（親指）

親《おや》指《ゆび》

オ（ー）ユビ　オトコユビ
オデユビ　ウフユビ
オドユビ

大ゆびのつめにて、額の皮をさしきりて
（宇治拾遺物語（1221頃）九・二）

俗に「霊柩車を見たら親指を隠せ」と言う。これは、隠さないと自分の親が死ぬなどという俗信に過ぎないが、ここでは親指が文字通り「親」を表すものと意味付けられている。幼児の世界では「おやゆび」は「お父さん指」とも称され、ここでは一家の大黒柱の名称を与えられている。また、拇印の「拇」は「大きい指」「親指」の意であり、ここでも親指は重要な働きをもっている。

このように、「おやゆび」は五本の指の中で最も太く、また物を握る際にも他の四指に伍して働く重要な指であり、その基礎語的性格のゆえか、方言の世界では、「おやゆび」は、五指の中では人差指などとならんで、方言語形の種類が少なく、比較的単純な分布を示す。

ウヤユビは「親指」に当たる語形であり、オ（ー）ユビや、ウフユビ・ウーユビ・フーユビは「大指」の意味である。またオドユビ・オデユビのオド・オデは、「父親」を表す方言であり、言うなれば「お父さん指」である。オトコユビは「男指」であるから、全体的にやはり大きなもの、強いもの、男性的なものといったイメージで名付けられているといえよう。

これらの方言の分布を見てみると、全国はほぼオヤユビに覆われているが、南北両端に方言形の分布が見られる。興味深いのは、宮城・山形以北の東北に分布するオ（ー）ユビと、佐賀・長崎・南西諸島に分布するウフユビ・ウーユビ・フーユビである。これら「大指」類の東西辺境分布は、「大指」が古い語形であることを示している。文献における「ゆび」自体の変遷は「オヨビ→オユビ→ユビ」であり、「おやゆび」は、「オホオヨビ（大指の意）→オホヨビ→オホユビ（オヨビ・オユビ・ダイシ〈大指の音読み〉）→オヤユビ」であり、オヤユビは近世以降に現れる新しい語形であることがわかる。

75

おやゆび（親指）

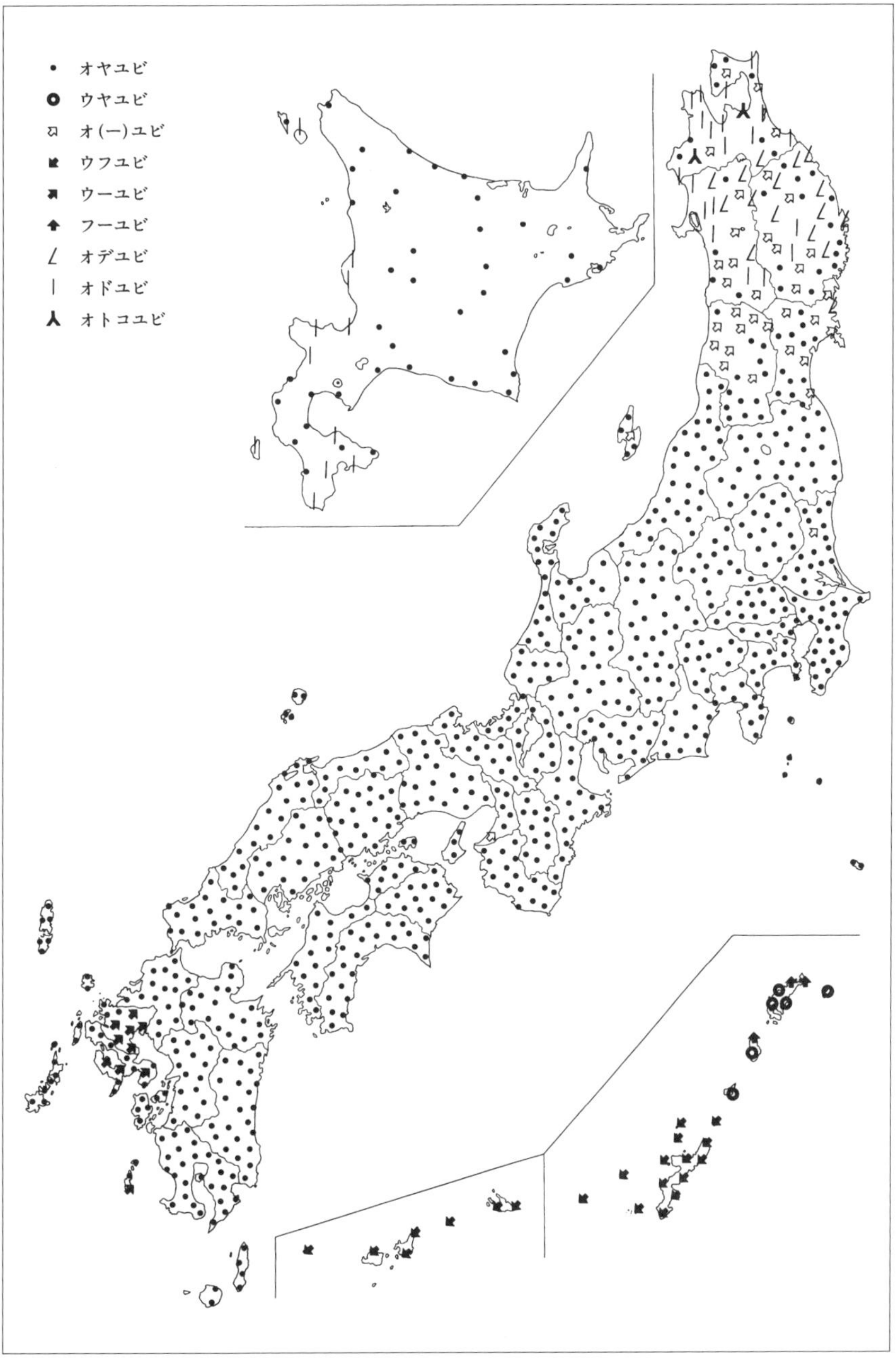
オヤユビ
ウヤユビ
オ(ー)ユビ
ウフユビ
ウーユビ
フーユビ
オデユビ
オドユビ
オトコユビ

ひとさしゆび（人差指）

人《ひと》差《さし》指《ゆび》

サシユビ
ヒトサシ
モノサシユビ
サンニョーユビ

左の**人さし指《ゆび》**に有かなきかのとげの立けるも心にかかると（浮世草子・好色五人女（1686）四・一）

指を使った行為には、洋の東西・国・民族などによって様々のものがあり、それぞれに文化的意味合いが異なっている。日本において、主に人差指を使って指し示す行為は、指示・干渉・非難といった意味合いがある。「指一本差させない」といえば、どんな人からも非難・干渉させないことを表し、また、「後ろ指を差される」は、陰で非難・干渉されることを表す。日本では指を差す行為がこのような意味合いをもつので、人を指で指し示す行為は忌避され、「人を指差してはいけない」とも教えられる。また、数人が話をしながら指で誰かを指している様子は、見るものに指されている人の悪い噂話を想像させる。

この人差指の地図では、全国ほとんどがヒトサシユビに覆われている。ヒトサシという語形もあるが、これは語形の上ではその土地土地で独自にユビが省略されたと考えるのが自然であろう。しかし、その分布をみると、東北中部、北陸・紀伊半島、九州といった、いわゆる三辺境分布（日本の南北と中間部の三箇所に同じ語が残存するような分布）という興味深い分布を示す。各地で全く無関係に生まれるようなものであるなら、もっと全国的に散見されてもいいのではないかという疑問も生じよう。このヒトサシの三辺境各地域のすぐ近くで、しかも東西両極のさらに辺境部である東北北部・沖縄、および中部という古語の残ることの多い地域に、ヒトの付かないサシユビの分布が見られる。

サンニョーユビは「算用指」で、算盤を使う時の指とも考えられるが、物を数える時、人差指で指しながら数えるので名付けられたものかもしれない。モノサシユビという名も岩手に見られる。英語では人差指を **index finger** とも呼ぶが、人や物を指し示すための指、これが洋の東西を超えた、「ひとさしゆび」の命名法といえよう。

77

ひとさしゆび（人差指）

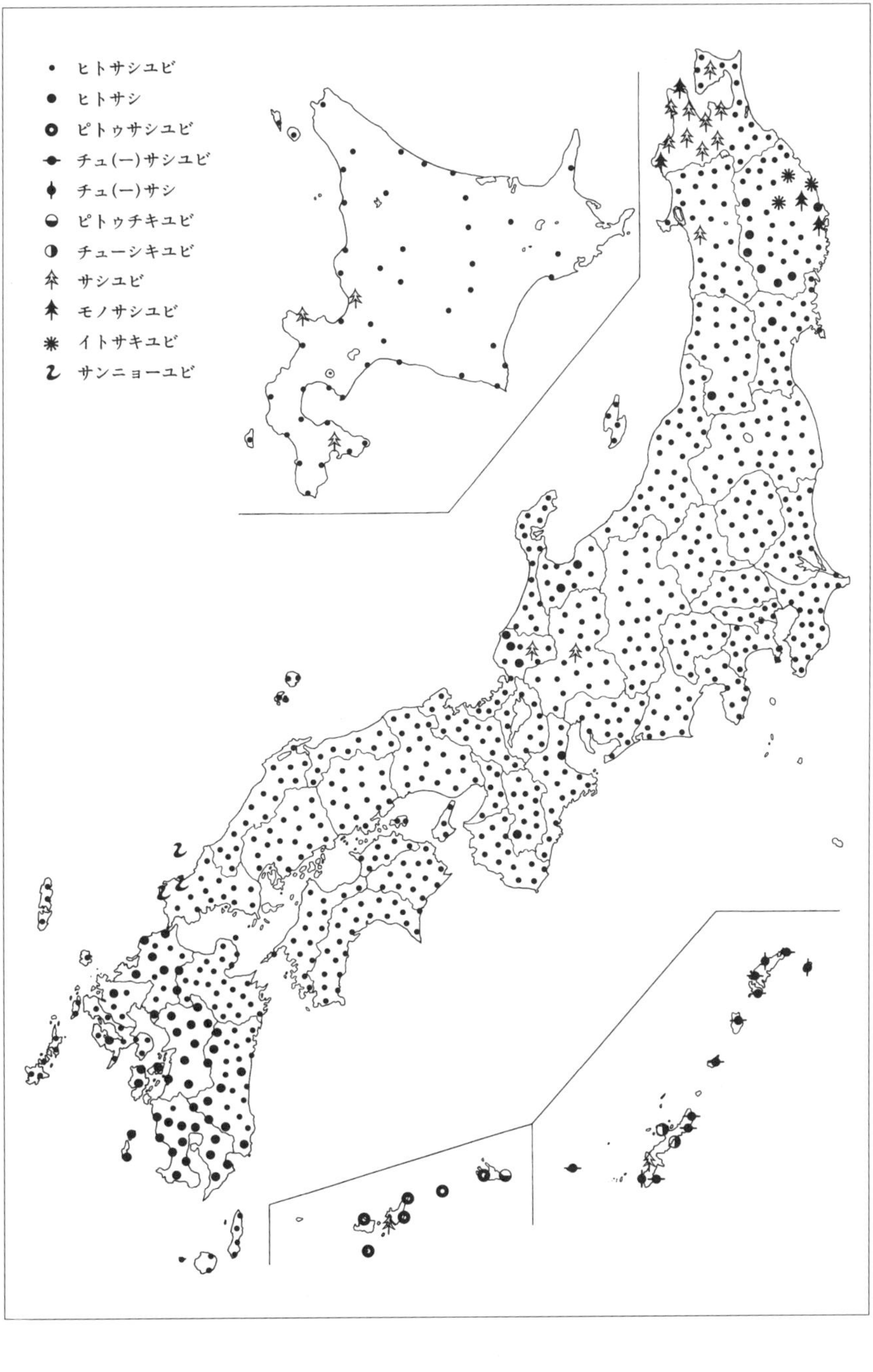

・ ヒトサシユビ
● ヒトサシ
ピトゥサシユビ
チュ(ー)サシユビ
チュ(ー)サシ
ピトゥチキユビ
チューシキユビ
サシユビ
モノサシユビ
イトサキユビ
サンニョーユビ

なかゆび（中指）

中《なか》指《ゆび》

タカタカユビ
タキタカユビ
ナカタカユビ

いたづら心もなき足の跟手《きびす》の**たかたか指《ゆび》**を引なびけ（浮世草子・好色一代女（1686）一・三）

「なかゆび」の方言形の大部分は、この指の特徴である「真ん中にあること」「背丈が高いこと」をとらえて名付けられている。

地図の、関東を中心にしたナカユビの広い分布は、この語形が標準語として勢力範囲を広げたことを示している。この分布とは別に、ナカユビには東北北部や、北陸・東海・紀伊半島南部、そして九州南部・奄美・沖縄諸島の三辺境地域にもまとまった分布が見られる。これらは、ナカユビが、標準語としての広がりとは別に、かなり古い段階で勢力をもっていたことを物語っている。ナカユビの次に古いと推定されるのが、出雲・壱岐と富山にわずかながら分布が確認できるタキタカユビである。タキタカユビはタケタカユビ（「背丈が高い指」の意）の変化形と考えられるが、西日本にしか分布しないことから、ナカユビの後の分布であり、少なくとも近世半ば以前の伝播であると推定される。また、西日本に限っていえば、広い分布をもつタカタカユビよりも周辺部に見られるから、タキタカユビ（タケタカユビ）は、タカタカユビよりも先に伝播した語であると推定される。タカタカユビとナカユビとの接触地帯に見られるナカタカユビは、この二つの語形の混交（三六三ページ参照）で生まれた語形であろう。

ナカタローやタカタローのタローは「太郎」であり、指を擬人化した表現である。九州北部に見られる「タカソー」は「高四郎」に由来するタカシロ（地図では割愛）の変化ともいわれるが、この地域には「薬指」を意味するベンソが分布しており、この「ソ（ー）」の部分は両者が密接に関連する。

文献でも、古くからあるナカノオヨビ（→ナカユビ）とは別に、中世半ばにはタケタカユビが現れ、中世末にタカタカユビが現れていて、方言分布から推定された伝播順序と一致する。

79

なかゆび（中指）

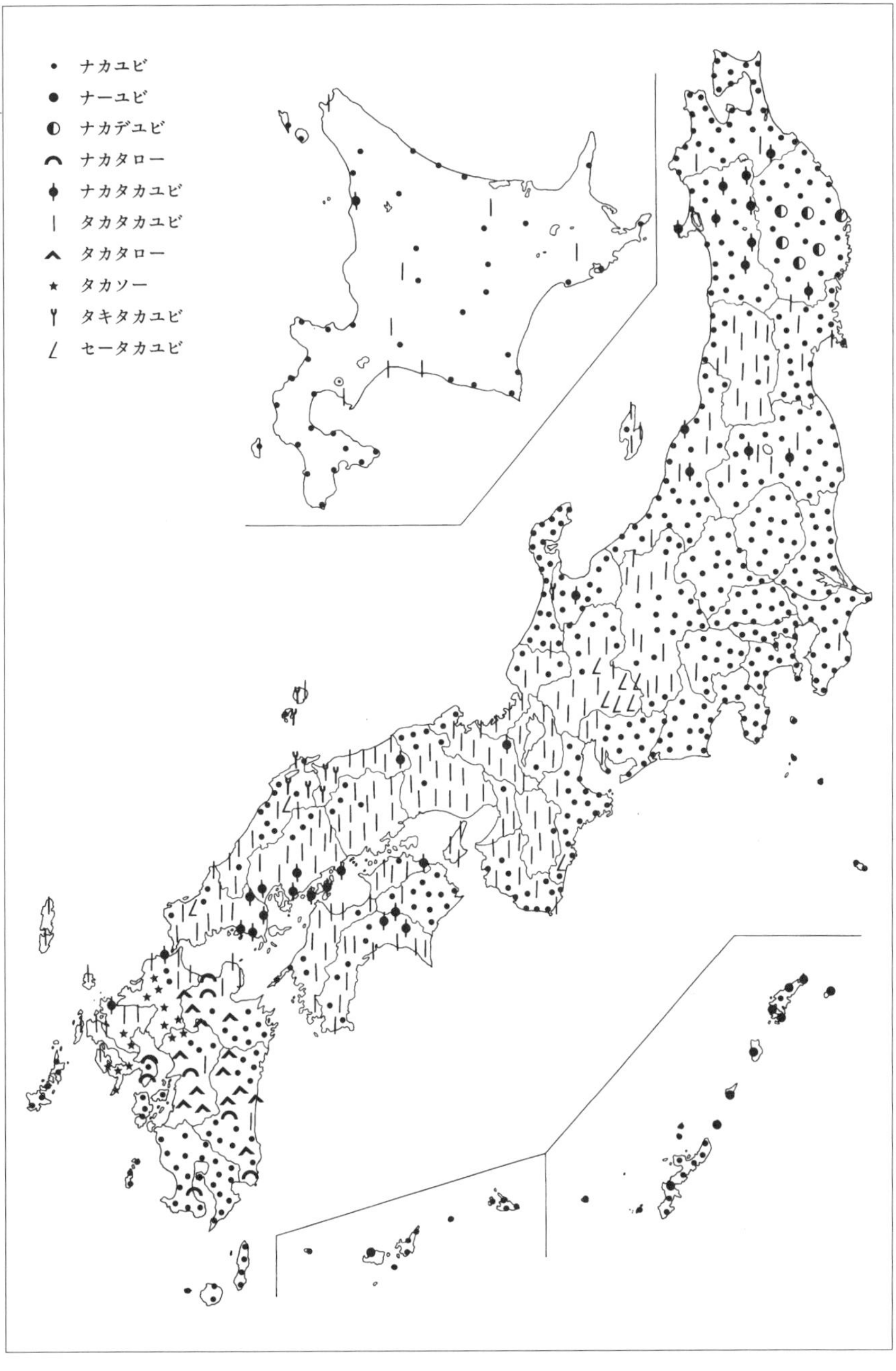

ナカユビ
ナーユビ
ナカデユビ
ナカタロー
ナカタカユビ
タカタカユビ
タカタロー
タカソー
タキタカユビ
セータカユビ

くすりゆび（薬指）

薬《くすり》指《ゆび》

クスシユビ　ナナシユビ
ベニサシユビ　イシャユビ
ベニツケユビ

右の**名無し指**を以《および》て、御灯明を挑《かかげ》給て、其指を本より切て石の筥《はこ》に入て（今昔物語集（1120頃か）一一・二九）

東日本にクスリ類、西日本にベニ類が分布するという東西対立分布の一つである。しかし、クスリユビは西日本にも広く分布し、しかも、ベニ類の外側である奄美大島北部に占有領域をもつ。この分布からクスリ類がベニ類よりも古く、後に生まれたベニ類がクスリユビを駆逐するに至っていないと見ることができる。

文献の上で最も古い語形はナナシノオヨビ（「名無し指」の意）である。この指は他の指に比べてその形態・位置・働きから見た特徴が見出しがたく、簡単には名前を付けることができそうにない指であることからこう呼ばれたのであろう。中国ではこの指を「無名指」と称するが、これと同じ発想であり、あるいはこの表現を日本語（和語）に言いかえたものかもしれない。地図でも岩手（記号省略）・岐阜・三重・山口・奄美・沖縄諸島という周辺部にナナシユビ類の分布が確認でき、古い語形であることがわかる。

この指は、一三世紀になると初めて名前らしい名前が付けられる。クスシノユビである。クスシは薬師の意で医者のことであるが、なぜクスシノユビという名が付いたのかについてはいろいろ言われていて、薬師如来などの印相に薬指を使うことから来たものかとも考えられている。また、薬などを塗るときに「あまづらの煎ぜぬを名なしのゆびしてぬりて」（『薫集類抄』）のように、古くナナシの時代から薬指が使われていたことも関係していよう。近世に入るとノがとれたクスシユビがさらにクスリユビへと変わっていく。また、室町末にはベニサシユビが現れ、近世にはベニツケユビも誕生するに至る。ベニサシユビは女性がこの指で唇に紅をさしたことから名づけられたものである。

なお、青森県に集中するほか各地に点々と見られる「無回答」はこの指を表すことばがないわけであり、ナナシユビの表現と関連するものであろう。

くすりゆび（薬指）

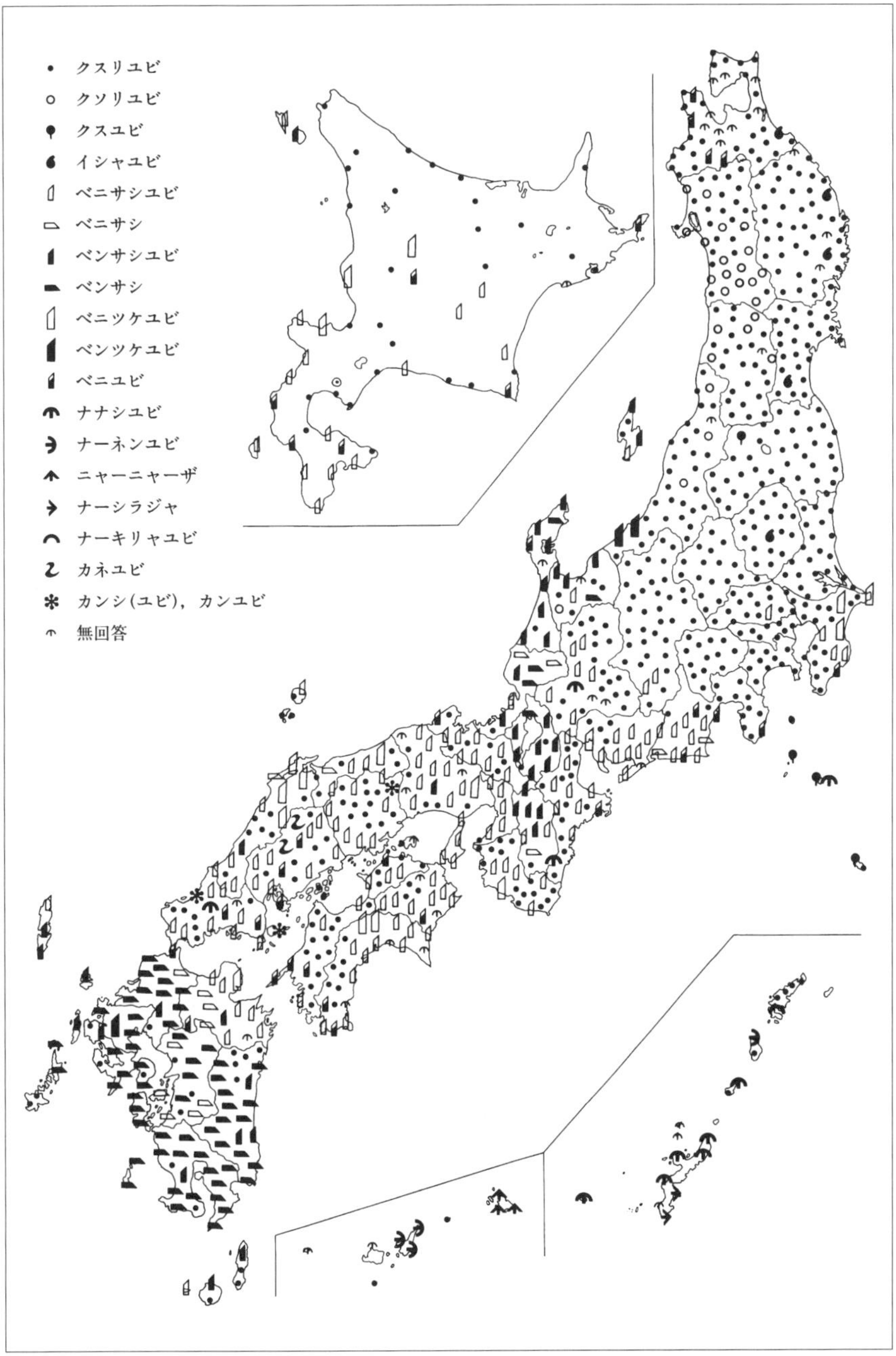
クスリユビ
クソリユビ
クスユビ
イシャユビ
ベニサシユビ
ベニサシ
ベンサシユビ
ベンサシ
ベニツケユビ
ベンツケユビ
ベニユビ
ナナシユビ
ナーネンユビ
ニャーニャーザ
ナーシラジャ
ナーキリャユビ
カネユビ
カンシ(ユビ)，カンユビ
無回答

こゆび（小指）

小《こ》指《ゆび》

コッコユビ　コデユビ
シリ(コ)ユビ　コドユビ
ヒコユビ　チイビ

しろき色紙に、**こゆび**さして口すくめたるかたを書きたまひて（落窪物語〈10C後〉二）

五本の指の中で、様々な文化的意味合いを多く持たされているのは、「こゆび」ではなかろうか。「指切りげんまん」で指を絡めるのは「こゆび」であり、大人の世界では「こゆび」だけ立てると恋人（女性）を表す独特の記号となるが、幼稚園では五指を家族に見立てて呼ぶことがあり、幼児の世界では赤ちゃん指となる。俗にいう「赤い糸の伝説」では、結ばれ合う運命にある二人は生まれたときから小指と小指が見えない赤い糸で結ばれているそうであるが、古く誓約や忠誠の証として小指を切ることが行われ、近世でも遊女が客への誠意のしるしとして小指を切り、その誓いとしている。

文献での「こゆび」の呼び名は、ユビのところがオヨビ・ユビ・イビなどと変わる以外はコのところの音は一定であり、そのほか漢字「小指」の音読みの「しょうし」が近世に見られる程度であるが、方言では、五指の中で種類の多い方に属する。「こゆび」の名称は「おやゆび」の名称と対応する面が大きく、たとえば、コッコユビ（子っこ）、ヒコユビ（ひ孫、または孫）などは、親・祖（おや）に対応させた名であり、また、コドユビ・コデユビは親指のオドユビ・オデユビ（お父指）に、コヤユビはオヤユビと対応させて生み出されたものと思われる。なお、シリ（コ）ユビは「尻（端の意）＋コ＋指」で、チイビは小さい指の意であろう。

地図では、シリ（コ）ユビが山陰・北陸・岩手の三辺境地域での分布をなし、比較的古そうに見える。コヤユビは九州南部・瀬戸内海沿岸・富山・新潟に分布し、西日本に限定された語形であることがわかる。これと対照的に、ヒコユビは関東・宮城・岩手の東日本に限定されている。この地域では概して曾孫をヒコというが、古くは孫もヒコといったので孫指の意とも考えられる。

こゆび（小指）

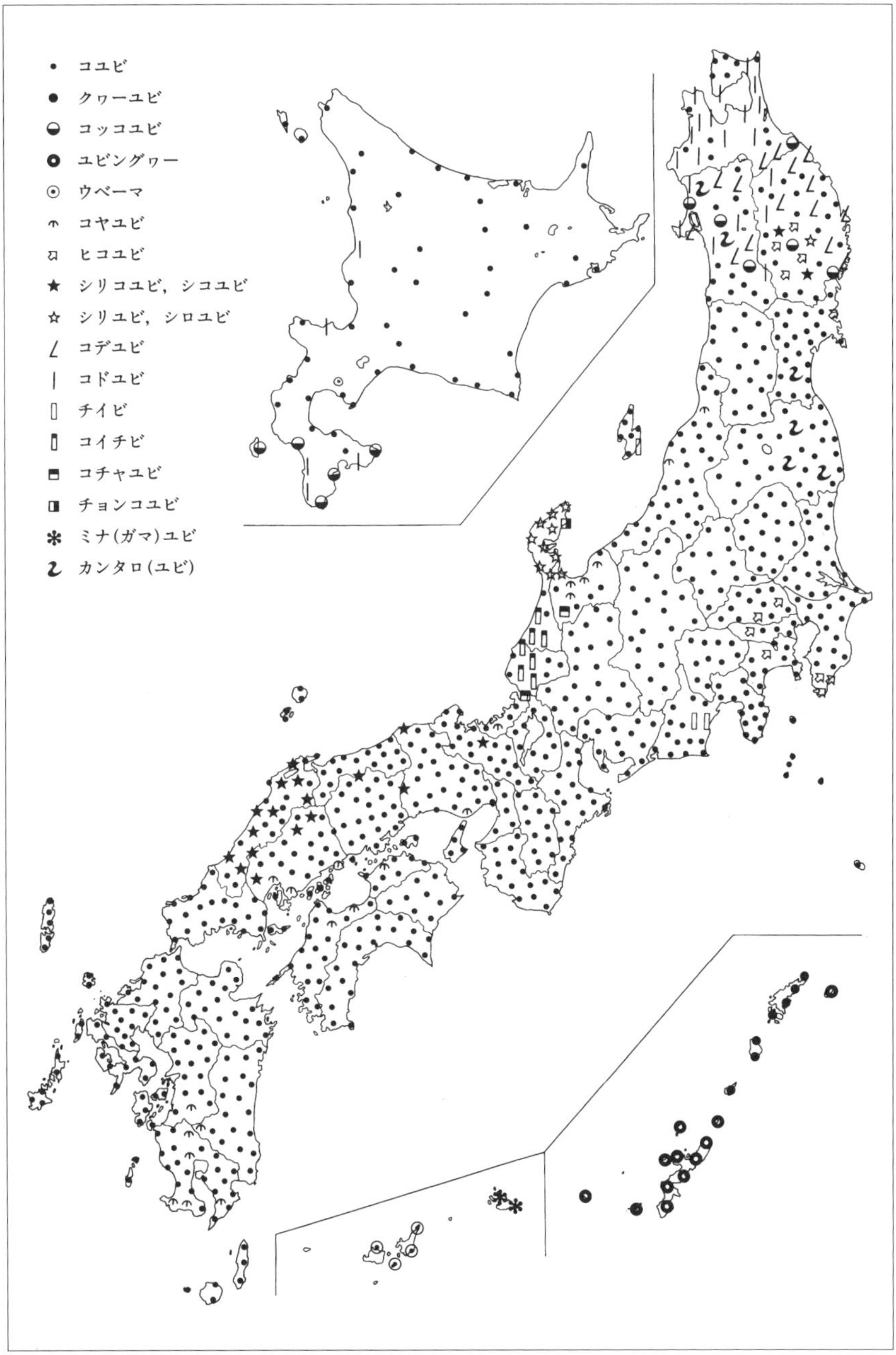

コユビ
クヮーユビ
コッコユビ
ユビングヮー
ウベーマ
コヤユビ
ヒコユビ
シリコユビ，シコユビ
シリユビ，シロユビ
コデユビ
コドユビ
チイビ
コイチビ
コチャユビ
チョンコユビ
ミナ(ガマ)ユビ
カンタロ(ユビ)

しもやけ（霜焼）

霜《しも》焼《やけ》

ユキヤケ
シモバレ
シミバレ

しもばれの薬　茄《なすび》のへたと葱《ひともし》とをせんじあらひてよし。又六月六日十六日廿六日に独蒜《のひる》をつきたらかし、日にさらしおき冬の**しもやけ**にすりぬりてよし　（女重宝記（元禄五年）（1692）四・八）

凍傷「しもやけ」は、かつて子どもや女性に多く見られた疾患であった。地図で明らかなように、奄美・沖縄の諸島には「しもやけ」を表現する語形が存在しない。これは言うまでもなくこの疾患自体が低温環境によって起こるものだからである。

環境とのかかわりによって指摘されるもう一つの点は、ユキヤケという語形の存在である。この語形は日本海側に限られた分布領域をもっている。もちろん、厳密に見れば、東北地方で一部太平洋側までくいこんでいるし、四国の愛媛あたりにも分布領域が認められるのだが、ともかく、これは日本海型分布の代表的なものである。愛媛の場合を除くと、いずれも降雪量の多い地域であることが指摘されよう。雪国では日常の生活感覚から、この凍傷を「霜」によって生じるより「雪」によって生じると見立てたほうがふさわしかったのである。ユキヤケは、ある時期、強い勢力をもって日本海一帯を席巻したものと推定される。

シモヤケ、ユキヤケのほか、各地には、シモバレ、シミバレ、シンバレ、カンバレなど、後部がバレのものが分布している。このバレは「腫れ」であるから、岡山、香川付近のシモブクレのブクレと意味的に同類のものであろう。また、～バレは～ヤケの両側に分布しているから、前者は後者よりも古い語形と推定される。このうち、シモバレという語形は、『日葡辞書』（一六〇三）に「Ximobare（シモバレ）」として載っており、過去に中央語として使われたものであることがわかる。

東北北部および岐阜北部から石川南部にかけて見られるシミバレ・シンバレは、これらの地方で「凍る」ことをシミルというので「凍腫れ」であろう。北海道語として有名になった「しばれる」という語は、シミバレから変化したシバレを動詞化してできたものである。

85

しもやけ（霜焼）

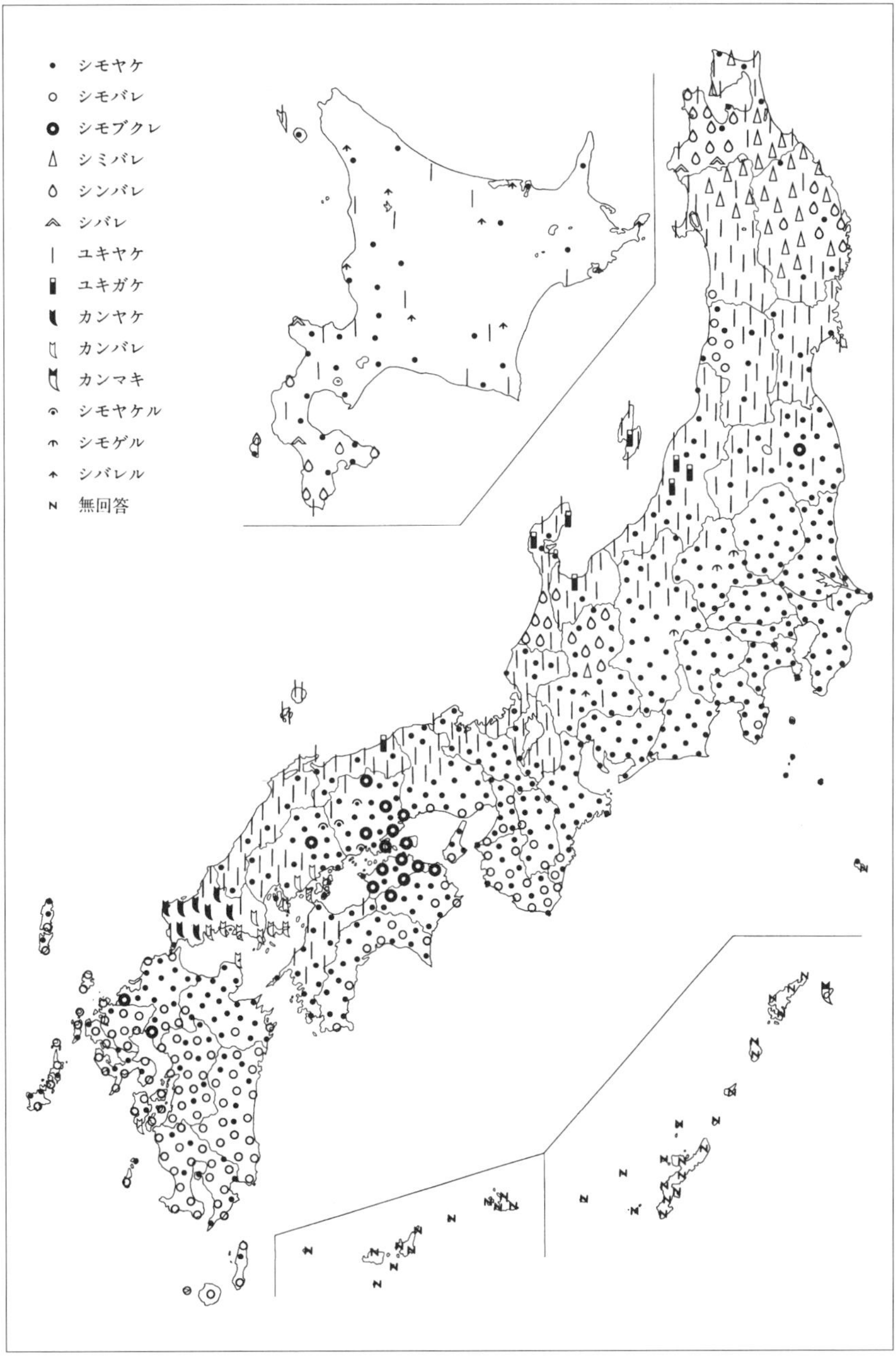
シモヤケ
シモバレ
シモブクレ
シミバレ
シンバレ
シバレ
ユキヤケ
ユキガケ
カンヤケ
カンバレ
カンマキ
シモヤケル
シモゲル
シバレル
無回答

あか（垢）

垢《あか》　コケ　ヨゴレ

時に金玉さんおめへの手は、**苔**がはえてゐるが、いつ湯へ這入《へゑん》なすった　（滑稽本・八笑人（1820）五下）

分布を見ると全国の大部分がアカである。奄美・沖縄諸島に見られるアハー・アーは、カ行音がハ行音に変化し、さらに子音のhが脱落するという変化をたどった語形である。

コケ・コケツは、瀬戸内海地方、中国・四国西部から九州にかけての地域や秋田・伊豆諸島などに点在する。方言周圏論の考え方を当てはめると、この周辺部に見られるコケ・コケツが古い語形と考えられる。岩手や長野のコビは「こびりつく」の「こび」であろう。高知のサスリは「さする」と関連があろうか。ヒグル・ヒングは奄美・沖縄諸島に見られるが、これらの地域では、鍋や釜などの尻についた煤をナビヒグル・ナビヒングといっている。

地図には見られないが、山形県東田川郡に「あか」をゴッポまたはゴンボと呼ぶ所がある。語源ははっきりしないが、ゴッポは「木くず」の「こっぱ」と関係があろうか。ゴンボは、野菜のごぼうの皮をこすってむこうとすると、「あか」が出たようになるという民衆語源から生じた語形らしい。

ところで、国立国語研究所が『日本言語地図』作成のための調査を終えて一〇年後に行った検証調査がある。地図を見ると、鹿児島県種子島では「あか」はコケ、「ふけ」はフケであるが、再調査の報告によると、「あか」のうち、「ちょっとこすると出てくるもの」をフケ、「三日も四日も洗わないときに出てくるもの」をコケといって区別している。本来は「ふけ」の意味のフケが「あか」の意味領域に侵入した結果、旧来のコケとの間に意味の分担（五三ページ参照）が生じたものと解釈されている。「ふけ」の図（五三ページ参照）を見ると、九州各地には「ふけ」もコケと呼ぶ所があり、当地では「あか」と「ふけ」の区別が曖昧になっている状況にあることが推察される。

87

あか（垢）

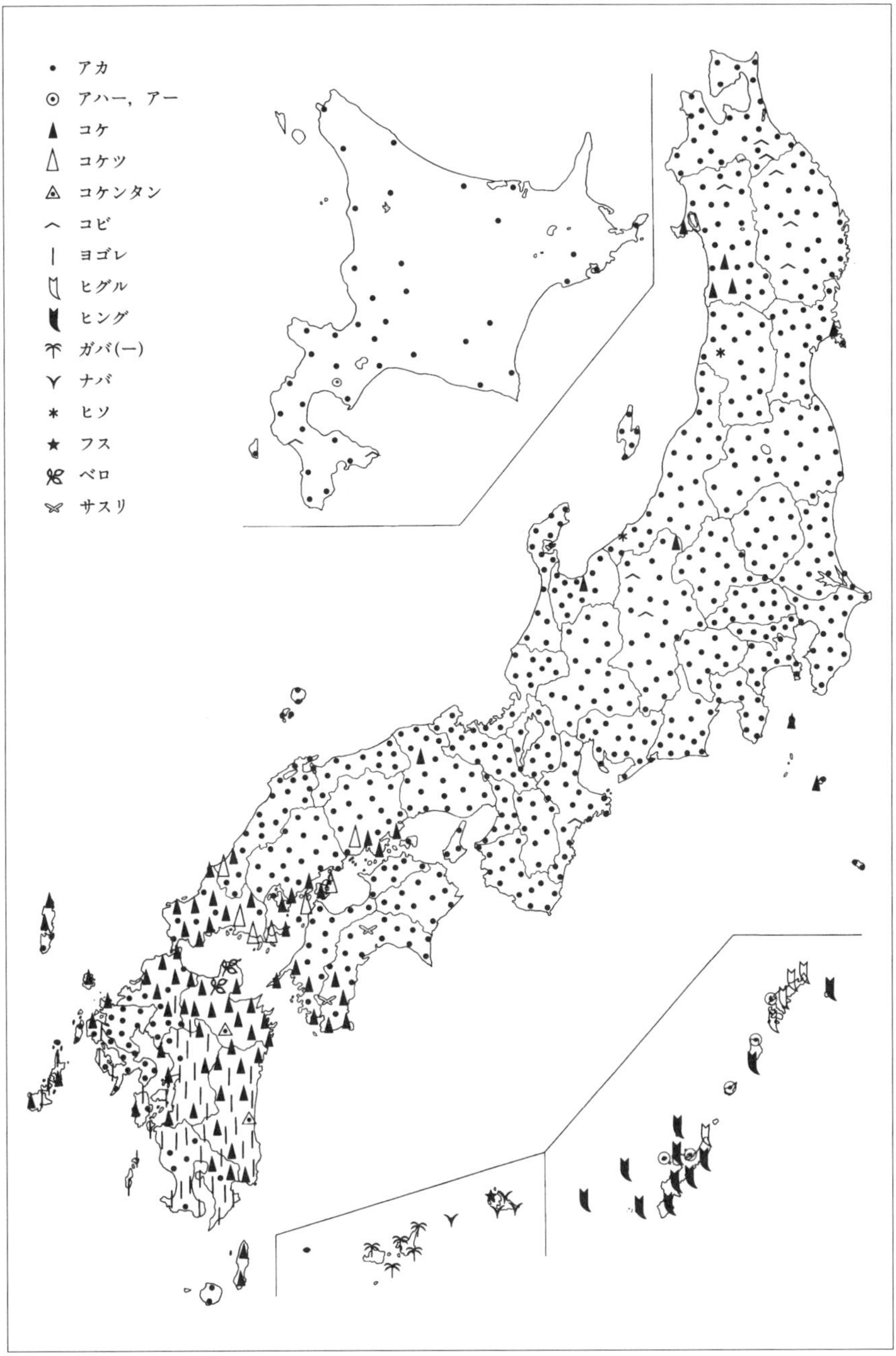
アカ
アハー，アー
コケ
コケツ
コケンタン
コビ
ヨゴレ
ヒグル
ヒング
ガバ(ー)
ナバ
ヒソ
フス
ベロ
サスリ

みずおち（鳩尾）

鳩尾《みずおち》

ミゾオチ　ムシノクチ
ミズオトシ　ムナモト
キムグチ

先刀を取て腰にさし、太刀を抜て**心**《むな》**もと**に指当《さしあて》て（太平記（14C後）二・長崎新左衛門尉意見事）

ミズオチの語源は「水落ち」であるが、東京を含む全国各地でミゾオチと言う人も多く、国語辞典にもこの二つの語形が見出しとして掲げられている。

「みずおち」の表現形は各地で主として前後二つの部分から成っている。前部分は、ミズ、ミゾ、ムネ、キムなどであり、後部分は、オトシ、オチ、オテ、ウチ、グチなどである。ここでは前後それぞれの部分にわけて考察してみたい。

前部分ではミズがもっとも多い。ミゾは各地でミズと混在しており、その領域ははっきりしない。ミゾはミズの変化形であるが、変化の要因として、「溝」への連想も働いていることが考えられる。

ムネは各地に点在する。奄美でのムニもムネ（胸）に対応するものである。キムは沖縄に分布領域をもっている。キモ（肝）に対応するもので、すなわち「心臓」の意味である。

後部分では関東以北と九州以南の二つの地域に分かれて分布するオトシ（落とし）という他動詞形が、その中間地域に分布するオチ、オテという自動詞形よりも古いものとみなされよう。なお、九州のオテは、この地で「落ちる」が下一段に活用し、そのオテルの連用形である。

ウチはオチの領域の内部に分布する。このことから、ウチはオチよりは新しいものとみなされる。ウチの分布域は母音のオとウの混同される地域にかかってはいるが、ウチの発生には、さらに「打つ」という動詞とのかかわりを考えることが必要であろう。

また、グチは、沖縄のものをのぞいては、ウチの領域内に見られる。これはウチからの変化形であろう。この変化にも「口」という語への牽引があったものと考えられる。

89

みずおち（鳩尾）

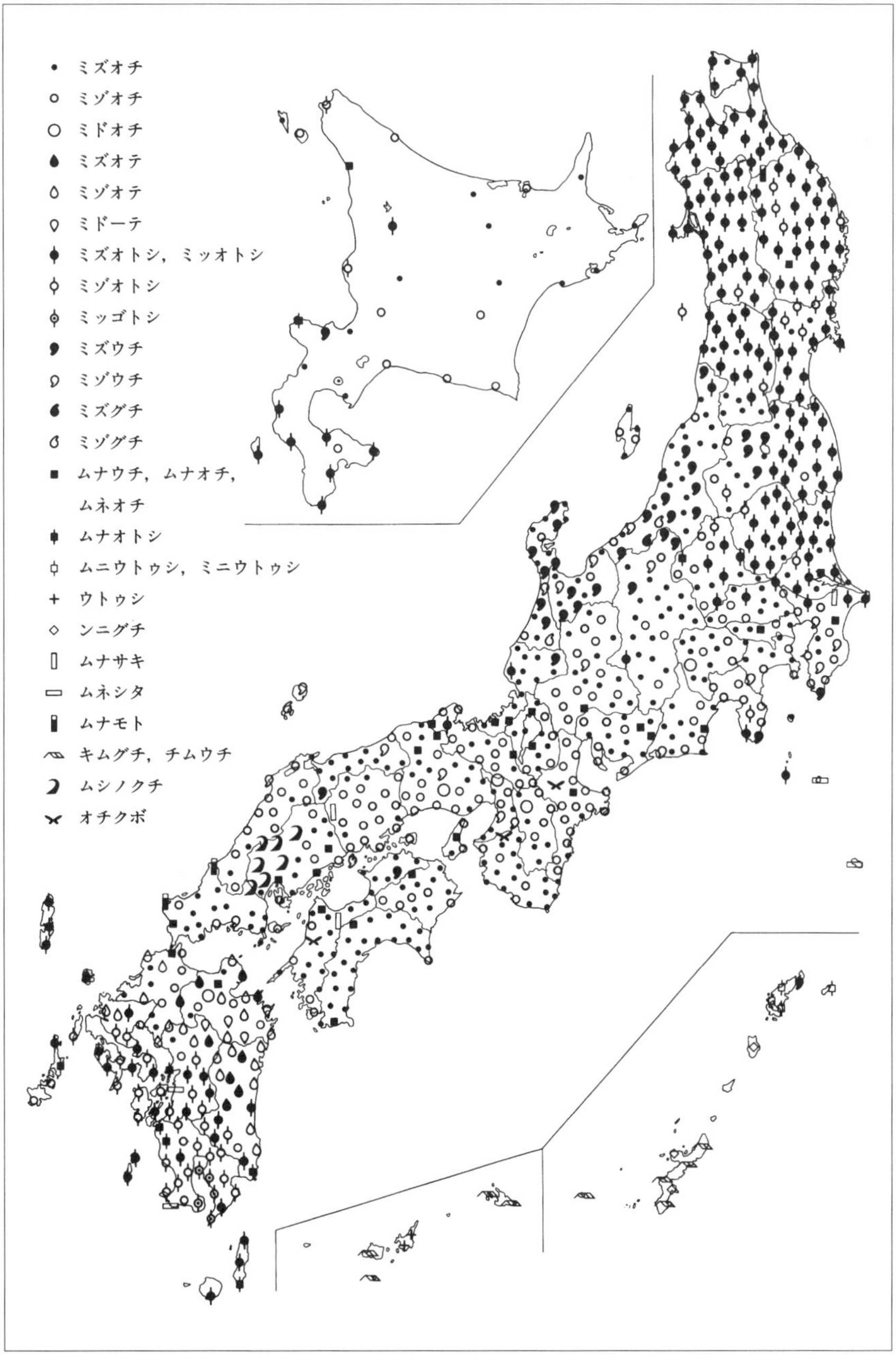
ミズオチ
ミゾオチ
ミドオチ
ミズオテ
ミゾオテ
ミドーテ
ミズオトシ，ミッオトシ
ミゾオトシ
ミッゴトシ
ミズウチ
ミゾウチ
ミズグチ
ミゾグチ
ムナウチ，ムナオチ，
ムネオチ
ムナオトシ
ムニウトゥシ，ミニウトゥシ
ウトゥシ
ンニグチ
ムナサキ
ムネシタ
ムナモト
キムグチ，チムウチ
ムシノクチ
オチクボ

90

くるぶし（踝）

踝《くるぶし》

クロコブシ　ウメボシ
トリコノフシ　キビス
クルミ

みじかひみじかひ。そふ**くろぶし**が見へては行ぬ（洒落本・傾城買指南所（1778））

この項目では、類音牽引（三六三ページ参照）などによって、各地でさまざまな派生形が生じ展開していることが特徴である。

東日本に多く見られるクルブシないしはクロブシという語形はその周辺を囲むように分布しているクロコブシの変化形かもしれない。そう考えると、コブシあるいはコブという形が全国的に点在していることが注目される。西日本に散在するトリコブシは、おそらくトリ（鶏）コブシで、連想が鶏の足のこぶに及んで生まれたものと考えられる。西日本で勢力を張っているのはトリコノフシであるが、これは、トリ－コブシ＞トリコブシ＞トリコノ－フシのような過程によって発達したものではないだろうか。

新潟西部から関東西部、中部地方東部にかけて集中的に分布するクルミは、胡桃の実と「くるぶし」との形状の類似によって安定して使われているのであろう。この語形は奈良あたりにも存在する。これは、クルンブシ＞クルミブシ＞クルミのような過程によって発達したものではないだろうか。

近畿に強い勢力を持って周辺に広がりつつあるように見えるウメボシは、「くるぶし」の形状が梅干しに見立てられて生まれたものであろう。しかし、これも元来はクルボシのような形があって、それがウメボシへと牽引されたのだと考えられる。四国東部および九州南部でのモモザネは李の実という見立てである。九州西部でのモモブシはモモザネとトリコブシとの混交であろう。

ところで、福島、茨城、栃木にはキビス、キビショといった「かかと」の地図（九三ページ参照）に現れる語形が分布している。しかし、「かかと」の地図を見るとわかるように、「かかと」におけるキビスの分布域と、この「くるぶし」におけるキビスの分布域とは重なっていないことに注意したい。

くるぶし（踝）

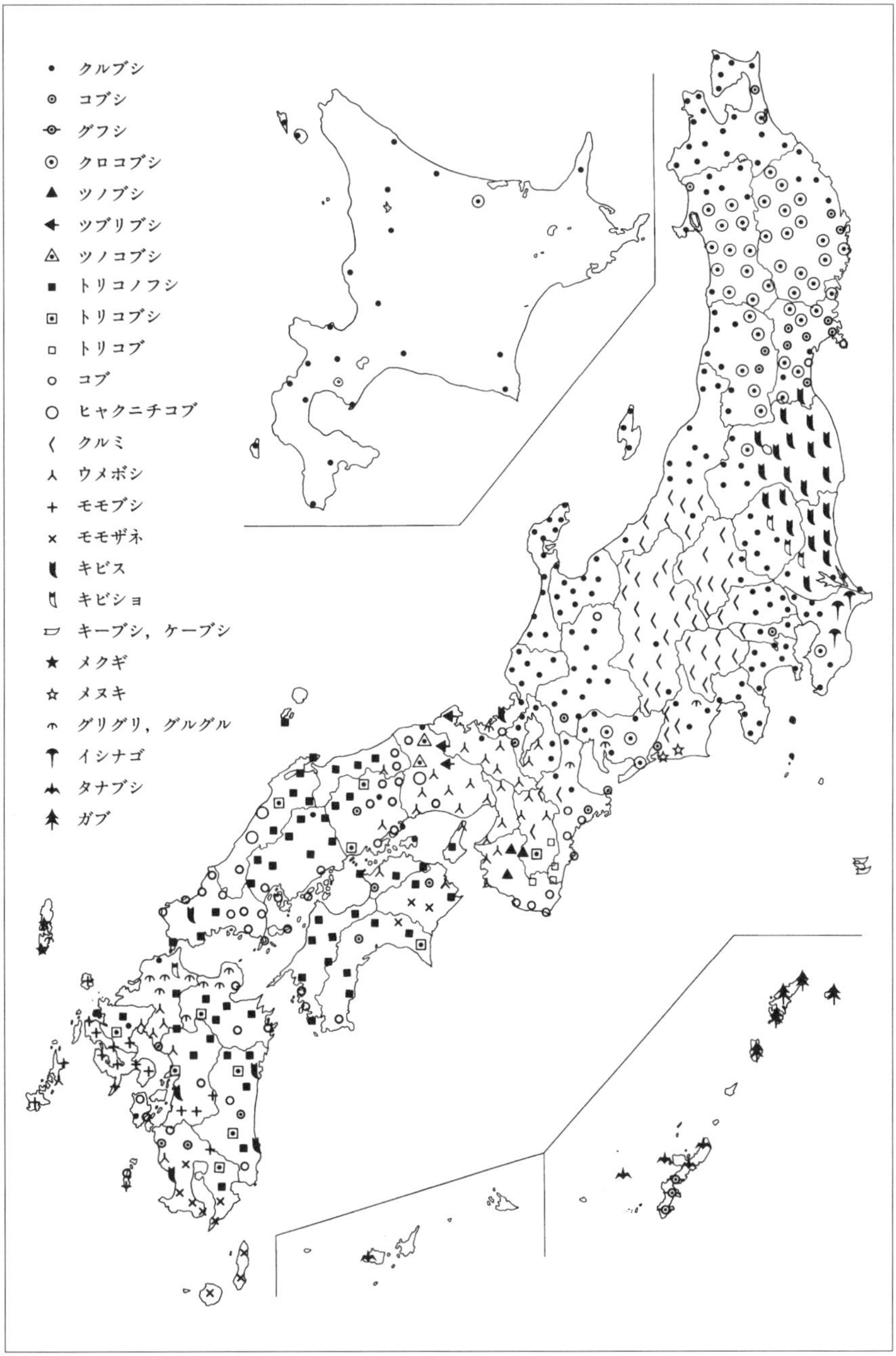
クルブシ
コブシ
グフシ
クロコブシ
ツノブシ
ツブリブシ
ツノコブシ
トリコノフシ
トリコブシ
トリコブ
コブ
ヒャクニチコブ
クルミ
ウメボシ
モモブシ
モモザネ
キビス
キビショ
キーブシ，ケーブシ
メクギ
メヌキ
グリグリ，グルグル
イシナゴ
タナブシ
ガブ

かかと（踵）

踵《かかと》

カガト
アクト
アド
キビス

にぐる者は**きびす**をきらるるものもあり。いそがしき時の事なれば、**きびす**をとっておとがひに付《つけ》、おとがひを取て**きびす**に付したれば　（虎明本狂言・井礑《どぶかつちり》（室町末―近世初））

東日本にはアクトが勢力を張っている。中部地方のアクツ、アックイ、アッコイ、アッコなども同類である。九州以南にやはり広い分布域を持つアドも語形上通じるところがあり、同系のものと認めることができよう。その周圏的な分布から最古層のものと推定される。ちなみにカガトについても、間にカガアトといったような形を立ててみると、この類とかかわるのではないか。

カガトは西日本に多く、関東ではカカトが大部分である。この関東のものが現代の標準語形となった。カカトは江戸を中心として広がったものであり、おそらく江戸周辺にはかつてはアクト類が存在していたのであろう。そこへ上方からカガトが移入されたと考えられる。なぜ関東でカガトからカカトへの変化が起きたのかは不明であるが、「かかし（案山子）」を西日本ではカガシ、東日本でカカシと呼ぶことが多いこととも関連がありそうだ。なお、九州西岸の島々を主として分布するカドについては、あるいはアドとカガトとの混交形とみるべきものかもしれない。九州南部でのアドジリはアドに「尻」を付加したものであろう。この地でのアドゲンについてはよくわからないが、この語形からドゲンが生まれ、そしてさらにゲンドと変形したことが、分布の様相から推測される。

近畿を中心として、その周辺に広がるキビスの類は、古語における「くびひす・くびす」の子孫であるが、他の語類とくらべるとそう古いものとは考えられない。近畿中央部から四周に、キビソ、キビサ、キリブサなどと変形しながら放射したものであろう。ただし、南近畿ではこの地に発生したと見られるオゴシやトモといった語形にその勢力拡大をはばまれている。このうち、トモについては舟のトモ（舟尾）とかかわって生まれたものと考えられる。

93

かかと（踵）

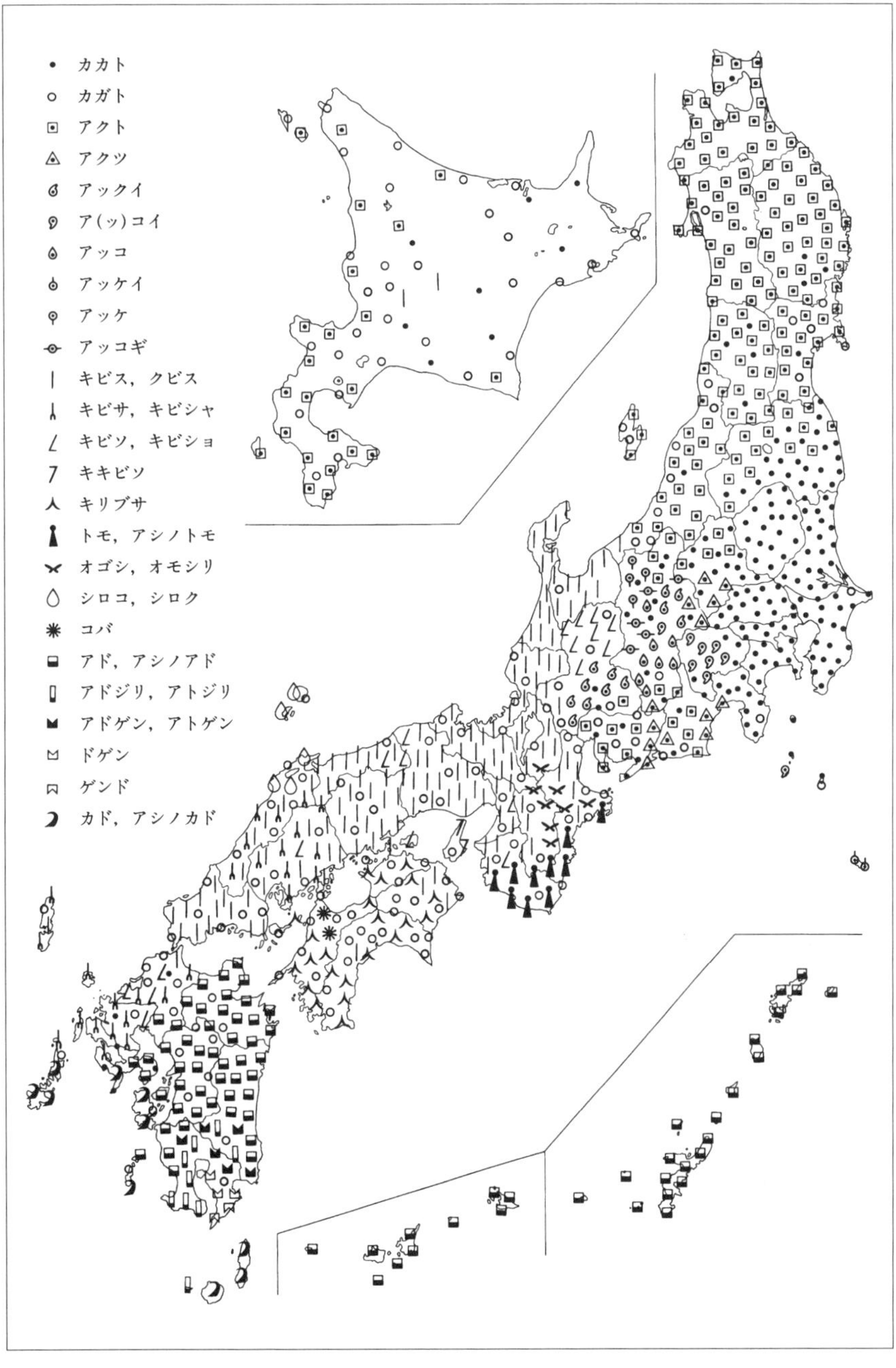

カカト
カガト
アクト
アクツ
アックイ
ア(ッ)コイ
アッコ
アッケイ
アッケ
アッコギ
キビス，クビス
キビサ，キビシャ
キビソ，キビショ
キキビソ
キリブサ
トモ，アシノトモ
オゴシ，オモシリ
シロコ，シロク
コバ
アド，アシノアド
アドジリ，アトジリ
アドゲン，アトゲン
ドゲン
ゲンド
カド，アシノカド

ほくろ（黒子）

黒子《ほくろ》

ハハクロ　ホソビ
ホグロ・アザ　クロッポシ
フスベ・クスベ

黶　黒子也　**波々屎**《ははくそ》　（新撰字鏡（898–901頃））
七星の**ははくろ**のかく候ひて　（愚管抄（1220）四・後白河）

黒子について全国の方言状況を展望すると、①東北北部から新潟県にかけてと、中国西半・四国・九州から奄美・沖縄の島々にかけてがアザ、②東北地方南半から北陸を除く中部地方までがホソビ・フスベ・クスベ、③仙台を中心にしてクロッポシ、④北陸から近畿地方・中国地方の東半にかけての地域と南関東がホクロ・ホークロであり、四つの流れに大別することができる。

国の東西にわかれて①アザが使われているところから、このアザが黒子を指すもっとも古い日本語と推定される。②は、形はたがいに微妙に違うが、当然相互に関係の深い表現である。③クロッポシは、周辺をホソビに取り囲まれているところから、この地域で新しく発達した表現に違いない。④のうち南関東のものは東北をホソビ、西北をフスベ、西南をクスベに囲まれて、新しいもののようである。おそらく近畿地方から輸入され、周辺に新しく勢力を広げたものであろう。こう見てくると、もっとも古い①アザに次いで、東日本ではホソビ・フスベ・クスベの類が発達し、西日本では④ホクロ・ホークロの類が、黒子を表すことばとして展開し、そのホクロが現代標準語の地位を獲得したことになる。

ホクロ・ホークロ類については、文献をたどることにより、ハハクソ（九世紀）に始まり、それがハハクロ（一三世紀）になり、ホークロ（一五世紀）を経てホクロ（一九世紀）になったことが確かめられている。

ところで、「痣（あざ）」の地図（九七ページ参照）と比較してみると、九州の痣＝ホグロ、黒子＝アザなる逆転現象が見られるが、これは元来九州に痣＝ホヤケ、黒子＝アザという状況があって、そこに東方から痣＝アザ、黒子＝ホグロという新しい力が加わったとき、新しいホグロを、形が通じるところからホヤケに対する新形と誤解したために発生したのではないかと思われる。

ほくろ（黒子）

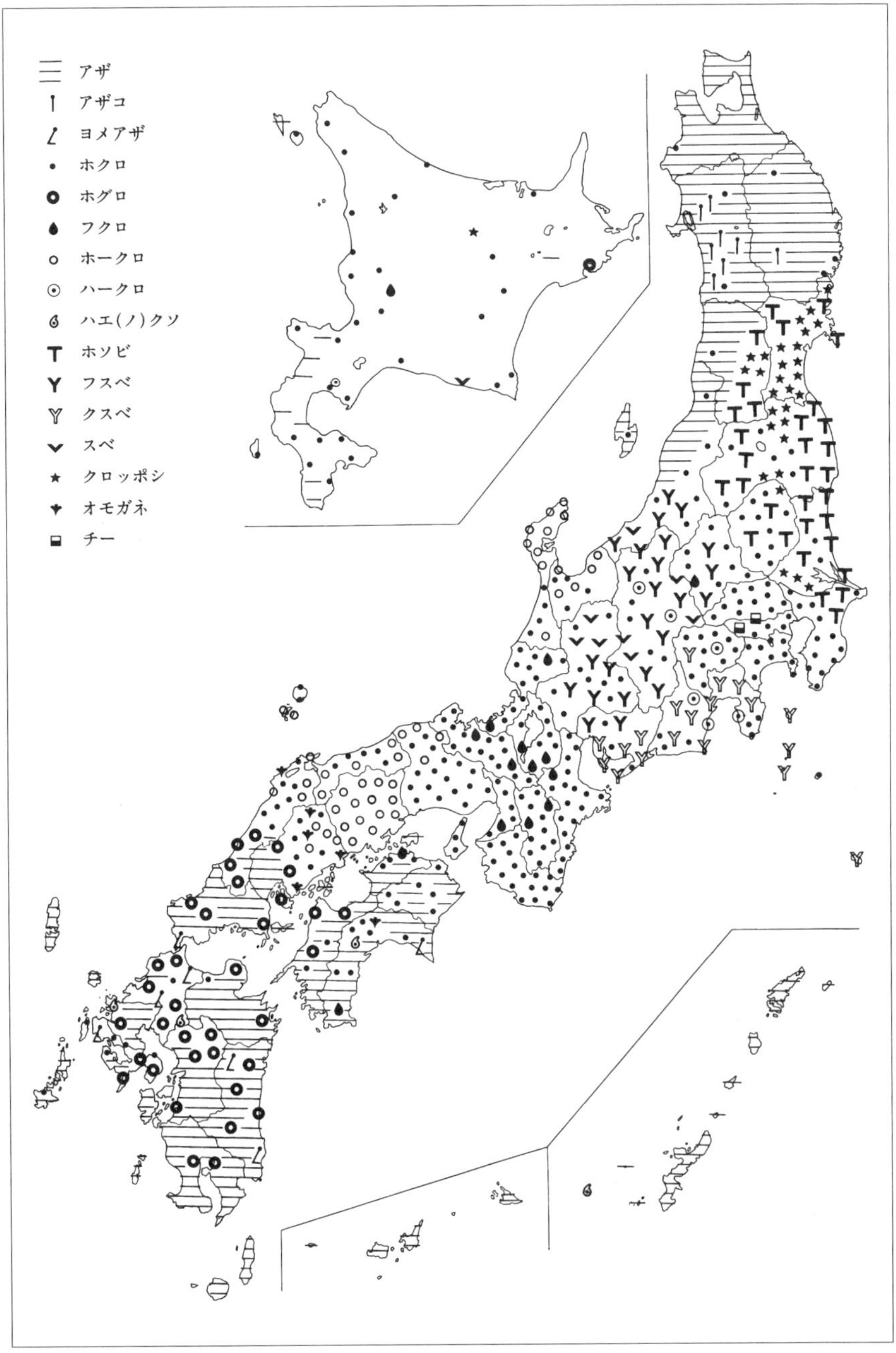
アザ
アザコ
ヨメアザ
ホクロ
ホグロ
フクロ
ホークロ
ハークロ
ハエ(ノ)クソ
ホソビ
フスベ
クスベ
スベ
クロッポシ
オモガネ
チー

あざ（痣）

痣《あざ》

ホヤケ　ウミジルシ
ノブヤケ　シルシ
ノブ・ノビ　ホグロ
コトヤケ

ほやけのあることな？　そりゃ聞いとった（裲襠〈壺井栄〉(1955) 三・七）

「生まれつき体の色が変わっている部分」の名称について調べたものである。打撲傷の痕《あと》の皮膚の変色した部分の名ではないことに注意したい。東京では、生得のものもアザ、打身の痕の臨時的なものもアザと表現するが、実は、日本全国ほとんどの地域で両者を区別して表現するのである。

さて全国を展望すると、痣をアザと言わない地域は、中国西部・四国・九州から沖縄の島々にかけて、西日本に偏在していることがわかる。もっとも本土の一部や南西諸島のかなりの部分、どちらかというと中心から遠い島で、痣をアザというところが点在して、注目に値する。平安朝の辞書『和名抄』には「疵〈略〉師説阿佐」とあって（中国の古辞書『広韻』に「疵黒病」とある）、アザの由緒の古さがわかる。

西日本で使われている諸表現のうちでは、香川県小豆島出身の壺井栄の作品に見えるホヤケの力がもっとも強い。一七世紀初頭のポルトガル人宣教師の作った『日葡辞書』に、「Foyaqe（ホヤケ）〈訳〉体にできる黒いあざ」と出ている。当時の宣教地九州のことばが反映しているのであろうか。さらに遡ると、九世紀初頭の『皇太神宮儀式帳』にも「川入、火焼（ほやけ）の罪を、国都罪と定め給ひて」とある。かなり古い例であるが、この火焼がはたして痣のことなのかどうか、確かめねばなるまい。

妊娠中の女性が火事を見ると、その火が感応して胎児に痣ができるという俗信がある。ホヤケのホは火、この俗信と関係がある語に違いない。ノブヤケのノブは野火、コトヤケのコトはおそらく事件の意味かと思われる。

ウミジルシは、元来は赤子の尻の蒙古斑のことであろうか。ヨメアザは、普通は雀斑（そばかす）を表すことの多いことばである。

97

あざ（痣）

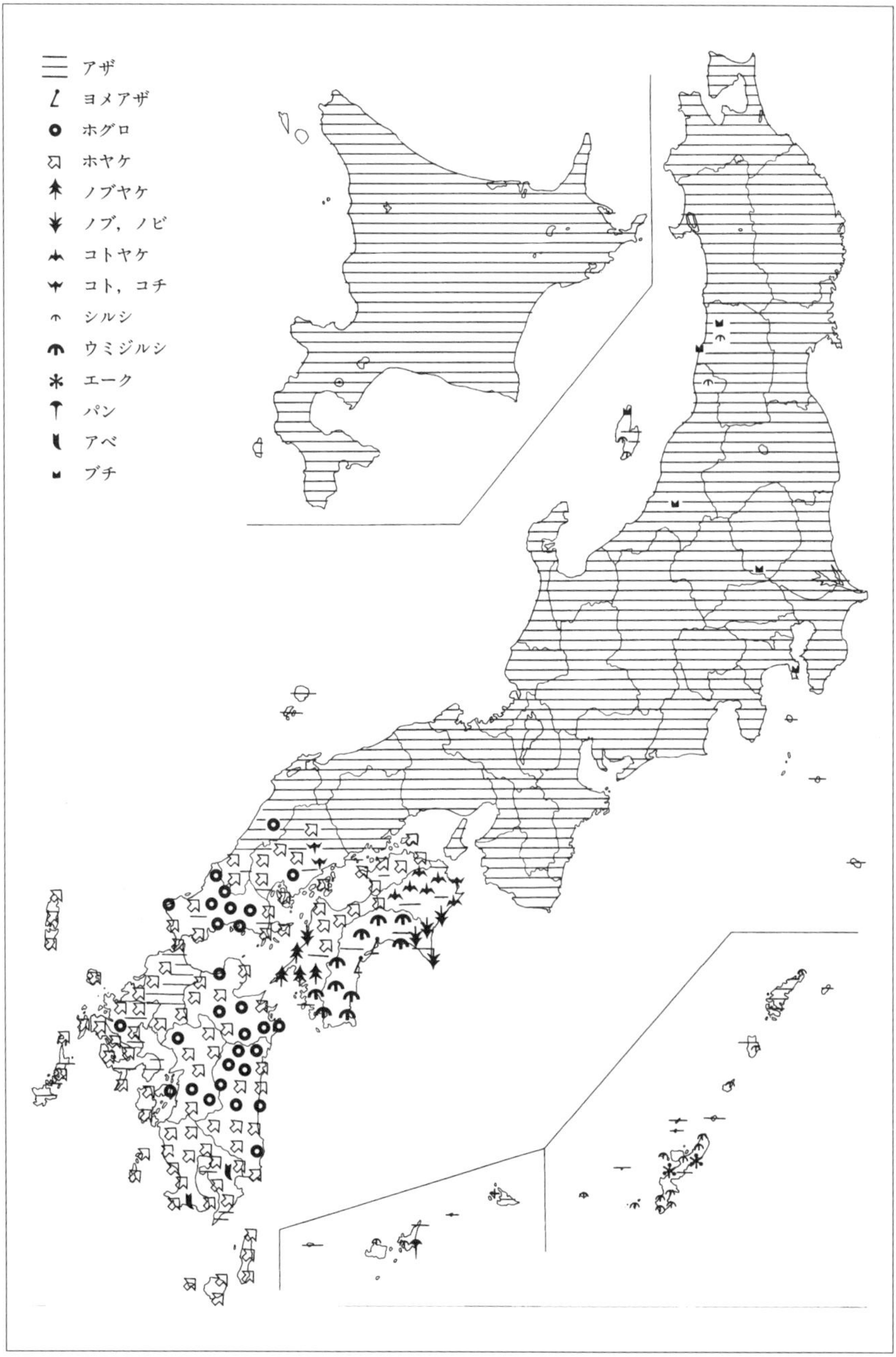
アザ
ヨメアザ
ホグロ
ホヤケ
ノブヤケ
ノブ，ノビ
コトヤケ
コト，コチ
シルシ
ウミジルシ
エーク
パン
アベ
ブチ

きゅう（灸）

灸《きゅう》

ヤイト(ー)
ヤ(ー)ツ
ヤ(ー)チュ(ー)
ヤ(ー)ヒ・ヤシ

灸所 **ヤイトウ**（色葉字類抄（1177–81））

友とする人に、**灸**《やひ》の蓋をしてやりながら語るを聞ば（浮世草子・好色二代男（1684）四・二）

若い読者の中には「きゅう」を知らない人もいるのではないだろうか。ヨモギの葉を乾燥させてもみ、葉の裏の白毛を採って綿のようにしたモグサを小さな固まりにして皮膚につけ、それに火をつけて皮膚を焼くもので、かつては病気などの治療法として家庭でよく行われたが、最近はあまり見かけなくなった。

分布図に見える方言形は、中部・北陸から九州北部にかけて広く分布するヤイト類、ヤイト類を囲むように中部以東と九州の一部に分布するキュー類、九州南部（大分の一部や長崎五島列島を含む）から奄美・沖縄諸島にかけてまとまって分布するヤツ類、そして東北の青森・秋田と九州の佐賀・熊本に離れて分布の見えるヤヒ類の四つのグループに分けることができる。

分布から見ると、近畿地方を含んで分布するヤイト類が歴史的に最も新しいものと思われ、それを囲むように分布するキュー類はそれよりも古く、さらにヤヒ類がキュー類以前の中央語だったことが推定できそうである。九州から沖縄にかけてのヤツ類はヤヒ類よりもさらに古いものではないだろうか。

ヤツ類については語源がはっきりしないが、その語音からは「焼く」との関係がありそうである。ヤイトは「焼き所」、ヤヒはヤエヒなどが見えることから「焼き火」から変化した形と考えられる。ヤイト・ヤツ・ヤヒの類が和語であるのに対して、キューはもちろん「灸」の音読み、つまり漢語である。

岡山・広島・香川などにわずかに見えるテンは、浄瑠璃『今宮心中』（ー中）に「風気もなし、点を致そふ、硯々といひければ」などの文献例もあり、かつて大阪あたりで使われていたものの残存かもしれない。

高知のモグサは本来は「きゅう」の材料そのものの名であり、高知で独自に変化した表現であろう。

99

きゅう（灸）

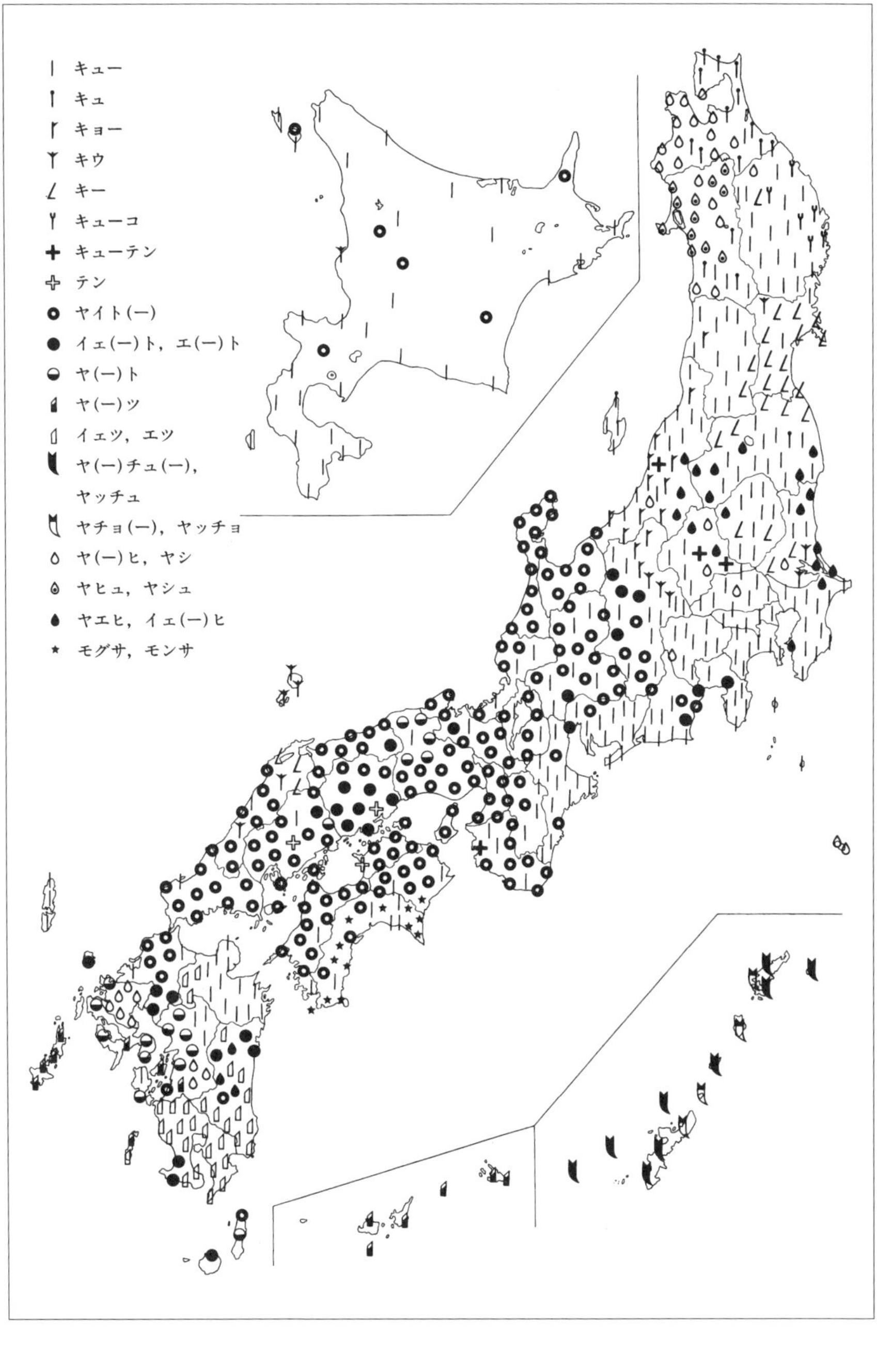
キュー
キュ
キョー
キウ
キー
キューコ
キューテン
テン
ヤイト(ー)
イェ(ー)ト，エ(ー)ト
ヤ(ー)ト
ヤ(ー)ツ
イェツ，エツ
ヤ(ー)チュ(ー)，
ヤッチュ
ヤチョ(ー)，ヤッチョ
ヤ(ー)ヒ，ヤシ
ヤヒュ，ヤシュ
ヤエヒ，イェ(ー)ヒ
モグサ，モンサ

あざ（痣）になる

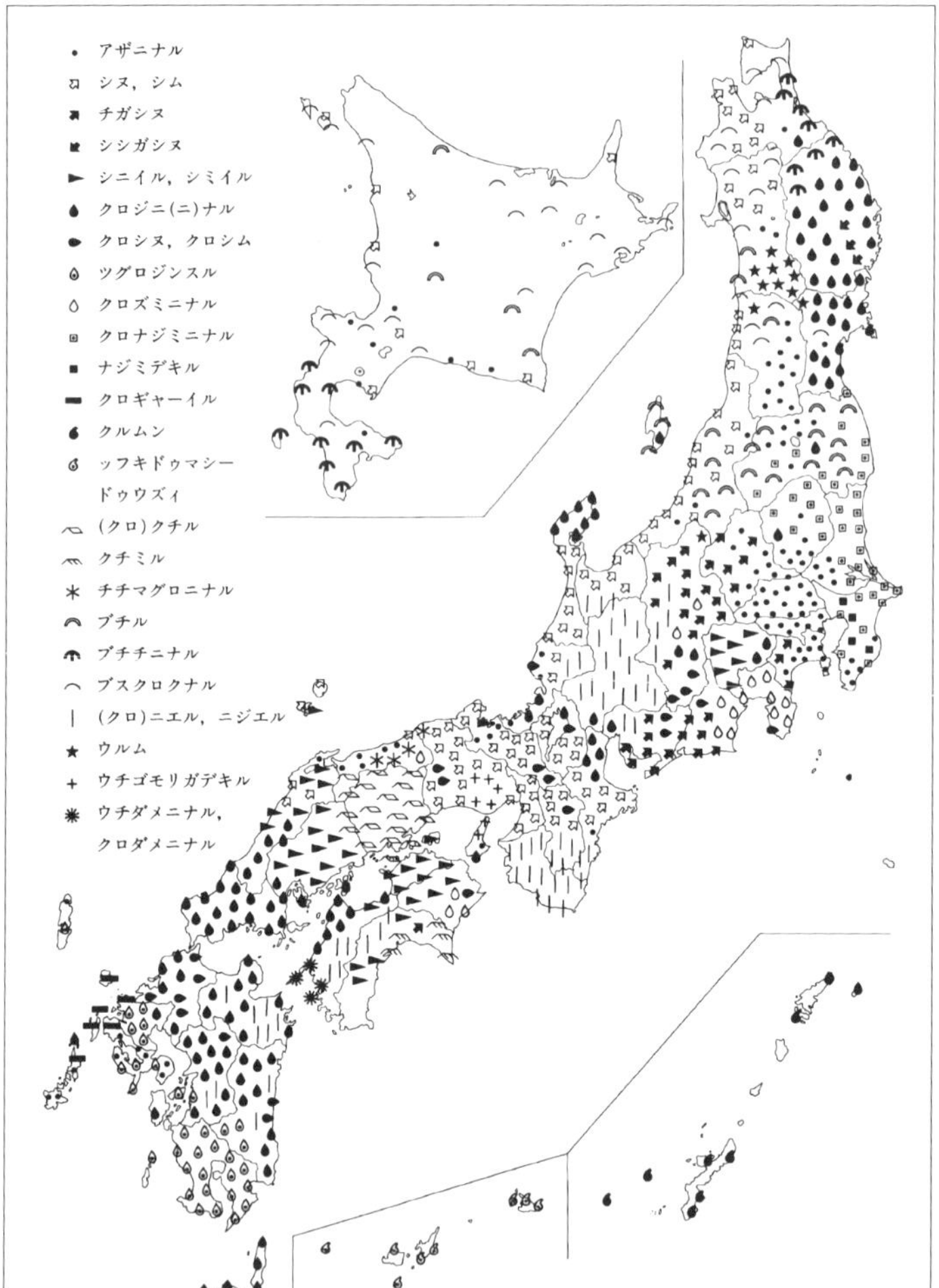
アザニナル
シヌ，シム
チガシヌ
シシガシヌ
シニイル，シミイル
クロジニ(ニ)ナル
クロシヌ，クロシム
ツグロジンスル
クロズミニナル
クロナジミニナル
ナジミデキル
クロギャーイル
クルムン
ッフキドゥマシー
ドゥウズィ
(クロ)クチル
クチミル
チチマグロニナル
ブチル
ブチチニナル
ブスクロクナル
(クロ)ニエル，ニジエル
ウルム
ウチゴモリガデキル
ウチダメニナル，
クロダメニナル

痣《あざ》になる

「打撲などのために内出血が起こり皮膚の一部が青黒く変色した部分」の名称についての分布図である。ほとんどの地域で「生まれつき皮膚の一部が変色している部分」とは表現を異にするが、東京を中心としたアザを用いる地域では両者を語形で区別していない。皮膚が変色していく様子は各地で独自の表現を発生させたが、分布を見ると周圏分布をなすクロジ(ニ)ナルが古い語形のようである。文献の上では岩手県南部にまとまっているウルムが古く、『和名抄』に「宇流无」の表記が見られる。福島県全域に広がりを見せるブチルは、「打撲や発疹などで皮膚に斑点が生ずる」意である。

101

はげる（禿）

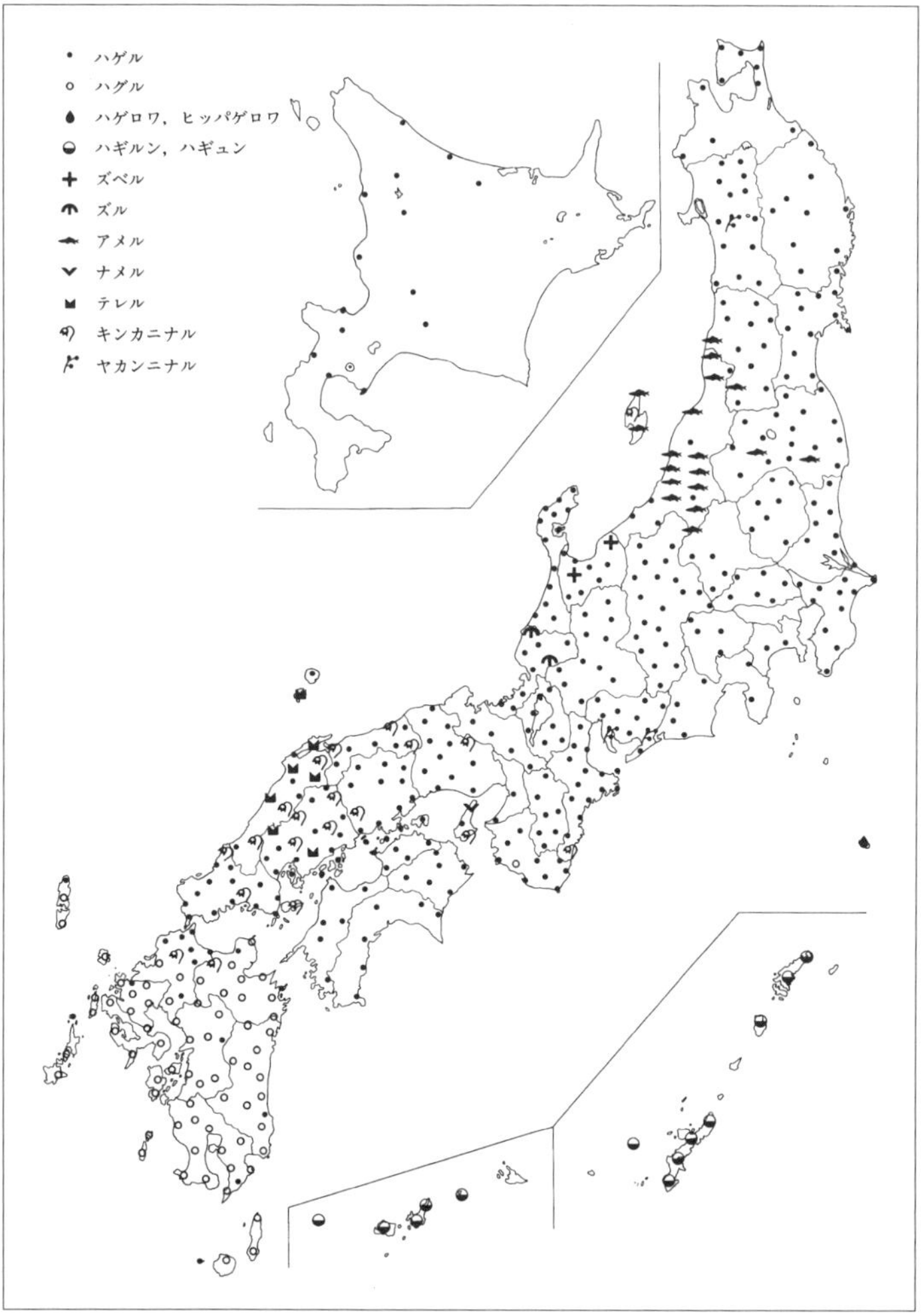
ハゲル
ハグル
ハゲロワ，ヒッパゲロワ
ハギルン，ハギュン
ズベル
ズル
アメル
ナメル
テレル
キンカニナル
ヤカンニナル

禿《は》げる

全国的にハゲルが見られる。九州と和歌山南部のハグルや八丈島のハゲロワ、琉球のハギルン・ハギュンは、いずれも語としてはハゲルと同系統である。秋田と愛知のヤカンニナルは形状の類似性に基づく。広島を中心として近畿の周辺部や九州北部に見られるキンカニナルは「金柑」と関係するらしく、やはり形からの発想である。新潟や福島・山形のアメルは、表面のなめらかさという点で「飴」に関係するかもしれない。ただし、近隣に「腐る」ことをアメルと言う地域があり、「衰退」という点での関連性も考慮する必要があるだろう。

とげ（裂片）—指に刺さる木や竹の細片

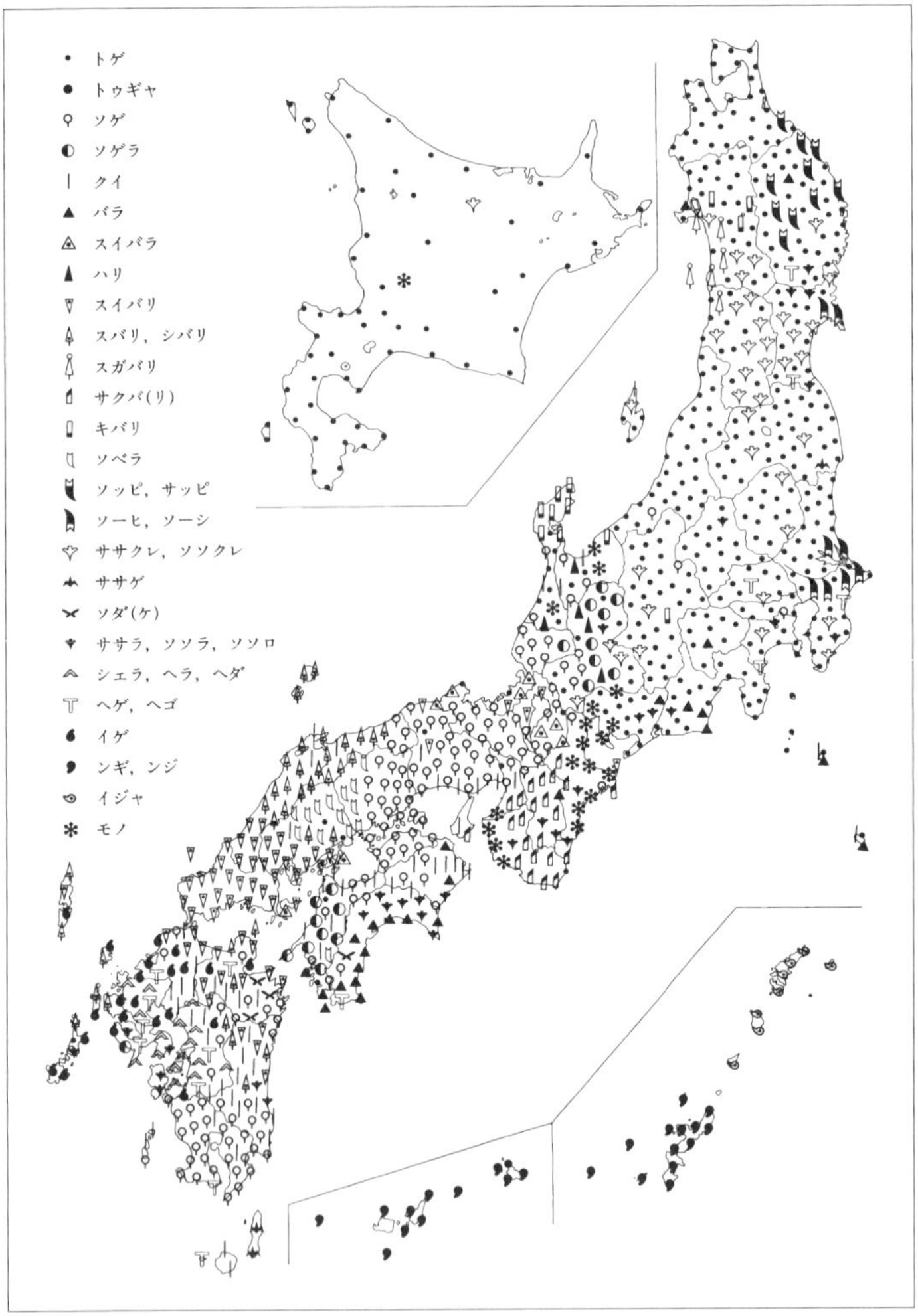
トゲ
トゥギャ
ソゲ
ソゲラ
クイ
バラ
スイバラ
ハリ
スイバリ
スバリ，シバリ
スガバリ
サクバ(リ)
キバリ
ソベラ
ソッピ，サッピ
ソーヒ，ソーシ
ササクレ，ソソクレ
ササゲ
ソダ(ケ)
ササラ，ソソラ，ソソロ
シェラ，ヘラ，ヘダ
ヘゲ，ヘゴ
イゲ
ンギ，ンジ
イジャ
モノ

裂《と》片《げ》
—指に刺さる木や竹の細片

東日本には広くトゲが見られる。岩手にソッピ・サッピがまとまり、類似したソーヒ・ソーシは千葉・茨城に見られる。また、ササクレ・ソソクレは、宮城・山形にまとまりながら、関東周辺や長野に分布が及ぶ。中部以西は複雑で、ソゲを中心にサクバが奈良・和歌山に見られる。また、それらを取り囲むようにモノが愛知・三重・和歌山に分布する。また、四国にはササラ類やバラ類がまとまる。中国西部のスイバリは九州東部につながっている。クイは近畿から四国・山陰・九州にかけて不連続に分布する。その他、イゲが九州北部に、ンギ類が琉球にまとまる。

ごみ（塵）—目に入るもの

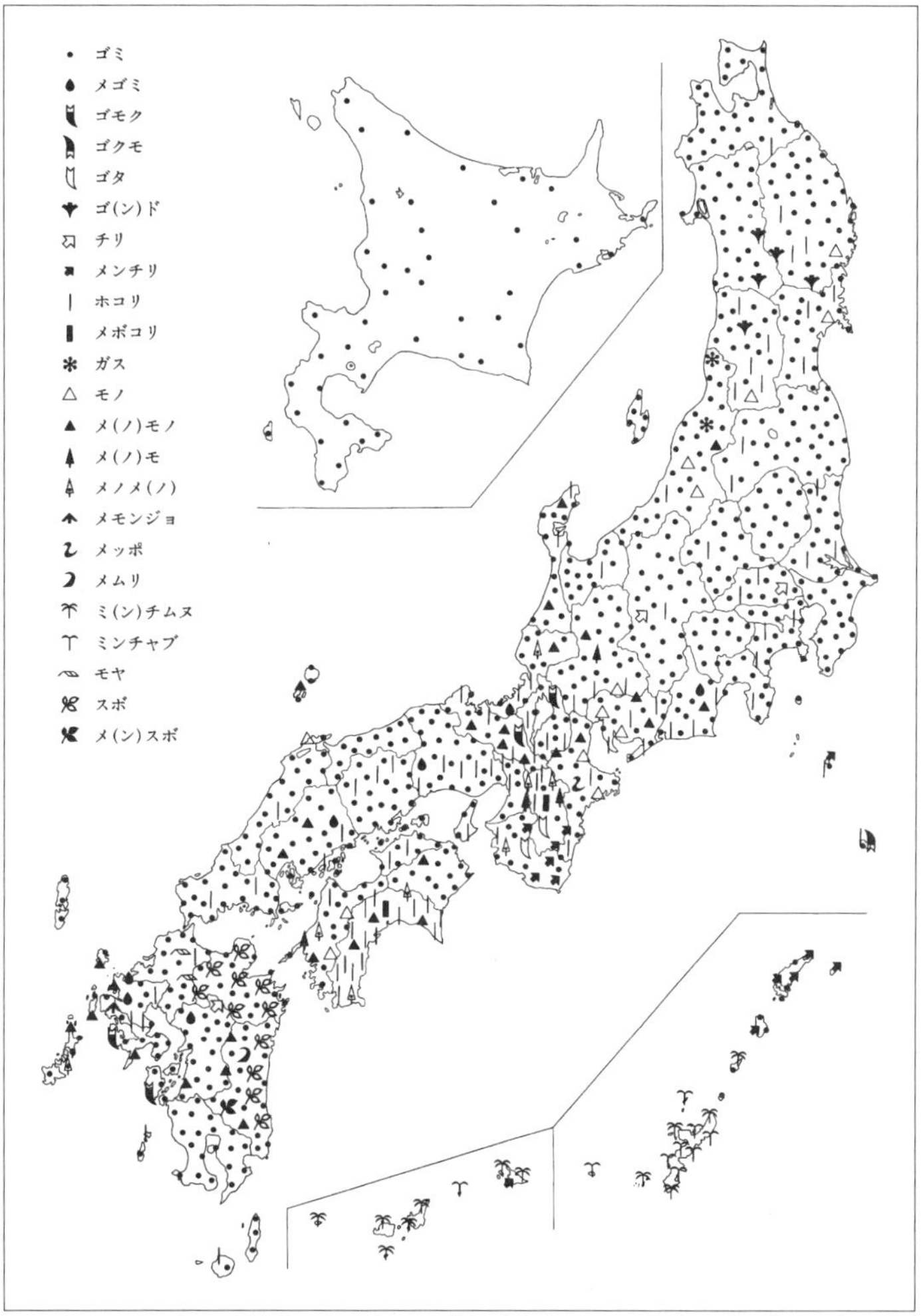
ゴミ
メゴミ
ゴモク
ゴクモ
ゴタ
ゴ(ン)ド
チリ
メンチリ
ホコリ
メボコリ
ガス
モノ
メ(ノ)モノ
メ(ノ)モ
メノメ(ノ)
メモンジョ
メッポ
メムリ
ミ(ン)チムヌ
ミンチャブ
モヤ
スボ
メ(ン)スボ

塵《ごみ》
—目に入るもの

全国的にゴミが見られる。新潟のガスは「滓」に関係するだろう。中部から近畿、四国・山陽・九州にメ（ノ）モノが見られる。「ごみ」を抽象性の高いモノという語で表現する点が注目される。琉球のミ（ン）チムヌも類似の語形だろう。紀伊半島南部や奄美諸島のメンチリは「目のチリ」と考えられる。滋賀・京都や長崎・天草のゴモク、奈良・和歌山のゴタ、秋田・岩手・山形のゴ（ン）ドは、「ごみ芥《あくた》」と関係するかもしれない。九州東部にはスボがまとまっている。「苞（藁包み）」のことを西日本でスボと古くは言っていたことが知られ、これとの関連が考えられる。

嗅《か》ぐ

カム・カマル　ニオウ
カザム　カビュン
カズム

名聞《みやうもん》の盛物も、人の見る方は餝《かざ》れども仏には巻藁ばかりを**かざませ**（談義本・風流志道軒伝（1763）二）

分布を大まかに見ると、まず共通語形でもあるカグが北海道から九州北部にかけて、中でも近畿・中部地方にまとまった分布を見せる。北海道から東北・関東地方、四国の高知、沖縄などにはカムが、またカムから生まれたと思われるカマル・カマロワが東北の岩手と八丈島に見える。中国地方から四国・九州にかけてはカザム・カゾム・カズムという似た形の分布が目立つ。奄美・沖縄諸島のカビュン・カブンという形も目をひく。

以上の分布をもとに考えると、もっとも歴史的に古い語形は関東から北、八丈島、高知、沖縄といった日本の周辺部に分布の見えるカムの類（カマル・カマロワを含む）であろう。「におい」の古語であるカ（香）から出たことばと思われる。奄美・沖縄のカビュン・カブンも語音上の類似からカムと関係がありそうだ。

一方カグは、その分布からは近畿中央部で比較的新しく生まれた語形のように見えるが、文献などでは『西大寺本金光明最勝王経平安初期点』（八三〇頃）や『古今和歌集』（九〇五頃）にもその例が見え、中央語としてはかなり歴史の古いことばであることがわかる。カムからの変化形として生まれた語であろう。

カザムの類（カザム・カゾム・カズム）はカ～の形から、やはり名詞のカ（香）とのつながりがありそうだが、カザムの類の分布域が「におい」の地図（一九一ページ参照）のカザの分布域と重なるので、むしろカザを動詞化したものと見たほうがよいかもしれない。とすると、カゾム・カズムはカザムの変化形であることになる。これらは西日本での独自の成立と考えられる。

ニオウ、クサム、クサグは、「においをかぐ」の「においを」にあたる部分を持たない、動詞一語による表現である。

105

かぐ（嗅）

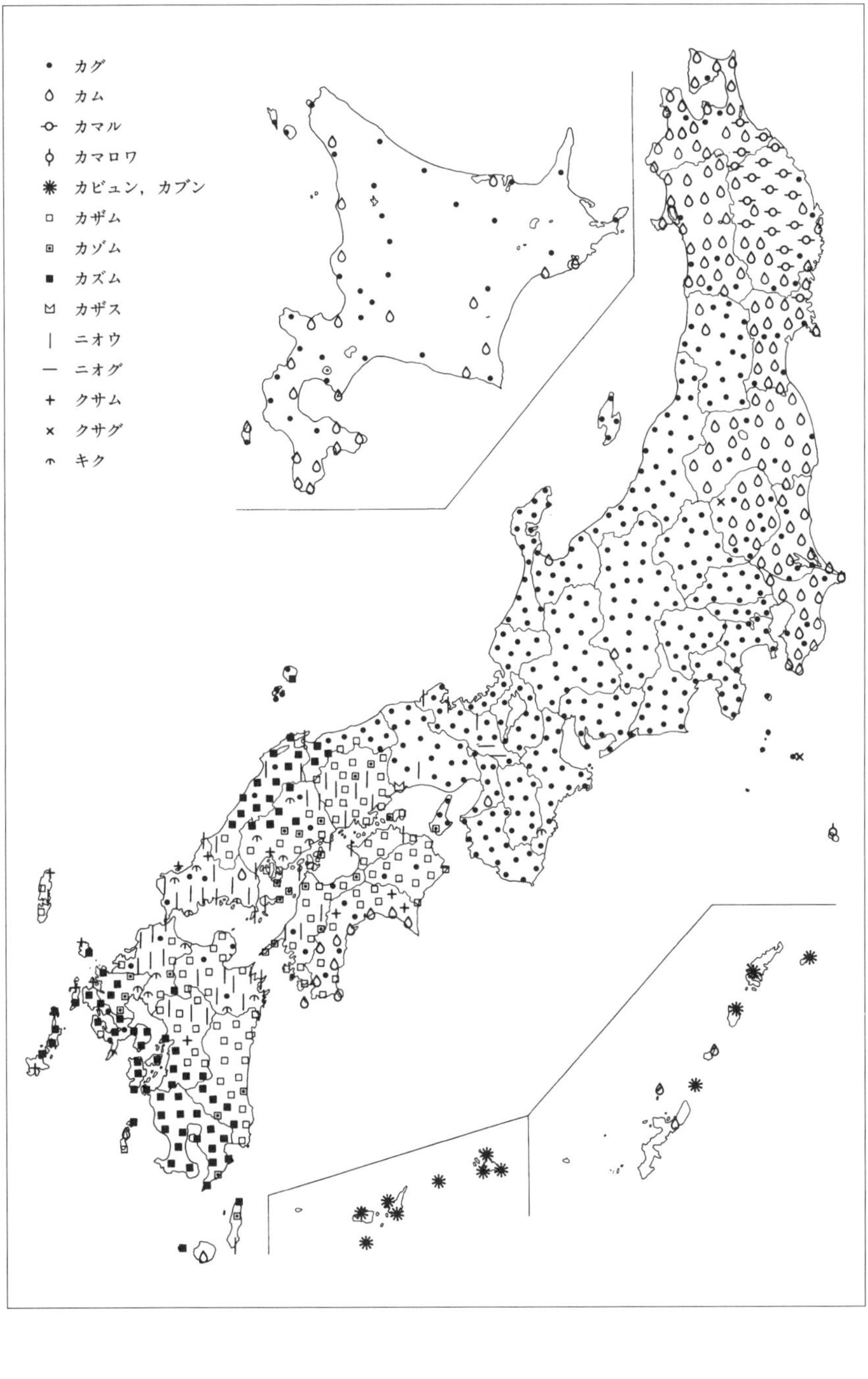
カグ
カム
カマル
カマロワ
カビュン，カブン
カザム
カゾム
カズム
カザス
ニオウ
ニオグ
クサム
クサグ
キク

いびき（鼾）をかく

鼾《いびき》をかく

ネイキスル
ゴロタヒク
ハナグラタテル
ハナオトスル

鼾 **伊比支**《いびき》 （新撰字鏡（898-901頃））
あながちなる所に隠しふせたる人の**いびき**したる
（枕草子（10Ｃ終）二八・にくきもの）

最も勢力の強い表現は、近畿地方を含んで東北南部から九州まで広く分布しているイビキカクである。分布の様子からみて、地図に見える諸表現形の中では比較的新しい発生であろう。ただし、新しいといっても、九〜一〇世紀頃の『新撰字鏡』『枕草子』などにイビキの例が見えるので、近畿中央部でイビキという語が生まれたのは、少なくとも九世紀以前と考えるべきである。つまり、イビキは、千年近くも中央語として君臨し続けている語だということになる。

ただ、八丈島と瀬戸内海沿岸に見えるゴロヒク・イゴロヒク・ゴロタヒクなどのゴロ〜ヒク類は、あるいはイビキカクより新しい形かもしれない。あまり広い分布を達成しないうちに、再び共通語のイビキカクにその座を奪われたかにも見えるからである。

これに対し、関東以北と九州南部から沖縄という北と南に離れて分布するハナ〜類（凡例のハナナラスからハナグルマカクまでの諸表現）は、イビキカクよりも古い形であろう。中でも、「いびき」を意味する名詞形を持たないハナナラスなどがもっとも古いものかもしれない。その次に古いものが東北北部に分布するハナオト（ハナゴト）スル、鹿児島の種子島・屋久島に分布するハナイキスルなどのハナ〜スルの類だろう。

関東北部から東北南部にみえるハナグラタテルなどのグラは、「ゴロ〜ヒク類のゴロとともに、「いびき」の音をうつした擬声語と思われる。〜タテルの形と〜ヒクの形は、分布からすると、ある時期にそれぞれ関東地方と近畿地方で独自に生まれたものと考えたい。西の四国と九州北部、東の山梨・静岡などに見えるイグチカクク（イグスリカク・ネグスリカクを含む）の類は、ハナ〜類より新しく、イビキカク類より古く、近畿中央部より伝播したものの残存であろう。

107

いびき（鼾）をかく

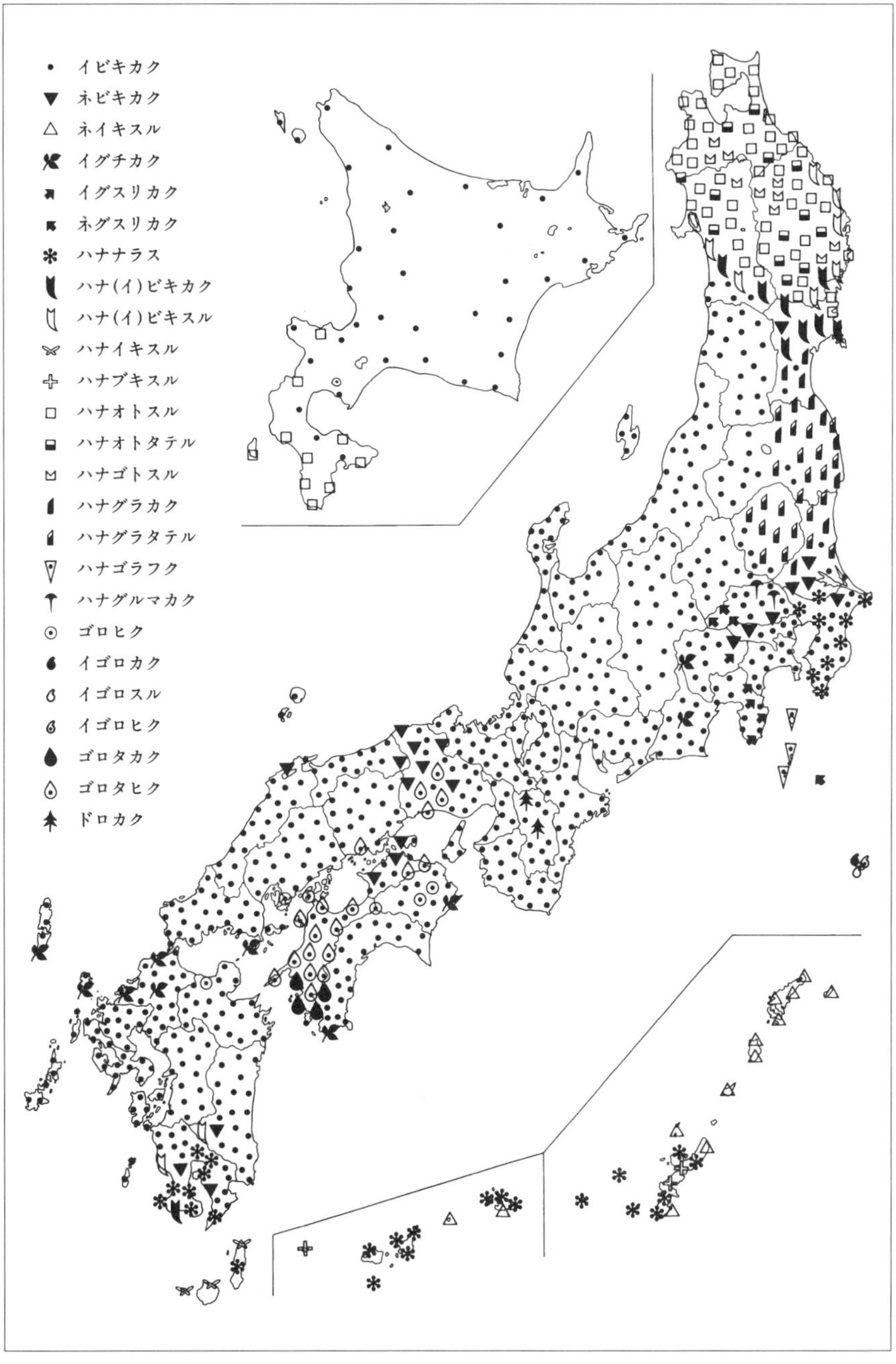

イビキカク
ネビキカク
ネイキスル
イグチカク
イグスリカク
ネグスリカク
ハナナラス
ハナ(イ)ビキカク
ハナ(イ)ビキスル
ハナイキスル
ハナブキスル
ハナオトスル
ハナオトタテル
ハナゴトスル
ハナグラカク
ハナグラタテル
ハナゴラフク
ハナグルマカク
ゴロヒク
イゴロカク
イゴロスル
イゴロヒク
ゴロタカク
ゴロタヒク
ドロカク

せき（咳）／せき（咳）をする

咳《せき》／咳《せき》をする

シャブキ
タゴル
コズク
イキ・サーグ

日ごろ、なやましうて、**しはぶき**など、いたうせらるるを　（蜻蛉日記（974頃）上・応和二年）

この地図に見える方言形は、大きく二つのグループに分けることができる。つまり、凡例のうちでセキからタンまでの「せき」に当たる名詞形のグループと、セクからタゴクまでの動詞形のグループである。名詞形のグループは、「せきをする」ことを「名詞＋スル（セク・ツク・ヒク）」などの形で表現し、動詞形のグループは、「せき」に当たる名詞形がないので、その動詞一語で「せきをする」の意味になるものである。そして、興味深いことに、「せきをする」の意味を動詞でしか表現できない（言いかえれば「せき」を意味する名詞形を持たない）地域は、岐阜県から西の地方に集中している。

分布を概観すると、まず、共通語でもあるセキが全国の広い地域で使われていることがわかる。セキは文献では江戸期に入ってから現れる。これに対して、文献には古く（平安時代初期頃）からシワブキという語が出てくる。古語シワブクが名詞化したものだろう。このシワブキから変化したものが、関東から東北（中国地方や九州の一部にも）にかけてまとまった分布の見えるシャブキ（シャブク）・サブキの類である。セキが広がる以前には、全国にかなり広く分布していたものと思われる。

シワブキの類よりさらに古い形かと思われるものは、九州南部から奄美にかけて分布しているイキである。これはよく見ると、遠く離れて岩手にも分布するから、古い分布の残存と見ることもできよう。

近畿地方から西では、動詞一語で表すいくつかの表現形がそれぞれに一定の分布領域をもって根強く分布しているためか、地図で見る限り、東日本に比べると共通語セキの分布域は意外に狭い。今後、四国・九州から奄美・沖縄諸島に向かってセキがどの程度分布を伸ばすか、興味あるところである。

109

せき（咳）／せき（咳）をする

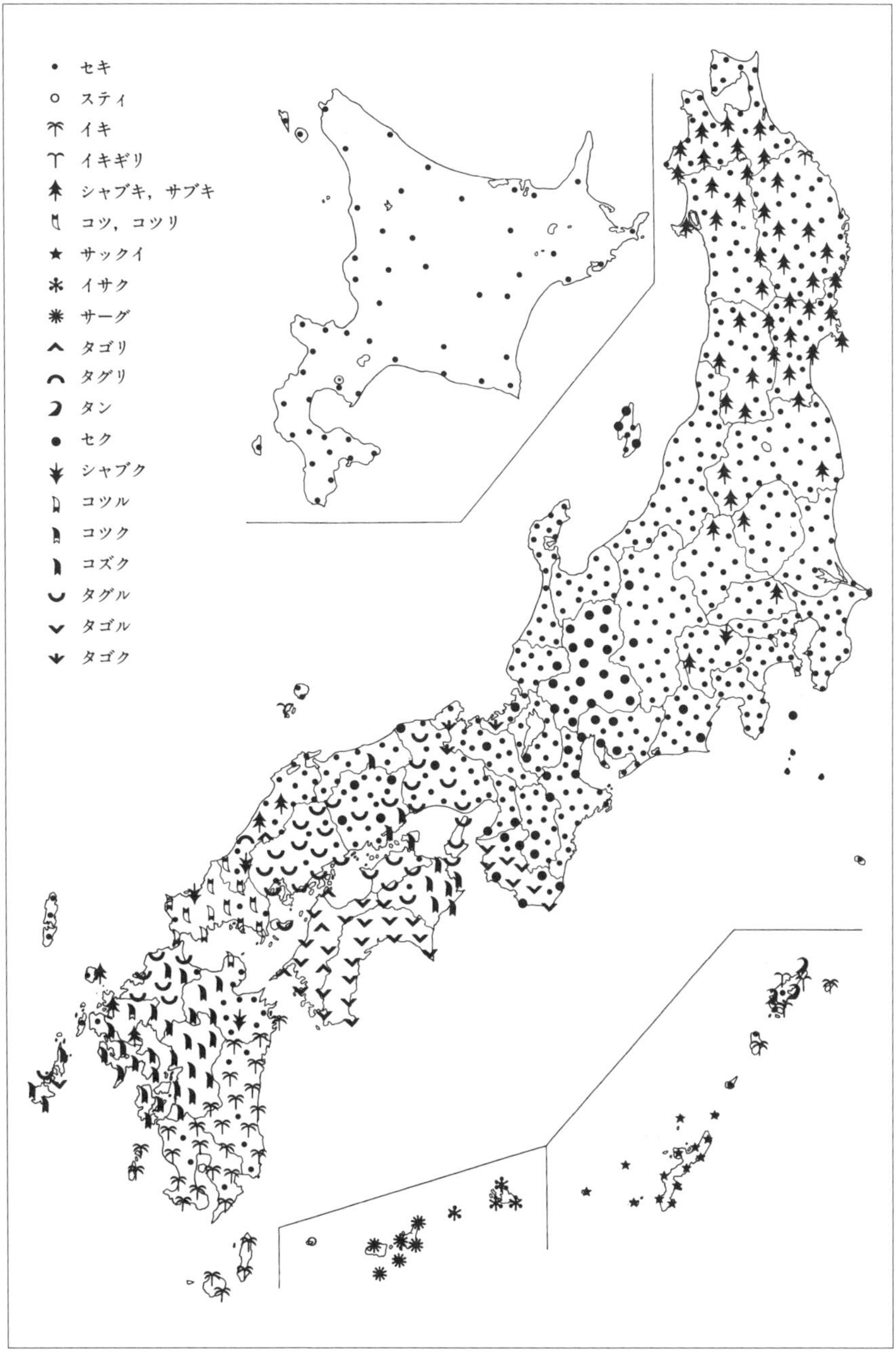
セキ
スティ
イキ
イキギリ
シャブキ，サブキ
コツ，コツリ
サックイ
イサク
サーグ
タゴリ
タグリ
タン
セク
シャブク
コツル
コツク
コズク
タグル
タゴル
タゴク

びっくりする

オドロク　ドーテンスル
タマゲル　オビエル
タマガル

天照大神、驚動《をどろき》たまひて、梭《かひ》をもて身を傷《いた》ましむ（日本書紀（720）（水戸本訓）神代上）

標準語形のオドロクが全国的にほとんど見られないことが、まず注目される。ただし、奄美・沖縄に分布するウドゥルチュンなどは、オドロクに対応する語形である。

現代の口語形としての共通語形はビックリスルであると認められるが、これは分布から見てもっとも新しいものと考えられる。近畿を中心に周辺に分布を広げているからである。長野、静岡、愛知の境界付近のタマゲルは、ビックリスルの拡大とともにとり残されたものであろう。

なお、オビエル、オドケル、オブケルなどのオビエル類がタマゲルとビックリスルとの中間地帯に分布していることに注目したい。能登、山形のオボケルも同様のものである。この類がビックリスルの一代前の中央語であったと推定される。

東日本と中国・四国西部でのタマゲルと九州一円でのタマガルはおそらく同系のものである。きれいな周圏的分布を描いており、その古さがうかがわれる。東北でのドーテンスルは「動顚する」という漢語に由来する語形で比較的新しいものであろう。これが擬態語的に変形されて広がっていったものと考えられる。

ビックリスルは、『日葡辞書』（一六〇三）に、中央のことばとして出ている（ただし、ビックリトの形で）。当時の中央である京都でこの語が生まれてから、地図のように伝播するのに約四〇〇年かかったことになる。いま、京都を中心として、仮に東海道の方向、北陸方向、中国〜九州方向、四国（瀬戸内海）〜九州方向、南近畿方向の五方向別に、この語の年速（キロ／年）を測ると、ほぼ次のようになる。

東海道一・四、北陸一・一、中国〇・七、四国〇・九、南近畿〇・四、以上を平均すると〇・九となる。すなわち一年に約一キロの速度で広まったことになる。

111

びっくりする

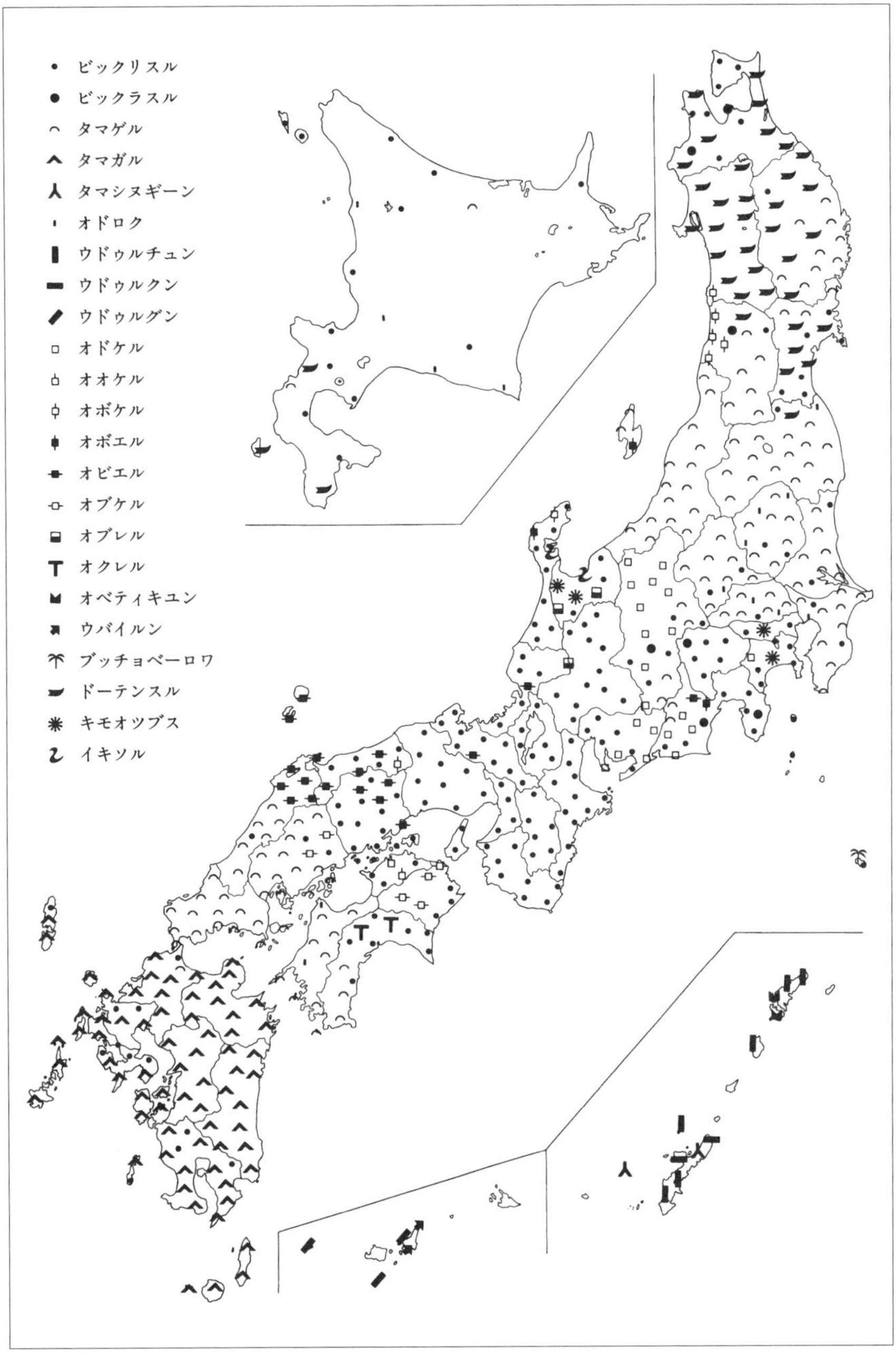
ビックリスル
ビックラスル
タマゲル
タマガル
タマシヌギーン
オドロク
ウドゥルチュン
ウドゥルクン
ウドゥルグン
オドケル
オオケル
オボケル
オボエル
オビエル
オブケル
オブレル
オクレル
オベティキユン
ウバイルン
ブッチョベーロワ
ドーテンスル
キモオツブス
イキソル

おそろしい（恐）

恐《おそ》ろしい

オッカナイ
コワイ
オソガイ
オゾイ

おどろおどろしく**をぞき**やうなりとて、いみじく隠しける事どもとて（源氏物語（1001–14頃）蜻蛉）

東西両方言の境界である親不知と浜名湖とを結ぶ線以東に広くオッカナイが分布している。東京付近も、もとはオッカナイの占有地域であった。

近畿・北陸地方では、コワイのまわりをオソロシー・オトロシーが取り巻くような形で分布しているので、オソロシーは、かつて京都でも使われており、ある時期にコワイが流行したため、しだいに周辺へと追いやられたものと推測される。

オソロシーは、平安時代の文献にも出ている語であり、長い間、中央語として用いられたものである。したがって由緒正しい語という意識が強い。現代東京人の意識として、オソロシーはやや文章語的、コワイは口語的といったニュアンスの差があるのは、この間の事情を反映しているものと思われる。

ところで、オソロシーとともにオトロシーという語形も多い。オトロシーは北陸、四国、紀伊半島南半に勢力をもち、また、九州南部にはオトロシカも見られる。オトロシーはオソロシーの変化形とされる。

東海地方、愛知と岐阜にはオソガイという語形が集中的に分布している。これはオソロシーとコワイとの接触によって生まれた混交形（三六二ページ参照）であろう。オソロシーのオソとコワイとが組み合わさってオソゴワイという形ができ、それがオソガイになったと考えられる。

なお、オゾイという語形が、北陸の一部、島根、そして九州の東部に見える。これも古典に用例が見られる中央での古い言い方である。九州でのエズイ、エスカも同類であろう。中国地方の東部にキョートイが、その西にイビセーがある。キョートイは『徒然草』などに用例のある「気疎（けうと）し」につながるものである。また、イビセーは『日葡辞書』に、「Ibuxei（イブセイ）恐ろしい（こと）」として載っている。

113

おそろしい（恐）

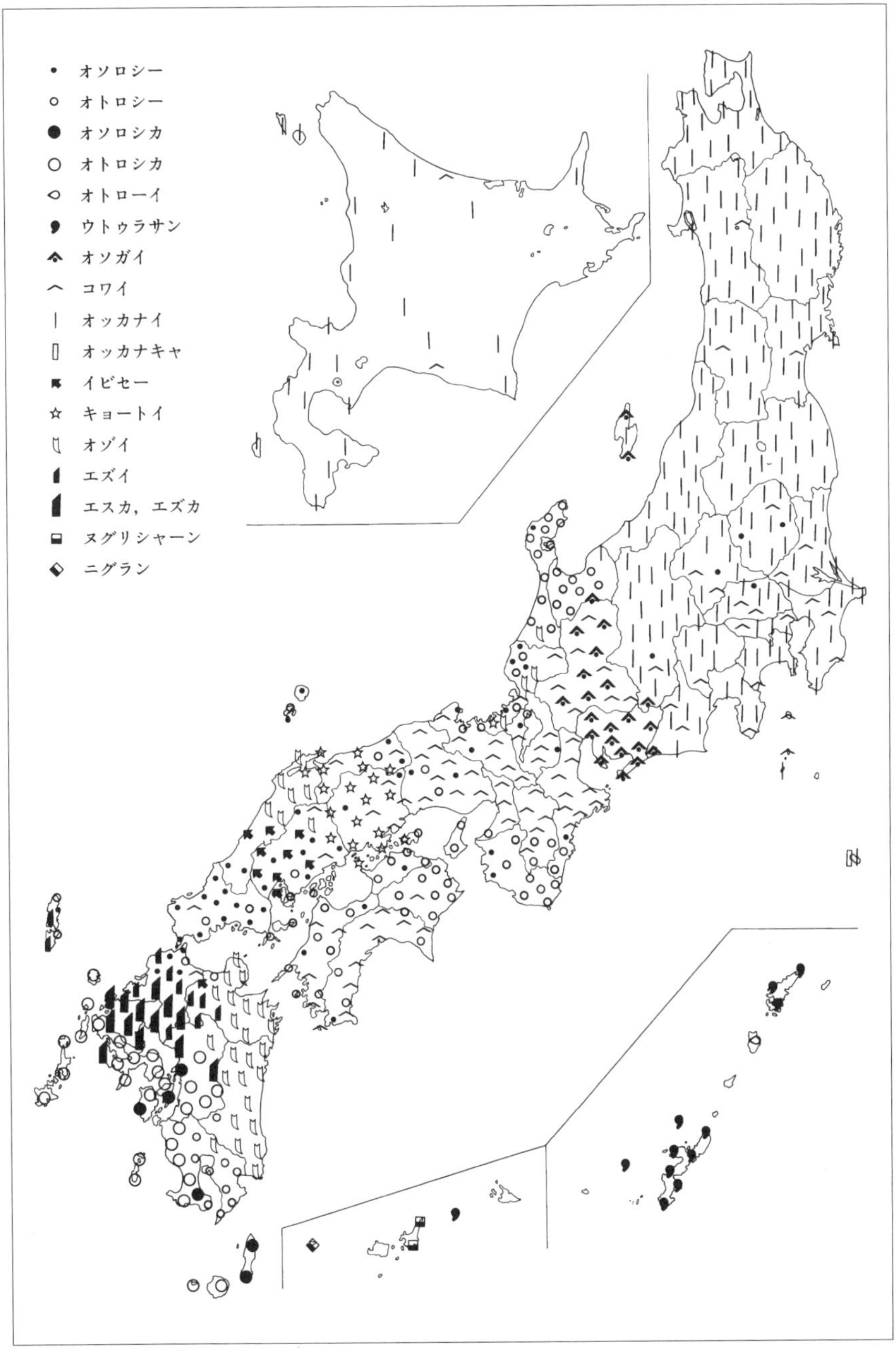
オソロシー
オトロシー
オソロシカ
オトロシカ
オトローイ
ウトゥラサン
オソガイ
コワイ
オッカナイ
オッカナキャ
イビセー
キョートイ
オゾイ
エズイ
エスカ，エズカ
ヌグリシャーン
ニグラン

いる（居）

居《い》る

オル・ウン
アル

思ふ故《ゑ》に会ふものならばしましくも妹が目離《か》れて吾乎良《をら》めやも〈中臣宅守〉（万葉集（8C後）一五・三七三一）

全国の分布は単純で、イルの類とオルの類とが東西の二大対立を成している。そして紀伊半島南部にアルの領域がある。イルとオルの境界線はほぼ、富山県・岐阜県・愛知県の東境に沿って走っている。

イルは東日本の全域を覆っている。東北北部にはイタの形も存在する。このタは存続を表すもので、たとえば人の家を訪ねて玄関先で「～さん、いたか」と叫ぶと、本人が「いた。いた」と言いつつ姿を現すといった具合である。

なお、イルは近畿の中央部にも勢力をもつが、その多くはオルとの併用である。すなわち、同一の話者がイルとオルの両形を回答しているのである。滋賀県あたりではイルを待遇的に中立な表現として用いる一方、オルは下向き待遇の表現として用いるといった使い分けをしている。近畿中央部でのこのような使い分けは古くからのもので、中世末から近世にかけて京阪の口語を反映した文献では大体オルよりもイルが多く用いられ、しかも、そのオルには見下げの意味を含むことが一般であった。

オルは西日本のほぼ全域を覆っている。図の見出し語形のうちオイからブルまではそれぞれの方言におけるオルに対応する語形である。東日本の各地にもオルが点在する。その多くは伝播によって広がったものであろうが、東京など、東日本におけるイルの地域の中で、「オリます」のような丁寧体としてはオルを用いることにも留意すべきであろう。

アルは和歌山の中南部と三重南端そして八丈島に分布している。この地域では、「そこに山がある」「父は家にある」のように、アルを存在一般を表す動詞として用いる。この用法は上代あたりの文献にはふつうに見られるもので、古い用法の残存と考えられる。

115

いる（居）

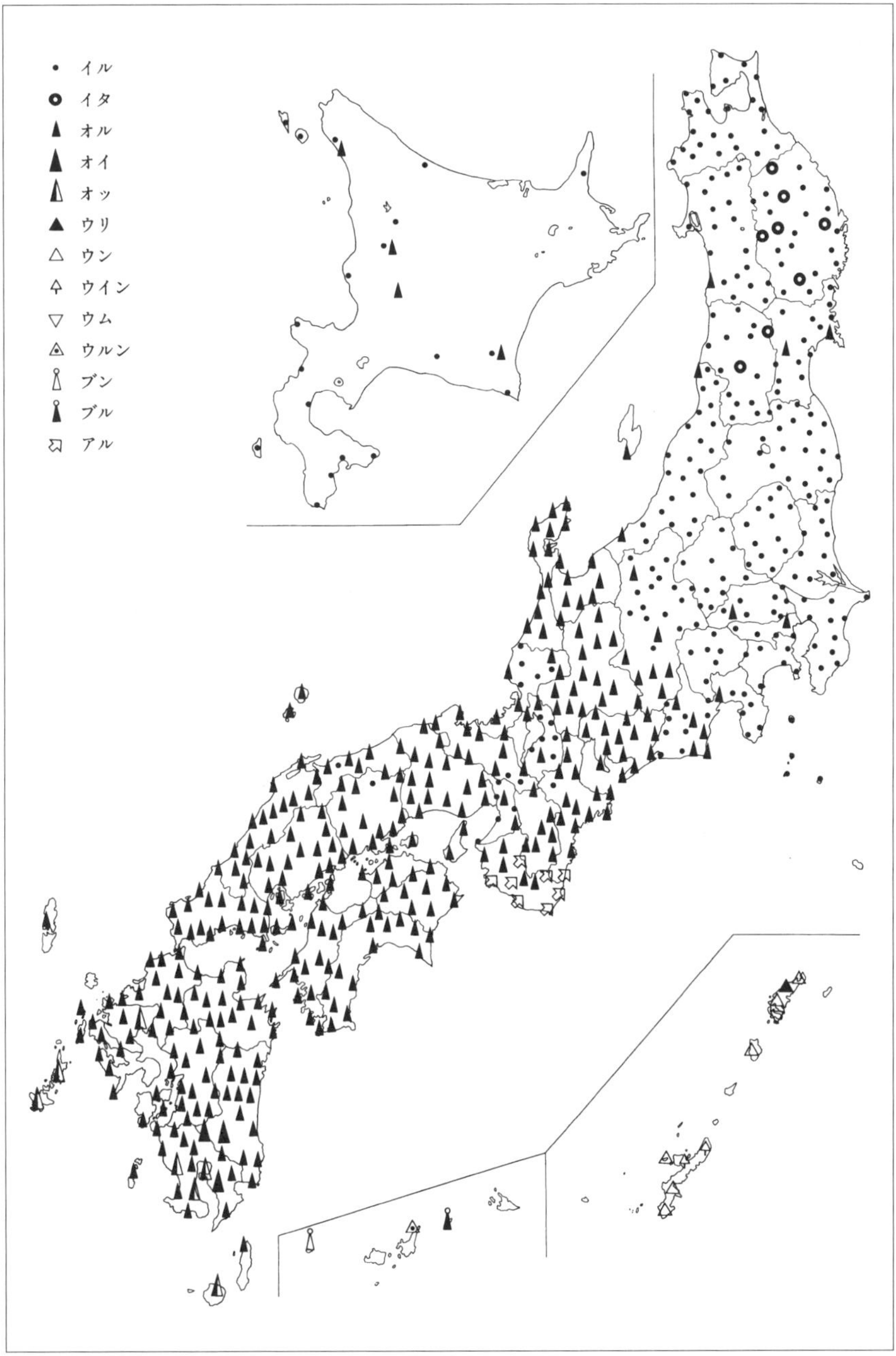
イル
イタ
オル
オイ
オッ
ウリ
ウン
ウイン
ウム
ウルン
ブン
ブル
アル

座《すわ》る

ヒザタテル　カシコマル
ヒザマズク　ネマル
ツクバウ

即ち長跪《ひざまづ》きて拝す（日本霊異記（810–824）上・一八）

「すわる」という語で表現される内容はさまざまである。標準語でもスワルは、椅子に腰かけることも言うし、正座することも言う。また、あるものに尻をつけている姿勢全体を指すこともある。ここでは、「正座する」の意味に限定した表現形の地域差を問題としている。

分布から推定される古さの順については、凡例のヒザオルからヒザタテルまでのヒザ〜の類が最も古そうである。東北北部と琉球列島を含む周圏的な分布状況から、その古さが示されていよう。ツクバウの類がその次で、そしてカシコマルの類であろう。ネマルもかなり古そうであるが、その位置づけはむずかしい。また、スワルは近畿とその周辺のものはもっとも新しそうであるが、ほかの地域でまとまった分布をしているスワルについてはやはりその位置づけがよくわからない。ちなみにスワルという語はスエル（据える）に対する自動詞であり、現代語の「腹がすわる」「眼がすわる」のような用法からもうかがえるように、本来は動かない状態に固定されているという意味であろう。

ツクバウは、本来「突這う」で、しゃがんで手を地につける形のことであるが、正座における恐縮の姿勢がそこに結びついたものであろう。変種としては、兵庫北部、岐阜、長野西部でのツクバル、四国でのツクバム、ツクナムなどがある。カシコマルも敬い恐縮するさまである。やはり周圏的な分布を示している。高知のカシカマル、山口東部・長野南部のカシマルはその変化形である。

なお、正座の表現には一般に子どもを対象とした表現形が目立つ。オチンスル、オギョーギスル（お行儀する）、ジンジョースル（尋常する）などである。このうち、オチンスルは近畿の周辺部に見られるので、かつて中央語として用いられた可能性がある。

117

すわる（座）

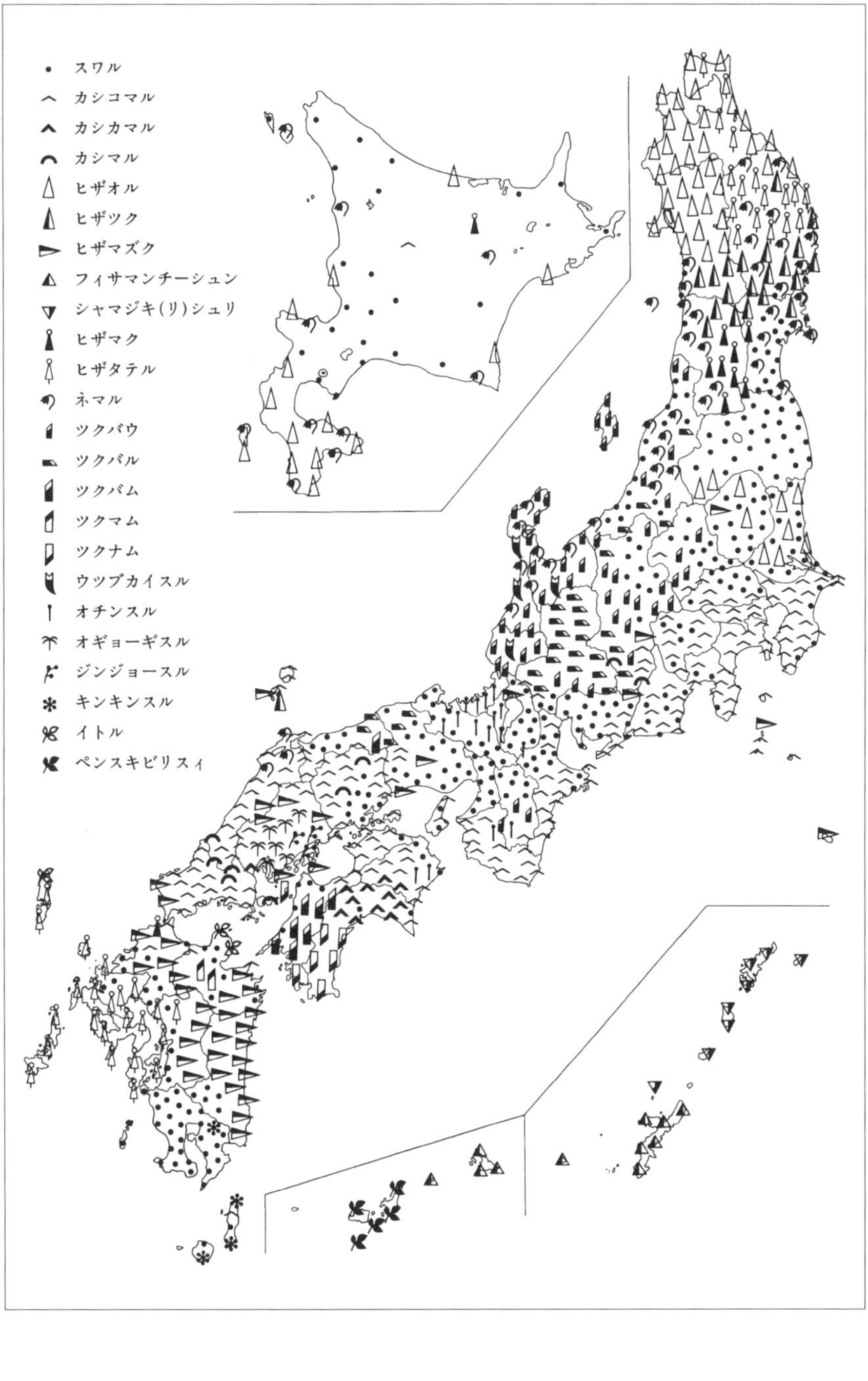
スワル
カシコマル
カシカマル
カシマル
ヒザオル
ヒザツク
ヒザマズク
フィサマンチーシュン
シャマジキ(リ)シュリ
ヒザマク
ヒザタテル
ネマル
ツクバウ
ツクバル
ツクバム
ツクマム
ツクナム
ウツブカイスル
オチンスル
オギョーギスル
ジンジョースル
キンキンスル
イトル
ペンスキビリスィ

あぐら（胡座）をかく

胡座《あぐら》をかく

ジョロカク
イズマカク
イタグラカク
ヒザクム

安坐し給へといふことを、**じゃうろくかき**たまへといふこと葉は仏の丈六《じゃうろく》の像の膝をくみおはする様より出たる歟　（片言（1650）二）

近畿中央部、福井や岐阜にかけてジョロカクの類が分布している。ジョロはジョーロクの変形で、ジョーロクは「丈六」、すなわち、丈六の仏像が結跏趺坐の姿であるところから来たものという。ジョーロクカクは近世の文献にも上方のことばとしての記載がある。

さて、東西に視野を広げると、中国地方中部と岐阜にイズマ〜、イズマリ〜がある。その周圏的な分布から、ある時代に中央で栄え、周囲に伝播したものと推定される。「居住」に由来するものであろう。ア〜の類はアグラカクのほか、西日本を中心にアブタ〜、アクダ〜、アグシ〜、アズクミ〜などが見られ、また、伊豆地方にアズクラが分布する。このアズクラのクラはアグラのグラと同系のものと認められる。

紀伊半島南部にはオタグラ〜があり、その北側にはイタブラ〜が存在する。このイタブラ〜は九州でのイタグラ〜・イタグラメ〜や北関東、福島に点在するビタグラ〜とつながるものであろう。分布の姿から、諸語形の中ではかなり古いものと考えられる。

中国地方西部と四国一円、そして九州東部にまとまって見られるヒザクムは分布の独立性のかなり強いものである。広島あたりを中核として広まったものではなかろうか。

奄美でのアンザイリシュンのアンザは漢語の「安座」を出自とするものである。また、沖縄でのヒラクイイシュンのヒラは「平」に対応するもののようである。

なお、北陸と東北でのネマルについては、「すわる」の地図（二七ページ参照）での分布とも比較してほしい。この語形は、地方によっては、「寝る」「横たわる」ことを意味する場合がある。

119

あぐら（胡座）をかく

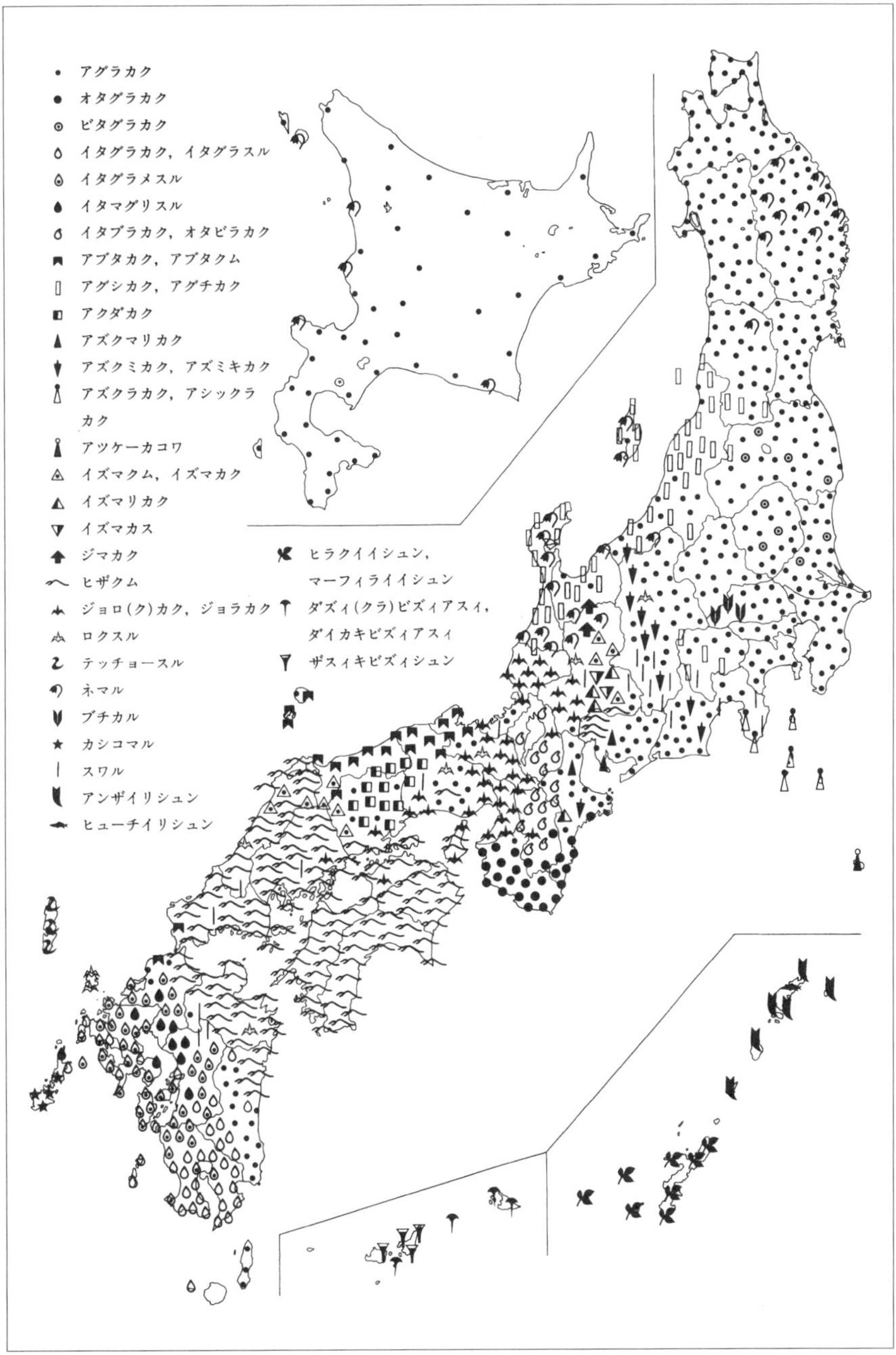
アグラカク
オタグラカク
ビタグラカク
イタグラカク，イタグラスル
イタグラメスル
イタマグリスル
イタブラカク，オタビラカク
アブタカク，アブタクム
アグシカク，アグチカク
アクダカク
アズクマリカク
アズクミカク，アズミキカク
アズクラカク，アシックラカク
アツケーカコワ
イズマクム，イズマカク
イズマリカク
イズマカス
ジマカク
ヒザクム
ジョロ(ク)カク，ジョラカク
ロクスル
テッチョースル
ネマル
ブチカル
カシコマル
スワル
アンザイリシュン
ヒューチイリシュン
ヒラクイイシュン，マーフィライイシュン
ダズィ(クラ)ビズィアスィ，ダイカキビズィアスィ
ザスィキビズィシュン

しょう
—包みを背負う

オウ
オイネル
セタラウ
カズク

年よりたる法師の。**せたらをへ**る薪のおもげなるうへに　（俳諧・山の井（1648）年中日々之発句・三月）

せたらをふ　背負事也　（浪花聞書（1819頃））

一種の東西対立分布であり、東日本にショウが広い領域を占める。東北北部は、「思う」をオモルと言うように、ワ行五段活用がラ行五段活用に変化する傾向があり、「しょう」もショルの形となっている。ショウはセオウの変化であり、オウを母胎として生まれたものである。

オウは西日本に勢力をもつ。中国、四国西部と九州にはカルー、カラウがまとまった分布域を形成している。周圏的な分布の状況から見て、カラウの方が本来の形であったと推定される。カルー、カラウの類は、「おんぶする」の地図（一三ページ参照）にも出現しているので参照してほしい。なお、この類についてだけではなく、「おんぶする」とこの「しょう」とでは共通の語形が多いので、二枚の地図を対照させて見る必要がある。

三重、滋賀、岐阜でのオイネルは、オウと、「担ぐ」の意味として北陸などに分布するカタネル、カツネルなどのネルとが結合したものではなかろうか（一二五ページ参照）。この語形はこの地域で独自に発生したものと考えられる。また、愛知の一部に見られるショコナウについても、やはり「担ぐ」の意味としてのニナウのナウとの関係を考えるべきであろう。奈良、大阪、和歌山のセタラウについては、『大言海』では、馬の背のたわんだところをセタラというので、セタラ＋オウだと解釈している。従うべきか。分布の様相から判断すると、このセタラウは大阪を中心として周囲に広がった比較的新しい語形のようである。

なお、北陸から新潟にかけて分布域をもっているカズクは、ほかの地方では多く「担ぐ」の意味として使われるものである。おそらくこの地方では、「担ぐ」がカタネルであるため、カズクの意味がずれていったのであろうと考えられる。

121

しょう—包みを背負う

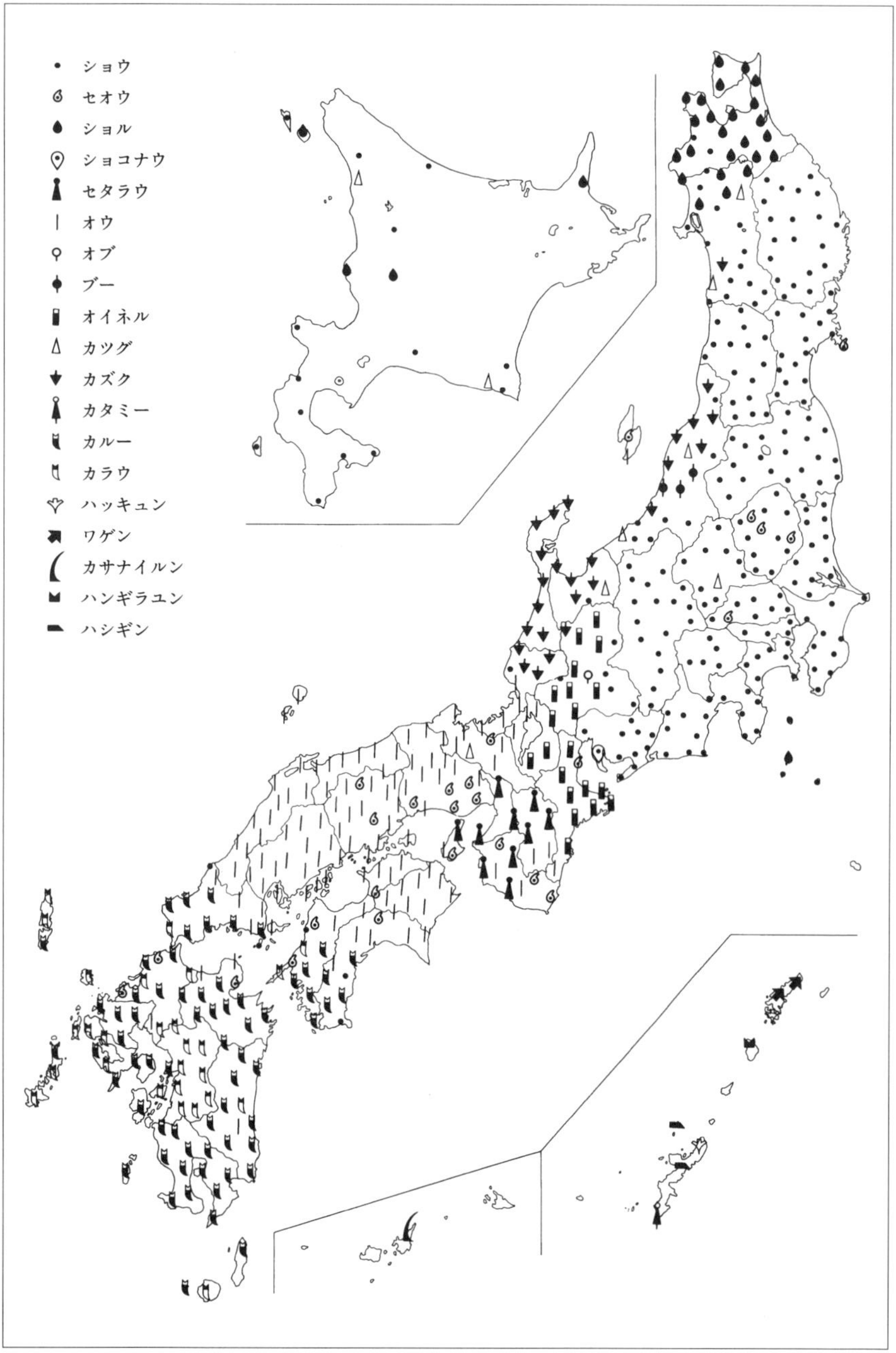
ショウ
セオウ
ショル
ショコナウ
セタラウ
オウ
オブ
ブー
オイネル
カツグ
カズク
カタミー
カルー
カラウ
ハッキュン
ワゲン
カサナイルン
ハンギラユン
ハシギン

おんぶする
―幼児を背負う

オブ・オブー
オウ
ボンボスル
カルー・カラウ

おふ子よりだく子に乳をばのますれど親の慈悲には前うしろなし（狂歌・吾吟我集《ごぎんわがしゅう》（1649）七）

オンブスルは共通語的性格を有する語形であろうが、この語形は、地図で見る限り、口頭語としては、関東に点在するのみで、積極的な分布域をもっていないことがわかる。

東日本にはオブの類が広く分布している。オブの内側にオブーがあり、そのオブーの領域内にウブー、ンブーが分布している。これらはオブーからの変化形であろう。ウブー、ンブーはさらに語頭の音を落としてブーとなった。

東北北部には、オブル、オンブルがある。この地域ではワ行五段活用がラ行五段活用化するので、オブーからの変化形であろう。

西日本ではオウが圧倒的な勢力をほこっている。北陸から佐渡にかけてもオウが分布しているが、富山と石川にはボンボスルが割りこんでいる。おそらくもとは連続していたオウが分断されたのであろう。なお、ボンボスルは幼児語的なニュアンスをもった表現である。

沖縄でのウファスン、宮古・多良間島でのウプガーンはオウの類と認められる。音韻対応からすると、オウのウは、かつてプないしフの音であったのではなかろうか。そう考えると、東日本のオブのブとの関連もでてくるわけで大変に興味深いのである。すなわち、東日本ではオプ＞オフ＞オブ、西日本ではオプ＞オフ＞オウの変化が推定される。ちなみに、朝鮮語の「負う」は ŏp である。注目すべき一致といえよう。

九州ではカルー、カラウの類が集中して分布している。この類はほかの地域には認められないので、九州で独自に発生したものではなかろうか。分布の状況から判断すると、この類の本来の形はカラウであったと考えられる。しかし、このカルー、カラウも、近年は北からのオウに押されて退縮しつつあるようだ。

123

おんぶする―幼児を背負う

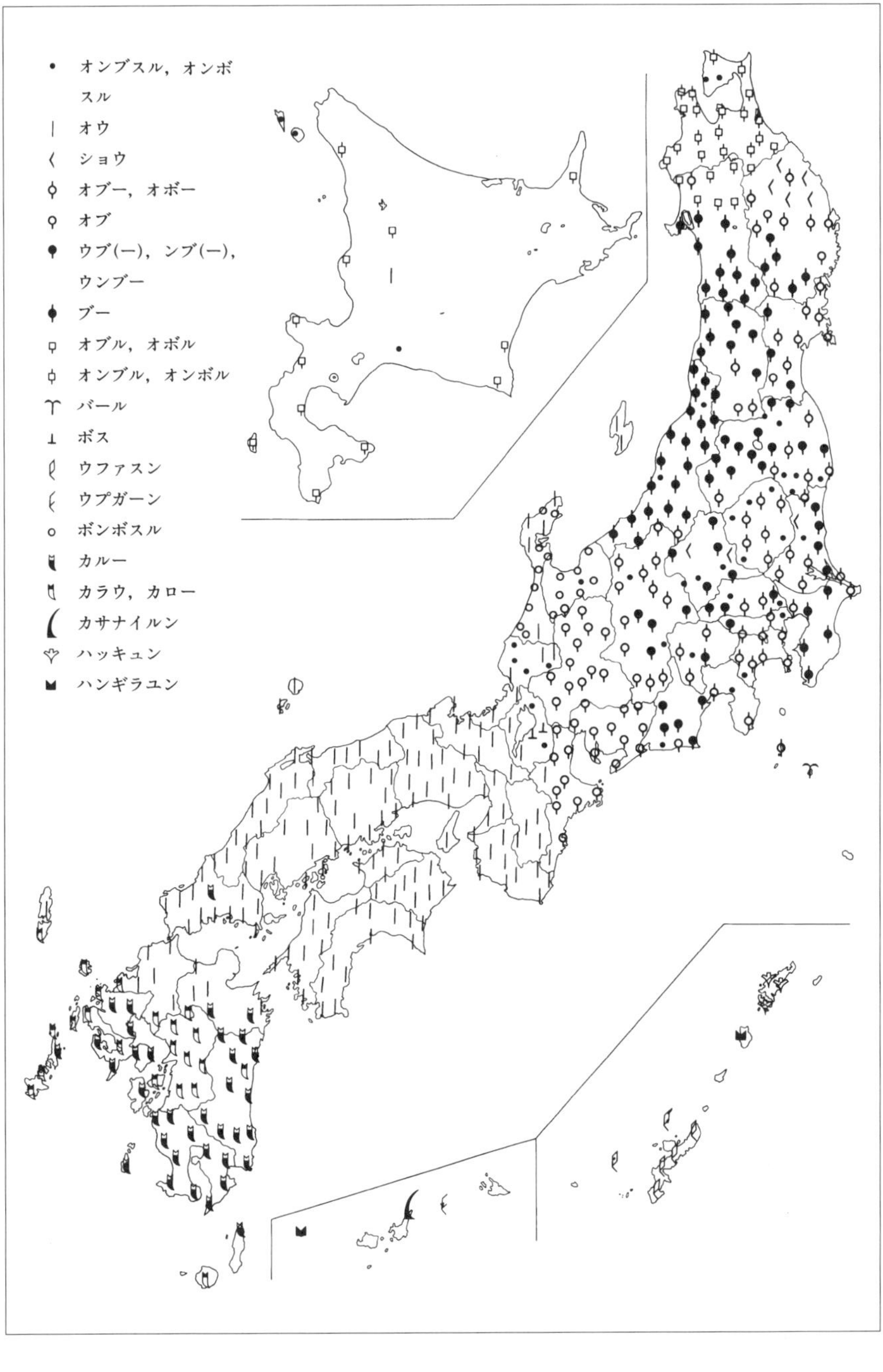
オンブスル，オンボスル
オウ
ショウ
オブー，オボー
オブ
ウブ(ー)，ンブ(ー)，ウンブー
ブー
オブル，オボル
オンブル，オンボル
バール
ボス
ウファスン
ウプガーン
ボンボスル
カルー
カラウ，カロー
カサナイルン
ハッキュン
ハンギラユン

担《かつ》ぐ
―材木《ざいもく》を担ぐ

カタゲル
カズク

弓を**かたげ**てまはらせられて御ざるが、弓をあそばす物と見えてござる　（虎明本狂言・八幡の前（室町末―近世初））

物を肩にのせて運ぶとき、標準語では何気なく「かつぐ」という語を使っている。ところが、方言の世界では、かつぎ方やかつぐ人数などによって語形を使い分けている地域がある。

この地図は、一人で材木などを直接肩にのせてかつぐときの表現を示したものである。カツグ・カズクの類が東日本全域に分布しているが、これらの地域ではかつぎ方による語形の区別はほとんど行われていない。新潟・北陸に見られるカタネルの地域のうち、石川南部・福井ではてんびん棒を用いたり、二人で棒を用いてかつぐ場合に、ニナウ・イナウといって区別している。つまり、かつぎ棒を使用するかしないかで語形を区別していることになる。

カタグの分布地域のうち、高知では、てんびん棒をかつぐ場合はニナウ、二人でかつぐ場合はカクを使い、三つの意味を区別した語形を用いている。香川・徳島では、かつぎ棒の有無に関係なく、一人でかつぐ場合はカタゲル、二人の場合はカクのように、かつぐ人数によって語形を区別している。「駕籠をかく」という表現は標準語でも用いるが、地方によっては「（二人で）机をカク」のように、二人で物を移動させることをカクと表現する所も多い。九州では二人でかつぐ場合にナカズルという語形があるが、これは「棒の中程に吊す」というかつぎ方と関係があろう。

ところで、『物類称呼』の「桶」の項に「畿内にてたご〈担桶〉といふを江戸にてになひといふ」という記述があり、その注に「これになひをけの略也。又になふとは、人ふたりにてもつを云。かつくと云ヒかたぐると云は意違へり」とある。当時、江戸では、ニナウとカタグ・カタグルとは意味用法を分担していたことがうかがえる。

かつぐ（担）—材木を担ぐ

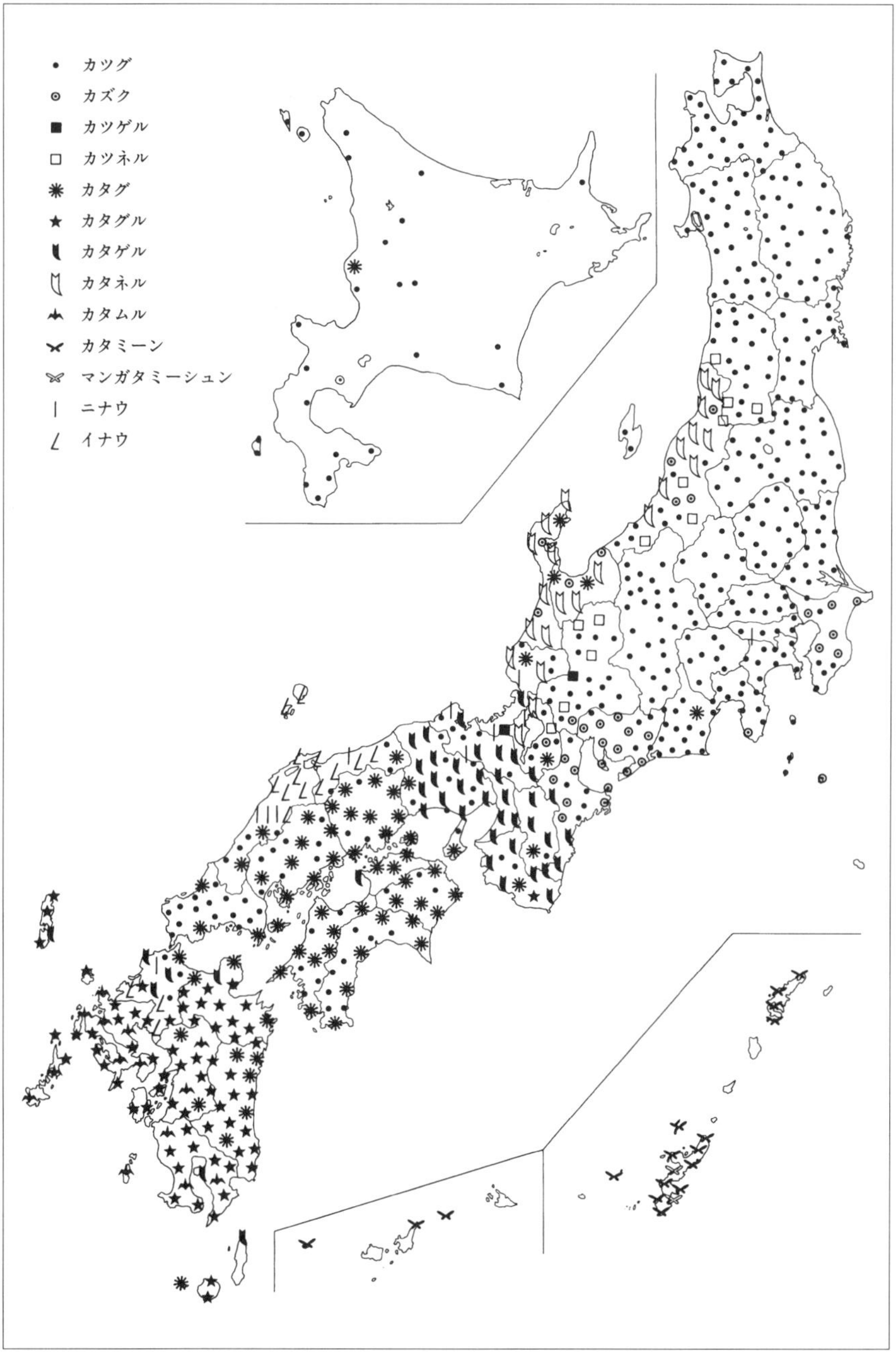
カツグ
カズク
カツゲル
カツネル
カタグ
カタグル
カタゲル
カタネル
カタムル
カタミーン
マンガタミーシュン
ニナウ
イナウ

すてる（捨）

捨《す》てる

ナゲル
ウッチャル
ホカス

たてひきづくで、がらら廿四文**うっちゃっ**たアもし（滑稽本・東海道中膝栗毛（1802-09）二・上）

まず注目されるのは、標準語形ステルが主に中国地方以西に分布することである。近畿中央部は現在ホカスであるが、ステルは奈良時代の文献に「すつ」という形で見えるから、かつては、近畿を含む西日本全域がステル類の語で覆われていたと推定される。奈良時代には「すつ」と類義の「うつ」という語が存在した。九州に勢力をもつウシツル・ウッスルはこのウツと、ステルの古い活用形スツル（二段活用）が組み合わさってできた語形とも考えられる。しかし、「うしなう」（失う）のウシとの関係も考慮に入れておくほうがよかろう。

関東のウッチャルはウチヤルの変化であろう。ブチャ（ー）ルはブチヤルの変化であり、これは「うつ（打）」に対する「ぶつ」という語形が存在することと関係がある。山形県庄内地方に見られるウタルは変わった語形だが、これもウチヤルの変化と考えられる。北海道・東北のナゲルは、「（ボールなどを）投げる」のナゲルの意味が拡大したもので、西のホールと同じ性格のものである。この地方の人たちの中には、「捨てる」の意のナゲルを方言と思っていない人も多く、東北から東京に転勤してきた先生が、割れた窓ガラスを「早くナゲナサイ」と生徒に言ってびっくりされたという話がある。

関西のホカスや愛知・岐阜・富山のホーカル・ホカルはいずれもホールの変化したものであろう。「のる」に対する「のっかる」に対応して、ホールからホーカルが生まれ、「ちらかる」対「ちらかす」に対応するものとして、ホーカルがホーカス・ホカスに変化したものと考えられる。豚などの臓物をゆで、小さく切って焼いたものを「ホルモン焼き」というが、この語源は、本来なら捨ててもよいものを利用するという意味の「ホールもの焼き」かもしれない。

127

すてる（捨）

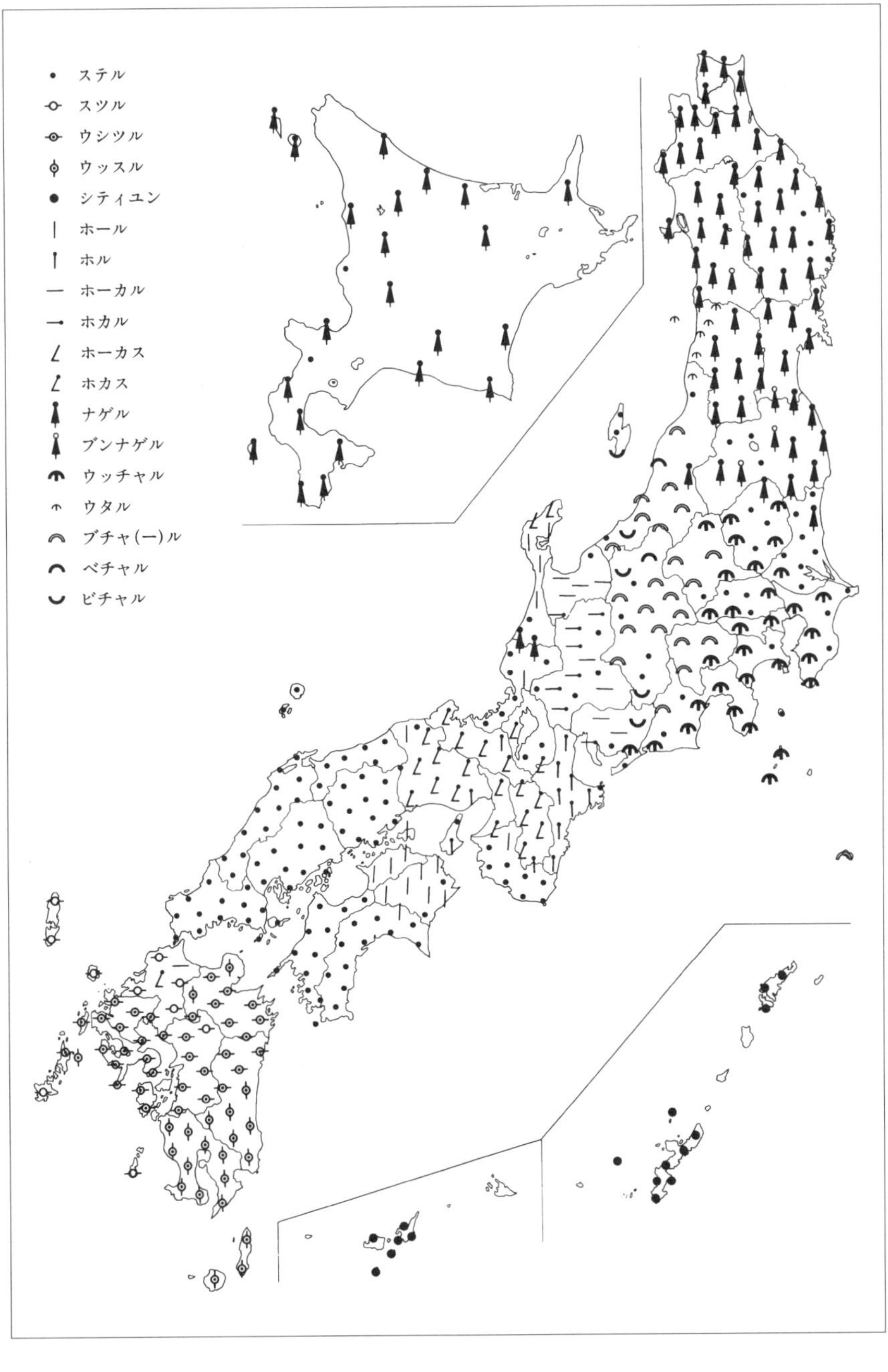
ステル
スツル
ウシツル
ウッスル
シティユン
ホール
ホル
ホーカル
ホカル
ホーカス
ホカス
ナゲル
ブンナゲル
ウッチャル
ウタル
ブチャ(ー)ル
ベチャル
ビチャル

かぞえる（数）

数《かぞ》える

カズエル・ヨム
サンニョースル
カンジョースル

春花の移ろふまでに相見ねば月日**余美**《よみ》つつ妹待つらむそ〈大伴家持〉（万葉集（８Ｃ後）一七・三九八二）

カゾエルはほぼ全国に分布し、この語の古いことを示している。ただし、関東のものは標準語としての新しい分布であろう。ヨムと、カズエル・カズネルなどのカズ〜類、そして地図では省略されているが滋賀・山口に一地点ずつあるサンニョースルの類は、西日本にしか分布していない語形である。カンジョースルは近畿のほか宮崎北部・奄美諸島にも分布を持つが、むしろ東日本に分布が広い。

各語が文献に現れる順序を見ると、上代に既にカゾエル（カゾフ）とヨムが使われている。文献ではこれ以上遡ることができないが、方言の分布から推定すればカゾエルの方がヨムよりも古い伝播と考えられる。ヨムは西日本にしか分布がない。中古になってカズエル（カズフ）が現れるが、これも西日本にしか分布がない。また、サンニョースルは漢語「算用」のサ変動詞サンヨウスルの変化である。「算用」自体は一五世紀末の漢文に例があり、『日葡辞書』（一六〇三）にはサ変動詞が見られるが、これも西日本にしか分布がない。つまり、ヨム以降は畿内からの伝播は、しばらくの間西日本内にしか広がらず、東日本には及んでいなかったことになる。カンジョースルの「勘定」は中古の漢文で既に数えるの意味で使われているが、特に近世になってから漢文以外の例が目立つようになる。これが東日本に広く伝播しているのは、近世になって江戸で特に盛んに使われたためであろう。

ところで、カゾエルとヨムの古い用例を比較すると、カゾエルは「指《および》折り」「手を折りて」など指を折って数える行為と結びついて表現された例があるのに対し、ヨムは「暦（日《か》読《よ》みの意）」と関わり、文章を「読む」こと、歌を「詠む」ことをも表し、指を使うような原初的数え方のカゾエルとは明らかに異なった、文化的色彩を帯びた語であることがわかる。

129

かぞえる（数）

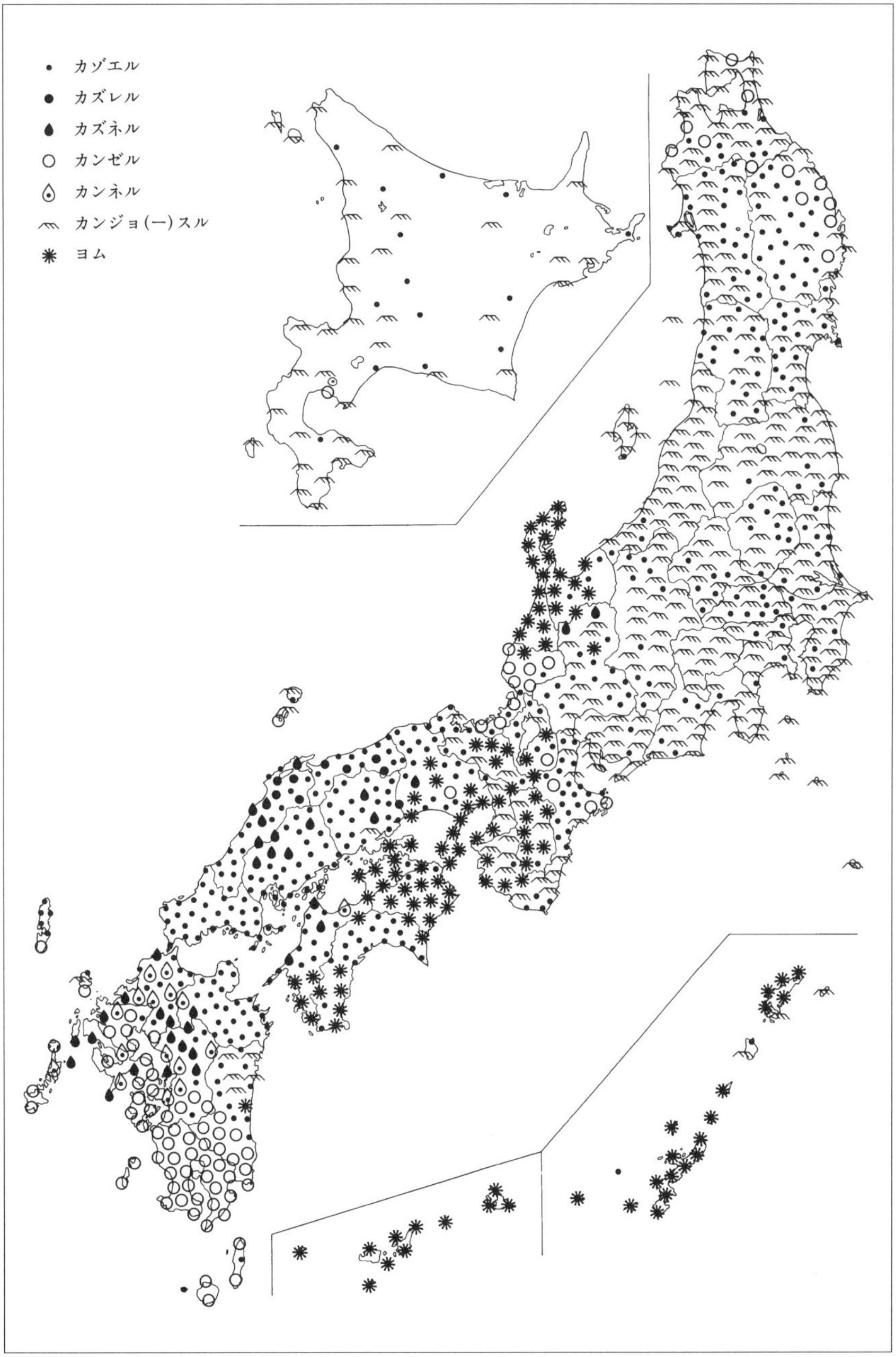

カゾエル
カズレル
カズネル
カンゼル
カンネル
カンジョ(ー)スル
ヨム

綺麗《きれい》に〈なる〉＝掃除

ウツクシク　ミゴトニ
ケッコーニ　チュラク
リッパニ

うつくしくおいとま取、二たび在所へ来る様に　（浄瑠璃・五十年忌歌念仏（1707上）

　花を見てキレーと表現するのをふつうとする地域とウツクシーと表現するのをふつうとする地域とは、地理的に分かれて存在するのであるが、ここに掲げた、部屋を掃除した場合の様子を表現する形式もそれとほぼ似た分布を示す。ちなみに、東京では、〝キレーナ花〟のように美麗なことをいう場合には、やや文章語的ではあるが、〝ウツクシー花〟とも言える。しかし、〝キレーナ空気〟といった場合や、ここでの〝キレーニ掃除する〟のような清潔さを表す場合には、ウツクシー、ウツクシクとは言えない。

　地図を見ると、ウツクシクを用いる地域とキレーニを用いる地域とは、交互に分布していることがわかる。

　ここで、ウツクシーとキレーとが接触している地域でのウツクシーの用例を引用しておこう。対象は、富山・五箇山郷の方言である。この方言ではキレーナは共通語と同じような意味あいでも使われるが、本来は、ウツクシーが現在のキレーナの意味範囲をも含んで広く一般に使われていた。

○ウツクシーカオ　シトル〈美しい顔をしている〉
○ウツクシーミズジャ〈きれいな水だ〉
○ソージ　シタデ　ウツクシナッタワ〈掃除をしたからきれいになったよ〉

　ウツクシーの対義語はメットモナイないしキタナイである。メットモナイは「みっともない」に対応する語形で、醜さを表現するものである。また、キタナイは不潔、汚れを表現するもので、それを強めるとコキタナイになる。

　そのほか、サッパリ、ケッコーニ、リッパニ、ミゴトニ、チュラク、キョラサ、カイシャなどの類が一定の勢力で分布している。なお、奄美、沖縄のチュラ、キョラは「清ら」に対応するものである。

きれいに（綺麗）〈なる〉＝掃除

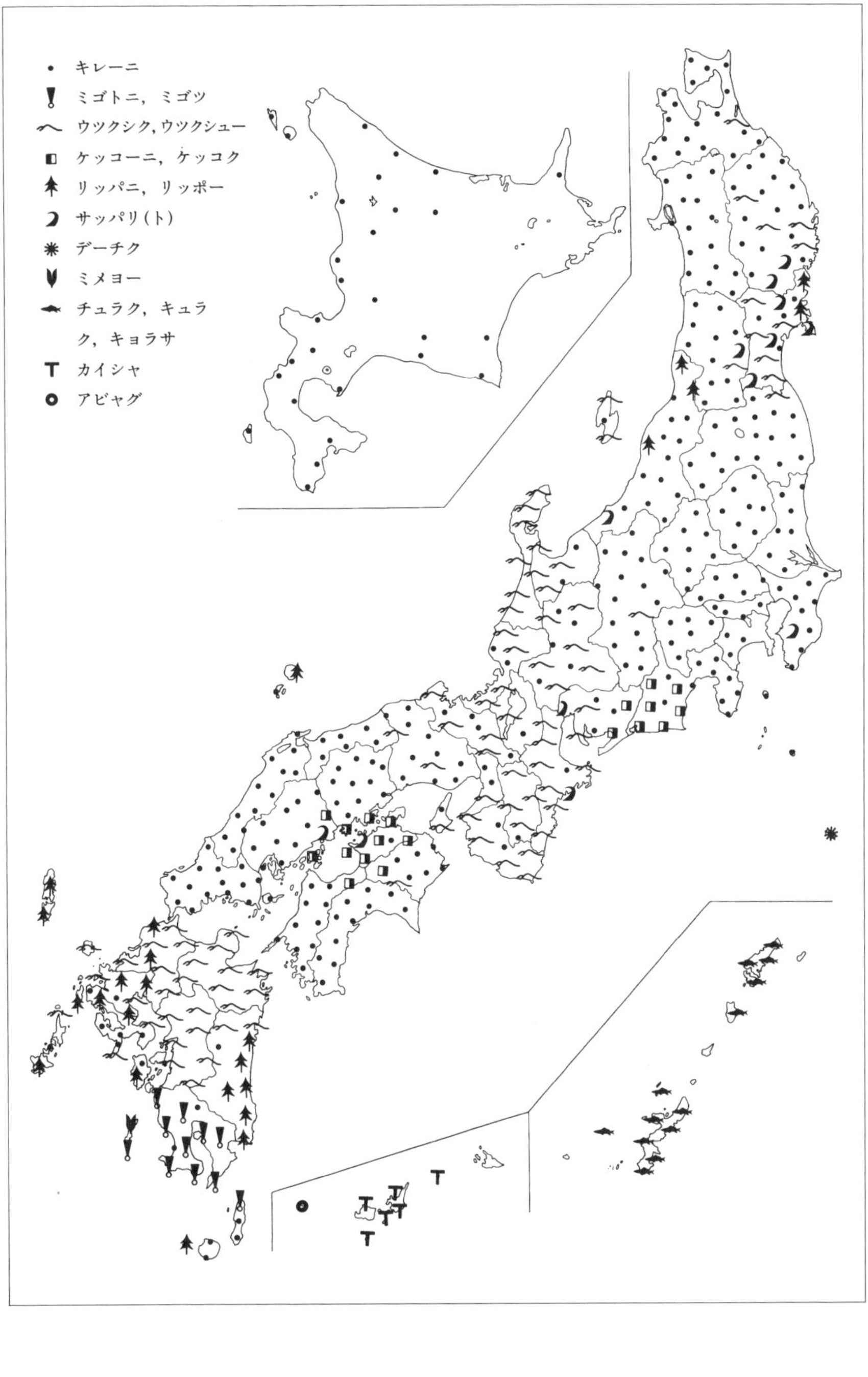
・ キレーニ
ミゴトニ，ミゴツ
ウツクシク，ウツクシュー
ケッコーニ，ケッコク
リッパニ，リッポー
サッパリ（ト）
デーチク
ミメヨー
チュラク，キュラク，キョラサ
カイシャ
アビャグ

うそ（嘘）

嘘《うそ》

ソラゴト
ズホ・バス
チク（ラッポ）
ユクシ（ムヌイ）

かくあさましき空《そら》ごとにてありければ、はや返《かへ》し給へ（竹取物語（9C末—10C初））

まず、共通語形でもあるウソ（オソ・ウス・ウソッポを含む）の全国的（奄美・沖縄を除く）な広い分布が目立つ。近畿中央部で最も新しく生まれた語形であろう。文献の方では、中世後期頃から見え始め、『日葡辞書』にも「Vso（ウソ）〈訳〉いつわりの言葉」のような形で載っている。

ところで、『日葡辞書』には、同じく「Vso（ウソ）〈訳〉口笛」ともあり、中世末期にはウソは「うそ」と「口笛」の両方の意味を表していたらしい。これとまったく同じ状況が千葉や富山のウソの分布域で確かめられるという。

この地図の分布および文献例（平安時代初期からソラゴトが登場する）から、ウソより古い語形と考えられるのが、東の関東地方と長野県、西の九州北部に分布するソラゴト類（ソラゴト、スラゴト、ウッサゴト、ソラッペ、ドクスラ）である。かつては、もっと広い範囲に分布していたものが、後にウソの侵略を受けた結果このような分布になったものであろう。

テンツからズホまでの諸語形は、一部北陸の福井を含んで東日本（特に新潟から北の日本海側）に分布している。これらは、もと東日本により広く分布していたものの残存かもしれない。デホ・テホなどは、「出放題（＝でたらめ）」あるいは「大砲」との関係が考えられている。

ホラ・ハラのホラは「ほら吹き」のホラに違いない。全国に点々とみえるが、いわゆる「うそ」とは若干ニュアンスの違いがあるかもしれない。

奄美のアランムンは「有らぬ物」、沖縄諸島に広く分布するユクシ（ムヌイ）は「よこしまな物言い」に由来するものだろう。なお、「嘘をつく」の「つく」の部分にも地域差が認められるが、地図では省略した。

133 うそ（嘘）

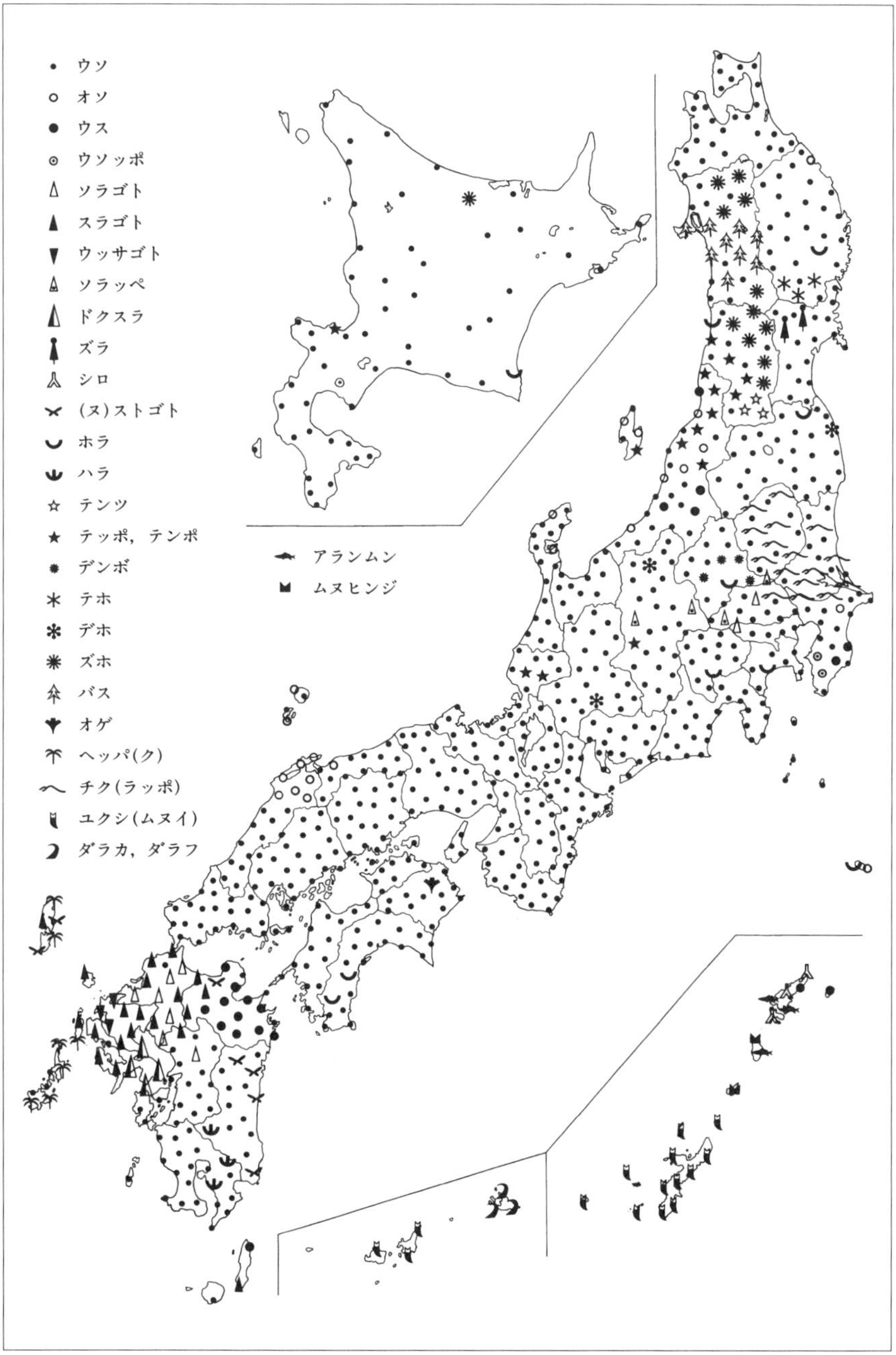

ウソ
オソ
ウス
ウソッポ
ソラゴト
スラゴト
ウッサゴト
ソラッペ
ドクスラ
ズラ
シロ
(ヌ)ストゴト
ホラ
ハラ
テンツ
テッポ，テンポ
デンボ
テホ
デホ
ズホ
バス
オゲ
ヘッパ(ク)
チク(ラッポ)
ユクシ(ムヌイ)
ダラカ，ダラフ
アランムン
ムヌヒンジ

アズケルを“あてがう”の意味で使うか

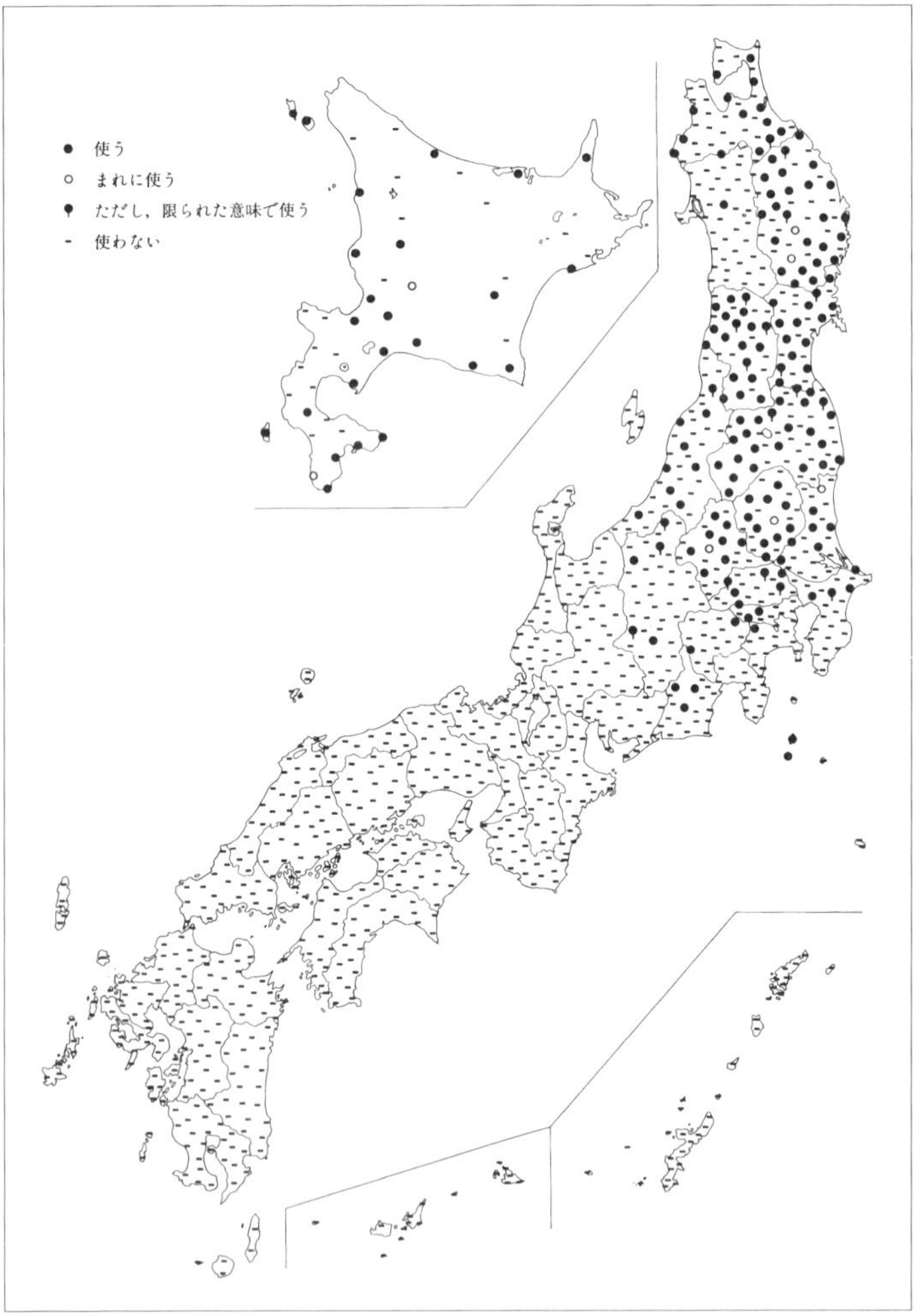

アズケルを〝あてがう〟の意味で使うか

ここでの「あてがう」であるが、元の調査では「(子供におもちゃを)与える」という意味でアズケルを使うかどうかを聞き出したものである。所有権が受け手の子供に移行している。共通語のアズケルは、一時的に相手に何かを渡しても、所有権そのものは動かないのでこの点に違いがある。

「あてがう」の意味でアズケルを使う地域は東日本に広く見られ、おおむね東西対立に近い形で分布する。ただし、子細に見ると秋田・山梨には少なく、神奈川にはほとんど見られない。また、この意味で使うという地域であっても反対に使わないという地点とまざりつつ分布を見せている。

オチルを"下車する"の意味で使うか

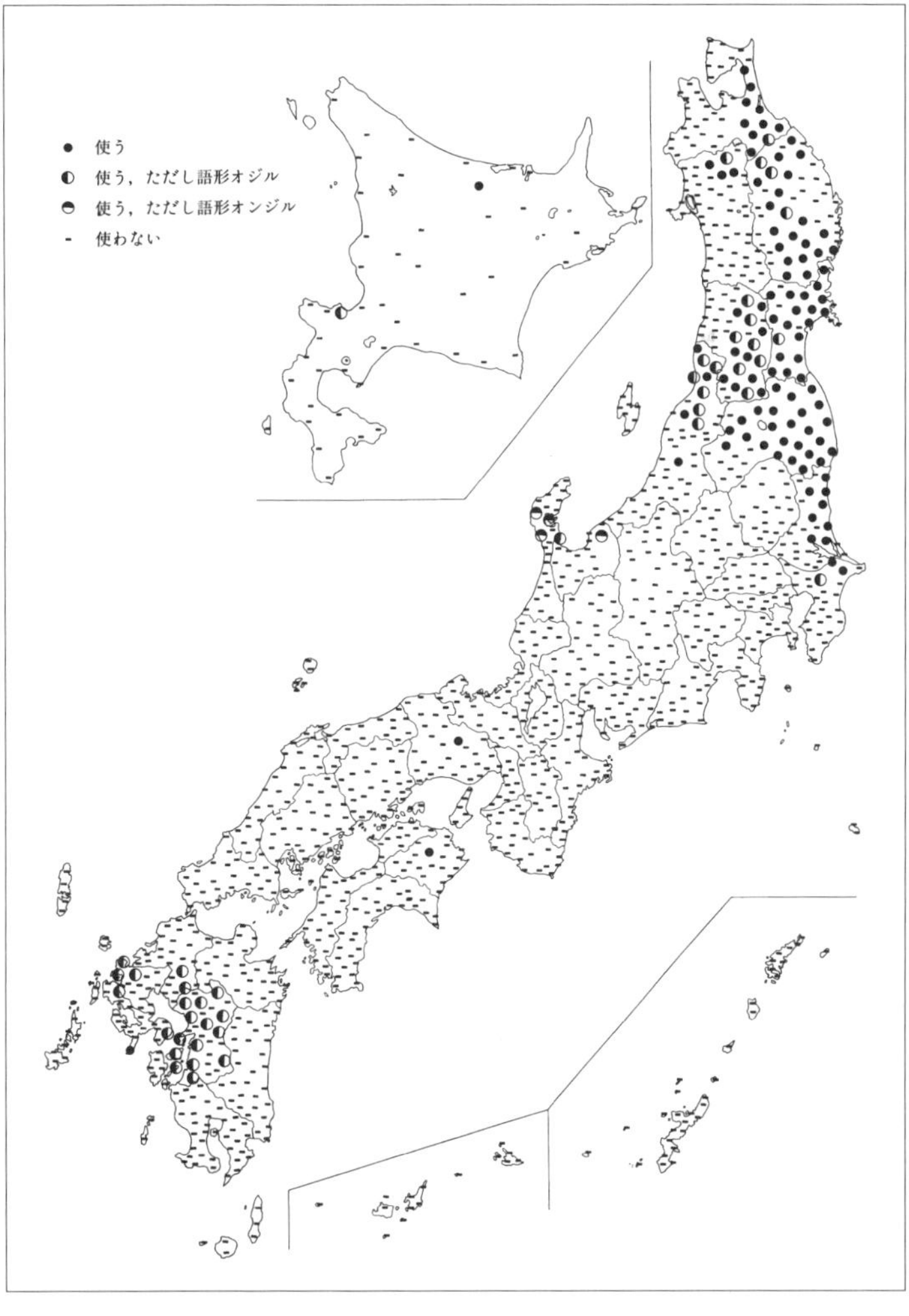
● 使う
◐ 使う，ただし語形オジル
◓ 使う，ただし語形オンジル
- 使わない

オチルを"下車する"の意味で使うか

東北地方の車内アナウンスで「オチル人が済《シ》んでからお乗り下さい」と流れ、旅行者を驚かせた、という話が残っている。「降りる」をオチルのように言うのは発音の問題とともに意味の類似性がからむ。茨城・新潟北部と東北の南部から太平洋側にオチルやオジルが分布する。オジルは、九州西部にも見られる。これらは発音の異なりに基づくものだろう。一方、能登・富山のオンジルや兵庫・徳島のオチルは発音の異なりではないと考えられる。「オチル」の分布は周圏的であるが、古い中央の反映ではなく、各地で共通する新しい変化を示している。

オドロクを“目覚める”の意味で使うか

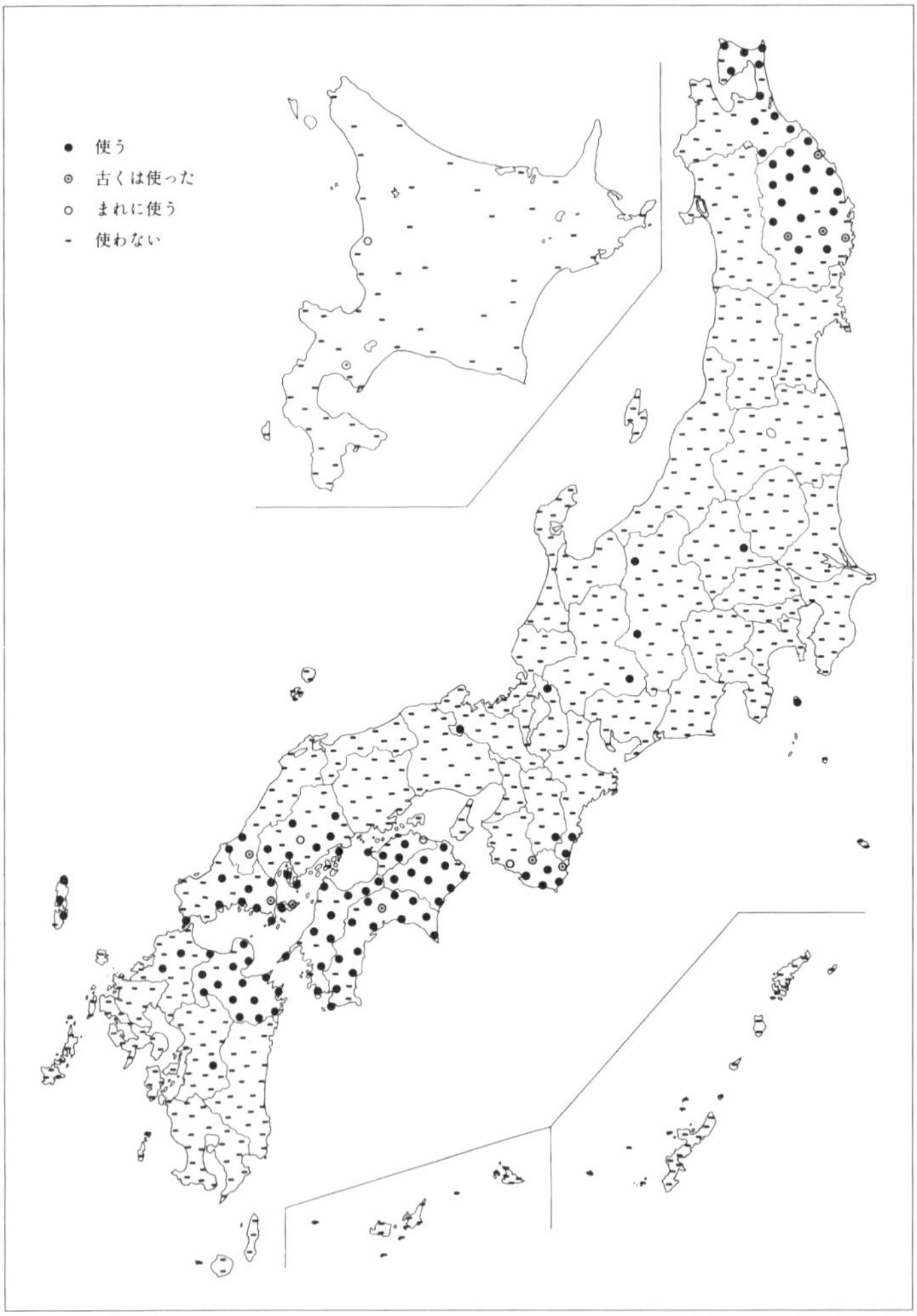

オドロクを〃目覚める〃の意味で使うか

古典では「おどろく」が「目が覚める」の意味で用いられていて、同じ形なのに現代語とは異なっていることがよく知られている。このような古典の用法を残す地域が方言に見られる。東北地方では、岩手県から青森県の太平洋側にまとまっている。西日本では、紀伊半島の南端部、四国全域、広島と山口の瀬戸内海側、大分にまとまった分布が見られ、海洋部分に目をつぶれば、あたかも連続しているように見える。このように東西に分断された「おどろく（目覚める）」は、典型的な周圏分布のひとつであり、中央での古い用法を今に伝えるものである。

137

かつぐ（担）—二人で担ぐ

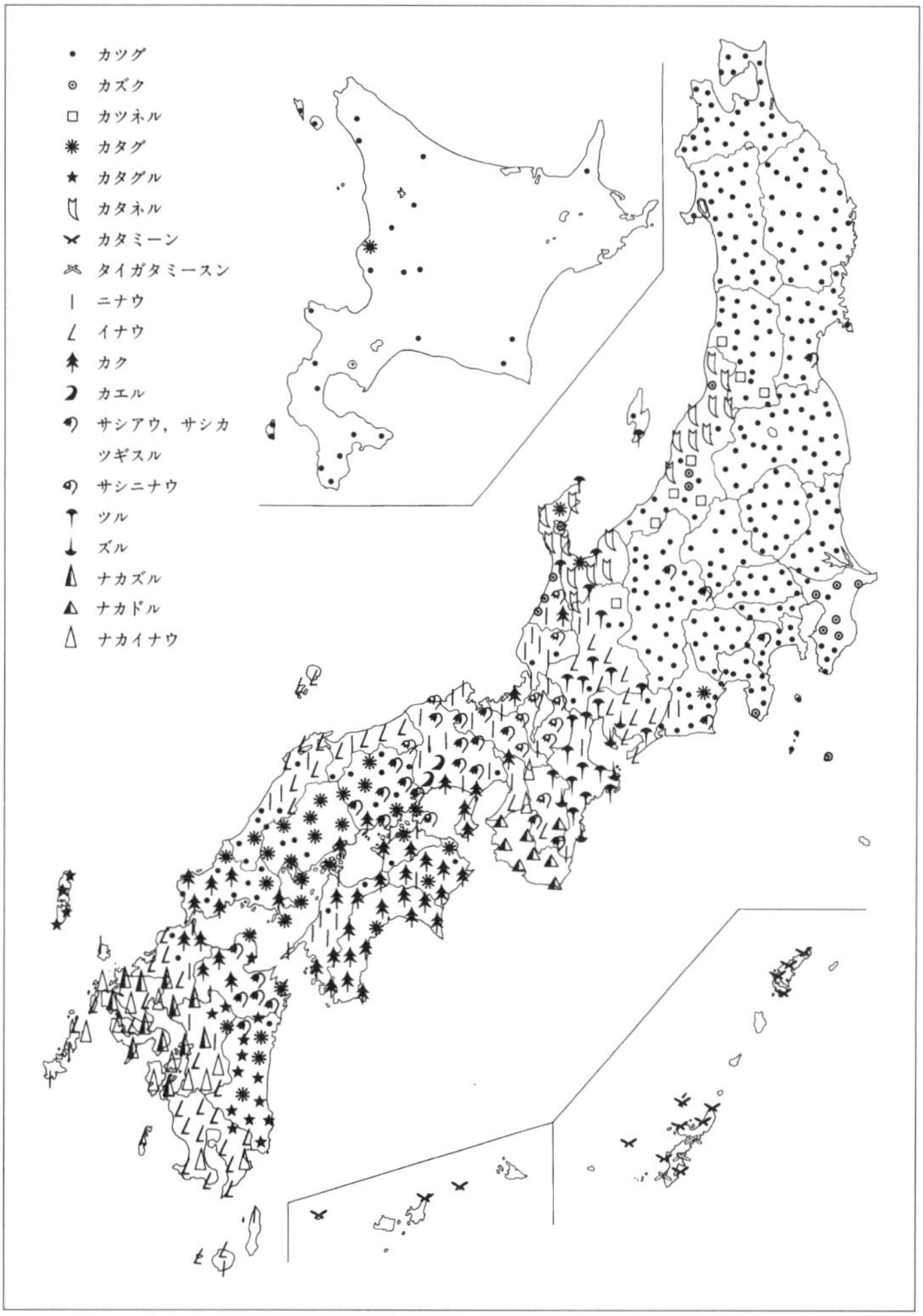
カツグ
カズク
カツネル
カタグ
カタグル
カタネル
カタミーン
タイガタミースン
ニナウ
イナウ
カク
カエル
サシアウ，サシカツギスル
サシニナウ
ツル
ズル
ナカズル
ナカドル
ナカイナウ

担《かつ》ぐ —二人で担ぐ

東日本は広くカツグやカズクであるのに対し、西日本にさまざまな語形が見られる。ただし、東日本でも境界的な新潟を中心にカタネルが見られる。西日本にはニナウやイナウが比較的広く見られる。ただし、近畿の東側にはツルやズル、西側にはサシアウの類、南側にはナカドルがまとまる。ナカドルに類似したナカズルは九州西部に分布し、ナカイナウは熊本に見られる。四国や淡路島にはカクがまとまり、山口・福岡・大分に及んでいる。一方、瀬戸内海をはさんだ対岸の山陽にはカタグが見られるが、こちらも九州東岸に及び、近隣には類似のカタグルが見られる。

かす（貸）

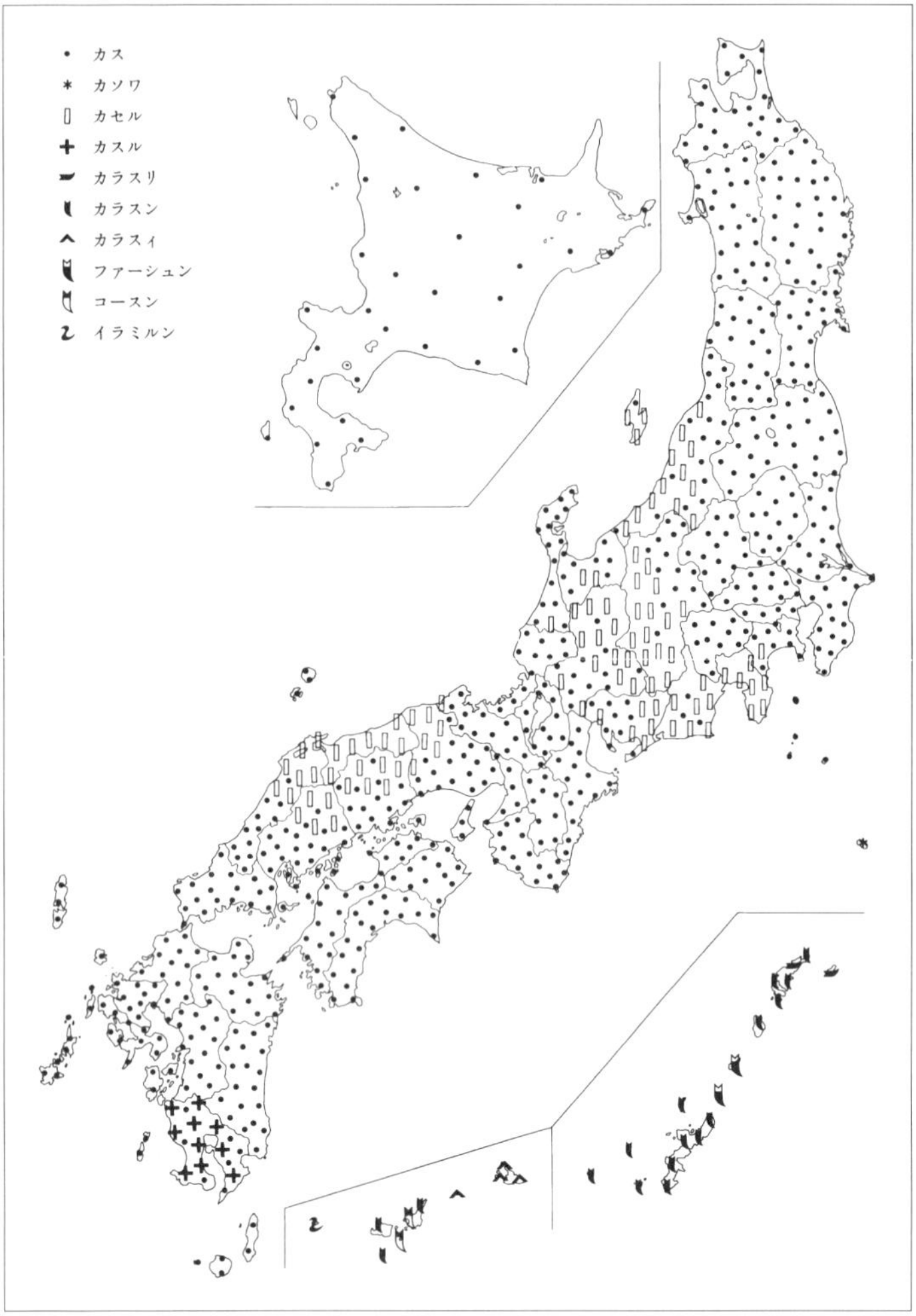
・ カス
＊ カソワ
▯ カセル
＋ カスル
カラスリ
カラスン
カラスィ
ファーシュン
コースン
イラミルン

貸《か》す

東日本では、新潟・富山・長野・静岡・岐阜・愛知にカセルが見られる。同じカセルは、近畿中央部のカスをはさんで、兵庫北部・鳥取・島根・岡山と広島の内陸に見られる。また、鹿児島にもカスルが見られる。一見、周圏分布的ではあるが、関東・東北は広くカスであり、四国・九州も鹿児島を除けばカスである。「貸す」はサ行五段活用の動詞であるが、サ行五段動詞一般の現れ方と較べると特殊である。なんらかの事情が「貸す」には働いているのだろう。琉球にはカラスン・カラスリなどが分布するが、これらは直訳すれば、「借りさせる」にあたる形である。

やる（遣）

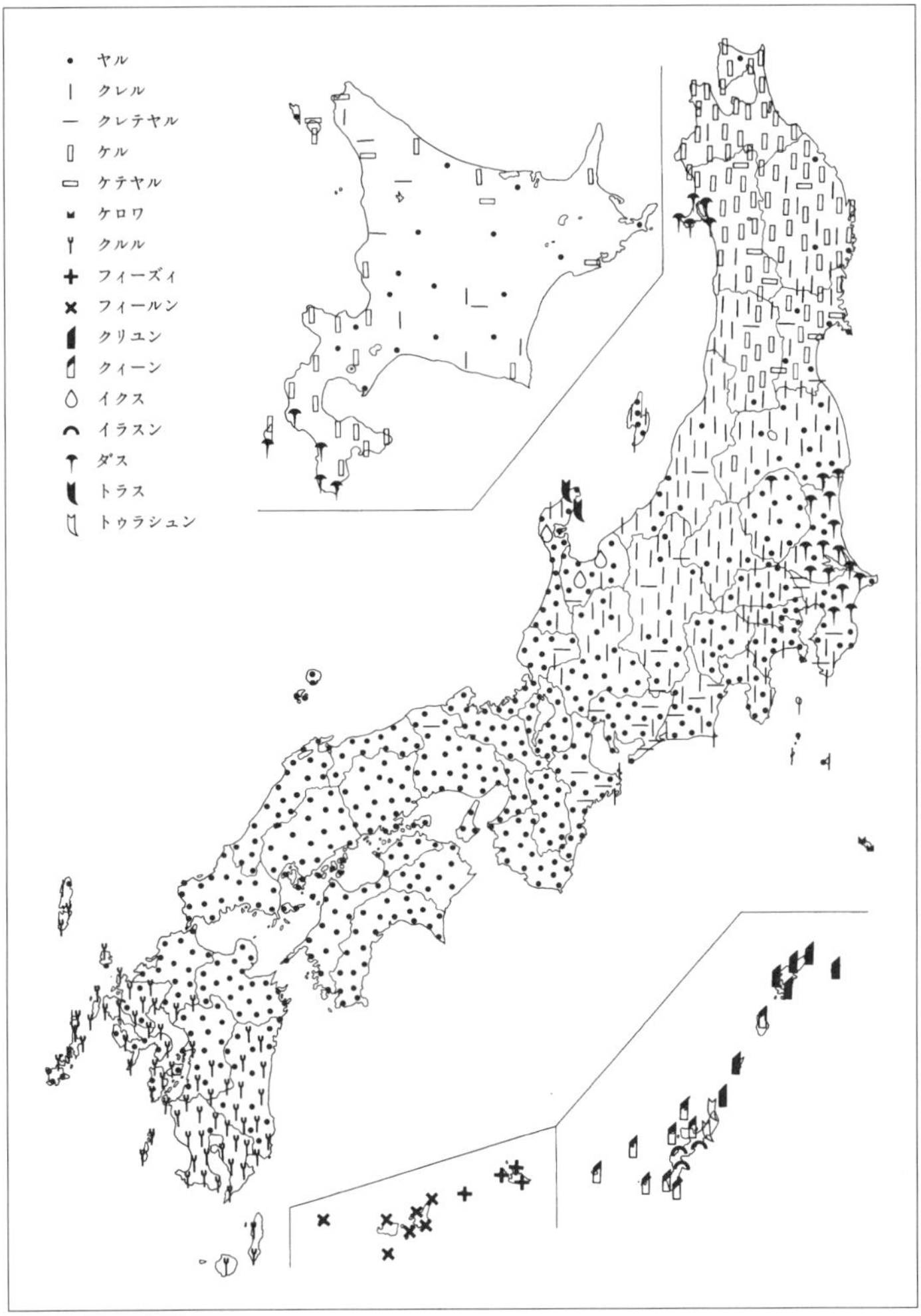

ヤル
クレル
クレテヤル
ケル
ケテヤル
ケロワ
クルル
フィーズィ
フィールン
クリユン
クィーン
イクス
イラスン
ダス
トラス
トゥラシュン

遣《や》る

「やる」は、その動作の主体が無償で所有権を相手に移すことを意味する。共通語では、相手が話し手にそれを移す場合は「くれる」が用いられ、「やる」とは区別される。「やる」の分布を見ると、中部から関東と東北南部にクレルが見られる。東北には広くケルが見られる。九州西部から南部にかけてはクルルが分布する。また、琉球にはクリユン・クィーンがまとまる。以上の語形は、いずれも「くれる」と同系であり、「やる」ことを「くれる」で表していることになる。その他、ダスが北海道南部・秋田の一部・茨城にまとまって見られる点が注目される。

くれる

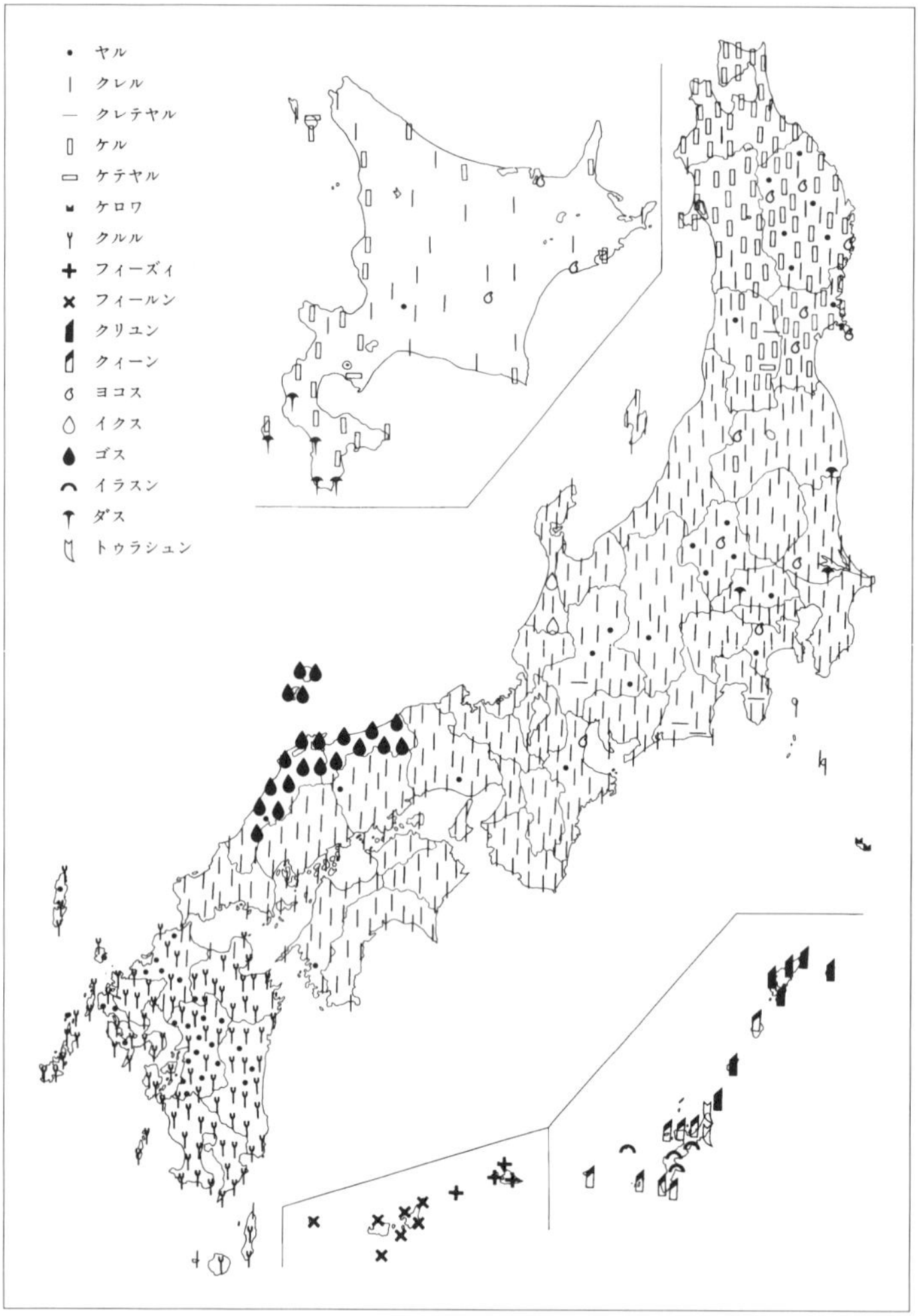
ヤル
クレル
クレテヤル
ケル
ケテヤル
ケロワ
クルル
フィーズィ
フィールン
クリユン
クィーン
ヨコス
イクス
ゴス
イラスン
ダス
トゥラシュン

くれる

「くれる」は、相手が話し手に無償で所有権を移すことを意味する。全国的に広く「くれる」系がひろがっており、各地のクレル、東北のケル、九州のクルル、琉球のクリユンやクィーンはいずれも同系統である。その他では北海道南部のダス、山陰のゴス、九州中部のヤルが特殊である。「くれる」は「やる」の地図と対比すると興味深い。東北・関東・中部・九州南西部・琉球では、「やる」も「くれる」もクレル系で表していることがわかり、その分布は周圏的である。これが日本語の古層であり、古くは「くれる」と「やる」を区別せず「くれる」で表していたことを示している。

141

コワイを“疲れた”の意味で使うか

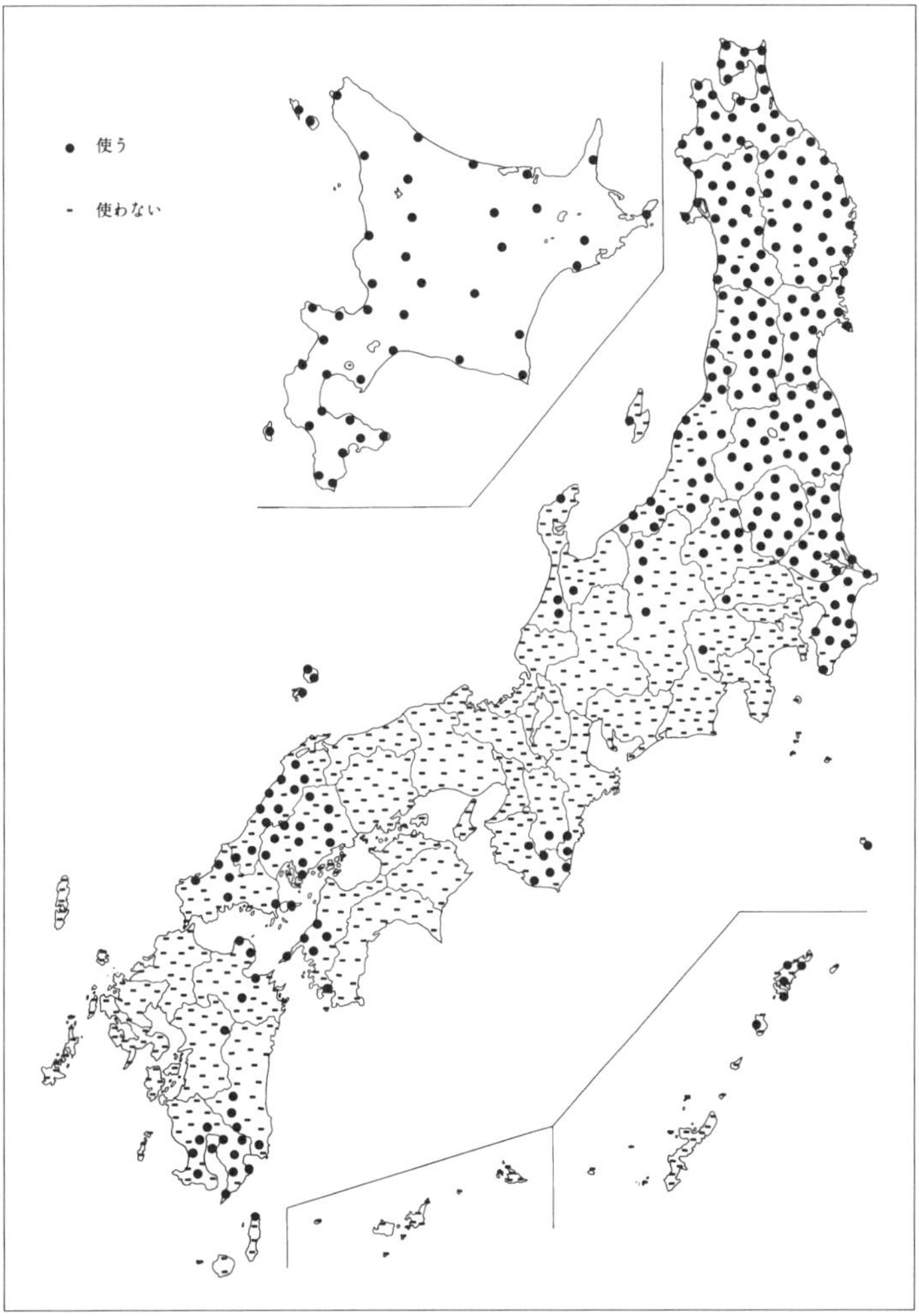

コワイを〃疲れた〃の意味で使うか

「疲れた」を表すコワイは、北関東以北、紀伊半島南部、中国・四国の西側、九州南部にそれぞれまとまっている。東西への分かれ方や紀伊半島南部への現れ方などから見て、周圏的な分布である。ただし、これが中央の古い用法の反映かどうかは判断がむずかしい。古典での「こわい（こはし）」は、強さや固さを表すことが一般的で、「疲れた」の意味でのコワイはほとんど見られないからである。ひとつの可能性としては、古典に現れない文献以前の古い用法であることも考えられるが、一方で体のこわばりなどからの連想で、離れた地域で共通して意味が変化したことも考えられる。

ステルを“紛失する”の意味で使うか

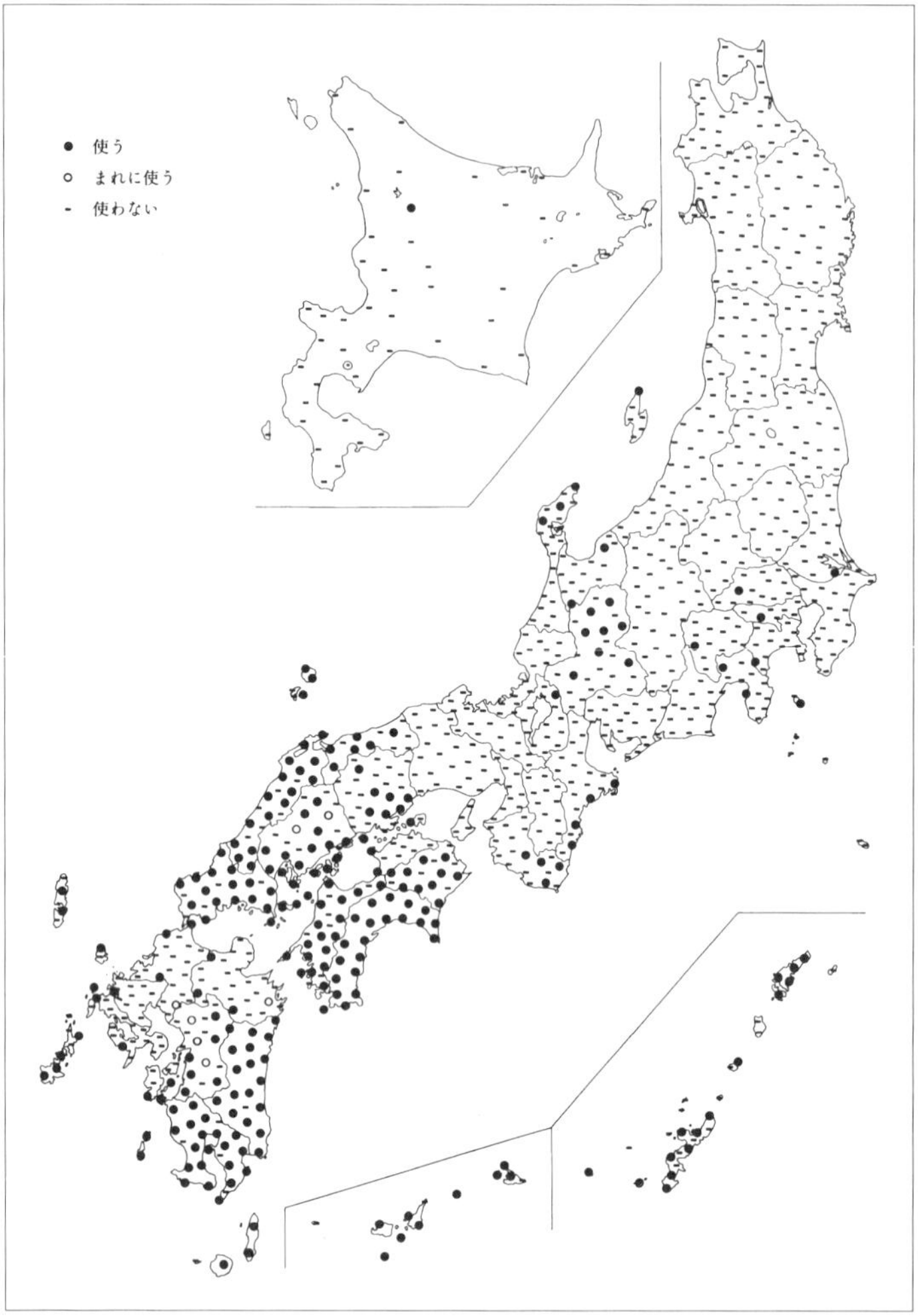

ステルを〃紛失する〃の意味で使うか

「紛失する」や「失う・なくす」の意味でステルを使う地域はおもに中国・四国以西にまとまって見られ、中部にも散在する。なかでも島根・山口・徳島・愛媛・高知・宮崎・鹿児島・沖縄では、ほぼ全県で用いられている。島根・山口・高知・愛媛・沖縄では「捨てる」こともステルの類で表す。共通語の「失う」と「捨てる」は動作の積極性・意志性において意味が異なるが、これらの地域では「失う」と「捨てる」を区別しないことになる。なお、ウッチャル・ブチャルのような形でも「失う」と「捨てる」を区別せず使う地域があることが知られていて興味深い。

ナオスを“かたづける・しまう”の意味で使うか

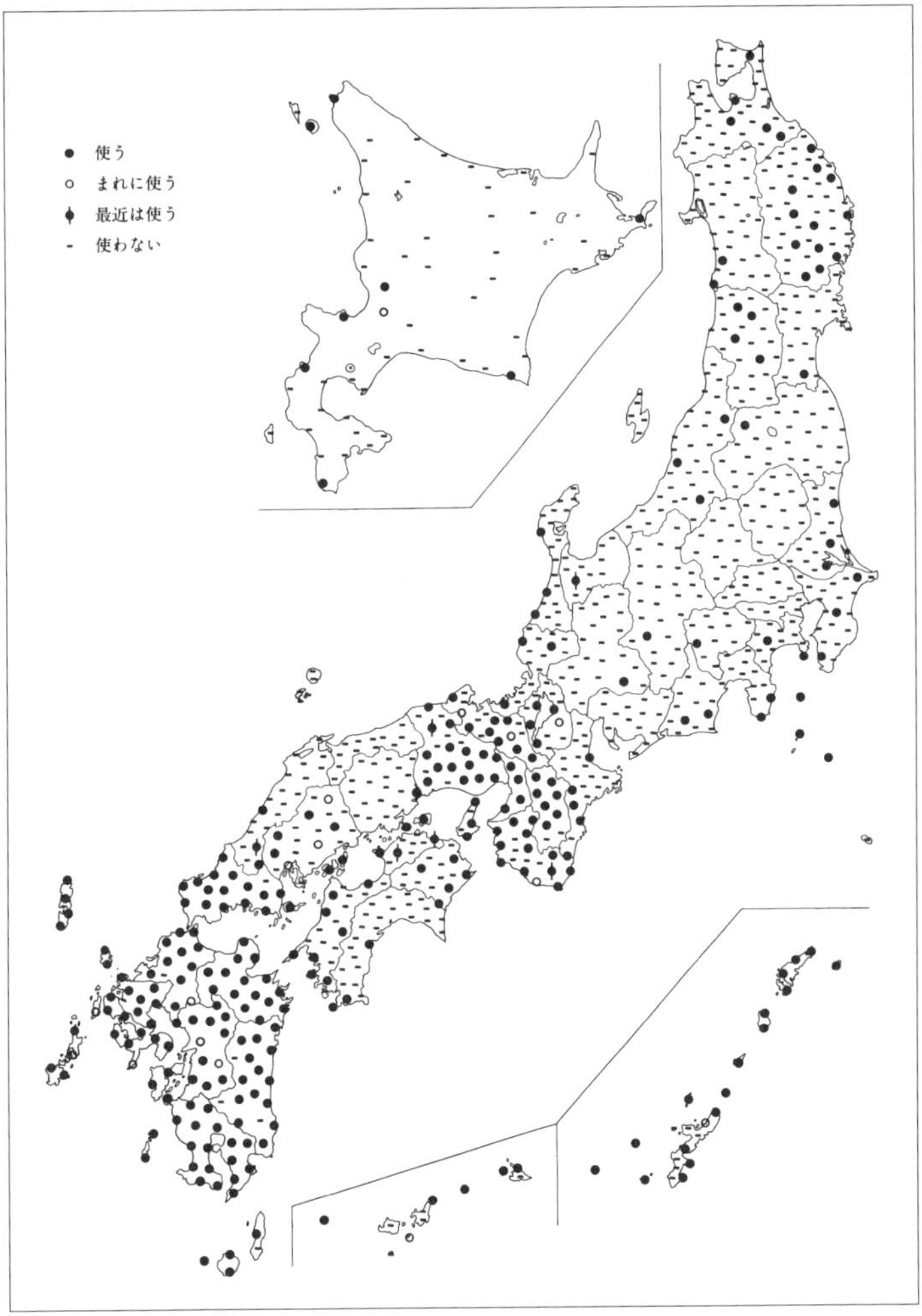

ナオスを〝かたづける・しまう〟の意味で使うか

「片付ける」や「しまう」ことをナオスという地域は、近畿の中央部にまとまって見られる。同時に中国西部の山口から九州にかけてもまとまっていて、これは琉球列島に連続する。また、関東周辺にも散在し、東北や北海道にも見られる。このように「片付ける」のナオスは、周圏的な分布を見せると同時に中央部にもまとまっていて、全国的に見るならば縞模様をなしている。これをもって周辺が古く、いったん起った変化が再び先祖返りしたと見るのは危険だろう。意味は、一定方向に変化する性質があり、連続性のない地域であっても同じになる可能性を考慮しなければならない。

かつぐ（担）―てんびん棒を担ぐ

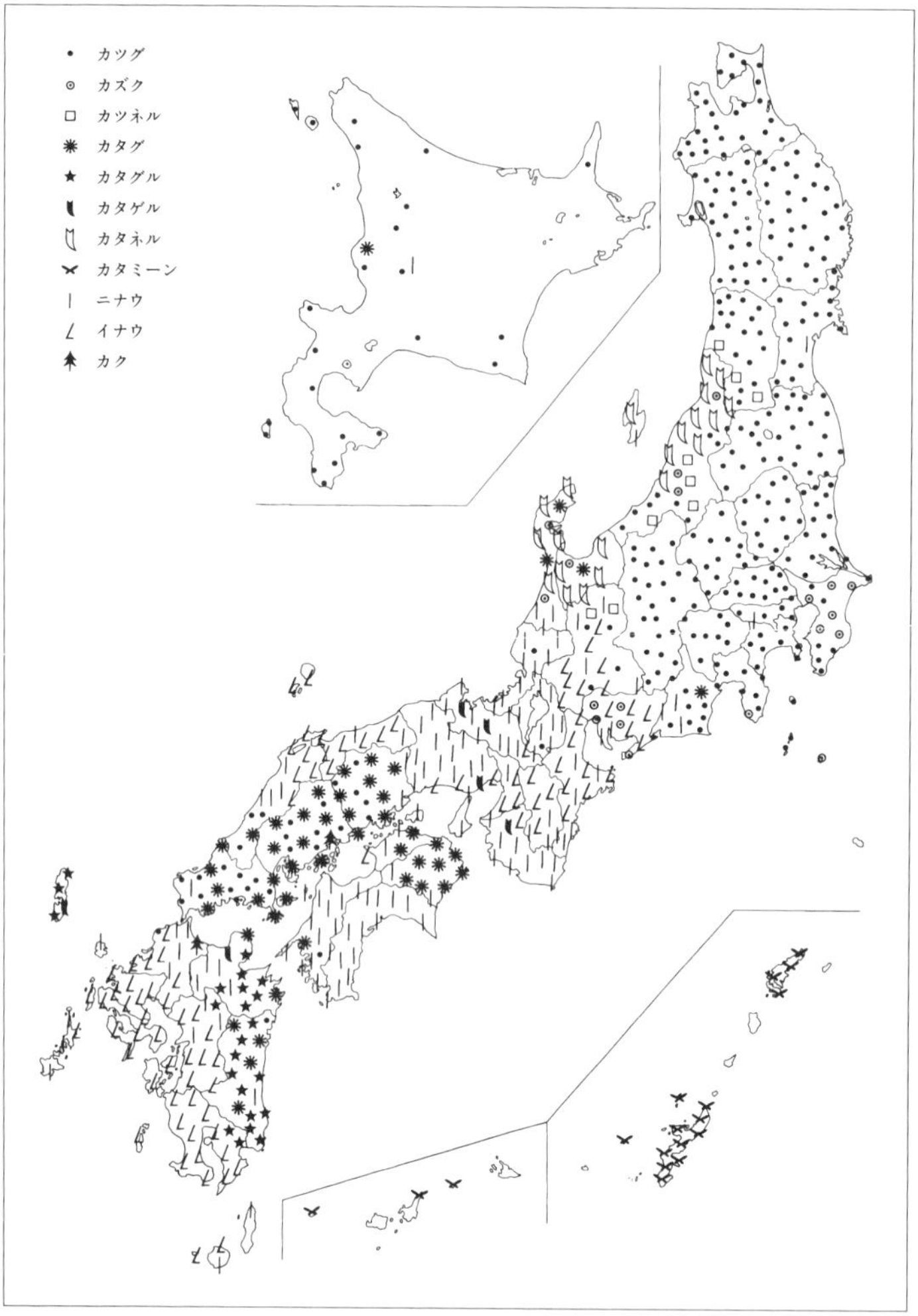
カツグ
カズク
カツネル
カタグ
カタグル
カタゲル
カタネル
カタミーン
ニナウ
イナウ
カク

担《かつ》ぐ ―てんびん棒を担ぐ

一人で、てんびん棒で物を担ぐときの表現である。東日本ではカツグが圧倒的に分布するが、東海以西の西日本ではニナウ・イナウが一般的である。ただし、徳島、香川、岡山、広島、そして九州東部などにはカタグの類も分布している。一方、北陸から新潟にかけてはカタネルが集中した分布域をもっている。琉球列島はカタミーンである。なお、ニナウとイナウは隣接している。近畿でも山陰でも、また九州でも、イナウを取り囲むようにニナウが存在するので、イナウはニナウの語頭子音を脱落させる形で各地において別々に発生したのではなかろうか。

145

センタクスルを“裁縫する”の意味で使うか

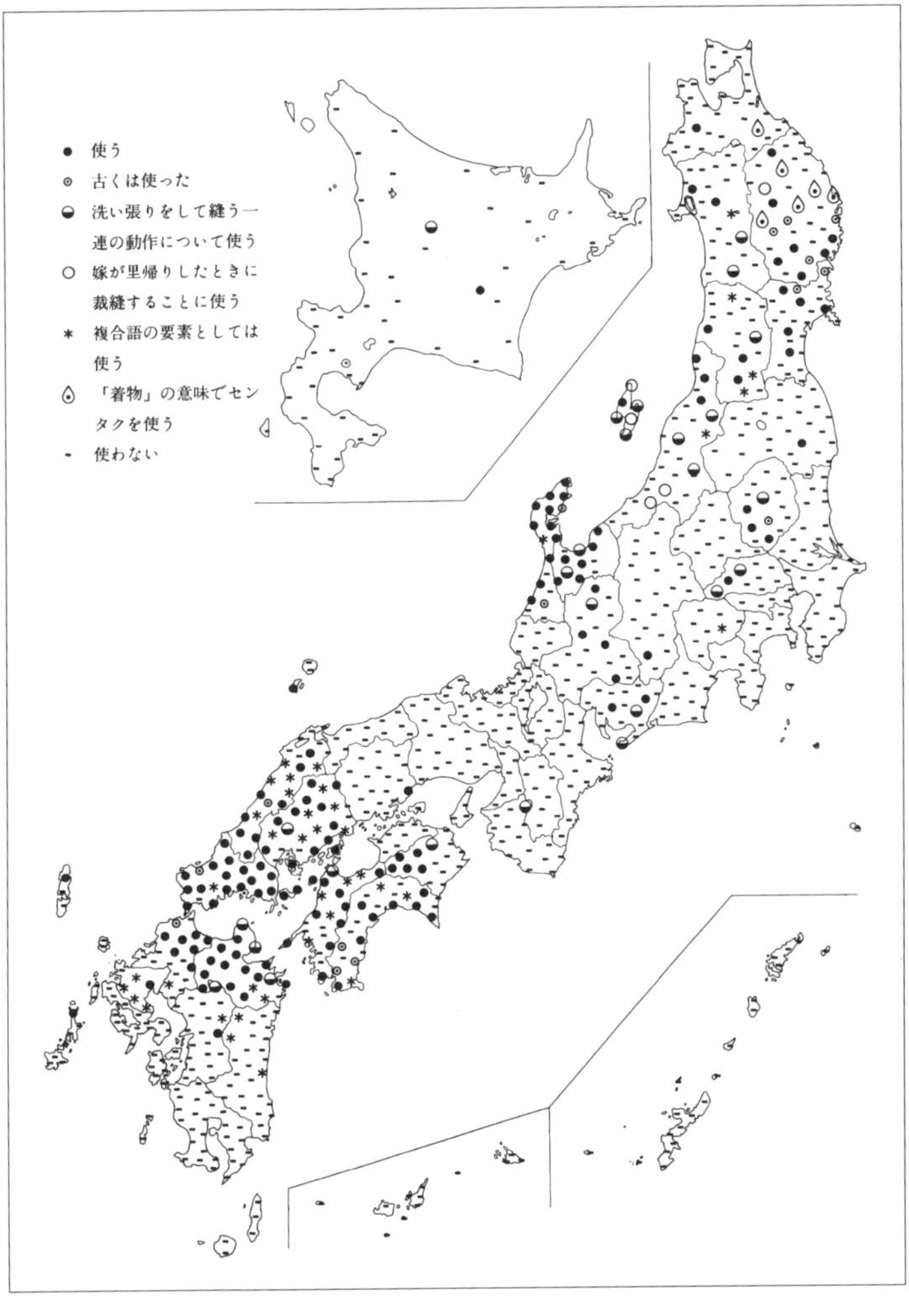
● 使う
◎ 古くは使った
◒ 洗い張りをして縫う一連の動作について使う
○ 嫁が里帰りしたときに裁縫することに使う
＊ 複合語の要素としては使う
「着物」の意味でセンタクを使う
- 使わない

センタクスルを〝裁縫する〟の意味で使うか

この用法は、分布からして、ある程度の古さを持っていると推測される。ただし、「裁縫する」といってもそこには「仕立てる」「縫い直す」「繕う」など、さまざまな種類があるようだ。洗濯から裁縫への意味変化は、ほどいて縫い直す工程をへて、はじめて「衣類を洗う」という行動が完結するという、かつての状況を反映するものなのであろう。「着物」自体をセンタクと言う地域があるが、それもこの工程とかかわっていよう。なお、複合語の要素としては、ワタイレセンタク（綿入れの縫い直し）、ハルセンタクスル（冬物を夏物に改装する）などがある。

ハソンスルを“修繕する”の意味で使うか

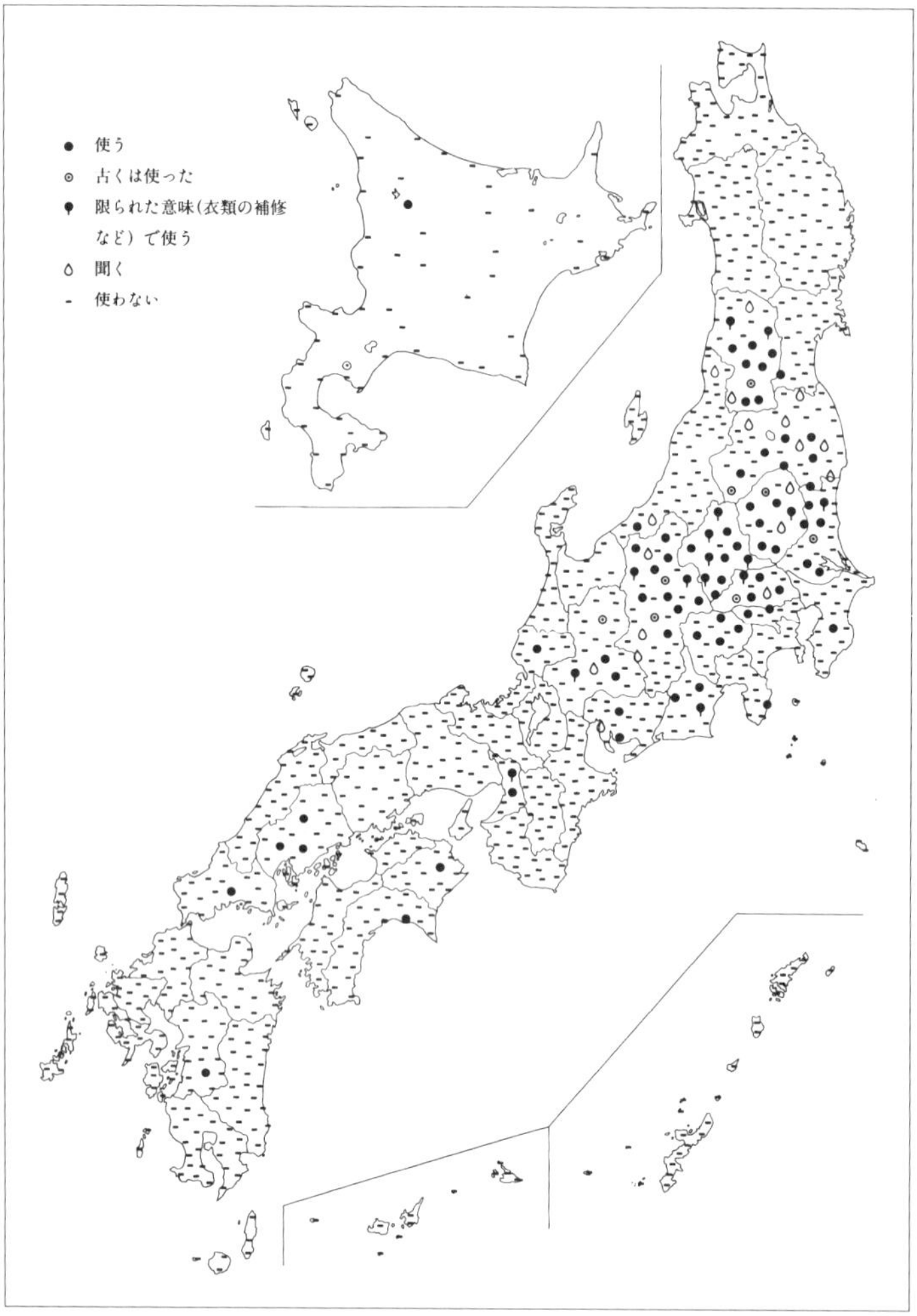

ハソンスルを〝修繕する〟の意味で使うか

ハソン（破損）は壊れることだから、修繕をハソンというのは変である。しかし現実には関東一帯にこの用法が存在する。ただし、修繕といっても、それは特に衣類の補修・繕いにのみ使うと答える地点が周辺部に多い。ここにこの地図の謎をとく鍵がありそうだ。実は古典には、裁縫を意味するハシン（把針）という語が存在した。たとえば虎明本狂言・若市には、「だんなかたに把針を頼ませられて」といった用例が見える。このハシンの音が重なって、ハソンに針仕事の意味が移ったのではあるまいか。そして、繕いからさらに一般の修繕へと意味が拡がったのではなかろうか。

〈灸を〉すえる

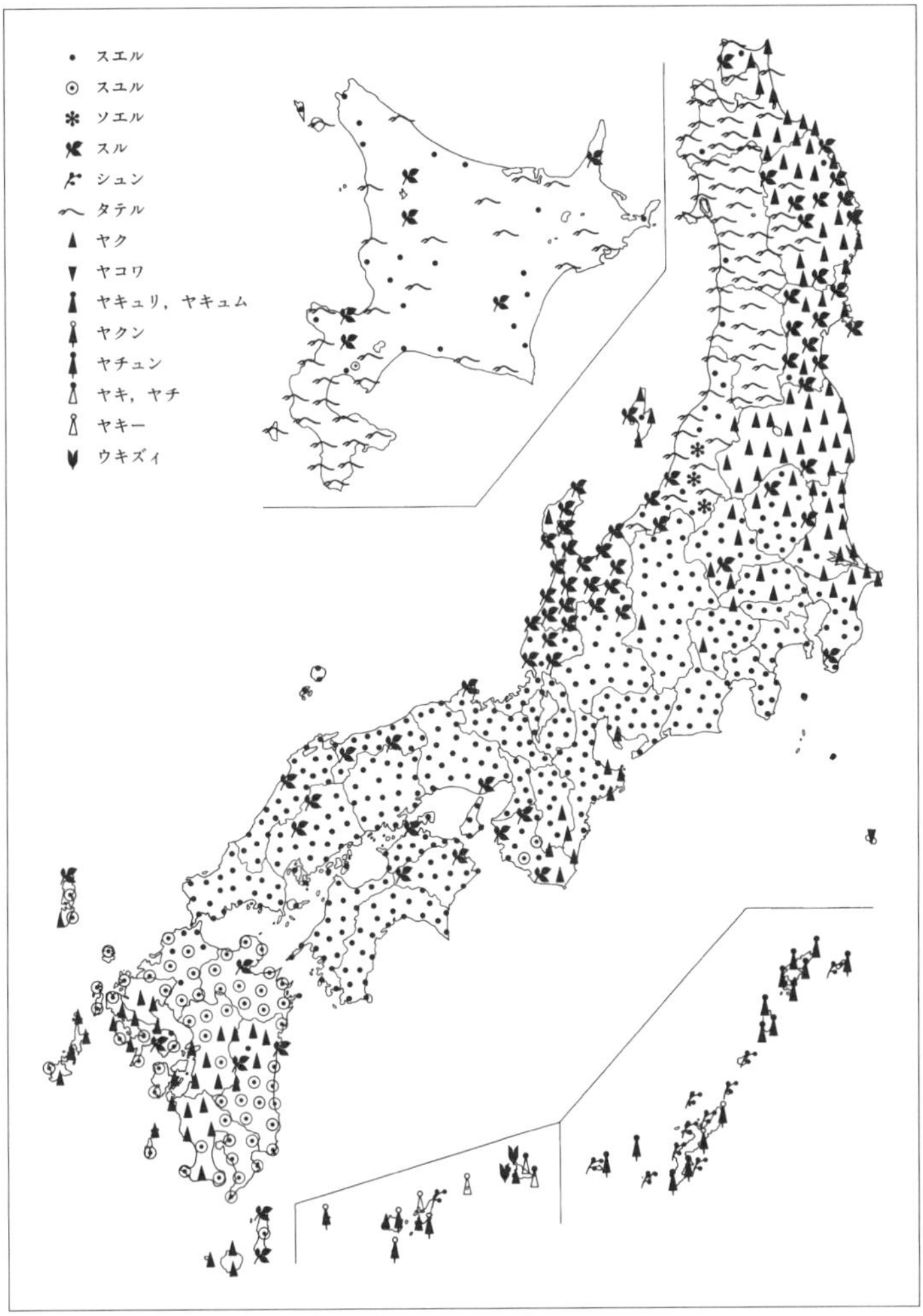
スエル
スユル
ソエル
スル
シュン
タテル
ヤク
ヤコワ
ヤキュリ，ヤキュム
ヤクン
ヤチュン
ヤキ，ヤチ
ヤキー
ウキズィ

〈灸《きゅう》を〉すえる

スエルが本州中央に分布していてその他を分断している。スエルとスユルは同系である。その他ではスルとシュン、またヤク以下が同系と考えられる。前者をスル類、後者をヤク類としよう。注目されるのはヤク類が東西また南北の両端に見られる点である。この分布からヤク類は、スエルより古い語形と判断される。分布の上ではスル類もスエルより古いと見られるが、各地で独自に発生した可能性やスエルからの変化も否定できない。古いとすればヤク類の方がスル類より若干外に広がっているようでヤク類の方が古いようだ。その他、東北の日本海側にはタテルが広く分布している。

148

たけうま（竹馬）

竹《たけ》馬《うま》

タカアシ　サギアシ　キアシ

鷺足や雲井の階子今朝の霜〈金丸〉（俳諧・東日記（1681）坤）

ここでいう「たけうま」とは、二メートルぐらいの二本の竹竿の適当な位置に足をかける部分を付け、その上に乗って両手で竿の上の方を握り、体のバランスをとりながら歩く遊びである。江戸時代の後期から見られるようになった遊びといわれ、歴史的には比較的新しいものである。それ以前にも古くから「竹馬」という遊びはあったが、笹竹や竹竿を馬に見立ててまたがって遊ぶ素朴な遊びであった。

さて、分布図を見てみよう。この遊びそのものの歴史がそう古くないことから、分布する種々の方言形もそう古いものとは思えない。共通語形にもなっているタケンマもそれほど広い分布域を持つわけではない。本来別の遊び（前述の）を指していたタケンマが近畿地方で江戸後期に現在の「たけうま」の意味で使われ始め、周辺に影響を与えたが、それほど離れた地域にまでは及ばなかったということであろう。分布から見る限りでは、むしろタケンマを取り囲むように分布するタカアシ（タカハシ）やサギアシ類の方が古そうにも見えるが、遊びとしての歴史の新しさを考えるとそう単純ではなさそうだ。

サギアシとは、もともと田楽舞の道具の一種で、サギアシと呼ばれる一本の棒の上と中ほどに横木のあるもの（形が「たけうま」に似ている）に乗って演じたという。これをタカアシとも言ったらしい。もっともサギアシやタカアシがすべて田楽舞に由来するわけではなく、タカアシは「高（い）足」、サギアシは「鷺（の）足」に似ているという素朴な命名が各地でそれぞれに行われたこともあったと考えられる。

ユキアシ、ユキアシダなどのユキは「雪」だろうか。「たけうま」に乗れば雪道も平気で歩けるということかもしれないが、雪の多い地方では「たけうま」など何の役にも立たない。雪の少ない地方ならではの発想である。

149

たけうま（竹馬）

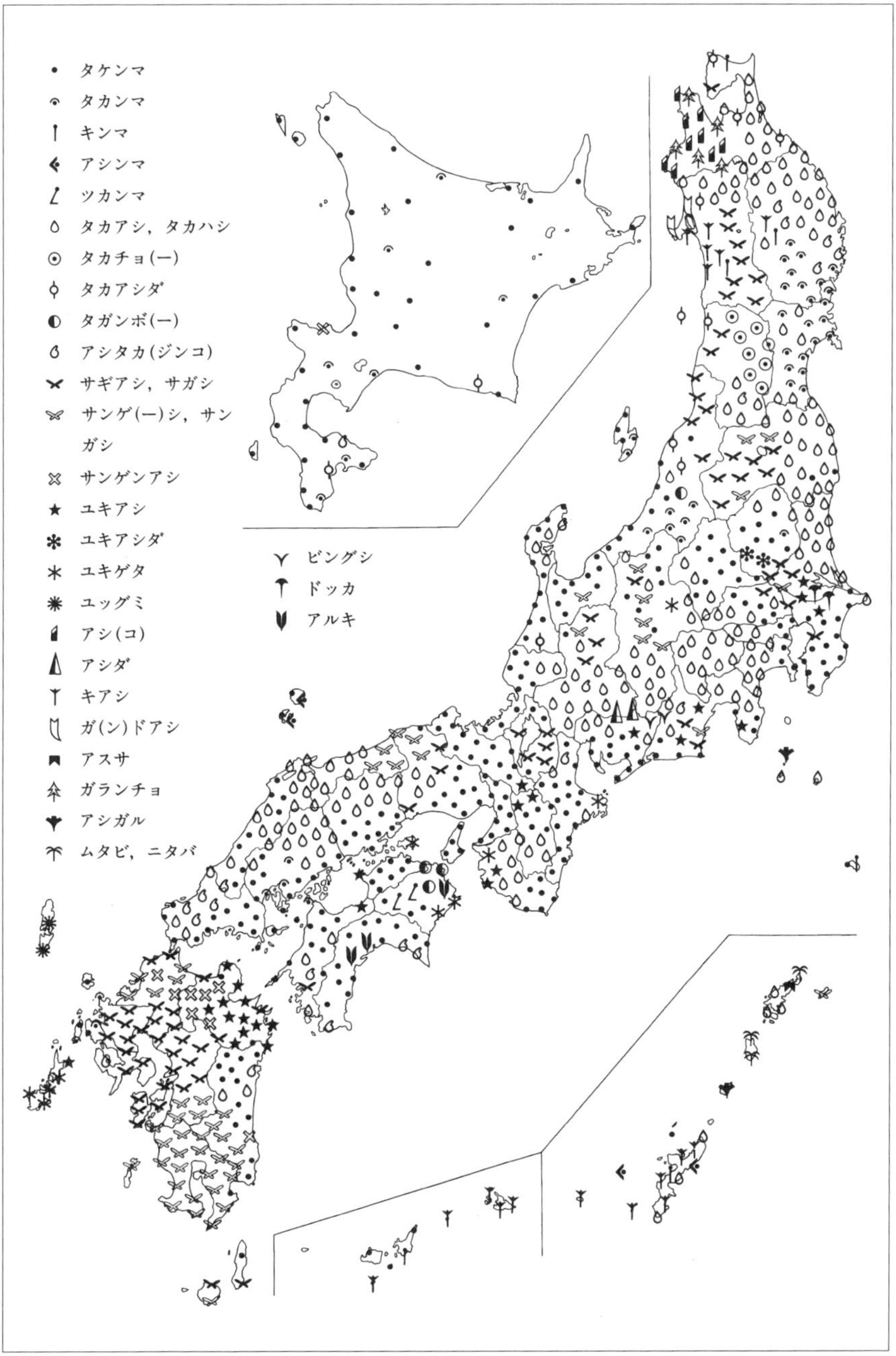
タケンマ
タカンマ
キンマ
アシンマ
ツカンマ
タカアシ，タカハシ
タカチョ(ー)
タカアシダ
タガンボ(ー)
アシタカ(ジンコ)
サギアシ，サガシ
サンゲ(ー)シ，サンガシ
サンゲンアシ
ユキアシ
ユキアシダ
ユキゲタ
ユッグミ
アシ(コ)
アシダ
キアシ
ガ(ン)ドアシ
アスサ
ガランチョ
アシガル
ムタビ，ニタバ
ビングシ
ドッカ
アルキ

おてだま（御手玉）

御《お》手《て》玉《だま》

オジャミ
アヤ（コ）
ナンゴ

江戸にては縮緬小裁《ちりめんこぎれ》を以て方寸ばかりに帒を造り、其中に小石或は小豆等四五粒或七八粒縫込めて為レ之こと同前也。名けて**御手玉**と云、てだまとりと云（随筆・守貞漫稿（1837–53）二五）

子どもの遊びの名称は一般に方言量（方言形の種類）が多いが、「お手玉」もその一つである。

分布図を見ると、北海道を中心とするアヤ類、西日本のオジャミ類の領域が比較的目立つほか、各種の語形が錯綜している。このような錯綜分布の背景には、「お手玉」の名称が、「おはじき」「あやとり」「石投げ」のような類似の遊びの名と各地で結びついていることとも関係がありそうである。

アヤの名称は複数のお手玉を綾模様に交錯させて投げあげる動作に基づくものであろう。お手玉をアヤ（コ）と呼ぶ地方では、お手玉遊びのことをアヤコ（トリ）、アヤ（コ）ツキ、アヤオリなどと言っている。おそらく、動作（遊び）の名称としてのアヤオリなどが先に生まれ、玉の名称としてのアヤは、その動詞部分を除いてできたものだろう。

全国各地に一定の勢力をもつナンゴ、ナンコ、イシナンゴなどは、おはじきや小石などを握ってその数を当てさせる遊びの名称としても各地で使われているから、それがお手玉の呼び名に転用されたのであろう。この遊びは古くからあったようで、『日葡辞書』（一六〇三）に、碁石を握ってその数を当てさせる遊びの名としてナンゴが載っている。

オヒトツ、ヒーフー、イチドリ、オサラ（イ）などは、この遊びをするときのかけ声や歌の文句に由来する。ザック、チャック、シャコ、ガエキなどはお手玉を投げるときの音を擬したものかと思われる。滋賀県にまとまって見られる（オ）コンメについては、お手玉の袋の中に米を入れたことによる命名との説があるが、この地方ではお手玉遊びのことをコンメツキと呼んでいるから、むしろ米つきの動作と結びつくものかも知れない。

151

おてだま（御手玉）

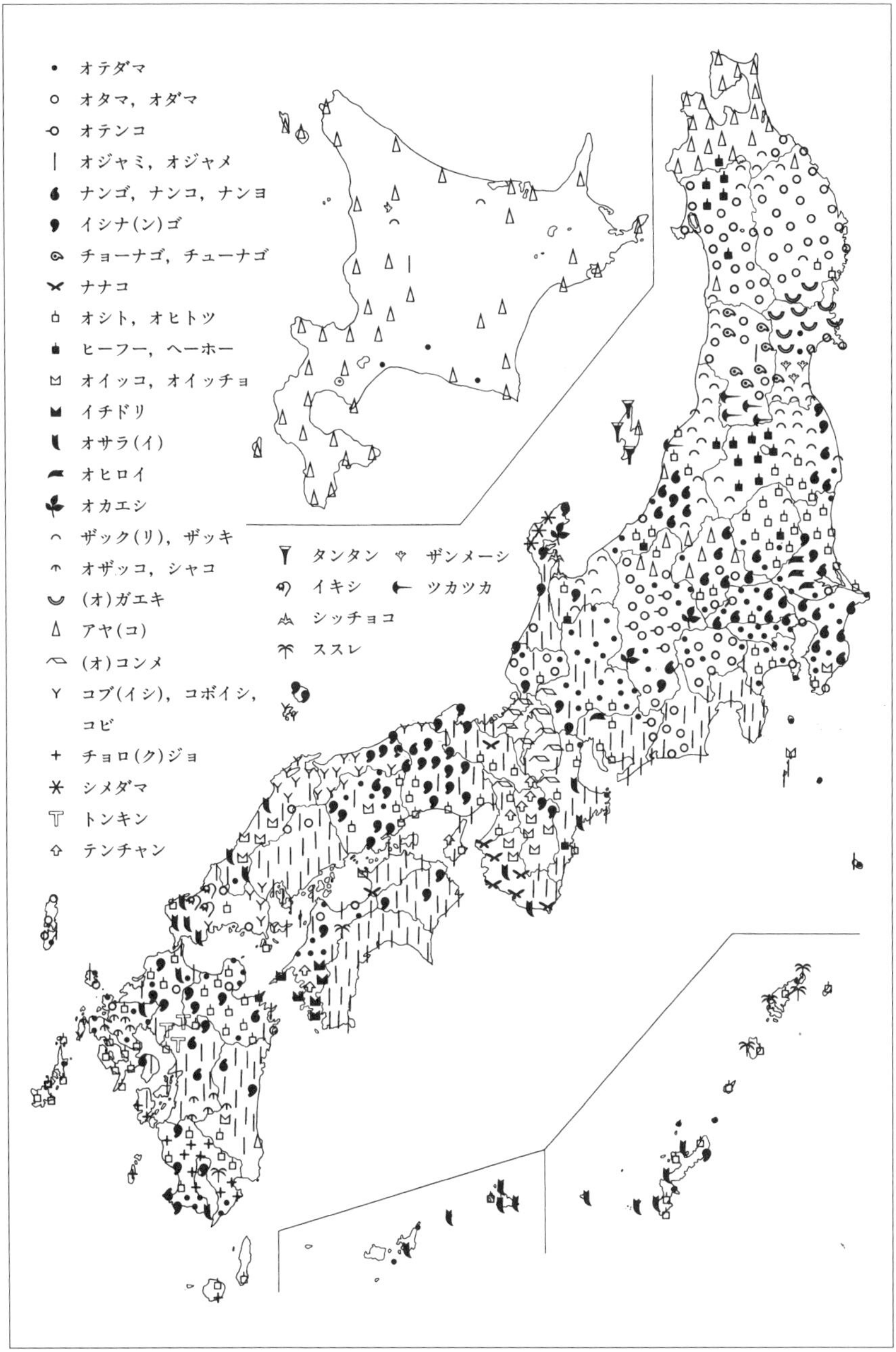
オテダマ
オタマ，オダマ
オテンコ
オジャミ，オジャメ
ナンゴ，ナンコ，ナンヨ
イシナ(ン)ゴ
チョーナゴ，チューナゴ
ナナコ
オシト，オヒトツ
ヒーフー，ヘーホー
オイッコ，オイッチョ
イチドリ
オサラ(イ)
オヒロイ
オカエシ
ザック(リ)，ザッキ
オザッコ，シャコ
(オ)ガエキ
アヤ(コ)
(オ)コンメ
コブ(イシ)，コボイシ，コビ
チョロ(ク)ジョ
シメダマ
トンキン
テンチャン
タンタン
ザンメーシ
イキシ
ツカツカ
シッチョコ
ススレ

おにごっこ（鬼ごっこ）

鬼《おに》ごっこ

オニゴト
オニクラ
ボイヤイ

すっぽんどん亀、河童の子、足の冷たさに草履隠し隠れんぼ、柱どっつき**鬼事**《おにごと》か（歌舞伎・容賀《なぞらえて》扇曾我《ふじがねそが》（1816）五立）

「おにごっこ」と一言で言っても、実は全国各地で、また同一地域でさえも様々なやり方のものがある。鬼が目隠しをするもの、鬼につかまった子が次々に鬼と手をつないでいくものなど、多くの人は子どもの頃に遊んだ「おにごっこ」の何種類かを思い出せるのではないだろうか。ただそれらのどれにも共通するのは、ある一人の子どもが鬼になって、ほかの子どもを追いかけるという点である。この分布図は、多種多様な「おにごっこ」の中でごく一般的なもの、いわば総称に当たるものの分布を示している。

さて、分布図を見ると、凡例のオニゴッコからオニヤイまで、全国に見える多くの方言形に「オニ」ということばが含まれている。中でも「鬼（子）」に由来すると思われるオニ（コ）は、東北地方と中部地方、そして九州にまとまって分布し、分布図中もっとも古い形と考えられる。オニコの次に近畿中央部で新しく生まれ周囲に伝播したのが、近畿地方を中心にオニコの分布域の内側に見えるオニゴト（「鬼事」）であろう。ただ、オニゴトと似たような分布を見せるオニゴッコとの先後関係はどうだろうか。近畿地方や東北地方の分布などからはオニゴッコの方が古いようにも見えるが、関東地方ではむしろオニゴトの分布域を標準語のオニゴッコが侵しているように見える。いずれにせよ、標準語のオニゴッコの分布は思いのほか狭い。

そのほか、凡例のオワエ（ゴ）・オヤエコロからオッパイコまでは、いずれも「追う」にあたる語（オウ・ボウなど）を含む表現である。「おにごっこ」の「追いかける」行為に注目したものといえよう。ツカマエ（オニ）のように、「つかまえる」ことに注目したものもあり、沖縄のカチミエーも「つかまえる」の意のカチミユンという動詞からできたものである。

153

おにごっこ（鬼ごっこ）

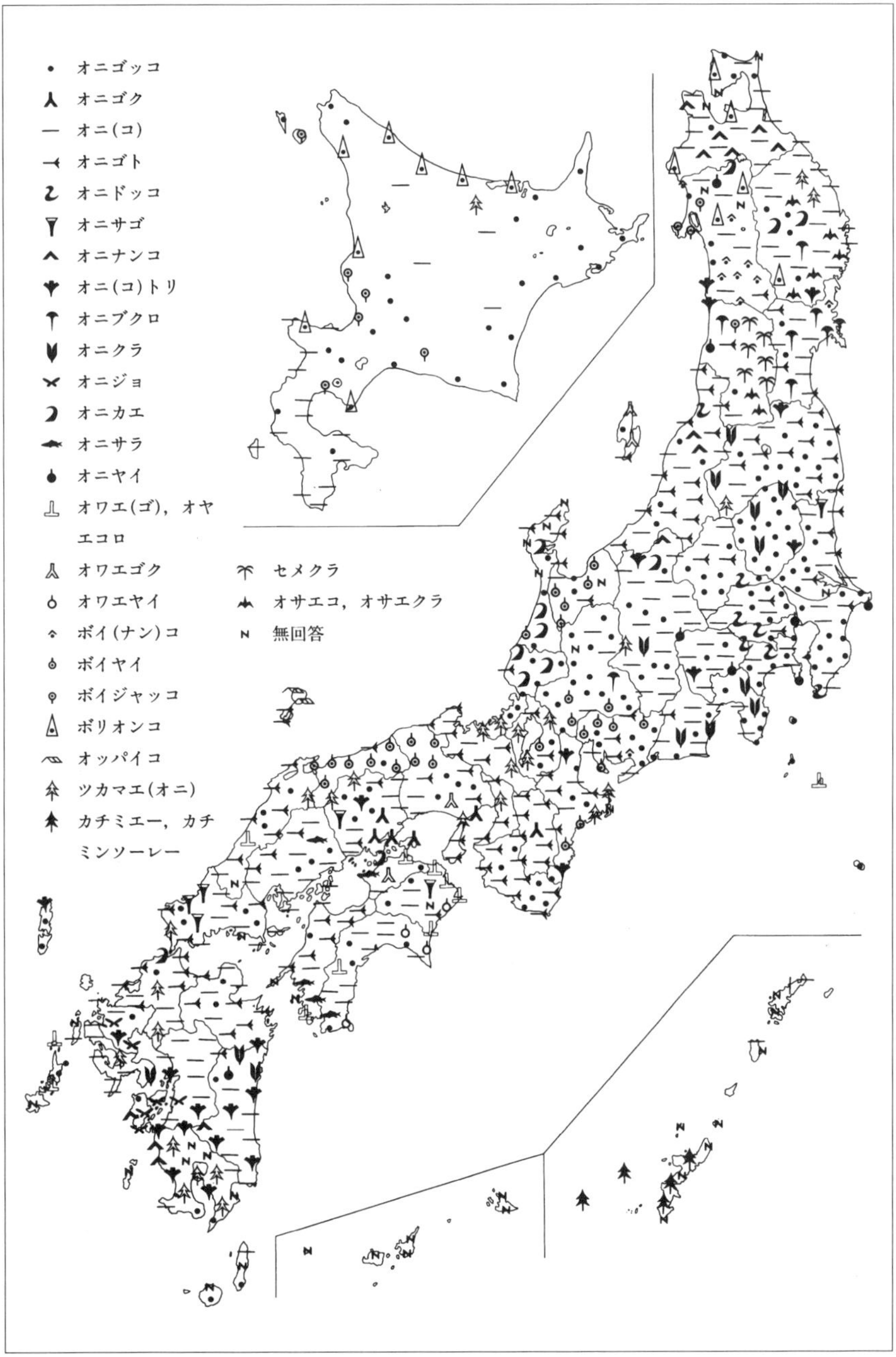
オニゴッコ
オニゴク
オニ(コ)
オニゴト
オニドッコ
オニサゴ
オニナンコ
オニ(コ)トリ
オニブクロ
オニクラ
オニジョ
オニカエ
オニサラ
オニヤイ
オワエ(ゴ)，オヤエコロ
オワエゴク
オワエヤイ
ボイ(ナン)コ
ボイヤイ
ボイジャッコ
ボリオンコ
オッパイコ
ツカマエ(オニ)
カチミエー，カチミンソーレー
セメクラ
オサエコ，オサエクラ
無回答

かくれんぼ（隠坊）

隠《かく》れん坊《ぼ》

カクレゴ
カクレガッコ
カクネコ

小姫子の**かくれご**にさへまじらぬは、もはや柱のはもじなるかよ（狂歌・古今夷曲集（1666）九）

「かくれんぼ」も「おにごっこ」と同様に、その内容・ルールなど様々なものがあるようだ。それらのいずれにも共通するのは、鬼になった子どもが、隠れたほかの子どもたちを探し出すという点である。

分布図では、標準語形でもあるカクレンボ（カクレボを含む）が近畿を中心に集中した分布を見せ、もっとも新しい勢力であるように見える。関東から東北にかけてと、中国から九州にかけて点々と分布するカクレンボは、後に標準語として広まったもので、古いものの残存ではないだろう。

カクレンボが勢力を広げる前に分布していた表現はカクレンボを取り囲むように東西に分布するカクレゴ（カクレコ・カクレンコを含む）であろう。カクレゴ類の分布は、「おにごっこ」の分布図でもっとも古い語形と考えたオニ（コ）の分布と似た姿を示し、古い時代、素朴な子どもの遊びの代表ともいえる「おにごっこ」と「かくれんぼ」がオニコ対カクレコ（カクレゴ）という似た表現で呼ばれていたことを想像させる。関東地方と長野北部のカクネコ類、東北の宮城・岩手・山形などに見えるカクレゲーコ類はいずれもカクレコからの変化形であろう。

そのほか全国に点々と見えるカクレゴトは、「おにごっこ」のオニゴトほどまとまった分布でなく、しかもオニゴトの分布域内に点々と見えることから、カクレゴ・カクレコの分布域内でそれぞれ別個に「おにごっこ」のオニゴトへの類推で生まれたものと考えられる。伊豆半島の周辺部にのみ見えるカクレカンジョーは、江戸期の方言集『物類称呼』にも「相模にてかくれかんじやうと云」とあり、その一致に驚かされる。

沖縄にみられるクヮッキン～、カッフィ～は「隠れ」に、クマリッコイゴッケーは「こもりくら（籠競）」、ピョーマリは「ひそ（潜）まり」に当たる表現である。

155

かくれんぼ（隠坊）

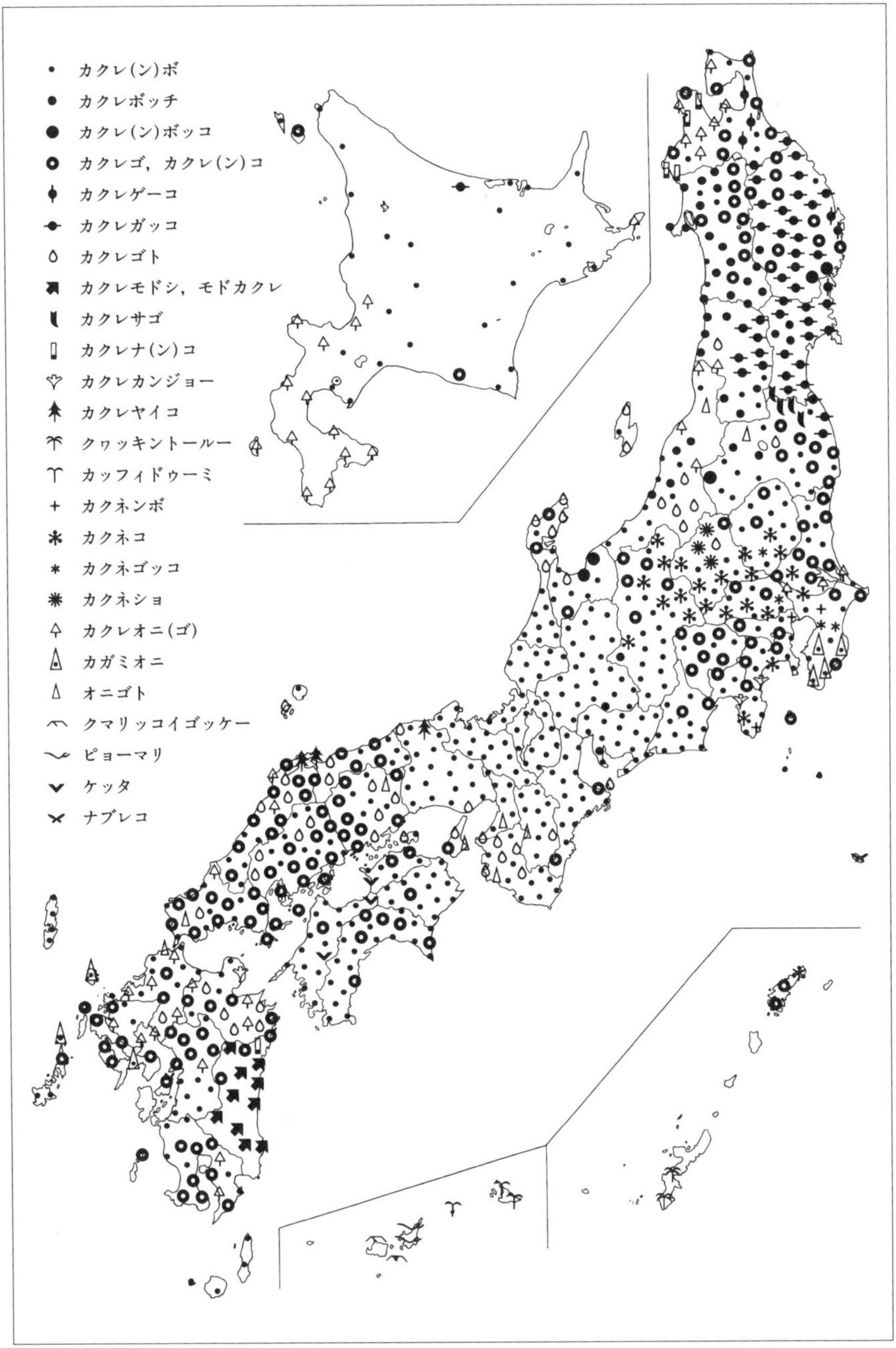
カクレ(ン)ボ
カクレボッチ
カクレ(ン)ボッコ
カクレゴ，カクレ(ン)コ
カクレゲーコ
カクレガッコ
カクレゴト
カクレモドシ，モドカクレ
カクレサゴ
カクレナ(ン)コ
カクレカンジョー
カクレヤイコ
クヮッキントールー
カッフィドゥーミ
カクネンボ
カクネコ
カクネゴッコ
カクネショ
カクレオニ(ゴ)
カガミオニ
オニゴト
クマリッコイゴッケー
ピョーマリ
ケッタ
ナブレコ

かたぐるま（肩車）

肩《かた》車《ぐるま》

テングルマ
カタクマ
クビ（コ）ノリ

子供もうけて二人がつれて、お乳《ち》が**かたくま**おてがが日傘（浄瑠璃・山崎与次兵衛寿《ねびき》の門松《かどまつ》（1718）下）

標準語形カタグルマの勢力はきわめて微弱である。東京付近のカタグルマは北関東のテングルマと千葉県のカタウマに挟まれた形で分布しており、両語形の混交によって生まれた可能性が強い。

テングルマ・デングルマは手車の転じたものと考えられる。手車とは二人あるいは数人が手を組み合わせ、その上に人をのせる遊びを言ったらしい。狂言や浄瑠璃にその意味での「てぐるま」「おてぐるま」の用例が見え、方言辞典によれば、現代でも東北や九州で、その意味でテングルマやデングルマを用いている。

カタクマは近畿地方を中心に四国東部に広がっており、さらに、静岡や九州北部に侵入する気配を見せている。この語形は『日葡辞書』（一六〇三）に載っているから、室町末期には、すでに中央で勢力をもっていたと思われる。語源は不明であるが、カタクルマの変化、あるいはカタクマに隣接して見られるカタウマがカタコマ（コマは馬の意）となり、さらにカタクマと変化した可能性もある。

地図では省略したが、肩車の方言はデンデン・ドンドン・ジョンジョン・チロロ・ピーヒョロのような太鼓や笛の音と結び付く語形が全国的に多い。これは祭りの稚児行列で、神聖な稚児を汚れた大地から隔離するために肩車にして歩くことと関係がある。新潟県糸魚川地方で肩車をオチゴサンというのもそれである。北陸地方に見られるサル～（サルボンボ・サルキッキ・サルマワシなど）も祭りにつきものの猿まわしと関係があろう。

九州から山口にかけての地域では、ビ（ン）ビ（ン）コ・ベ（ン）ベ（ン）コ・ビビクニなど、ビビ～・ベベ～の語形が勢力をもつ。これらの語源もよく分からないが、全国的に分布する女陰を意味するべべ類の語とあるいは関係があるかもしれない。

かたぐるま（肩車）

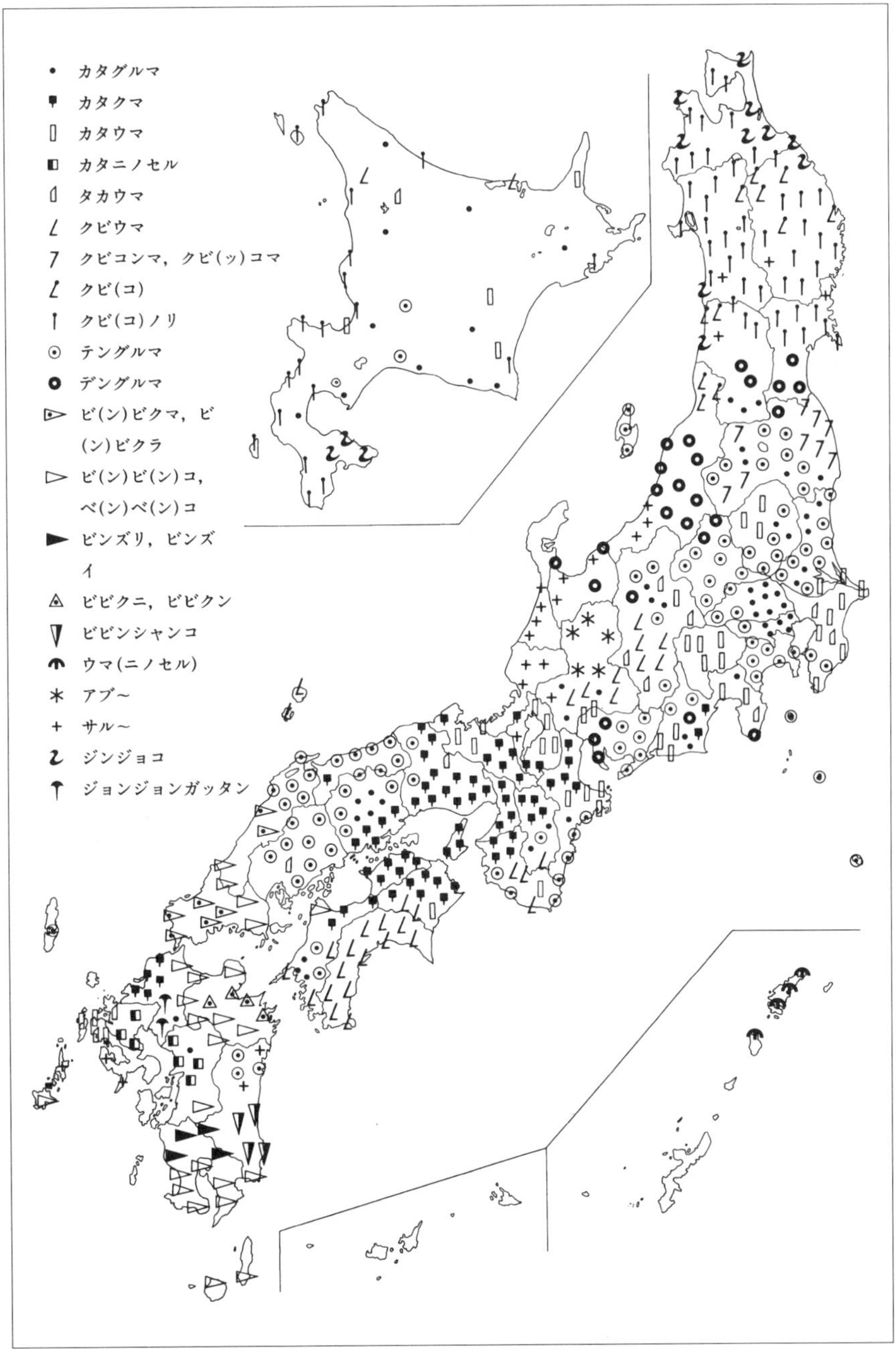
カタグルマ
カタクマ
カタウマ
カタニノセル
タカウマ
クビウマ
クビコンマ，クビ(ッ)コマ
クビ(コ)
クビ(コ)ノリ
テングルマ
デングルマ
ビ(ン)ビクマ，ビ(ン)ビクラ
ビ(ン)ビ(ン)コ，ベ(ン)ベ(ン)コ
ビンズリ，ビンズイ
ビビクニ，ビビクン
ビビンシャンコ
ウマ(ニノセル)
アブ～
サル～
ジンジョコ
ジョンジョンガッタン

かたあしとび（片足跳）

片足跳《かたあしと》び

ケンケン
アシコギ
チンガラ
スケンギョ

Axicogui（アシコギ）〈訳〉片足飛びで歩くこと
（日葡辞書（1603））

「片足跳び」の標準語形は何であろうか。ここでは「かたあしとび」を項目名としてあるが、この語形を答えた地点はこの分布図の原図である『日本言語地図』では二四〇〇地点のうちの四〇地点にすぎず、まとまった分布も見られない。「ちんちん」や「けんけん」は俗語として載せてある辞書もあるが、「かたあしとび」を見出しに載せてある辞書はほとんどない。東京でも話しことばは本来チンチンであり、カタアシトビは、まず使われないようだ。これは標準語とは何かを考える際の興味深い問題である。

近畿地方から中国・四国の瀬戸内側に分布するケンケンは、岩手南部や北海道などにも見えるものの、もっとも新しい表現と思われる。東京のケンケン（地図では省略）はある時期に関西から移入されたものであろう。『東京都言語地図』（一九八五）を見ると、東京生まれ育ちの高年層はチンチンやアシコンコンなどを使っているが、若者はケンケン一色である。ケンケンは現在「かたあしとび」の新方言として、若者を中心に全国に広まりつつあるという調査結果もある。

中部地方から北陸地方にかけて、かなり広い分布をみせるチンガラ・チンカラの類は、それから生まれたと思われるチンチン・シンゴなどを含めて、近畿地方から九州にかけての西日本でも点々とみえ、ケンケンよりは古いものと考えられる。

関東北部にまとまって分布するアシコギ・アシケンケンといったアシ〜類は、西の山陰地方や四国にもアシコギ・アシガキがみえ、『日葡辞書』などの文献例も見られることから、チンガラの類よりさらに古いものかもしれない。関東地方のアシケンケンは古いアシコギと新しく西から伝播したケンケンの混交形（三六二ページ参照）であろう。

かたあしとび（片足跳）

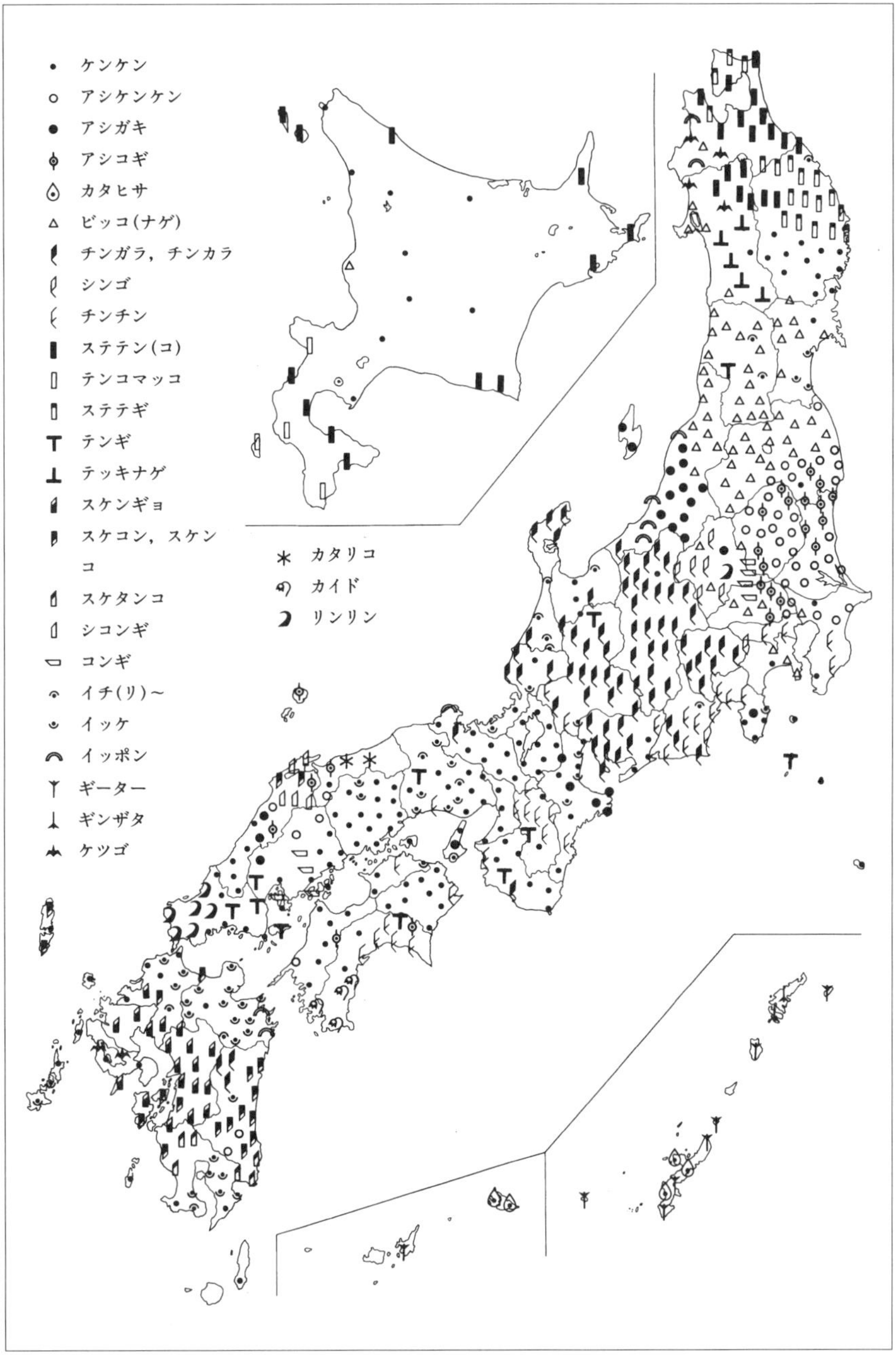
ケンケン
アシケンケン
アシガキ
アシコギ
カタヒサ
ビッコ(ナゲ)
チンガラ，チンカラ
シンゴ
チンチン
ステテン(コ)
テンコマッコ
ステテギ
テンギ
テッキナゲ
スケンギョ
スケコン，スケンコ
スケタンコ
シコンギ
コンギ
イチ(リ)～
イッケ
イッポン
ギーター
ギンザタ
ケツゴ
カタリコ
カイド
リンリン

160

たこ（凧）

凧《たこ》

イカ　タカバタ
イカノボリ　ヨーズ
ハタ（コ）

童部共のもてあそび**烏賊旗**《いかのぼり》とやらん云物をこしらへ（破提宇子《はでうす》（1620）七段）

全国的に最も広く分布するのがタコである。凧に足をつけた形が海の「蛸（たこ）」に似ていることからの命名だろう。沖縄本島を中心に分布するマッタクー、ブーブーダクもタコの仲間である。熊本にみられるタツ、タカもそれぞれ「竜（たつ）」「鷹（たか）」に見立てた命名かと思われるが、タコから変化して生まれたものかもしれない。

タコに次いで分布が広いのが、新潟から北陸・近畿とそれに続く中国・四国の一部に見えるイカ（ノボリ）である。これもまた、海の「烏賊（いか）」になぞらえた命名であろう。東西をタコに挟まれるように分布しており、歴史的にはタコよりも新しいものと考えておきたい。右の文献例がイカノボリの初出例とされるが、『物類称呼』（一七七五）にも「紙鳶　いかのぼり」の見出しで「畿内にていかと云。関東にてたこといふ。西国にてたつ又ふうりうと云。唐津にてはたこと云。長崎にてはたと云。上野及信州にてたかといふ。越後にていか又いかごといふ。伊勢にてはたと云。奥州にててんぐばたと云。土州にてたこと云」とあり、当時イカノボリが標準語的地位を占めていたことがわかる。また約二〇〇年前の方言集の記述とこの分布図がかなり一致することにも驚かされる。

『物類称呼』にも記述のみえるハタの類は東北の青森・岩手・秋田の一部と飛んで三重、そして福岡・佐賀・長崎に分布する。分布から見てタコよりさらに古い語形かもしれない。ハタは「旗」で、イカノボリのノボリ（幟）に似た命名であろう。

広島・山口のヨーズ、長崎のヨーチュー・ヨーチョーは中国語の「鷂子（たこの意）」に由来するともいわれるがはっきりしない。沖縄の宮古島のカピトゥズは「紙の鳥」の意味である。

161

たこ（凧）

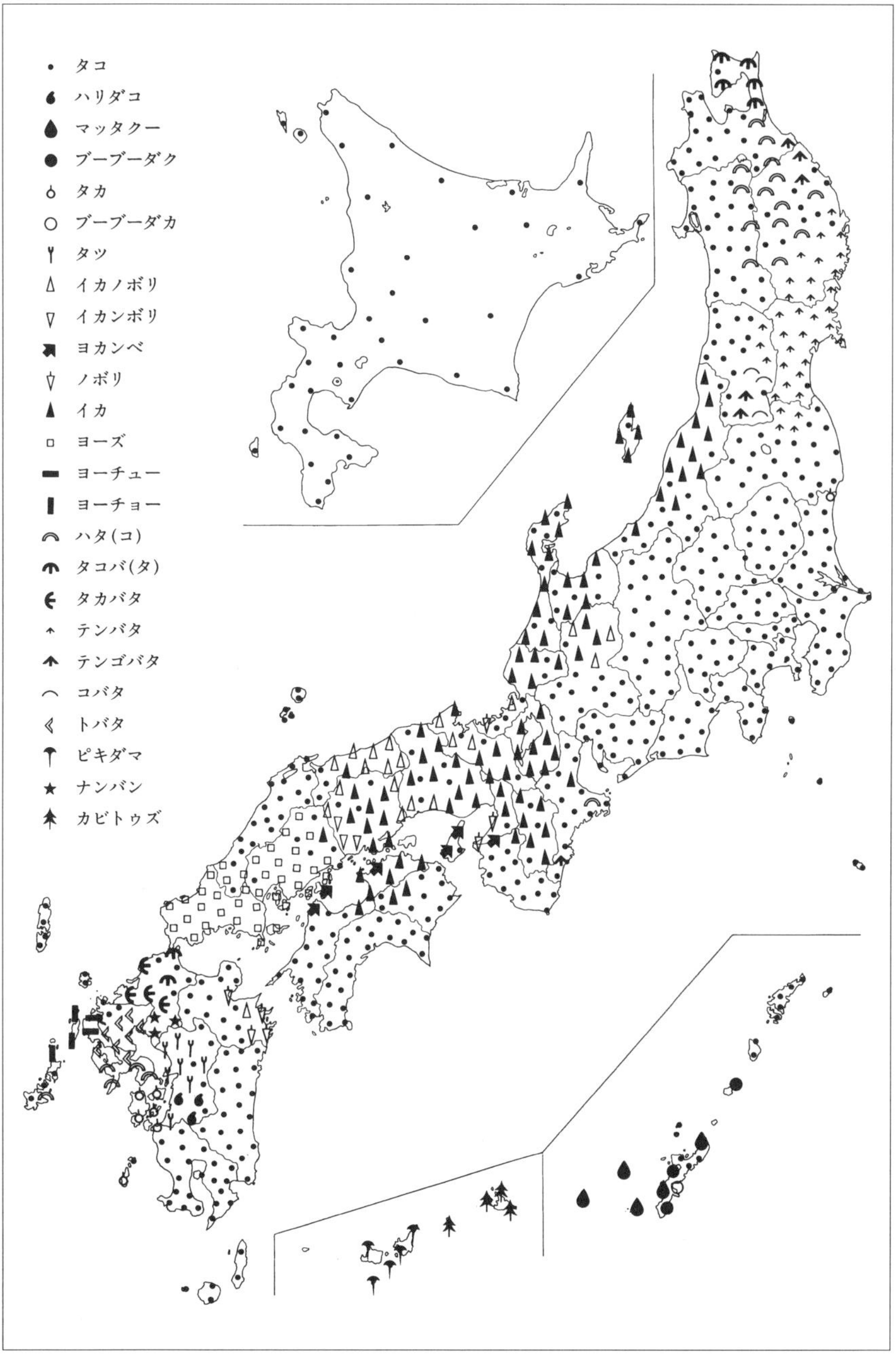
タコ
ハリダコ
マッタクー
ブーブーダク
タカ
ブーブーダカ
タツ
イカノボリ
イカンボリ
ヨカンベ
ノボリ
イカ
ヨーズ
ヨーチュー
ヨーチョー
ハタ(コ)
タコバ(タ)
タカバタ
テンバタ
テンゴバタ
コバタ
トバタ
ピキダマ
ナンバン
カビトゥズ

ジャガいも（一芋）

ジャガ芋《いも》

ジャガタライモ
ニドイモ
ゴショイモ

ジャガタライモ 馬鈴薯（物品識名（1809））同国（上野）伊勢街なる柳田鼎蔵と云ふ者、一種の芋を贈れり。土俗之を**咬吧芋**《じゃがたらいも》と称す（二物考（1850）題言）

馬鈴薯は方言の種類が非常に多い。ここでは、地図で省略した語形についても触れる。

馬鈴薯は一五九八年に、オランダ船によってジャガタラ（インドネシアの首都ジャカルタの古名）から長崎にもたらされたといわれる。しかし、実際に普及したのは明治以降で、北海道の川田男爵がアメリカから優良品種を持ち帰ってからのことである。主産地は関東・中部以北の東日本各地であり、西日本ではそれほど盛んではない。じゃがいもの地図の分布模様がさつまいもやカボチャと異なるのはそのためでもあろう。

じゃがいもの方言は国内地名とかかわるものがとくに多い。ホッカイドーイモ（鳥取・福井）、サッポライモ（福井）、センダイイモ（岐阜）、エチゴイモ（滋賀）、ツルガイモ（岩手）、カントイモ（愛媛）、コーシューイモ（東海地方ほか）、シンシューイモ（埼玉）、ゼンコジイモ（滋賀）、ゴーシューイモ（徳島）、イセイモ（兵庫）、シコクイモ（新潟・兵庫）、ビンゴ（鳥取）、キューシューイモ（福島）、ヒューガイモ（奈良）、リューキューイモ（熊本ほか）等々全国の地名に及び、いずれも名称地を離れた地方に分布する（括弧内は分布地）。

ニドイモはこの芋が年に二度とれる地域があることからの名であり、サンドイモやゴドイモはそれの誇張形かと思われる。北海道で優勢なゴショイモは「五升芋」に由来し、収穫量の多いことによる名かもしれない。ゴドイモは「五斗芋」の濁音化の可能性も考えられる。セーダイモは、甲州の代官中井清太夫が一七世紀末ごろ普及に努力したことからといわれる。

中国地方に見られるキンカイモは、この地方で「はげあたま」をキンカと呼ぶことと関係がある。芋の形状が禿頭を連想させるのであろう。

ジャガいも（―芋）

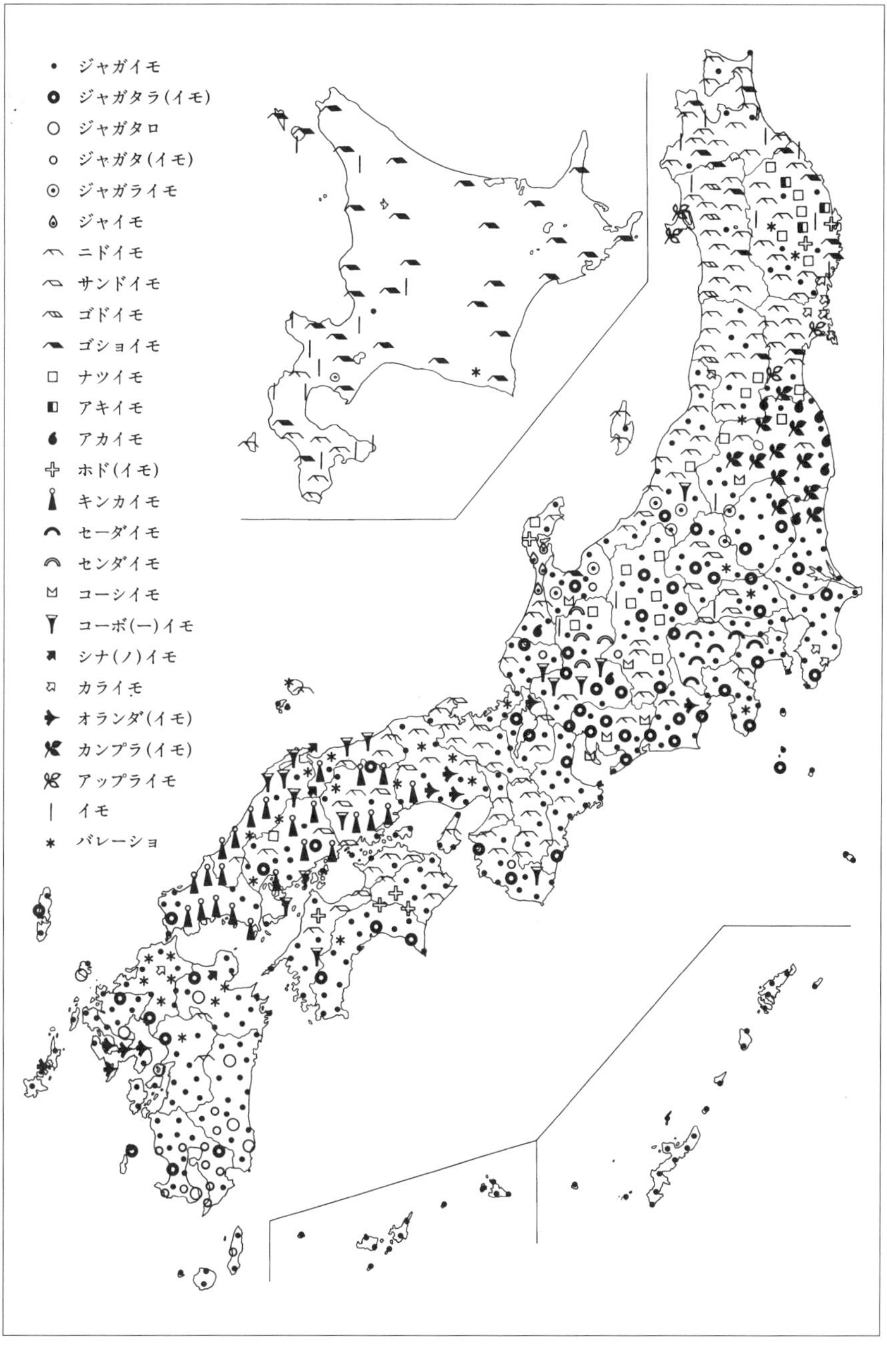

ジャガイモ
ジャガタラ(イモ)
ジャガタロ
ジャガタ(イモ)
ジャガライモ
ジャイモ
ニドイモ
サンドイモ
ゴドイモ
ゴショイモ
ナツイモ
アキイモ
アカイモ
ホド(イモ)
キンカイモ
セーダイモ
センダイモ
コーシイモ
コーボ(ー)イモ
シナ(ノ)イモ
カライモ
オランダ(イモ)
カンプラ(イモ)
アップライモ
イモ
バレーショ

さといも（里芋）

里《さと》芋《いも》

イモノコ
タイモ
ズイキ（イモ）

芋 和名以《い》閉《へ》都《つ》以《い》毛《も》今訓二以毛一或称二**里《さと》以《い》毛《も》**一（本朝食鑑（1697）三）

里芋は熱帯アジアの原産であるが、日本への渡来は古く、平安期の辞書に「いへのいも」「いへついも」（いずれも「家の芋」の意）として見える。「家の芋」という呼称は、山芋などに対して、この芋を家の近くで栽培したことによるものであり、「里芋」も同じ発想による命名である。広島県や長崎県の五島に見られるエノイモは、この古称の残存かと思われる。

サトイモという呼称は文献の上では江戸期から見られるが、この呼称は、おそらく、関東で生まれて、共通語として全国に広がったのではないかと思われる。関東や九州中央部などには、里芋を単にイモと呼ぶところがあるが、おそらく、昔はイモといえば里芋のことであり、サトイモの名称が全国に広がった時期は、甘藷や馬鈴薯が普及した後のことではないかと考えられる。

北海道や東北の一部に勢力をもつイモノコは、能登半島や佐賀など、日本列島の周辺地域に見られるから、諸語形の中で比較的古い表現かと思われる。おそらく、里芋をイモと呼んでいた時代に、親芋に対する子芋を指す名称としてコイモとともに使われていたのだろう。

近畿を中心に北陸や四国に広がっているタイモは、分布から見て、諸語形の中で比較的新しい勢力であろう。タイモは「田芋」であって、サトイモと同様に、山芋に対して、それが栽培植物であることに着目しての命名である。マイモ、ホ（ン）イモは「真の芋」「本当の芋」の意であろう。甘藷や馬鈴薯などの外来の芋に対する意識がうかがわれておもしろい。タダイモも「只の芋」であろうが、「特別の芋ではない、普通の芋」という命名意識は、マイモ・ホンイモに通ずるところがある。ハイモは「葉芋」で、里芋の大きな葉に着目しての呼称であろう。地図では省略したが、岩手にはハビロイモの名も見られる。

165

さといも（里芋）

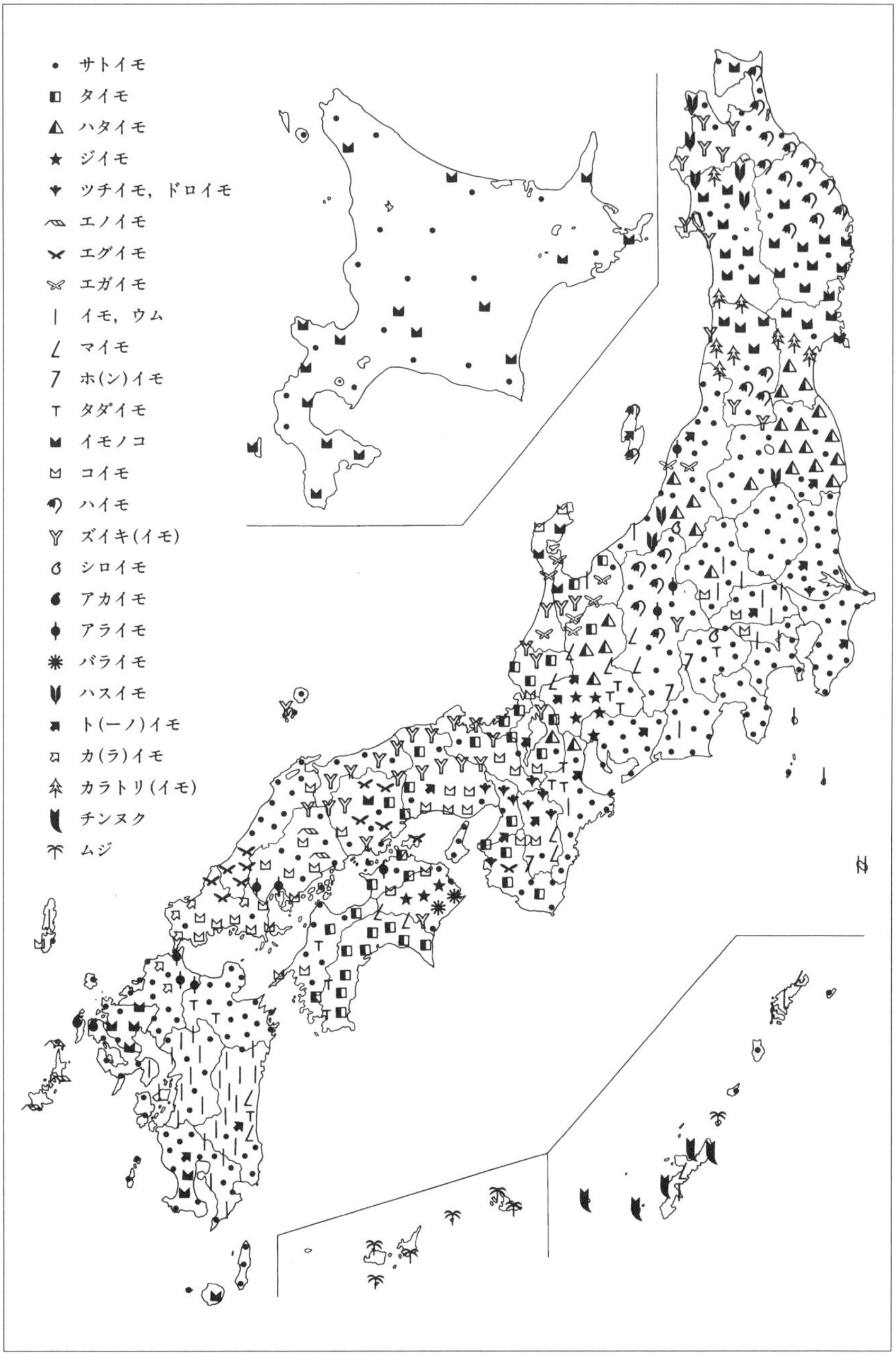
サトイモ
タイモ
ハタイモ
ジイモ
ツチイモ，ドロイモ
エノイモ
エグイモ
エガイモ
イモ，ウム
マイモ
ホ(ン)イモ
タダイモ
イモノコ
コイモ
ハイモ
ズイキ(イモ)
シロイモ
アカイモ
アライモ
バライモ
ハスイモ
ト(ーノ)イモ
カ(ラ)イモ
カラトリ(イモ)
チンヌク
ムジ

さつまいも（甘藷）

甘藷《さつまいも》

カライモ
トーイモ
リューキューイモ

甘藷 **りうきういも** 畿内にて**りうきういも**と云、東国にて**さつまいも**といふ、肥前にて**からいも**といふ （物類称呼（1775）三）

「さつまいも」の地図は、「カボチャ」の地図（一六九ページ参照）と同様に、東が単純、西が複雑という分布模様を見せている。

さつまいもは一六〇五年に中国の福建から沖縄に渡来し、日本内地には一六一五年に、長崎に種芋がもたらされたのが最初であるという。周知のように、さつまいもが関東に普及したのは、青木昆陽の努力によるところが大きい。昆陽は当時の全国的な飢饉を憂えて幕府に進言し、一七三五年に薩摩から種芋を得て今の小石川植物園に植え、さらに下総、上総、伊豆諸島に移植した。これがサツマイモの名称の起こりであり、サツマイモの名は、以後甘藷栽培の普及とともに、関東を中心としてその周囲に広がったものと思われる。

現在、近畿一帯はほぼサツマイモで覆われている。しかし、『物類称呼』（一七七五）の記述に見られるようにかつて近畿一帯にリューキューイモが広がっていた時期があり、それが東日本から押し寄せたサツマイモによって追われて、現在の状態になったと考えられる。現在、能登の先端に見られるリューキューイモは、昔、近畿を覆っていたものの残存かもしれない。

渡来作物の名称には、その出身地・経由地を示すものが多いが、さつまいもの場合も主力語形であるカライモ・トーイモ・リューキューイモ・サツマイモはすべて地名とかかわりをもち、この順序で西から東に向かって分布している。しかも、この「唐イモ」「琉球イモ」「薩摩イモ」という順序は、日本内地から見て、遠い地名から順に並んでいる。これは偶然の結果ではない。すなわち、甘藷が琉球あるいは九州南部に渡来したときに「唐イモ」の名が与えられ、琉球からある程度離れた土地に到達して「琉球イモ」となり、薩摩から江戸に移入されて「薩摩イモ」となったわけである。

さつまいも（甘藷）

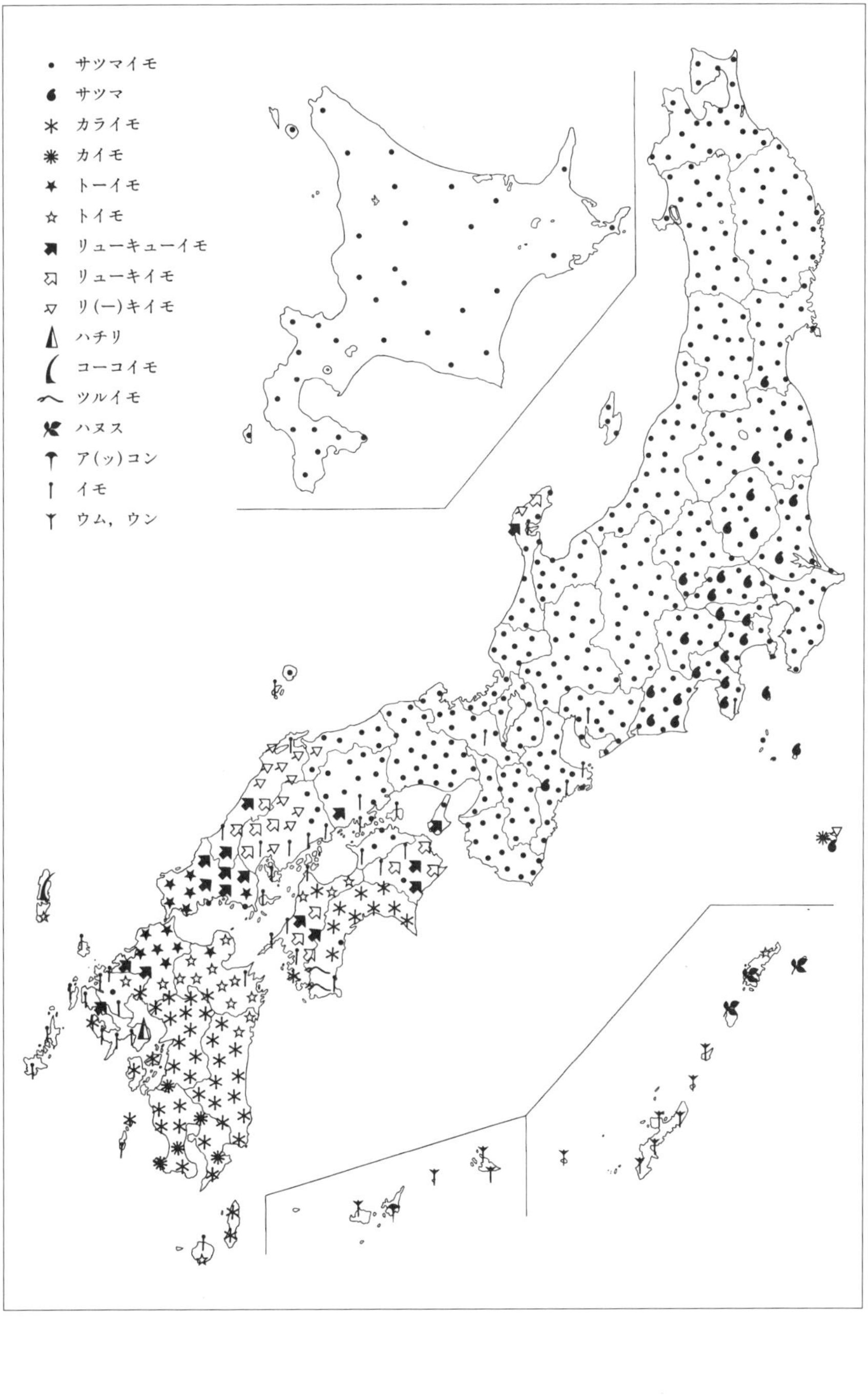
サツマイモ
サツマ
カライモ
カイモ
トーイモ
トイモ
リューキューイモ
リューキイモ
リ(ー)キイモ
ハチリ
コーコイモ
ツルイモ
ハヌス
ア(ッ)コン
イモ
ウム，ウン

カボチャ（南瓜）

南瓜《カボチャ》

ボ（ー）ブラ
ナンキン
トーナス

蕃南瓜《たうなす》と**東埔塞**《かぼちや》程違ふのは、新田の兄《せなこ》の色恋か
（滑稽本・浮世床（1813–23）二・下）

カボチャは、天文年間（一五三二〜五五）に、東南アジアからポルトガル船によって豊後にもたらされたといわれ、まず、西日本各地に広がったらしい。

西日本にはボ（ー）ブラ・ボ（ー）フラが広く分布している。ボーブラはポルトガル語の **abóbora** に由来し、カボチャは **Cambodia abóbora**（カンボジア産の瓜の意）の下略形であるともいわれる。一説によれば、ボーブラとカボチャとは本来品種が異なり、前者は平べったい菊座型のたてに溝のあるもので、後者はひさご型のものを指したという。

ボ（ー）フラはボ（ー）ブラに挟まれた形で分布する。この分布は、ボーブラの地域の中でボーフラという新しい語形が生まれたことを示している。おそらく蚊の幼虫である「ぼうふら」の語に引かれたものであろう。このような現象を「類音牽引」（三六三ページ参照）と呼ぶ。かぼちゃをボーフラと呼ぶところでは「ぼうふら」を何と言っているのか知りたいものである。

トーナスは関東、青森、岡山などに領域をもつ。このうち、関東のものはある時期に江戸を中心に広がったものであろう。『武江年表』に「明和辛卯六月、東埔塞瓜《かぼちやうり》の小さきを唐茄子と号してはやり出す」とある。この記述はカボチャがカボチャウリの下略形である可能性をもうかがわせる。なお、『本草綱目啓蒙』（一八〇六）に「南瓜　ボウブラ」の見出しで、「京師ニテハ誤テカボチャト呼ブ。（中略）一種形長ククビアリテ壺ノ形ノ如シテ深緑色又熟シテ黄色ニナル者アリ。是ヲトウナスビト云。一名カボチャ、カボチャボウブラ、ナンキンボウブラ」とあり、近畿を中心に広がっているナンキンがナンキンボーブラの下略形であること、また、当時の標準語がボーブラであり、カボチャは方言と意識されていたことがわかる。

169

カボチャ（南瓜）

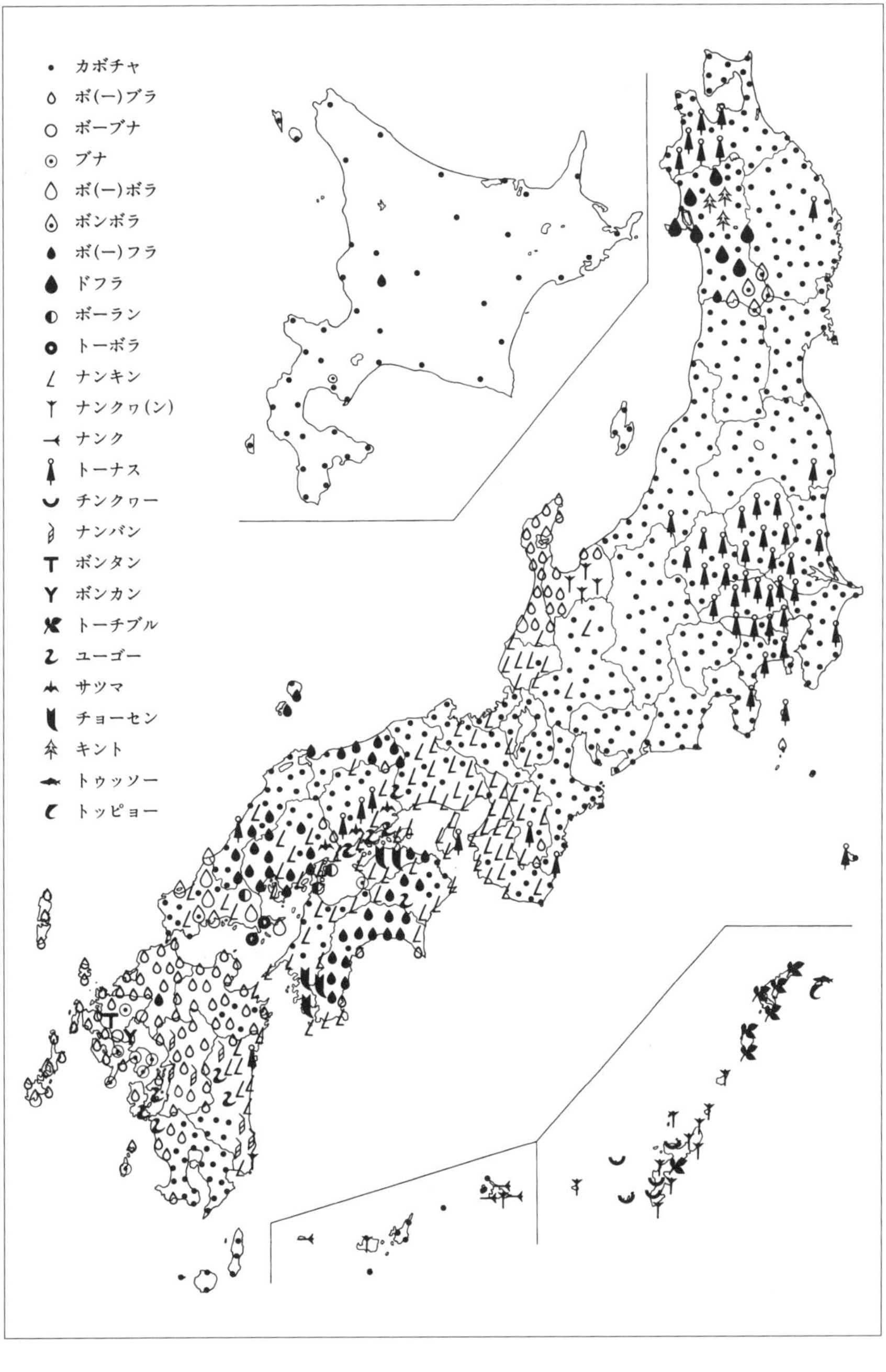

カボチャ
ボ(ー)ブラ
ボーブナ
ブナ
ボ(ー)ボラ
ボンボラ
ボ(ー)フラ
ドフラ
ボーラン
トーボラ
ナンキン
ナンクヮ(ン)
ナンク
トーナス
チンクヮー
ナンバン
ボンタン
ボンカン
トーチブル
ユーゴー
サツマ
チョーセン
キント
トゥッソー
トッピョー

うるち（粳）

粳《うるち》

ウルシ（ネ）
ウルゴメ
タダゴメ・キチ
シャクゴメ

Vruxine（ウルシネ）（日葡辞書（1603））
粳　**うるしね**〔和名鈔〕、**うるごめ**　うるのこめ　**うるち**　江戸　（重訂本草綱目啓蒙（1847）一八・穀）

私達が日常食べている米には「うるち」と「もち」の二種類がある。「うるち」は主食として食べる普通の米であり、「もち」は餅や赤飯を作るときの米である。分布図はその一方の「うるち」の方言形を示している。ある程度まとまった分布域をもつ方言形には、大きく分けてウルチの類、ウルシの類、ウルの類、キチの類、シャクの類、タダゴメの類に分けられる。このうち、関東地方中心に分布するウルチの類、静岡・愛知など東海地方と九州北部に離れて分布するウルシの類、近畿中央部から北陸・長野・東北地方に分布するウルの類はウルという共通の形態を含む形であり、これらをまた大きく一つの類にまとめることもできる。ウルシ類のうち岐阜南半に見えるウルシネは、平安時代の辞書『和名抄』にも載る古い語形であり、どうやらウル～（ウルは米の原産地インドのサンスクリットに由来するとも）の類のルーツはこのウルシネであるらしい。ウルシはウルシネのネを落とした形、ウルはさらにウルシのシを落とした形と考えれば、ウル類の分布域にもかつてはウルシが広く分布していたはずである。また、ウルチは餅米のモチへの類推によってやはりウルシから変化したものであろう。

タダゴメの類については、近畿地方をはさんで東西にかなり広く分布するところから、近畿から北陸にかけてのウル（～）よりも前に近畿中央部付近で生まれた語形かとも思われるが、餅用ではない「ただの米」という命名動機の単純さからすると、近畿をはさんで東と西で独自に生まれた可能性もある。

徳島・高知に見えるキチ類は「吉米」からといわれ、本来品質の劣る大唐米（赤米）を指していたものがこの地域で「うるち」を指すようになったらしい。

九州南半から沖縄にかけてのシャク類は由来は不明。南方系のことばだろうか。

171

うるち（粳）

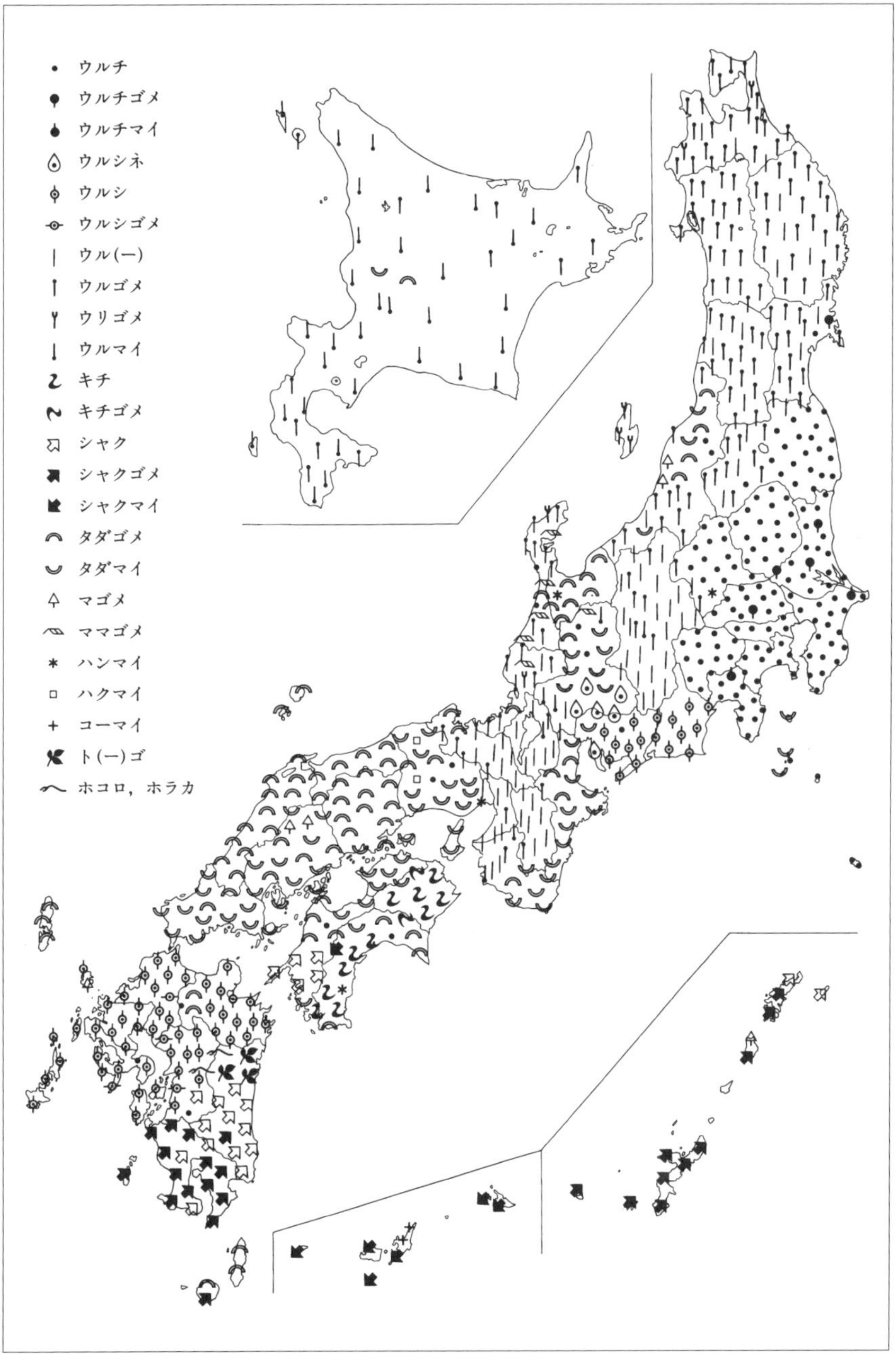
ウルチ
ウルチゴメ
ウルチマイ
ウルシネ
ウルシ
ウルシゴメ
ウル(ー)
ウルゴメ
ウリゴメ
ウルマイ
キチ
キチゴメ
シャク
シャクゴメ
シャクマイ
タダゴメ
タダマイ
マゴメ
ママゴメ
ハンマイ
ハクマイ
コーマイ
ト(ー)ゴ
ホコロ，ホラカ

ぬか（糠）

糠《ぬか》

コヌカ
コメヌカ
チョーズヌカ
サクズ

糠　**コヌカ**（色葉字類抄（1177-81））
米を舂たる、**さくづ**をも、**ぬか**となづけたり（名語記（1275）三）

「ぬか」とは「もみがら」を取り除いた米をさらに精米するときに出る粉のことをいう。「たくあん」や「ぬか漬け」など、野菜を漬けるのに昔から使われ、日本人の生活とはきってもきりはなせないものである。「こぬか雨」「ぬか喜び」「ぬか星」「ぬかに釘」など「ぬか」にまつわることばも多い。

なお、「ぬか」は、「もみがら」の分布図（一七〇ページ参照）にヌカという共通の語形が見える点で密接なかかわりをもっている。

分布図に見られる代表的な方言形は、北海道、青森の一部、東京を含む関東地方と西日本に広く分布するヌカ類、関東地方以外の東日本（岩手南半及び宮城を除く）と九州に点々と分布するコヌカ類の二つである。分布からは、コヌカ類を取り囲むように分布しているヌカ類の方が歴史的に古いと考えられる。コヌカ類は、その分布域が「もみがら」の分布図でヌカやモミヌカの分布する範囲とほぼ重なることから、「もみがら」を意味するヌカ・モミヌカと区別するために生まれた語形であると考えられる。ただ、『色葉字類抄』（一二世紀後半）にもすでに載っているので、かなり古くから使われていたことがわかる。

東北と九州に離れて分布するサクズも、分布からみると少なくともコヌカ類より古いものと考えたくなるが、その分布域が昔の伊達藩および鍋島藩の藩域と重なる点が気になる。何らかの理由によってそれぞれの藩内で別々に使われ出したものかもしれない。

コメヌカは「米ヌカ」、凡例のテノコからチョーズヌカまでの語形は「手の粉」「手水ヌカ」などヌカの用途との関連での命名である。全国に点々とみえるコメヌカは、「もみがら」のモミヌカ・スリヌカとの対応により、それぞれの地域で独自に生まれたものだろう。

ぬか（糠）

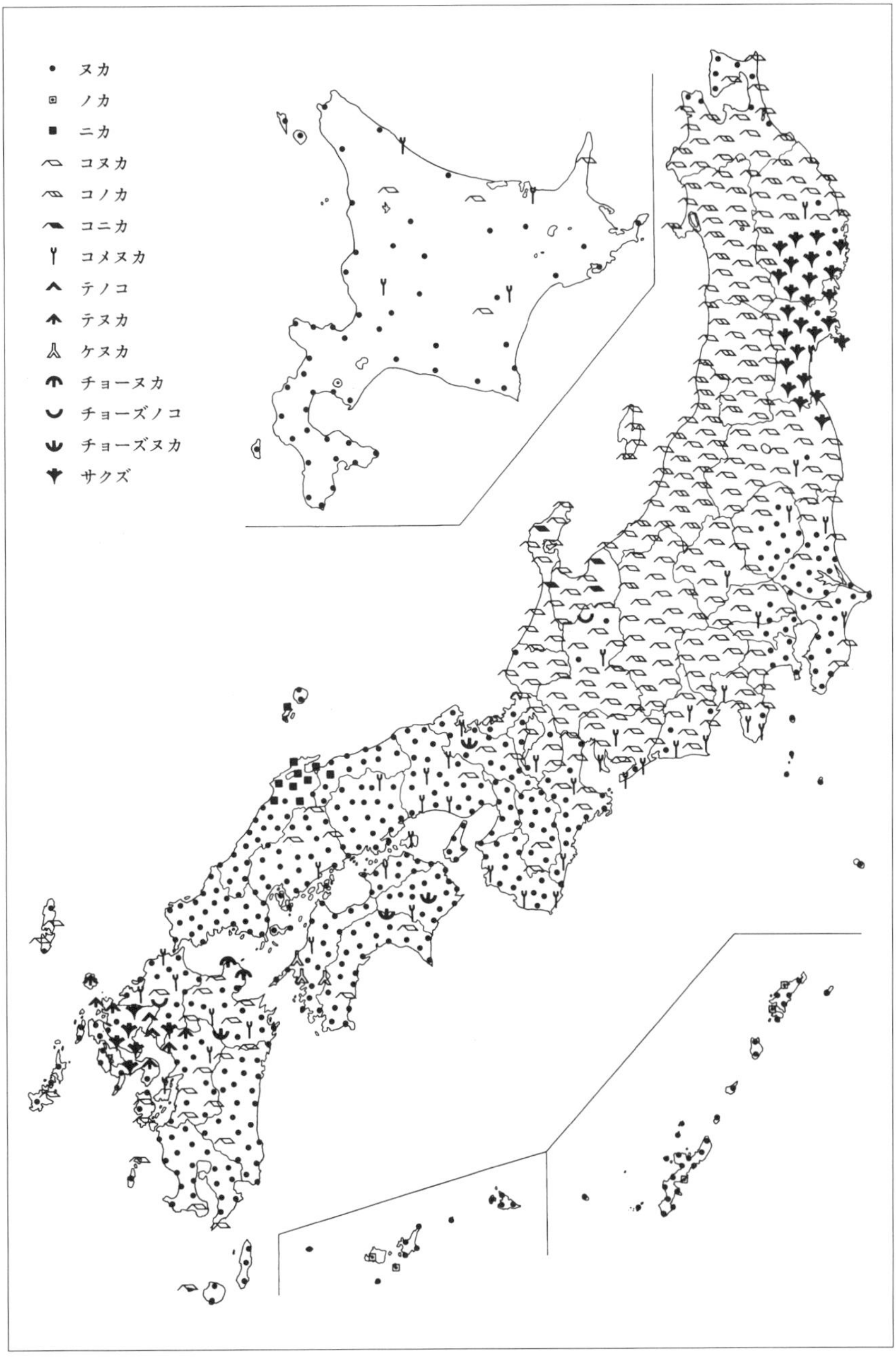
ヌカ
ノカ
ニカ
コヌカ
コノカ
コニカ
コメヌカ
テノコ
テヌカ
ケヌカ
チョーヌカ
チョーズノコ
チョーズヌカ
サクズ

はんまい（飯米）

飯《はん》米《まい》

クイマイ　ケシネ
フチマイ　ジカヨーマイ
ヒョーロー

けしね　越後高田の在にて**飯米**の事を**けしね**と云勝稲の義なり（俚言集覧（1797頃））

「はんまい」というのは、農家が収穫した米の中で出荷・売却しない米、つまり自分の家で食べるために残す米のことをいう。

分布を概観すると、そこにはあまりはっきりした地域差は見られない。全国的にハンマイが広く見られるほかは、いくつかの方言形がそれぞれに小領域を形成しながら点々と分布している。

「はんまい」、つまり「自家用の米」という概念がわが国の農家に定着したのは、米の供出制度が確立してのちのことだとも考えられる。そうであるとすれば、そうした概念を表すことばの歴史も概ね新しいに違いない。しかも、農家の米作りの事情（気候・土壌・耕地面積など）は地方ごとにも、また家ごとにも違っている。この分布図は、そうした「はんまい」という概念の成立における複雑な状況の反映ともみることができよう。

ハンマイゴメはハンマイのマイが「米」の意味であるという意識が薄れたために生まれた語形といえよう。ケシネゴメのシネも本来は「米」（または「稲」）の意である。ハンリョー、クイリョーなどのリョーは「糧」であり、本来は旅行や行軍のときに持ち歩く食糧を指す。ヒョーローは「兵糧」である。ケシネのケはハレ（晴れ）に対するケ（褻）で「ふだん」の意、つまりケシネは「日常に食べる米」の意であるが、『物類称呼』（一七七五）の「こめびつ」の項には「東国西国ともに雑穀をけしねと云」とある。

そのほか、クイブチのブチはフチマイ・フチカタのフチと同じで本来は武士が領主からもらう意の「扶持」であろう。新潟のブジキは「夫食（江戸時代の農民の食糧のこと）」に由来する。沖縄にみられるタブイグミは、タブイが「たくわえる」の意、グミは「米」に当たる語である。

175

はんまい（飯米）

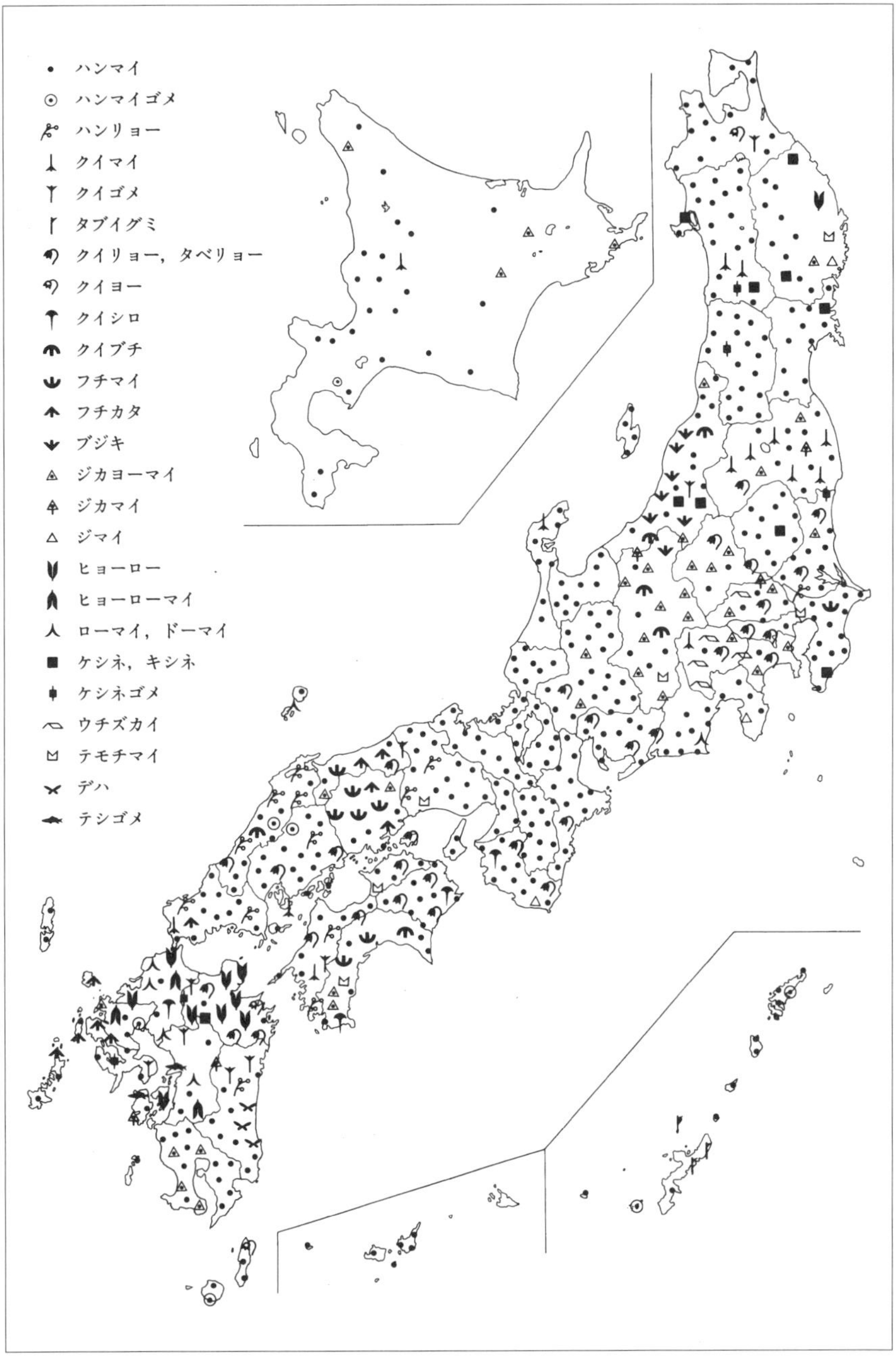
ハンマイ
ハンマイゴメ
ハンリョー
クイマイ
クイゴメ
タブイグミ
クイリョー，タベリョー
クイヨー
クイシロ
クイブチ
フチマイ
フチカタ
ブジキ
ジカヨーマイ
ジカマイ
ジマイ
ヒョーロー
ヒョーローマイ
ローマイ，ドーマイ
ケシネ，キシネ
ケシネゴメ
ウチズカイ
テモチマイ
デハ
テシゴメ

もみがら（籾殻）

籾《もみ》殻《がら》

スクモ・ヌカ　アラヌカ
モミヌカ　サヤヌカ
スリヌカ

Sucumo（スクモ） すなわち、**Nuca（ヌカ）**（日葡辞書（1603））
あらぬかとも　**すりぬか**ともいへり。もみをすりたるからなり（名語記(1275)三）

「もみがら」とは「もみ」（稲の実）の外皮のことである。

分布図を見てまず気づくことは、共通語形モミガラの分布域が意外に狭いということである。東日本の分布はヌカ・アラヌカ・スクモなどの他の方言形よりも新しく生まれ、共通語形として広まったものだろう。ただ、九州南部から沖縄本島などにみえるモミガラの類（モンガラ・ムミガラを含む）は、東日本のモミガラとは別に、その地方で「もみ（籾）の殻」という同じ発想によって生まれたものと考えたい。

モミガラ以外の方言形ではスクモ（スクブ・スクボを含む）とヌカ（ノカ・ニカ・ネカ）の分布が目をひく。特に東日本に広く分布するヌカは「ぬか」の方言形として西日本に広く見られる（一七三ページ参照）が両図を対照すると、福井・滋賀・三重付近を境に東と西ではヌカという語形の指す意味が違うことがわかる。しかも「もみがら」におけるヌカは離れて九州にも分布しており、また『日葡辞書』などにもその例が見えることから、ヌカの周辺に分布する～ヌカの類（モミヌカ・スリヌカ・サヤヌカ・アラヌカなど）の分布域も含め、ヌカはかつてはかなり広く分布していたものと思われる。両図の分布を総合的に解釈すると、かつて近畿中央部で「もみがら」と「ぬか」を区別せずに両方ともヌカと言っていた時代があり、～ヌカは両者を区別するために生まれた語形であると考えられる。

スクモは奄美・沖縄諸島のまとまった分布や、文献でも平安時代（一〇世紀頃）の『新撰字鏡』に「稽米皮也　穅也　糩同　須久毛（すくも）」とあることからヌカよりさらに古いことばである可能性がある。そうであるとすれば、「もみがら」「ぬか」を区別せずヌカと言った時代以前に、やはり両方をスクモと言った時代があったことになる。

もみがら（籾殻）

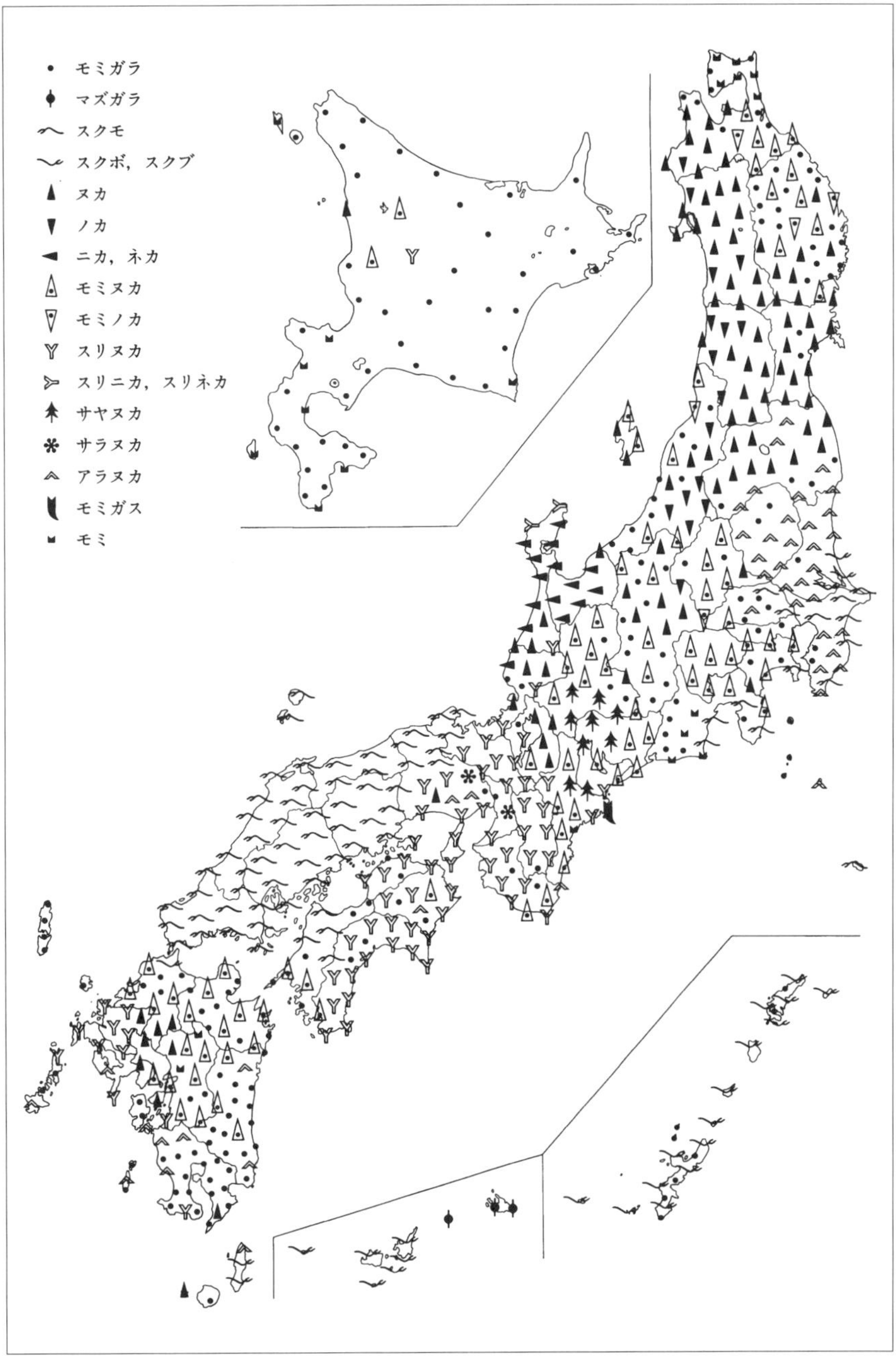
モミガラ
マズガラ
スクモ
スクボ，スクブ
ヌカ
ノカ
ニカ，ネカ
モミヌカ
モミノカ
スリヌカ
スリニカ，スリネカ
サヤヌカ
サラヌカ
アラヌカ
モミガス
モミ

ゆげ（湯気）（蒸気―飯の場合）

湯《ゆ》気《げ》（蒸気―飯の場合）

ホケ　ケム・ケブ
イキ・イギ　キブシ
アチキー

竈《かまど》には　**火気《ほけ》**吹きたてず　甑《こしき》には　蜘蛛の巣かきて〈山上憶良〉（万葉集（8C後）五・八九二）

風呂の湯気も炊きたての御飯から立ち昇る湯気も、水蒸気（が凝縮して微細な水滴になったもの）である。ここでは、御飯の湯気の分布図のみを掲げたが、風呂の湯気の図と対照しつつ全国を見渡すと、両者を区別せずに一種のことばで表現する地域と、前者と後者を別のことばで表現し分ける地域のあることがわかる。東北南部、北陸、中部の各県では、前者をユゲ・イゲ、後者をイキ・エキ・エギと言って区別することが多い。関東にも同じ傾向が見られ、ここでは、前者をユゲ、後者をケムと言って表現し分けるところが多い。

西日本では、中国・四国・九州の各県で前者をユゲ、後者をホケ・ホキなどと表現して、これまた両者を区別することが多い。もっとも九州の西半部では風呂の蒸気もホケという傾向が強く、両者を区別しない点で奄美・沖縄の島々と共通している。なお奄美・沖縄のアチキは熱気、キブシは煙のことである。

ホケの語源は「火気」であろう。上田敏の訳詩集『海潮音』の「象」に「息のほてりや汗のほけ、烟（けむり）となって散乱し」の例が見られ注目される。上田は東京の出身であるが、なぜ西日本風なホケを使ったのであろうか。

二種の蒸気を区別せずにともにユゲという地域の中心は、近畿地方（名古屋周辺を含む）である。分布地図を眺めると、かつては風呂の湯気も御飯の湯気も区別せず各地で種々の表現で呼んでいたが、その後、中央で生まれたユゲという新表現が、風呂の湯気の意味として各地に広がり、両者の区別が発生したように見える。しかし、この図に見られる諸語形の歴史的関係を解明するためには、ほかに、口から吐く息、池の水面に立ち昇る湯気、体から立つ湯気、さらに、煙や熱気など、関連する意味分野の各地における呼称をも調べてみる必要があろう。

ゆげ（湯気）（蒸気―飯の場合）

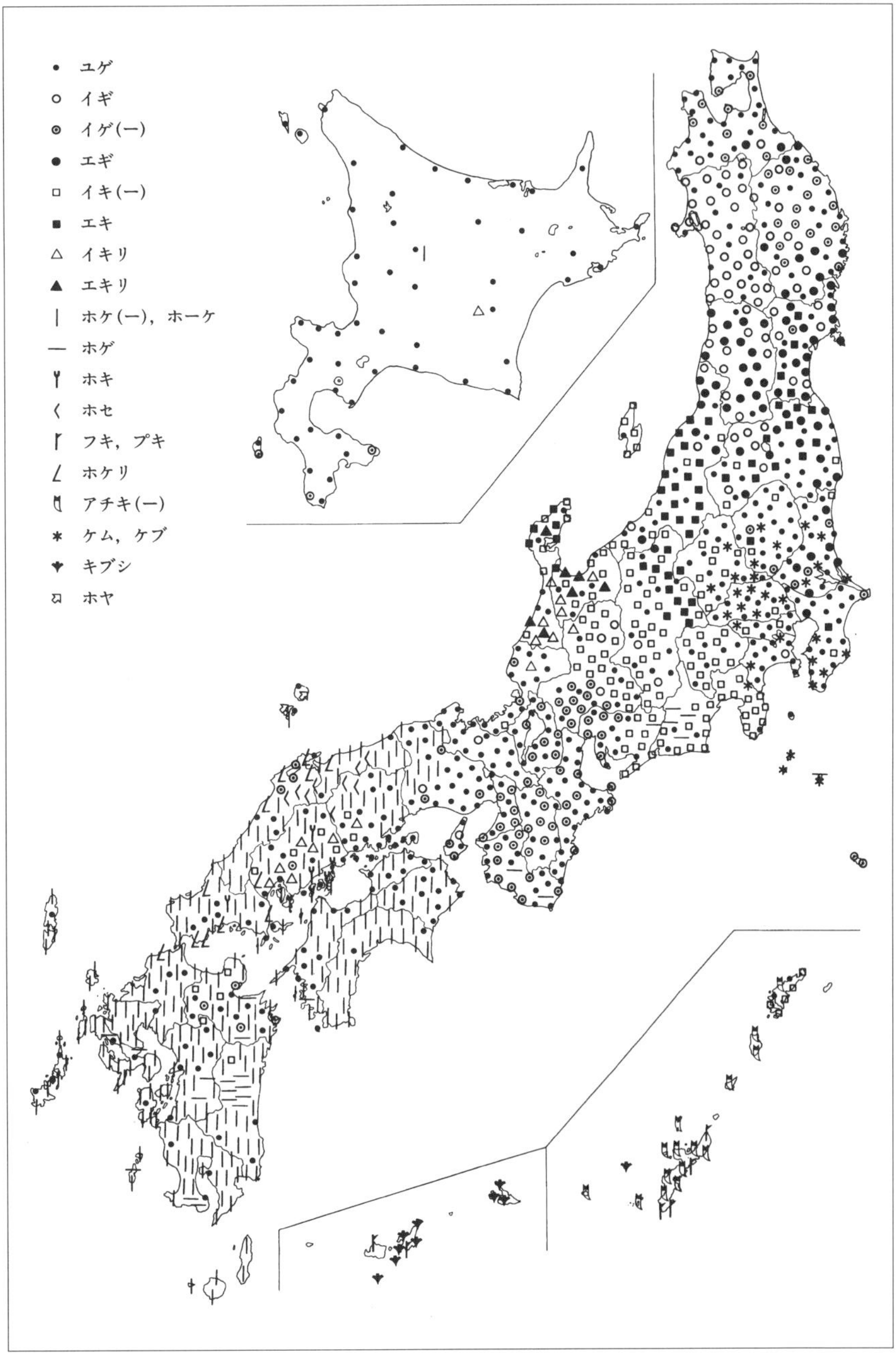
ユゲ
イギ
イゲ(ー)
エギ
イキ(ー)
エキ
イキリ
エキリ
ホケ(ー)，ホーケ
ホゲ
ホキ
ホセ
フキ，プキ
ホケリ
アチキ(ー)
ケム，ケブ
キブシ
ホヤ

にる（煮）

煮《に》る

ニール
タク
ターク

『外のおさかなは』『ききいな。かめ平《へい》へいて鯛の子を**たい**ておくれといふたら、男衆がゐらいはらゐぐりじゃどいいをった』（洒落本・箱まくら（1822）下）

『日本言語地図』では「煮る」（大根などを鍋に入れて火にかける）と「炊く」（米を釜に入れて火にかけて飯にする）の両方を調査しているが、ここでは「煮る」の図を掲げた。両図に現れる語形はほとんど一致しており、その代表語形はニル類、タク類、ワカス類の三種である。

図に見られるように「煮る」の場合、全国の大部分がニルとその変種であり、そのほか、タクが近畿から中国・四国・九州にかけての地域と、北陸・岩手の一部に見られる。また、ワカス類（ワカスン・バカスンなど）が沖縄の八重山諸島に分布する。そして、「炊く」の図（二〇四ページ参照）と対照すると、全国の大部分は「煮る」をニル、「炊く」をタクと言っているが、岩手・関東・中部の一部と西日本の山間部および沖縄の一部（沖縄本島と宮古島）で両者を区別せずニルと呼び、近畿から中国・四国・九州にかけて（と北陸・岩手の一部）に両者ともタク、八重山諸島では両者ともワカスと表現していることがわかる。

両図に見られる諸語形の歴史的関係は次のようになろうか。

古くは「煮る」と「炊く」を区別せずニルと言っていた。ないしは「炊く」という料理法はなかった。その後、本来は「燃やす」の意味であったタクが近畿地方では意味を変化させて「煮る」（あるいは「炊く」）の意味を担うようになった。その後、「煮る」とは別の料理法が普及するにつれて、多くの地方では「煮る」をニル、「炊く」をタクと区別して呼ぶようになった。しかし、一部の地方では二つの料理法を区別して呼ぼうとする動きはなく、現在も両者をニルまたはタクと言っている。

なお、八重山諸島の「煮る」「炊く」ともワカスと呼ぶ体系は、両者をニルと呼ぶ体系よりもさらに古い可能性もある。

にる（煮）

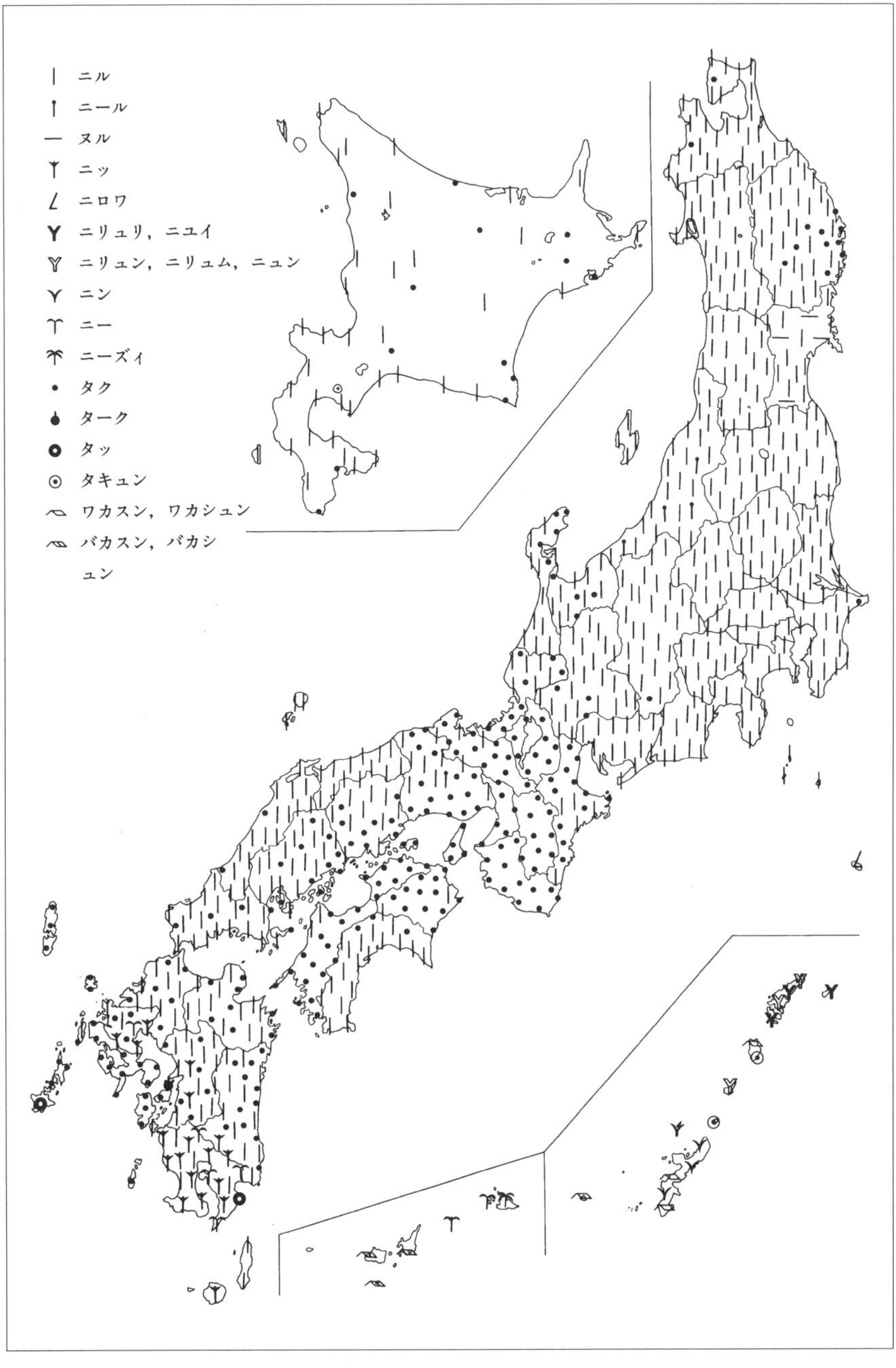
ニル
ニール
ヌル
ニッ
ニロワ
ニリュリ，ニユイ
ニリュン，ニリュム，ニュン
ニン
ニー
ニーズィ
タク
ターク
タッ
タキュン
ワカスン，ワカシュン
バカスン，バカシ
ュン

あまい（甘）

甘《あま》い

アマチコイ
ウマイ
アジマサン

心見とて此の花を一枝取て一花食ふ。甘事《うまき》極无し
（打聞集（1134頃）唐僧入穴事）

「砂糖の味はどんなだと言いますか」という具体的な砂糖味についての質問文によって得られた回答である。

全国の大部分にアマイの類が分布する。九州西部でのアマカ、八丈島でのアマキャ、奄美・沖縄でのアマサンはそれぞれの方言における文法規則によったアマイに対応する語形である。

東北北部と鹿児島・奄美にはまとまってウマイの類が分布している。沖縄の先島でのアジマサンは「味うまい」に対応するものである。この分布の状況から、ウマイが、砂糖の甘味の表現としては古いものであると推定することができる。日本列島の北端（北海道を除く）と南端だけではなく、各地の主として辺境の地にウマイが散在していることもこの推定を裏づけるものである。

なお、「味のいいものを食べて、ああオイシイと言いますか。ああウマイと言いますか。それとも別の言い方をしますか」という質問によって得られた回答では、全国的にウマイの類が分布することが判明している。

ところで、砂糖の甘味を抜群の味と感じ、美味という観点でとらえ、ウマイと表現するということは、甘味料としての砂糖そのものの日本における普及の歴史とかかわりがあると考えられる。

砂糖が調味料として一般に出まわるようになったのは近世になってからである。ただし、一般家庭にまで広く普及したのは、時代も下り、日清戦争後の台湾領有以降とのことである。

そして、砂糖が調味料として一般化し、その甘味をもはや抜群の美味とは感じなくなり、単にアマイの範疇でとらえるようになったのが今日の状況なのであろう。

183

あまい（甘）

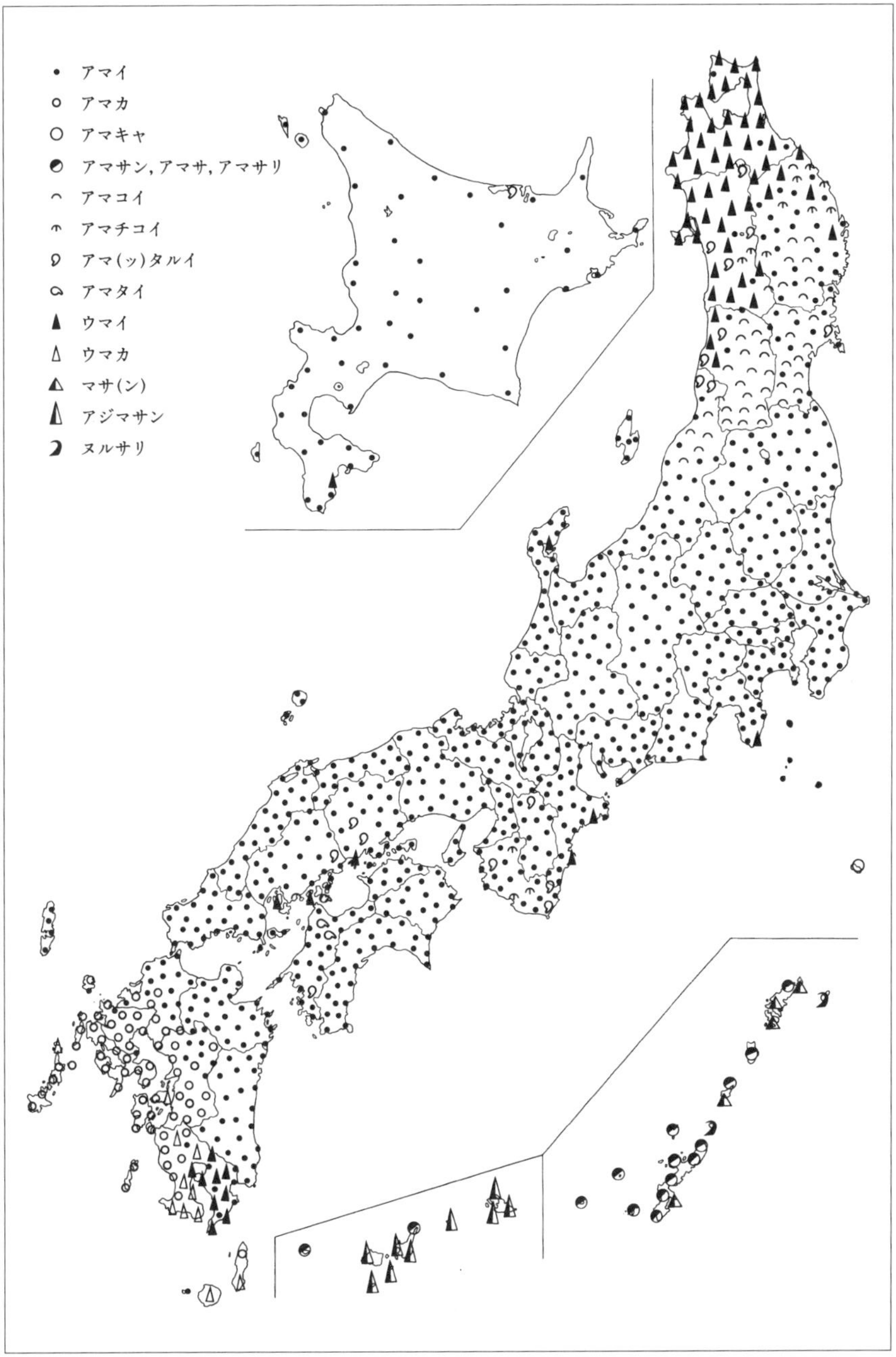
アマイ
アマカ
アマキャ
アマサン，アマサ，アマサリ
アマコイ
アマチコイ
アマ(ッ)タルイ
アマタイ
ウマイ
ウマカ
マサ(ン)
アジマサン
ヌルサリ

すっぱい（酸）

酸《す》っぱい

スイ
スイー
スッカイ

酒少し濁りて**酸き**様なれども （今昔物語集（1120頃か）二八・五）

今日では、西日本においても若年層の多くがスッパイも使うようになったが、地図に見られるように、スッパイという語形は本来関東地方だけで用いられたものである。

東京ではスイとスッパイとが併用され、スイは文章語的、スッパイは俗語的といったニュアンスがあるとされる。近代においては、たとえば『尋常小学読本』（明治三六年）三に「あをいうちには、あぢがすくて、きいろくなると、すこし、あまくなります」とあるように、スイが規範的、文章語的ニュアンスを伴いつつ確かに使われていたようである。

この伝統的なスイが地理的に分布するのは、主に中部地方から西の地域である。ただし、中国・四国・九州などにはスイーという形が優勢である。九州のスイカもスイーに対応する形式である。このスイーは二拍語スイの不安定さをカバーするために生まれた語形であろう。

一方、東北地方から新潟、関東東部にかけて広くスカイないしスッカイという語形が分布する。スカイの発生年代や由来は不明だが、やはりスイから派生した語形とみなされる。

スイとスッカイとの接触する地域である関東を中心に分布するのがスッパイである。分布の様相から見て、スッパイは、スイとスッカイが衝突した際にスッカイを母胎として生まれた語形と考えられる。そして、その発生の過程には、隣接する意味分野を担ってこの地域に分布するショッパイ（塩辛い）という語形が、いわば触媒的に関係したものと思われる。

中部地方に点在するスッポイは、「安ッポイ」「忘れッポイ」「水ッポイ」などの表現に引かれてスッパイから派生したものであろう。

185

すっぱい（酸）

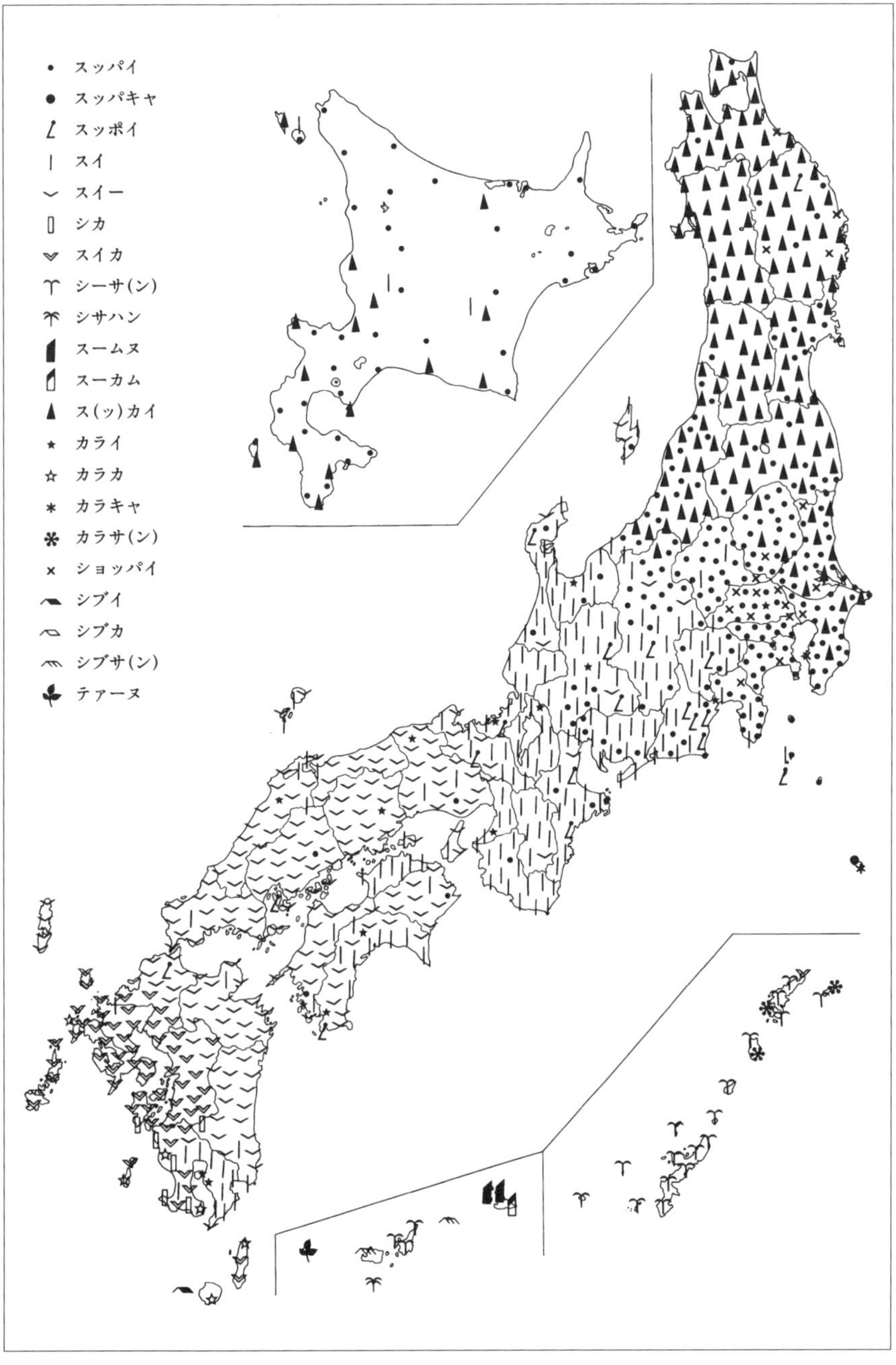
スッパイ
スッパキャ
スッポイ
スイ
スイー
シカ
スイカ
シーサ(ン)
シサハン
スームヌ
スーカム
ス(ッ)カイ
カライ
カラカ
カラキャ
カラサ(ン)
ショッパイ
シブイ
シブカ
シブサ(ン)
テアーヌ

しおからい（塩辛）

塩《しお》辛《から》い

ショッパイ
シオハイー
カライ
クドイ

ゴミ。すなわち、イツツノ　アヂワイ。スシ、ニガシ、アマシ、カラシ、**xiuafayui**（シワハユイ）（日本大文典（ロドリゲス）（1604–08））

塩味の表現は、中央で古く「しおはゆい」とも呼ばれていた。東日本のショッパイはおそらくこの「しおはゆい」が変化してできた語形であろう。その観点からは、静岡でのションバイに注意すべきだし、西日本の山間の地にもシオハイーという語形が点在していることが注目される。

「しおはゆい」という語形は、さらに「しわはゆい」という語形に遡る。平安末期の辞書『類聚名義抄』には「鹹　シハハユシ」と見える。ただし近世になると、シワハユイにかわって、シオハユイの方が多く文献に登場するようになる。『日葡辞書』（一六〇三）では、「**xiuofayui**（シヲハユイ）塩辛いこと、塩味がすること」と記し、「シワハユイという方がまさる」と注記している。シワハユイがシオハユイに転じたのは、おそらく「塩」という語の音に牽引された結果であろう。

ショッパイに対して西日本ではカライの類が分布している。カライは、東海や関東南部などにもくいこんでいる。東京では、ショッパイ・シオカライ・カライの三者が混在するが、ショッパイよりもカライの方を上品なことばとして意識する傾向もあるようだ。なお、東京の若者はショッパイに統一されつつあるという調査結果もある。

伊豆地方に見られるショッパライはショッパイとカライとの混交によってできた語形であろう。北陸にはクドイという語形の集中した分布領域がある。この語は調味料や色彩などが多すぎる様子を総合して表すもので、塩分の多すぎる状態をシオクドイとも言うのである。

ところで、カライの地域では、「とうがらし」などの辛さの表現との区別ができないわけである。このような状況が、塩による辛さに限定する用語シオカライを発生させた要因である。

しおからい（塩辛）

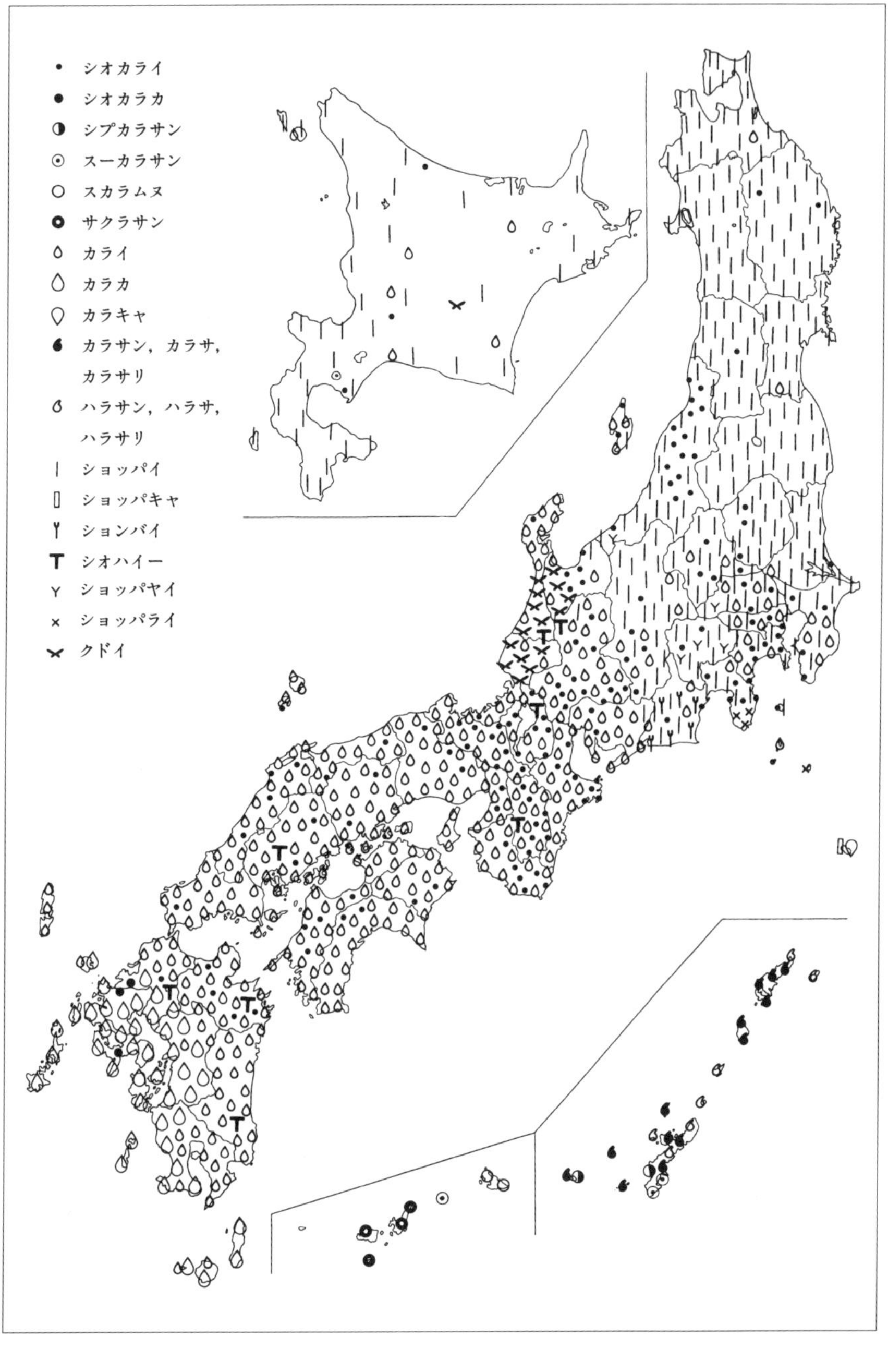
シオカライ
シオカラカ
シプカラサン
スーカラサン
スカラムヌ
サクラサン
カライ
カラカ
カラキャ
カラサン，カラサ，
カラサリ
ハラサン，ハラサ，
ハラサリ
ショッパイ
ショッパキャ
ションバイ
シオハイー
ショッパヤイ
ショッパライ
クドイ

（塩味が）うすい（薄）

（塩味が）薄《うす》い

アマイ
アワイ
ミズクサイ
ショームナイ

流れあふ湊の水のうまければかたへもしほは**あまきなりけり**（人麿集〈11C前か〉下）

「汁などを作って塩の味の足りないとき、汁の味がどんなだと言いますか」という質問によって得られた回答である。

全国的に広くアマイの類（アマカ、アマサンなどを含む）が分布するほか、東北・中国・九州を除く各地にウスイの類（ウスカを含む）が、ある程度まとまった分布域をもっている。また、このウスイと発想法の通ずるアワイの類（アファサンを含む）が近畿の北と南の辺地、および沖縄に分布している。さらに、近畿を中心としてその周辺部にミズクサイが強い勢力をもって分布している。そして、ショームナイの類が北陸に限られた分布域をもっている。

以上の分布の状況からは、アマイが「塩味が薄い」ことを表現する最も古い表現と考えることができる。そして、過去のある時期に、文化の中心地、近畿にウスイ、アワイが発生し、各地に広まり、さらにその後、近畿でミズクサイが新しく発生し、周囲に広がりかけたと推定することができよう。ミズクサイについては、文政年間に成った『浪花聞書』（『浪花方言』とも）に、「水くさい　塩あまきことをもいふ　江戸でいふ水ぽいなり　心切ならざるをもいふ」とある。『浪花聞書』は大阪ことばと江戸語を対照したもので、著者は不詳だが江戸出身の人であったようである。なお、北海道にもミズクサイが見られるが、これは、明治以降の西日本からの移住によるものと思われる。北陸に見られるショームナイは、分布の模様からみて北陸で独自に発生したものであろう。この地方には、これを「塩も無い」であると意識している人が多い。

これらの表現の発生、伝播については、日本における調理法や味つけそのものの歴史的あるいは地理的な流れを考慮に入れなくてはならないであろう。

189

（塩味が）うすい（薄）

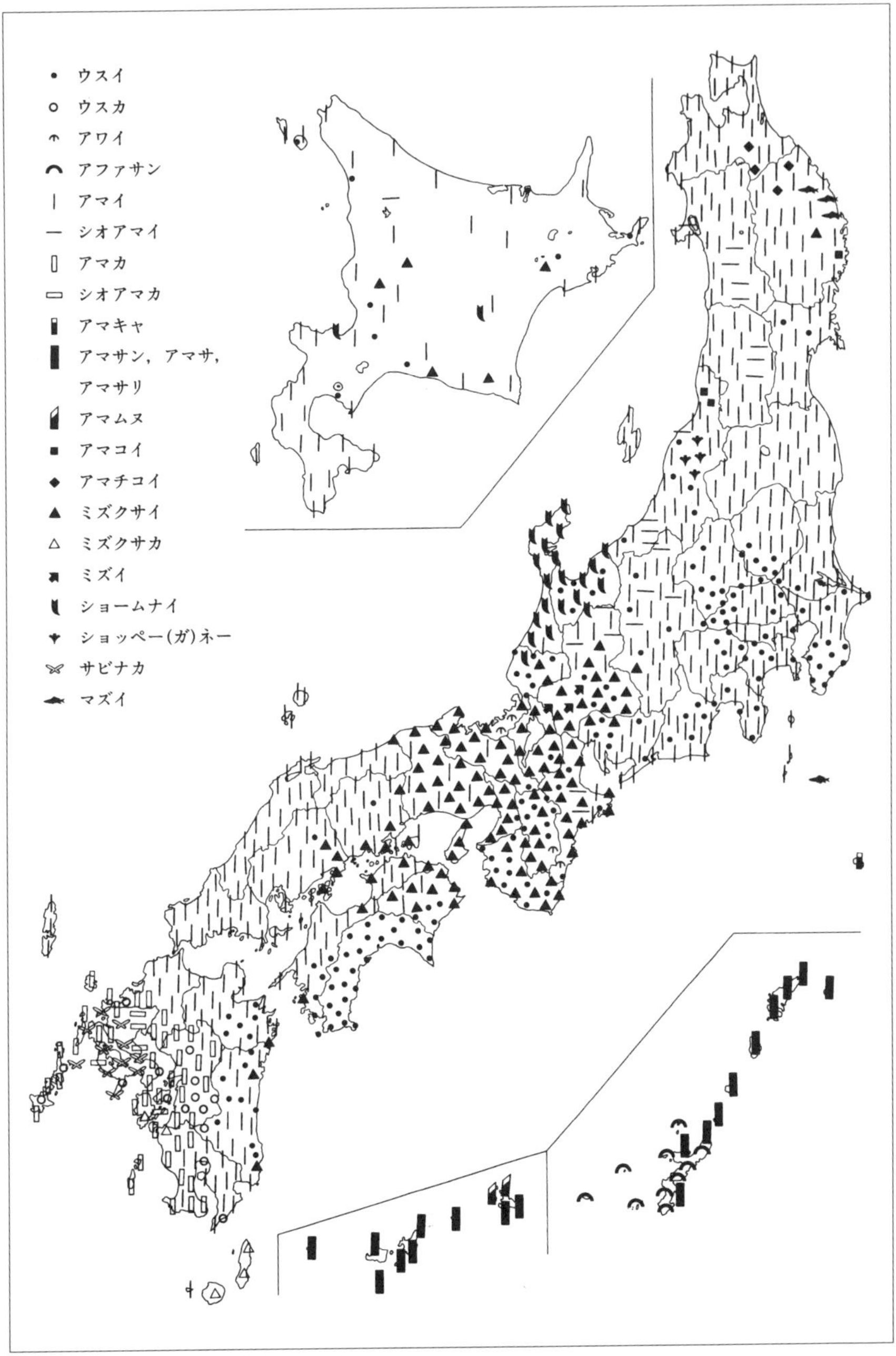
ウスイ
ウスカ
アワイ
アファサン
アマイ
シオアマイ
アマカ
シオアマカ
アマキャ
アマサン，アマサ，
アマサリ
アマムヌ
アマコイ
アマチコイ
ミズクサイ
ミズクサカ
ミズイ
ショームナイ
ショッペー(ガ)ネー
サビナカ
マズイ

匂《におい》＝芳香

カザ・カバ
カマリ
カ（ー）

香を**かさ**といへり、如何。くさきまを反せば**かさ**也（名語記（1275）四）

近き花橘の**かほり**なつかしくにほひて（源氏物語（1001–14頃）花散里）

分布図は、「においをかぐ」と言うときの「におい」、それも「よいにおい＝芳香」を指す語の全国分布を示したものである。

まず全国に広く分布するニオイが目をひく。ニオイ（にほひ）は『万葉集』にも見られる古い語であるが、当時は「赤く美しく映えるさま」を表しており、「香」の意味ではカが用いられていた。カオリ（かをり）はカオル（かをる）の名詞形で、元来は煙や霧などが立ちこめるさまを表していたらしい。ニオイもカオリも平安時代に入って芳香を指すようになった。

カザは西日本を中心に奄美・沖縄諸島にまで分布している。両側をニオイにはさまれており、ニオイよりも後に生まれたものと思われる。カザの見える文献は今のところ右に示した『名語記』（一三世紀後半）の例がもっとも古いとされている。

北海道の南から東北北部にかけてと八丈島にカマリの分布が見える。これは、「においをかぐ」の「かぐ」に当たる語として、関東から東北にかけて広く分布するカムをもとに生まれたと思われるカマル（岩手県、八丈島に分布）を名詞化したものである。遠く離れた東北と八丈島で「かぐ」にあたるカム・カマル、「におい」にあたるカマリが確認できるということは、かつて中部から関東・東北にかけて東国方言としてカマリが広く分布していた可能性のあることを意味する。カマリの成立については、すでに分布していたであろうカオリへの類推もあったかもしれない。

奄美・沖縄諸島のカバ、北陸の石川・富山のホガ・ハナガは、それぞれの地域で生まれた形だろう。カバはカグハシから変化したカンバシのシを落とした形からともいわれる。ハナガは「鼻香」であろうか。

におい（匂）＝芳香

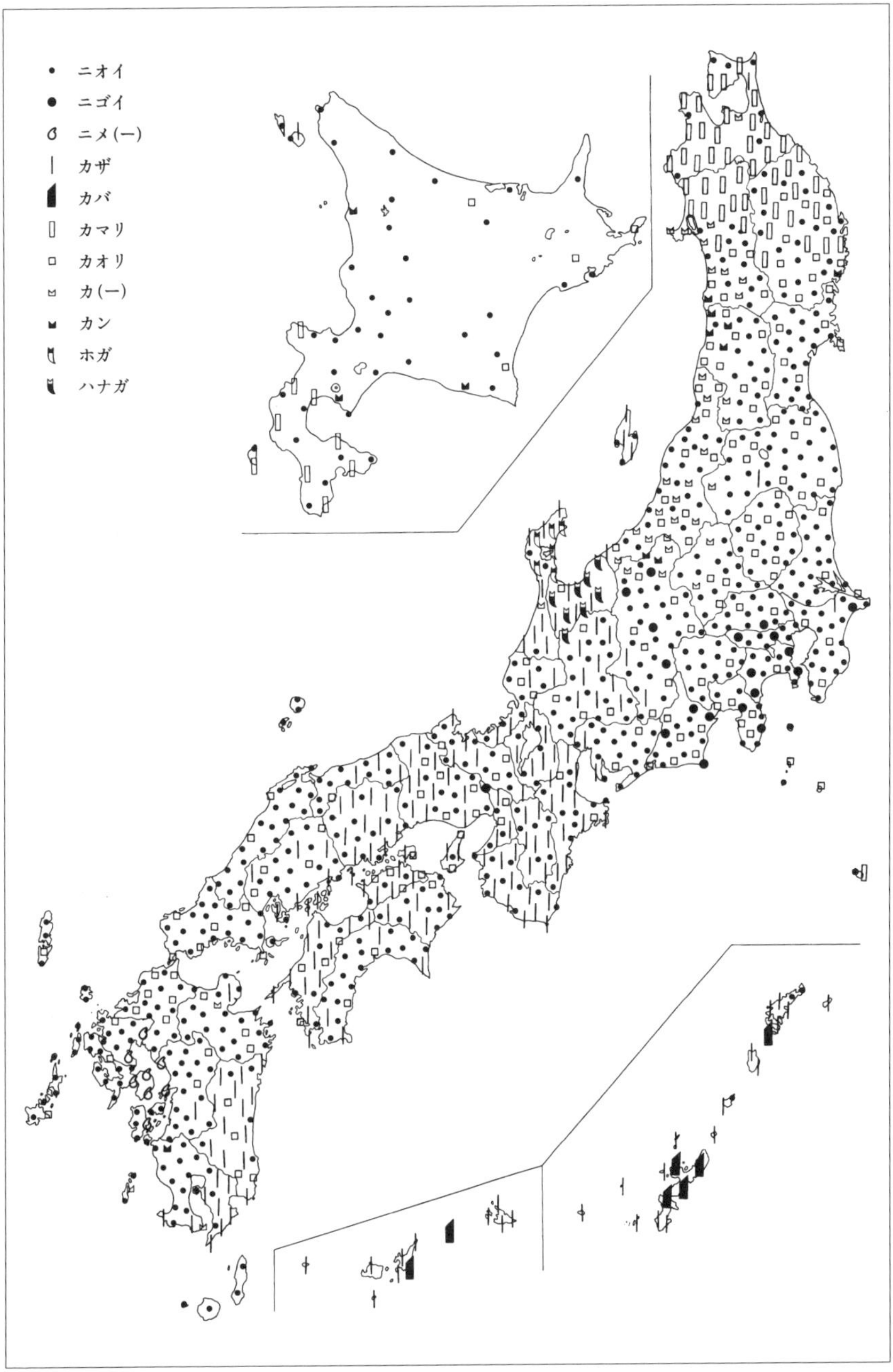
ニオイ
ニゴイ
ニメ(ー)
カザ
カバ
カマリ
カオリ
カ(ー)
カン
ホガ
ハナガ

こげくさい（焦臭）

焦《こげ》臭《くさ》い

コビクサイ
ヤキツキクサイ
コガレクサイ
ナビチキクサイ

燋　コガス　**コカレクサシ**（類聚名義抄（1241））

この分布図は、物のこげるにおいのうち「ご飯のこげるにおい」の言い方の地図である。『日本言語地図』では、このほかに「布きれがこげるにおい」の分布図もある。両図を対照すると両者を区別して言い分けている地域の多いことがわかって面白い。

この地図でもっとも広い分布域をもつのがコゲクサイの類（コギクサイ・クギクサイ・コゲツキクサイを含む）である。近畿中央部から周囲に連続的に分布するこの形は、地図に見える諸方言形の中ではもっとも新しいものと見てまちがいないだろう。コゲクサイは今もなお共通語形として分布を広げつつある。

東北北部にまとまった分布を見せるコビクサイ（コビツキクサイ）は、ほかに北海道から関東・中部・伊豆諸島、さらには三重県にまで及ぶ広い範囲で点々と見え、かつて東日本に広く分布した名残ではないかと思われる。それが西から押し寄せた新興勢力のコゲクサイに侵略されたのであろう。

似た事情は、西日本におけるコゲクサイとコガレクサイについてもあったようだ。九州全域に分布するコガレクサイは、文献例のとおり、すでに一三世紀中頃の『類聚名義抄』に見える。また江戸期の方言辞典『物類称呼』にも「焦臭（こがれくさき）を京にてかんこくさしと云〈紙臭なり〉東武にてきなくさいと云」とあり、「布きれのこげるにおい」との関係がやや気にはなるものの、当時コガレクサイがこの種のにおいの標準的な言い方であったことをうかがわせる。おそらく東日本のコビクサイに対立する形でかつて西日本にはコガレクサイが広く分布していたものが、やはり新興のコゲクサイによって侵略されたのであろう。

奄美諸島のナビチキクサイは「なべつきーくさい」に当たる形容詞、沖縄諸島のナンチチカザは「なべつきーにおい」に当たる名詞形である。

こげくさい（焦臭）

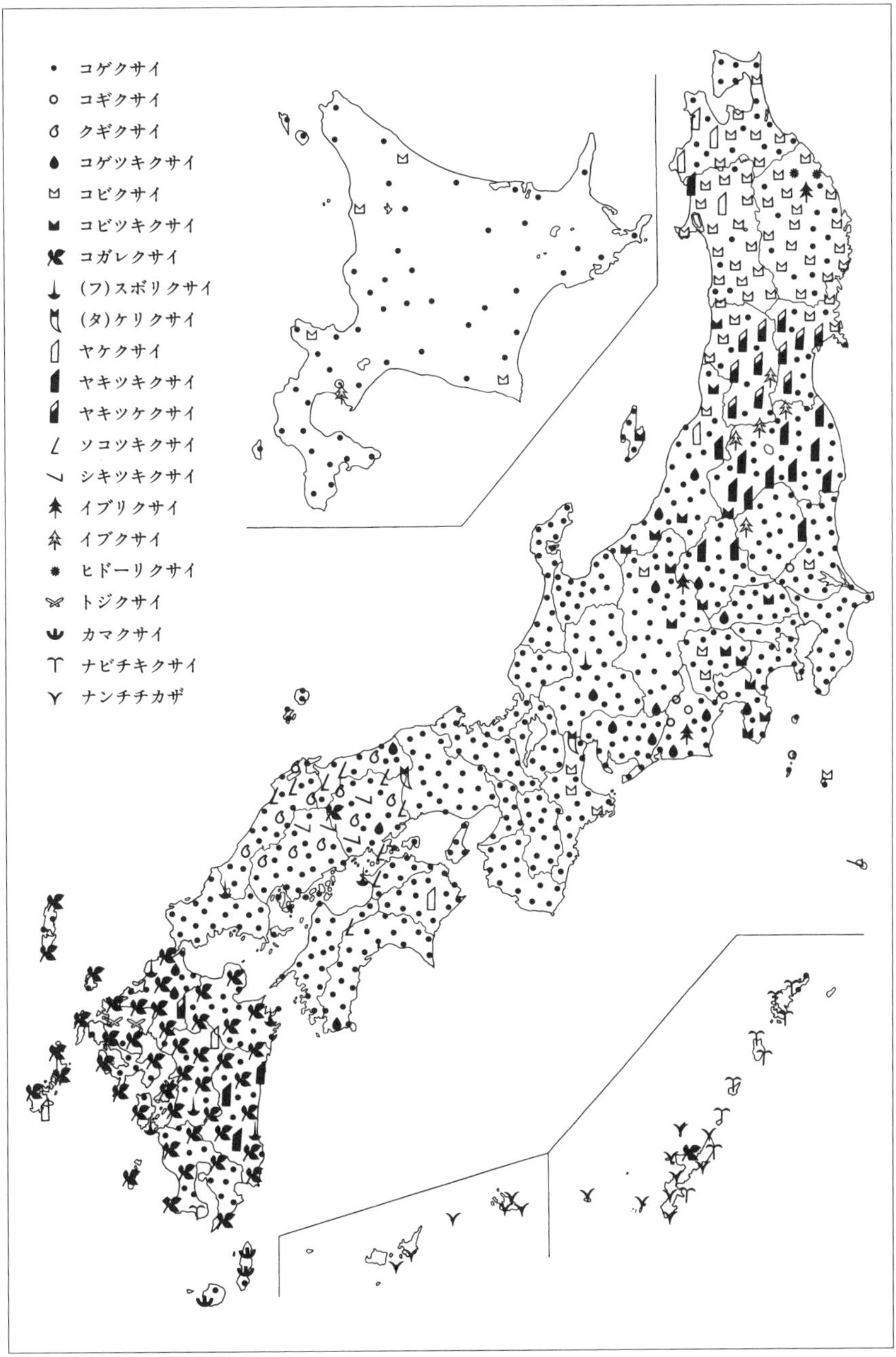
コゲクサイ
コギクサイ
クギクサイ
コゲツキクサイ
コビクサイ
コビツキクサイ
コガレクサイ
(フ)スボリクサイ
(タ)ケリクサイ
ヤケクサイ
ヤキツキクサイ
ヤキツケクサイ
ソコツキクサイ
シキツキクサイ
イブリクサイ
イブクサイ
ヒドーリクサイ
トジクサイ
カマクサイ
ナビチキクサイ
ナンチチカザ

まないた（真魚板）

真魚板《まないた》

サイバン
キリバン

夕飯の、拵《こしらへ》いそぐ薄刃の音の〈略〉ちょっきり**切ばん**百人前を夢の間に、仕立すまして息休め（浄瑠璃・嫗山姥《こもちやまんば》（1712頃）二）

まな板は料理には欠かせない道具である。昔から日本料理の世界では調理場のことを板場、料理人のことを板前と呼んでいるところからも、まな板と料理との結びつきは非常に強いといえよう。

この「まな板」を表す語形は、マナイタとキリバンが全国に広い分布領域をもち、東北北部および、北海道・茨城・千葉・能登・五島列島の一部にサイバンが見られる。方言周圏論の考え方を当てはめると、この周辺部に分布するサイバンが古い語形と考えられるが、平安時代の辞書『和名抄』には「末奈以太」とあり、マナイタもかなり古くから使われていた語形であることがわかる。

古来、「マナ（＝真菜）」とは「中心的な副食物」の意で、魚がそれに当たることが多かった（なお、「さかな」は「酒＋菜」である）。そうした状況を反映してか、文献の上では「まないたたて、いを（魚）とりつくる」（『宇津保物語』）のように魚を中心とした肉類用の道具としての用例がほとんどである。地図には示されていないが、近畿を中心に西は山陰沿岸、東は東海地方にかけて魚用をマナイタ、野菜用をキリバンと呼んで使い分けている地域も多い。しかし、現在では一方の語形が総称を表すようになり、「まな板」そのものの使い分けも失われつつある。

島根の一部に見えるナハヤシの「ハヤシ」は「切る」という意味で、京都に残るナキリと語構成は同じである。富山に見えるナマイタは「なまのものを料理する板」という意識が働いたか、「舌鼓（したつづみ）」を「したづつみ」というような音節が転倒する現象なのか、両方の可能性が考えられよう。

奄美・沖縄では「板」のことをイチャと言っており、マナチャは、マナイチャの縮まった語形である。

まないた（真魚板）

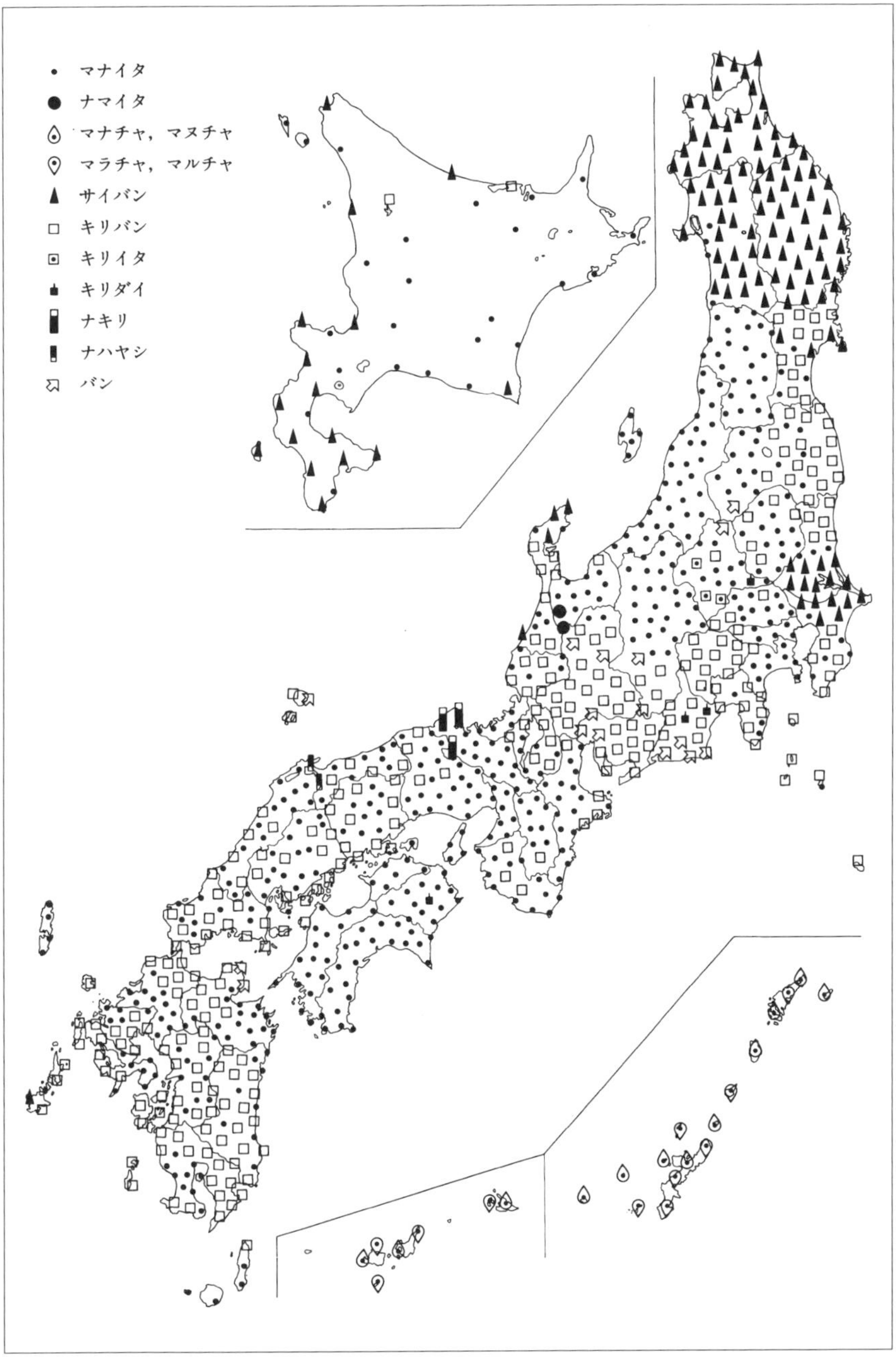
マナイタ
ナマイタ
マナチャ，マヌチャ
マラチャ，マルチャ
サイバン
キリバン
キリイタ
キリダイ
ナキリ
ナハヤシ
バン

すりばち（擂鉢）

擂《すり》鉢《ばち》

スリコバチ
カガツ

薬師御前御誕生、心太にぞ似たりける。**すりこ鉢**にさし入れて、榎のまたにぞ置きてける（沙石集（1283）五末・七）

地図を見ると、スリバチが全国に広く分布しているが、スリバチの「ハチ」は本来は仏教用語で、インドから伝わってきた語であるといわれている。

岩手・宮城に見られるカーラケ（バチ）は、もともと、うわ薬を塗らない素焼きの土器の「かわらけ」を意味したもののようである。

イシバチやカナバチは石や金属のように硬いという意味を表しているのであろうか。あるいは、石で作られた物という材質を表すのかもしれない。イセバチはイシバチの変化形とも考えられるが、近世の資料に「伊勢摺鉢（イセスリバチ）」が見られるところから伊勢地方とも何か関係がありそうである。『物類称呼』には「上総及出羽にて、いせばち」と、イセバチの形で記されてはいるが、伊勢に分布していたとの記録はない。しかし、江戸時代には黒潮の流れに乗って紀伊半島から房総半島への移住者がかなり多く、伊勢と上総との接触があったという事実を考え合わせると、イセバチと伊勢とがつながりそうで興味深い。

関東に見られる、アタリバチの「アタリ」は、スリバチの「スリ」を嫌った忌み詞（ことば）で、「するめ」を「あたりめ」と呼ぶのと同様である。シラジは群馬にまとまって見られるが、『物類称呼』によれば「東国の女言」とあり、『女中詞』（元禄五年）にも記録されている。また、「すりこぎ」の意のハチノミという語形が『日葡辞書』に女性語として採録されている。中国・四国・九州北部にカガツ・カガスがまとまった領域を持つが、広島・山口の一部地域では「瀬戸物」をカガツと呼んでいる。

方言集によるとサハチ・サワチが富山や長野の一部に見られるが、本来は大型の皿のような浅い鉢を指し、そこに刺身や寿司などを盛り合わせた郷土料理を、高知では皿鉢（さはち・さわち）料理と呼んでいる。

197

すりばち（擂鉢）

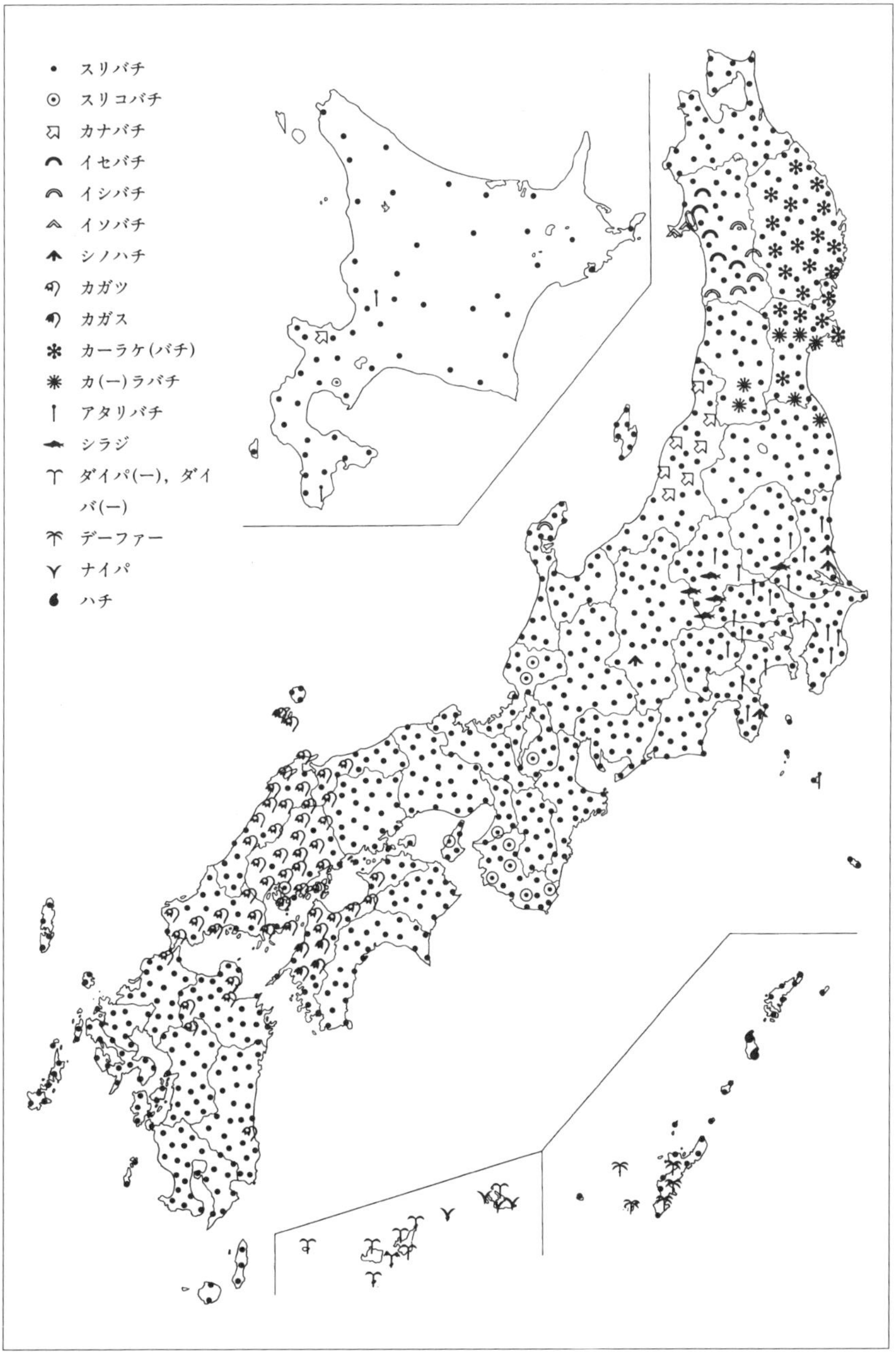
スリバチ
スリコバチ
カナバチ
イセバチ
イシバチ
イソバチ
シノハチ
カガツ
カガス
カーラケ(バチ)
カ(ー)ラバチ
アタリバチ
シラジ
ダイパ(ー)，ダイバ(ー)
デーファー
ナイパ
ハチ

すりこぎ（擂粉木）

擂《すり》粉《こ》木《ぎ》　レンギ　メグリ

擂胡木といふこと葉を女のわらはのにくみて、**れんぎ**などいふもおかし（片言（1650）四）

すりこぎは古くから使われていたようで、文献の上では、「擂子木」「擂小木」「擂粉木」「擂杵」など、さまざまな字が当てられている。「杵（キネ）」の古い形は「キ」である。一五世紀の辞書『文明本節用集』には「擂杵　スリコギ」と記されている。概して一音節の語は、語としての安定性に欠けるため、「餌」が「エ」から「エサ」、「粉」が「コ」から「コナ」というように、さまざまな要素を加えて安定性を保とうとすることがしばしばあったようである。

八丈島にみられるデンギネや、地図には示されていないが、福井・岐阜のスリギネ・スリコギネなど「キネ」を含んだ語形も見られる。

さて、全国を見渡すと、東日本にスリコギが、西日本にレンギ・レンゲの類がまとまった分布を示している。分布の状態から見ると、レンギ・レンゲの類は、歴史的にかなり新しい時代に近畿から西へ広がったようである。レンギは、「連木」「擂木」「雷槌」などと表記され、近世の文献に現れる。

スリコギボー・スリボーなど、スリ（コギ）とボーとの結合した語形は、東北南部から関東・新潟にかけてまとまって分布するが、スリコギボーの「コギ」は動作の似ている「漕ぐ」という動詞を類推させたものかもしれない。北海道海岸部・秋田・静岡・岐阜・鳥取・島根で使われているメグリ（ボー）、青森・秋田のマ（ワ）シギ・マシゲの類は、「すりこぎ」が「すり鉢」の中をぐるぐるまわる様子、あるいは、ぐるぐるまわしながら使うものであるという特徴から生じた語形であろう。宮古・八重山で使われているダイバヌブトゥ・ナイパヌブトゥのダイバ・ナイパはすり鉢、ブトゥは夫のことで、「すり鉢の夫」という意味である。すりこぎとすり鉢はペアで使うものという発想から生まれた語形であろう。

199 すりこぎ（擂粉木）

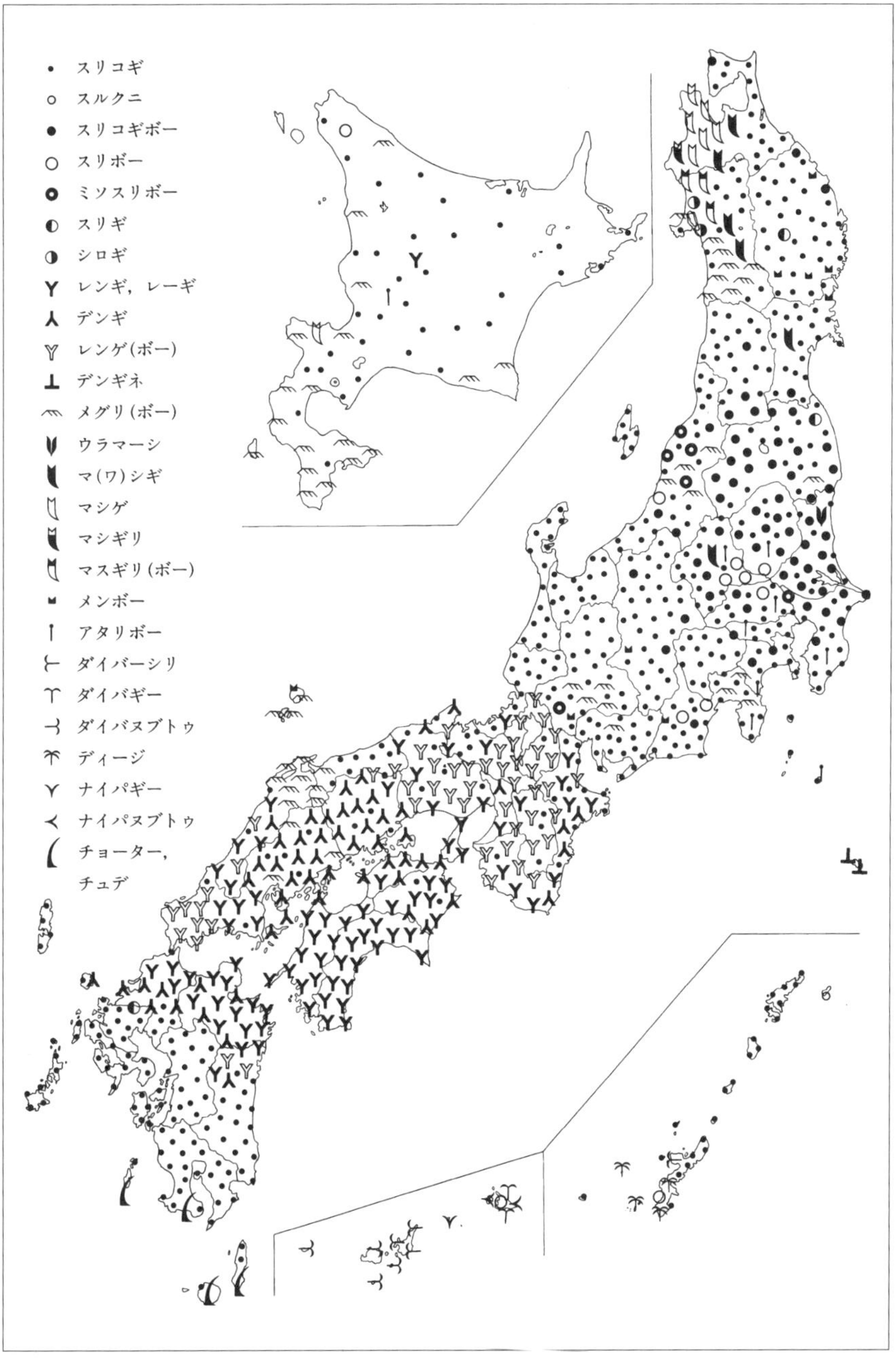
スリコギ
スルクニ
スリコギボー
スリボー
ミソスリボー
スリギ
シロギ
レンギ，レーギ
デンギ
レンゲ(ボー)
デンギネ
メグリ(ボー)
ウラマーシ
マ(ワ)シギ
マシゲ
マシギリ
マスギリ(ボー)
メンボー
アタリボー
ダイバーシリ
ダイバギー
ダイバヌブトゥ
ディージ
ナイパギー
ナイパヌブトゥ
チョーター，
チュデ

せともの（瀬戸物）

瀬戸物《せともの》

カラツモノ
ヤキモノ
ナレモン

唐津物とはいふまいと瀬戸が勝（雑俳・さくらだひ（1823–24）一）
有がたや此櫛箱に**やき物**のびん水入（浄瑠璃・冥途の飛脚（1711頃）上）

全国の分布は比較的単純で、東からセトモノ、カラツ（モノ）、ヤキモノがそれぞれの領域をもちつつ分布する。

ヤキモノは「土を焼いて作ったもの」というきわめて素朴な命名であるから、セトモノやカラツ（モノ）よりも古い表現であろう。ヤキモノは九州西部・琉球ばかりでなく、近畿・中部などカラツ（モノ）の東側にも見られるから、分布の上からもヤキモノ↓カラツ（モノ）という発生順序を推定することができる。

日本では、縄文時代以降、うわぐすり（釉薬）をほどこさない無釉土器が長い間作られ続けていた。八世紀頃、中国から施釉陶器が輸入され貴族の間で使用されたが、国内で生産されるようになったのは、一三世紀にはいって尾張の瀬戸で行われて以来のこととされている。日本の陶磁器が飛躍的に進展したのは、一六世紀末の豊臣秀吉の朝鮮出兵以降である。これを契機として、九州各地、とくに肥前一帯で李朝風の素朴な日用雑器が盛んに生産されるようになり、これを総称してカラツモノ、カラツヤキなどと呼んだようである。

セトモノ、カラツモノのような生産地名による名称は、当初は品物の品質・用途などの違いを示していたであろう。陶磁器が庶民一般に使われるようになった江戸末期ないし明治以降に、それぞれの地域で最も普及していた陶磁器の名が陶磁器一般を指すようになったものと思われる。

チャワン（モノ）は、「茶碗の枕をたてまつる」（『古今著聞集』一二五四）、「茶垸の壺」（『名語記』一二七五）のような例が文献にあることからみて、チャワンに陶磁器の総称としての意味が古くからあり、その用法が九州に残っている可能性が強い。ナレモンは「すりばち」に対する「あたりばち」などと同様の性格のもので、ワレモノを忌んだことばであろう。

せともの（瀬戸物）

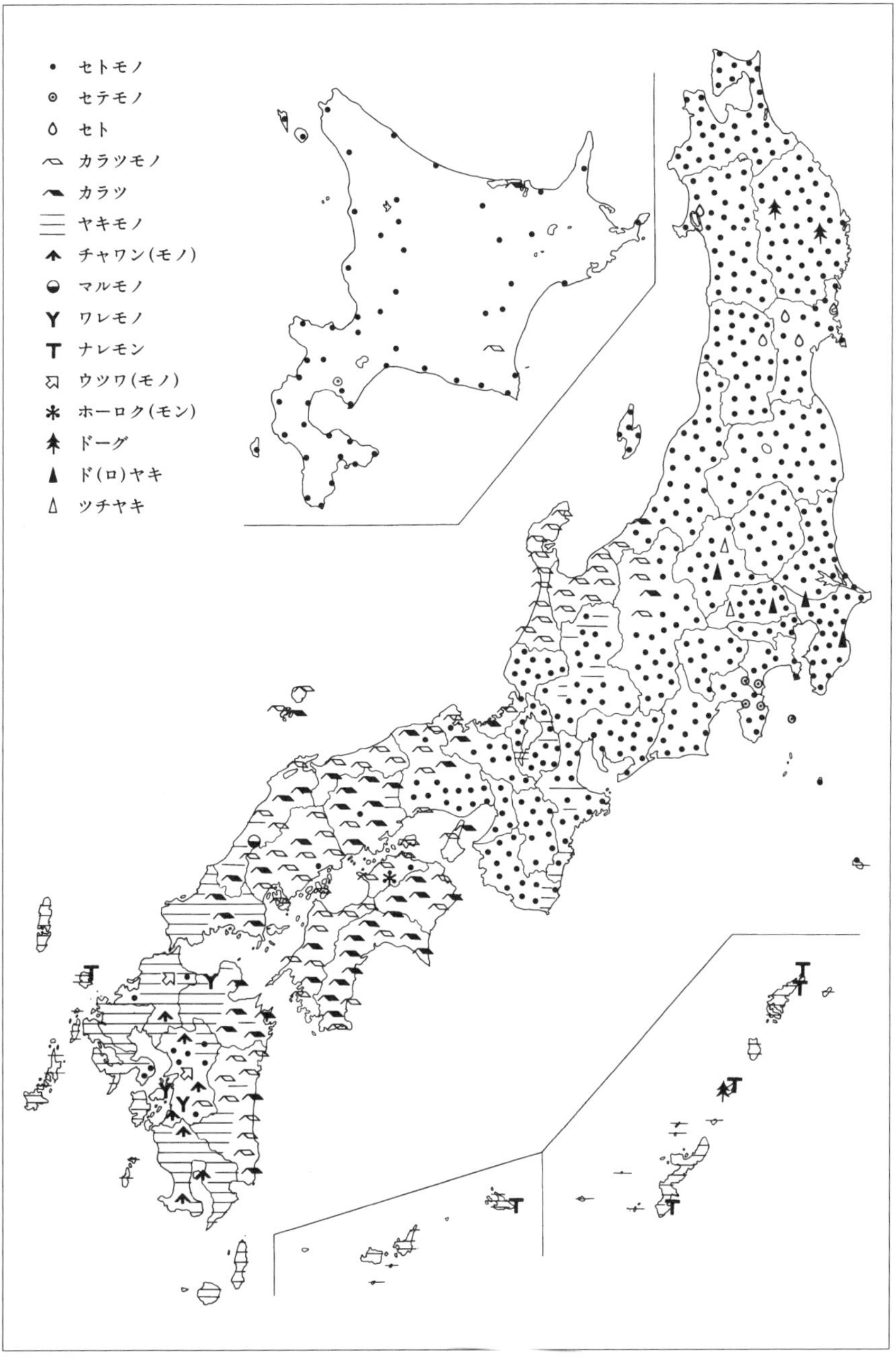
セトモノ
セテモノ
セト
カラツモノ
カラツ
ヤキモノ
チャワン(モノ)
マルモノ
ワレモノ
ナレモン
ウツワ(モノ)
ホーロク(モン)
ドーグ
ド(ロ)ヤキ
ツチヤキ

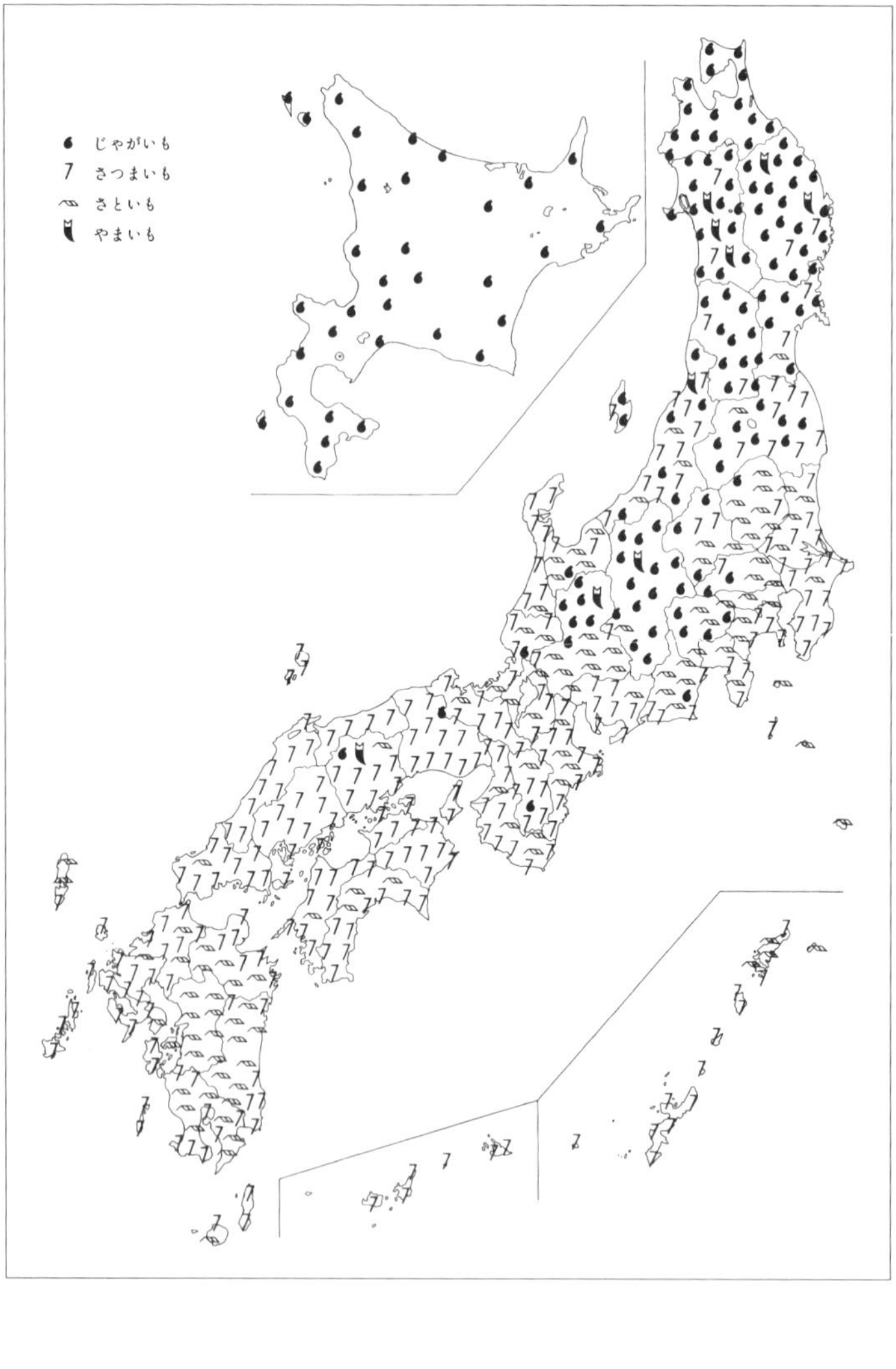

イモの意味

イモということばで連想する芋の種類について、その地域性を見たものである。それぞれの地域でもっとも普通に栽培されていた芋が回答されていると考えられる。中部以北では「じゃがいも」とするが、それ以外では「さつまいも」とするところが多い。「さといも」は、関東から東海・北陸にかけてと九州に濃く分布している。これは里芋の栽培が盛んであった地域と一致している。里芋はホンイモ、マイモなどとも呼ばれるが、そこには外来の「じゃがいも」や「さつまいも」に対しての「本来の芋」という意識が現れていよう。なお、「やまいも」とするのは秋田、岩手などである。

203 とうがらし（唐辛子）

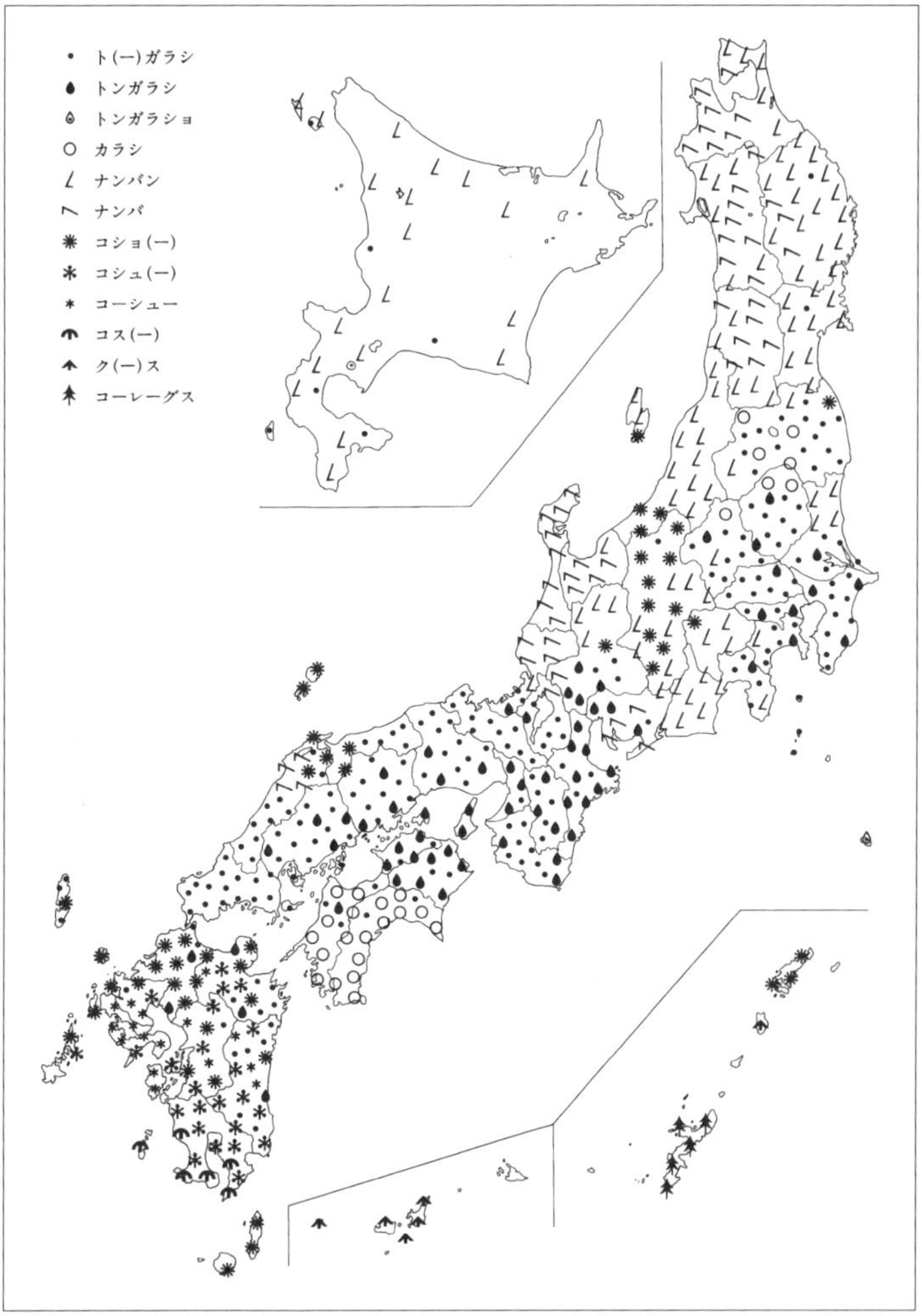

ト(ー)ガラシ
トンガラシ
トンガラショ
カラシ
ナンバン
ナンバ
コショ(ー)
コシュ(ー)
コーシュー
コス(ー)
ク(ー)ス
コーレーグス

唐辛子《とうがらし》

沖縄本島を除く琉球列島および九州の全域、そして山陰・中部の一部にはこれをコショーと表現する地域が存在する。沖縄本島のコーレーグスも「高麗胡椒」である。東日本域にはナンバン、ナンバが分布している。これは「南蛮胡椒」の省略形であろう。

ナンバは出雲地方にも存在する。かつて近畿を中心として周辺に勢力を広げたもののようである。ただし、ナンバの類は現在近畿とその周辺には存在していない。この地域ではトーガラシの類が一般的になっている。ちなみに、この地域ではナンバといえば「とうもろこし」のことである。

たく（炊）

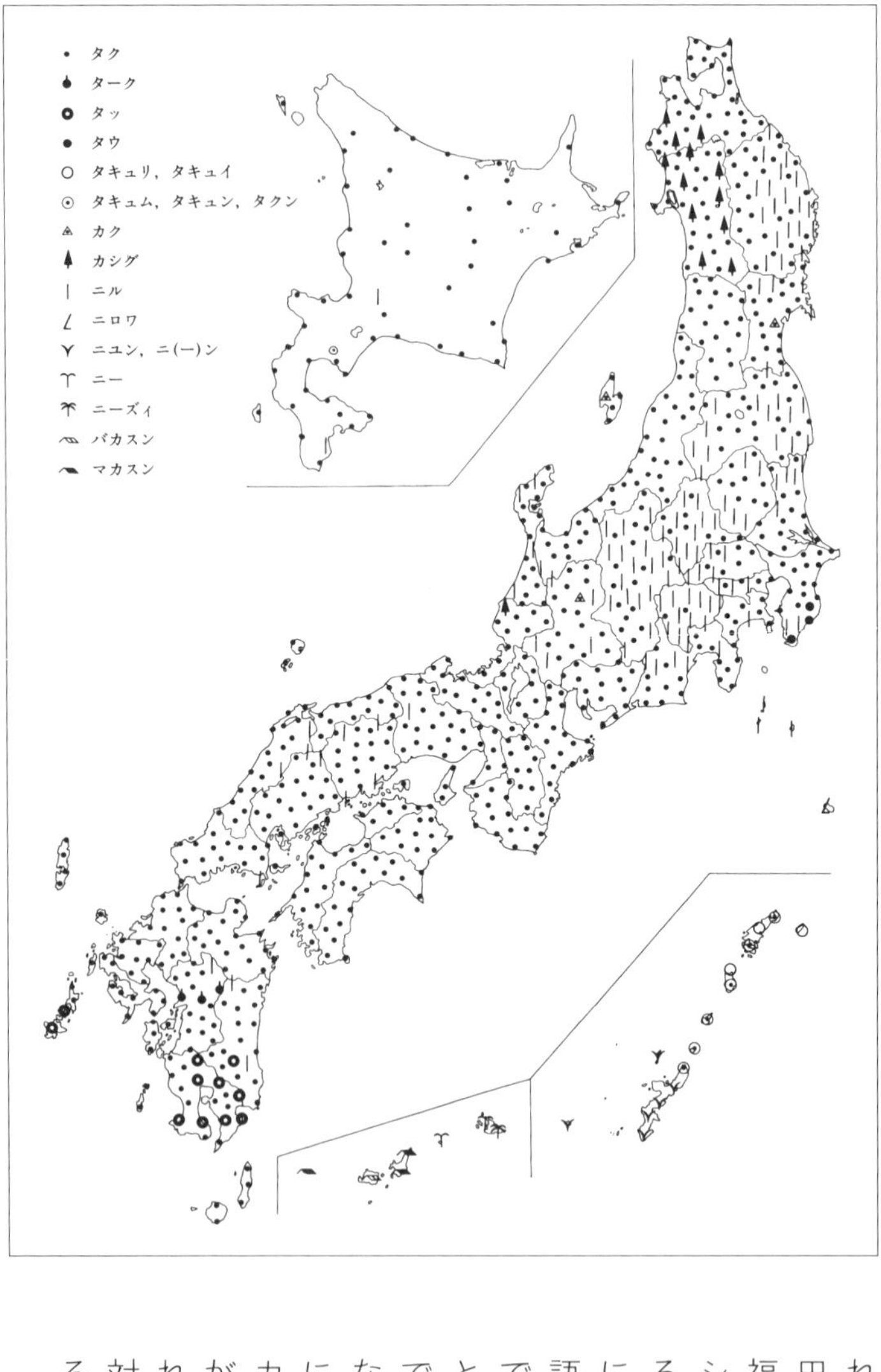

タク
ターク
タッ
タウ
タキュリ，タキュイ
タキュム，タキュン，タクン
カク
カシグ
ニル
ニロワ
ニユン，ニ(ー)ン
ニー
ニーズィ
バカスン
マカスン

炊《た》く

ご飯を「炊く」という意味に対応する表現である。各地で音韻規則や文法規則によって変形はしているが、全国的にタクが分布しているといえる。一方、ニルとする地点が岩手から福島、そして関東・中部にかけての地域に存在する。沖縄本島、宮古島でもニルの類で表現される。青森から秋田にかけて、また福井にカシグ（カシク）が認められる。これは中央語における雅語（古語）である。長野でのカクはカシクとタクとの混交形ではなかろうか。なお、八重山諸島にはバカスン・マカスンという語形が分布するが、これは「沸かす」に対応するものであろう。

とうもろこし（玉蜀黍）

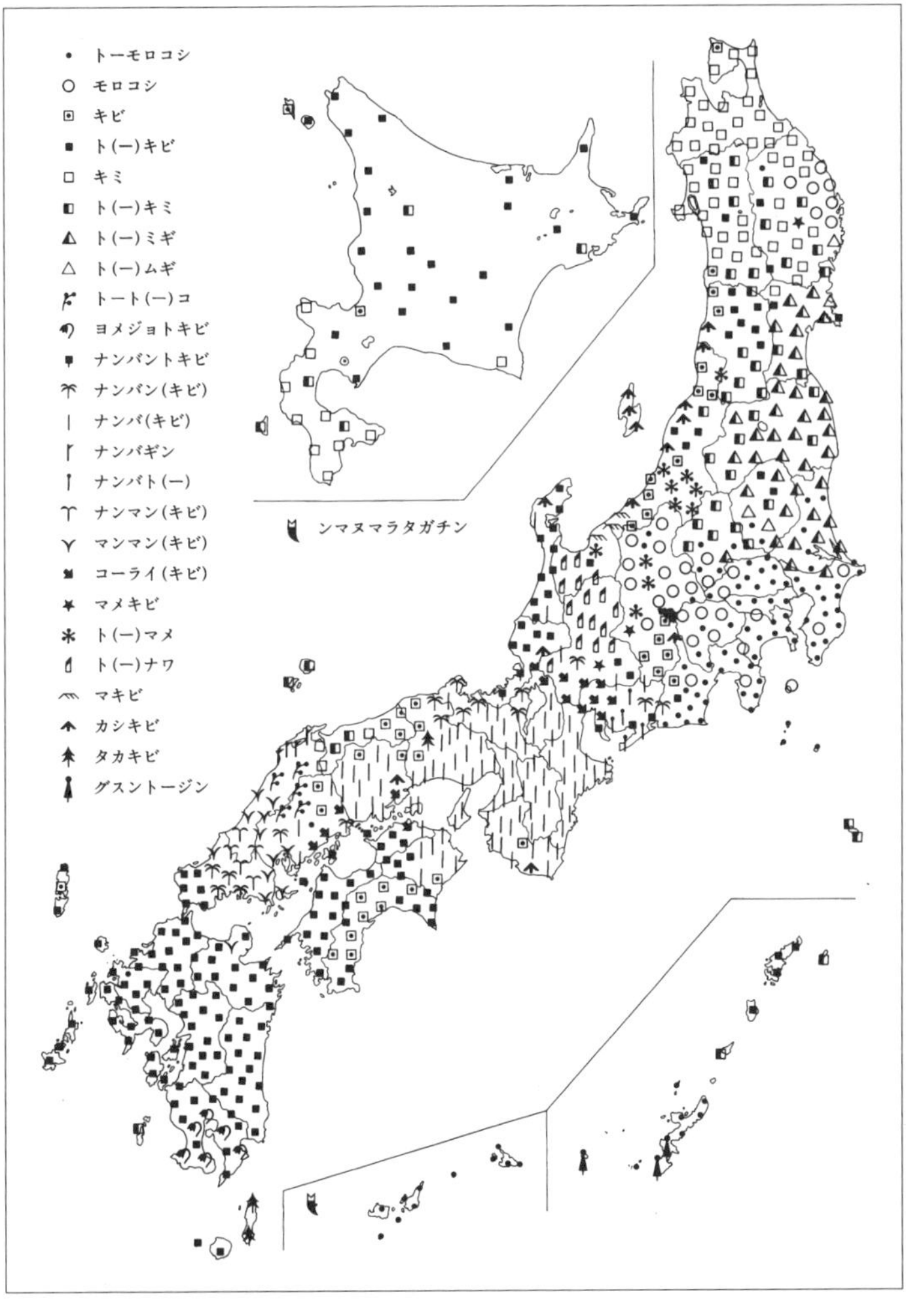
トーモロコシ
モロコシ
キビ
ト(ー)キビ
キミ
ト(ー)キミ
ト(ー)ミギ
ト(ー)ムギ
トート(ー)コ
ヨメジョトキビ
ナンバントキビ
ナンバン(キビ)
ナンバ(キビ)
ナンバギン
ナンバト(ー)
ナンマン(キビ)
マンマン(キビ)
コーライ(キビ)
マメキビ
ト(ー)マメ
ト(ー)ナワ
マキビ
カシキビ
タカキビ
グスントージン
シマヌマラタガチン

玉蜀黍《とうもろこし》

近畿にはナンバ（キビ）がまとまって分布している。これは「南蛮黍」という見立てである。名古屋周辺でのコーライ（キビ）は「高麗黍」である。その他、各地でさまざまな語形が錯綜して分布しているが、九州・四国や北海道、そして本州の周縁部にはトーキビの類が目立つ。「唐黍」という見立てである。岩手、長野、山梨あたりにはこれをモロコシと表現する地域が存在する。標準語形となったトーモロコシは、それに「唐」を追加してできた語形である。ただし、この語形の分布領域は意外に狭く、関東南部のみに集中していることが注目されよう。

はい（灰）

灰《はい》

ハイボー
アク
アクバイ

素灰《すばい》と消炭を俵にしてうるは、おかみさんのほまちになる。糠の油を取て浸淫瘡《みづむし》のくすりにするシ、挟斬《はさん》だ爪が喉痺《のどけ》の薬になるといふ事まで御存《ごぞんじ》だはス（滑稽本・浮世風呂（1809–13）四・上）

大まかに見て北海道・東北地方のアクとそのほかのハイとの対立する分布が見られる。

アクは奄美・沖縄を含む西日本各地にも点在するほか、八丈島にも見られる。この周圏的分布から、「灰」の意味のアクはハイよりも古く、かつて全国を覆っていたものはアクであると考えてみたくなるが、それは危険であろう。共通語ではアクは「灰汁」「植物に含まれる渋み」「強い個性」（アクが強い人）などの意味で使われるが、もし、「灰汁」の意味のアクが全国的に用いられているとすれば、全国各地の「灰」の意味のアクは、それと近い意味である「灰汁」の意味の変化（意味の移行）とも考えられるからである。灰汁とは、灰を水に浸して取ったうわずみ液で、洗濯や染め物に用いられたものである。

それにしても東北地方ではなぜアクがこのように勢力をもつに至ったのだろうか。それには東北方言の特徴である音声的な事情が働いたことも考えられる。東北地方では、イとエの区別の無い方言が多い。その結果「灰」をハイと言っていたのでは「蠅」との区別が付かなくなる。このような現象を同音衝突と呼ぶ。この衝突を避けるために「灰汁」を意味していたアクを「灰」の意味として採用し、「蠅」はそのままに保ったものかもしれない。なお、「蠅」は東京を含む全国各地でハイとも言っている。そのため「灰」との衝突を避けようとして「蠅」をハイボ、ハイコ、ハイメなどと呼ぶ所も多い。本図に見られる東海地方のハイボ（ー）は、逆に「灰」の語形を変化させた例といえる。

滋賀から北陸にかけてのジョーは、能楽で老人を指し、後に一般に老人を意味するようになった「尉（じょう）」に基づくともいわれる。老人と灰の結び付きは白髪の色にあるらしい。

はい（灰）

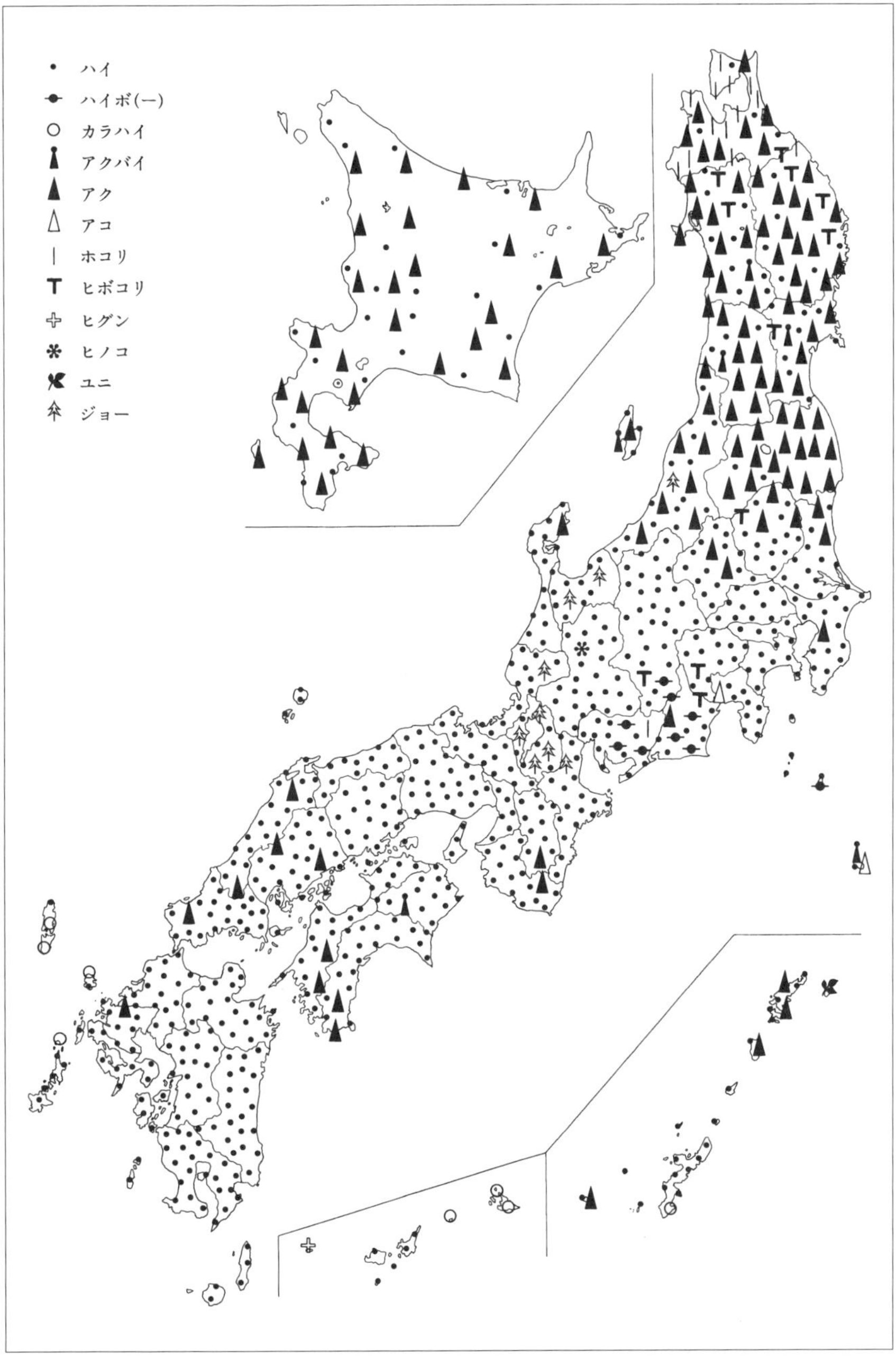

ハイ
ハイボ(ー)
カラハイ
アクバイ
アク
アコ
ホコリ
ヒボコリ
ヒグン
ヒノコ
ユニ
ジョー

井《い》戸《ど》

イケ・カワ
イガワ
イズミ

狐と野牛大きに渇して、ある **yguano（イガワノ）** 中え連れ立って入って、思う儘《まま》に飲うで後、上らうやうが無かったところで（天草本伊曾保物語（1593）狐と、野牛の事）

東日本を中心として全国に共通語形のイドが広がっている。八丈島や西日本にわずかに見られるユドはイドの変化した形とも見られるが、一方で流れる水の滞るところを指す古語ヨド（淀み）との関係も考える必要があろう。このような水のたまるところと「いど」とが結び付いたものとしてイケがあげられる。これは主に北陸と滋賀それに山口の西部に分布している。

反対に水の流れるところと結び付いた形がカワである。この分布はあまりはっきりしないが瀬戸内と九州の西部に見られる。琉球に見られるカー・ハーはこの変化である。九州の中部から西部にかけて分布が見られるイガワはもともとカワが分布していた地域に中央からイドが進出し、混交（三六二ページ参照）によって、できた語形であろう。大分に集中し、宮崎にも分布するイノコも、イ（井戸）のコ（川）と見れば同種のものと考えられる。このように「池」に基づくイケや「川」に基づくカワ（あるいはそれに関連してイガワ）が「いど」を指すようになったのはおそらく「飲み水を得るところ」という点で共通しているためであろう。その点ではイズミも同じである。兵庫に見られるユツはイズミの仲間であろう。沖縄本島北部に見られるアナガーは「穴川」かもしれない。つまり「穴の中から水を得るところ」である。

関東から中部にまばらにみられるツリイド、また、中国地方西部のツリー・ツルイは「吊る」という「いど」の形状に着眼したものである。鹿児島、宮崎のツリンはその変化形であろう。九州中西部にややまとまった分布を示しながら全国に散在するツルベ・ツイベも同様の名称である。ツリカワは佐賀などカワの周辺に分布している。三重、兵庫など近畿周辺部に見られるホリヌキ、徳之島のウチコミなどは「いど」の形状に注目したものと考えられる。

いど（井戸）

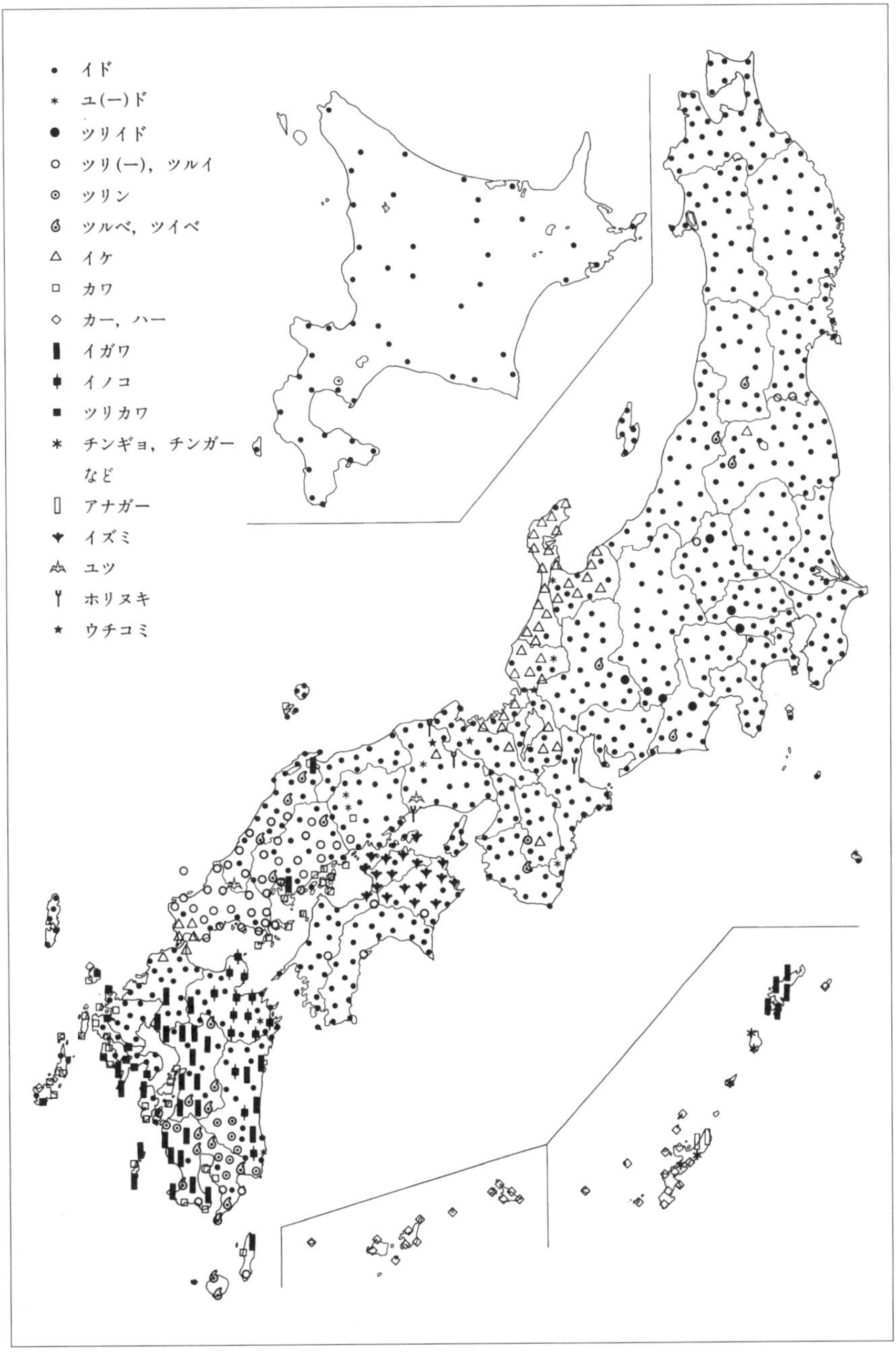

イド
ユ(ー)ド
ツリイド
ツリ(ー)，ツルイ
ツリン
ツルベ，ツイベ
イケ
カワ
カー，ハー
イガワ
イノコ
ツリカワ
チンギョ，チンガー
など
アナガー
イズミ
ユツ
ホリヌキ
ウチコミ

にわ（庭）

庭《にわ》
ツボ・センザイ
ツキヤマ
カザン・ロジ

己が命《を》をおほにな思ひそ爾波《ニハ》に立ち笑ますがからに駒に逢ふものを〈東歌〉（万葉集（8C後）一四・三五三五）

ニワは広く全国を覆っており、この語が最も古いことがわかる。文献の上で、ニワの次に現れる「庭」を表す語形はツボである。ツボという語は、当初は周りを囲まれている状態のものを表したと考えられ、「壺」や、方区画単位の「坪」として使われた。後に建物の間や垣根の内側にあって区切られた庭（坪庭）をツボと呼ぶようになった。方言地図には、コツボ・ツボヤマ・ツボドコ・ツボマエ・ツボノウチ・ツボニワなどの複合形があり、このツボ類が北海道から九州北部まで広く分布している。東西境界線の糸魚川・浜名湖線では東はツボニワ、西はツボノウチで、やはり東西で語形が異なる。

近畿にまとまって分布するセンザイは「前栽」である。前栽はもと庭前などの植え込みを表していたもので、中世になって意味が拡大し、植え込みのある庭そのものを表すようになった。センザイは江戸では「前栽物（菜園物）」「前栽売（野菜売り）」のように畑やそこで採れた野菜を表し、庭の意味は持たなかったようである。

ツキヤマは作庭した「築山」からきた呼び名で、カザンは築山を表す漢語「仮山」の音読みである。カダン（クヮダン）は、このカザンが、「花壇（クヮダン）」の音に引かれて変化したものであろうか。

ロジという語は、初め覆いのない剝き出しの土地「露地」を表し、後に市中の狭い通路や庭内の通路を指すようになり、更に人家の間の狭い裏道「路地」の意味へ変化した。室町時代に庭内の通路でも特に茶室に至る通路を指して使われるようになり、転じて茶室に付属する「茶庭」をも表すようになって、庭の意味を持つようになったものである。ロジは旧加賀藩と旧伊達領内にまとまった分布を見せており、茶道に長じていた前田利家や伊達政宗との関連が考慮される。

211

にわ（庭）

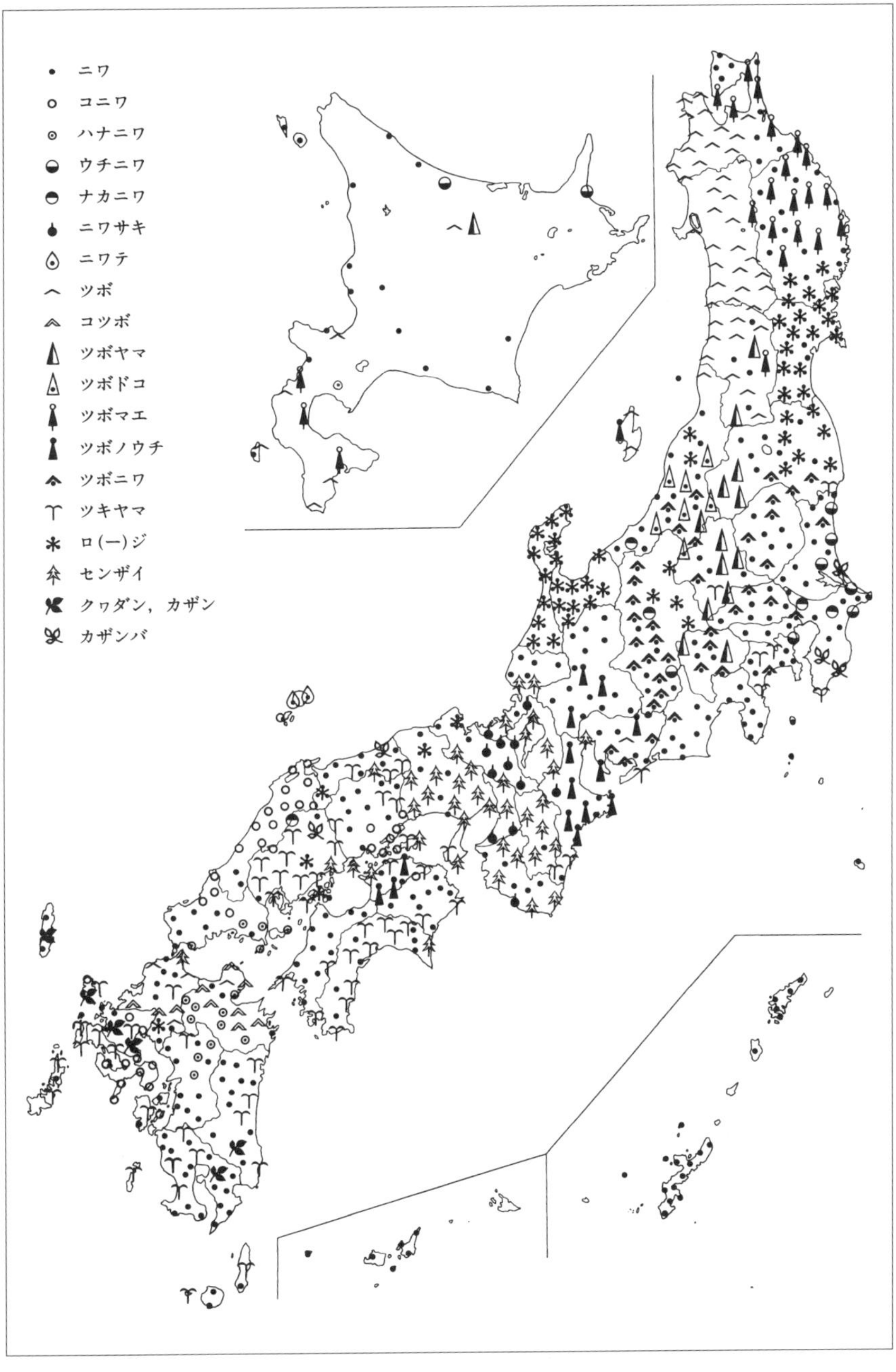
ニワ
コニワ
ハナニワ
ウチニワ
ナカニワ
ニワサキ
ニワテ
ツボ
コツボ
ツボヤマ
ツボドコ
ツボマエ
ツボノウチ
ツボニワ
ツキヤマ
ロ(ー)ジ
センザイ
クヮダン，カザン
カザンバ

ごみ（掃除の対象―塵芥）

ゴモク
ゴド・ゴンド

人の住家《すみか》に塵**五木**《こもく》の溜る程、世にうるさき物なし（浮世草子・好色一代女（1686）三・三）

最近は、ごみの処理が大きな社会問題となっている。粗大ごみ、燃えるごみ、燃えないごみなど収集の仕方にも地域差があるようである。ごみの種類にもいろいろあって、この地図に示されているのは「掃除するときにほうきでかき集めるもの」の言い方である。

標準語のゴミが全国に大きな勢力を持っているが、近畿や九州ではゴモクがまとまって分布している。これらの地域では「ごみ箱」のことをゴモクバコと言っているそうである。

川に立っている杭などによって流れが中断したところに、わらくずとか水草の切れたもの、野菜の切りくずなどいろいろ汚いものがひっかかっていることがある。この川のごみ（生ごみ）の意味では、ゴモクの分布領域は中国・四国にも広がっている。

四国や奄美・沖縄に散在するアクタは古い語形で『万葉集』に「天なる姫菅原の草な刈りそねみなのわたか黒き髪に飽田（あくた）し著くも」（七・一二七七）と詠まれている。簡単に言えば「草刈なんかすると髪にごみがつくからよしなさい」という意味である。どんなごみか容易に想像できるだろう。

東北に見られるゴ（ン）ドは「ごみどころ」の変化した語形で、もともとはごみを捨てる場所を意味していたようである。

九州に見られるスボは、中国・四国・九州では「藁などを束ねて物を包んだもの」の意味で使われることが多い。納豆を包んでいる「藁づと」を思い出してもらいたい。『物類称呼』の「苞（つと）」の項にも「西国及四国ともに、すぼといふ」と記されている。つまり、スボは藁などの残りくずのようなごみのことである。

ごみ（掃除の対象―塵芥）

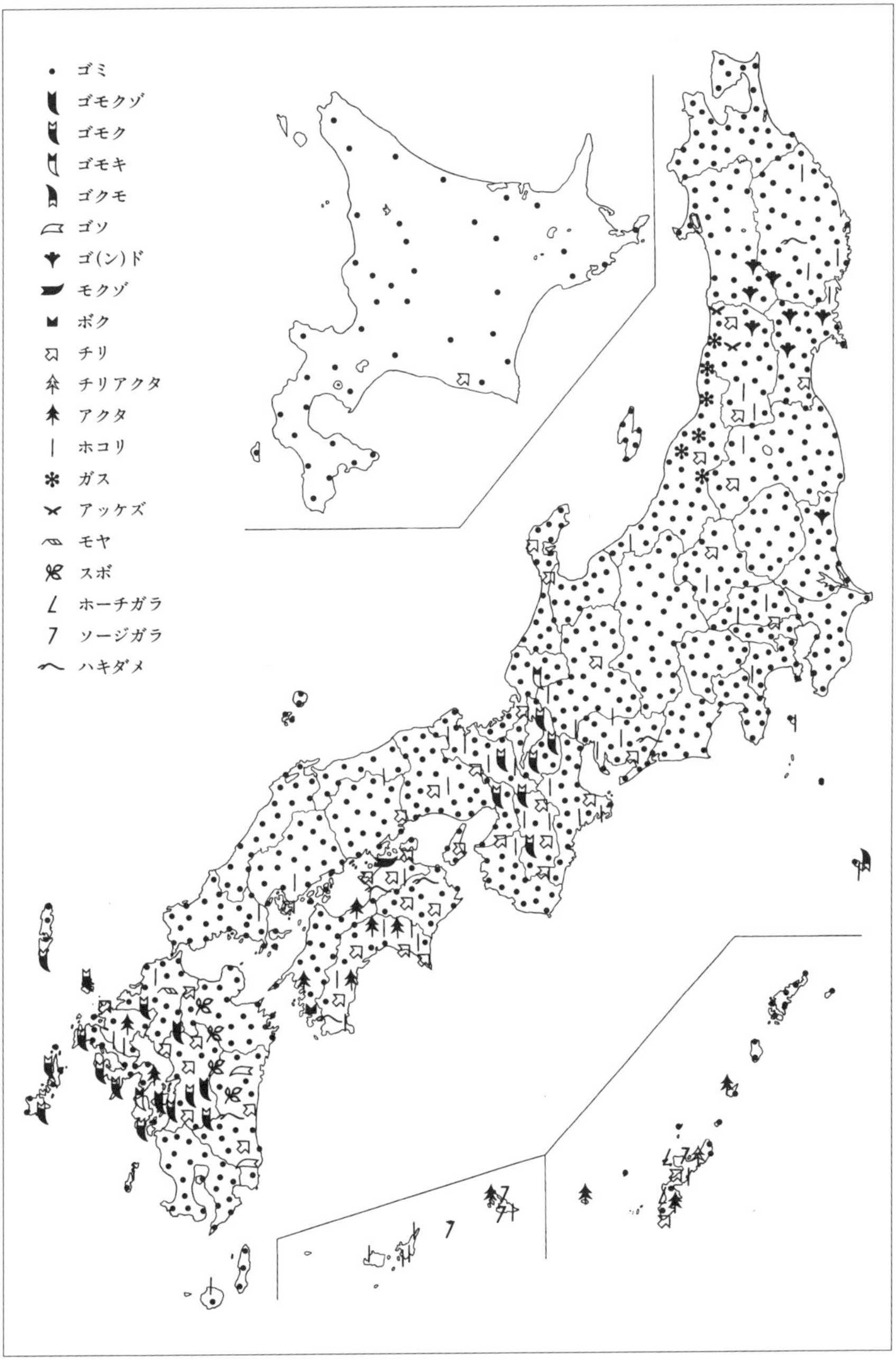

ゴミ
ゴモクゾ
ゴモク
ゴモキ
ゴクモ
ゴソ
ゴ(ン)ド
モクゾ
ボク
チリ
チリアクタ
アクタ
ホコリ
ガス
アッケズ
モヤ
スボ
ホーチガラ
ソージガラ
ハキダメ

ほこり（埃）

埃《ほこり》

ゴミ
スボ

南風烈しく吹きて、店へ**ごみ**おびたたしく吹き上げけるほどに（咄本・鹿の巻筆（1686）五・七）

この図は、「畳を起こして棒などでたたくと、中から細かい汚いものがもうもうと出てきます。何が出てくると言いますか」という質問文によって得た各地の表現を地図にしたものである。

さて、地図を見渡すとホコリが国の中央を含んで全国に広く分布し、ゴミが近畿・中部・東海・関東のホコリに分断された形で東西にまとまった分布を示している。「ごみ」の図（二一三ページ参照）と対照すると、東北地方や中国・四国・九州のかなりの地域で「ごみ」と「ほこり」を区別せずゴミと呼んでいることがわかる。この分布から、かつては両者を区別せずゴミと呼んでいたが、後に新表現のホコリが出現して「ほこり」の意味を担うようになったことが推定される。ホコリは動詞「ほこる」の名詞形であるが、新潟・愛媛・高知の方言では「ほこりが立つ」という意味でホコルを用いている。例えば高知では「街上（まち）がほこるきにしつ（打ち水）をうってください」のような表現をするそうだ。なお、「ほこり」の意のホコリが文献に現れるのは、「三体詩」の注釈書『三体詩幻雲抄』（一五二七）が最初らしい。

新潟北部に見られるガスは「糟（かす）」との関連も考えられるが、一方、「かすむ」や「かすみ」との関係も考慮される。特別の品種の「蟹」をガニと呼ぶ所が各地にあるが、これと類似の濁音化の現れであろうか。

九州東部のスボが分布する地域の一部では「ごみ」もスボと呼んで区別がないようである。岩手・茨城に点在するボサ・ボスは、スボの音位転倒によって生じた語形の可能性もある。

石川・富山・長野北部にチリが見られるが、この地域では「ごみ」もチリで区別がない。

215

ほこり（埃）

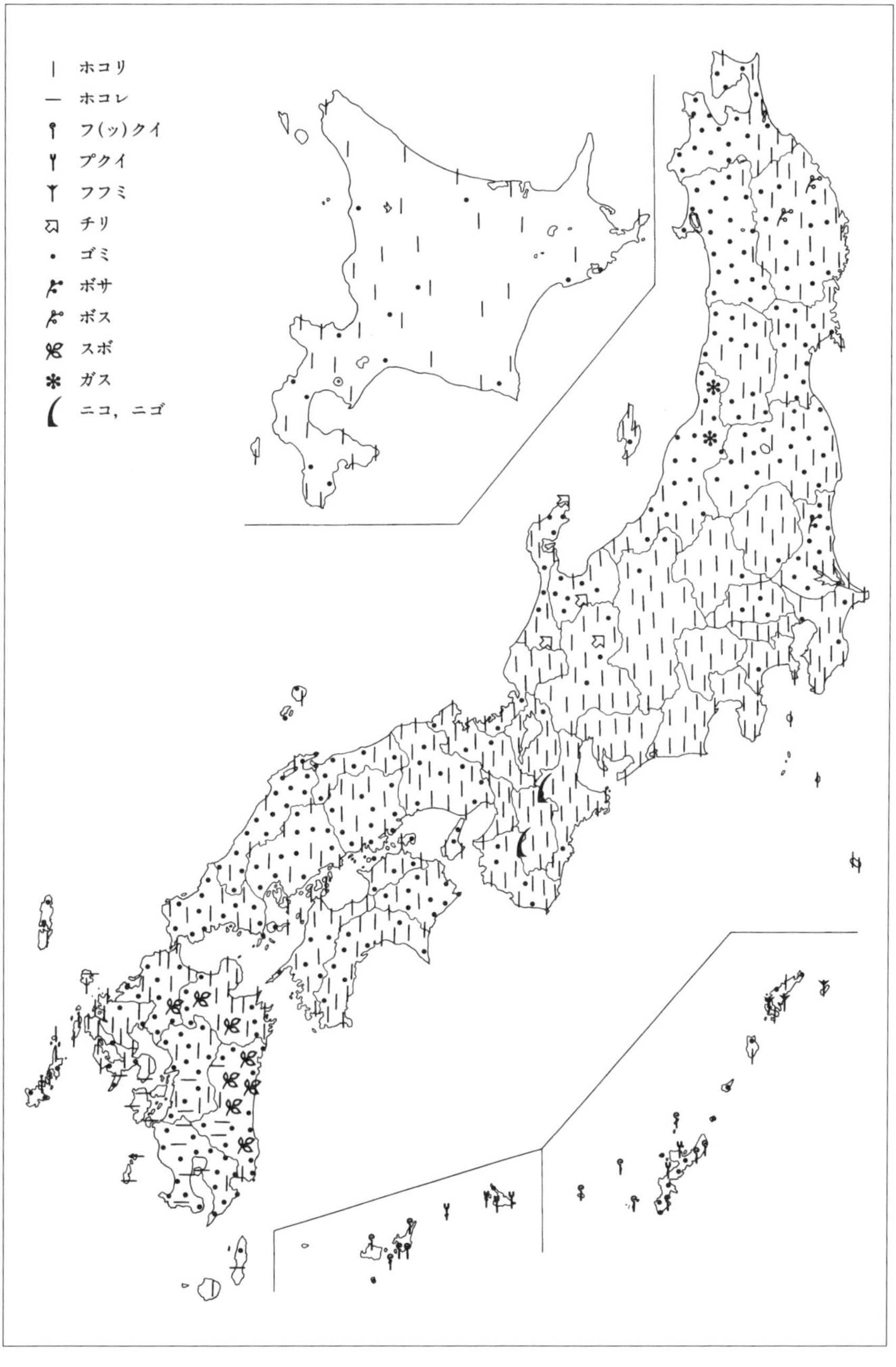
ホコリ
ホコレ
フ(ッ)クイ
プクイ
フフミ
チリ
ゴミ
ボサ
ボス
スボ
ガス
ニコ，ニゴ

田《た》 ―一区画

セマチ・マチ
タンナカ

田に**せまち**如何。〈略〉狭町也。さまちを**せまち**といへる也（名語記（1275）八）

この地図は、一枚一枚の田の名称を示したものである。タが広く分布しているが、中部・北陸および九州西部ではタンボやその他の語形が目立ち、タの分布は比較的希薄である。近畿・四国ではターのように長音化しているが、これらの地域では、「目」もメーとなり、単音節語が長音化する傾向がある。

西日本に見られるセマチ・マチの類は、平安期の辞書『和名抄』に「末知」とあり、「田区也」と説明されていることから、「田」の一区画を表す語形としては古いことがわかる。方言集によれば島根県には「上のまちがすんだら下のまちい手を入れよー」という表現があり、マチが一枚一枚の田の意味として使われていることがわかる。また、兵庫県では「一まち、二まち」と、区切った田んぼを数える単位としても用いられている。「催馬楽」の「桜人」にも「その舟ちぢめ、島つ田を十万知（まち）つくれる」のように歌われており、用法としては平安時代の初期頃からあったようである。

八丈島・四国にわずかに見られるキレも「ひときれ、ふたきれ」というように「田」を数えるときの単位としても使うようである。島根・鳥取に分布するクボも、岡山では田の数を数える際の単位として使っている。このクボは低地の意味で使う地域が多く、「田」が低地に多いことから、意味が転用されたのであろう。

秋田・岩手に点在するタッコは「根」をネッコというのと同様、指小辞（接尾語の一種で、ある語に付加し、「小・可憐・親愛」あるいは「軽侮」の意を添えるもの）の「コ」がついた語形であろう。

瀬戸内海の周防大島や四国西部の海岸部にダンという語形が見られるが、これらの地域の人々は「段々になっている田なので、その一枚一枚をひとだんという」と意識しているようである。そういえば、これらの地点は傾斜地に耕地がありそうなところばかりである。

た（田）──一区画

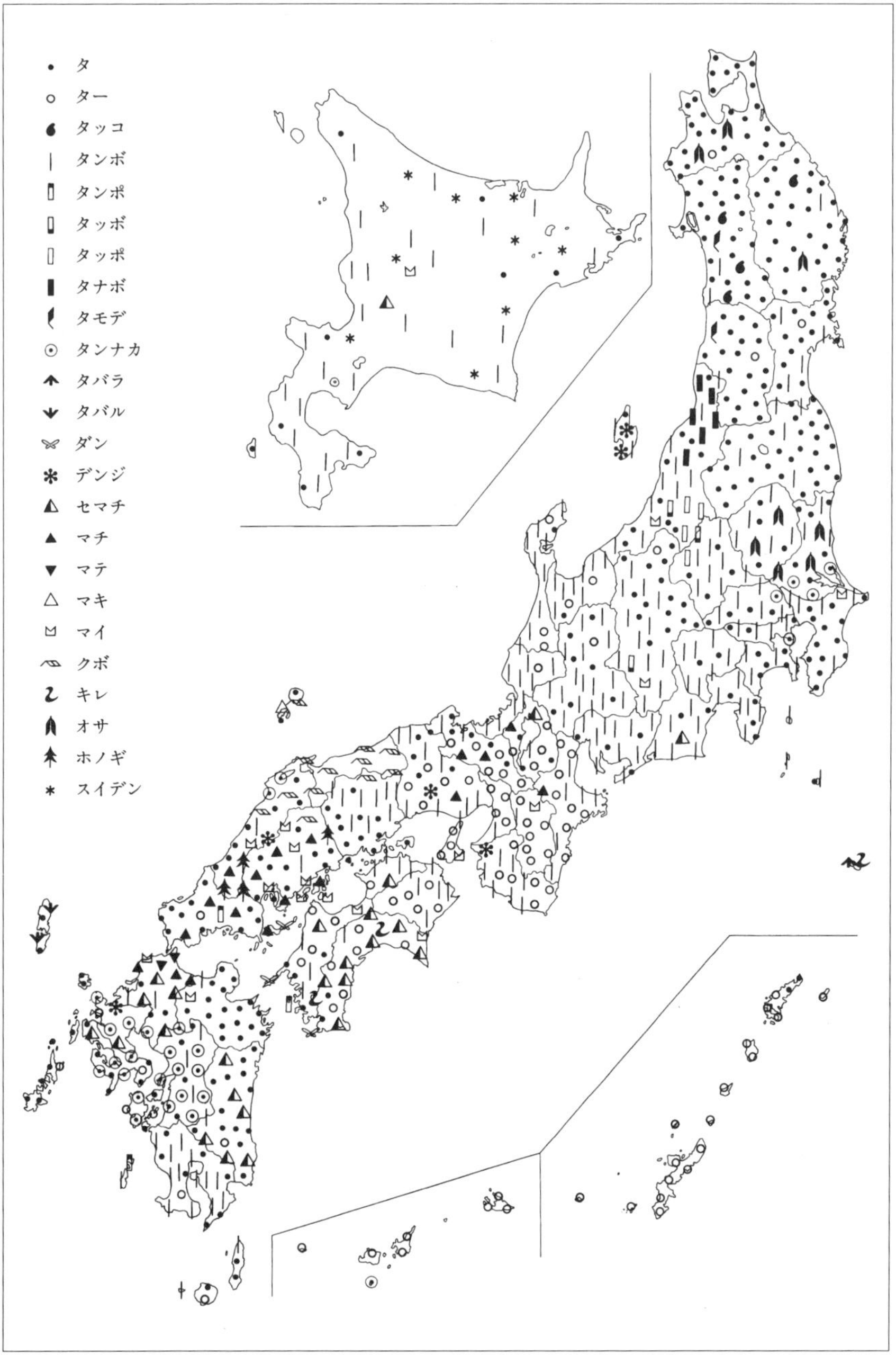
タ
ター
タッコ
タンボ
タンポ
タッボ
タッポ
タナボ
タモデ
タンナカ
タバラ
タバル
ダン
デンジ
セマチ
マチ
マテ
マキ
マイ
クボ
キレ
オサ
ホノギ
スイデン

あぜ（畦）

畦《あぜ》

ア
クロ
アグロ
アブシ

天照大御神の営田《つくだ》の阿《あ》〈此の阿の字は音を以ゐよ〉を離ち、其の溝を埋め（古事記（712）上）

全国を大観すると、クロは関東の西側以北・九州・福井のほか、地図では省略されているが紀伊半島南部などにも分布し、西日本中心のアゼを取り囲むように分布している。したがって、クロの方が古く伝播した語であるように見える。一方、文献を見ると、右のようにアという語形が最も古く使われている。地図にはアという単独形では見られないが、北海道松前のアグロはこのア＋クロであり、琉球全域に及ぶアブシはア＋フシ（縁あるいは節か）と考えられるから、クロよりも更に周辺部にアが分布していることになる。つまり、地図ではア～↓クロ↓アゼの順での伝播が読み取れる。アゼは、ア＋セ（瀬あるいは背か）とも、「校倉」のアゼ、「あざなう」のアザのように、本来は縦横に通った線を指したものともいわれている。文献でクロとアゼを見ると、まずクロが九世紀初めの『岩淵本願経四分律平安初期点』にアと並んで使われ、一方アゼは、やや遅れて『和名抄』にクロと併記されて現れる。すなわち、文献でもア↓クロ↓アゼの順であり、方言分布による解釈と一致し、きれいな周圏分布をなしていることになる。

ところで、この調査の質問文は「こういう田の境のことを何と言いますか。小さな土手のようになっています」というもので、簡単な絵が添えられている。「田の境」と聞いているが、実際の答えでは、地域ごとに、地形・用途・製法あるいは指し示す箇所によって、様々な区別をしている場合が少なくない。特にアゼとクロの併用地域では、アゼは田に、クロは田にも畑にも使うというところが多い。クロは、田畑両方に使われ、地方によって縁・へり・隅などの広い意味をもち、複合語も多いことから、特に稲作ということにかかわらず、古くから広く使われていた語であり、それに対してアゼは、稲作の普及と共に田の境に限定された語として西日本から東日本へと伝播していった語であるとも考えられる。

あぜ（畦）

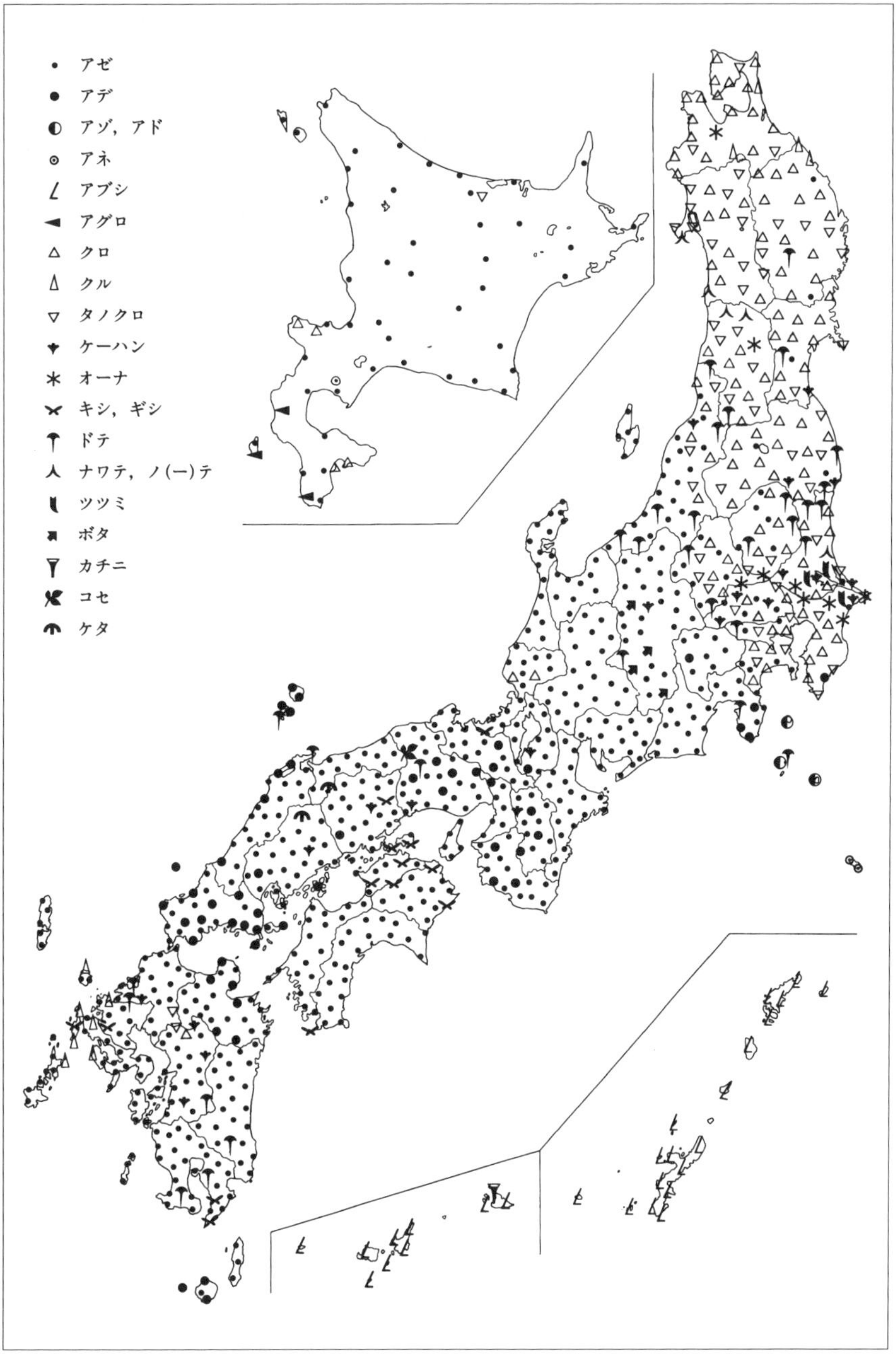
アゼ
アデ
アゾ，アド
アネ
アブシ
アグロ
クロ
クル
タノクロ
ケーハン
オーナ
キシ，ギシ
ドテ
ナワテ，ノ(ー)テ
ツツミ
ボタ
カチニ
コセ
ケタ

幾《いく》ら（＝値段）

ナンボ（一）
ドシコ

何ぞ買て入合せをせうかい、此茄子は**なんぼ**する
（滑稽本・浮世風呂（1809–13）四・中）

物の値段をたずねるときの「これ、なんぼ？」という表現は、東京の人間にとってはすぐに大阪を連想するほど関西弁というイメージが強い。江戸期の大阪弁を江戸弁と対比しながら記述した『浪花聞書』（一八一九）にも「何（なん）ぼじゃ。物の価を問尋時の言葉。江戸で幾等（いくら）だといふこと也」とある。しかし、日本全国を見渡すと、ナンボは西日本だけでなく、北海道・東北にまで広く分布していることがわかる。青森県の民謡「津軽じょんがら節」の歌詞にも出て来るほど東北地方では一般的な語形である。

熊本・鹿児島に分布するドシコの「シコ」は「〜だけ」に対応する語で、「言うしこ言わせておけ」のような使い方をする。ドシコは「どれだけ」の意味である。熊本県南部は、イクラ・ナンボ・ドシコの混在地域であるが、この地域ではイクラよりもナンボの方を上品な、あるいは共通語的なことばと意識しているという調査結果がある。これは京阪神を中心に西日本一帯に勢力を持つナンボが、いわゆる地域共通語として意識されているためと考えられる。

イクラは『万葉集』に「年月も伊久良母（いくらも）あらぬに……」（一七・三九六二）と出て来るように古い語形であるが、値段を表すようになるのは物を売買するという行為が生活と密接にかかわってくる時代になってからのことであろう。

個数をたずねるときの「いくつ」を表す語形と比べると、値段をイクラという地域のうち、関東・中部・紀伊半島では、個数をイクツといって区別し、山梨や福岡・大分の一部では、値段をナンボ、個数をイクツといって使い分けている。一方、値段と個数を区別しない地域も多く、西九州ではイクラ、北海道・東北・近畿・東九州ではナンボ、熊本・鹿児島はドシコが両方の意味に使われている。

221

いくら（幾）（＝値段）

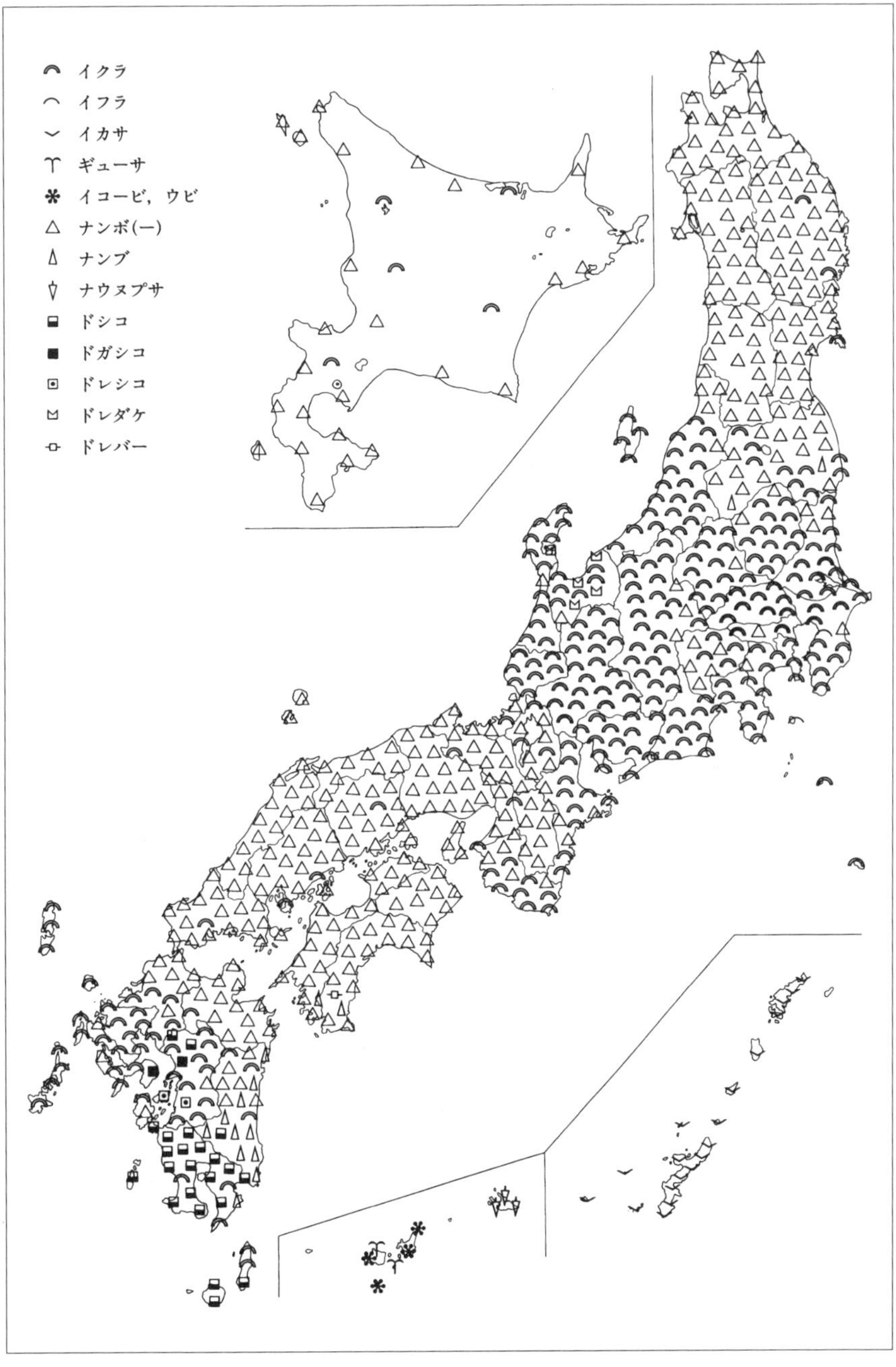
イクラ
イフラ
イカサ
ギューサ
イコービ，ウビ
ナンボ(ー)
ナンブ
ナウヌプサ
ドシコ
ドガシコ
ドレシコ
ドレダケ
ドレバー

まわた（真綿）

真《ま》綿《わた》

ネバ（ワタ）
ネバシ（ワタ）
ネバリ（ワタ）
ヒキワタ

しらぬひ筑紫の綿《わた》は身につけて未だは著《き》ねど暖けく見ゆ〈満誓〉（万葉集（8C後）三・三三六）

「まわた」とは、蚕から採った絹で作ったわたである。この絹から作られる「まわた」が、日本古来ものである。現在では「わた」といえば、木綿のものが一般的であるが、木綿が日本に入ってくるのは七九九年のことで、一般に木綿わたが実用化されるのは、一六世紀以降まで待たなければならない。ゆえに、『万葉集』において「わた」とあるのは当時としては絹の「まわた」のことであり、「まわた」という語形が「真・綿」という語構成であるのは、後世に伝わってきた木綿の「わた」に対してのものであることは、歴史的な背景に照らし合わせて故あることなのである。

左ページの地図には見られないが、この地図のもとになった『日本言語地図』で見ると岩手・山形・岐阜・熊本・沖縄に「まわた」を指すワタが見られる。これらの地域のワタには、地域の性格も考え合わせると、古い用法を残しているものもありそうだ。

ヒキワタが南東北の太平洋側と宮崎・鹿児島に分布を見せ、ネバシ（ワタ）も東北地方と九州というように、それぞれ周圏的な分布を示している。ヒキワタのヒキは「引く」と、ネバシ（ワタ）のネバシは「粘り」と関連し、いずれも弾力性を指しているのであろう。東北南部では糊で張り付けることをネバス・ネパスという。これなども関連があろう。このヒキワタとネバシワタの歴史的な新古関係であるが、東北地方のネバシ（ワタ）が日本海側からの北上を思わせる分布を見せ、また九州でのヒキワタの勢力の弱さを考慮すると、ヒキワタの方が古いものであろう。

「真綿で首を絞める」という表現があるが、方言集によると、長崎県の対馬では「ねばしわたで首をしめる」というそうだ。

223

まわた（真綿）

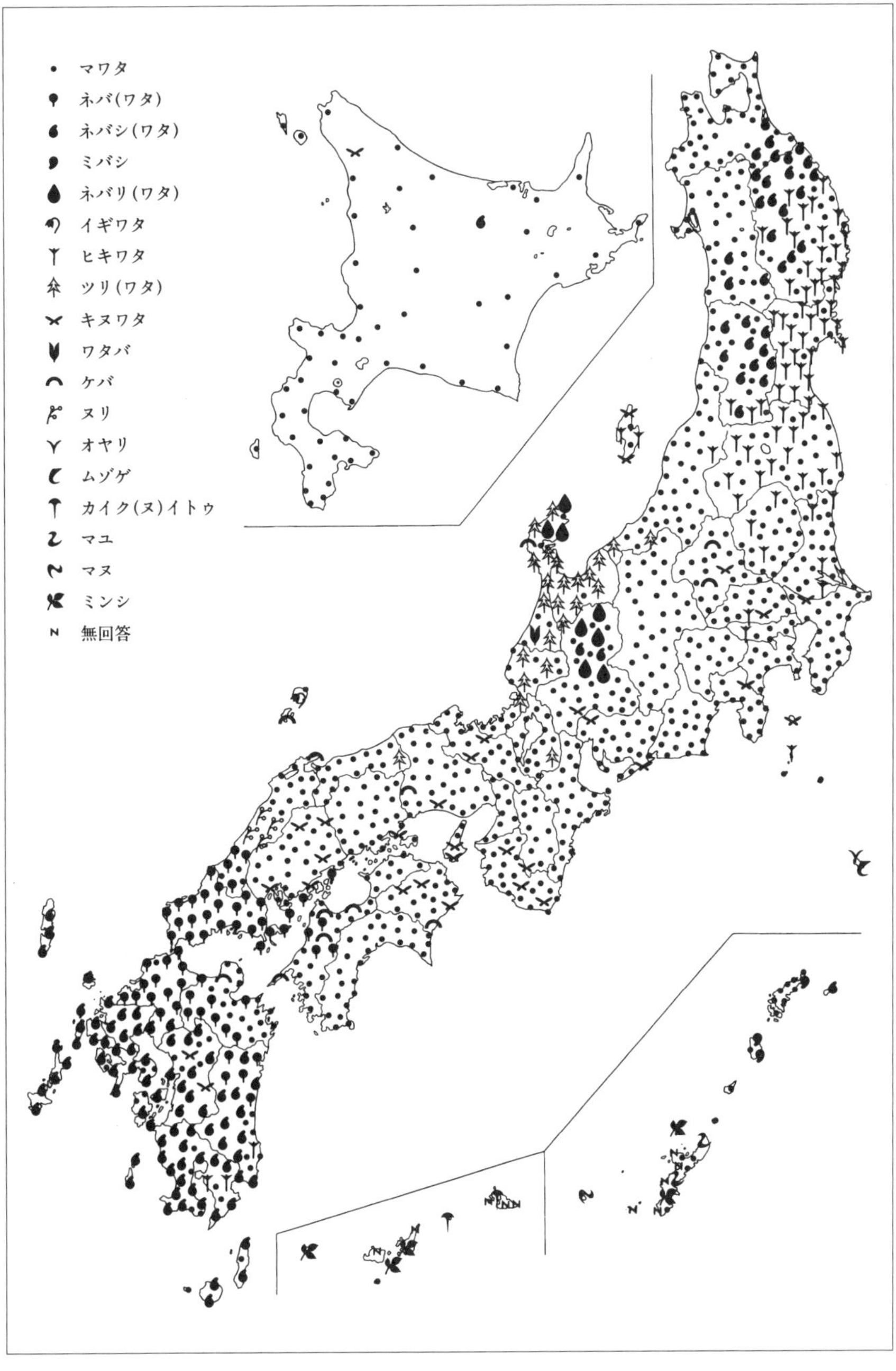
マワタ
ネバ(ワタ)
ネバシ(ワタ)
ミバシ
ネバリ(ワタ)
イギワタ
ヒキワタ
ツリ(ワタ)
キヌワタ
ワタバ
ケバ
ヌリ
オヤリ
ムゾゲ
カイク(ヌ)イトゥ
マユ
マヌ
ミンシ
無回答

大《おお》きい

イカイ
デカイ
フトイ

いかひ音してとふもうるさし　忍び来る人のさはりや番太良〈興杜〉（俳諧・鷹筑波集（1638）四）

標準語では、物の形を他と比べて表現するときに「箱が大きい」「棒が太い」「網目が粗い」のように対象によって語形を区別する。ところが、方言の世界では、この三つの意味分野を区別せずに、同一の語形で表現する地域がある。また、「大きい」「太い」対「粗い」、「大きい」対「太い」「粗い」という二つの区別しかしない地域もある。

オーキー類は広い地域に見られるが、このうち中国・愛媛・九州東部・山形・新潟・伊豆諸島の大部分では、「太い」「粗い」もオーキーと言っている。

デカイは、イカイに「どまんなか」「どえらい」などの強調の「ど」がついたドイカイから変化した語形ともいわれる。このデカイ・イカイの分布する地域のうち、新潟南部・北陸及び関東の一部では「太い」もデカイ・イカイで区別がなく、中国西部では三つの意味分野を区別しない。なお、地域によっては、デカイとイカイを併用しているところもあり、こうした地域では強調した表現の場合にデカイを用いて使い分けているようである。また、デカイを普通の「大きい」の意味で使用している地域では、強調した際の表現としてドデカイという語形を生み出している。

フトイ類は中国・四国の西部から九州全域にかけて見られる。これらの地域では「太い」「粗い」も区別せずフトイ・フトカなどと言っている。ただし、九州では「粗い」を意味するアライとフトイが対等の勢力で分布しており、「大きい」「太い」対「粗い」という区別の地点も混在している。

奄美・沖縄の「ウプ」や「ウフィ」は、「大（おほ）」に対応する語形である。これらの地域では「大根」のことを古語の「おほね」に対応させてウプニ・ウフニと言っている。

225

おおきい（大）

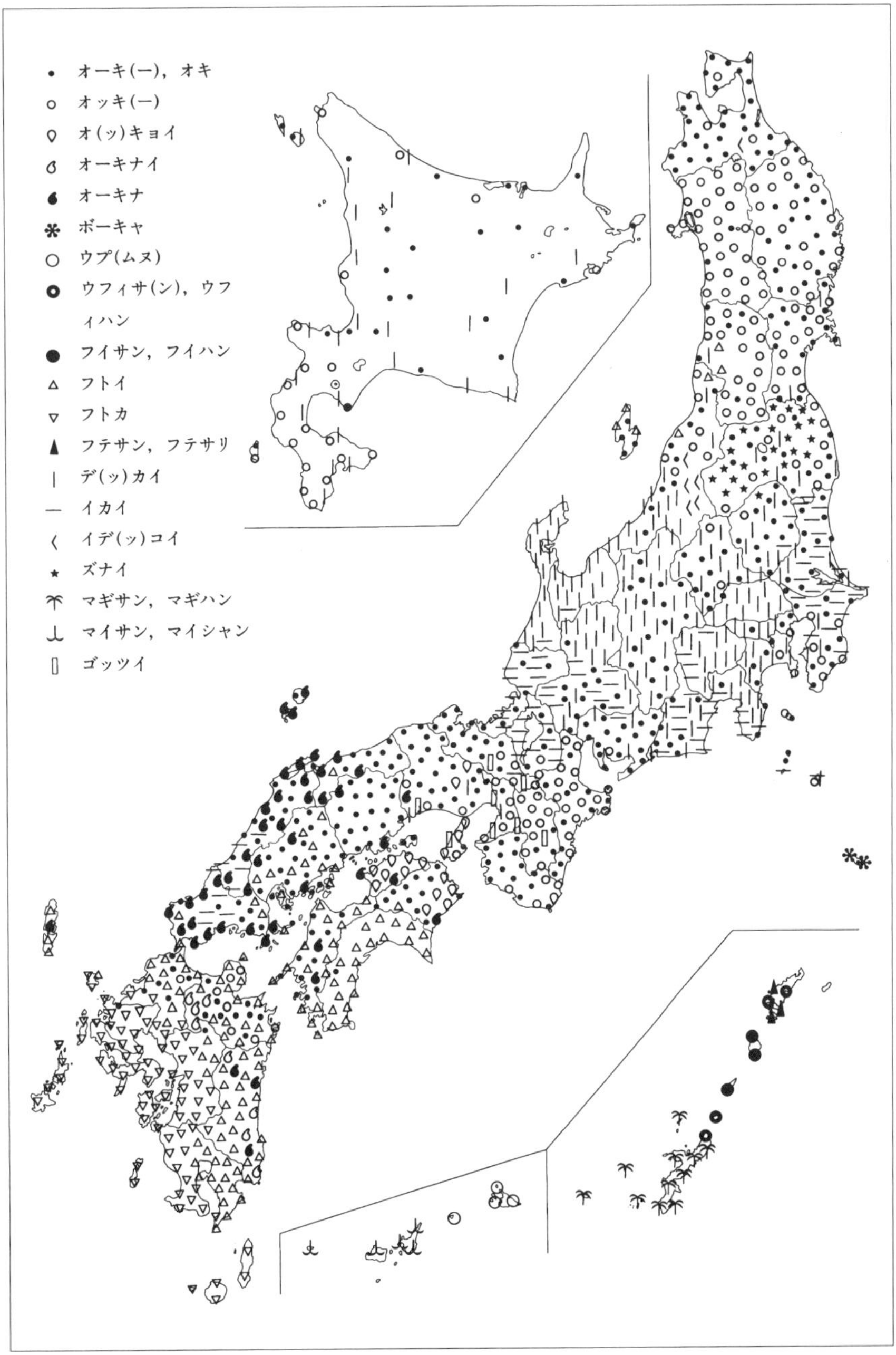
オーキ(ー)，オキ
オッキ(ー)
オ(ッ)キョイ
オーキナイ
オーキナ
ボーキャ
ウプ(ムヌ)
ウフィサ(ン)，ウフィハン
フイサン，フイハン
フトイ
フトカ
フテサン，フテサリ
デ(ッ)カイ
イカイ
イデ(ッ)コイ
ズナイ
マギサン，マギハン
マイサン，マイシャン
ゴッツイ

小《ちい》さい

コマイ
チッチャイ
ホソイ

とさんとさんあの**ちっちゃい**唐子が壺わってゐるゑんまは何ぢゃ（咄本・滑稽即興噺（1794）五）

前ページで「大きい」の分布を見たが、対の意味となる「箱が小さい」「棒が細い」「網目が細かい」も、標準語と方言では、意味分野の区別の仕方が異なっている。

全国を概観すると、兵庫を境に、東のチーサイ類と西のコマイ類に大きく分かれ、そのほか、山陰・高知・九州北部にホソイ類が分布していることがわかる。

チーサイ類が分布する大部分の地域では、語形の違いによって「細い」や「細かい」と意味の区別をするが、それ以外の語類の分布する地域では、「小さい」の意味と「細い」や「細かい」の意味とを同一語形によって表現することが多い。

山陰・高知・北九州に分布するホソイ類と、それらの周囲に分布するコマイ類の地域では、「小さい」「細い」「細かい」の意味分野を区別しない。ただし、コマイは、東北地方では「細かい」の意味に限定して使われる。「細かい」の意味でのコマイは東北および中国以西に分布し、中央部にコマカイが分布することからコマイが古い語形と考えられる。古くは近畿でも三つの意味を区別せずコマイと言った時期のあった可能性もある。

静岡に見られるコスイは、近世の俳諧に「年のくれ互にこすき銭づかひ」（『炭俵』下）と詠まれているように「けち」とか「金銭に細かい」という意味で用いられる地域も多い。「こすい犬」という表現を見るとあわててしまう。

なお、奄美・沖縄では「小さい」と「細い」は同じ語形を用いる地域が大部分であり、「小さい」「細い」対「細かい」の傾向が認められる。これは、「大きい」「太い」対「粗い」という意味の対立と平行的である。

227

ちいさい（小）

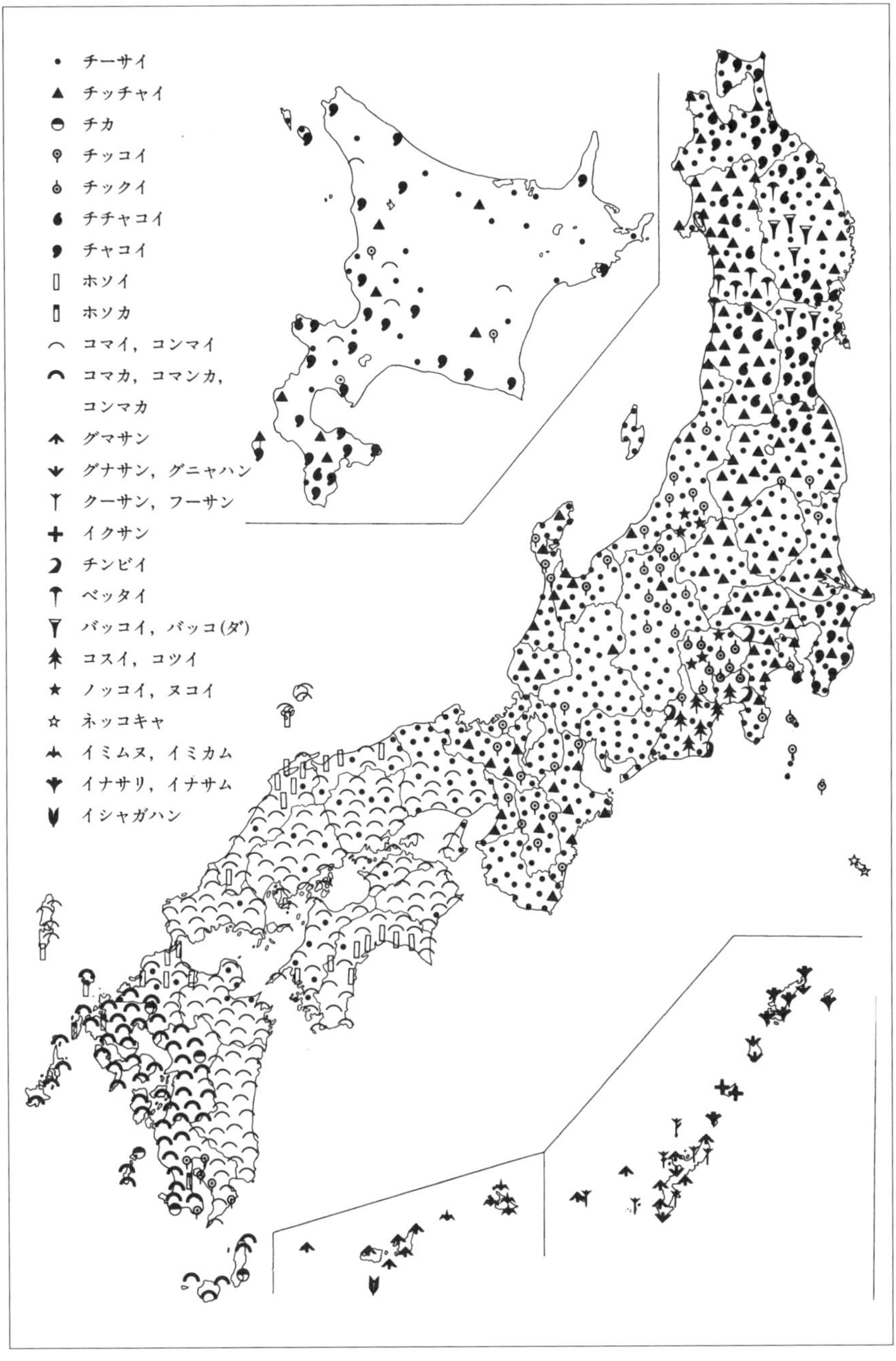
チーサイ
チッチャイ
チカ
チッコイ
チックイ
チチャコイ
チャコイ
ホソイ
ホソカ
コマイ，コンマイ
コマカ，コマンカ，
コンマカ
グマサン
グナサン，グニャハン
クーサン，フーサン
イクサン
チンビイ
ベッタイ
バッコイ，バッコ(ダ)
コスイ，コツイ
ノッコイ，ヌコイ
ネッコキャ
イミムヌ，イミカム
イナサリ，イナサム
イシャガハン

アカイを“明るい”の意味で使うか

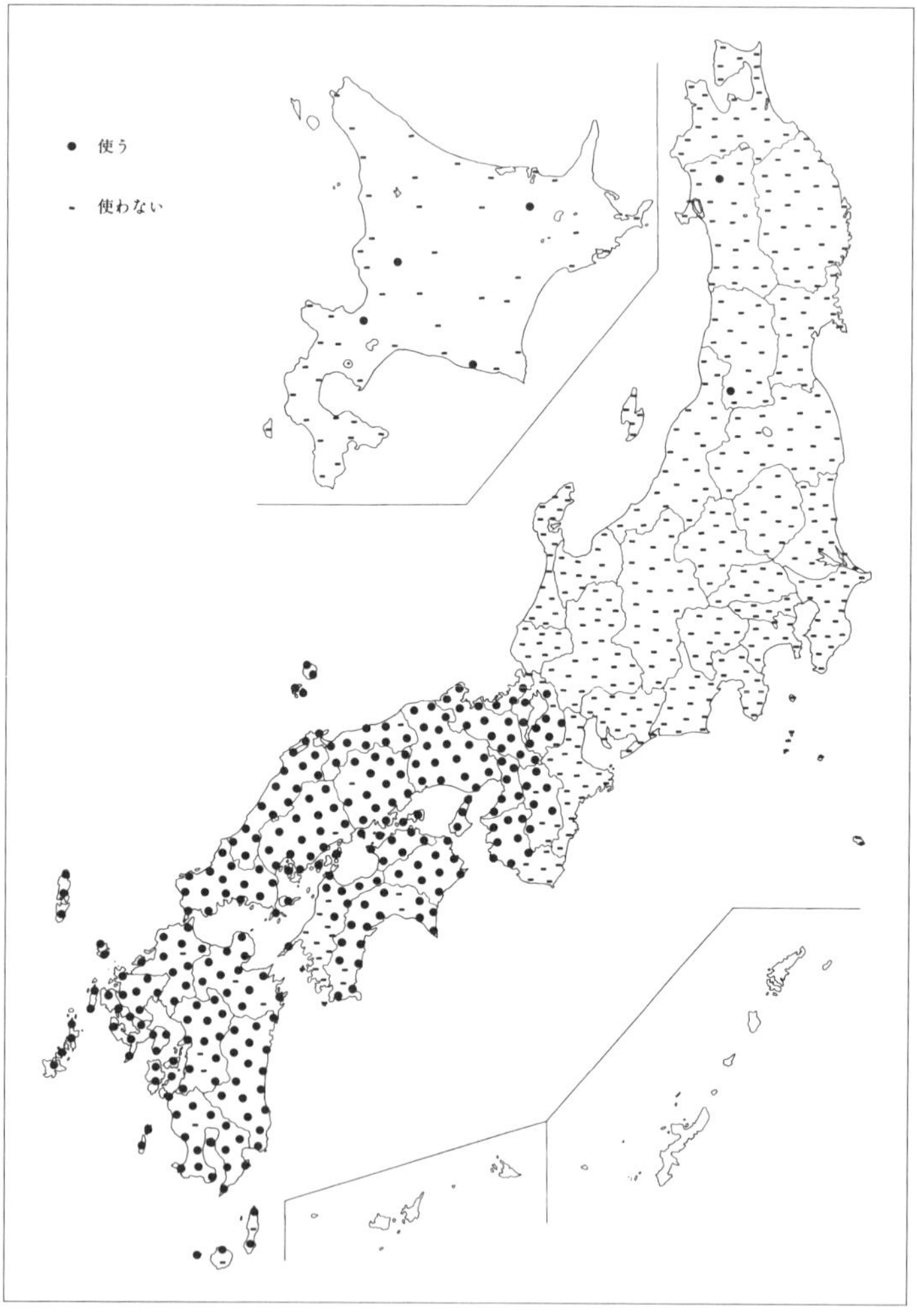

アカイを〝明るい〟の意味で使うか

古典などによって、古い中央日本語では、「明るい」の意味としてアカイという語形が用いられていたことが知られるが、現代の方言でも、福井県若狭地方、滋賀県、奈良県北部以西の西日本に「明るい」の意味でのアカイが認められる。したがって、これらの地域では「赤い」と「明るい」とを区別しないわけである。三重、岐阜あたりから東の地域では「赤い」をアカイ、「明るい」をアカルイとして区別する。ちなみに、山形と秋田にも使用地点が存在するが、このアカイはアカルイがアカリイ、そしてアカイとなったもののようで、これらは対象から外すべきである。

あらい（粗）

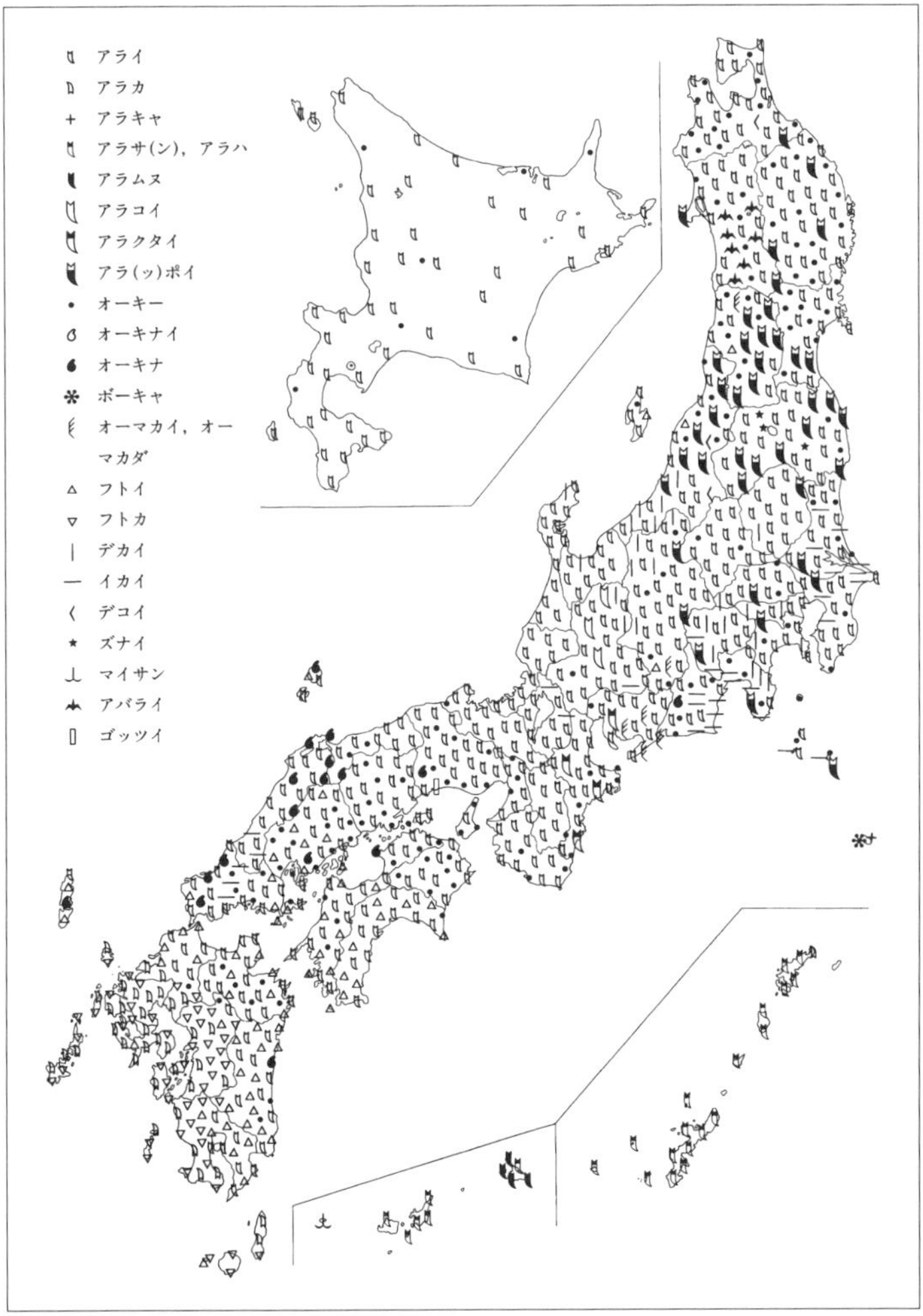
アライ
アラカ
アラキャ
アラサ(ン)，アラハ
アラムヌ
アラコイ
アラクタイ
アラ(ッ)ポイ
オーキー
オーキナイ
オーキナ
ボーキャ
オーマカイ，オーマカダ
フトイ
フトカ
デカイ
イカイ
デコイ
ズナイ
マイサン
アバライ
ゴッツイ

粗《あら》い

ここでは網の目の粗さを表現する形式の分布模様が示されている。アライの類が全国的に存在する。そのうち、アラコイは岐阜に、アラクタイは愛知と三重に、アラッポイは東日本にそれぞれ散在している。一方、オーキーの類が九州東部と中国・四国、そして東日本の全域に点在している。また、フトイの類が瀬戸内海西半から九州西部に点在している。したがって、これらは「大きい」や「太い」を表現する形式の地図と対照して見るべきであろう。なお、静岡や千葉・茨城にはイカイがあり、秋田南部ではアバライという語形が集中的な分布域を形成している。

おつり（御釣）

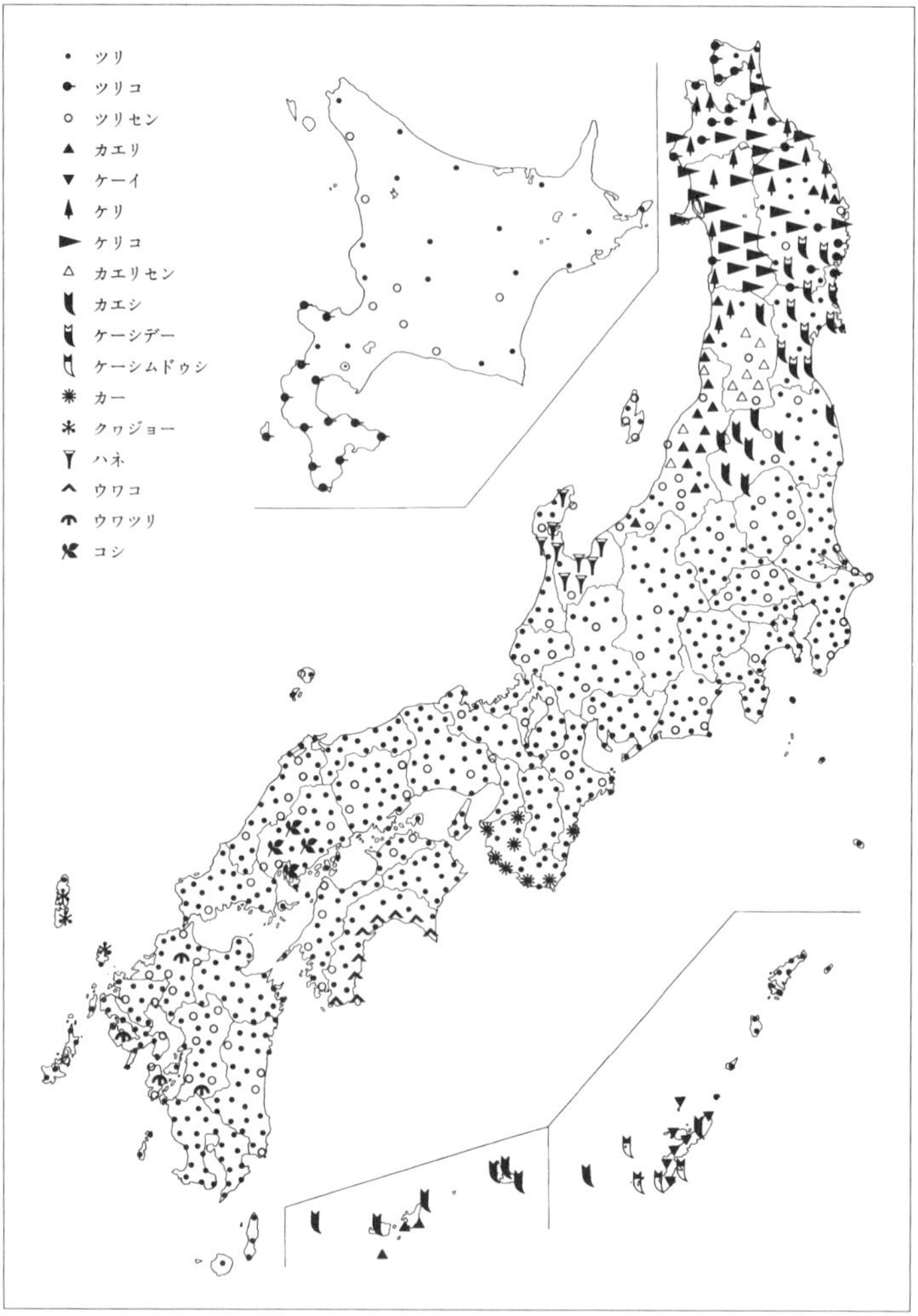

御《お》釣《つ》り

全国的にツリの類が使われている。その内部は、接尾辞コが付くかどうか（北海道・東北）、センが付くかどうか（各地）などである。東北と沖縄にはカエリ・カエシの類が分布している。カエリとカエシは自動詞と他動詞の違いである。東北ではこの二つが地理的に分かれて存在している。カエシにモドシの類が付くのは沖縄本島南部である。なお、和歌山のカーは漢語の「過」のようであり、壱岐・対馬にも「過剰」に対応する語形が存在する。その他としては、ハネ（富山・石川）、ウワコ（高知）、ウワツリ（九州西北部）、コシ（広島）などが特徴的なものである。

ふとい（太）

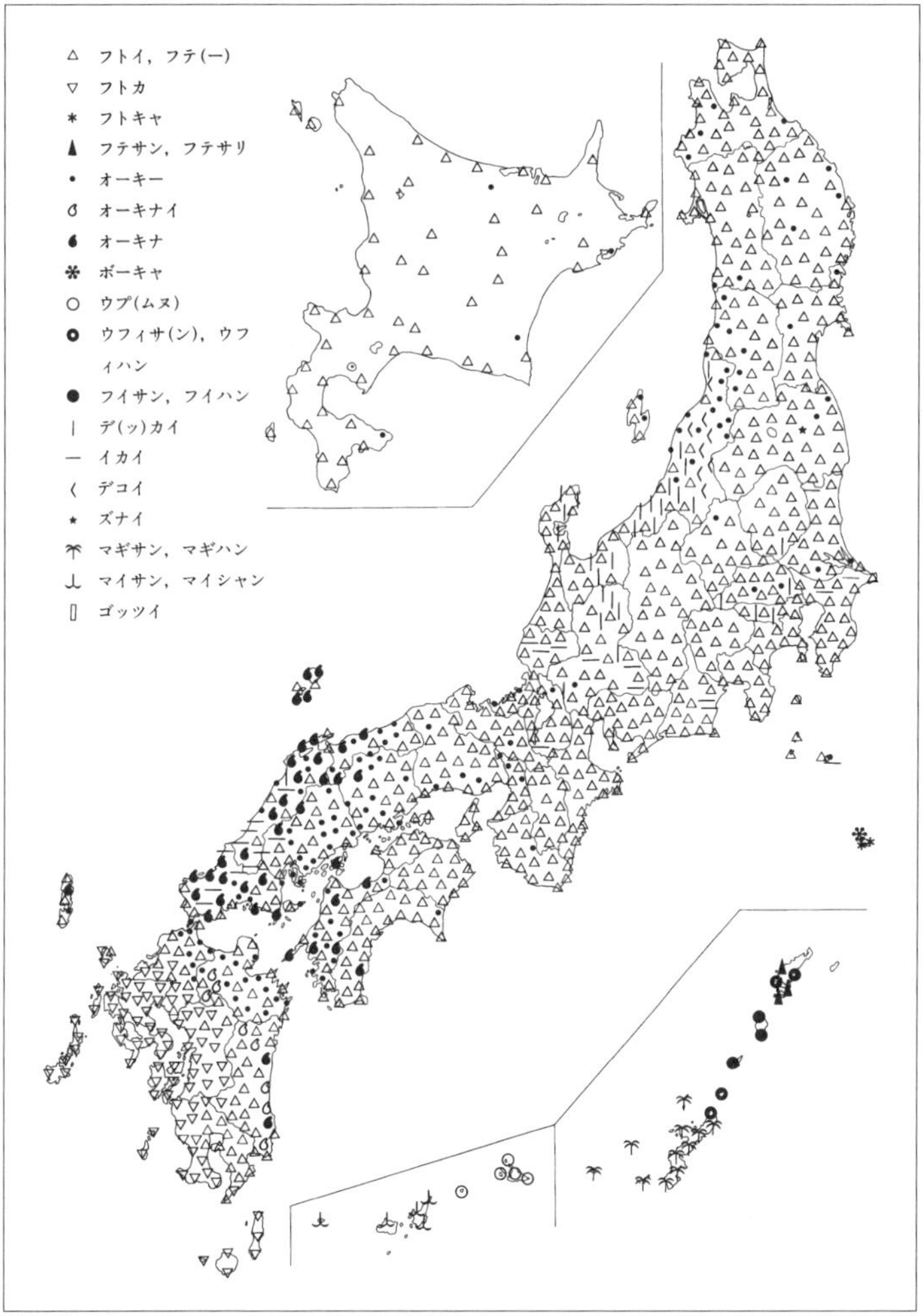
フトイ，フテ(ー)
フトカ
フトキャ
フテサン，フテサリ
オーキー
オーキナイ
オーキナ
ボーキャ
ウプ(ムヌ)
ウフィサ(ン)，ウフィハン
フイサン，フイハン
デ(ッ)カイ
イカイ
デコイ
ズナイ
マギサン，マギハン
マイサン，マイシャン
ゴッツイ

太《ふと》い

太い棒と細い棒を比べる質問によって得られた回答を描いたものである。フトイの類が全国的に分布する。一方、オーキーの類は中国・四国の西部、九州東部のほか、山形、新潟、伊豆諸島などに分布している。デカイ・イカイの類は、北陸、関東などに散在している。沖縄本島と八重山にはマギサンの類が分布している。なお、「大きい」を表現する形式の地図（三五ページ参照）と比較対照されたい。西日本においては「大きい」と「太い」を表現する語形がほとんどの地点で一致する。すなわち、この地域では両者の意味の区別がなされてはいないわけである。

とりおどし（鳥威）

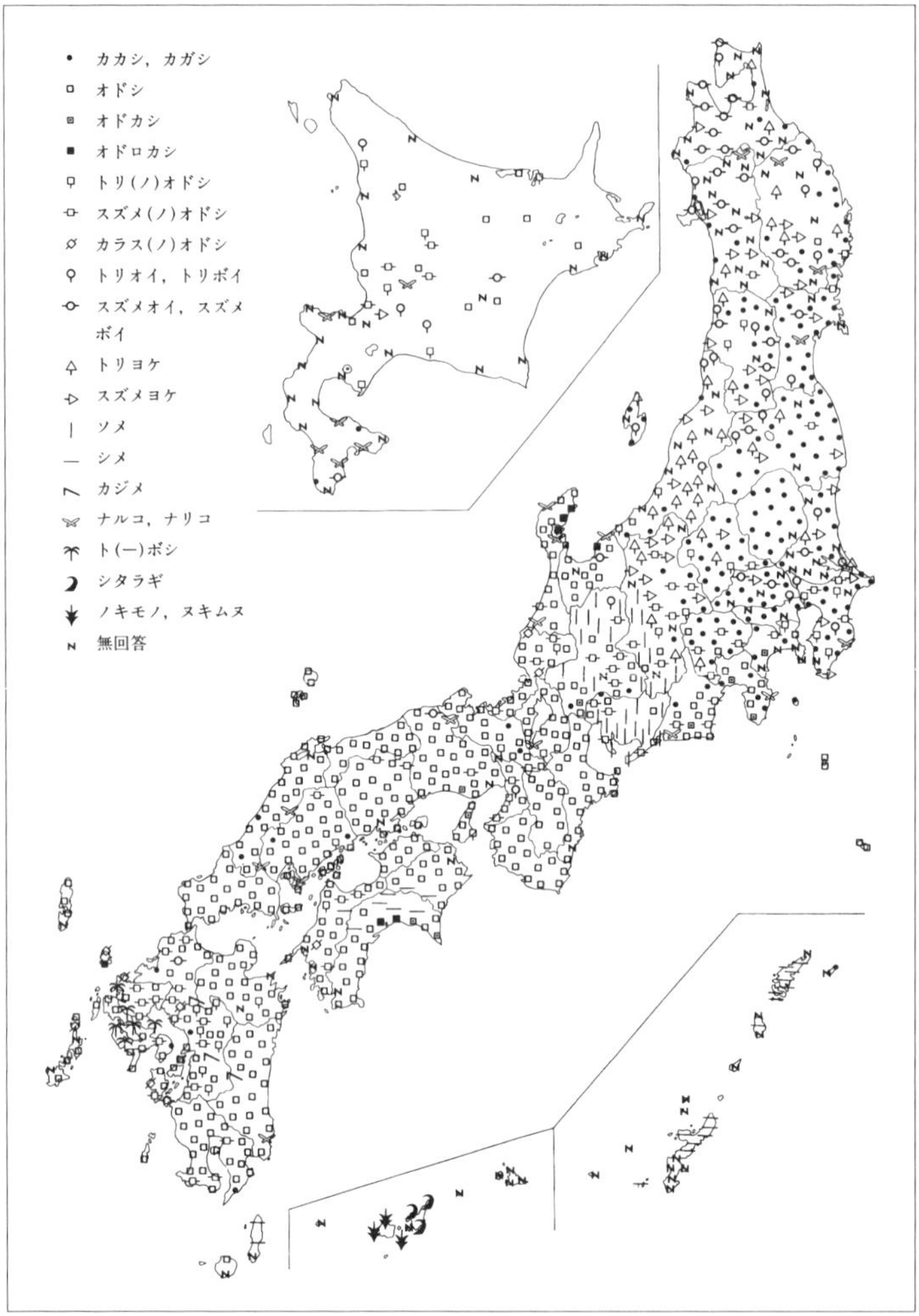
カカシ，カガシ
オドシ
オドカシ
オドロカシ
トリ(ノ)オドシ
スズメ(ノ)オドシ
カラス(ノ)オドシ
トリオイ，トリボイ
スズメオイ，スズメボイ
トリヨケ
スズメヨケ
ソメ
シメ
カジメ
ナルコ，ナリコ
ト(ー)ボシ
シタラギ
ノキモノ，ヌキムヌ
無回答

鳥《とり》威《おどし》

田畑で、鳥獣を追い払うために用いられる道具一般を表現する形式の分布である。そのうちの特定称である「かかし」の表現形については次ページを参照されたい。西日本ではオドシが安定した形で分布している。それに対して東日本ではさまざまな語形が錯綜して分布している。岐阜・愛知にはソメが集中する。関東にはカカシが比較的濃く分布しているが、無回答の地点も多い。「かかし」の図と対照して考えると、どうも東日本では人の形をした「かかし」が基本的で、ひらひらしたものなどで鳥獣を追う「とりおどし」一般はあまり用いられなかったようである。

かかし（案山子）

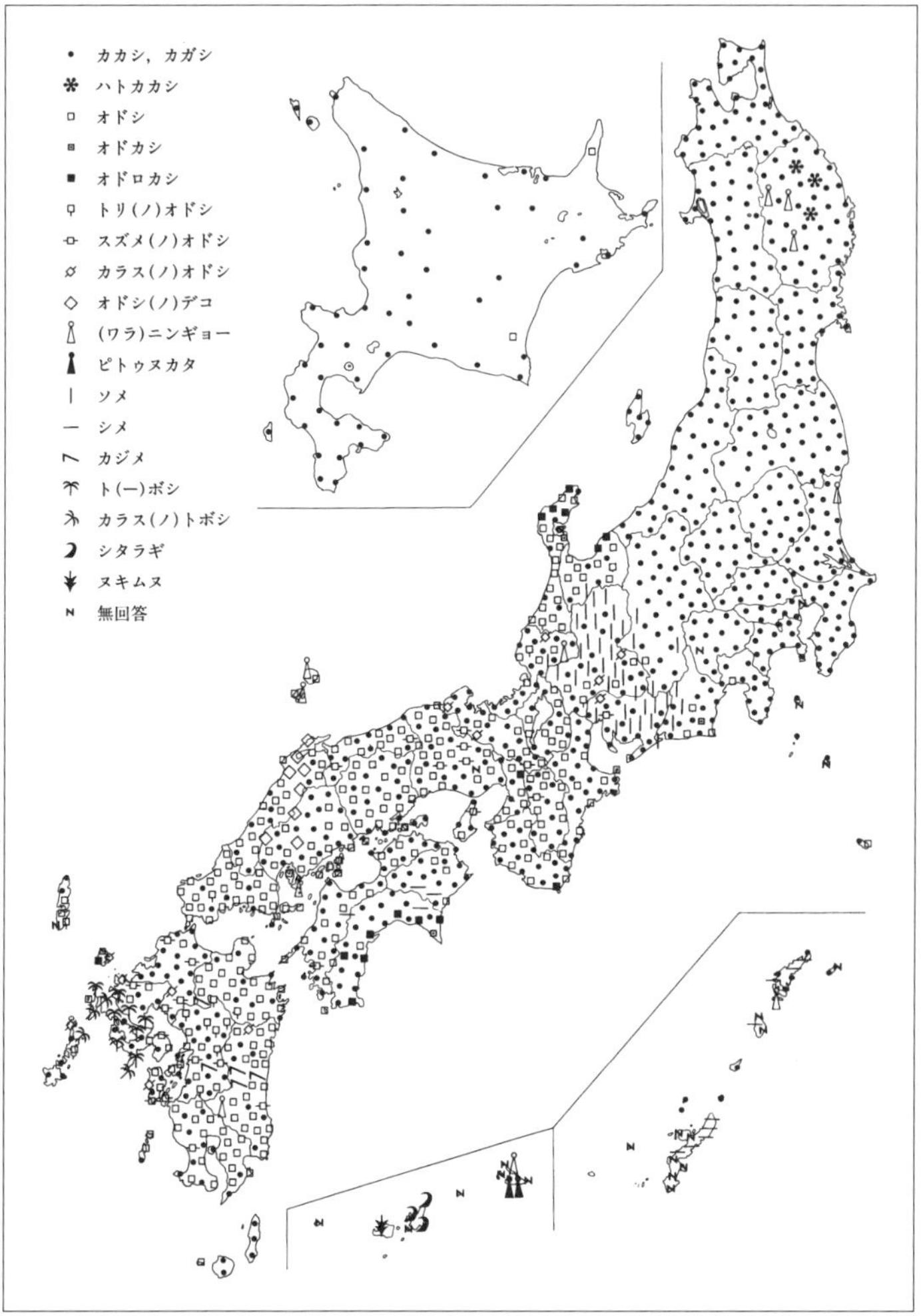
カカシ，カガシ
ハトカカシ
オドシ
オドカシ
オドロカシ
トリ(ノ)オドシ
スズメ(ノ)オドシ
カラス(ノ)オドシ
オドシ(ノ)デコ
(ワラ)ニンギョー
ピトゥヌカタ
ソメ
シメ
カジメ
ト(ー)ボシ
カラス(ノ)トボシ
シタラギ
ヌキムヌ
無回答

案《か》山《か》子《し》

東日本ではカカシが安定した形で分布している。それに対して西日本ではオドシとカカシ類が錯綜して分布している。その相関を前ページ「とりおどし」の分布図と比較してほしい。東日本のカカシが西日本に波及し、オドシの分布のすきまに侵入したものと考えられる。なお、岐阜・愛知周辺にはソメが分布している。北陸・近畿以西の地域では、一般称の「とりおどし」と人の形をした「かかし」とは語形の上で区別せず、オドシと言っていたのではなかろうか。人形形式は、むしろ西日本では本来的なものではなく、関東から移入されたもののようである。

カドを“前庭―仕事場”の意味で使うか

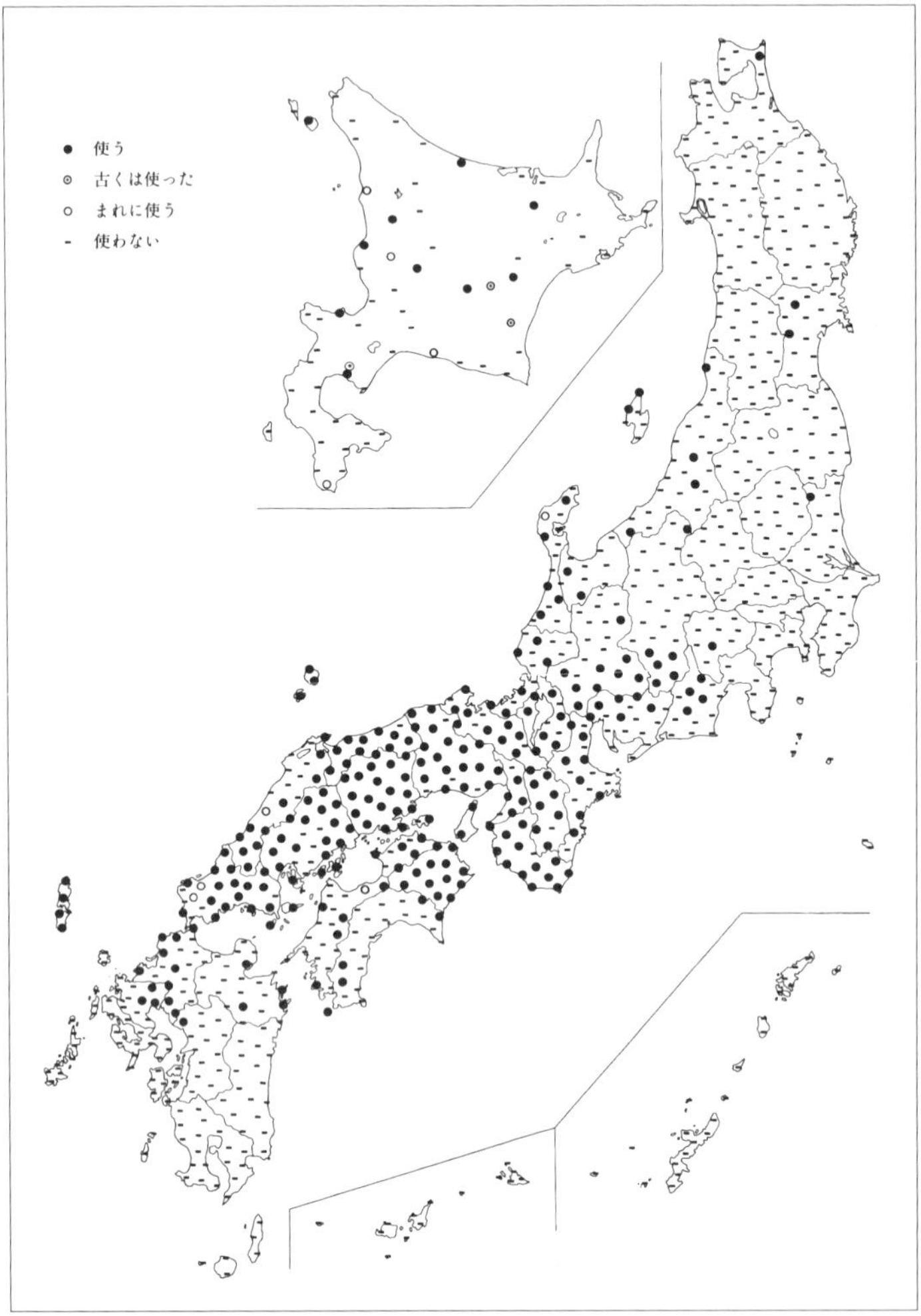

カドを〃前庭―仕事場〃の意味で使うか

「使う」とする地点が北海道に点在しているほか、北陸、および長野と岐阜の南部付近から西の近畿・中国・四国東部・九州北部に連続して分布している。一方、「使わない」とする地点は、東日本のほぼ全域と中国の一部・四国西部・九州の大部分、そして琉球列島などである。このカドには漢字としては「門」が当てられよう。元来は「人の出入りする場所、またそのあたり」をさすものであったと考えられる。したがって、「家の前の仕事場」は、意味の拡大、あるいは変化の結果ということになる。なお、この場所を単にニワと称する地域は多い。

もめんいと（木綿糸）

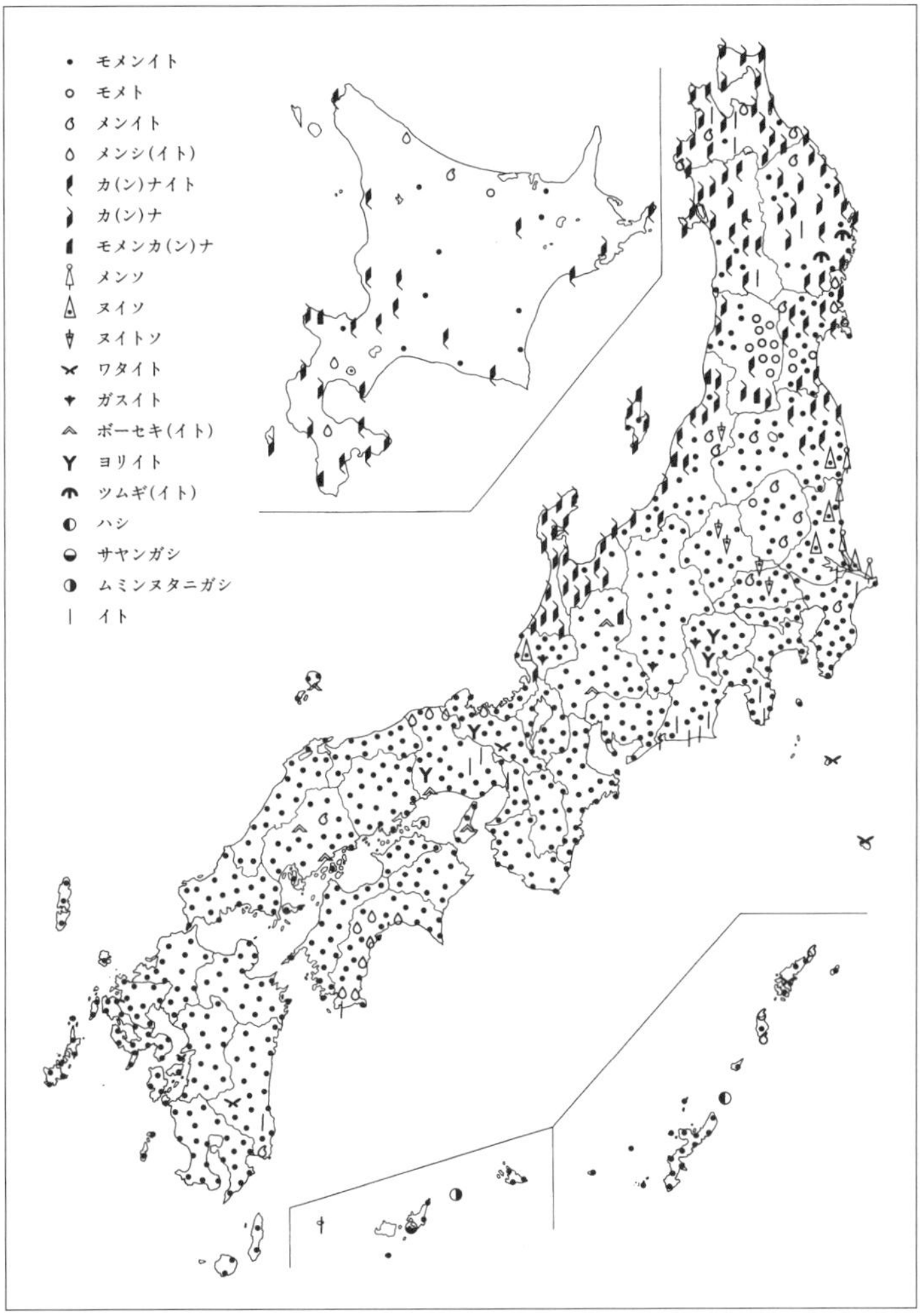

モメンイト
モメト
メンイト
メンシ(イト)
カ(ン)ナイト
カ(ン)ナ
モメンカ(ン)ナ
メンソ
ヌイソ
ヌイトソ
ワタイト
ガスイト
ボーセキ(イト)
ヨリイト
ツムギ(イト)
ハシ
サヤンガシ
ムミンヌタニガシ
イト

木綿糸《もめんいと》

綿からとった糸、木綿糸についての表現形である。北陸・東北・道南以外の地域では、そのほとんどにモメンイトの類が分布する。一方、カナイトの類は、北陸から新潟・東北地方、そして北海道に連続して分布している。カナイトの類はこの地域では糸一般の表現形でもある。

すなわち、この地域では糸と木綿糸とを語形の上では区別しないで、ともにカナイトと言うのである。それ以外の地域では両者を、語形の上でイトとモメンイトとして区別している。したがって、この二つの地域において、語彙の部分体系の異なりを認めることができるわけである。

きいろい（黄色）

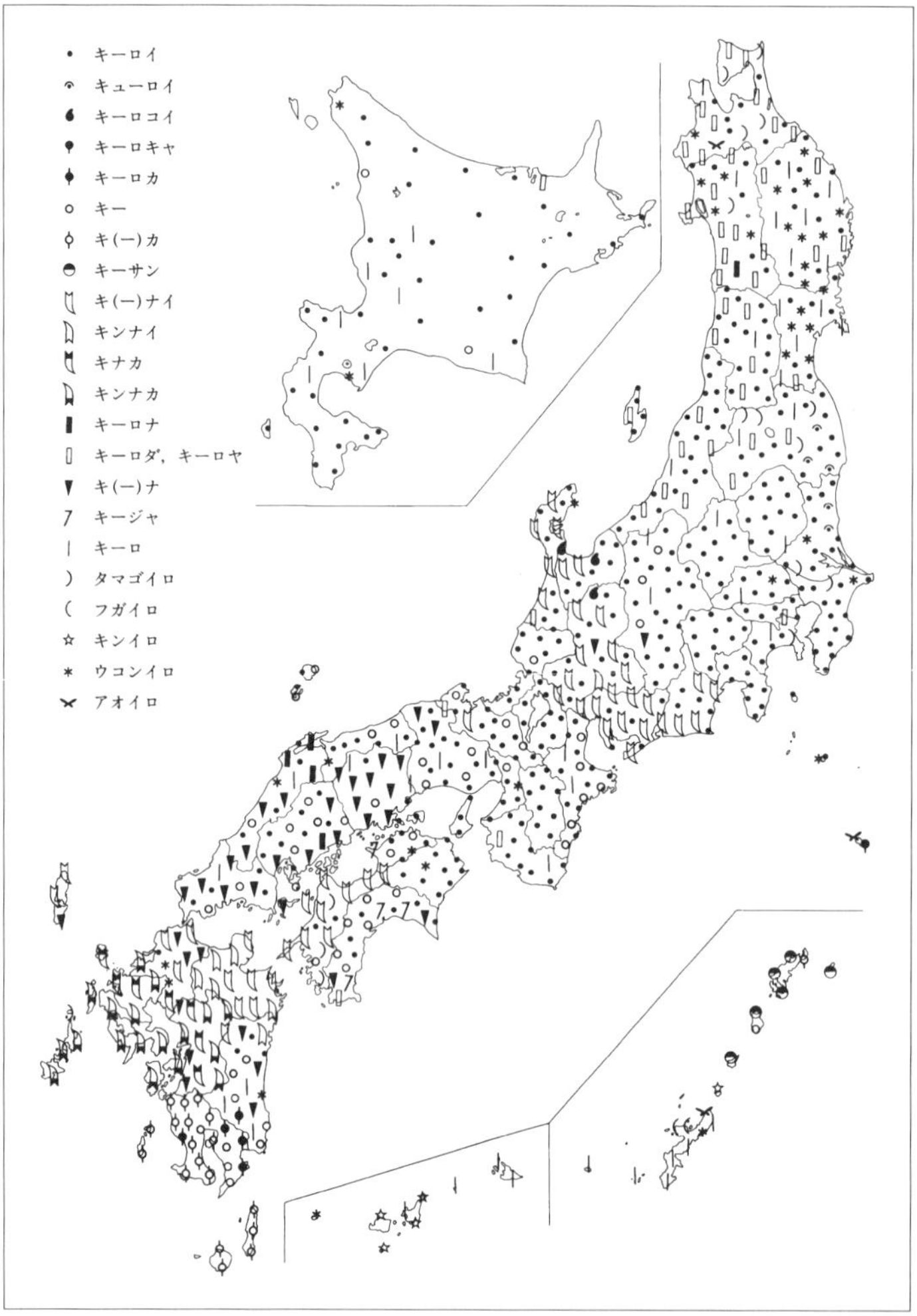
キーロイ
キューロイ
キーロコイ
キーロキャ
キーロカ
キー
キ(ー)カ
キーサン
キ(ー)ナイ
キンナイ
キナカ
キンナカ
キーロナ
キーロダ，キーロヤ
キ(ー)ナ
キージャ
キーロ
タマゴイロ
フガイロ
キンイロ
ウコンイロ
アオイロ

黄色《きいろ》い

東日本はイロが付く語形がほぼ全域を覆っている。文献では、中古以降のキナリが古く、キイロナリは一五世紀以降、キイロイは江戸半ば以降の成立とされ、イロ系は新しいことがわかる。西日本ではキイロイが近畿を中心に中国・四国まで分布してやはり新しい。キイロイ以外のキイーと母音を伸ばす語形がその周辺にあり、さらに周囲にキナリ系と見られるキナ（イ）・キ（ン）ナカ・キカ（カはカリ活用）があって、概略は文献と一致する。西日本ではキイロイ以外のイロが付く語形が北陸・近畿・四国・九州南部・沖縄と西日本を斜めに分布し、「数える」図のヨムと一致する。

けむり（煙）

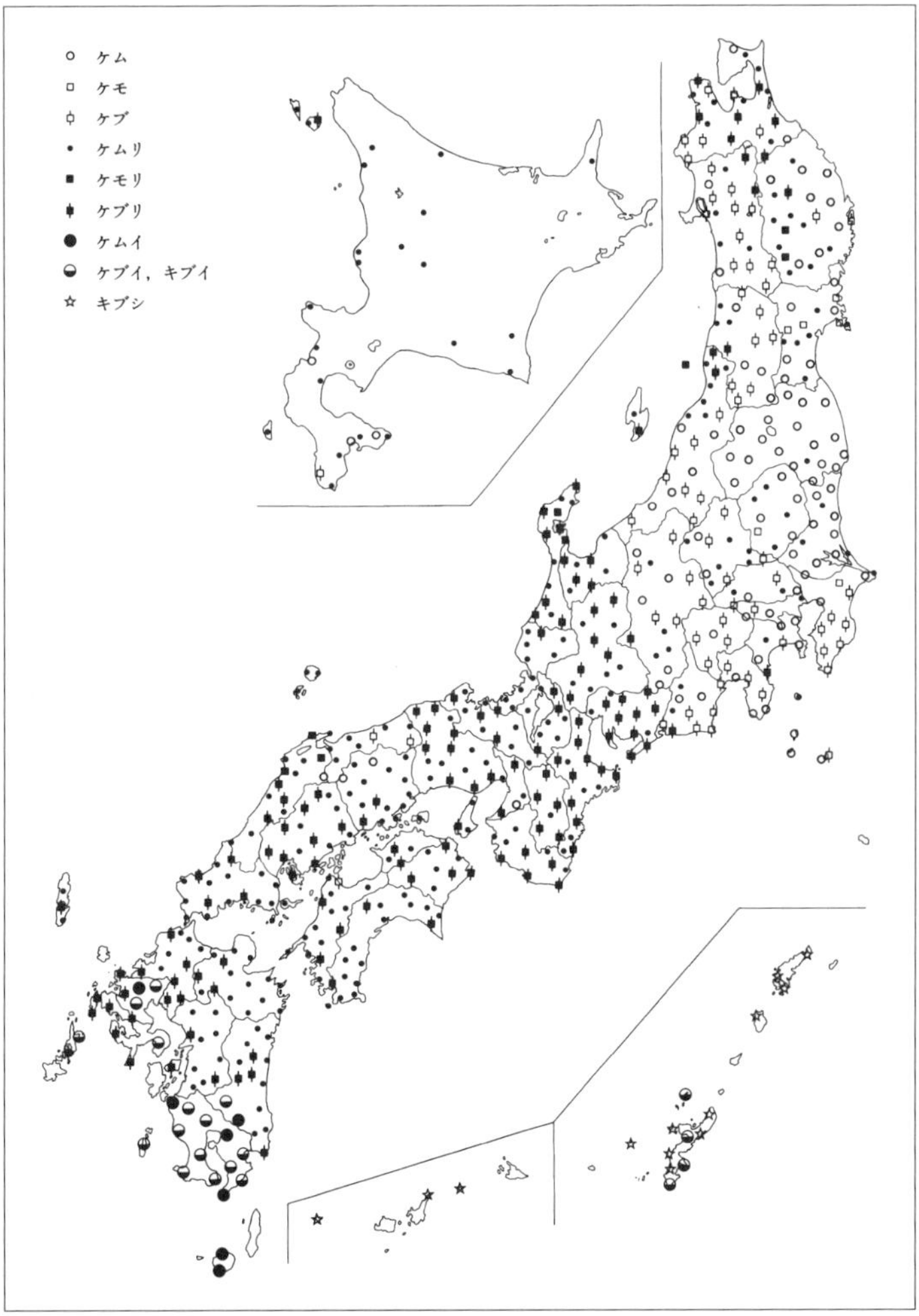
ケム
ケモ
ケブ
ケムリ
ケモリ
ケブリ
ケムイ
ケブイ，キブイ
キブシ

煙《けむり》

糸魚川・浜名湖境界線を境におおよそ西はケムリ・ケブリ、東はケム・ケブという東西対立をなす。江戸・東京方言のケム・ケブが共通語にならず、西日本語形ケムリが共通語になったものである。東にもケム（ブ）リが一様に散在するが、西ではケム（ブ）があるのは出雲地方のみであり、また、西に新語形が多いことも考えると、ケム（ブ）系の古さを暗示して興味深い。ム形とブ形は全国一様に分布するように見えるが、利根川以北茨城・栃木・福島・宮城はム形のみでブ形の空白地帯になる。無型アクセント・無敬語等の分布と一致する特徴的地域で注目される。

クサルを“ぬれる”の意味で使うか

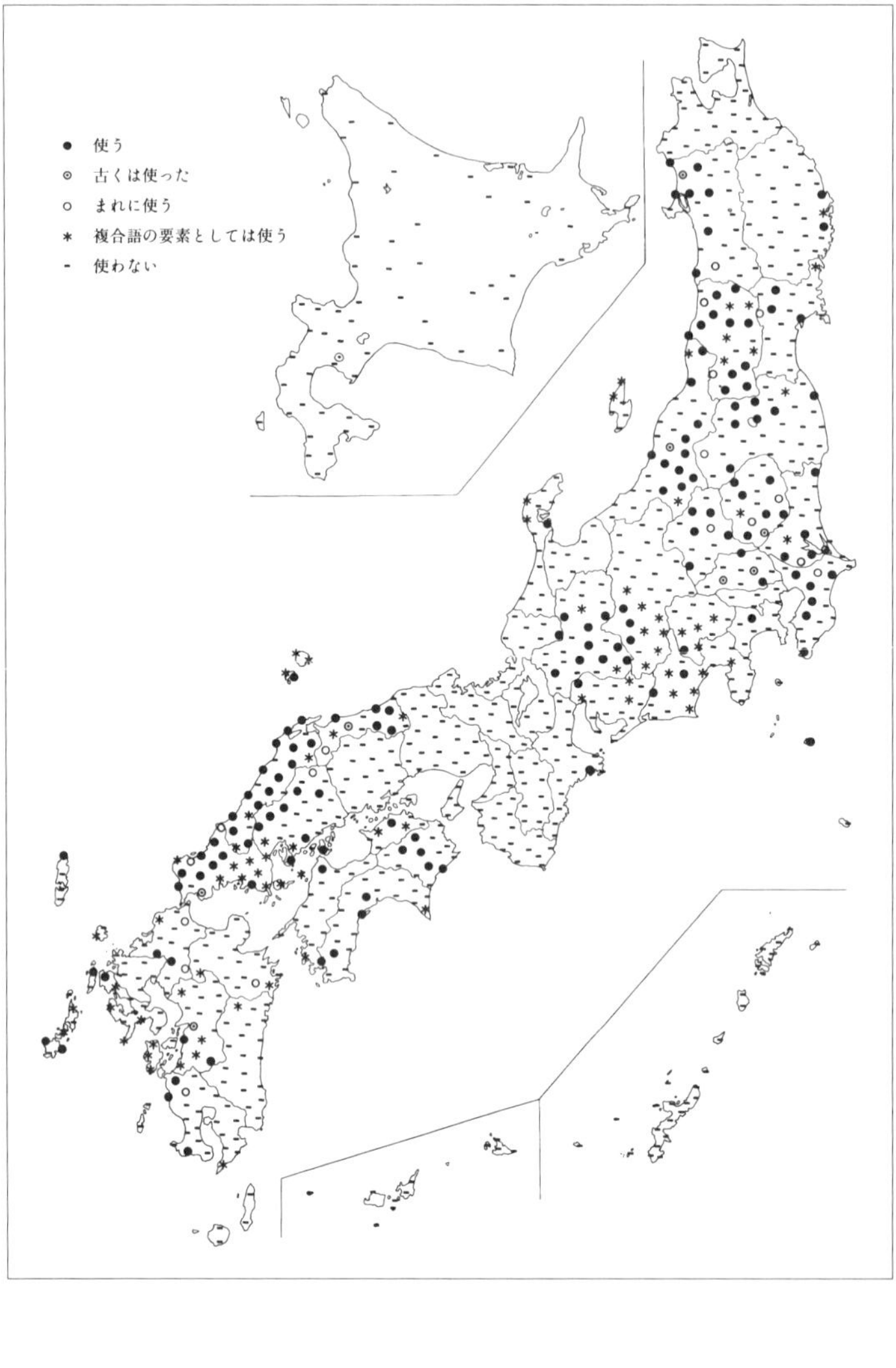

クサルを〝ぬれる〟の意味で使うか

濡れる意味での文献例は一八世紀後半の江戸文献である雑俳『柳多留』や、『東海道中膝栗毛』（三・下）「きがへを出してきかへ、くさったきものはしぼって引さげ出かけると」がある。「腐る」には「布、木、石などが外気にさらされたりして、くだけくずれる」（『日本国語大辞典』）という意味がほぼ同時代に現れるから、「濡れる」の意味では、外気の一部ともいえる雨に衣服などが曝されてくたくたと張りを失った様として使われたものであろうか。一八世紀以降の江戸からの伝播と見るには、九州西部や中国西部の分布はやや遠いので、それ以前に口頭語としてあった可能性もある。

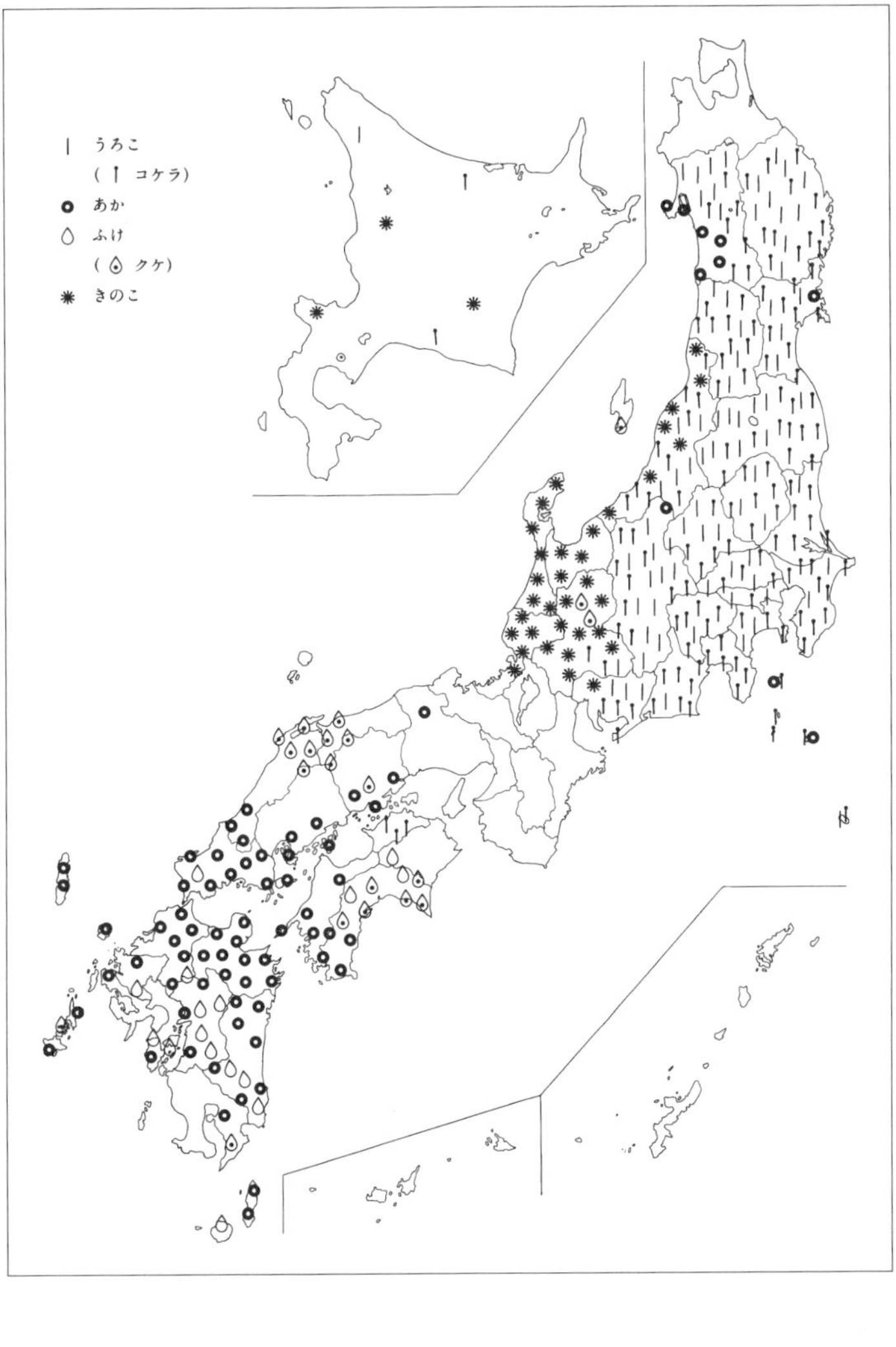
うろこ
（コケラ）
あか
ふけ
（クケ）
きのこ

コケの意味

コケという語形は様々な意味をもつが、苔《こけ》も含め「表面を覆っている薄く剝離する小片」という意味が共通している。その語源から地域・時代毎にいろいろな意味で定着してきたと考えられる。奈良・京都から見て東では動植物（魚・茸）（海沿いの分布を除く）、西では人間（垢・雲脂《ふけ》）に用いられ畿内から見て東西対立をなす。動植物（中薄片）から人間（微小片）へという派生関係が考えやすい。雲脂のクケはフケとのp（h）-k交替形（ハム-カム（噛）、ハユイ-カユイ（痒））かコケとの混交形、また、フケとコケもp-k交替形と見られるから、三語形は同語源と考えられよう。

ほそい（細）

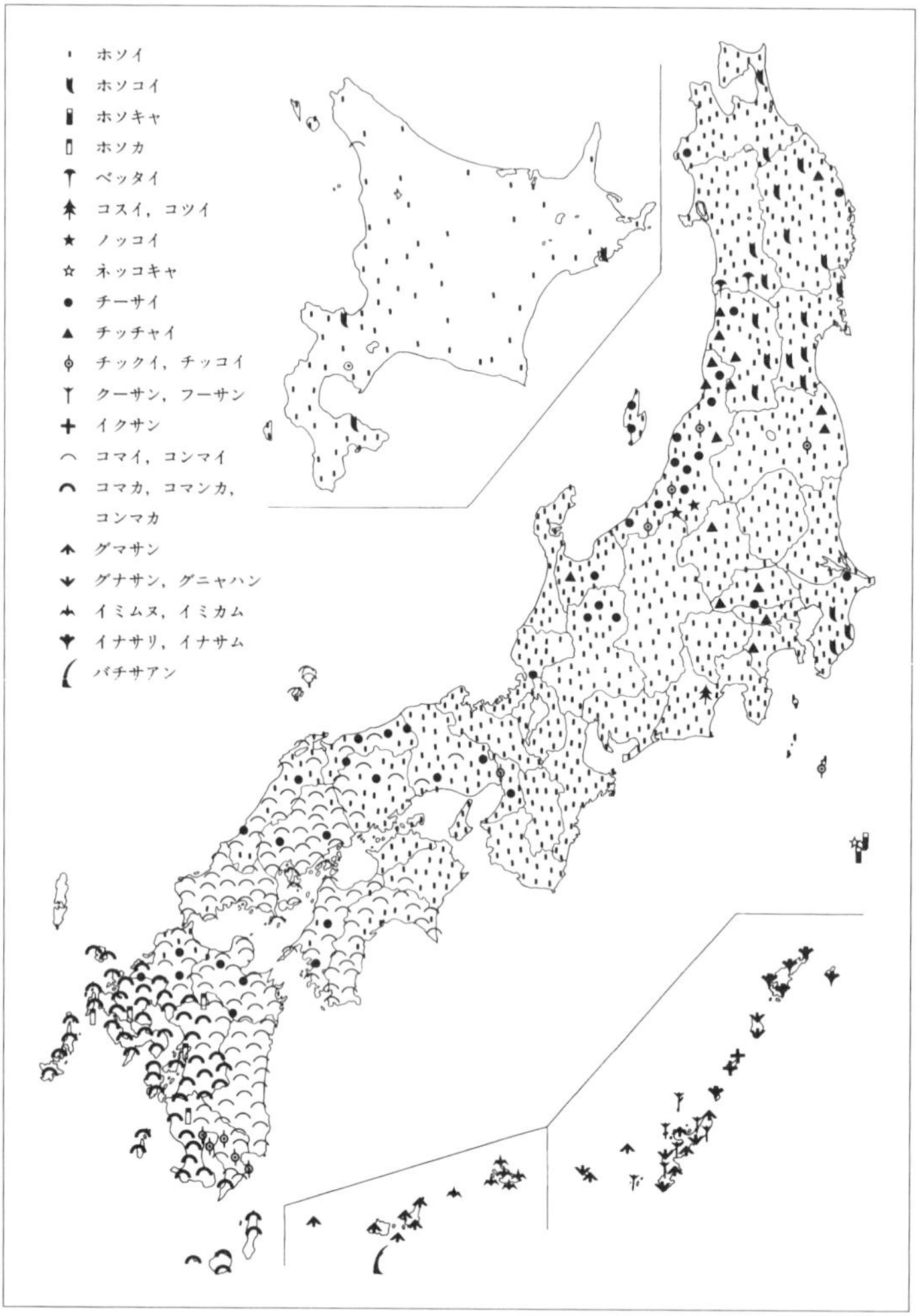
ホソイ
ホソコイ
ホソキャ
ホソカ
ベッタイ
コスイ，コツイ
ノッコイ
ネッコキャ
チーサイ
チッチャイ
チックイ，チッコイ
クーサン，フーサン
イクサン
コマイ，コンマイ
コマカ，コマンカ，
コンマカ
グマサン
グナサン，グニャハン
イミムヌ，イミカム
イナサリ，イナサム
バチサアン

細《ほそ》い

「細い」は「小さい」「細かい」と密接な関係がある。整理する観点は、Ａ①三つの意味を区別しないで一語で表すか、②いずれかの二つの意味を区別しないで二語で表すか、③区別して三語で表すか、という「意味体系」の相違と、Ｂ①一語の場合どの語で表すか、②二語の場合どの二つの意味を一つとしてどの語とどの語で表すか、③どのような三語で表すか、という「語彙体系」の相違である。意味体系から見ると、中央部である近畿から東北南部までは共通語と同じ三語体系でこれが最も新しいことがわかる（北海道松前も新しい）。反対に一語体系は周辺にあって最も古いと考えられる。

こまかい（細）

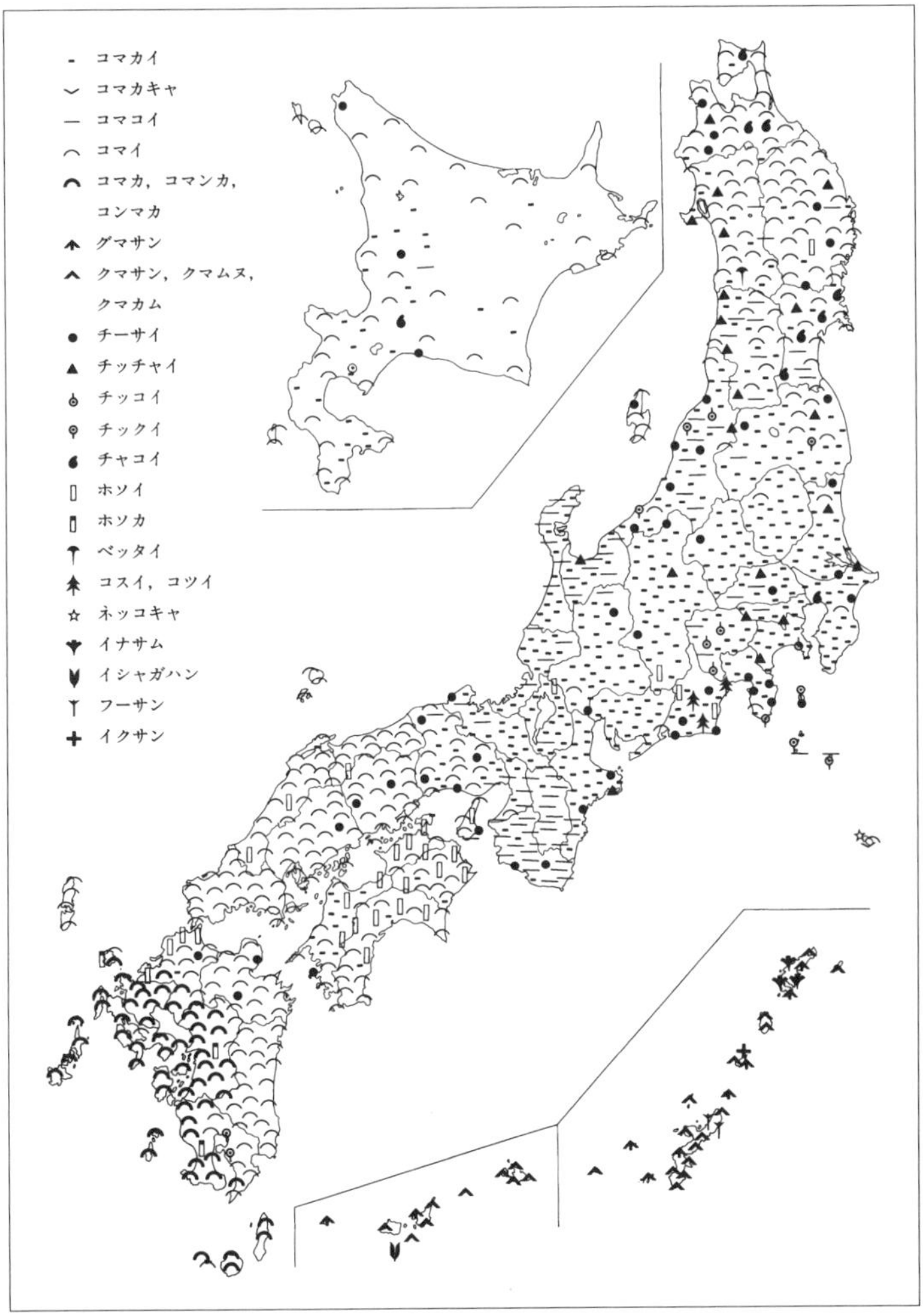
コマカイ
コマカキャ
コマコイ
コマイ
コマカ，コマンカ，
コンマカ
グマサン
クマサン，クマムヌ，
クマカム
チーサイ
チッチャイ
チッコイ
チックイ
チャコイ
ホソイ
ホソカ
ベッタイ
コスイ，コツイ
ネッコキャ
イナサム
イシャガハン
フーサン
イクサン

細《こま》かい

一語体系はコマイで中国西部・四国西部から九州、東日本でもチーサイで岩手・山形・新潟など、四国と古形をよく残す出雲はホソイ一語で周圏的である。文献ではホソイが上代、チーサイは中古からであるが、コマイは『日葡辞書』（一六〇三）まで下る。上代のホソイ一語体系が出雲・四国まででであるのでそれより遠いコマイ一語体系が問題となる。近畿のコマカイは中古のコマカを語源とし、コマ＋カであるから、それ以前のコマシが推定できる。古いコマシ一語体系がホソイ・チーサイに押され、上代・中古には既に俗語・方言となっていたために記録されなかったとも考えられようか。

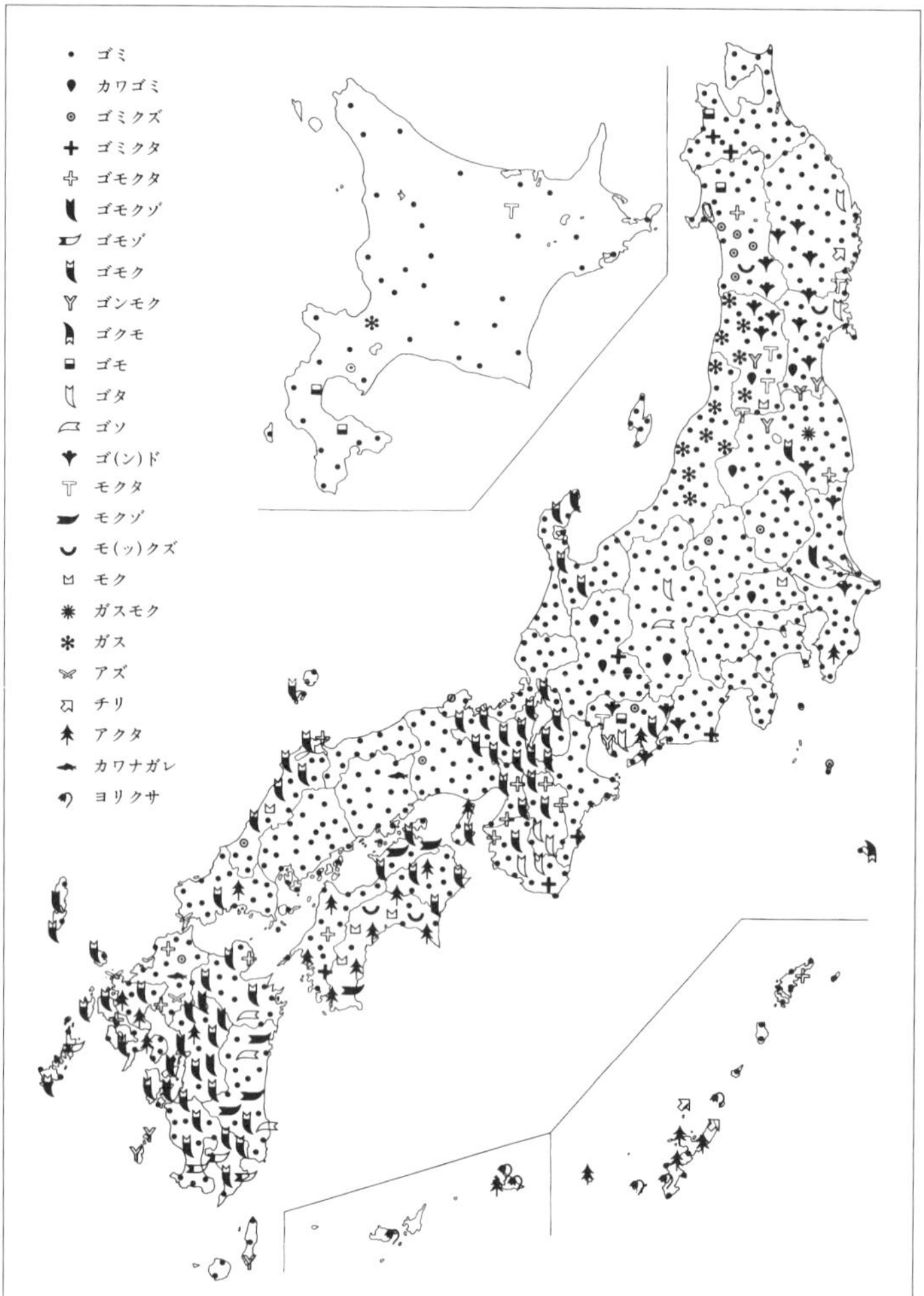
ゴミ
カワゴミ
ゴミクズ
ゴミクタ
ゴモクタ
ゴモクゾ
ゴモゾ
ゴモク
ゴンモク
ゴクモ
ゴモ
ゴタ
ゴソ
ゴ(ン)ド
モクタ
モクゾ
モ(ッ)クズ
モク
ガスモク
ガス
アズ
チリ
アクタ
カワナガレ
ヨリクサ

ごみ（川のごみ—塵芥）

掃除する時のゴミ（三二ページ参照）とは別に、川に立っている棒杭などに引っ掛かっている藁屑や水草などの汚いものの呼び名である。『万葉集』にあるアクタは、東は房総半島のみで西日本に偏り、本州に分布があり文献でも確認できる語形の中ではゴミ・ゴモクよりも最も遠い宮古島まで分布する。『平家物語』から現れるゴミは全国に分布するが、西側だけに着目すれば沖縄本島までの分布である。『日葡辞書』（一六〇三）にあるゴモクも、東北に数例あるものの種子島以北の西日本にまとまっている。分布は南西端からアクタ↓ゴミ↓ゴモクの順で、文献の年代順とよく一致している。

243

た（田）—集合

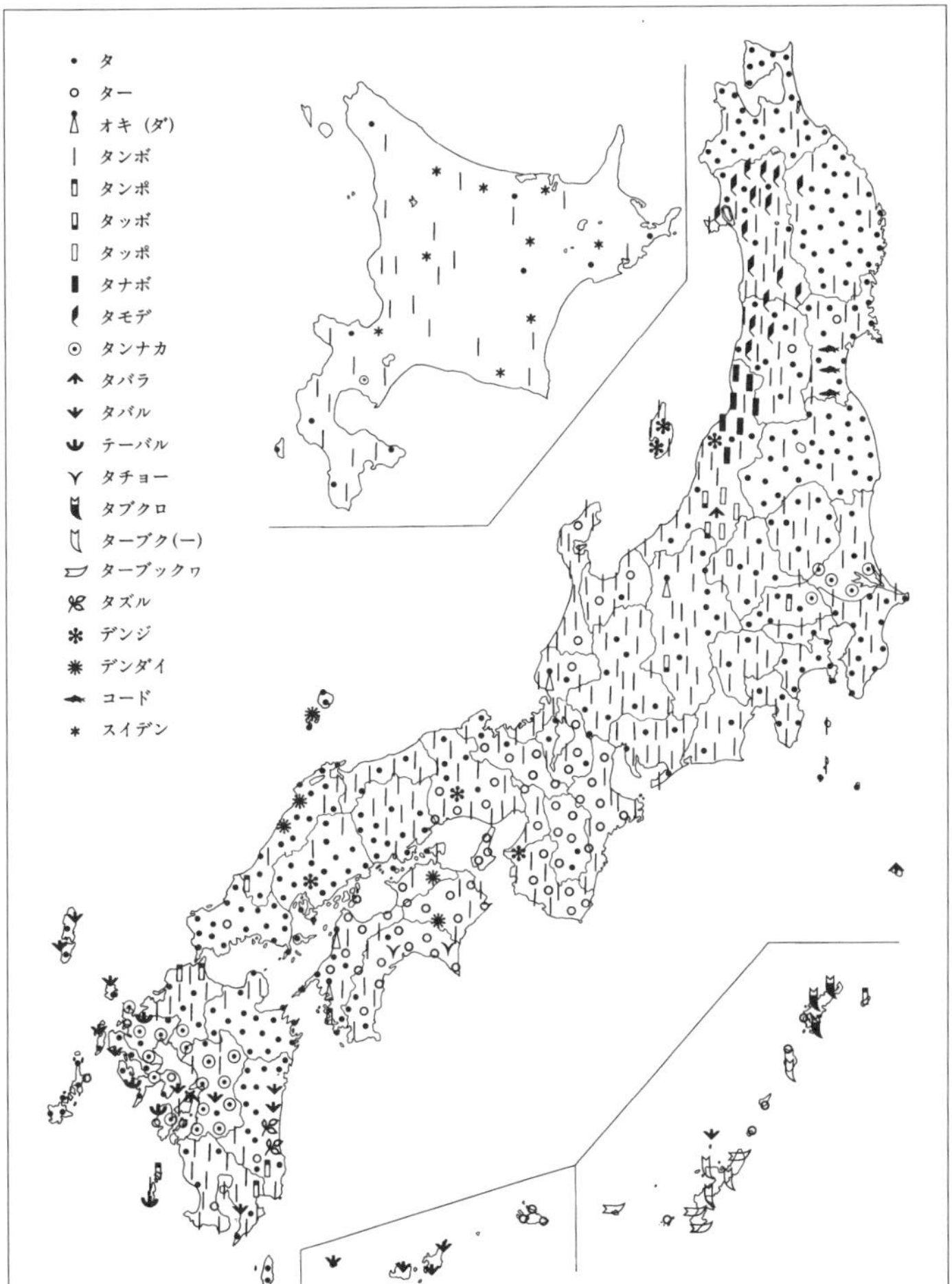

タ
ター
オキ（ダ'）
タンボ
タンポ
タッボ
タッポ
タナボ
タモデ
タンナカ
タバラ
タバル
テーバル
タチョー
タブクロ
ターブク(ー)
ターブックヮ
タズル
デンジ
デンダイ
コード
スイデン

田《た》—集合

デンジは田地で、東は新潟と山形（地図では省略）、西は地図地点と香川・島根・福岡西部（同略）で周圏的分布、デンダイは、タシロ（田代）の音読みによって生まれた語形でデンジより畿内寄りに分布する。文献では平安時代後半デンジ、中世前期からデンダイが現れるので、二語の周圏論的前後関係と一致している。興味深いのは、タバラ・デンダイ・タンナカ・デンジいずれも東側での分布はおよそ利根川から佐渡を結ぶ境界線以西にほぼ限られる。稲作に関わる地名（新開・加納等）もこの境界線以西であり、ある時期における稲作文化の定着範囲と関係するものであろう。

いくつ（幾）＝個数

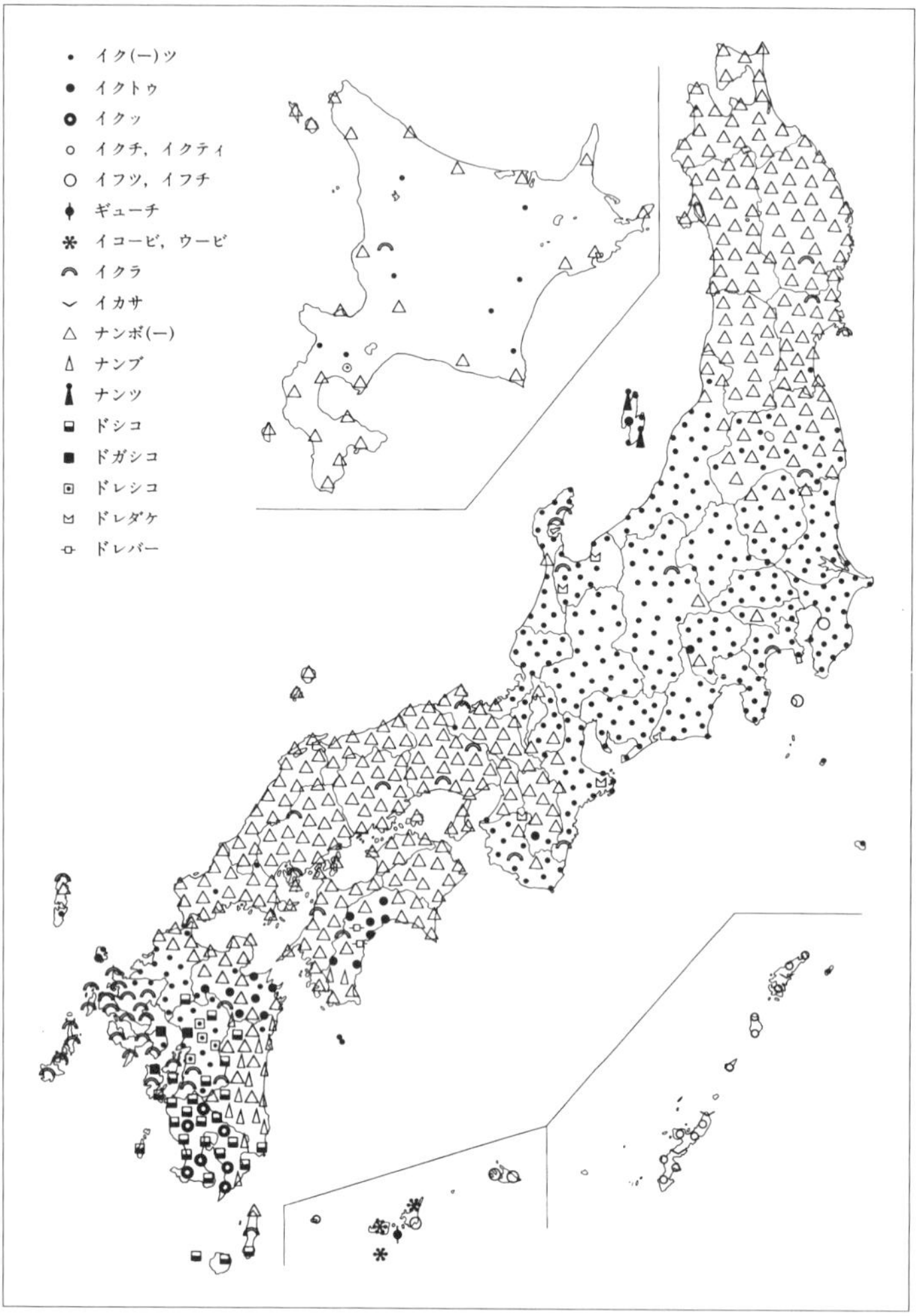
イク(ー)ツ
イクトゥ
イクッ
イクチ，イクティ
イフツ，イフチ
ギューチ
イコービ，ウービ
イクラ
イカサ
ナンボ(ー)
ナンブ
ナンツ
ドシコ
ドガシコ
ドレシコ
ドレダケ
ドレバー

幾《いく》つ＝個数

個数を聞く時の表現（本図）と値段の聞き方（三三ページ参照）を区別するのが中央の地域である。区別しない周辺の一語体系（九州西部イクラ一語⇒西日本・東北のナンボ一語）から区別する中央の二語体系への変化が読み取れる。イクラは奈良時代の語でこの一語体系の古さがわかる。ナンボ（近世から）の語源となった鎌倉時代のナニホドは周囲にあるもの平安時代のイクツよりも新しい。ナンボは鎌倉から現れる点で方言性口語性を推定させるが、平安の書き言葉でもあるイクツが口頭語として浸透するのが遅れ、ナンボ一語体系の後にナンボ－イクツ二語体系になったものであろうか。

245

ニワを“土間”の意味で使うか

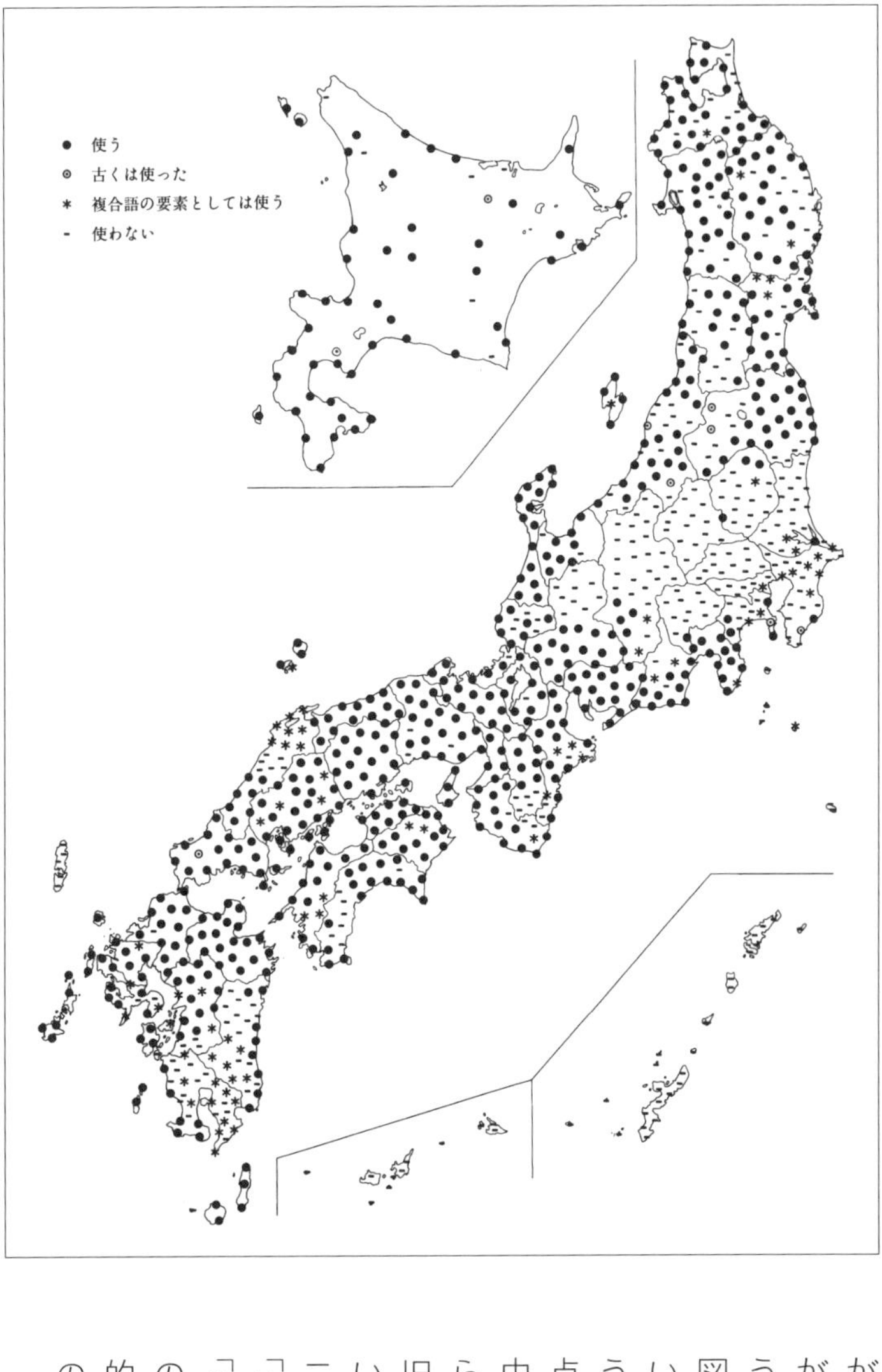

ニワを〃土間〃の意味で使うか

（次ページも参照）ニワはもとは神事・狩猟・漁場・邸内の農事作業などが行われる場の意で、そこから現代の庭に転じたもので、むしろ地図の方が古い意味を残す。では、土間と作業場の図のどちらがより古い特徴を留めているだろうか。作業場の意味の方が「使わない」が目立ち土間の意が優勢で新しいように見えるが、両図とも「使わない」以外の「〜使う・使った」の地点は全国にわたり、中央である畿内からの距離で一見新旧の差がつけにくいように見える。二図を比較すると「使わない」と「使う・使った」の範囲がほぼ相補的に分布しているのがわかる。

ニワを“前庭—作業場”の意味で使うか

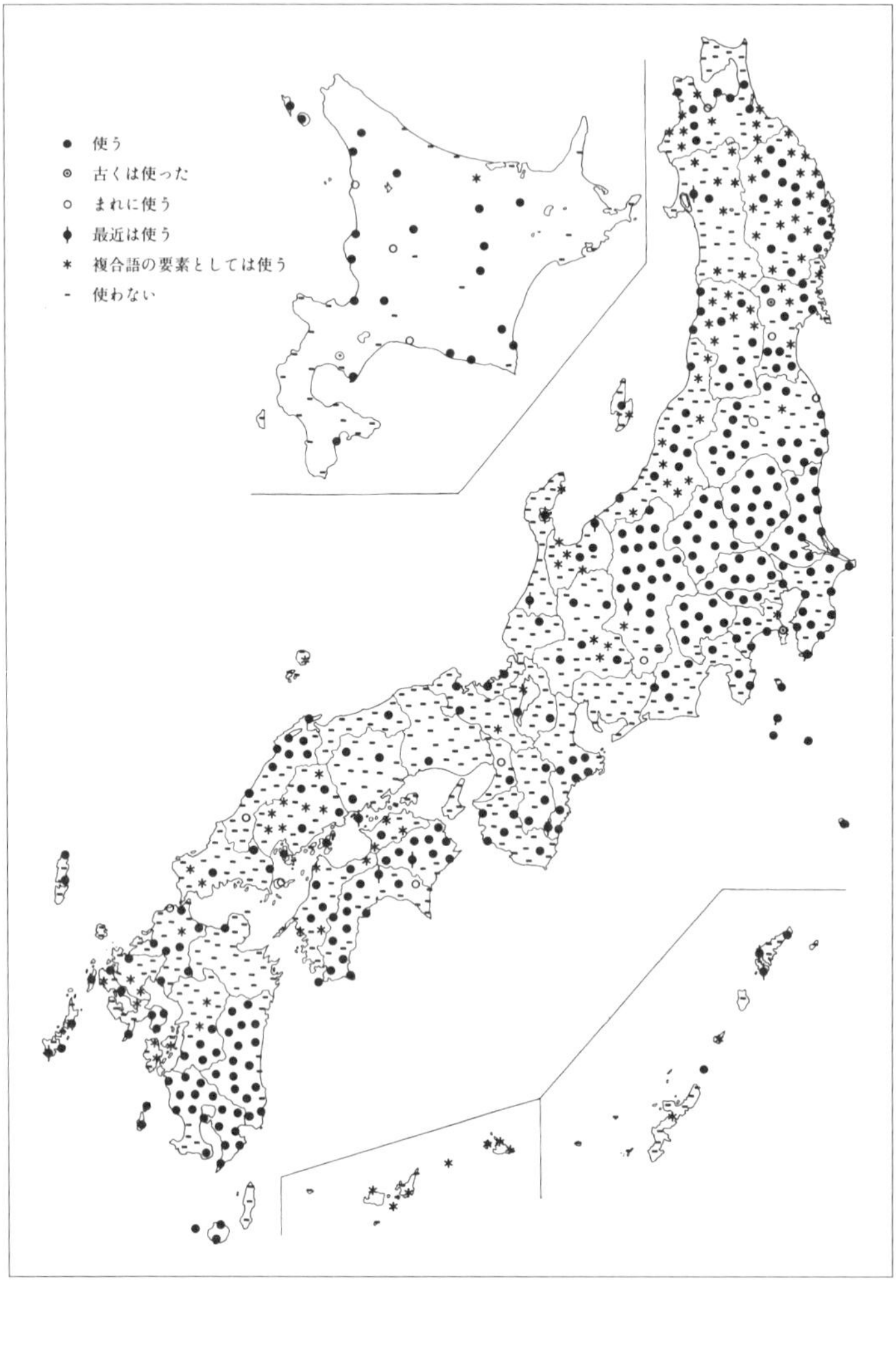
使う
古くは使った
まれに使う
最近は使う
複合語の要素としては使う
使わない

ニワを〝前庭—作業場〟の意味で使うか

土間の「使わない」地域である関東・中部、紀伊半島南部、出雲、南四国、南九州、南西諸島、これらよりははっきりしないが山形・岩手などは、逆に作業場の方で「使う・使った」地域である。南西諸島に特徴的であるように、全体的には作業場の方が周圏論的周辺での分布が顕著で古い用法と解釈される。それは、ニワの原義が「作業・仕事をする平らな一定の地域」であることと一致しているから、ニワは作業場から土間の意味へと変化してきたことがわかる。土間の意味の文献例は近世に現れており、現在のように garden の意に限定されるのはごく新しいことがわかる。

第Ⅲ部 動植物

1 動物 248
2 鳥 284
3 虫 290
4 植物 298

248 うし（牛）

牛《うし》

ウシメ
ベコ・ベーボー

牛〈略〉皆これ其肉の食ふべくして、また角生ふるものども也。必ずその故ありぬべけれども、今は其義は隠れぬ。東国之俗には、牛を**たじし**といふ也。**たじし**とは田鹿也。（東雅（1717）一八）

東北地方北部を除いて、全国的に標準語と同じウシが分布している。東北地方にはよく知られているベコが分布している。

ベコは東北地方特有の語のように見えるが、よく見ると石川県の能登半島や京都府にもベコが分布し、また、各地にベブ、ベーボーのようなベを含む語形や、バッコ、ボッコ、ボーのようなバ行音で始まる語形の見られることが注目される。しかも、「子牛」の図（二五五ページ参照）を見ると、ベコやベーコが近畿地方を含む西日本各地に、かなりの勢力で分布しているのである。これらは発生的に相互に関係するものであろうか。ベコのベは牛の鳴き声に由来するものであろう。牛の鳴き声の表現は、標準語のモーのほか、メーが東北北部や西日本に見られ、そのほか、ムー、ボー、ベー、ウーなどが全国各地に分布している。地図には牛の名称としてのボーやモーンが見られるが、これらは牛の鳴き声そのものである（モーンは幼児語的性格をもつものであろうか）。地図では省略したが、牛をベーと呼ぶ所もある。したがって、中央日本のどこかで牛の名称としてのベーが生まれ、それが各地に伝播する際に、東北地方では指小辞（「小・可憐・親愛」「軽侮」などの意を添える接尾語の一種）のコが付いてベーコ、さらにベコとなり、西日本では「子」の意味のコを付けて子牛の名称としてのベ（ー）コが生まれたとも考えられる。しかし、鳴き声のような擬声語については、ベーのような表現が伝播ではなく、各地で自然発生的に生まれた場合もありえよう。

ウシメは茨城に多く、そのほか千葉、八丈島、石川に見られる。このメも指小辞の一種で、トリメ（鳥メ）、ハエメ（蠅メ）などのように動物名に接尾し、東北地方のコと同様に、親しみその他のニュアンスを表すといわれている。スズメやカモメなどのメも、指小辞に由来するものかもしれない。

うし（牛）

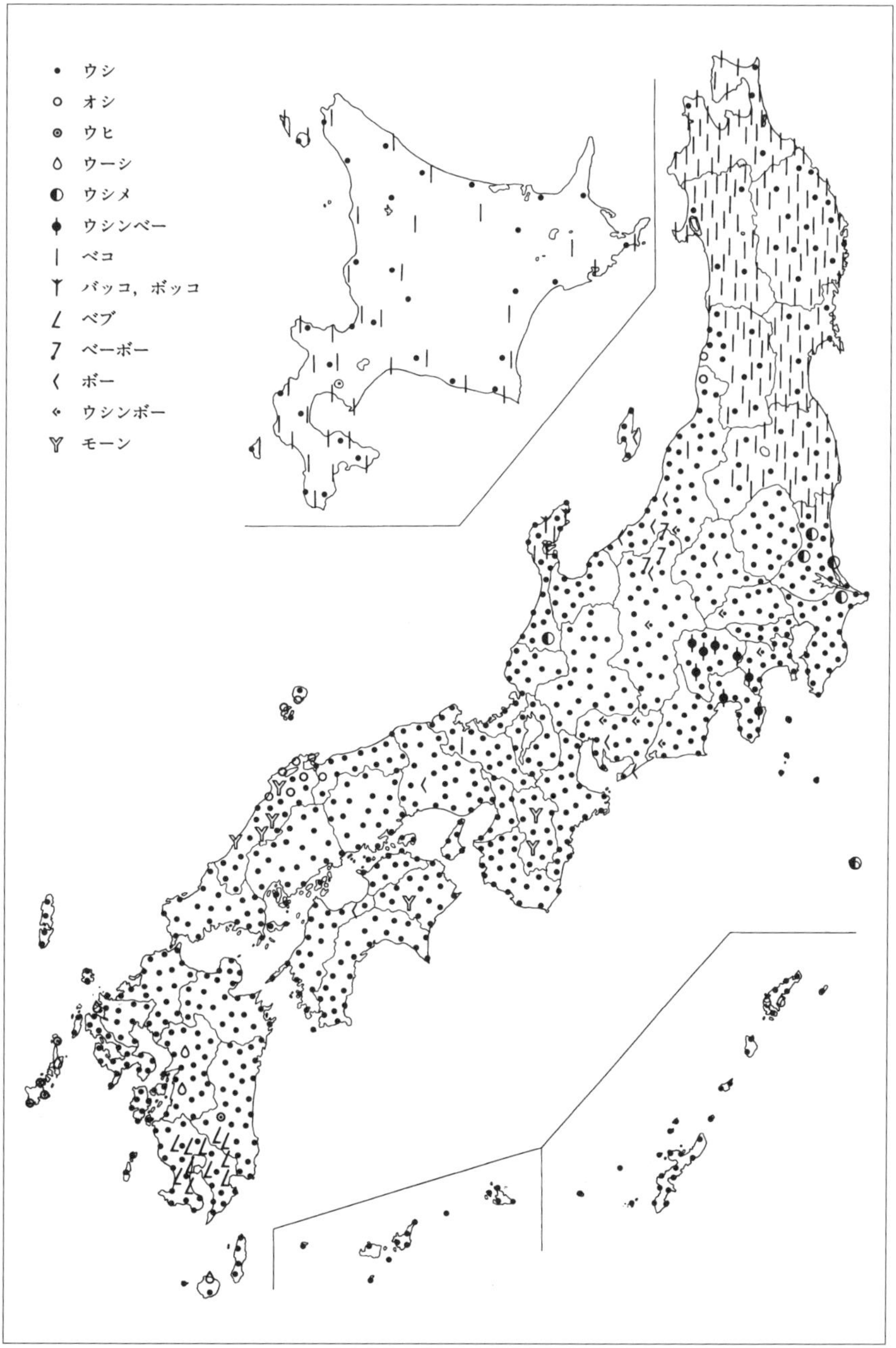
• ウシ
○ オシ
⊙ ウヒ
ウーシ
ウシメ
ウシンベー
ベコ
バッコ，ボッコ
ベブ
ベーボー
ボー
ウシンボー
モーン

めうし（雌牛）

雌《め》牛《うし》

ミョージ
メンタ
オナゴベコ
ウナメ

めうしを**うなめ**となづく如何。うむならめ也。うみすの心也。（名語記（1275）八）

全国的に、「牝」を表す語形そのものが「めうし」の名称となったり、あるいは「牝」や「女性」を表す語形が「牛」を表す語の頭に付いて「めうし」の名称になっている地方が多い。

古語に対応すると考えられるウナメは九州東岸部から四国南西部に分布している。中国地方西部のウナミはその変化形である。近畿周辺部から中国地方東部のオ（ン）ナメ・オナベはウナメのウナの部分が「おんな」と語形が似ているために類推により変化したものであろう。中国地方中部のオナミは同様に類推によるウナミからの変化とも考えられるが、分布からするとウナミとオナメの衝突からできた可能性もある。九州北西部のウノや五島に見られるウナンもこれらウナメ類と関係がありそうである。

近畿周辺部から四国にかけてのメン（ウシ）や、近畿中央から西部に集中するメンタ・メン、関東北部と東海にまとまった分布の見られるメス（ウシ）は「牝」をもとに、場合によってはそれにウシを付加して（あるいはウシを省略して）創られた語形である。

長野・新潟・福島南部などではオンナウシ、新潟北部から山形・福島などではオナゴウシである。また、「うし」をベコという地域が東北地方では広く認められるが、それに関連して東北地方にはオナゴベコが多く見られる。このように動物の名称であるにもかかわらず、「めす」ではなく「おんな」に対応する語を冠して用いる地域が方言には存在する。北陸のメロウシ、鹿児島などのメラ（ウシ）のメロ・メラも「おんな」を意味する語形である（四〇ページ参照）。

琉球のミーウシは「めうし」に対応する形である。メウジ・ミョージのジについては「こうし」の解説（三四ページ）を参照してほしい。

めうし（雌牛）

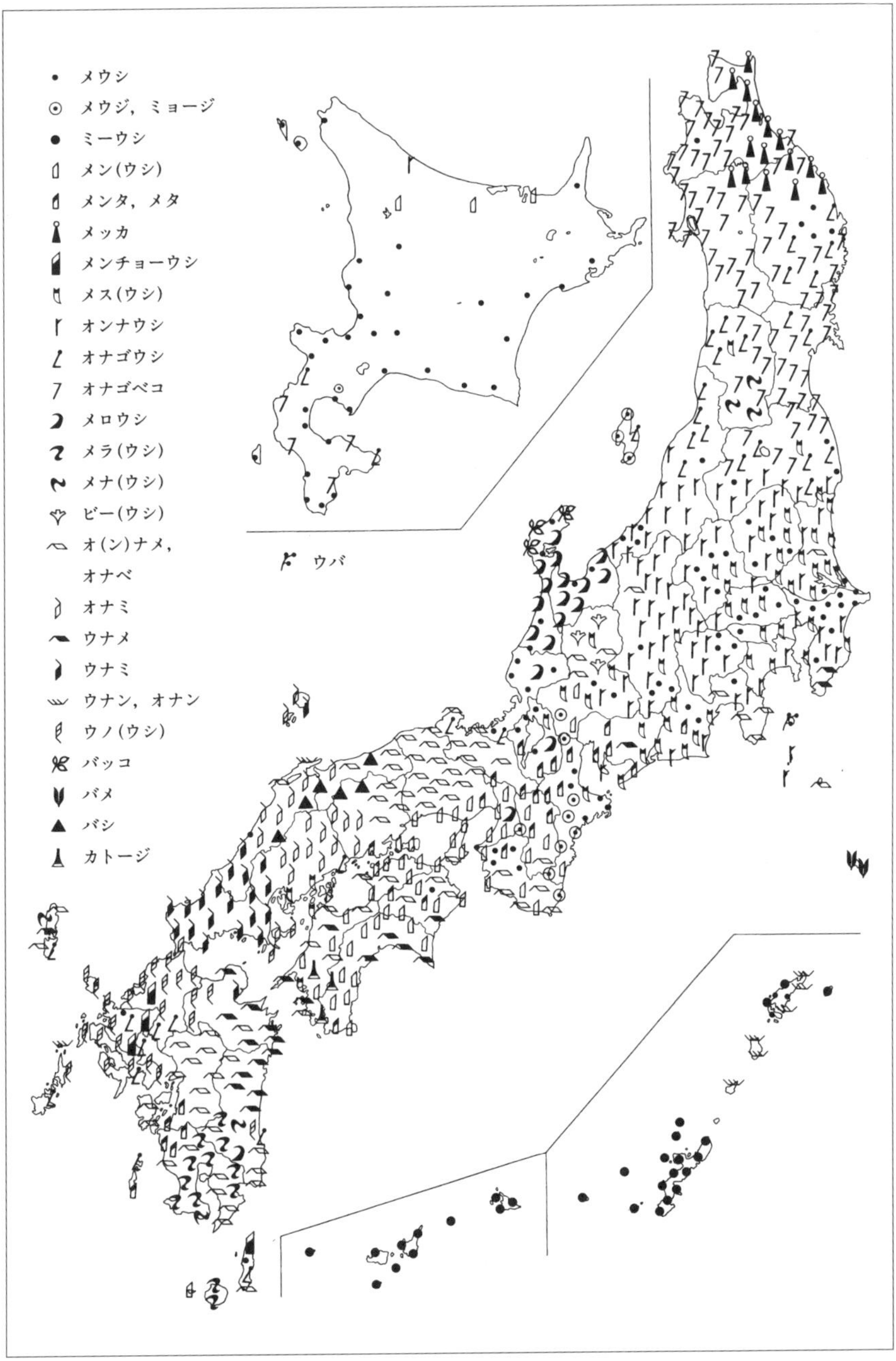

メウシ
メウジ，ミョージ
ミーウシ
メン(ウシ)
メンタ，メタ
メッカ
メンチョーウシ
メス(ウシ)
オンナウシ
オナゴウシ
オナゴベコ
メロウシ
メラ(ウシ)
メナ(ウシ)
ビー(ウシ)
オ(ン)ナメ，
オナベ
オナミ
ウナメ
ウナミ
ウナン，オナン
ウノ(ウシ)
バッコ
バメ
バシ
カトージ
ウバ

雄《お》牛《うし》

オトコベコ
コトイ
コッテ
ビキウシ

淡路の門渡る**ことい**こそ、角を並べて渡るなれ
後《しり》なる女牛の産む**ことい**、背斑《まだら》小女牛は今ぞ行く
（梁塵秘抄（1179頃）二・四句神歌）

古語「ことい」に相当するコトイ類（凡例のコトイからコテベコまで）が東北地方北部のほか東日本各地にいくつかの小領域をもち、さらに西日本に大勢力をもって分布している。

このようにコトイ類は日本列島の両側にあり、周圏的分布を見せているから、その中間地域に分布しているオトコ〜・オス〜・オ〜などの語よりも古いものと推定される。この分布状況は「めうし」の図（二五一ページ参照）における古語ウナメ類とオンナ〜・オナゴ〜・メス〜・メ〜の分布対立にほぼ対応しているが、古語コトイ類の残存勢力は「めうし」の図における古語ウナメ類のそれよりも、やや大きいようである。

コトイ類以外では「牡」や「男」に相当する形が「うし」を表す語の頭に付いたものが広く分布している。東北の南部から北陸・中部に分布を見せるオトコウシ、関東にまとまった分布が見られるオス（ウシ）、近畿を中心とするオンタ（ウシ）・オンツ、千葉のヤローウシ、四国のオン（ウシ）、東北地方に見られるオトコベコなどがそうである。さらに、沖縄の宮古・八重山諸島に見られるビキウシも本土の「男牛」に当たるものである。この地域では「男」をビキドゥンと呼ぶ。

これら「牡・男」＋「うし」に類似する語として秋田にチチベコ（父牛）がある。また、青森のコテの近くに分布が見られるコテベコは「おうし」＋「うし」という奇妙な語構成になっているが、これはコテ自体が「おうし」を意味する語であることが忘れられたために生まれたものであろう。

標準語の「おうし」の分布は案外少ない。奄美・沖縄に広く見られるウーウシはオウシに当たる語形である。

253

おうし（雄牛）

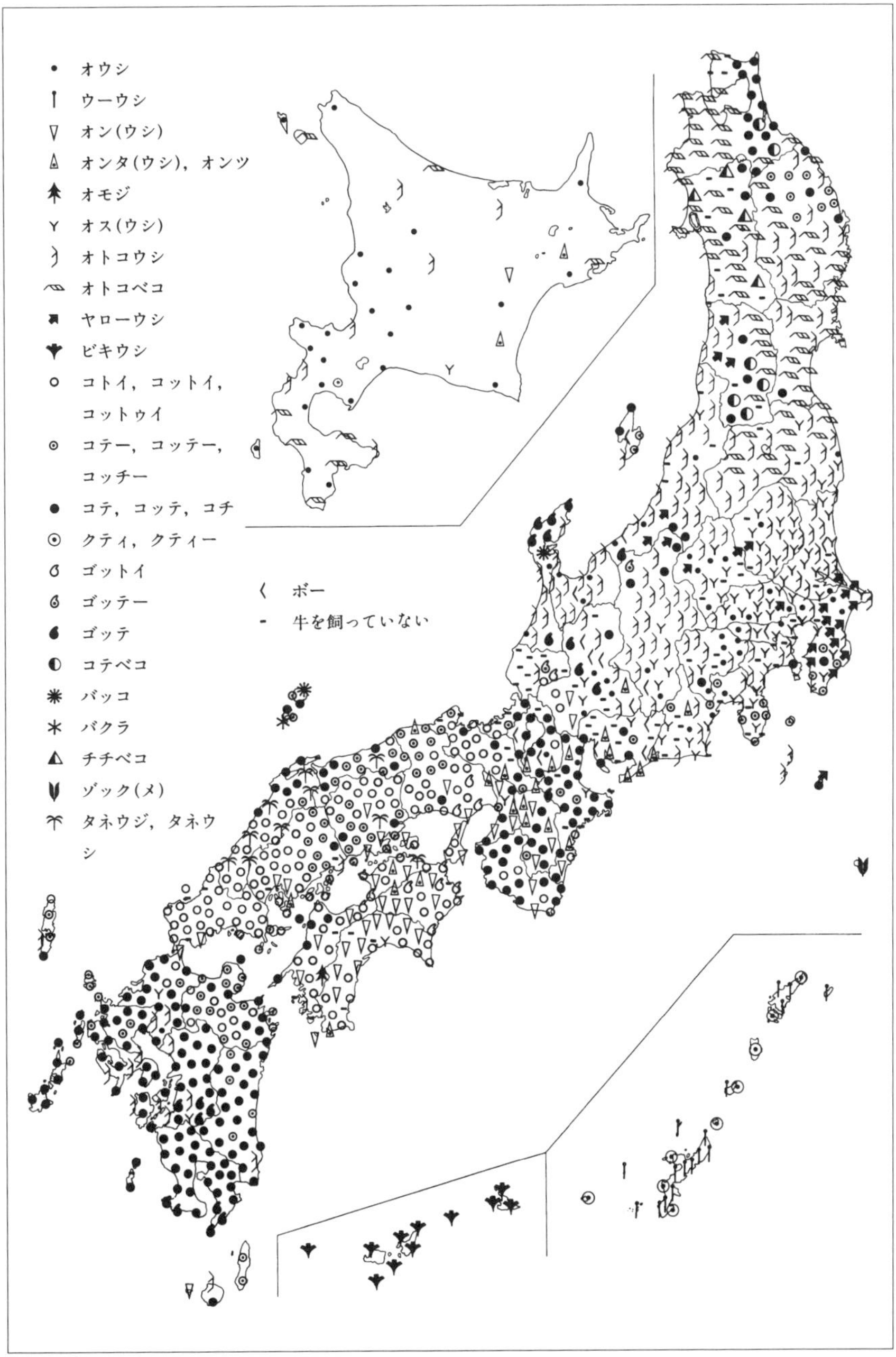
オウシ
ウーウシ
オン(ウシ)
オンタ(ウシ)，オンツ
オモジ
オス(ウシ)
オトコウシ
オトコベコ
ヤローウシ
ビキウシ
コトイ，コットイ，コットゥイ
コテー，コッテー，コッチー
コテ，コッテ，コチ
クティ，クティー
ゴットイ
ゴッテー
ゴッテ
コテベコ
バッコ
バクラ
チチベコ
ゾック(メ)
タネウジ，タネウシ
ボー
牛を飼っていない

こうし（子牛）

子《こ》牛《うし》

ベコ・ベコッコ
ト（ー）ザイ
ト（ー）ネッコ

口脇耳の根まで広く割け、眉は漆にて百入《ももしほ》塗ったる如くにして額を隠し、振分髪《ふりわけがみ》の中より五寸計《ばかり》なる犢《こうじ》の角、鱗《いろこ》をかづひて生ひ出たり。　（太平記（14C後）二三・大森彦七事）

全国的に「子」＋「牛」あるいは「牛」＋「子」という形の方言形が多く見られる。東北地方の太平洋岸に多く見られるコッコベコ・コベコ、岩手のコッコウシ、東海地方のコボ・コンボ（ー）などは「子・牛」という構成である。沖縄のクヮーウ（ー）シも同様である。新潟から長野・群馬に主に分布するウシノコ、東北地方に散在するベコノコ・ベコッコ、佐渡・房総・伊豆・山梨・能登・島根・四国・九州に分散して見られるベベノコ・ベ（ー）ベンコ、広島東部のベチノコ、沖縄のウシヌクヮ（ー）・ウシグヮーなどは「牛（の）子」という構成である。

滋賀北部・和歌山南部・京都北部・兵庫北部・岡山といったおもに近畿の周辺部にコウジ・コージといった語形が分布している。これも「こうし」から変化した形であることは疑いないのであるが、なぜ末尾がジという形をとるのかはっきりしない。あるいは「子」であることから「児」と関係があるのかもしれない。つまり「児」の字音を取り入れたのかもしれないということである。「めうし」においてはメウジ・ミョージといった形が同様に問題になるのであるが、これらは、「こうし」におけるコウジ・コージから類推して取り入れられたのかもしれない。

このように漢字の字音が方言の中に取り入れられることは稀ではない。東日本にまばらながら広く分布するト（ー）ザイ・トーゼーベコは「当歳」に由来する。また、これもまばらではあるが東日本に広く見られるト（ー）ネッコも「当年」の字音を基にしている（二六〇ページ参照）。

このように「産まれたばかりである」ことを基にしてつくられた形としては津軽から秋田北部に分布しているマレベコがある。「産まれ・牛」であろう。

255

こうし（子牛）

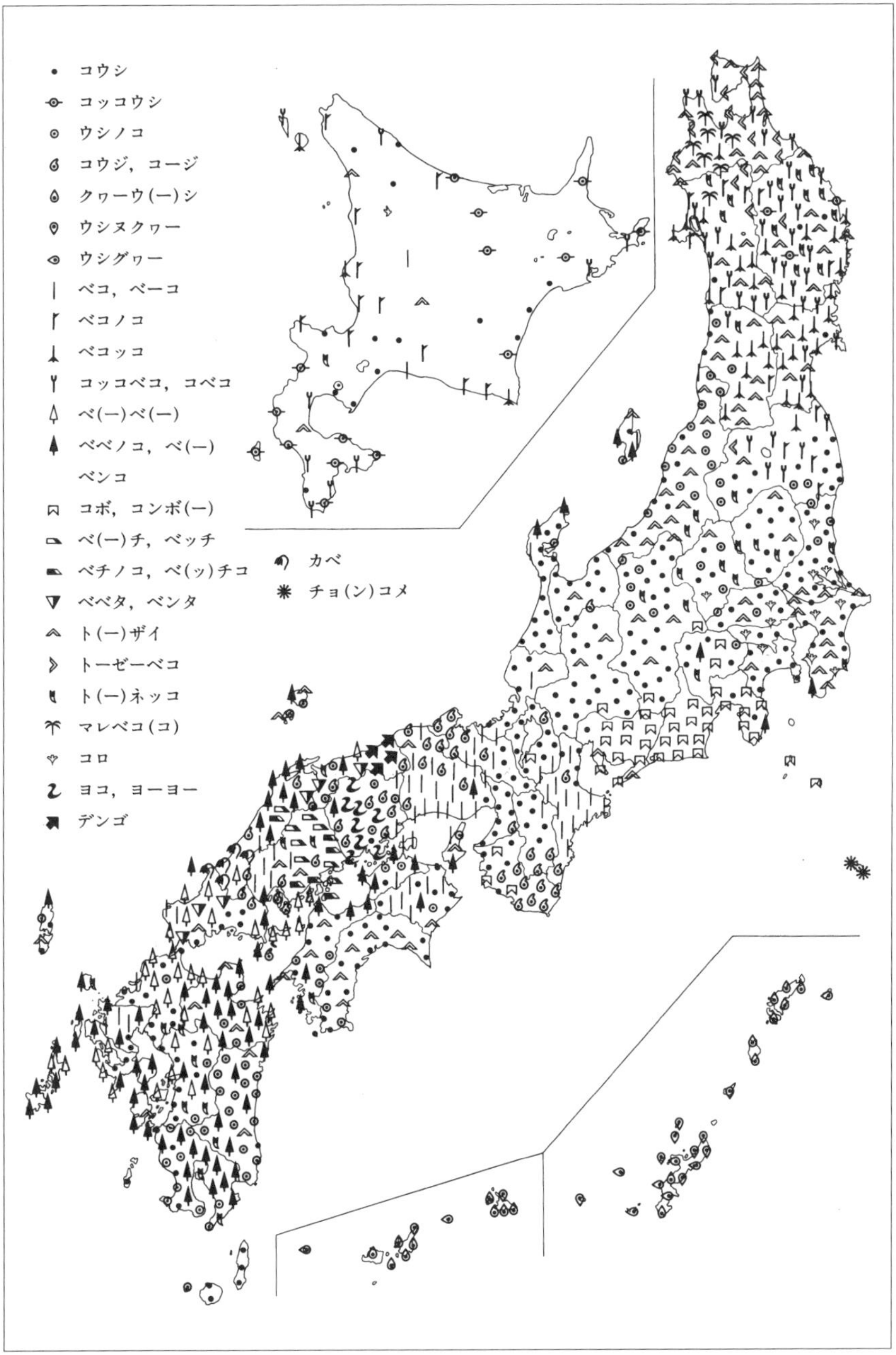

コウシ
コッコウシ
ウシノコ
コウジ，コージ
クヮーウ(ー)シ
ウシヌクヮー
ウシグヮー
ベコ，ベーコ
ベコノコ
ベコッコ
コッコベコ，コベコ
ベ(ー)ベ(ー)
ベベノコ，ベ(ー)ベンコ
コボ，コンボ(ー)
ベ(ー)チ，ベッチ
ベチノコ，ベ(ッ)チコ
ベベタ，ベンタ
ト(ー)ザイ
トーゼーベコ
ト(ー)ネッコ
マレベコ(コ)
コロ
ヨコ，ヨーヨー
デンゴ
カベ
チョ(ン)コメ

めうま（雌馬）

雌《め》馬《うま》

メンタ
オナゴウマ
メロウマ
ゾーヤク・ダマ

バビロニアの国に駒がいばえば、必ずこの国の**zôyacuga（ザウヤクガ）**孕むことがある　（天草本伊曾保物語（1593）ネテナボ帝王イソポに御不審の条々）

「女」を表す形を頭に冠したオンナウマ・オナゴウマが東日本に広く分布し、一方「牝」を表す形に基づくメン（ウマ）・メンタが近畿を中心に分布している。それをはさむような形でやはり「牝」を持つメス（ウマ）が主に関東から東海に分布している。石川・富山に分布するメロウマのメロも「女」の意である（四0ページ参照）。

これら「牝」や「女」に基づく語形をはさむようにして東北・九州・中国・四国にダウマ・ダマが分布している。ダウマは「駄馬」である。「駄」の原義は馬に荷を負わせることであり、「駄馬」とはそのような用途に使う馬のことである。「おだちんをあげるよ」というときの「駄賃」とは本来、馬に荷をつけて運んだときの賃銀である。「駄」は転じて「粗末で劣っている」という意の接頭辞となり、「駄洒落」「駄目」「駄作」「駄菓子」などの語が生まれた。それゆえ「めうま」は劣っている馬ということになるのであるが、それはなぜであろうか。かつて、「牡馬（おうま）」は乗用や軍馬として用いられたのに対して「めうま」のほうはさまざまな雑用や雑役に用いられた。だから「めうま」は「牡馬」よりも下等なものと見られたのである。

「めうま」は下等に見られることはあっても、実は生活の中では決して「無駄」ではない。今述べたように立派に雑役をこなしていたのである。このことから古典語にも見られるゾーヤクが生まれた。方言では岩手・秋田・山形を中心とする東北地方と長野を中心とする中部地方に分布が見られる。馬の産地と重なるところにも注目したい。

そのほかヒンバが瀬戸内を中心に見られる。ヒンは「牝」の字音である。琉球のミー（ウ）マ・ミーヌーマのミは「めうま」のメに対応している。

257

めうま（雌馬）

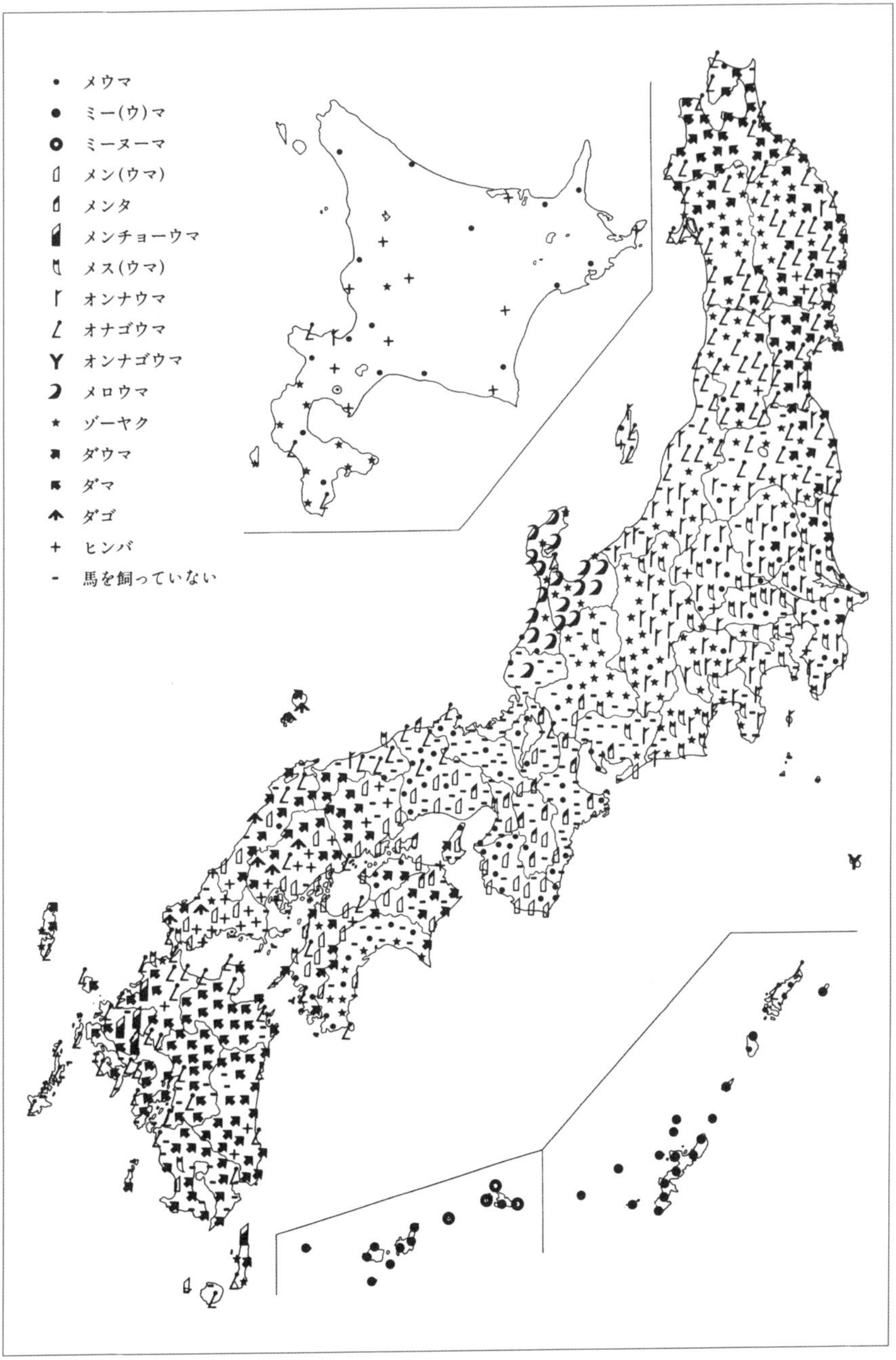

メウマ
ミー(ウ)マ
ミーヌーマ
メン(ウマ)
メンタ
メンチョーウマ
メス(ウマ)
オンナウマ
オナゴウマ
オンナゴウマ
メロウマ
ゾーヤク
ダウマ
ダマ
ダゴ
ヒンバ
馬を飼っていない

おうま（雄馬）

雄《お》馬《うま》

オンタ
オトコウマ
ビキウマ
コマ
ガンジョー

馬の強健なるを岩乗《がんぜう》と云は、悪所岩石も乗に堪たる義也　（齊東俗談（1681）二）

コマとオトコウマとが国の東西に分かれて広く分布し、近畿地方を含む中央部にはオウマが勢力をもっている。この周圏的分布は、コマやオトコウマがオウマよりも古く、かつては近畿地方にもコマやオトコウマが広く存在した時代があったことを思わせる。しかし、従来の研究によれば、コマは「もとは子馬のことを言ったが、転じて馬一般に用いる。〈略〉ウマとコマとの間に意味の差はほとんどなかったらしい」（『時代別国語大辞典・上代編』）とされるから、はたして中央で「牡馬」の意味でコマが分布していた時代があったかどうかについては一考を要する。「男」の意味のオトコは全国に広く分布するから、東西のオトコウマもそれぞれの地域で独自に生まれた可能性もある。

古くは子馬の意味であり、奈良時代に馬一般の意味であったとされるコマは、平安時代に入ると歌語としての性格をもつようになるが、不思議なことに、現代の方言には馬一般の意味のコマはまったく認められず、子馬の意味のコマもコンマの中に混じって散発的に見られる程度で、まとまった分布はない（『日本言語地図』による。なお、本書の「子馬」の図（二六一ページ参照）ではコマの掲出は省略した）。多様な日本語の歴史の中で、古文献に記録された語がどのような性格をもつものかを考えさせられる事実の一つである。

岩手・秋田に見られるガンジョーは人や馬の強健なことを意味する「がんじょう」（文献では「頑丈」「岩乗」「岩畳」「五調」などの字が当てられている）に由来する。現代では「頑丈」と書くが、「頑」の字音はグヮンであり、東北北部は漢語のグヮの音が残存する地域であるにもかかわらず、「牡馬」の意のガンジョーにグヮンジョーの発音は採集されていない。「五調」とは名馬を育てる五つの条件を示すという。

259

おうま（雄馬）

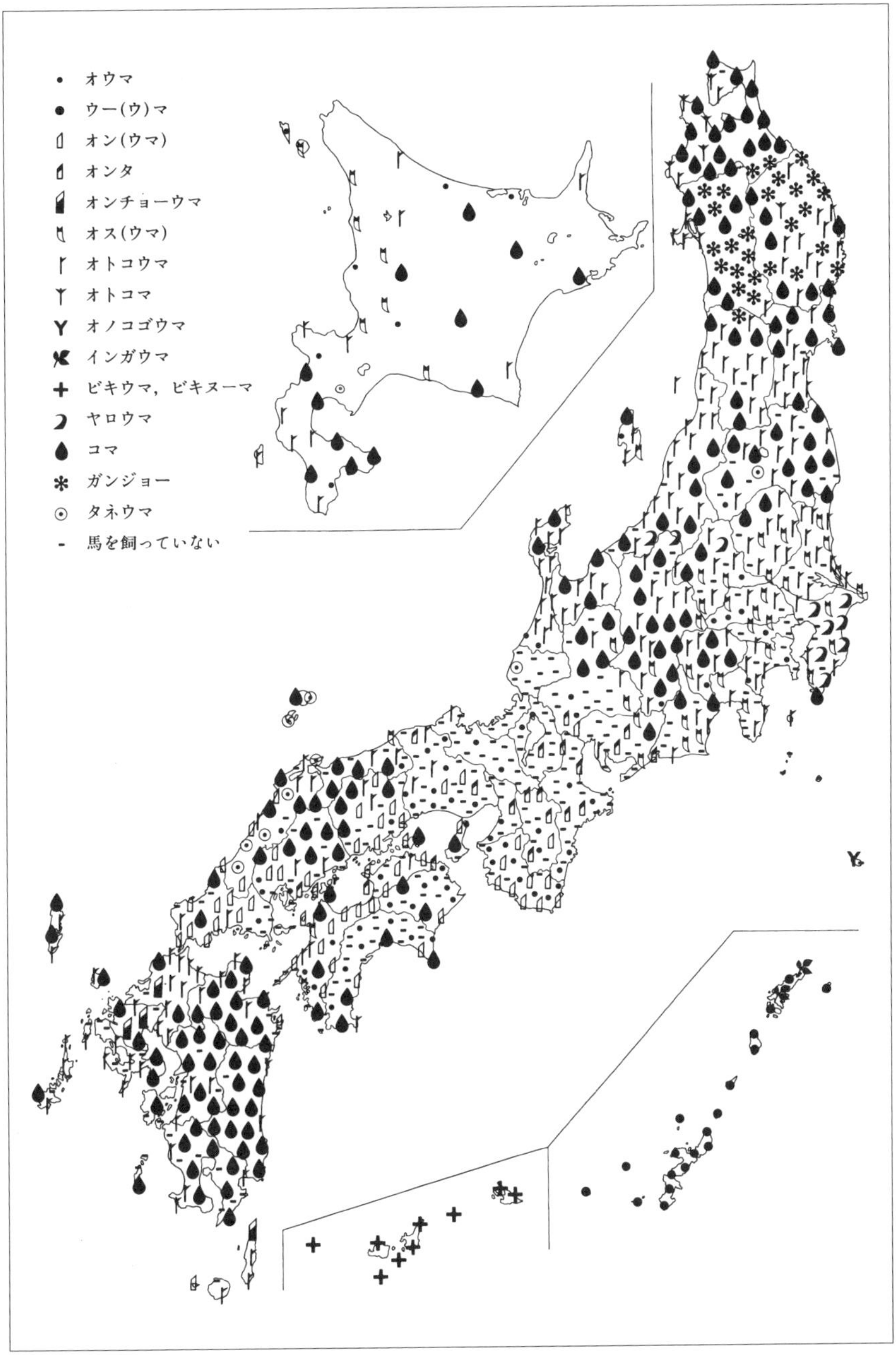
オウマ
ウー(ウ)マ
オン(ウマ)
オンタ
オンチョーウマ
オス(ウマ)
オトコウマ
オトコマ
オノコゴウマ
インガウマ
ビキウマ，ビキヌーマ
ヤロウマ
コマ
ガンジョー
タネウマ
馬を飼っていない

こうま（子馬）

子《こ》馬《うま》

コッコウマ
トーザイコ
トーネー
ホロンコ

必大按、近世馬一歳称二当歳駒《こま》一。二歳三歳四歳同称レ駒。以二歯之落一而識レ之（本朝食鑑（1697）一二）

全国的に広く「子＋馬」や「馬＋子」という語構成の語形が分布している。

東北地方のコッコウマは「子ッコ馬」、コッコマッコは「子ッコ馬ッコ」であり、このコは親しみを込めた意味を添える指小辞と呼ばれるものである。マッコッコも特に岩手県に分布が見られるが、これはどれが指小辞か見きわめるのがむずかしい。マッコッコは「馬・コ・子」とも考えられるが、一方で「馬・子・コ」とも考えられるからである。

琉球のクヮー（ウ）マ・ウマグヮー・マーグヮー・ウマヌクヮー・マーヌクヮー・ファーウマ・ファーヌーマは「子（の）馬」あるいは「馬（の）子」に当たる形である。琉球本島南部のグマウマグヮーのグマや沖縄の宮古列島に見られるヌーマガマのガマは「小さいもの」を意味する。ヌーマは「馬」である。

トーザイ（ウマ）・トーザイコは東北地方の北部（北奥）・房総・四国・九州東北部に分布している。トーザイは「当歳」で、今年生まれたことを意味する。分布の上からは遠く離れた地方に独立していることから、中央のコウマより古い語形のようにも見える。

トーネーは長野から北関東に、ト（ー）ネッコは青森を除く東北地方に、ト（ー）ネゴは中国の一部と九州中部に分布が見られる。これら一連の形は「当年」でこれも今年生まれた意である。これらもトーザイ類と同様に離れた地方に分かれて広がっている。

ところで、「子＋馬」「馬＋子」という語構成の語形は特殊性を持たない、どこで生まれても不思議ではない語形である。したがってトーザイ類やトーネー類は馬を飼っている地域で用いられる職業語的な性格の語形であるとも考えられる。

261

こうま（子馬）

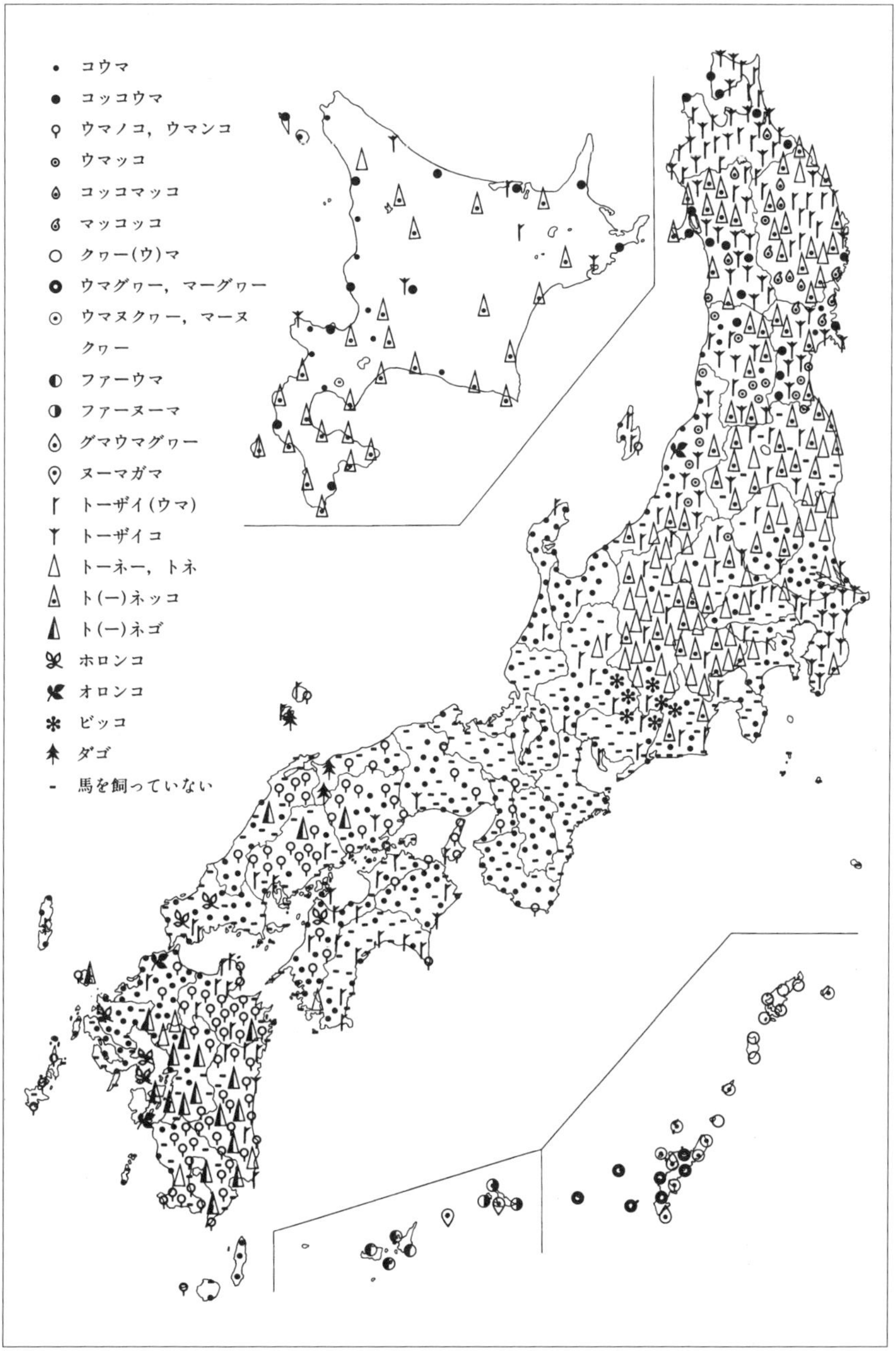
コウマ
コッコウマ
ウマノコ，ウマンコ
ウマッコ
コッコマッコ
マッコッコ
クヮー(ウ)マ
ウマグヮー，マーグヮー
ウマヌクヮー，マーヌクヮー
ファーウマ
ファーヌーマ
グマウマグヮー
ヌーマガマ
トーザイ(ウマ)
トーザイコ
トーネー，トネ
ト(ー)ネッコ
ト(ー)ネゴ
ホロンコ
オロンコ
ビッコ
ダゴ
馬を飼っていない

たてがみ（鬣）

鬣 たてがみ

タチガミ
シダガミ
エリガミ
トリガミ

鬣〈髦附〉唐韻云鬐〈音耆今案鬐鬣俗云宇奈加美〉馬項上長毛也文選云軍馬弭髦而仰秣〈髦音毛師説　**多知賀美**〉（和名抄（934頃）一一）

標準語形タテガミが広く分布しており、全国的にも〜ガミという形が多い。しかし、単にカミ（ノケ）という方言もあり、新潟から青森にかけての主に日本海側に分布が見られる。琉球のカンジ・カンギ・カンジュ・カンニなどもそれに類するものである。

シダ（ノケ）・スダ・シダガミ・スダガミ・シダゲ・シダッケなどシダ〜という形は北関東から南東北に分布している。これらは羊歯（しだ＝植物）と関係あるのかもしれない。形に対する連想であろうか。

中国から四国にはイナガミ・オナガミが分布している。これは『和名抄』に見えるウナカミと関係があると考えられる。ウナカミのウナは首筋の襟足のところを指す「うなじ」と関係があろう。中国地方中部から四国にかけてや長野・静岡・群馬などに見られるエリガミ・エリカミはウナガミのウナの原義が忘れられたために民衆語源（三六二ページ参照）によって生まれた形ではないだろうか。

東北地方の北部に分布するトリガミは「たてがみ」がふわふわしているところから「鳥・髪」とも考えたいところであるが、そうではない。「取り・髪」である。馬に乗る時にここをつかんで乗ることから「手に取る」髪と考えられる。これは次のようなことを根拠とする。

岩手県盛岡方言においては、トリガミ（傍線はその部分を高く発音することを示す）のようなアクセントを持つ。この方言では、複合語の前部要素が○○のようにアクセントを持つ場合、複合語全体も○○○○のようなアクセントを持つという法則がある。この方言では「鳥」は平板で、「取る」はトルのようにアクセントを持つ。したがって、トリガミの「トリ」は「取り」であると推定されるのである。

263

たてがみ（鬣）

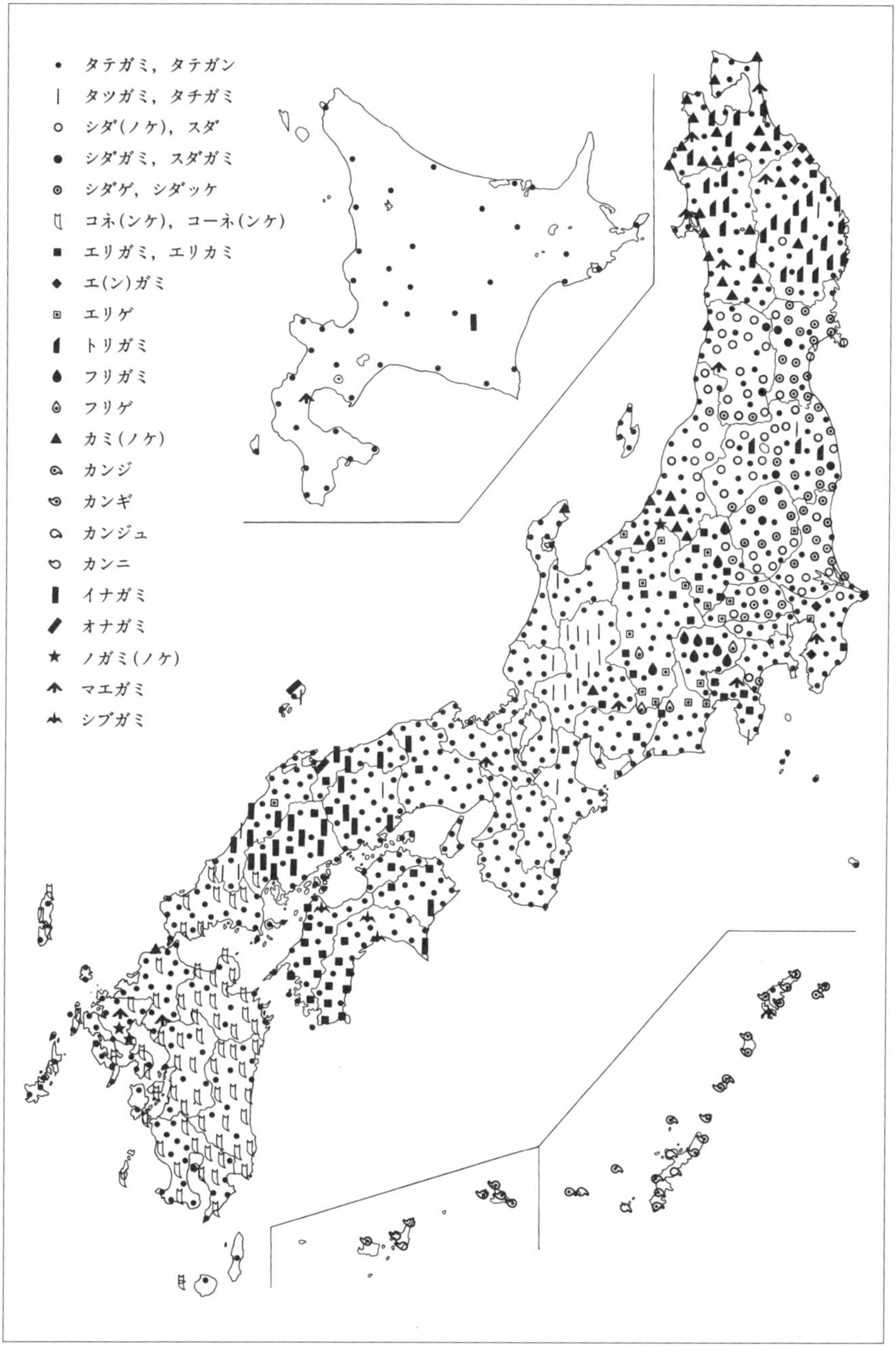
タテガミ，タテガン
タツガミ，タチガミ
シダ(ノケ)，スダ
シダガミ，スダガミ
シダゲ，シダッケ
コネ(ンケ)，コーネ(ンケ)
エリガミ，エリカミ
エ(ン)ガミ
エリゲ
トリガミ
フリガミ
フリゲ
カミ(ノケ)
カンジ
カンギ
カンジュ
カンニ
イナガミ
オナガミ
ノガミ(ノケ)
マエガミ
シブガミ

もぐら（土竜）

土竜《もぐら》

ムグラモチ
ウグロモチ
ウゴロモチ

此君は**うぐろもち**のごとし。日の光《め》をおがむ事はなりませぬ （洒落本・百花評林（1747）辻君）

地図では多くの類似した語形が見られるが、記号は第一音節の母音その他の特徴によって与えてある。黒点で表されているモグラ以外の黒塗りの記号は、最初の音がオ・ウ・イの母音で始まる語形であり、白抜きはモ・ムで始まる語形である。前者の分布は、中国西部と北陸を除く九州東部から中部までの西日本に限定されており、白抜き語形よりも新しそうである。また、大きい記号はモチの付く語形であり、小さい記号はモチの付かない語形である。まず黒塗り記号の範囲で見ると、大型記号は黒塗りの周辺部に見られ、黒塗り語形の中でもモチの付く語形の方が古い語形であることがわかる。白抜き記号と黒点のモグラについて見ると、九州北東部を別として、大型記号がやはり周辺部に見られ、やはりモチの付く語形が古いことがわかる。

また、丸記号のモグラ・オグラ・モグロ・オグロの類、及び、三角記号のムグラ・ウ（ン）グラ・ムグロ・ウグロの類は、東西日本の両方にわたって分布する。一方、正方形記号のモンゴロ・オ（ン）ゴロ（モチ）と、刀型記号のイグラ（モチ）は西日本にしか分布せず（刀型の方が周辺部に分布）、反対に長方形記号の〜モラ類（モモラ・モ（ン）モラモチ・オモラ）は東日本にしか分布しないという東西対立分布を示す。

ところで、文献では中古に現れるムグロモチ・ウグロモチ・ウゴロモチが古い。しかし、ムグロモチやウグロ・オ（ン）ゴロ（モチ）は西日本にしか分布しないから、これらは方言分布の上からは比較的新しい語とも考えられる。文献では近世以降の例しか報告されていないモグラを含め、東西日本に分布する語形の新古関係については、今後の検討にまつところが大きい。

もぐら（土竜）

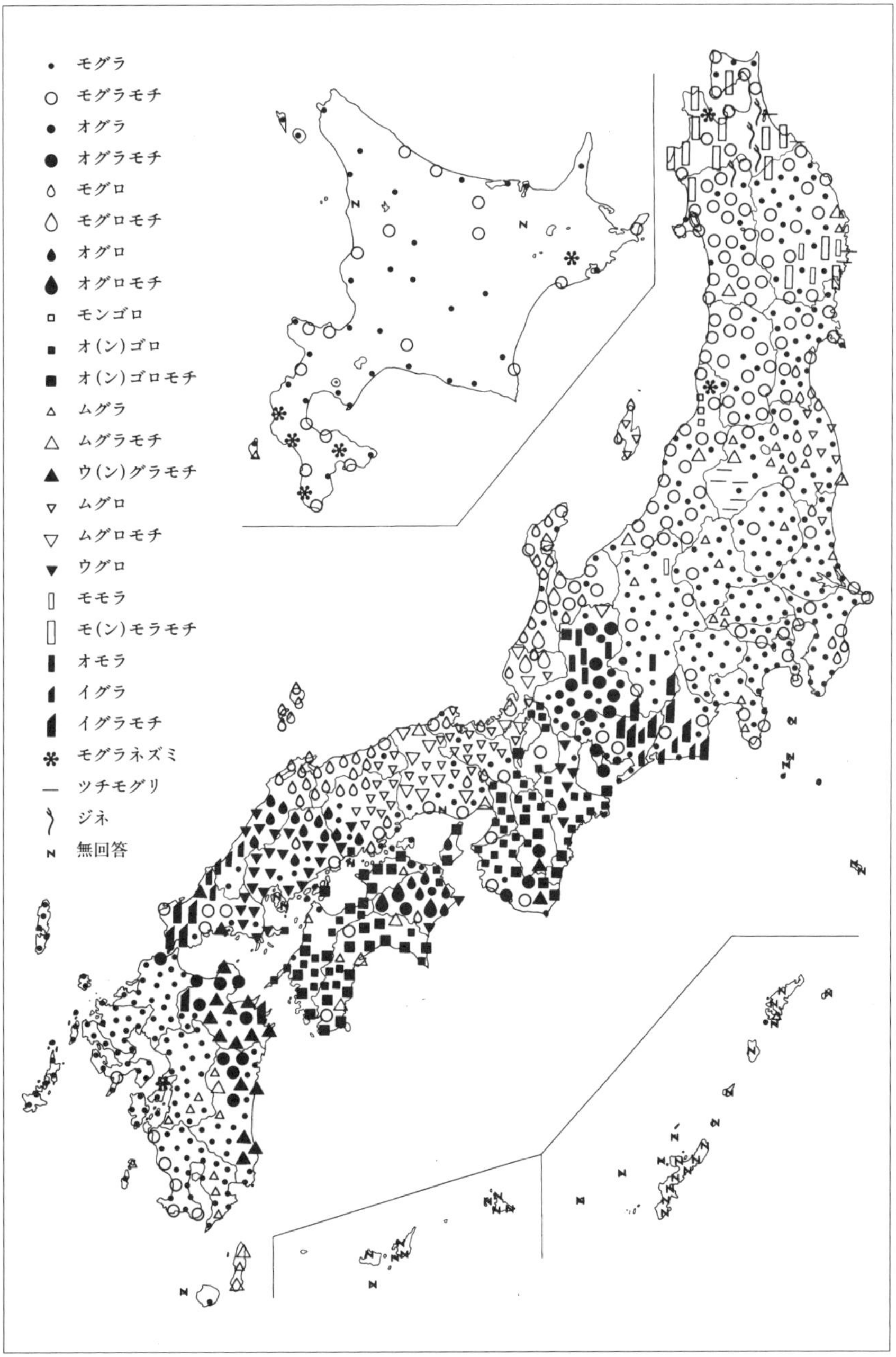
モグラ
モグラモチ
オグラ
オグラモチ
モグロ
モグロモチ
オグロ
オグロモチ
モンゴロ
オ(ン)ゴロ
オ(ン)ゴロモチ
ムグラ
ムグラモチ
ウ(ン)グラモチ
ムグロ
ムグロモチ
ウグロ
モモラ
モ(ン)モラモチ
オモラ
イグラ
イグラモチ
モグラネズミ
ツチモグリ
ジネ
無回答

まむし（蝮）

蝮《まむし》

ハビ・ハミ　クソヘビ
クチハビ
ヒラクチ
マヘビ

めなもみといふ草あり。**くちばみ**にさされたる人、かの草を揉みて付けぬれば、則ち癒《い》ゆとなん　（徒然草（1331頃）九六）

蝮（まむし）はまことに恐ろしい。奄美・沖縄の島々を除く日本各地に生息する唯一の毒へびである。平地にも山地にもおり、比較的乾燥した場所にも、湿った林の中などにもひそんでいる。もっとも性質はわりあい穏やかで、行動もゆるやか、積極的に人を襲うことはないという。

分布図をみると、マムシの領域はまことに広い。しかし『日本国語大辞典』によると『玉葉』の寿永三（一一八四）年正月の「凡昔も今も真虫海より打上らるる事は、伊勢国不レ候、件蛇自二海東一寄云々」の記事が初出となっており、上代からの言い方ではない。マムシなる表現は、おそらくこの蛇の恐ろしさを避けようとする忌詞（いみことば）に由来するのであろう。マヘビなども、同様の発想の命名によるものと思われる。『古事記』に「蝮水歯別命」とある反正天皇が『日本書紀』では「多遅比（たぢひの）瑞歯別天皇」と記されているところから、古くは蝮をタジヒと称したことがあったらしい。ただし現在の方言世界にはその痕跡はない。

平安時代の辞典『本草和名』には「蝮蛇〈略〉和名波美」とあって、近畿地方から中国・四国にかけて分布するハビ・ハミ・ハメの類の文献上の古さを保証している。もっとも近畿中央ではクチハビ・クチハミ・クチハメの類の表現も並行して使われていたらしいことは、『徒然草』その他の文献から証明することができる。千葉などではクッチャメなどといっているが、無論このグループである。クチは、おそらく蛇一般を指す表現であるクチナワのクチに関連することばであろう。

九州西北部のヒラクチもクチを共有している。ヒラについては平と理解されることが多かろうが、柳田国男は蛭（ひる）などと関連させて、疼痛を表すことばと考えている。

267

まむし（蝮）

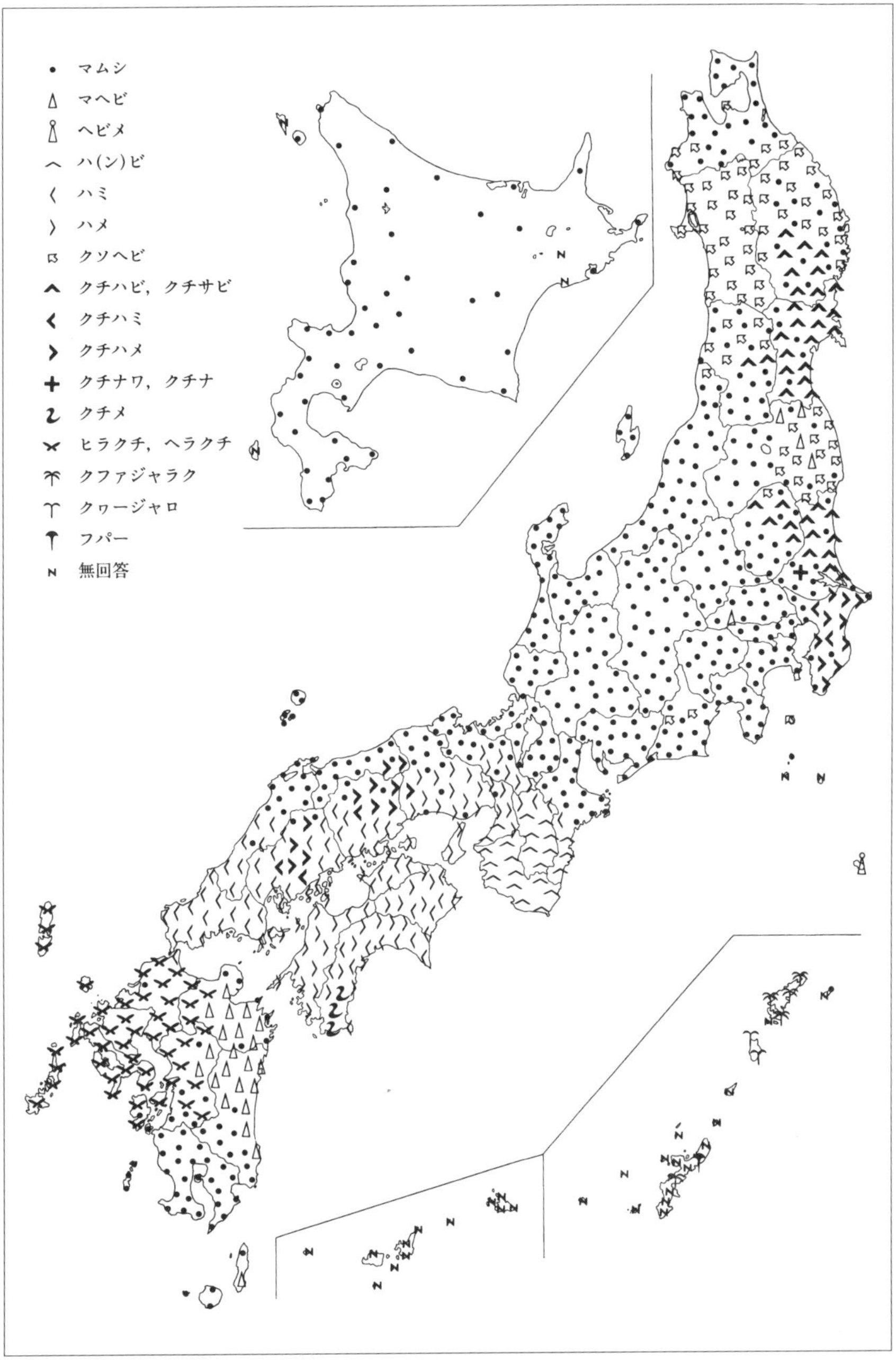

マムシ
マヘビ
ヘビメ
ハ(ン)ビ
ハミ
ハメ
クソヘビ
クチハビ，クチサビ
クチハミ
クチハメ
クチナワ，クチナ
クチメ
ヒラクチ，ヘラクチ
クファジャラク
クヮージャロ
フパー
無回答

へび（蛇）

蛇《へび》

ヘービ
ヘッビ
ハブ
クチナワ
クチナ

亀山殿建てられんとて、地をひかれけるに、大きなる**くちなは**、数もしらずこりあつまりたる塚ありけり　（徒然草（1331頃）二〇七）

忌詞（いみことば）という、その語を口にすることの禁じられていることばがある。一種のタブーであって、その語を口にすると不吉なことが起こるとされているのである。蛇をめぐっては、この忌詞が発達している。ムシ、オームシ、ナガモノ、ナガムシなどの諸表現は、いかにもこの動物の名を直接に言わないように努めている雰囲気が感じられる。ミーサンには、この動物の霊力が託されているような感じがする。

現在近畿地方以西の地域で優勢なクチナワも、おそらく忌詞に由来するものだったのであろう。朽ち縄、また口縄とする語源説があるが、いかがなものであろうか。柳田国男はクチナブサの四音節化、そしてクチは有害な蛇の称、ナブサは無害な蛇のこととしている。平安時代の辞書『和名抄』には「蛇〈略〉倍美　一云久知奈波」とあって、当時すでに倍美（ヘミ）と久知奈波（クチナハ）の併用状態があったことが記録されている。

ヘビ・ヘビメ・ヘービ・ヘンビ・ヘッビ・ヘッピ・ヘミ・ヘーミ・ヘブ・ヘーブは当然相互に関係する語形であろう。現代の標準語形ヘビが源であり他はすべてそのなまりとするのは、平安時代の倍美の例からも根拠が薄い。『日本国語大辞典』は『源平盛衰記』の「大なる蛇（へび）はひ出て、重盛の右の膝の下へはい入けり」をヘビの初出例として挙げているのである。奄美・沖縄の島にすむ毒蛇ハブの名なども、あるいは関連語とすべきものかもしれない。

日本にすむ蛇の中に、青大将という種類がある。奄美・沖縄の島にはいないというが、大きな蛇で人里近くにおり、時には人家にすみつくときもある。地図のゴーマリは郷回り、ヤドーシは屋通しであり、普通は青大将の特称とされることが多いが、ここでは蛇一般を指す名称として記録されているのである。

へび（蛇）

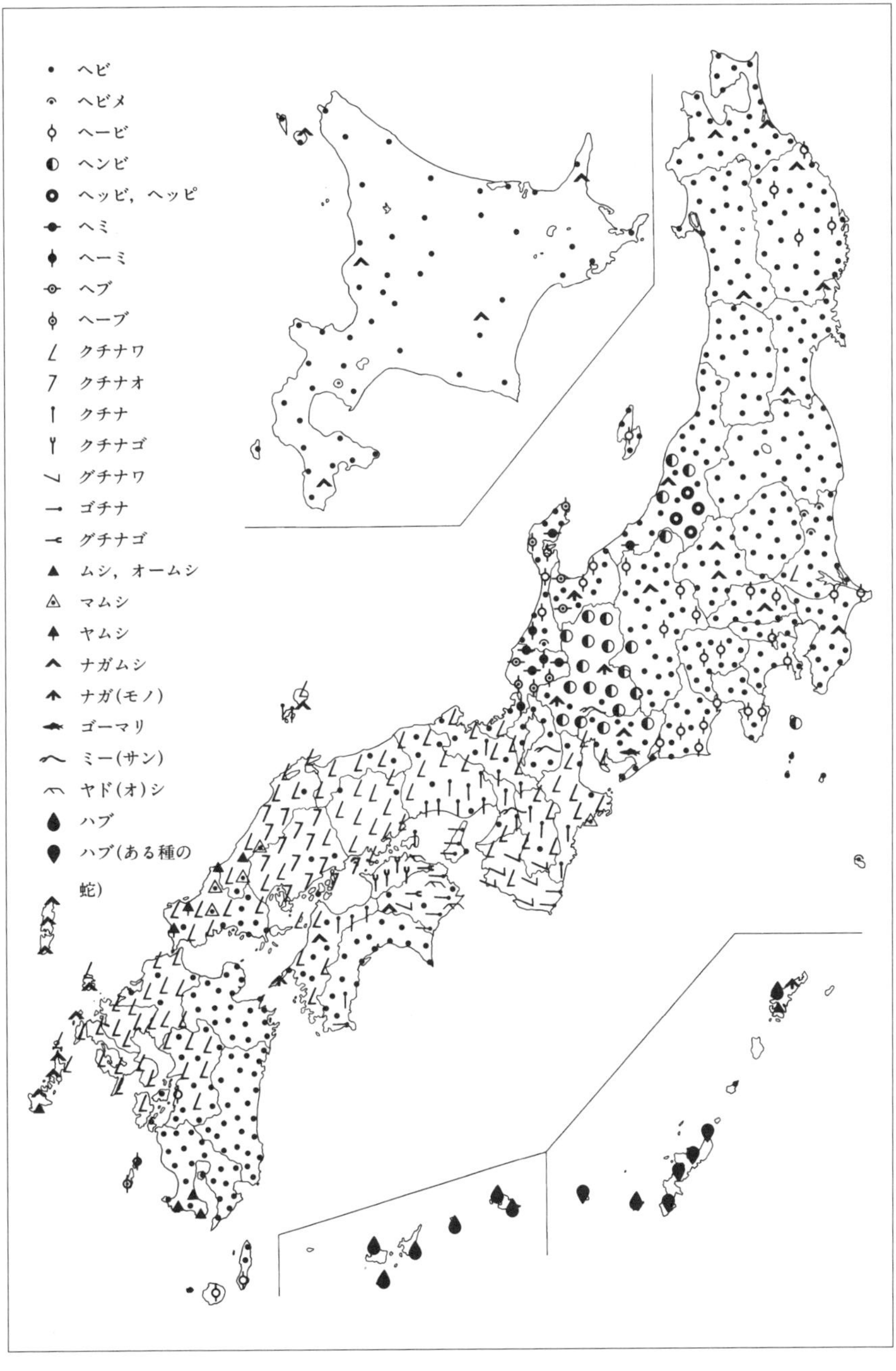
ヘビ
ヘビメ
ヘービ
ヘンビ
ヘッビ，ヘッピ
ヘミ
ヘーミ
ヘブ
ヘーブ
クチナワ
クチナオ
クチナ
クチナゴ
グチナワ
ゴチナ
グチナゴ
ムシ，オームシ
マムシ
ヤムシ
ナガムシ
ナガ(モノ)
ゴーマリ
ミー(サン)
ヤド(オ)シ
ハブ
ハブ(ある種の蛇)

うろこ（鱗）

鱗《うろこ》

コケ・コケラ
イラ・イリコ

ちる花はさながらたいの**こけら**かな　（天正本狂言・連歌の十徳（室町末―近世初））

「うろこ」を表す方言形は、全国を見渡すと、飛驒山脈を境に東日本のコケ類と西日本のウロコ類とが東西に対立した分布を示している。標準語とされているウロコが、関西に大きな勢力を持つ語形であるというのは驚く人も多いだろう。

文献上に現れる古い語形にはイロコとイロクヅがあり、イロコは俗語であるという記述が『和名抄』『類聚名義抄』『色葉字類抄』など中古の辞書に見られる。その後、一一世紀後半から一二世紀にかけて、イロコは「うろこ」、イロクヅは「魚」という意味の分化が生じたようである。イロコの変化形にはイラカがあり、「いらか（甍）」を連想させる。

また、新築の劇場での最初の興業を「こけら落とし」というが、この「こけら」は「材木を削ったくず」のことである。古く、イロクヅという語形が存在したことを考えると、「うろこ」を意味するコケラと何か関連があるのかもしれない。

紀伊半島沿岸部に連続して分布するハダは「膚」の意味であろう。八丈島にコケザという語形が見られるが、これは、ハダの変化形ハザとコケラとの混交形（三六二ページ参照）と考えられる。

九州の一部に見られるイラやヒレはそれぞれ「えら（鰓）」や「ひれ（鰭）」との関わりを考える必要があろう。静岡に見られるゼンゴは、「鯵の尾に近い側面にあるとげのようなうろこ」を意味する標準語の「ぜんご・ぜいご」が、「うろこ」の一般名称を表すようになったものと考えられる。

佐賀と五島にツ・ツーが見られるが、方言辞典によれば、九州西部では、亀や蟹の甲、できもののかさぶた、柿のへたなどいくつかの意味で用いられている。

うろこ（鱗）

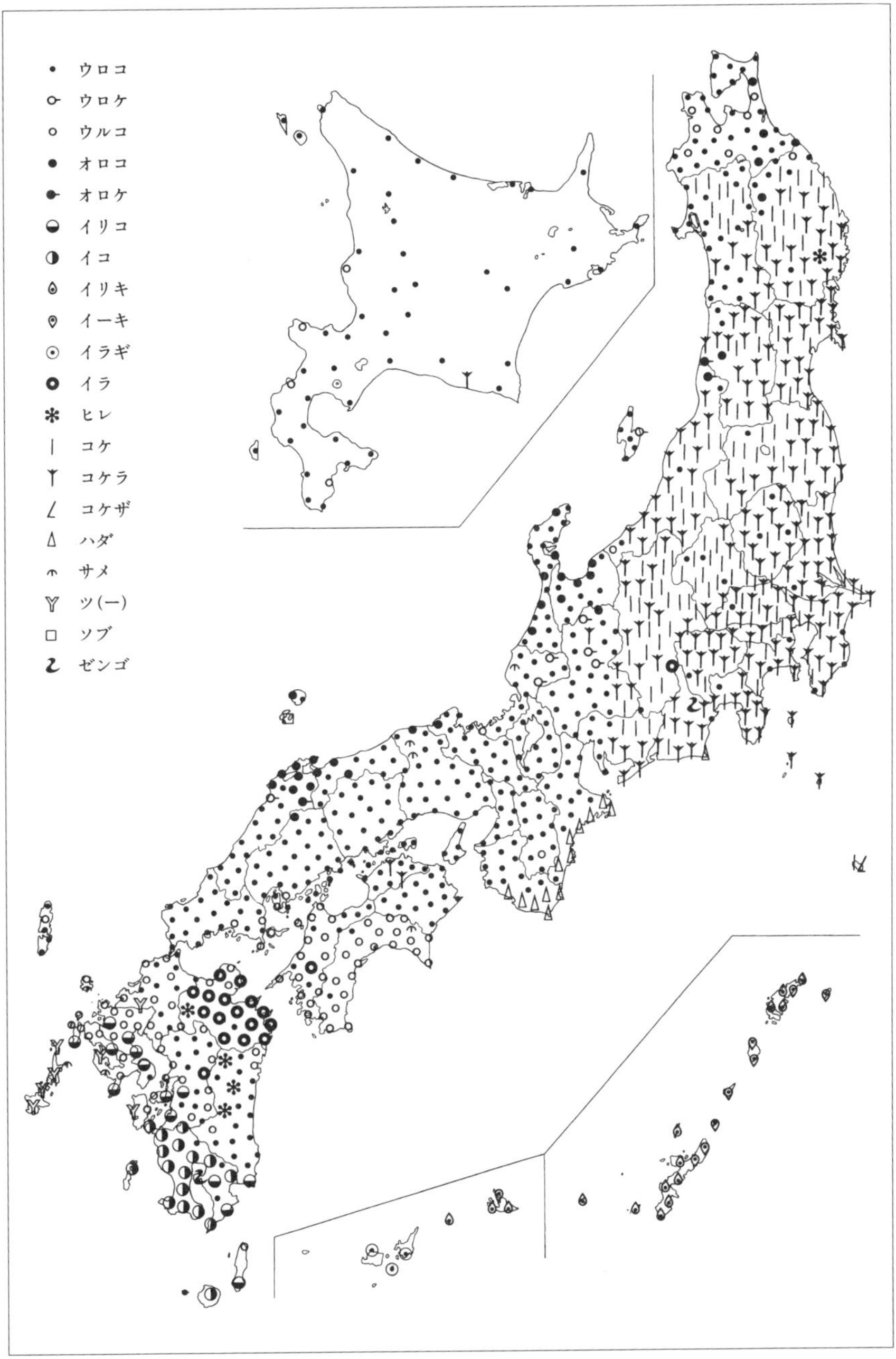
ウロコ
ウロケ
ウルコ
オロコ
オロケ
イリコ
イコ
イリキ
イーキ
イラギ
イラ
ヒレ
コケ
コケラ
コケザ
ハダ
サメ
ツ(ー)
ソブ
ゼンゴ

とかげ（蜥蜴）

蜥蜴《とかげ》

トカケ
トカギリ
トカンギリ
カガミッチョ
カマギッチョ
カナヘビ

蜥蜴　**とかげ**　畿内にて**とかけ**　東国にて**かなへび又かまぎってう**（物類称呼（1775）二）

日本には一七種の「とかげ」が生息しているといわれ、特に沖縄諸島には種類が多いそうである。そのためか奄美・沖縄の島々には、蜥蜴について、他に見られない独特の表現が目立っている。もうひとつ、全国的に蛇舅母（かなへび）というのがいて、蜥蜴より体が細く、鱗が大きくてつやがないのが特徴という。

地図では新潟県と茨城県を結ぶ線以北に、蜥蜴をカナヘビと称する地点が点在しているが、では蛇舅母を何と言うかを尋ねると、当然のようにその線以北に、カナヘビがさらに色濃く使われていることが明らかになる。そして、新潟県と茨城県を結ぶ線以南では、ほとんどの地域で、二、三の例外を除いて蜥蜴と蛇舅母を区別しないという回答が返ってくるのである。

蜥蜴はトカゲと呼ぶのが標準であろうが、全国的にはトカゲと言うところは案外少なく、近畿地方を中心としてはトカケの勢力が強い。平安時代の辞書『和名抄』にも「度加介（とかけ）」とある。そして北陸地方にトキャク、南近畿にトリカゲ、九州を中心にトカ（ン）ギリ、トカ（ン）キリなどが見られる。一方、関東ではカガミッチョやカマギッチョが目立っている（二九〇ページ、「蟷螂（かまきり）」の項目参照）。

なぜトカゲが標準形となったか不思議な感じがするが、地図からは、標準形トカゲの本場は、福島のように見える。そして福島では蜥蜴をトカゲ、蛇舅母をカナヘビで言い分けている点からも、福島が標準語の中心であるように見える。福島出身の動物学者が、標準語形判定にあたって強い発言権を持っていた、などという事情があったのであろうか。

関東地方を中心に、蟷螂をトカゲと言うところがある。この地図には見えないが、蜥蜴をカマキリと言うところも、わずかながら実はあるのである。

273

とかげ（蜥蜴）

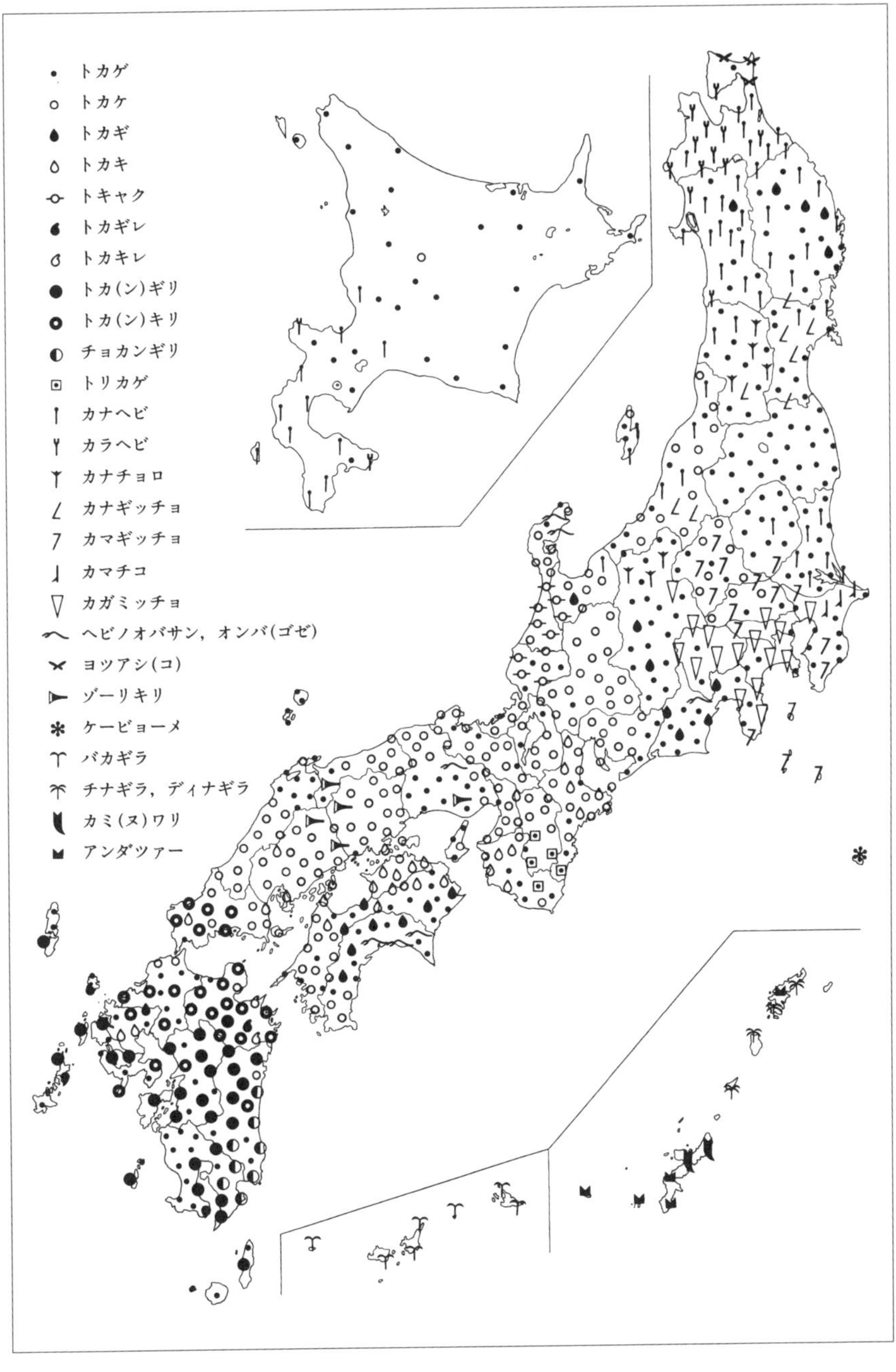
トカゲ
トカケ
トカギ
トカキ
トキャク
トカギレ
トカキレ
トカ(ン)ギリ
トカ(ン)キリ
チョカンギリ
トリカゲ
カナヘビ
カラヘビ
カナチョロ
カナギッチョ
カマギッチョ
カマチコ
カガミッチョ
ヘビノオバサン，オンバ(ゴゼ)
ヨツアシ(コ)
ゾーリキリ
ケービョーメ
バカギラ
チナギラ，ディナギラ
カミ(ヌ)ワリ
アンダツァー

かたつむり（蝸牛）

蝸牛《かたつむり》

ナメクジ
ダイロ
マイマイ
ツブラメ

蝸牛 **マヒマヒ** （書言字考節用集（1717）五）

ててむしやその角文字のにじり書 （俳諧・蕪村句集（1784）夏）

柳田国男は、その著『蝸牛考』（一九三〇）の中で、全国のかたつむりの方言をナメクジ系（A）・ツブリ系（B）・カタツムリ系（C）・マイマイ系（D）・デデムシ系（E）の五類、その他に分類し、京都を中心に分布するデデムシ系（E）を囲んで、A―B―C―D―E―D―C―B―Aの順に並んでいると判断した。そして、この分布は、京都でA―B―C―D―Eの順にことばが交替し、そのつど古い方の語が水の波紋のように外側に押し出された結果であると解釈した。

本図の分布から見ても、近畿を中心にまとまった領域をもつデンデンムシ類が近畿で生まれた最も新しい勢力であることは疑う余地がない。なお、柳田はデンデンが「出よ出よ」に由来するとしている。

デーロ・ダイロについて、『蝸牛考』では、デーロは命令形「出ろ」に由来するとした上で、この語源が忘れられたために、デーロはダイコン→デーコンなどと同様の訛りであり、正しい形はダイロであると誤認され、その結果、いわゆる「誤れる回帰」（三六三ページ参照）としてダイロが生まれたと推論している。

マイマイ類は、西日本では鳥取と兵庫の県境、岡山中央付近、東日本では愛知と静岡の県境付近でデンデンムシ類と領域を接しており、この分布はデデムシ系の直前にマイマイ系があったとする柳田の説を支えるものである。また、カタツムリ類とツムリ類とは各地で分布が隣接しており、語形の共通性から見ても両者は発生的に密接に関係すると思われる。

柳田が周圏分布の最も外側にあると判断したナメクジ類は、青森北部や九州中央部に勢力をもつほか、各地に散在する。もし沖縄に広く分布するツンナメ・ツダミのナメ・ダミなどをナメクジのナメに当たる形と認めるならば、ナメクジ類が最も古いとする柳田の説はゆるがぬものとなろう。

かたつむり（蝸牛）

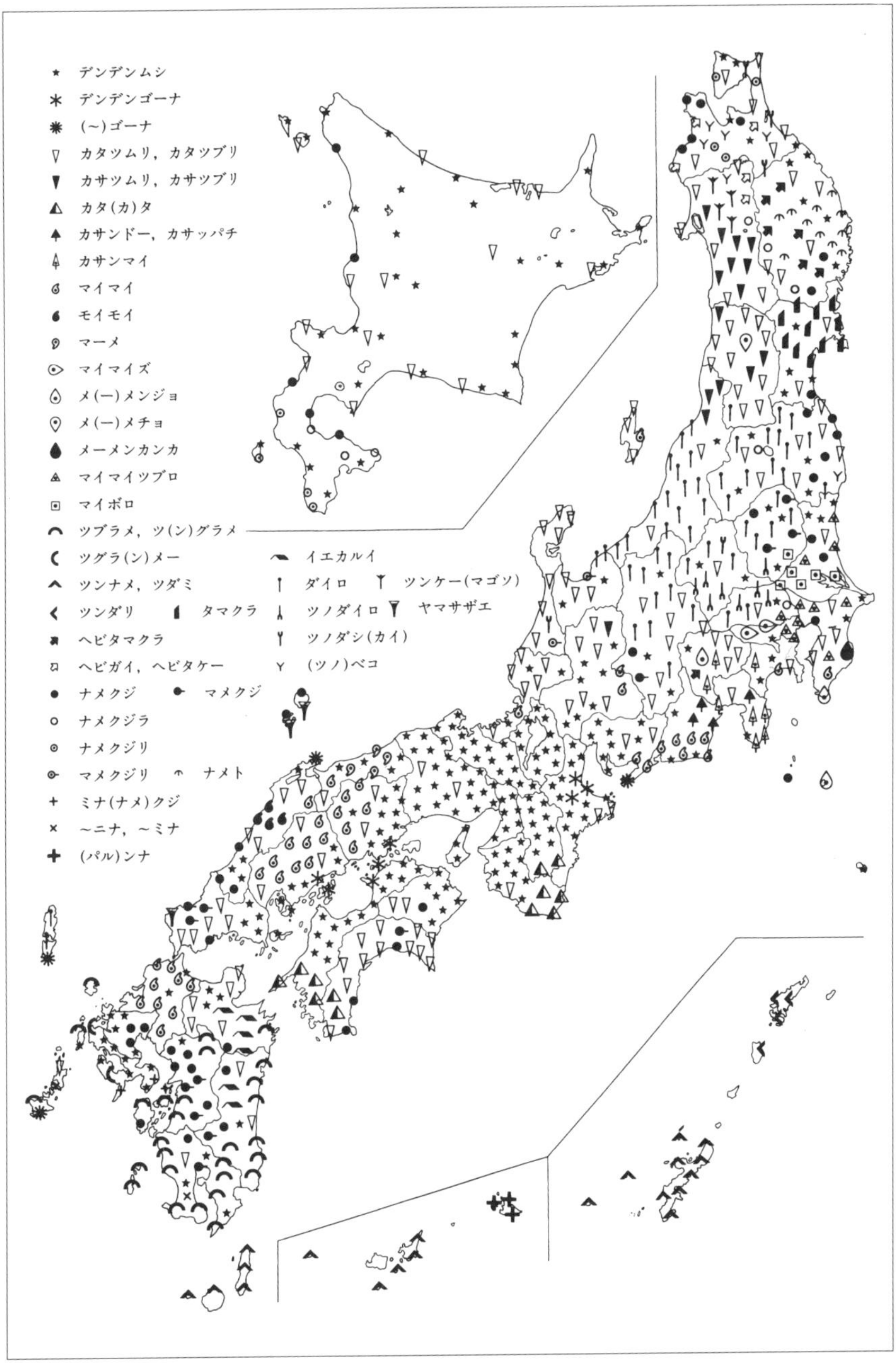
デンデンムシ
デンデンゴーナ
(～)ゴーナ
カタツムリ，カタツブリ
カサツムリ，カサツブリ
カタ(カ)タ
カサンドー，カサッパチ
カサンマイ
マイマイ
モイモイ
マーメ
マイマイズ
メ(ー)メンジョ
メ(ー)メチョ
メーメンカンカ
マイマイツブロ
マイボロ
ツブラメ，ツ(ン)グラメ
ツグラ(ン)メー
ツンナメ，ツダミ
ツンダリ
タマクラ
ヘビタマクラ
ヘビガイ，ヘビタケー
ナメクジ
マメクジ
ナメクジラ
ナメクジリ
マメクジリ
ナメト
ミナ(ナメ)クジ
～ニナ，～ミナ
(パル)ンナ
イエカルイ
ダイロ
ツンケー(マゴソ)
ツノダイロ
ヤマサザエ
ツノダシ(カイ)
(ツノ)ベコ

なめくじ（蛞蝓）

蛞蝓《なめくじ》

ナメクジリ
ナメクジラ
ナメト

五月雨に家ふり捨て**なめくじり**〈凡兆〉（俳諧・猿蓑（1691）二）

こちゃびっくりした。**蛞蝓**《なめくじら》かとおもふた（洒落本・箱まくら（1822）中）

ナメクジ・ナメクジリ・ナメクジラの新古関係は、分布からは判然としない。ただし、ナメクジリはナメクジラより外側に分布する傾向が見られ、前者が後者より古そうである。

一方、文献の上では、「なめくぢ」が最も古く、次に「なめくじ」や「なめくじり」が現れ、「なめくじら」はかなり新しい。「なめくじり」の語形は、この虫が野菜や樹木を「なめてくじる」という民衆語源（三六二ページ参照）から生まれたとされる。

ナメクジラはナメクジリをもとに生まれた語形ではないかと考えられるが、その際、「鯨」の意のクジラに引かれたのかもしれない。このような現象を類音牽引という（三六三ページ参照）。形が鯨に似ているという意識が働いたのかどうか、そこまで言うのは危険かもしれないが、ナメクジラからマメクジラという語形が生まれたとすれば、少なくとも、その際には「豆鯨」が意識された可能性はあろう。

ナメラクジはナメクジラの音位転倒（はらつづみ→はらづつみ）によって生まれたと考えられるが、東日本各地では後者が前者の外側に分布する傾向が見られることから、ナメラクジが先にあって、音位転倒およびクジラへの類音牽引によってナメクジラが生まれたという逆の可能性も検討してみるべきであろう。

「かたつむり」の図の解説（二七四ページ参照）で、ナメクジ類の語が最も古いと推定した。とすれば、古くは「かたつむり」も「なめくじ」も区別なく同じ名で呼ばれていたことになる。「なめくじ」の図に見られるハダカナメクジ・ハダカナメト・ハダカメーメー・ハダカダイロなどの語形は、「かたつむり」と区別するために「なめくじ」にハダカ〜を冠した語形であることが「かたつむり」の図と対照するとわかる。

なめくじ（蛞蝓）

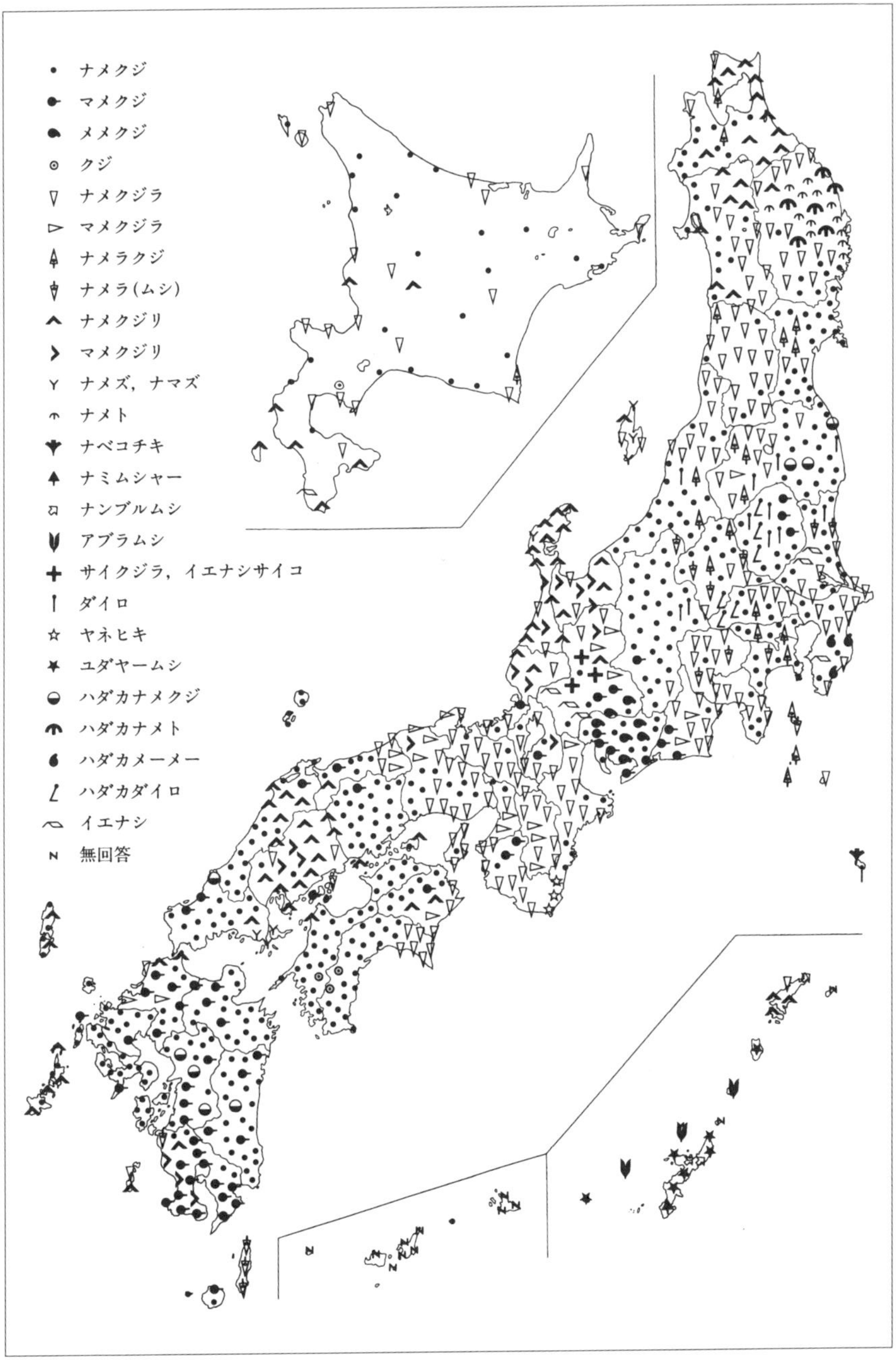
ナメクジ
マメクジ
メメクジ
クジ
ナメクジラ
マメクジラ
ナメラクジ
ナメラ(ムシ)
ナメクジリ
マメクジリ
ナメズ，ナマズ
ナメト
ナベコチキ
ナミムシャー
ナンブルムシ
アブラムシ
サイクジラ，イエナシサイコ
ダイロ
ヤネヒキ
ユダヤームシ
ハダカナメクジ
ハダカナメト
ハダカメーメー
ハダカダイロ
イエナシ
無回答

かえる（蛙）

蛙《かえる》

カワズ　モッケ
ギャワズ
ビッキ
ドンビキ

夜ひごとに**かはづ**のあまたなく田には水こそまされ雨は降らねど　（伊勢物語（10Ｃ前）一〇八）

ビ（ッ）キが東北地方や九州にまとまった分布を見せながら伊豆半島や紀伊半島の先端部、愛媛、奄美大島などにも見られ、周圏的分布を示している。ビ（ッ）キは西日本に勢力をもつヒキや「ひきがえる」の「ひき」と同源であり、また、沖縄本島のアタビチ、アタビチャーのビチ、ビチャーもヒキ・ビキの変化である。このように、ヒキ・ビキの類は国の周辺に分布し、中央のカエルをとりかこんでいるから、方言分布の上からは、前者が後者よりも古いと考えられる。そして、「ひきがえる」の図（二八一ページ参照）と総合すると、かつては「かえる」と「ひきがえる」を区別せずヒキと呼んでいたが、後に全国各地で「ひきがえる」を種々の名称で呼ぶようになり、また、中央日本では後に生まれたカエル（古語の「かへる」）とヒキとの混交形ヒキガエルが「ひきがえる」の特称となったという可能性も考えられる。

共通語のカエルに対してガエルが本土の各地にカエルに接しつつ見られる。また、カワズは長野から東海にかけて分布しているが、その濁音形ガワズやギャワズが北陸に分布している。ヒキの濁音形ビ（ッ）キも含めて、これらの濁音形は清音形の変化したものと考えるのが普通であろう。古代日本語（中央語）には、語頭の濁音形は存在しないとされているし、一方、方言には、蟹をガニ、鞄をガバンと呼ぶような濁音形が各地に存在し、これらも清音形の変化と考えられているからである。しかし、地図を見ると、ビ（ッ）キは明らかにヒキの周辺にあり、ガエルやガワズはカエルやカワズの外側に分布しているようにも見える。これは単なる偶然であろうか。それとも周圏論を適用して濁音形の方が古い可能性をも検討してみるべきであろうか。「かえる」や「かわず」の語源に関しては種々の説があるが、蛙の鳴き声の表現とも関連させて、なお考えてみたい。

279

かえる（蛙）

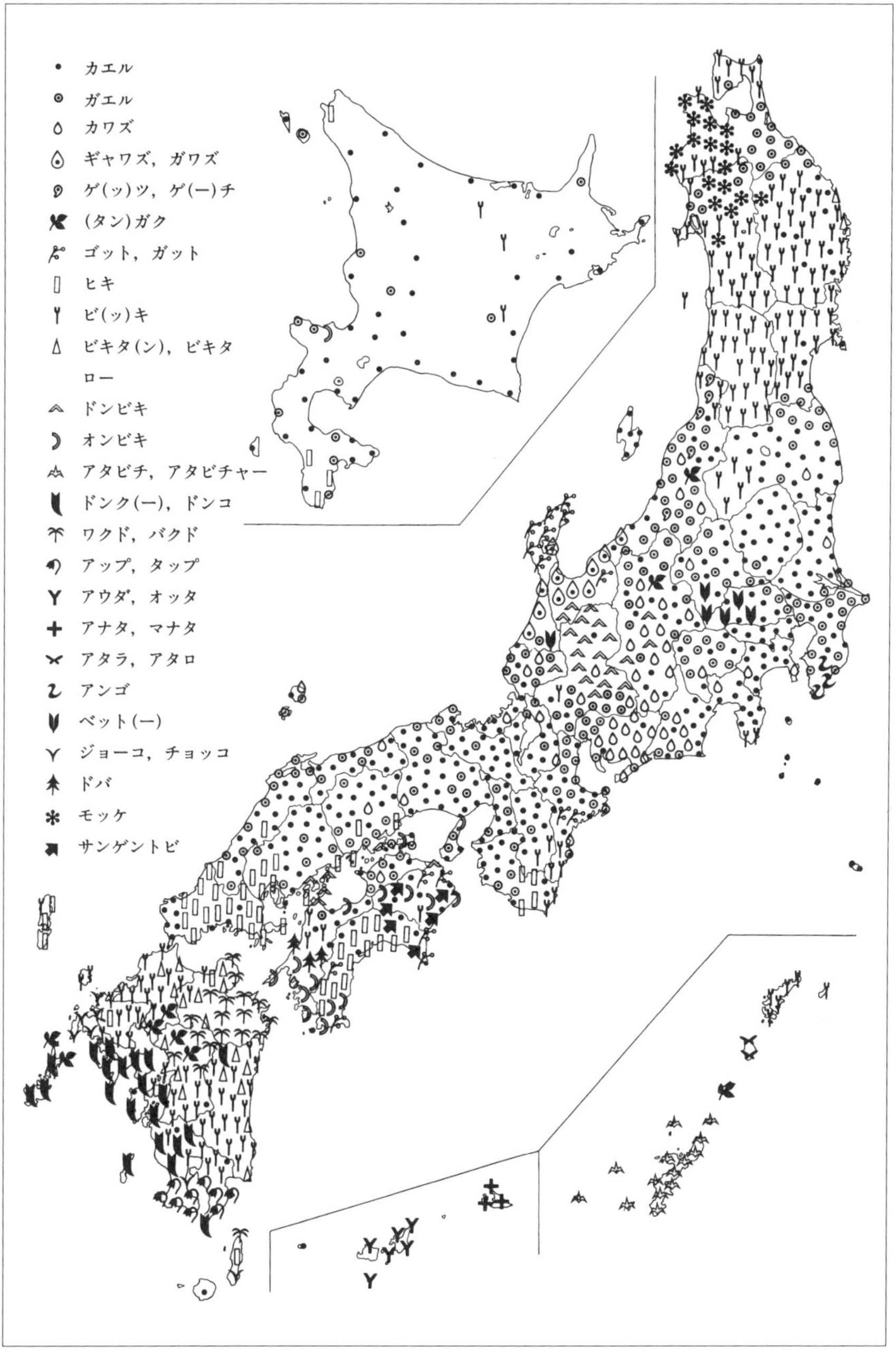
カエル
ガエル
カワズ
ギャワズ，ガワズ
ゲ(ッ)ツ，ゲ(ー)チ
(タン)ガク
ゴット，ガット
ヒキ
ビ(ッ)キ
ビキタ(ン)，ビキタロー
ドンビキ
オンビキ
アタビチ，アタビチャー
ドンク(ー)，ドンコ
ワクド，バクド
アップ，タップ
アウダ，オッタ
アナタ，マナタ
アタラ，アタロ
アンゴ
ベット(ー)
ジョーコ，チョッコ
ドバ
モッケ
サンゲントビ

ひきがえる（蟇蛙）

蟇《ひき》蛙《がえる》

モッケ・フルダ
フクダ(ロ)ビキ
ガマ・ワクド
ドンク

おまへよかはたわしょふりすてて、よんにょうしゃんすとちぎらんす。コリャ、**どんく**が飛《とぶ》なら桶かぶせ　（滑稽本・東海道中膝栗毛（1802–09）六・上）

九州を中心に分布が見られるワクドと関東から南東北に見られるガマ（ガエル）はまるで異なる語形に見えるがどうもつながりがありそうだ。注目したいのはワクドという語形の中のクドの部分である。周知のようにクドは古語でかまどを指す。「かまど」とガマは語形に通じるところがあるではないか。高知にはヤド（モリ）という語が見られるが、このように「ひきがえる」は家や、家の中心である「かまど」を守るという俗信があるのだろう。

大分のタンノバクドのタンは「かえる」の図（二七九ページ参照）で熊本などに見られる（タン）ガクのタンと関係があろうか。中国西部や沖縄に分布の見られるワンビキ・ワクドビキ・ワクビチなどはヒキ・ビッキとワクドとの衝突で生まれたものと考えられる。

ヒキ・ビッキは「かえる」を指す地方もあるが「ひきがえる」を指す地域とは分布を異にしている。「かえる」を指す地域は東北地方と中国西部・四国南部であるが「ひきがえる」を指す地域は関東西部と中国東南部である。「かえる」をヒキ・ビッキと呼ぶ地域では「ひきがえる」をフルタ・ヒキダ・フクダ（ロ）ビキあるいはヒキゴト・ゴト・ヤド（モリ）というふうに呼ぶ。おおむねヒキ・ビッキをもとにしていると考えられるが、ゴトはワクドのクドの部分と関係あるかもしれない。

関東周辺部に見られるイボガエル、津軽から秋田北部のイボラモッケなど語頭にイボの付いた語形は「ひきがえる」の外見上の特徴から来ている。岐阜北部の（カサ）ドーサイや大分から熊本にかけてのカサワクドの「カサ」は性病による皮膚の爛れを指す「瘡（かさ）」を基にし、やはり「ひきがえる」の外形からきた語形である。

281

ひきがえる（蟇蛙）

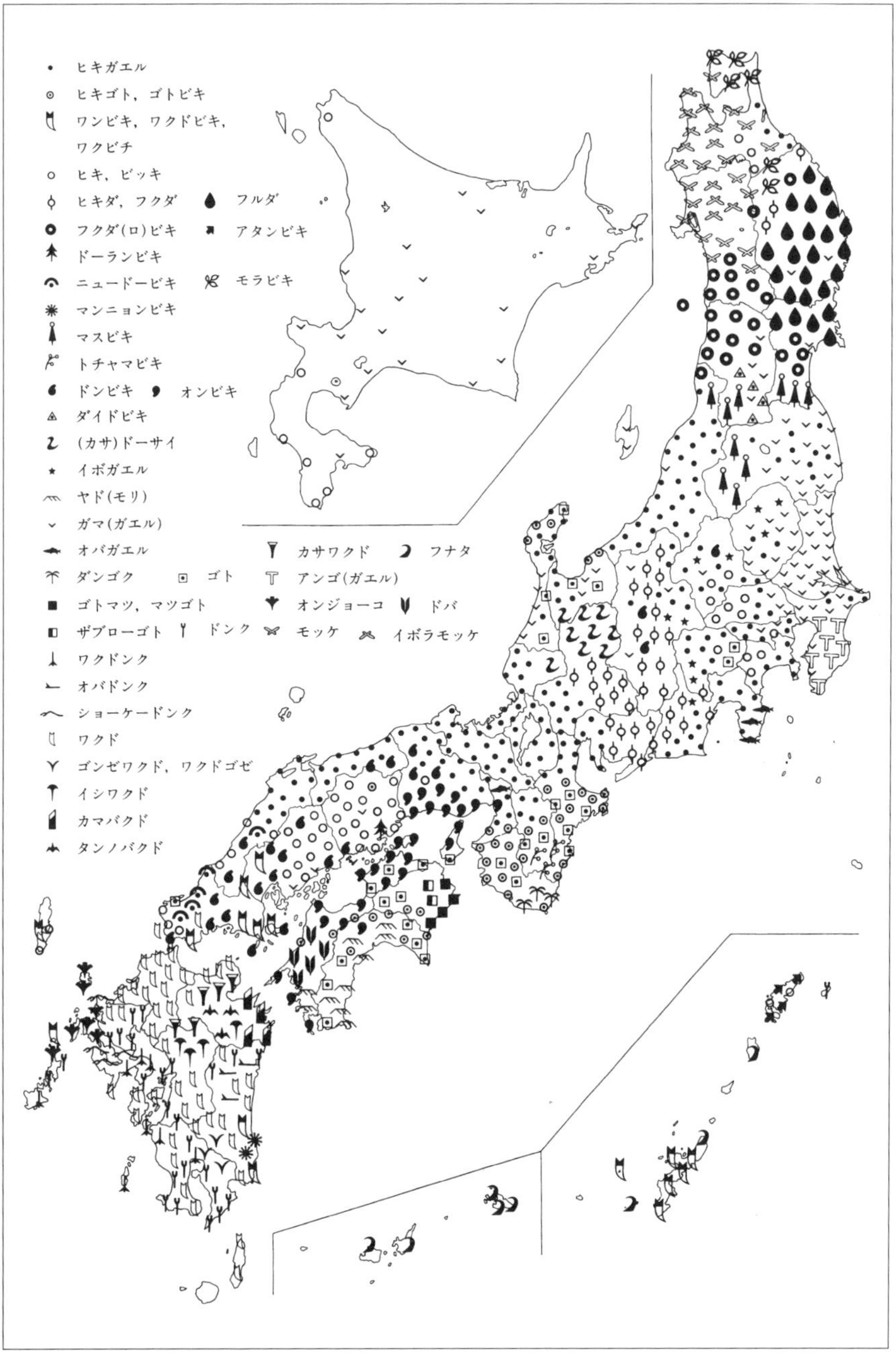

ヒキガエル
ヒキゴト，ゴトビキ
ワンビキ，ワクドビキ，
ワクビチ
ヒキ，ビッキ
ヒキダ，フクダ
フルダ
フクダ(ロ)ビキ
アタンビキ
ドーランビキ
ニュードービキ
モラビキ
マンニョンビキ
マスビキ
トチャマビキ
ドンビキ
オンビキ
ダイドビキ
(カサ)ドーサイ
イボガエル
ヤド(モリ)
ガマ(ガエル)
オバガエル
カサワクド
フナタ
ダンゴク
ゴト
アンゴ(ガエル)
ゴトマツ，マツゴト
オンジョーコ
ドバ
ザブローゴト
ドンク
モッケ
イボラモッケ
ワクドンク
オバドンク
ショーケードンク
ワクド
ゴンゼワクド，ワクドゴゼ
イシワクド
カマバクド
タンノバクド

おたまじゃくし（御玉杓子）

御玉杓子《おたまじやくし》

ババジャコ　タフグ
ガエラゴ
カエル
ビッコ

蛙の子の魚に似て、**かへる子**となるを見れば頼みなし　（籾井家日記（1582頃）五・丹波家出張摂州表事）

おたまじゃくしは蛙の子である。鯰の孫ではない。これはあまりにも自明の事であるように我々は思い込んでいる。しかし、このことはわざわざ歌にも歌われているくらいに、教えられなければわからぬことであろう。

オタマジャクシという標準語はカエルという語形と共通性がない。そもそも「おたまじゃくし」は調理の道具である。それが蛙の子に当てられたのは形態上の類似による連想にほかならない。

蛙と「おたまじゃくし」の関係を知らない者にとって、その結びつきは意外に思えることかもしれない。「おたまじゃくし」をためつすがめつ眺めても蛙のおもかげは見当たらない。しかし、方言の世界では、「蛙の子」という命名がかなり多く見出される。カエルノコ・ガエラゴ・ゲーラゴ・ギャーノコ・ゲーノコ・ビキノコ・ビッコ・ドンクノコ・アウダヌファ・ウナタヌファなどはすべて「蛙の子」の意である。

ところで、これら「蛙の子」の類における「蛙」に当たる部分がその地での「蛙」を表す語に該当しているかというと必ずしもそうでない。たとえば岩手・宮城では「蛙」はもっぱらビ（ッ）キであるが、「おたまじゃくし」はガエラゴ・ゲーラゴ・カエルノコである。そのような観点からすると、「蛙」をヒキやビ（ッ）キと呼んでいる地域（二七九ページ参照）の中で、「おたまじゃくし」をヒキ・ビ（ッ）キの子と呼ぶ地域が意外に少ないことに驚かされる。これは何を意味するのであろうか。

「おたまじゃくし」をカエル・ガエロのように言う地域がある。それらの地域では、「蛙」はもちろん別名称（ヒキ・ビッキ・その他）で呼んでいる。なぜ蛙の名称がおたまじゃくしを指すようになったのか、興味のもたれるところである。

おたまじゃくし（御玉杓子）

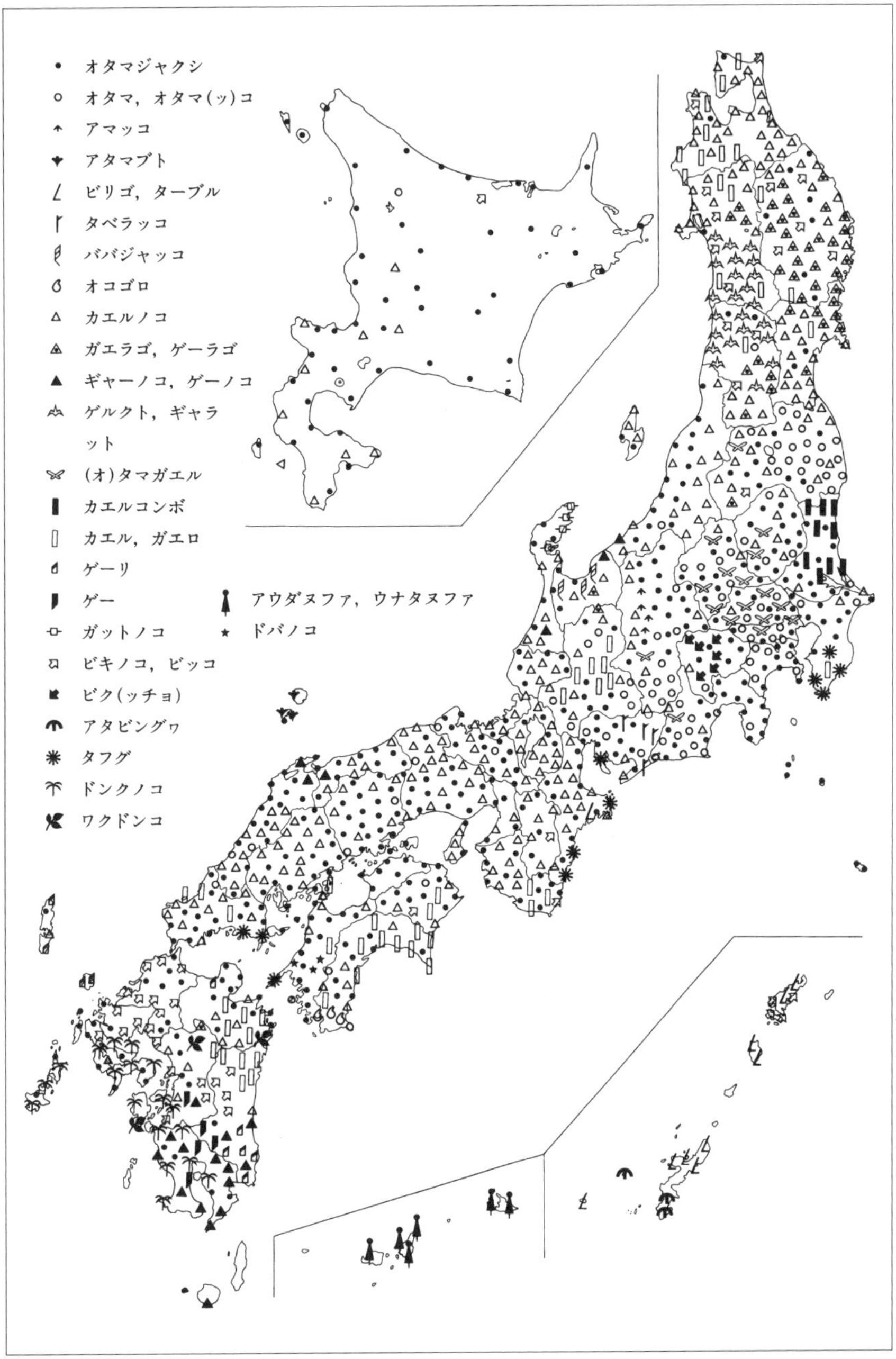
オタマジャクシ
オタマ，オタマ(ッ)コ
アマッコ
アタマブト
ビリゴ，ターブル
タベラッコ
ババジャッコ
オコゴロ
カエルノコ
ガエラゴ，ゲーラゴ
ギャーノコ，ゲーノコ
ゲルクト，ギャラット
(オ)タマガエル
カエルコンボ
カエル，ガエロ
ゲーリ
ゲー
ガットノコ
ビキノコ，ビッコ
ビク(ッチョ)
アタビングヮ
タフグ
ドンクノコ
ワクドンコ
アウダヌファ，ウナタヌファ
ドバノコ

鶺《せき》鴒《れい》

イシクナギ　カワラスズメ
イシタタキ
チチンドリ
シリフリ

稲負鳥　種々あれども**石たたき**なり。**むぎまき鳥**也。庭くなぶりとも。とつぎおしへ鳥とも（言塵集（1406）五）

鶺鴒（せきれい）は動作のすばやい、姿の美しい小鳥である。背面が鶯色で腹が黄色の黄鶺鴒と、背が黒く腹の白い背黒鶺鴒がいる。このほか、北日本には、背黒鶺鴒に似て顔面の白い白鶺鴒がいる。渓流や湖畔などの水辺に多く、やや長めの尾をせわしげに上下させている。イシタタキなどの名は、そこから生まれたものである。

ムギマキドリの名は、現在は関東と沖縄県の西端にしか見られないが、麦蒔きの季節とその動作とが、命名の根拠となったと思われる。シリフリやミズクミドリの名も、この鳥の動作に基づいて付けられた。沖縄のジューミタミターのジューは尾のこと、ミタミターは尾の動きを示す擬態語である。オビコのオは尾、そしてビコは尾の動きを示す擬態語と見て、沖縄のものに通ずる符号を与えてみた。

イシクナギやシックナギのクナギは、婚の字を当てるクナグなる動詞の名詞形である。あからさまにいえば性交するということで、やはりこの小鳥の尾を振り続ける動作に着目した素朴な命名である。イザナギ・イザナミの二神が、この小鳥の動作から結婚の道を学んだという神話があって、その言い伝えが「とつぎおしへ鳥」の名の源になっている。この種の名は現在東日本と奄美・沖縄の島々に伝えられている。

チチンドリは、鳴き声に注目した名であろう。ヒンカチも同様であろうが、鶲（ひたき）を指すことが多い。ショニ（ソニ）は、元来は翡翠（かわせみ）を表すことばである。シジューカラという別の鳥がいることは、皆さんもご存じであろう。他の鳥の名を使うのは奇妙であるが、たとえばカワラスズメを方言辞典で引くと、鶺鴒を表すのと同時に、他の地域では翡翠や河原鶸（かわらひわ）、また、千鳥のことを表すと出ているのである。

せきれい（鶺鴒）

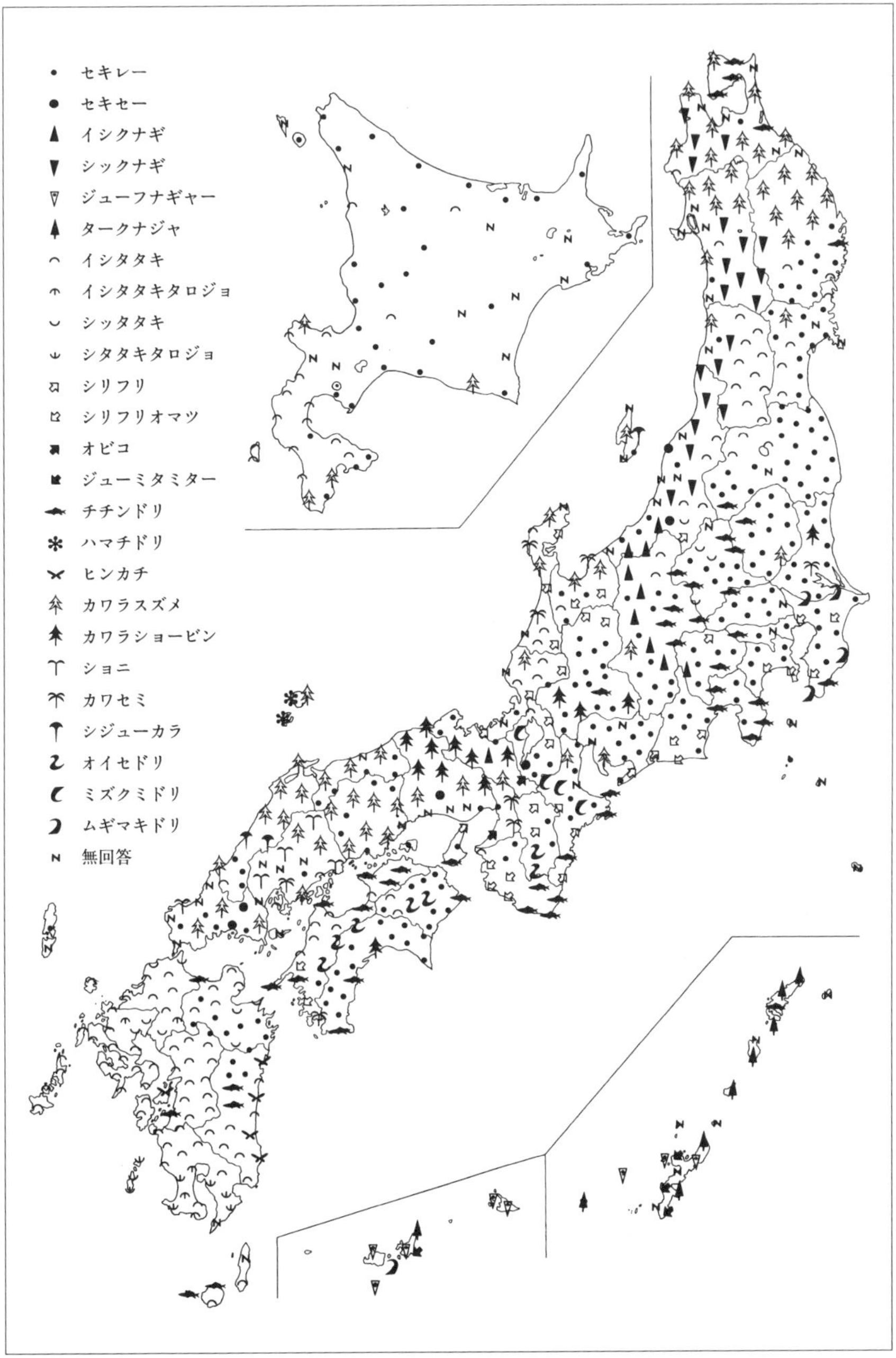
セキレー
セキセー
イシクナギ
シックナギ
ジューフナギャー
タークナジャ
イシタタキ
イシタタキタロジョ
シッタタキ
シタタキタロジョ
シリフリ
シリフリオマツ
オビコ
ジューミタミター
チチンドリ
ハマチドリ
ヒンカチ
カワラスズメ
カワラショービン
ショニ
カワセミ
シジューカラ
オイセドリ
ミズクミドリ
ムギマキドリ
無回答

286 ふくろう（梟）

梟《ふくろう》

フクロク　オホ（ドリ）
ホロスケ（ドリ）
ネコドリ
ノリツケ

西国にて、梟を**ねことり**といへるは、かれが頭の、猫に似たるよりいふ、〈略〉猫を、ねこ、といふは此鳥の頭に似たるより（随筆・橿園随筆《かしぞのずいひつ》（1851）上）

鳥の名にはその鳴き声を基にするものが多い。かっこうはよく知られている例であろう。「ふくろう」の方言もそうである。近畿南部から四国・中国南部のフルツクや東北地方北部のオホ（ドリ）・モホ（ドリ）は鳴き声をそのまま名前の中に取り込んだものといってよい。～ツクはみみずくの～ズクと関係がある。宮崎のホ（ー）クボドリや関東周辺に見られるホロスケなど、また、ホロスケとの関連でいえば東海のゴロスケ、それと連続して分布が見られるゴロッチョ・ゴロチョーなども同じ種のものである。

また、鳴き声を意味付けしてそれを「ふくろう」の名にしている地方もある。東北地方に散在するノロスケ・ノリツケなどがそうである。ノロスケはノリツケを基にするのであろうが、ノリツケは「糊を付ける」である。ふくろうの鳴き声を「糊付け、干せ」と聴く地域は多い。これはふくろうの鳴き声を聴くと翌日は晴れるという言い伝えがあるからである。方言集をもとに「ふくろうの鳴き声」を見ると、ノリツケホーセが秋田県鹿角郡・山形県西置賜郡・富山県礪波郡・岐阜県郡上郡・京都府天田郡・加佐郡・島根県・大分県、その類例は山形県東置賜郡でヌリツケホーシェー、新潟県岩船郡ではノリツケホセホイホイなど枚挙に暇の無いほどだ。この種の表現は地図には省略されているが実はかなりある。このように鳥の鳴き声を意味付けする例は、ほととぎすの「てっぺんかけたか」もそうであり、ひばりの鳴き声表現にもテンツクテンツクのような、その高く飛び上がる習性に着目した種々の方言形が存在する。

近畿の周辺や九州にネコドリが分布する。「ふくろう」の顔の形をもとにしたとも考えられるが、ふくろうにはみみずくと違って耳が無い点を考慮すると、ねずみを取って食べる食性をもとにするからと考えたほうが理にかなう。

287

ふくろう（梟）

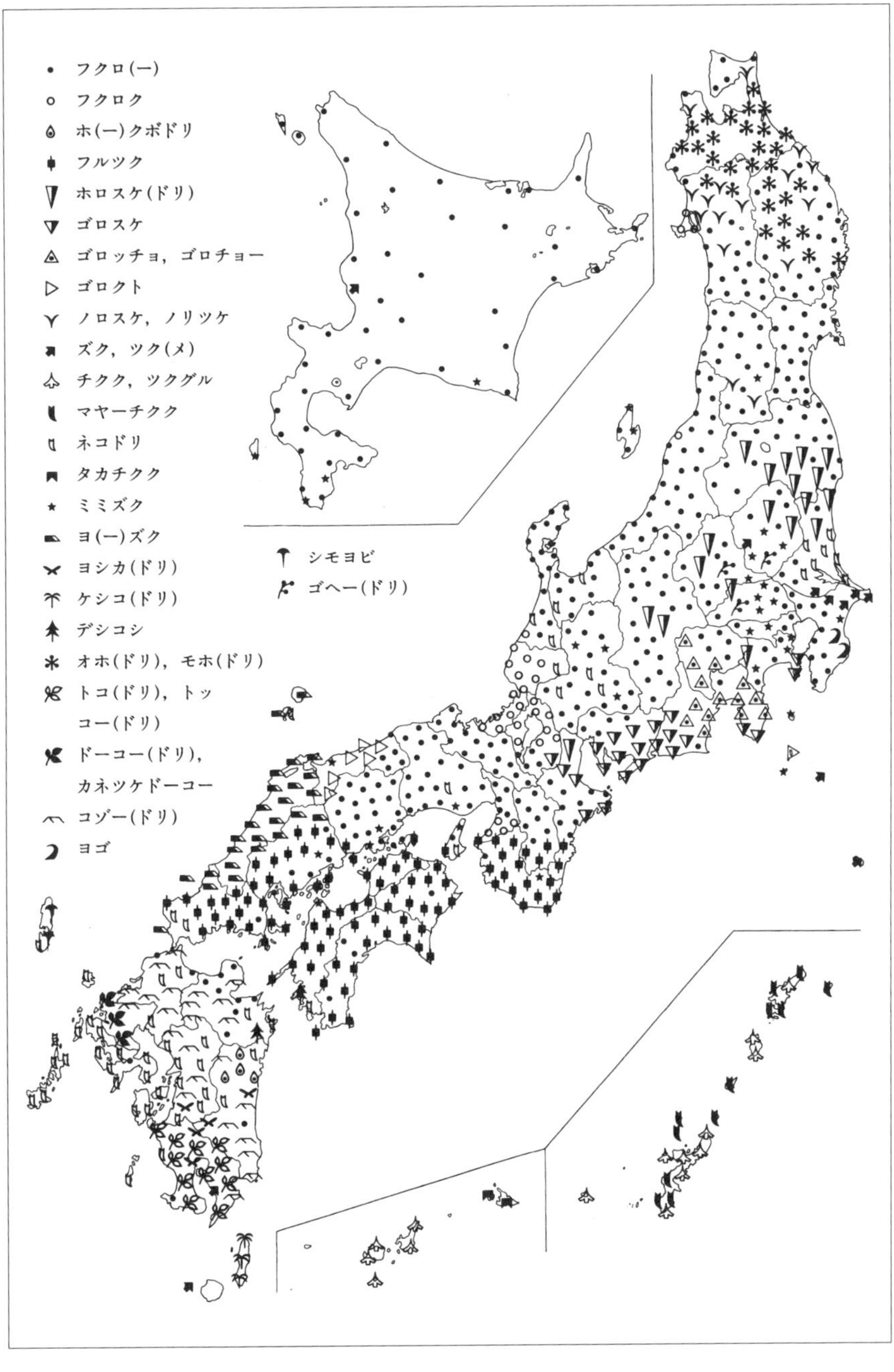
フクロ(ー)
フクロク
ホ(ー)クボドリ
フルツク
ホロスケ(ドリ)
ゴロスケ
ゴロッチョ，ゴロチョー
ゴロクト
ノロスケ，ノリツケ
ズク，ツク(メ)
チクク，ツクグル
マヤーチクク
ネコドリ
タカチクク
ミミズク
ヨ(ー)ズク
ヨシカ(ドリ)
ケシコ(ドリ)
デシコシ
オホ(ドリ)，モホ(ドリ)
トコ(ドリ)，トッコー(ドリ)
ドーコー(ドリ)，カネツケドーコー
コゾー(ドリ)
ヨゴ
シモヨビ
ゴヘー(ドリ)

鶏冠《とさか》

トカサ・ケン
ケ(ー)ト(ー)
エボシ・ヨボシ

しづしづと歩み寄り首を入れて**さか**を立、首毛をまろく立たるは（浄瑠璃・本領曾我（1706頃）一）

標準語の「とさか」に類似した語形のトリサカ・トッサカは北陸にまとまった分布が見えるほか、近畿や東北地方の三陸沿岸にも分布が見られる。古辞書にも見られるサカは関東・東海にまばらに分布しながら四国東部や中国地方にも見られ、周圏的な分布を示している。

分布から考えると、『和名抄』に「冠　野王案鸂鶒頭上有毛冠〈冠読佐賀文選羽毛射雉賦冠双立謂之毛角耳〉鳥冠也」とあるように、サカが古そうだ。サカの指す意味が分かりにくくなったために「鳥」を頭に付けてトリサカが生じ、トリサカがトッサカと変化してトサカが生まれたと解釈できよう。「鳥」を頭に付する以外に「毛」を付けることもあり、そこから生じたケサカはケ（ッ）チャカという形で岩手県北部に残存している。

新潟県北部にはトカサという語形が分布している。これは音位転倒（三六二ページ参照）によって生まれたものである。この現象は言語の変化に大きな役割を果たすものであり、たとえば古くはサンザカといっていた「山茶花」を現在ではサザンカというような例がある。ただし、トカサはトサカの〜サカの意味が不明となって、語形や意味の近い「笠・傘」への類推が強く働いたことも容易に推測できる。

中国地方と南九州に分布するエボシ・ヨボ（ー）シは「烏帽子」からの連想である。この「烏帽子」類の分布の間に挟み込まれるようにして四国西部から九州中部にカブトが分布している。カブトは「兜」であり、武士のかぶりものであるから、この分布の連続性はたいへん興味深い。

宮城・山形や香川に見られるヤマ（コ）は「とさか」の形からの連想でそれぞれの地で別々に発生したものであろう。形状からの連想という点では青森・秋田のキノコも同様である。

289

とさか（鶏冠）

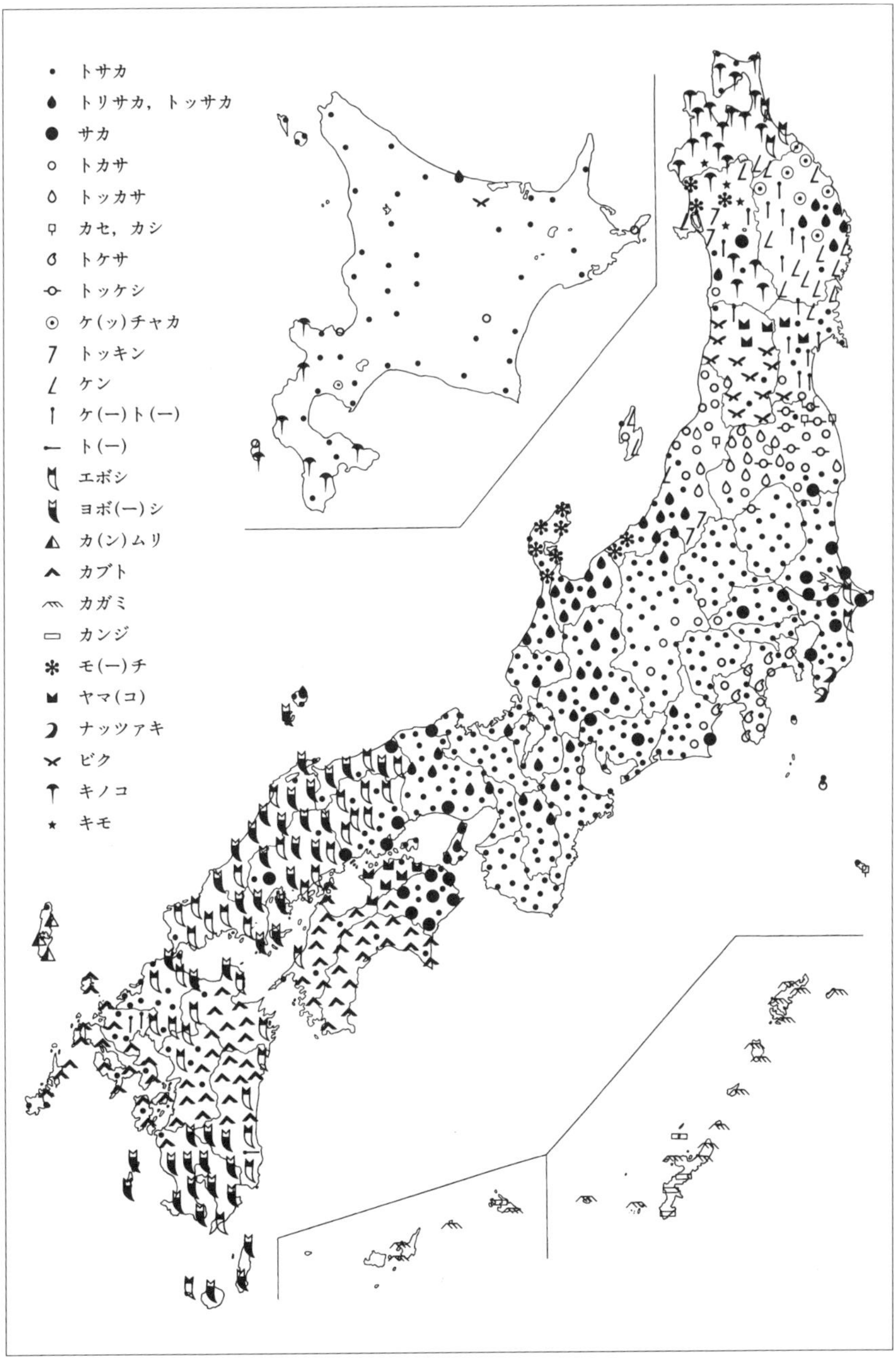
トサカ
トリサカ，トッサカ
サカ
トカサ
トッカサ
カセ，カシ
トケサ
トッケシ
ケ(ッ)チャカ
トッキン
ケン
ケ(ー)ト(ー)
ト(ー)
エボシ
ヨボ(ー)シ
カ(ン)ムリ
カブト
カガミ
カンジ
モ(ー)チ
ヤマ(コ)
ナッツアキ
ビク
キノコ
キモ

蟷螂《かまきり》

イボジリ　　ヘンボ
オンガメ
カマギッチョ
トカゲ・トカケ

いぼじり、かたつぶりなどを取り集めて
（堤中納言物語（11C中―13C頃）虫めづる姫君）

蟷螂（かまきり）は姿や動作に特徴があって、人々の注目を集めてきた。この虫は交尾の後、雌が雄を頭から食べてしまうという習性がある。そこに注目してオンガメ・オガメの語源は雄噛みだとする俗説があるが、しかし鎌の形の前肢をすりあわせるようにするこの虫の動きを拝礼にみたてたというのが、おそらく正しい解釈である。

体にできる疣（いぼ）をとるまじないに、この虫が使われることがあったらしい。平安時代の古辞書『新撰字鏡』には、「伊比保牟志利」という名が記されている。「伊比保（いひほ）」とは「疣（元来は飯粒）」のこと。現在でも俳句などに使われることがあり、地図上のイボジリやイボムシは、当然この系統の名称である。「枯色が眼よりはじまるいぼむしり　後藤夜半」

この虫はちょっと触れただけで、立腹したように、前肢を振り立てて立ち向かってくる性質がある。ハラタチなどの名称はこの性質を根拠としている。カマギッチョは、おそらく鎌を持ったギッチョ（きりぎりす）ということであろう。ところが蜥蜴（とかげ）を指すカガミッチョと混線して、ついに蟷螂をトカゲ・トカケという、奇妙な混線が生じてしまった。この現象は関東から山梨にかけての地域に見られるが、九州地方にもわずかながら（この地図には見られないが）共通する現象がある。なぜ九州でも混線が生じたのか。この秘密は、まだ誰にも解明されていないのである。蟷螂と蜥蜴とは、どう見ても似ていない。

ヘンボは四国に見られる表現であるが、蜻蛉（とんぼ）の図（二九三ページ参照）を見ると、九州では蜻蛉を指すことばとして使われている。蟷螂と蜻蛉とは、その飛ぶ姿など似ていないこともないが、なぜヘンボが四国と九州で別の虫を指すようになったのか、その秘密の解明も、今後にまかされているのである。

かまきり（蟷螂）

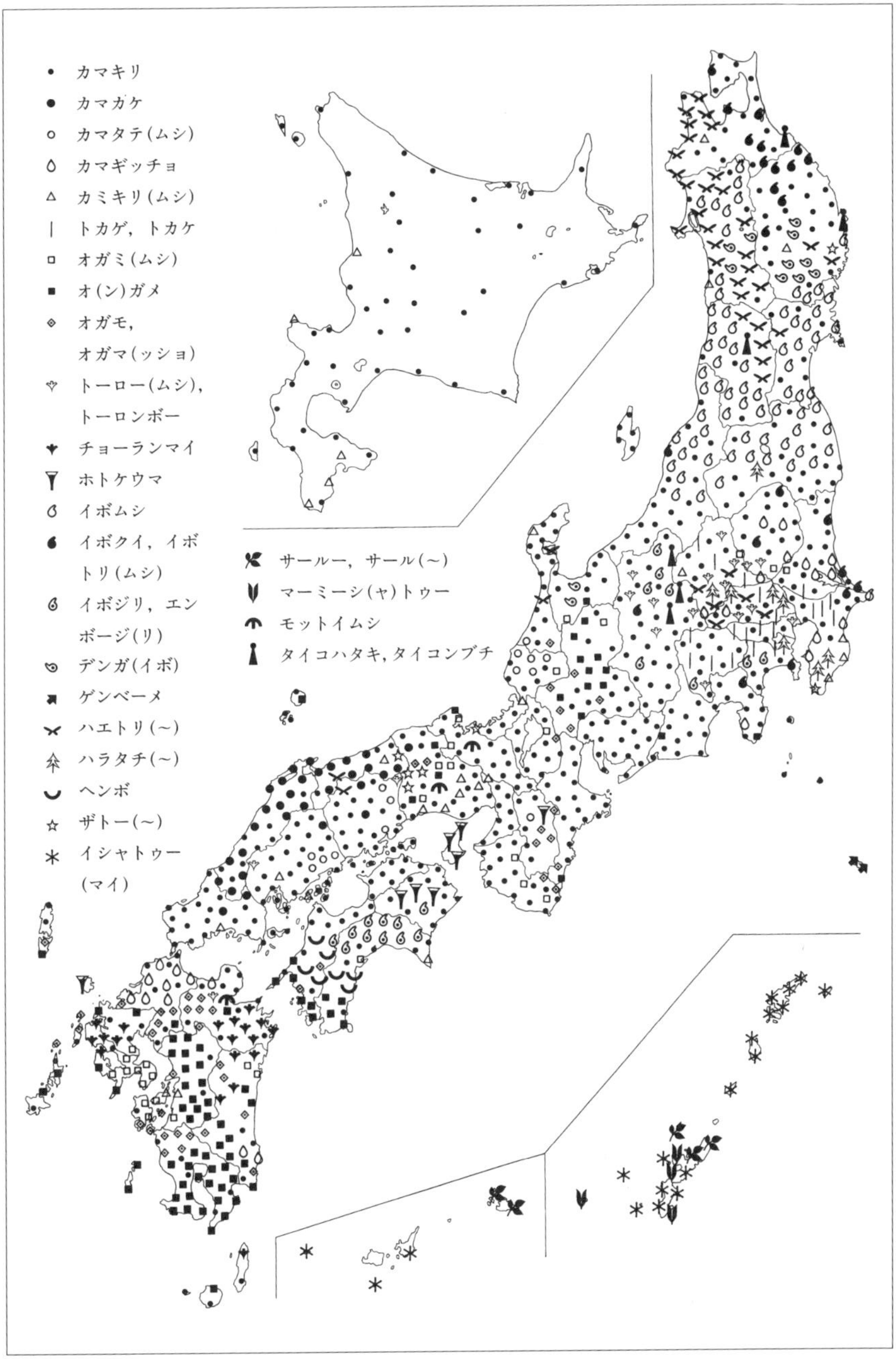

• カマキリ
● カマカケ
○ カマタテ(ムシ)
カマギッチョ
カミキリ(ムシ)
トカゲ，トカケ
オガミ(ムシ)
オ(ン)ガメ
オガモ，オガマ(ッショ)
トーロー(ムシ)，トーロンボー
チョーランマイ
ホトケウマ
イボムシ
イボクイ，イボトリ(ムシ)
イボジリ，エンボージ(リ)
デンガ(イボ)
ゲンベーメ
ハエトリ(〜)
ハラタチ(〜)
ヘンボ
ザトー(〜)
イシャトゥー(マイ)
サールー，サール(〜)
マーミーシ(ャ)トゥー
モットイムシ
タイコハタキ，タイコンブチ

とんぼ（蜻蛉）

蜻蛉《とんぼ》

アケズ
エンバ
ヘンボ
ダンブリ
ボイ・ボーリ

蜻蛉来て其の蝈《あむ》を咋《く》ひて飛びいにき。〈蜻蛉を訓《よ》みて**阿《あ》岐《き》豆《づ》**と云ふ〉（古事記（712）下）

不思議なことに蝶（ちょう）はその美しい姿にもかかわらず、上代の日本人に好まれていなかったようである。不吉なものと考えられていたのか、文学作品にも採り上げられることがなかった。対して蜻蛉（とんぼ）は、古来日本人に愛されて、銅鐸の上にもその姿をとどめている。

蜻蛉にはいろいろな種類があるが、総じて昔はアキヅと呼ばれていた。『古事記』の例からもよくわかるが、そもそもアキヅシマは、大和に掛かる枕詞でもあったのである。現在はアキツと澄むようになったが、方言形にはアケズやアケージューのように、語尾の濁音が残っている。

『源氏物語』などでは蜻蛉と書いてカゲローと読むし、『蜻蛉日記』さえあるが、方言世界には痕跡が残っていない。現代のカゲローは蜉蝣と書く昆虫を指して、蜻蛉とは別種である。平安時代の「かげろふ」が本当に現代の蜻蛉を指していたのかどうか、どうも確かめられていないように思うが、如何であろうか。

平安時代には、蜻蛉についてエンバという表現もあった（『和名抄』一八「赤卒〈略〉阿加恵无波」）。この形は現在も九州で使われているが、江戸時代には東の茨城県でも使われていたことが『新編常陸国誌』に記録されている。このエンバについては大型の蜻蛉を指すヤンマとの関連を考えてみたい。

そもそもなぜ蜻蛉をトンボというのであろう。トビハ（飛羽）の転、飛坊の義などの語源説があるが、いずれもすぐには信じがたい。鍵は、関連方言諸語形の中に隠されているように思われる。トンバ・タンボ・ドンブ・ダンボ・ダンブリなどの諸語形が発展するなかで、何らかの事情からトンボが標準形として選び出されたのであろう。関連諸語形は、単なる標準語のなまりではなく、むしろ標準形を生み出す豊かな土壌と考えるべきものである。

293

とんぼ（蜻蛉）

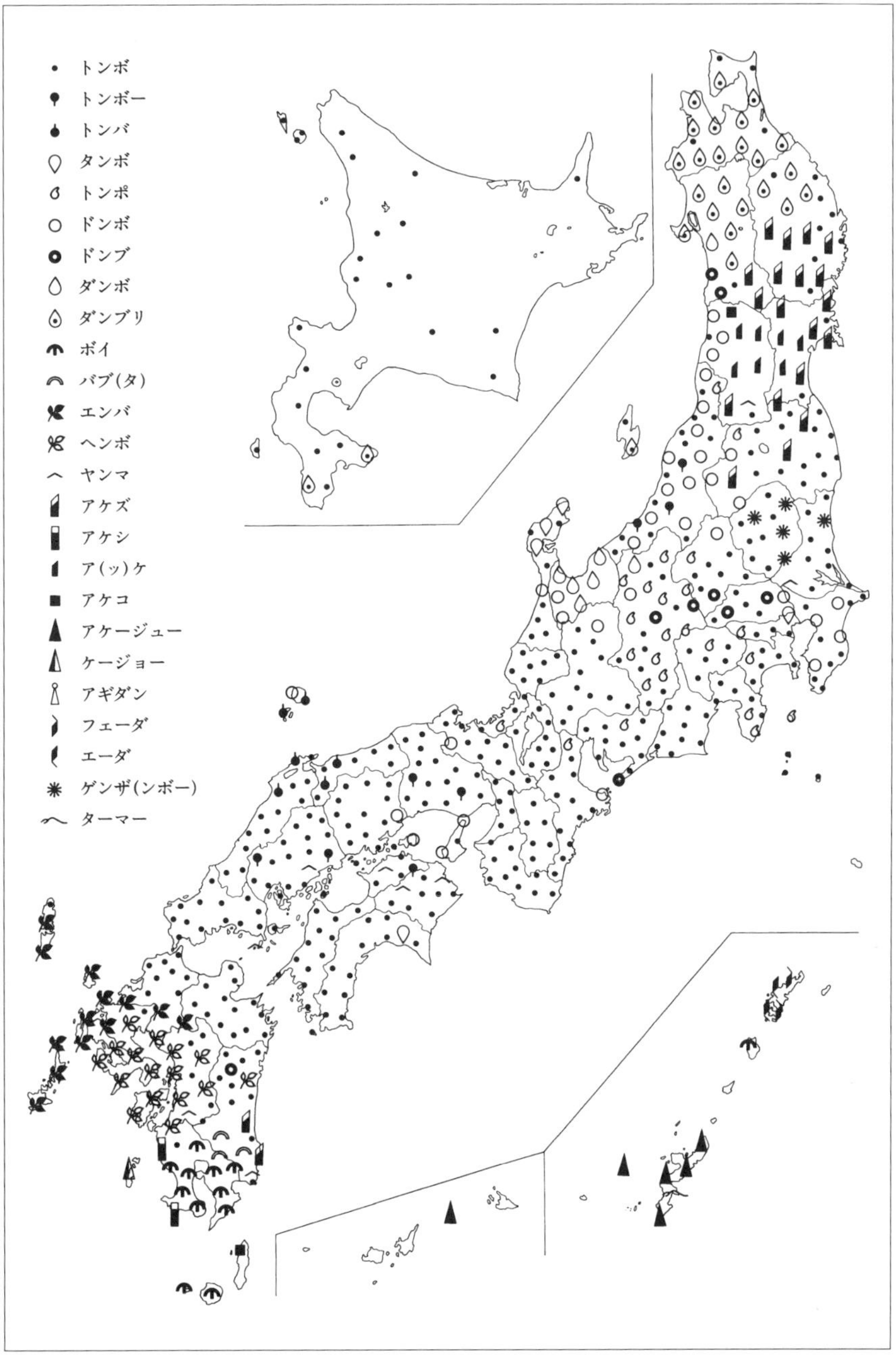
トンボ
トンボー
トンバ
タンボ
トンポ
ドンボ
ドンブ
ダンボ
ダンブリ
ボイ
バブ(タ)
エンバ
ヘンボ
ヤンマ
アケズ
アケシ
ア(ッ)ケ
アケコ
アケージュー
ケージョー
アギダン
フェーダ
エーダ
ゲンザ(ンボー)
ターマー

蜘《く》蛛《も》

クボ・クボメ
コブ・クブ
グモ

我が夫子《せこ》が　来べき宵なり　ささがねの　区茂《くも》の行ひ　今宵著《こよひしる》しも（日本書紀（720）允恭八年二月・歌謡）

全国を大観すると、クモ、グモなど、第二音節の子音がmになるものと、クボ、コブ、クブなど、第二音節の子音がbになるものに大きく分けることができる。m類は分布が連続しているが、b類はいくつかの地域に分かれており、しかも、b類はm類を囲むような形で分布している。この分布模様からは、m類にくらべてb類の古いことが推定される。文献時代は、右の例に見られるように、すでにmではあるが。

b類のうちクボは本州以北に分布し、コブは九州に分布域をもっている。琉球列島のクブは、音韻対応の関係から、また地理的な面から、コブの変化形と考えられるので、分布は九州から琉球列島へ連続しているわけである。また、コブはクボの音位転倒（母音の入れ替え）によって生まれたものと考えたい。したがって、琉球列島のクブはクボ＞コブ＞クブの変化によって生まれたことになる。

なお、第一音節の母音がiまたはeとなるものとして、北陸でのキボ、ケーボと琉球列島でのヒブガシがある。二つの地域に分かれて分布するが、古いものの残存ではなくそれぞれの地域で独自に生じたものであろう。ヒブガシのガシは「糸」を意味する語形である。

一方、m類としてはクモが中央日本に圧倒的な勢力を張っているのであるが、近畿南半とその周辺には、語頭に有声音を持つグモの形が分布している。しかしそれはクモの分布領域の内部であり、しかも分布が連続しているので、クモが変化してできた新しい語形と考えられる。

なお、クボメという形が、茨城、福井の一部に見られる。この末尾のメは、小動物の名称の末尾によく付けられるメである。八丈島のテンゴメのメも同様の接尾辞である。

295

くも（蜘蛛）

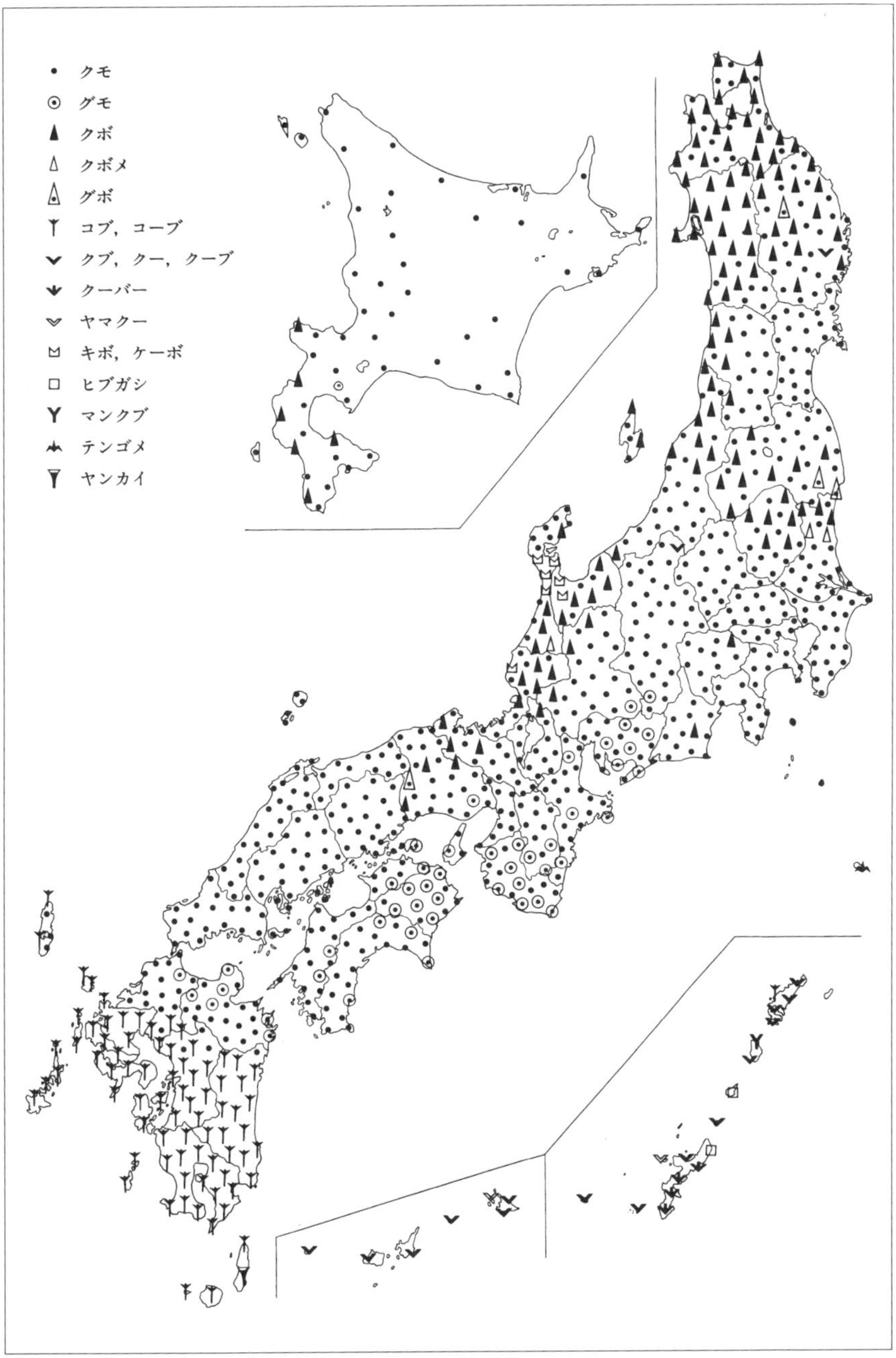
クモ
グモ
クボ
クボメ
グボ
コブ，コーブ
クブ，クー，クーブ
クーバー
ヤマクー
キボ，ケーボ
ヒブガシ
マンクブ
テンゴメ
ヤンカイ

くものいと（蜘蛛糸）

蜘蛛《くも》の糸《いと》

イ・エ
エバ・エバリ
エズ
エガキ

風吹けば絶えぬと見ゆるくものいも又かきつかでやむとやは聞く〈よみ人しらず〉（後撰和歌集（951-953頃）雑四・一二九六）

「蜘蛛（くも）」（二九四ページ）の文献例に見られるように、上代では蜘蛛が巣をかけているのは待ち人の来る前兆と考えられていた。ところで、右の例のように古い時代の文献では蜘蛛の糸が「くものい」と表現されている。『日葡辞書』には、「I（イ）〈訳〉蜘蛛の巣、しかし、クモノイと言わなければ了解されないであろう」といった記述がある。現代方言の多くは、この古語の「い」と関わりがある、あるいはそれから派生したと考えられるものである。

中国地方西部、四国地方西北部、九州地方東北部に、エバ、エバリが分布するが、エバリは「い張」であろう。このエバのバ、ヘバのバはネバという語形におけるバにつながる。ネバの場合は、この糸が「粘っこい」ことと関連があろう。また、九州地方西南部に見られるヤネは「脂（やに）」と関連があろうか。さらにこのヤネのヤは新潟地方周辺に分布するヤジのヤや東京周辺に分布するアジのアなどとつながるかもしれない。

東北地方南部に分布しているイズ、エズは「い巣」であろうか。一方、東北地方北部および隠岐島に見られるエガキは「い掛」であろう。この語形は中国地方に広く分布するイギ、イゲともつながるものと考えられる。このように、古語「い」の派生と考えられる表現形が、主として、関東地方以北と中国地方以西とに離れて残存的に分布していることは注目すべきことであろう。

なお、九州地方西部のミヤ、マユや奄美大島のマンは繭に対応する語形であり、福井、香川などに点在するキヌや九州地方西南部に分布するキン、ケンは絹糸の絹に関わる語形である。また、琉球列島の一部に見られるクブガシのガシも糸を意味する語である。

くものいと（蜘蛛糸）

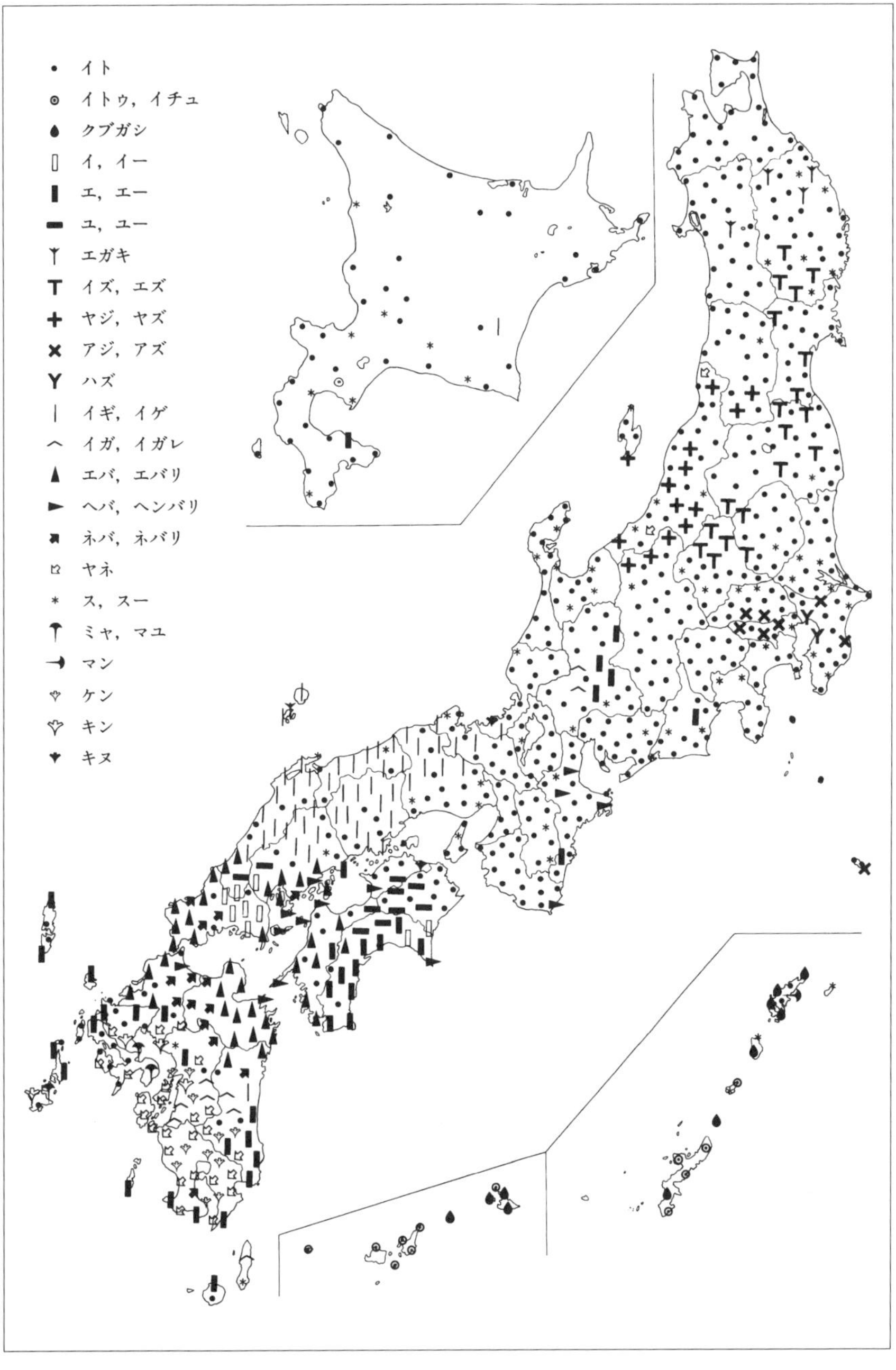

イト
イトゥ，イチュ
クブガシ
イ，イー
エ，エー
ユ，ユー
エガキ
イズ，エズ
ヤジ，ヤズ
アジ，アズ
ハズ
イギ，イゲ
イガ，イガレ
エバ，エバリ
ヘバ，ヘンバリ
ネバ，ネバリ
ヤネ
ス，スー
ミャ，マユ
マン
ケン
キン
キヌ

蕺《どく》草《だみ》

ジューヤク　ケアロッパ
ジゴクソバ
ガラッパグサ
ヘビグサ

十薬や夏のものとて花白し（俳諧・鳳朗発句集（1849）上・夏）

「どくだみ」は、ちょっと臭いにおいが特徴で、腫れ物などの薬にされたものである。この薬草にドクダミ、ドクダメなどという名がついたのは、「毒を止める」という効能によるものだといわれている。

ドクダミは、全国的にもっとも広い分布領域をもつ。しかし、地図から指摘されるのは、この語形が、方言の世界では東京にもまた関西中央部にも認められないということである。東京および関西に見られる語形はジューヤクである。特に西日本においては、この語形が近畿から山陽、四国へと連続して強い勢力をもって広がっている。東京のものは小領域であって、関西の飛び地のように見える。

ジューヤクの語源については、「十種もの効能のある薬」の意味だとして「十薬」の字を当てる人もいるが、ジューに関しては、この草の名に当てられる漢字「蕺（しゅう）」の音へのかかわりを考える必要があろう。『日葡辞書』（一六〇三）には **Giŭyacu**（ヂュウヤク）として採録されている。

関東北部から福島にかけてと、飛んで青森周辺にジゴクソバが分布する。ジゴクは「地獄」で、おそらくこの草の根が深いということからの命名であろう。

鹿児島でのガラッパグサは「河童」と関連があるらしい。『綜合日本民俗語彙』には、この地方に古来、「この花が咲く頃にガラッパ（河童）が海から上り、小雨の夜陰に渡る」という言い伝えのあることが記されている。九州中央部に見えるジャグサ、ジャコロシは「蛇」とかかわりがあるか。茨城、福島でのヘビグサは「蛇草」である。福岡、そして静岡、千葉には「蛙」に関係のあるワクドグサ、ケアロッパがある。

なお、この領域内のある地点から、「蛙を殺して、この草にかけると生き返る」という報告が得られている。

299

どくだみ（蕺草）

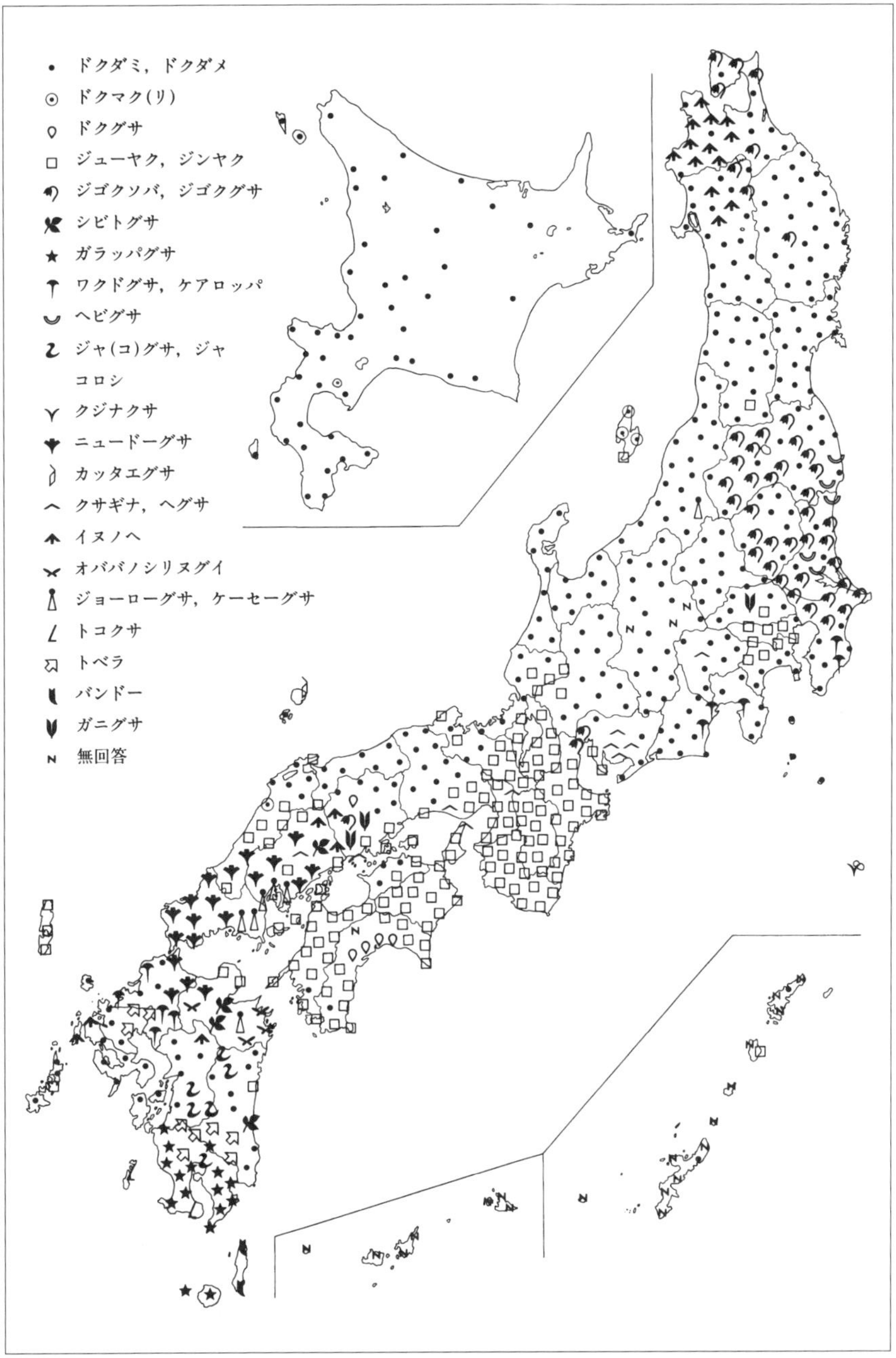
ドクダミ，ドクダメ
ドクマク(リ)
ドクグサ
ジューヤク，ジンヤク
ジゴクソバ，ジゴクグサ
シビトグサ
ガラッパグサ
ワクドグサ，ケアロッパ
ヘビグサ
ジャ(コ)グサ，ジャコロシ
クジナクサ
ニュードーグサ
カッタエグサ
クサギナ，ヘグサ
イヌノヘ
オババノシリヌグイ
ジョーローグサ，ケーセーグサ
トコクサ
トベラ
バンドー
ガニグサ
無回答

つくし（土筆）

土筆《つくし》

ツクツクシ
ツクツクボーシ
ズクズク
ホーシ

折ふし青み立たる草ばへに、たんぽぽ、土筆《つくつくし》のおかしげなるを、摘人《つむ》は、加賀笠ふかく、袖下ながく、後帯のやうすは、いづれも念者のありそふに

（浮世草子・男色大鑑（1687）二・四）

標準語形のツクシあるいはそれに類似するツクツクシが広く東日本に分布し、近畿を中心にツク・ツクツクあるいはツクボーシ・ツクツクボーシが分布している。その一方で西日本にはホーシ・ホーシ（ノ）コやそれらをとりまくようにしてヒガンボーズ・ヒガンボー（シ）の分布が見える。この分布からツクシ・ツクツクシが一番古いと考えてよいであろう。ツクシとツクツクシではどちらが古いかはこの地図からはわからない。これらは京都から江戸に取り入れられ広く東日本に広まったようである。次にホーシあるいはホーシ（ノ）コが京都から伝播したのであろう。ホーシは「法師」で「つくし」の形状に対する連想と思われる。

ホーシ類の語とツクシ類の語との混交によってツクボーシ・ツクツクボーシが作りだされた。この混交は中央（この場合京都）のみでなく各地でも行われたものと考えられる。ただし、この混ざり合いは中央では世代的なものであったのに対し、地方では地理的に接することによるものでやや性格が異なる。近畿の東部では「法師」類は見られないが中央から「法師」類が広まる際に混交の形でズクンボー・ズクズクボーやズクボーシ・ズクズクボーシなどが生まれたのであろう。もっとも、ズクボーシなどは隣接するツクボーシの変化とも考えられる。

ツクシの語源については定説がない。『大言海』には、「つくづくし」について、「突くヲ重ヌ、突出ノ意」とあり、柳田国男は『野草雑記』で「みをつくし（澪標）」に語源を求め、小林好日は「土筆の系譜」の中で、ツクシはトクサ（木賊）と語源が同一であろうとしている。小林の説は、杉菜がトクサ科の植物で形態が類似していること、ツクシとトクサは子音部分が同一であること、全国各地で杉菜をトクサ、木賊をツクシなどと呼んでいることなどの点で興味深い。

301

つくし（土筆）

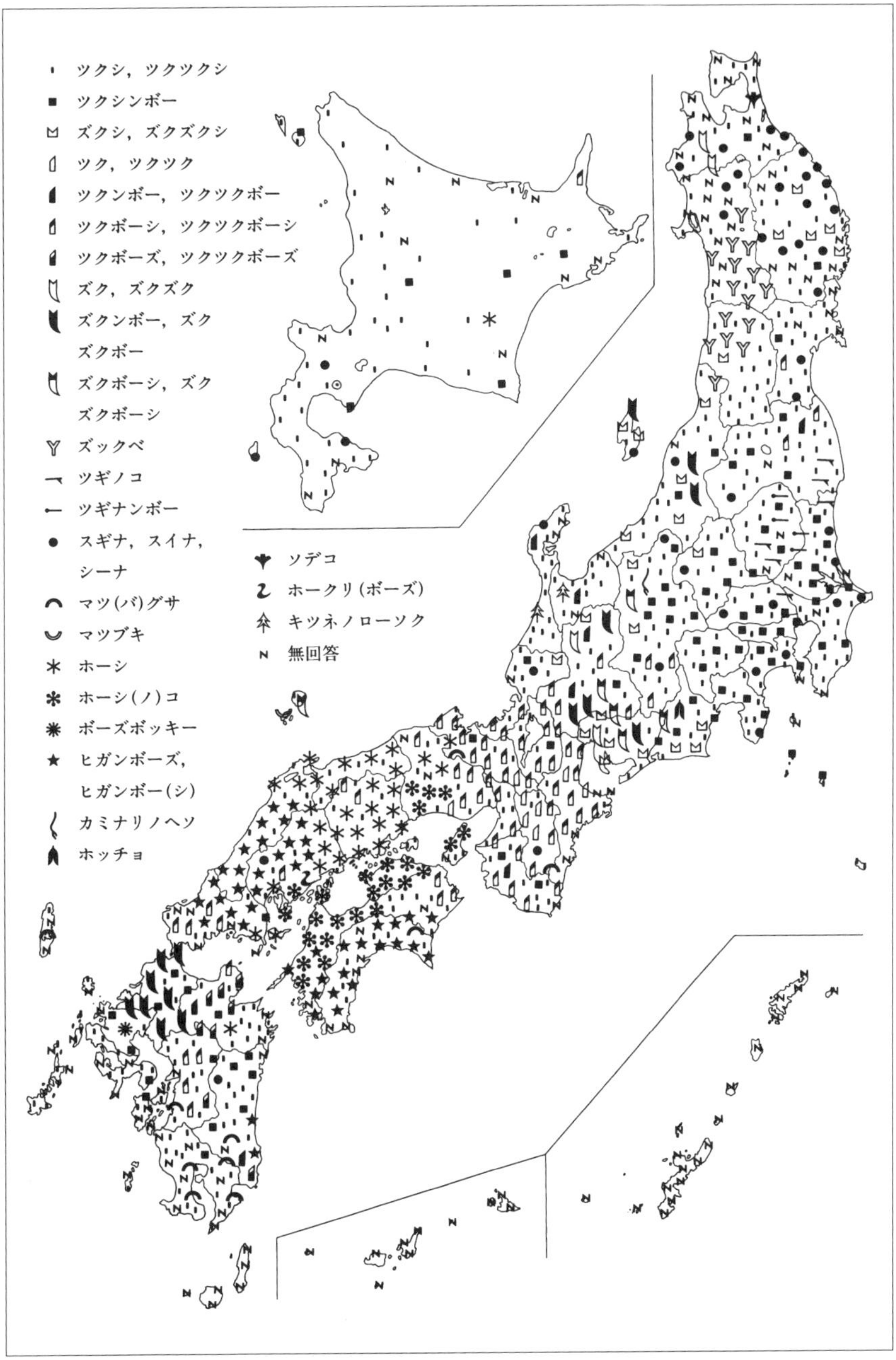
ツクシ，ツクツクシ
ツクシンボー
ズクシ，ズクズクシ
ツク，ツクツク
ツクンボー，ツクツクボー
ツクボーシ，ツクツクボーシ
ツクボーズ，ツクツクボーズ
ズク，ズクズク
ズクンボー，ズクズクボー
ズクボーシ，ズクズクボーシ
ズックベ
ツギノコ
ツギナンボー
スギナ，スイナ，シーナ
マツ(バ)グサ
マツブキ
ホーシ
ホーシ(ノ)コ
ボーズボッキー
ヒガンボーズ，ヒガンボー(シ)
カミナリノヘソ
ホッチョ
ソデコ
ホークリ(ボーズ)
キツネノローソク
無回答

すぎな（杉菜）

杉《すぎ》菜《な》

ツギナ
ツギグサ
マツ（バ）グサ

おもひおもひの商人《ばいにん》に身を替《かへ》、近国をさがし、その年も暮て、春の野は、**杉菜**《すぎな》菫《すみれ》の咲し比《ころ》、やうやう在宅たしかに見届け、三月廿八日の夜討に定め（浮世草子・男色大鑑（1687）二・二）

全国の大部分がスギナおよびその変種であり、北関東から福島にかけてツギ〜の類が、西日本にマツ〜の類が分布する。

ツギ〜は「継ぎ」に由来するものであろう。「すぎな」は幾つもの節をもち、節の部分で簡単に切り離せる。切り離すと、切れた下半分の節に当たる部分が鞘状になっており、切れた上半分ともう一度つなぎ合わせることができる。上手につなぎ合わせると、どこでつないであるかわからないほどだ。宮崎に見られるドコ（ドコ）ツイダはこれに由来する。このような非名詞形（文表現）が物の名称になっているのは面白い。

スギナとツギナは語形（音形）が似ている。先にツギ〜は「継ぎ」に由来すると述べたが、ツギナはスギナの類音牽引（三六三ページ参照）による変化という考えも可能である。逆にスギナがツギナの転であるという考え方もあろうが、分布からはスギナの方が古そうである。なお、近畿地方のツギツギと関東などのツギ〜との関係については、必ずしも伝播によるものではなく、各地で独自に同じ発想によって生まれた可能性もおおいにありえよう。しかし、関西の語形が江戸に伝播して語形を変えつつ広がった可能性もある（現在の東京にはツギ〜の類は見られないが）。

マツ（バ）〜の類はこの草を杉ではなく松に見立てたものであるが、スギナの語形と無関係に生まれたものではなく、おそらくスギナが先にあって、それを言い換えたものであろう。このような言い換えは「とさか」の図（二六九ページ参照）におけるエボシとカンムリとカブトの関係など、方言の世界では例が多い。

香川県にはホーシ（ノ）コが見られるが、「つくし」の図（三〇一ページ参照）を見ると、この地域では「つくし」と「すぎな」を区別していないことが分かる。

303

すぎな（杉菜）

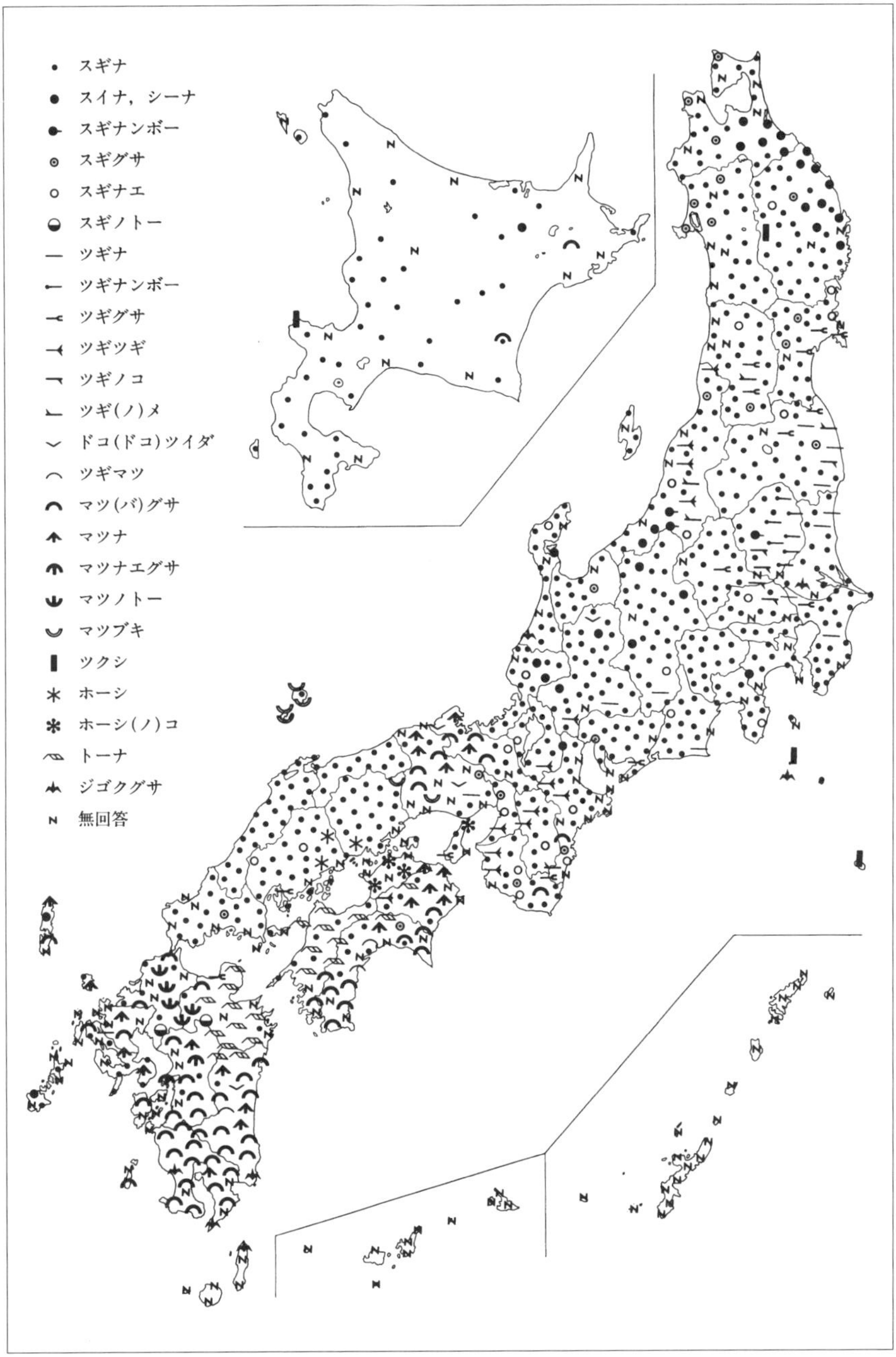
スギナ
スイナ，シーナ
スギナンボー
スギグサ
スギナエ
スギノトー
ツギナ
ツギナンボー
ツギグサ
ツギツギ
ツギノコ
ツギ(ノ)メ
ドコ(ドコ)ツイダ
ツギマツ
マツ(バ)グサ
マツナ
マツナエグサ
マツノトー
マツブキ
ツクシ
ホーシ
ホーシ(ノ)コ
トーナ
ジゴクグサ
無回答

すみれ（菫）

菫《すみれ》

スモートリグサ　ウマカチカチ
スモートリバナ
ジーガチバガチ
ジロボタロボ

此人に行く水の流れを慕ふて、**すもとり草《ぐさ》**を手に触れ、まけかちのあらば夫婦になるべしと云ふ下心　（浮世草子・新色五巻書（1698）一・二）

分布はかなり単純であり、全国的に優勢なスミレのほか、関東以西にスモートリグサ・スモートリバナが、また、東海・近畿の一部にジジバナやジロボタロボなどが、九州にウマカチカチ・ヒンカチなどが見られる。

スミレは、「春の野に須美礼（すみれ）摘みにと来し吾そ野をなつかしみ一夜寝にける」（『万葉集』八・一四二四）のように上代の文献に見られる古い語であり、語源については、花の形がスミイレ（墨入れ）すなわち墨壺に似ていることに由来するといわれている。しかし、各地の方言集にも『日本言語地図』にもスミイレの語形は皆無であり、墨入れが古代の民衆の生活に無縁の物であることからしても、この語源説はいかがかと思われる。

スモートリグサ・スモートリバナは「すみれ」の花のつけねの曲がったところを引っかけあって引っ張り、どちらが勝つかを競う遊びに由来する。ジロボタロボも同様の遊びによるらしく、『三重県方言資料・志摩篇』に、すみれの花の首を引っかけて遊ぶときに、一方を太郎、他方を次郎と呼んだことから生まれた旨が述べられている。「おおばこ」をスモートリバナと呼ぶ地方もあるが、同様の発想によるものであろう。いずれも子どもによる素朴な命名と考えられる。ウマカチカチの由来は不明であるが、花の茎の曲がったところが馬の首に似ていることからという説がある。カチカチのカチは「勝ち」であろうか。ウマカチカチが転じたものと思われるヒンカチという語形も面白い。地図には載せていないが、ドドウマカチカチとかコマガカッカダウマカッカカと呼ぶところもある。コマは「牡馬」、ダウマは「牝馬」であろう。すなわち、「牡馬が勝つか牝馬が勝つか」の意である。方言集にはウシノコッコやウシンビキのように「牛」になぞらえたものも見られる。

すみれ（菫）

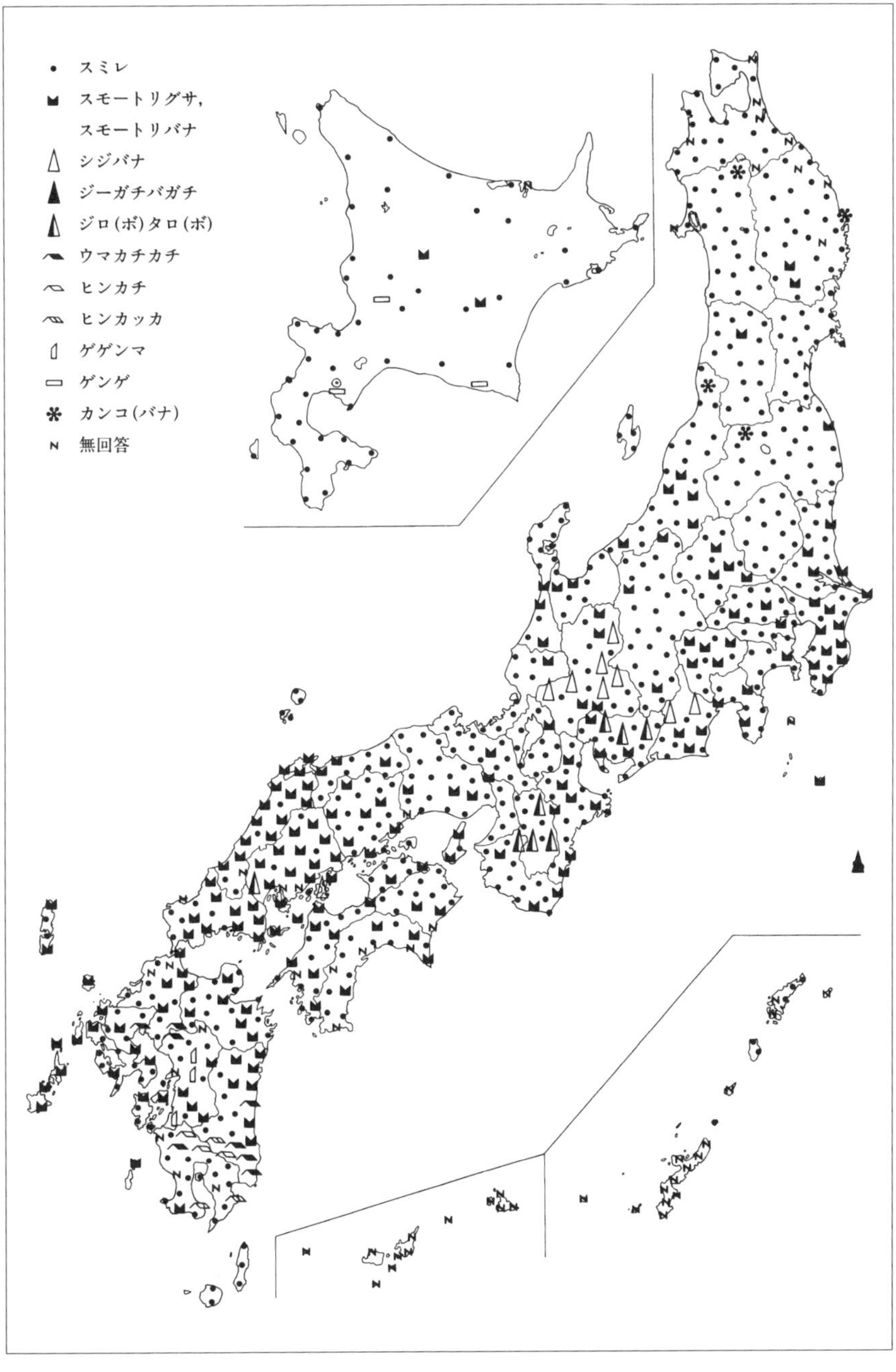
スミレ
スモートリグサ，
スモートリバナ
シジバナ
ジーガチバガチ
ジロ(ボ)タロ(ボ)
ウマカチカチ
ヒンカチ
ヒンカッカ
ゲゲンマ
ゲンゲ
カンコ(バナ)
無回答

たんぽぽ（蒲公英）

蒲公英《たんぽぽ》

タンポ
タンポコ
ニガナ
チチグサ

朝顔形の菜売籠に田芹・**たんぽ**・藁苞にした嫁菜を入れ、ぶらぶら出て来り、下の方へ荷を下ろす（歌舞伎・お染久松色読販《そめひさまつうきなのよみうり》（1813）序幕）

　全国的にタンポポが広く分布している。タンポポの語源は不明であるが、平安期の『本草和名』に「蒲公草　和名布知奈　一名多奈」とあり、この「たな」と関連があるのかもしれない。それでは、ポポはどこから来ているかというとこれも不明である。岩手を中心に分布するデッポポやそれに連続するデデコケ、また香川・滋賀・三重・岐阜などのチャンポポ、香川・愛知・群馬のチャンポコ、北陸から近畿・中国のタンポコなどを並べてみると、デデやポコなどが共通し、これらは何らかの擬音語を思わせる。タンポポの語源を鼓の音と関連させる説が古くからあり、柳田国男も越中で「たんぽぽ」をツヅミグサと言うことがあり、また、歌物語の中の「津の国の鼓の滝に来てみれば川べに咲けりたんぽぽの花」という歌を引いて、両者の関連を述べている。しかし、なぜ「たんぽぽ」と鼓が結び付くのかいまひとつはっきりしない。

　山形にはモチバナが見られるが、これは形からの連想かと思われる。丸い点が共通する。あるいはポポも「松かさ」を意味するマツノボンボのボンボ（三〇八ページ参照）のように、丸いことを表す接尾辞的なものかもしれない。

　群馬・長野・岐阜・神奈川などのクジナ、それらに連続する福島・福井のグジナは、タナと同様に、やはり『本草和名』に見られた古語フジナと関連があるのだろう。沖縄最南端、与那国島に見られるクナも関連するかもしれない。

　広島にはチチグサが見える。たんぽぽの茎を折ると乳色の汁がでる。その汁からの命名と見られる。

　千葉にはニガナが見られる。たんぽぽの汁は乳色をしていて、しかもとろみがあり、いかにも甘そうである。ところがなめてみると苦い。ニガナはその味からの命名であろう。

307

たんぽぽ（蒲公英）

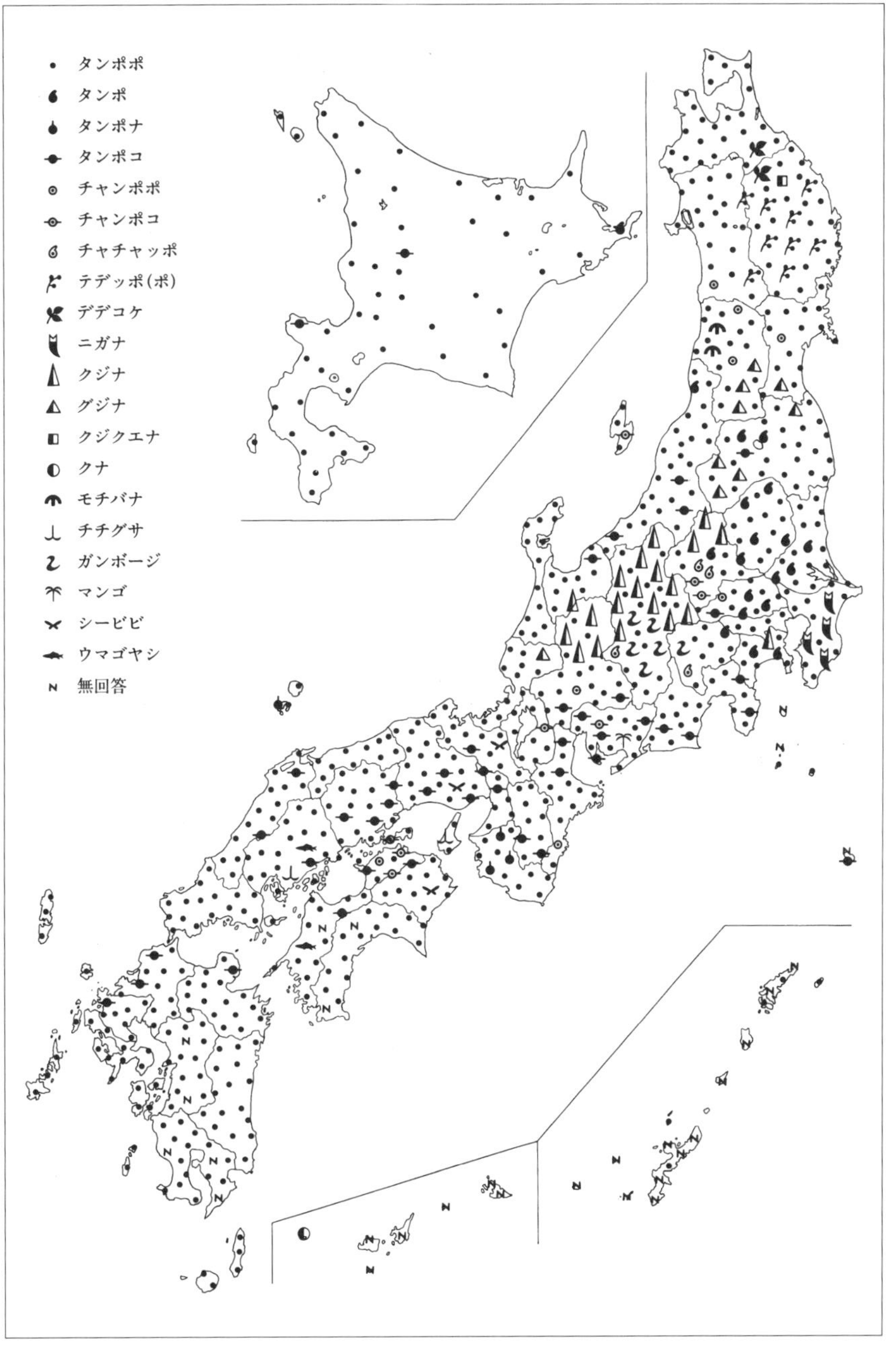
タンポポ
タンポ
タンポナ
タンポコ
チャンポポ
チャンポコ
チャチャッポ
テデッポ(ポ)
デデコケ
ニガナ
クジナ
グジナ
クジクエナ
クナ
モチバナ
チチグサ
ガンボージ
マンゴ
シービビ
ウマゴヤシ
無回答

まつかさ（松毬）

松《まつ》毬《かさ》

マツカサボーズ
フ（ン）グリ
マツフグリ
チンチロ

山に千年海にせんねむ **ふくり**まてうしほにうつる嶺の松 （俳諧・犬筑波集（1532頃）雑）

全国的に広い分布を見せているのがマツカサで、その変種のマツカッツァは三陸沿岸部に、マツカ（ッ）チャはそれに連続して、岩手北部から下北にかけて見られる。津軽にはこのマツカサに類似しているがやや語形の異なるマツカシラが見られる。

マツノボンボ（ン）やマツノボンコは「松」＋ボン～という形を取るがボン～というのは、特に近畿地方で「男の子」を指すことから「松の子供」という発想から生まれたとも考えられそうである。しかし、近畿地方には実はあまり見られないことを考慮するとむしろ、ボン～というのは丸いものに付く接尾辞と解釈した方がよさそうだ。そういう特徴を持つ方言は比較的広く認められるようである。そうすると、タンポポのポポもこのボンボ（ン）と関係あるものかもしれない。

マツカサボーズやマツコボシは九州にややまとまった分布が見られる。「坊主」や「法師」に基づく語であろう。やはり丸い形からの命名である。マツノボンコやその音位転倒形のマツ（ノ）コンボも関連があろう。

フ（ン）グリ・ホングリ・マツフグリ・マツ（ッ）ブグリは「陰嚢」を指す「ふぐり」を基にする。もちろん形からの連想であろう。

現在ではマツボックリは共通語という認識が広く浸透しているが、全国分布を見ると案外、分布領域は狭い。むしろ、マツボックリは関東周辺の方言が共通語として取り込まれたものと考えられる。このように方言が共通語に取り込まれたケースは少なくない。なお、分布を考慮するとマツボックリはマツノボンボン・マツノボンコなどとマツフグリ・マツクグリなどとの混交により生みだされたと考えられる。

まつかさ（松毬）

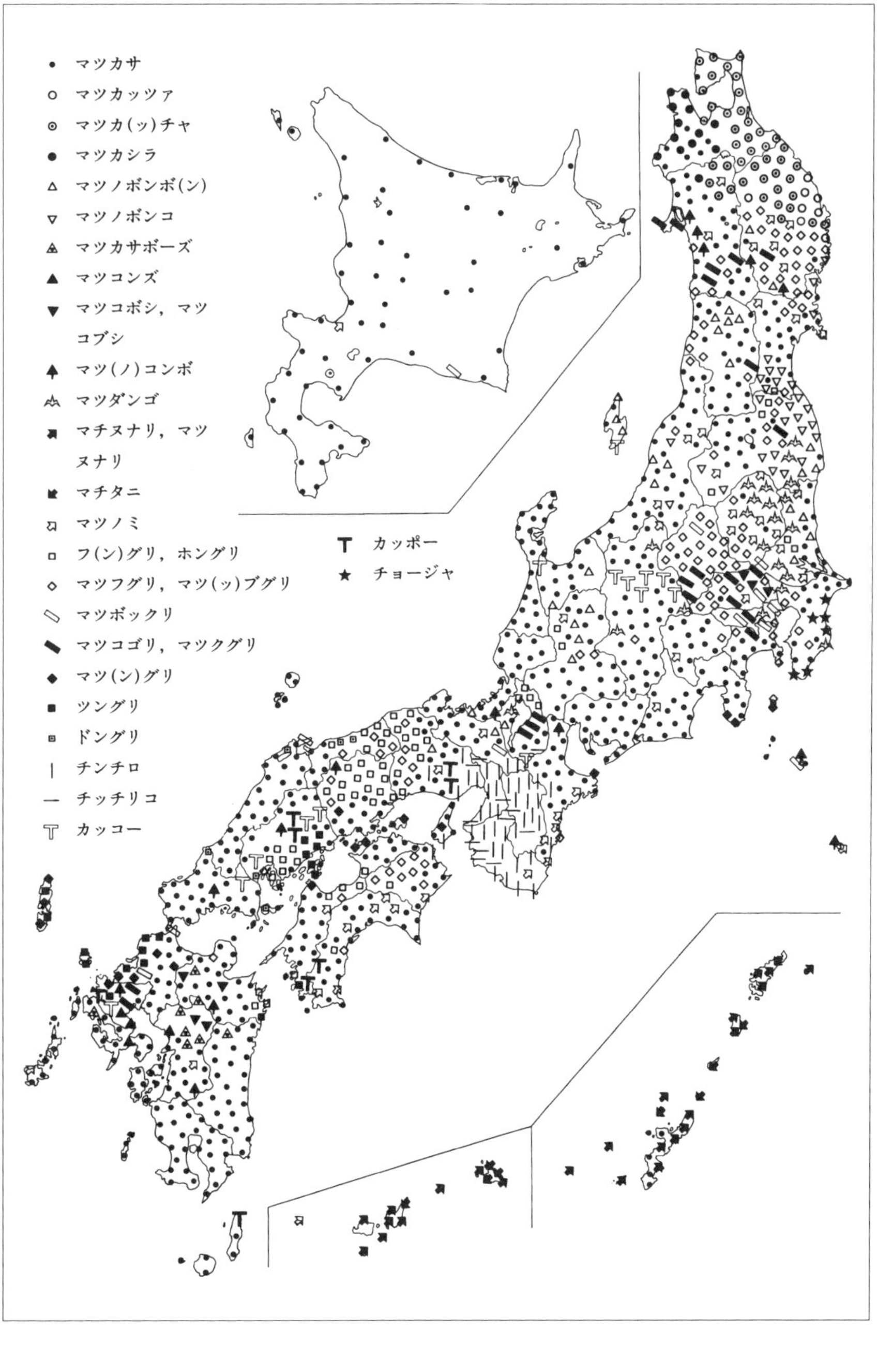
マツカサ
マツカッツァ
マツカ(ッ)チャ
マツカシラ
マツノボンボ(ン)
マツノボンコ
マツカサボーズ
マツコンズ
マツコボシ，マツコブシ
マツ(ノ)コンボ
マツダンゴ
マチヌナリ，マツヌナリ
マチタニ
マツノミ
フ(ン)グリ，ホングリ
マツフグリ，マツ(ッ)ブグリ
マツボックリ
マツコゴリ，マツククグリ
マツ(ン)グリ
ツングリ
ドングリ
チンチロ
チッチリコ
カッコー
カッポー
チョージャ

310 きのこ（茸）

茸《きのこ》　コケ・タケ　ナバ・ナーバ

便ち紫の菌《たけ》雪より挺《ぬ》けて生ひたり（日本書紀（720）（岩崎本平安中期末訓）皇極三年三月）

きのこには、種類が非常に多いが、総称を表す語形として、文献的には『日本書紀』のタケが古い。標準語では、タケは、もはや「まつたけ」「しいたけ」などのような個々の名称を表す語形の一部に残っているだけである。こうした状況が中世初期に始まったことは、鎌倉期の辞書『名語記』の記述などからうかがえる。当時、総称はクサビラだったようである。

全国の分布を見ると、東日本にキノコが、西日本にナバが広い分布領域を持っている。このキノコとナバにはさまれた形で、コケが新潟から北陸・岐阜にかけて連続して分布し、タケとクサビラが近畿を中心に分布している。ただし、紀伊半島や福井に点在するクサビラは「毒きのこ」の総称として用いられることが多く、食用のきのこは個々の名称で呼んでいるようである。また、佐渡・能登・兵庫にはミミが見られ、宮古島のミンもミミから変化した同類の語形である。

西日本のナバは、鎌倉期の『名語記』に「茸を、鎮西などには、なばといへり」、江戸期の方言辞典『物類称呼』に「中国及び九州にて、なばといふ」、同じく『俚言集覧』に「中国菌の類をナバと云」と記されており、古くから中国・九州の方言として意識されていたことがわかる。

ところで、文献上古い語形であるタケが周辺に残らずに中央に分布しているのは興味深い。タケが周辺に広がらなかったのは、「竹」を意味するタケとの同音衝突を嫌ったためであろう。近畿周辺の「きのこ」をタケという地域では、アクセントの違いによって「竹」との意味の区別を保っている。四国に見られるダケは、濁音化することによって同音衝突を避けたとも考えられる。

きのこ（茸）

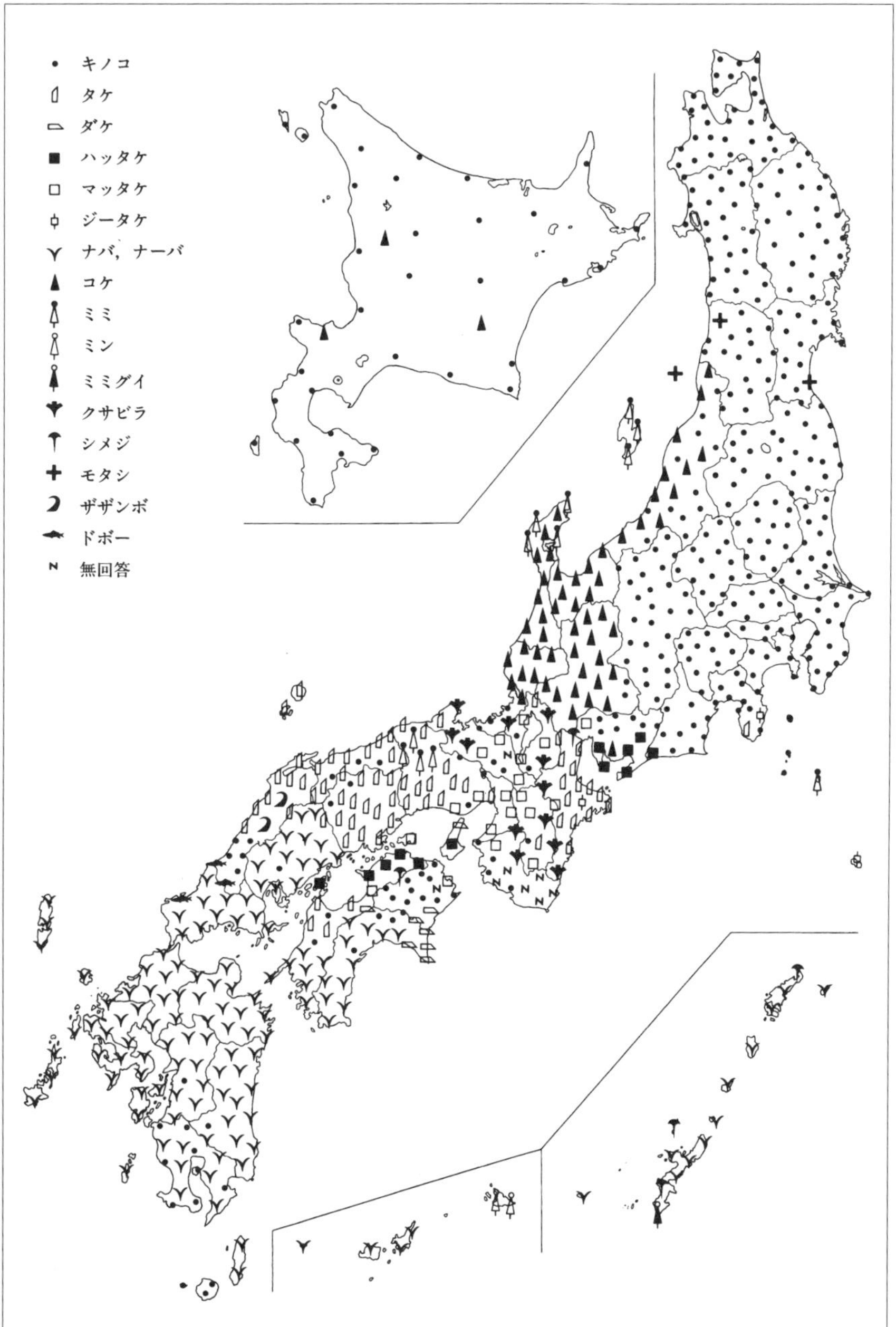
キノコ
タケ
ダケ
ハッタケ
マッタケ
ジータケ
ナバ，ナーバ
コケ
ミミ
ミン
ミミグイ
クサビラ
シメジ
モタシ
ザザンボ
ドボー
無回答

とげ（刺）―いばら・さんしょうなどのとげ

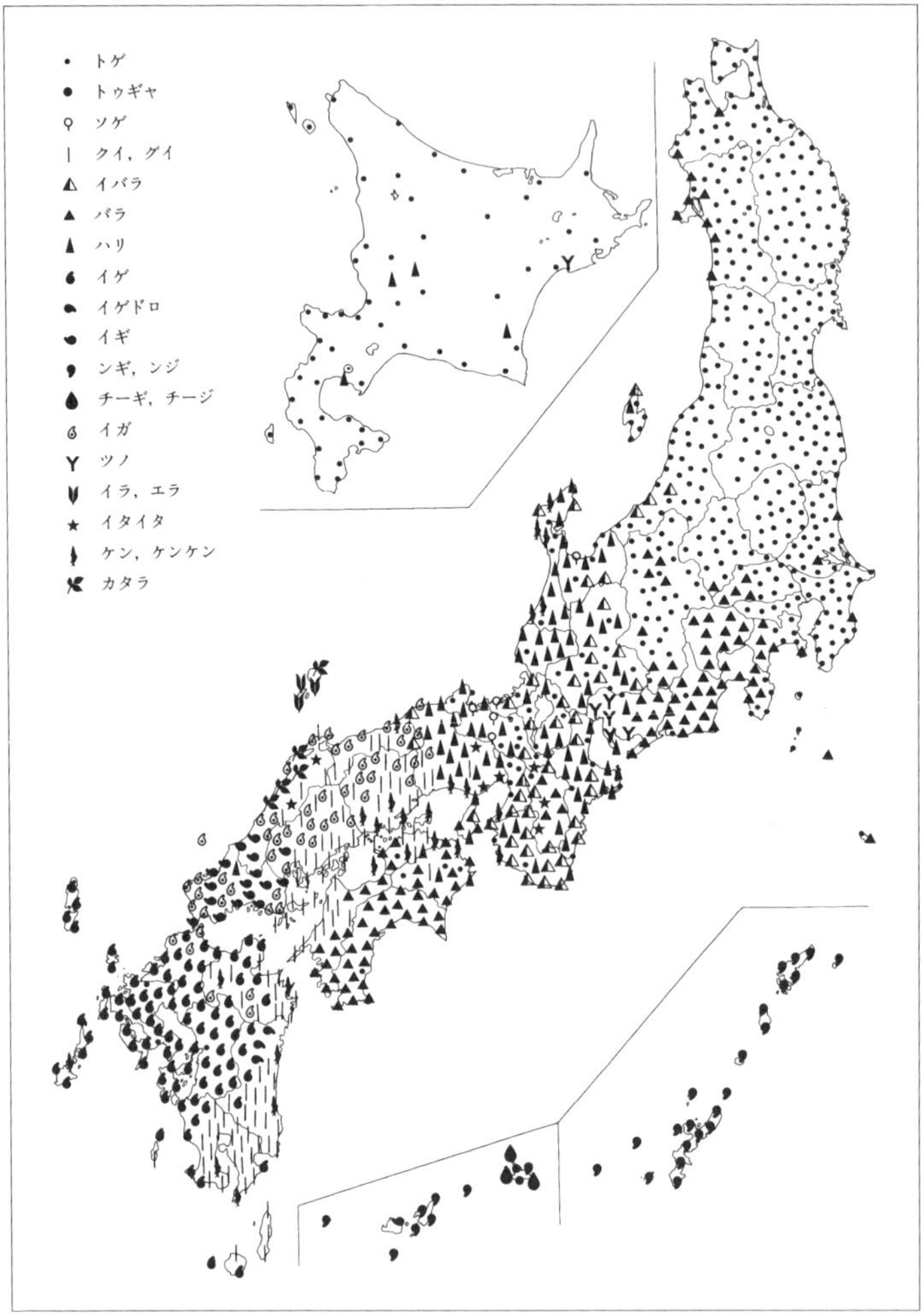
トゲ
トゥギャ
ソゲ
クイ，グイ
イバラ
バラ
ハリ
イゲ
イゲドロ
イギ
ンギ，ンジ
チーギ，チージ
イガ
ツノ
イラ，エラ
イタイタ
ケン，ケンケン
カタラ

とげ(刺)―いばら・さんしょうなどのとげ

東はトゲ一語、西はイバラ・バラ・ハリ・イゲ・イガ・クイほか複雑な分布をなし、「東単純―西複雑パタン」である。文献例が最も古く確認できるイバラ・バラ（ウマラ等も含め八世紀）、ハリ（一〇世紀）は、西日本の四国・近畿・北陸という中央寄りに限られる。それより周辺にあるトゲ・トギ類、イゲ・イギ・ンギ類は、文献では両類とも近世初期であるが、特にトゲは形容詞「利し」動詞「研ぐ」「尖る」の語幹と同源と考えられるから、同様に古いことが推定でき、古く奈良時代以前に使われていたものが中央では廃れていて記録されていなかっただけとも考えられる。

音韻編

（Ⅱ）アイ　314
（Ⅱ）ウイ　315
（Ⅱ）オイ　316
開合　317
カ行子音　318
ガ行子音　319
歴史的仮名遣クヮの対応　320
セ／ゼ　321
ザ行・ダ行・ラ行の混同の有無　322
歴史的仮名遣ジズヂヅの統合の型　323
ti・tu・di・duの分布　324
ザ行・ダ行・バ行の入りわたり鼻音　325
ハ行四段動詞の音便形　326
サ行四段動詞のイ音便　327

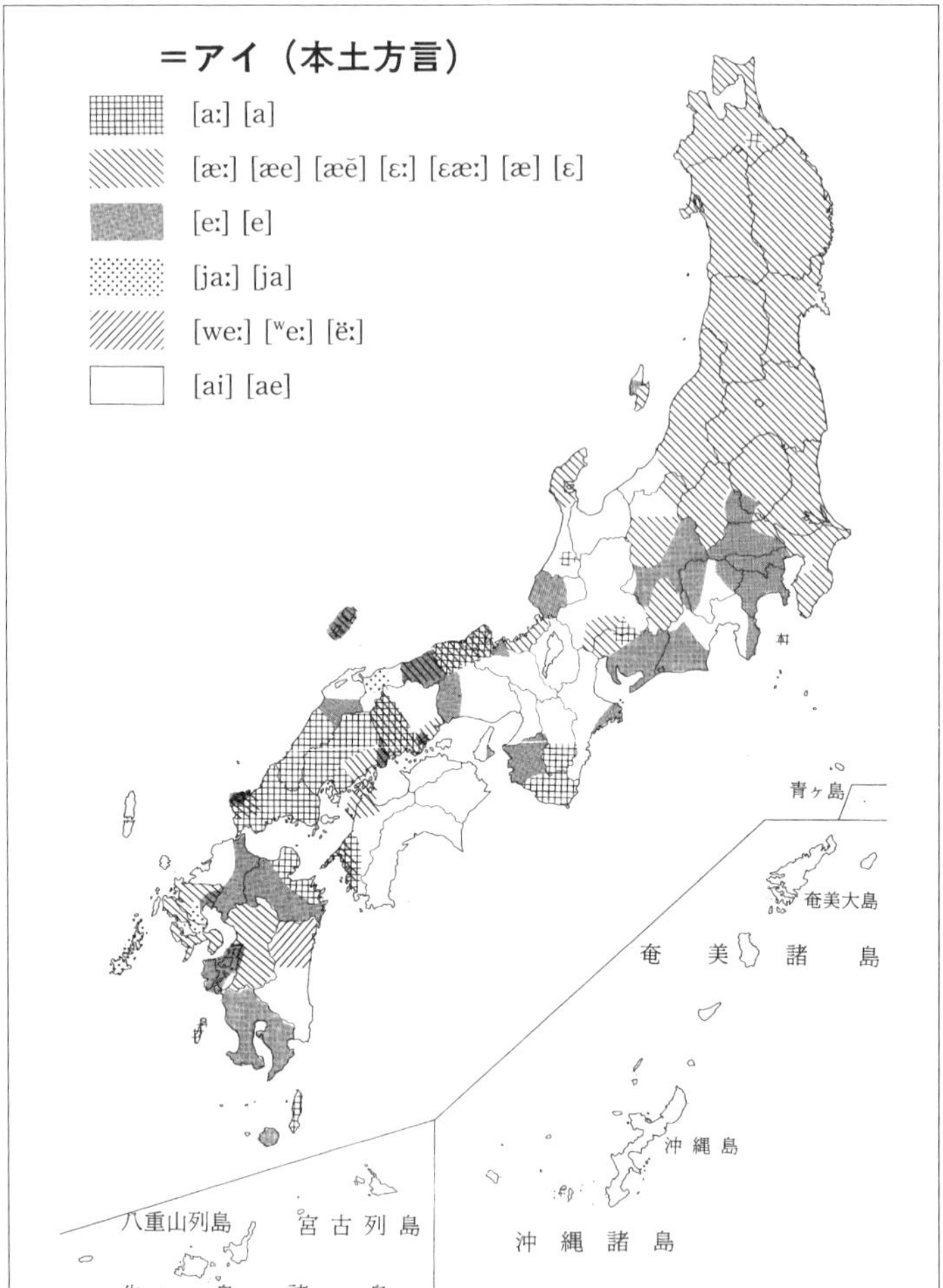
＝アイ（本土方言）
[a:] [a]
[æ:] [æe] [æĕ] [ɛ:] [ɛæ:] [æ] [ɛ]
[e:] [e]
[ja:] [ja]
[we:] [ʷe:] [ë:]
[ai] [ae]
青ヶ島
奄美大島
奄　美　諸　島
沖縄島
八重山列島
宮古列島
先　島　諸　島
沖　縄　諸　島

（＝）アイ

連母音アイが融合しないでアイ・アエであるのは、近畿・四国地方を中心とした地域に多い。一方、アイが融合した場合は実に様々な音相が複雑に分布している。最も広い分布が見えるのは、東北地方から関東北部にかけてと愛知県、京都北部、岡山県、九州西部などの[æ:]や[ɛ:]に代表されるグループで、これらは音声的に微妙な違いをもって複雑な分布相を示している。ほかに、[a:][a]が京都・兵庫北部や奈良・和歌山南部、中国地方西部など、[e:][e]が東京を含む西関東、中部・北陸・近畿の一部、九州北部、鹿児島など、[ja:][ja]が京都北部、鳥取西部、長崎などに分布する。

（ニ）ウイ

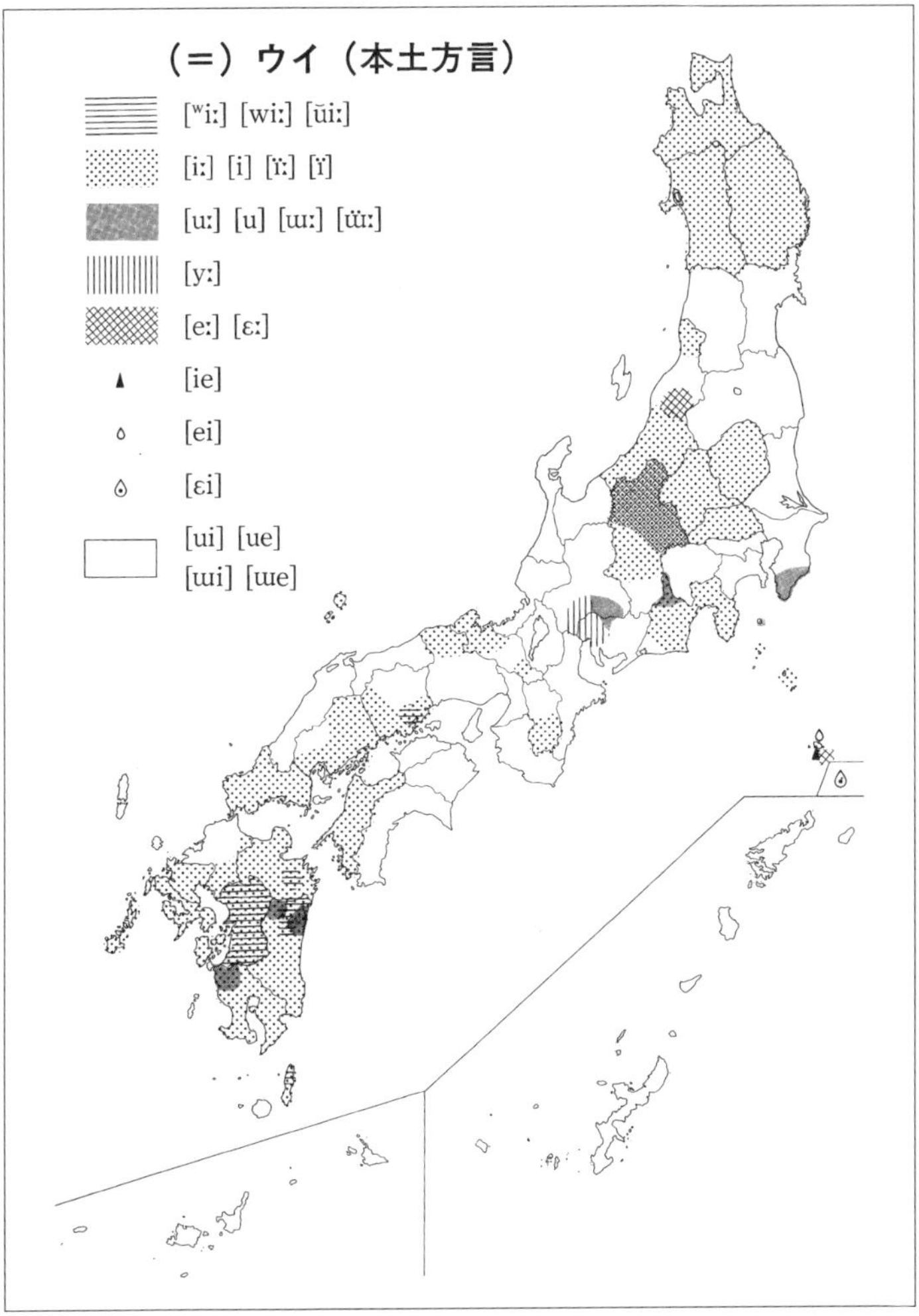
（ニ）ウイ（本土方言）
[ʷiː] [wiː] [ŭiː]
[iː] [i] [ïː] [ï]
[uː] [u] [ɯː] [ɯ̈ː]
[yː]
[eː] [ɛː]
[ie]
[ei]
[ɛi]
[ui] [ue]
[ɯi] [ɯe]

連母音ウイでは、「寒い」がサミー、「悪い」がワリーとなるように、イー［iː］（ほかに［i］［ïː］［ï］も）に変化した地域が、東北地方北部、関東北部、静岡、京都・兵庫北部、中国・四国・九州地方の一部などの広い範囲に見られる。また、イの円唇母音［y］の長音が、愛知県尾張地方と岐阜県の一部でサミー［samyː］（寒い）のような形で聞かれる。ほかには、限られた分布ではあるが、［uː］［u］［ɯː］［ɯ̈ː］が千葉県安房地方、静岡県井川地方、宮崎県高千穂地方などに、［eː］［ɛː］が長野県の北部・東部に、［ʷiː］［wiː］などが語頭で熊本県、語中で宮崎県北部と鹿児島県種子島などに聞かれる。

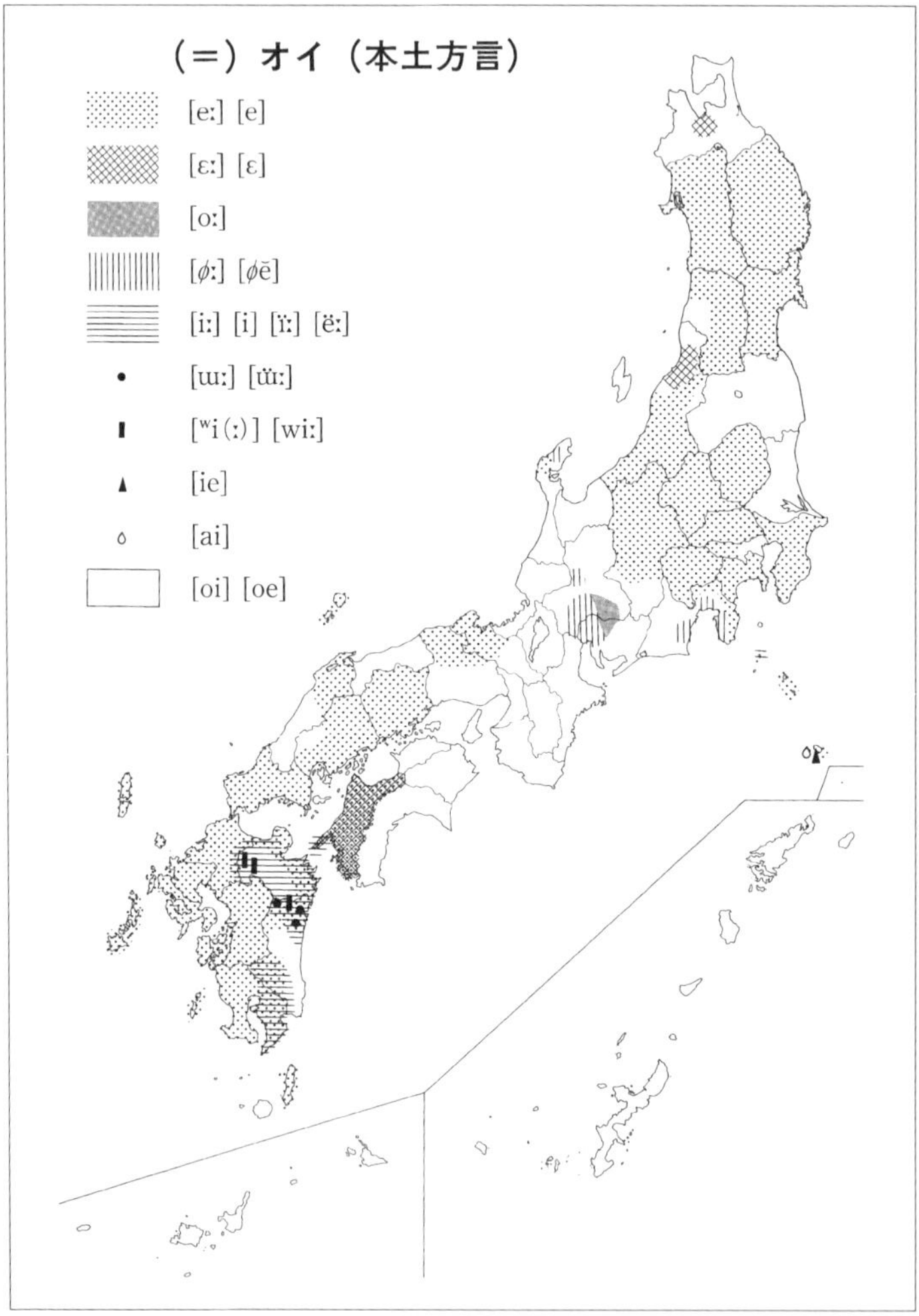

（二）オイ

連母音オイは、北陸・近畿・四国地方や、青森・福島・茨城などでオイのままであるのに対し、東北地方から関東地方、中部地方の一部、そして中国地方から九州西部にかけての広い範囲では［eː］［e］となる。中でも九州の鹿児島県では長音化せず、クレ（黒い）、エタ（置いた）となる。［eː］［e］以外では、［e］より開口度の大きい［ɛː］［ɛ］が青森県の一部や愛媛県に分布し、逆に開口度を狭めた［iː］が九州の大分県、［i］が宮崎県南部、鹿児島県大隅半島部に分布する。また、愛知県尾張地方と岐阜県・静岡県の一部で［kurøː］（黒い）のように、エの円唇母音の長音［øː］が聞かれる。

317
開合

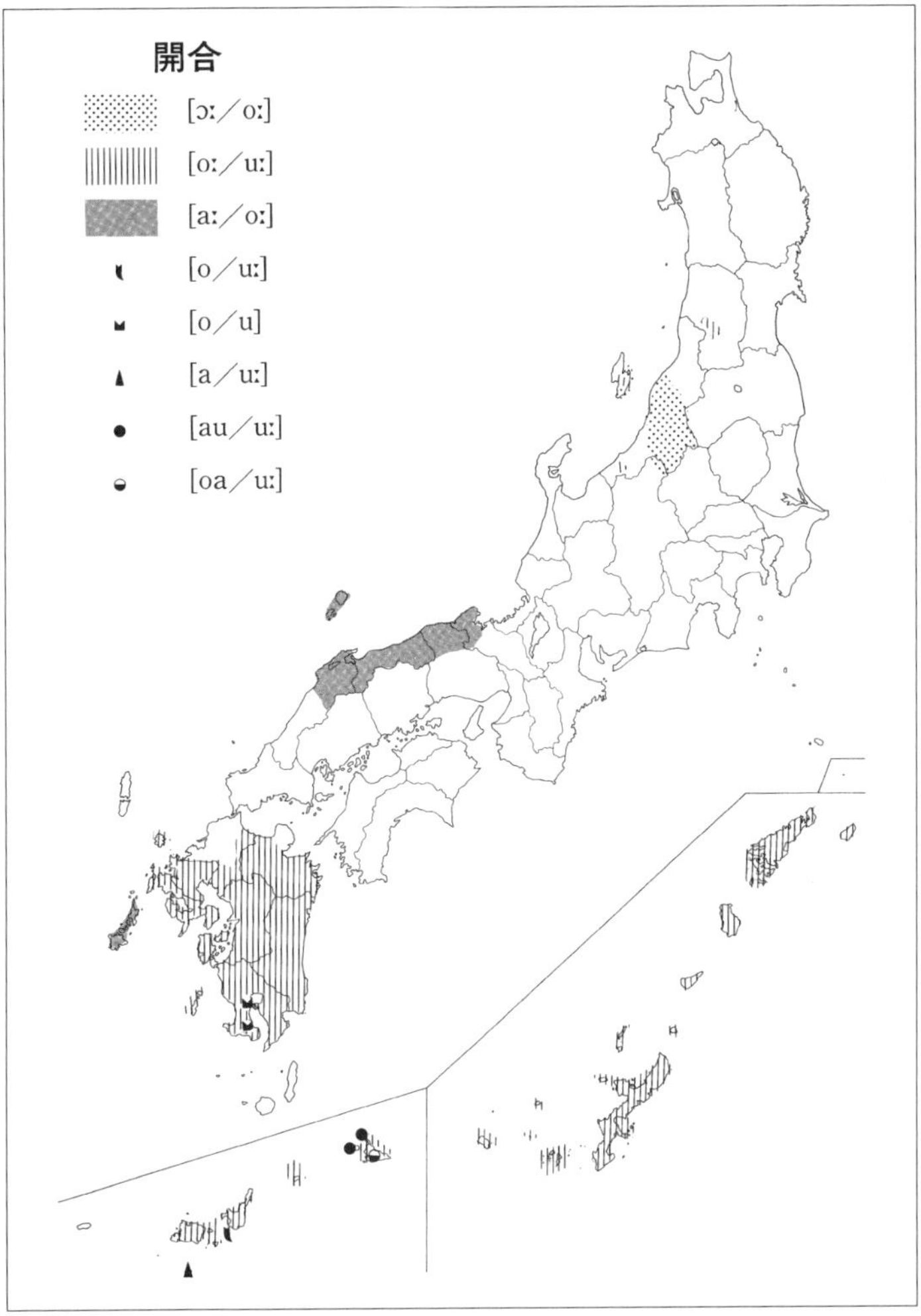
開合
[ɔː／oː]
[oː／uː]
[aː／oː]
[o／uː]
[o／u]
[a／uː]
[au／uː]
[oa／uː]

開合《かいごう》

共通語でオーと発音される音には、歴史的仮名遣のアウ・アフに由来するものと、エウ・エフ・オウ・オフ・オホに由来するものがある。中世末までの中央語（京都語）では、広いオー［ɔː］（開音《かいおん》）と狭いオー［oː］（合音《ごうおん》）で区別されていたと推定され、これを「開合《かいごう》の区別」という。その後、中央語では区別が失われたが、方言では、［ɔː／oː］（新潟県中越地方など）、［aː／oː］（京都・兵庫北部、鳥取県、島根県出雲地方など）、［oː／uː］（九州・沖縄地方等）などの形で区別の保たれている地域があり、例えば［aː／oː］の地域では、タージ（湯治）／トージ（冬至）の違いがある。

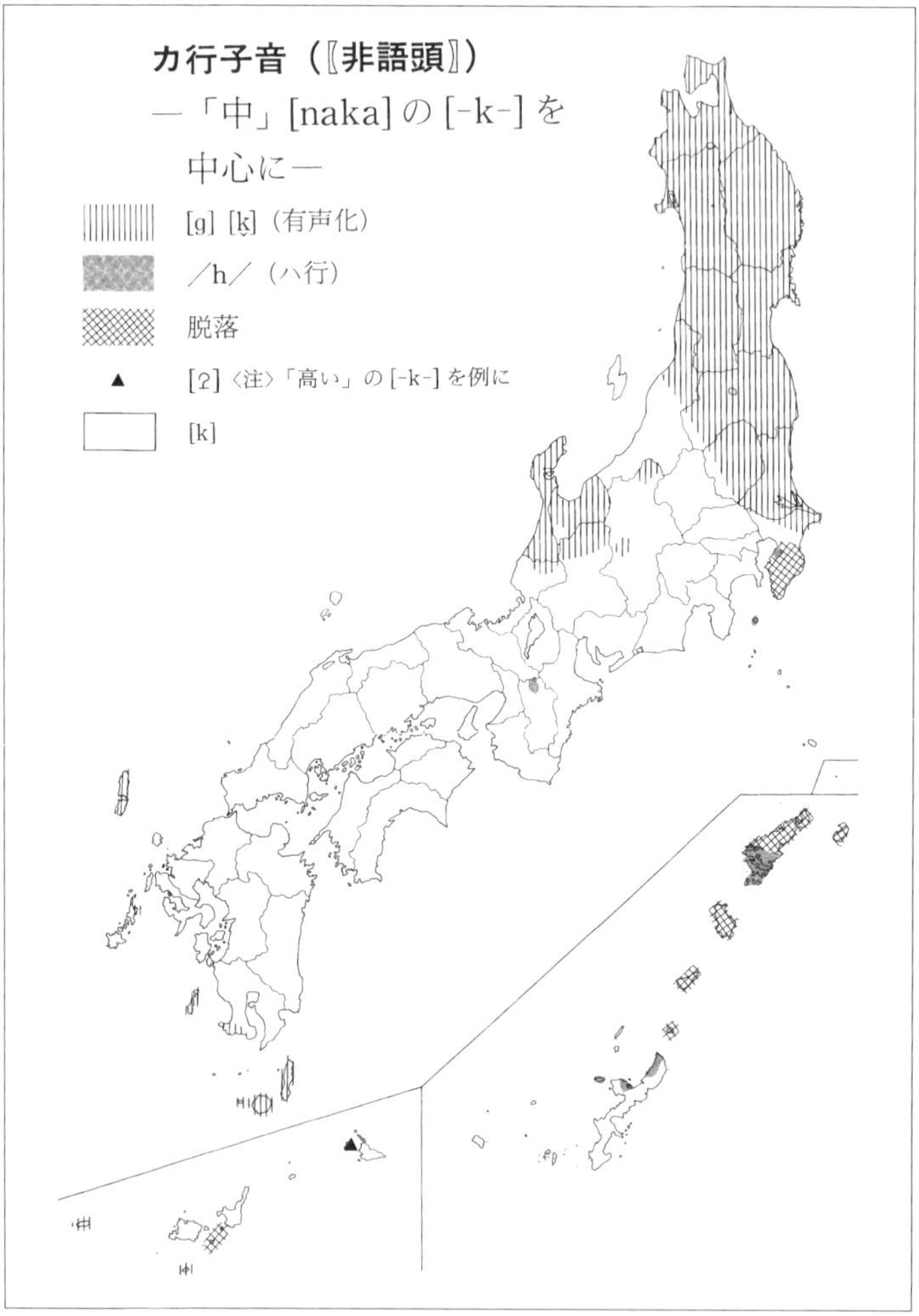
カ行子音（〖非語頭〗）
—「中」[naka] の [-k-] を中心に—
[g] [k̬]（有声化）
／h／（ハ行）
脱落
[ʔ]〈注〉「高い」の [-k-] を例に
[k]

カ行子音

東北地方のほぼ全域とそれに続く栃木・茨城両県では、非語頭のカ行音がサガ（坂）、ネゴ（猫）のように規則的に濁音化する。これらの地域では、非語頭のタ行音もまた濁音化する。一方、北陸地方の一部、長崎県壱岐・対馬、鹿児島県・沖縄県の一部などでの非語頭のカ行音の濁音化は、語的に見られるのみで規則的なものではない。濁音化以外では、千葉県房総半島部で、ハタエ（畑）、キウ（聞く）のようにカ行子音が脱落する現象、また、千葉県市原市の一部や伊豆諸島の大島、奈良県の一部で、キフ（聞く・菊）、ハタへ（畑）のようにカ行音がハ行音化する現象が見られる。

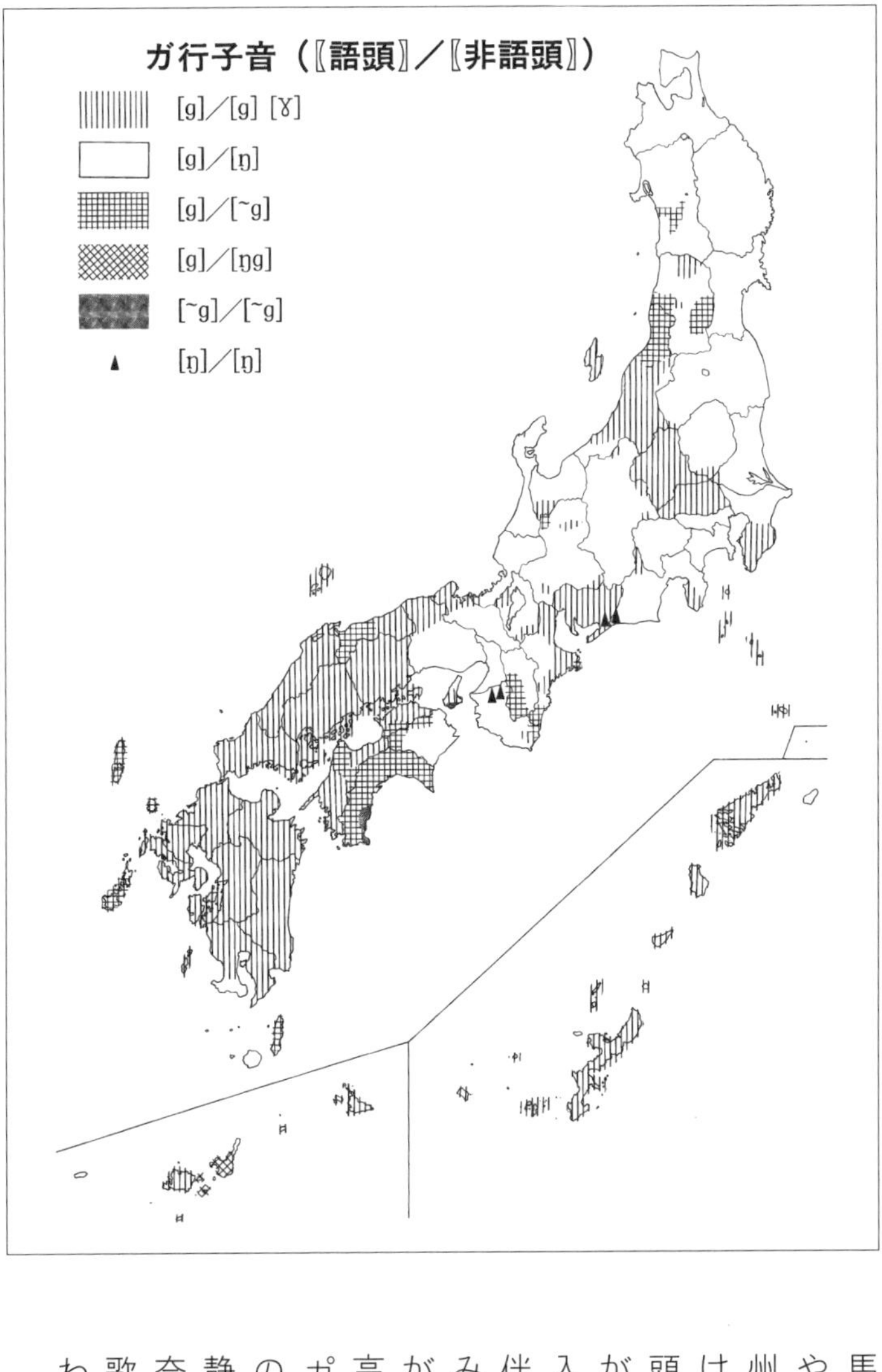
ガ行子音（〘語頭〙／〘非語頭〙）
[g]／[g] [ɣ]
[g]／[ŋ]
[g]／[~g]
[g]／[ŋg]
[~g]／[~g]
[ŋ]／[ŋ]

ガ行子音

非語頭では、従来標準音とされてきた鼻濁音が東北から関東、中部、北陸、近畿にかけての広い地域に聞かれ、古音の名残と考えられる入りわたり鼻音を伴ったカンゴ（籠）のような発音が山形・秋田の一部と奈良県南部、高知県などにわずかに確認できる。

非鼻音は新潟・群馬・埼玉・愛知県や中国地方から九州、沖縄地方にかけて聞かれる。語頭は非鼻音の地域が圧倒的に多いが、入りわたり鼻音を伴ったンゴミ（ごみ）のような発音が兵庫県淡路島、高知県西部などに、ガッコー（学校）のような鼻濁音が静岡県浜名湖周辺、奈良県五条市、和歌山県北部などにわずかに聞かれる。

歴史的仮名遣クヮの対応

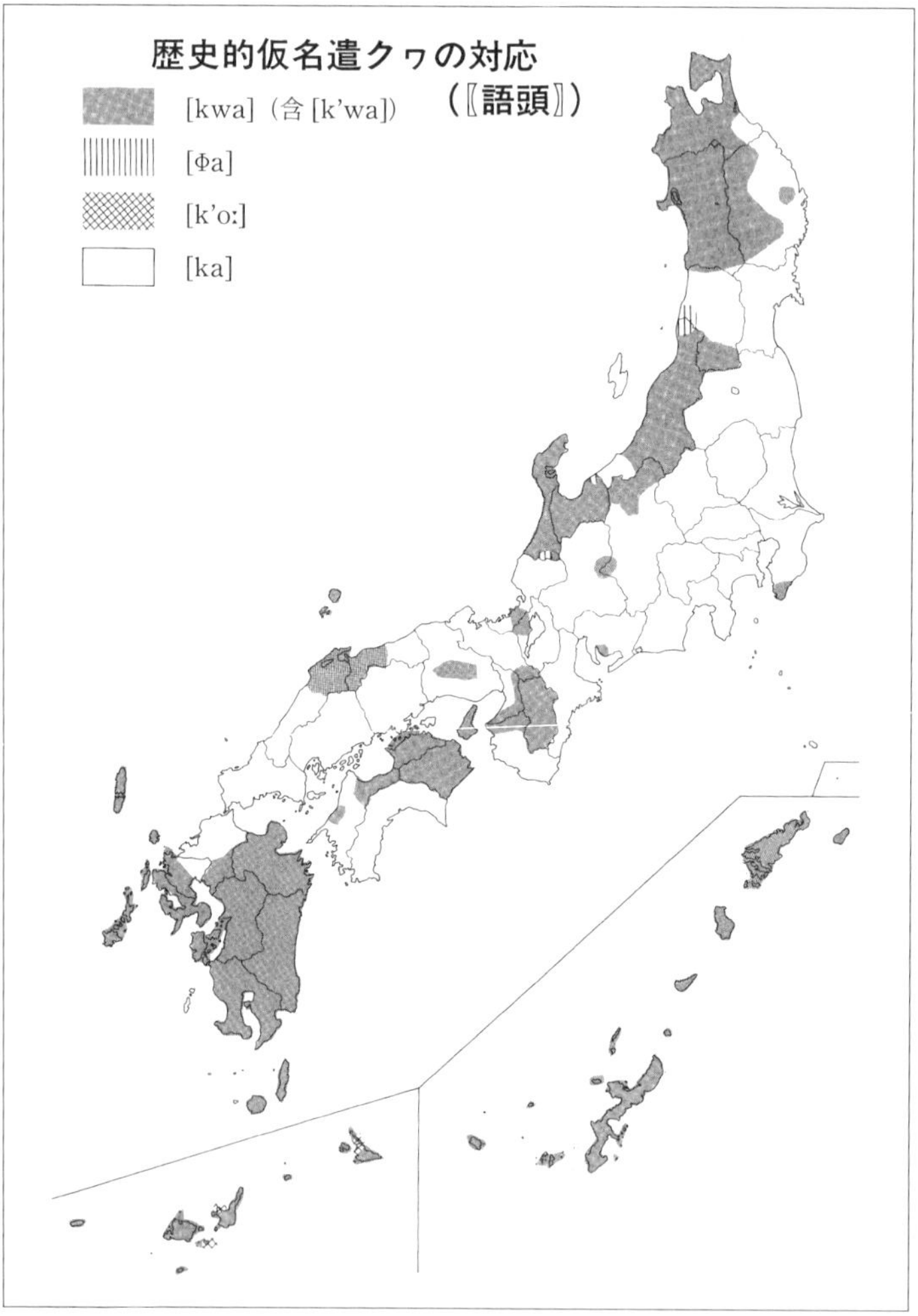

歴史的仮名遣クヮの対応

クヮ・グヮはクヰ・クヱ・クヲとともに「合拗音《ごうようおん》」と呼ばれ、中国からの漢字音の流入とともに外来音として定着したが、中央語ではクヮ・グヮを除いて中世前期頃消滅する。「会議」「西瓜」「外国」「元旦」などにおけるクヮイギ、スイクヮ、グヮイコク、グヮンタンのような発音も、中央では近世以降唇音性を失い直音化してカ・ガとなったが、方言音としては、東北・北陸の日本海側や近畿・四国・山陰地方の一部、九州・沖縄地方に残った。クヮにあたる音は、ほかに山形県と新潟県の県境付近と北陸の一部でファ、長崎・熊本・鹿児島県の一部でパに変化している例も見られる。

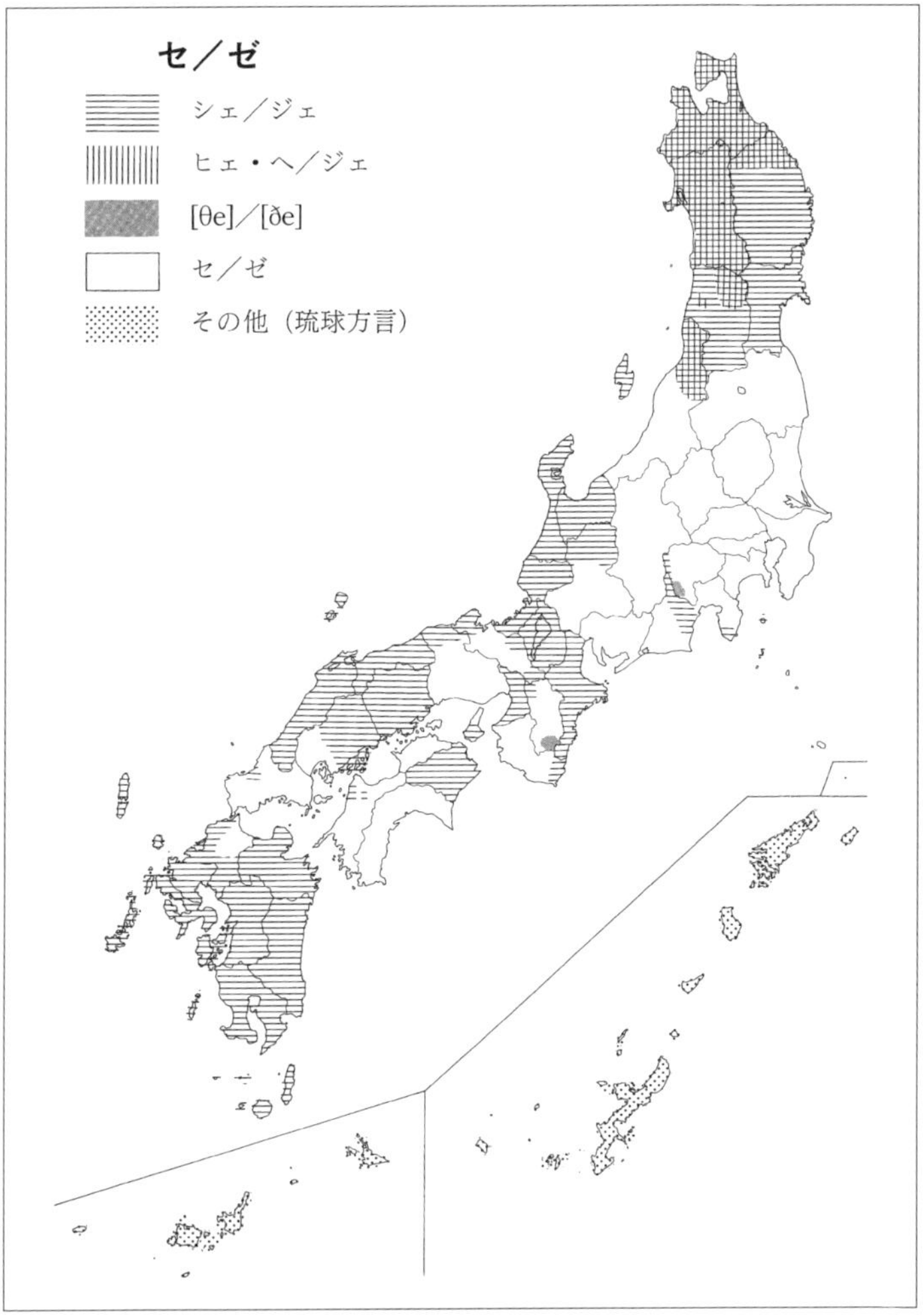
セ／ゼ
シェ／ジェ
ヒェ・ヘ／ジェ
[θe]／[ðe]
セ／ゼ
その他（琉球方言）

セ／ゼ

「背中」をシェナカ、「風」をカジェのように「せ」をシェ、「ゼ」をジェと発音する現象が、東北や北陸・中国、九州など日本の周辺地域に見られる。イエズス会宣教師ロドリゲスの『日本大文典』（一六〇四―〇八）には、「世界はシェカイと発音すべきなのに、関東ではセカイと発音している」という記述がある。すなわち、江戸時代初期ごろまでは「シェカイ」や「カジェ」が標準的な発音であったことがわかる。各地の「シェ」や「ジェ」はこの古い音声の残存である。東北北部の青森・秋田などでは「シェ」が別の方向に変化し、「背中」はヒェナカやヘナカのように発音される。

ザ行・ダ行・ラ行の混同の有無

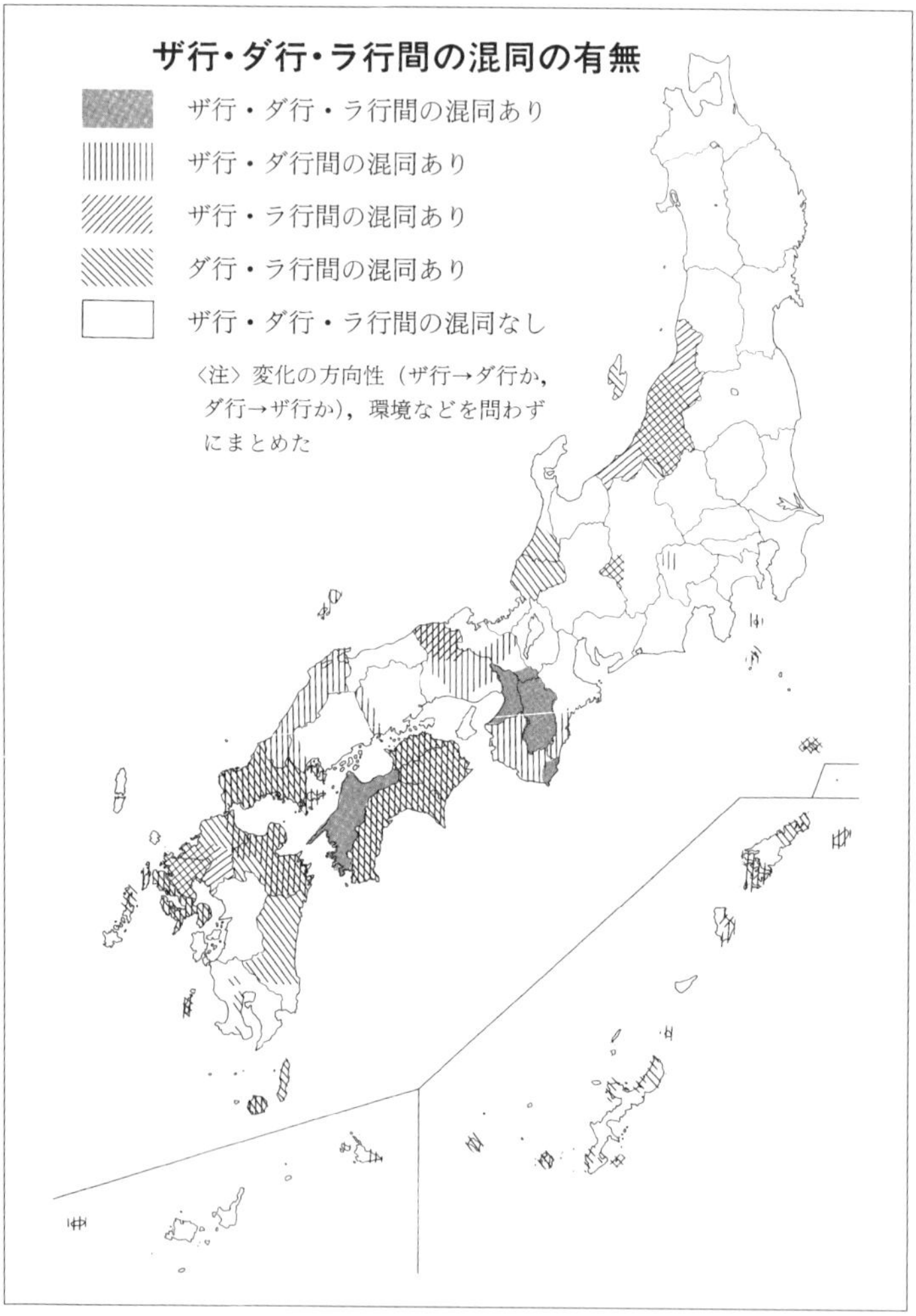
ザ行・ダ行・ラ行間の混同の有無
ザ行・ダ行・ラ行間の混同あり
ザ行・ダ行間の混同あり
ザ行・ラ行間の混同あり
ダ行・ラ行間の混同あり
ザ行・ダ行・ラ行間の混同なし
〈注〉変化の方向性（ザ行→ダ行か，ダ行→ザ行か），環境などを問わずにまとめた

ザ行・ダ行・ラ行の混同の有無

近畿地方の一部や四国地方を中心に、新潟県、石川県、福井県の一部や西日本各地で、ザ行・ダ行・ラ行の発音の混同が見られる。ただ、地図のとおり、どの行とどの行の音が混同しやすいかは地域により様々である。この現象は、ザ行・ダ行・ラ行の子音（[dz・dʒ] [d] [ɾ]）の発音（調音点・調音法）が似ているために起こるものである。ザ行→ダ行にはドーキン（雑巾）、ダ行→ザ行にはナゼル（撫でる）、ダ行→ラ行にはウロン（饂《うど》飩《ん》）、ラ行→ダ行にはドーソク（蠟《ろう》燭《そく》）、ザ行→ラ行にはリンリキシャ（人力車）、ラ行→ザ行にはジョーホー（両方）などの例が各地から報告されている。

323

歴史的仮名遣ジズヂヅの統合の型

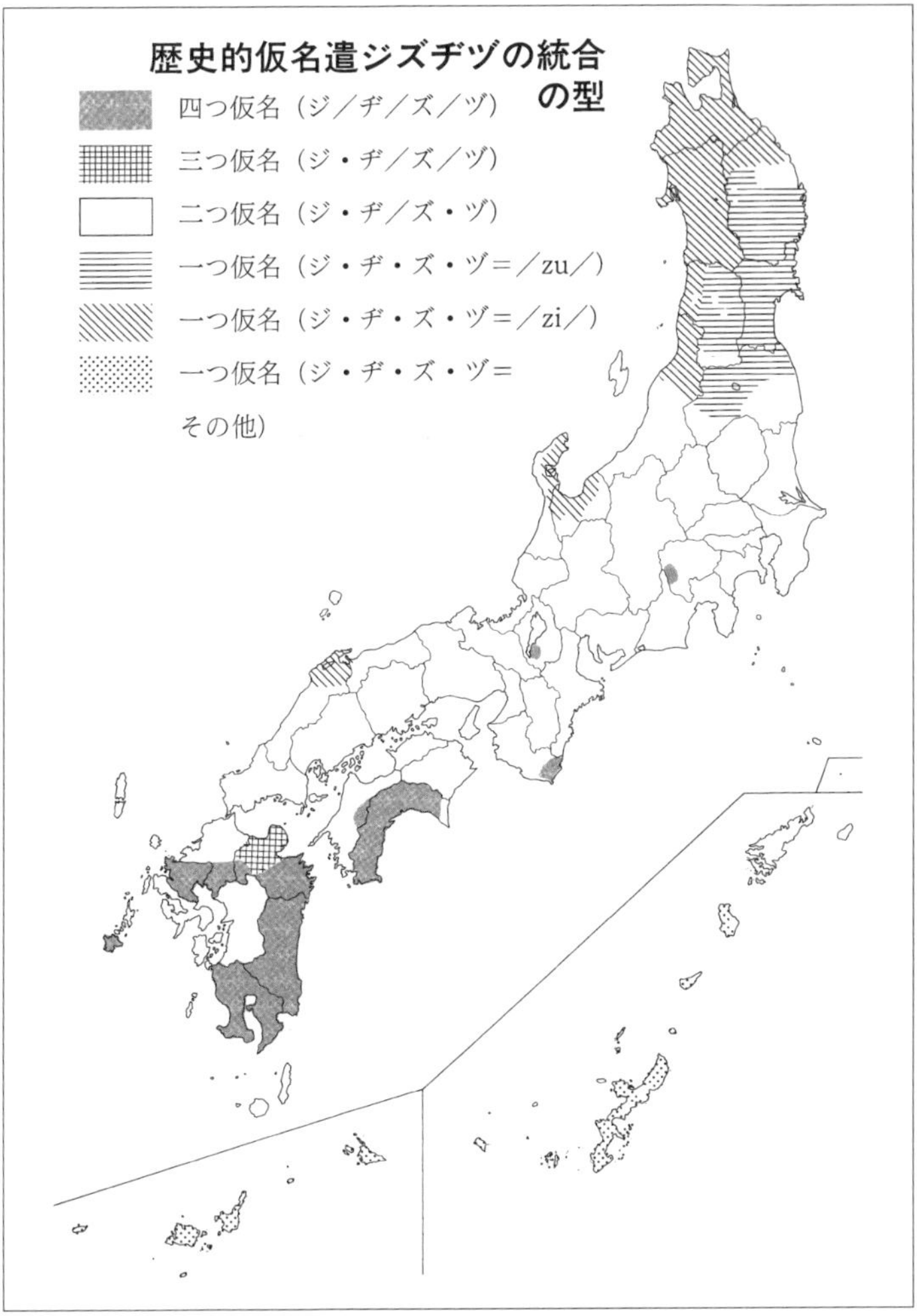
歴史的仮名遣ジズヂヅの統合の型
四つ仮名（ジ／ヂ／ズ／ヅ）
三つ仮名（ジ・ヂ／ズ／ヅ）
二つ仮名（ジ・ヂ／ズ・ヅ）
一つ仮名（ジ・ヂ・ズ・ヅ＝／zu／）
一つ仮名（ジ・ヂ・ズ・ヅ＝／zi／）
一つ仮名（ジ・ヂ・ズ・ヅ＝その他）

歴史的仮名遣ジズヂヅの統合の型

歴史的仮名遣でジとヂ、ズとヅが書き分けられたのは、中央語（京都語）で中世末頃まで、これら四つの音が区別して発音されていたためである。これを「四つ仮名の区別」と言い、高知県や九州の一部で今もその区別が保たれている。近世以降、中央語ではジとヂ、ズとヅの区別がなくなり、現代共通語と同じ二つ仮名の状態となった。それに対し、東北地方の広い範囲と、北陸の富山・石川の一部、島根県出雲地方付近にこれら四つの音を区別しなくなった一つ仮名の方言がある。これらの地域では、ジ・ヂ・ズ・ヅのほか、シとス、チとツの区別もなく、俗に「ズーズー弁」と呼ばれる。

ti・tu・di・duの分布

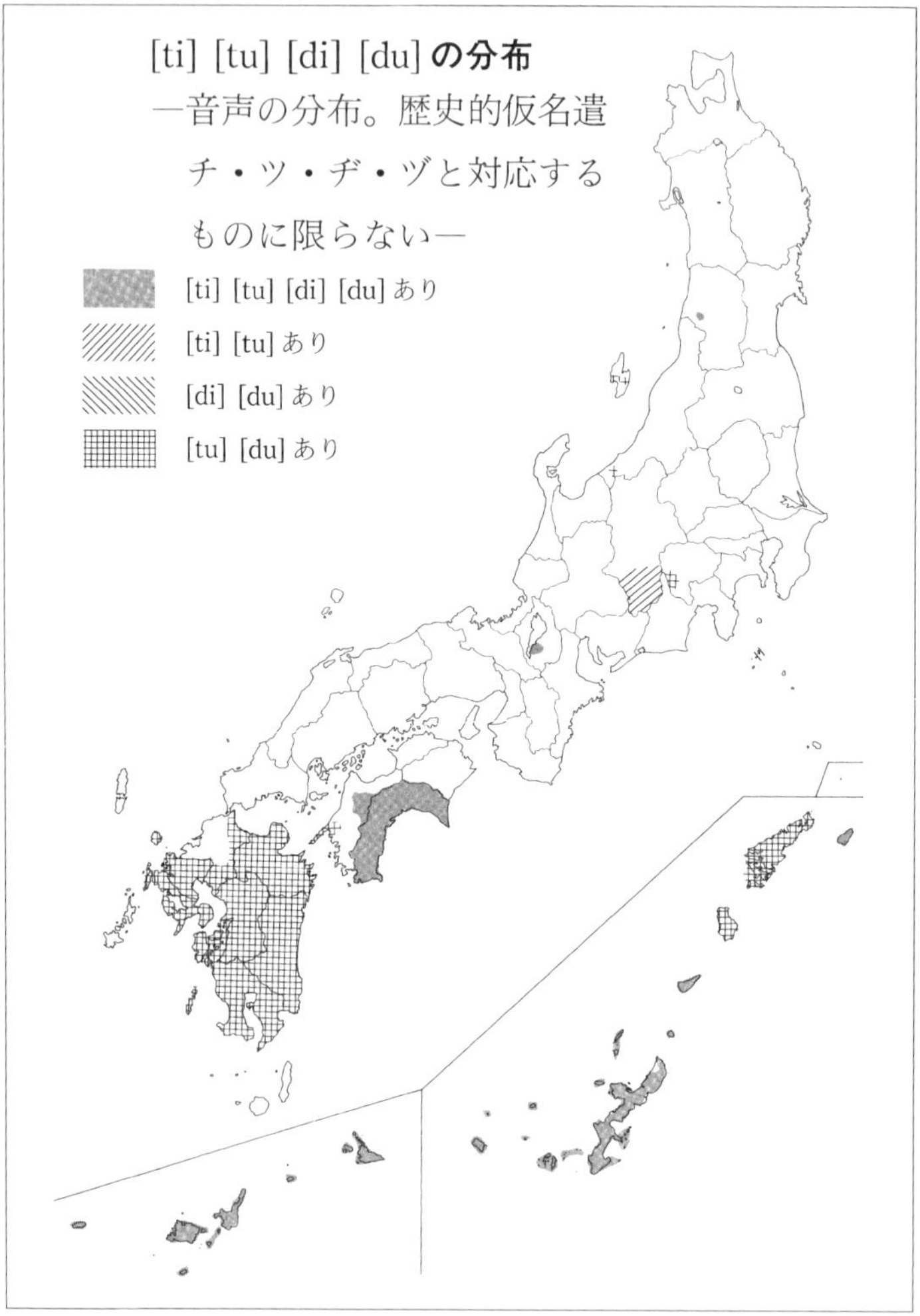
[ti] [tu] [di] [du] の分布
―音声の分布。歴史的仮名遣
チ・ツ・ヂ・ヅと対応する
ものに限らない―
[ti] [tu] [di] [du] あり
[ti] [tu] あり
[di] [du] あり
[tu] [du] あり

ti・tu・di・du の分布

タ行のチ・ツがティ [ti]・トゥ [tɯ]、歴史的仮名遣のダ行のヂ・ヅにあたる音がディ [di]・ドゥ [dɯ] となる発音は、室町時代中頃までの中央語（京都語）の発音だった。方言音として、ティ・トゥ・ディ・ドゥのすべての音を残しているのが高知県である。例えば、高知県の高年層方言では、クティビル（唇）、トゥノ（角）、フジ（富士《ふじ》）に対するフンディ（藤《ふぢ》）、クズ（葛《くず》）に対するクンドゥ（屑《くづ》）などの音が聞かれる。ほかに、山梨県奈良田地方や九州各地ではトゥメ（爪）・ミドゥ（水）などのトゥ・ドゥのみが残り、長野県南部ではティ・トゥのみが残る。

ザ行・ダ行・バ行の入りわたり鼻音

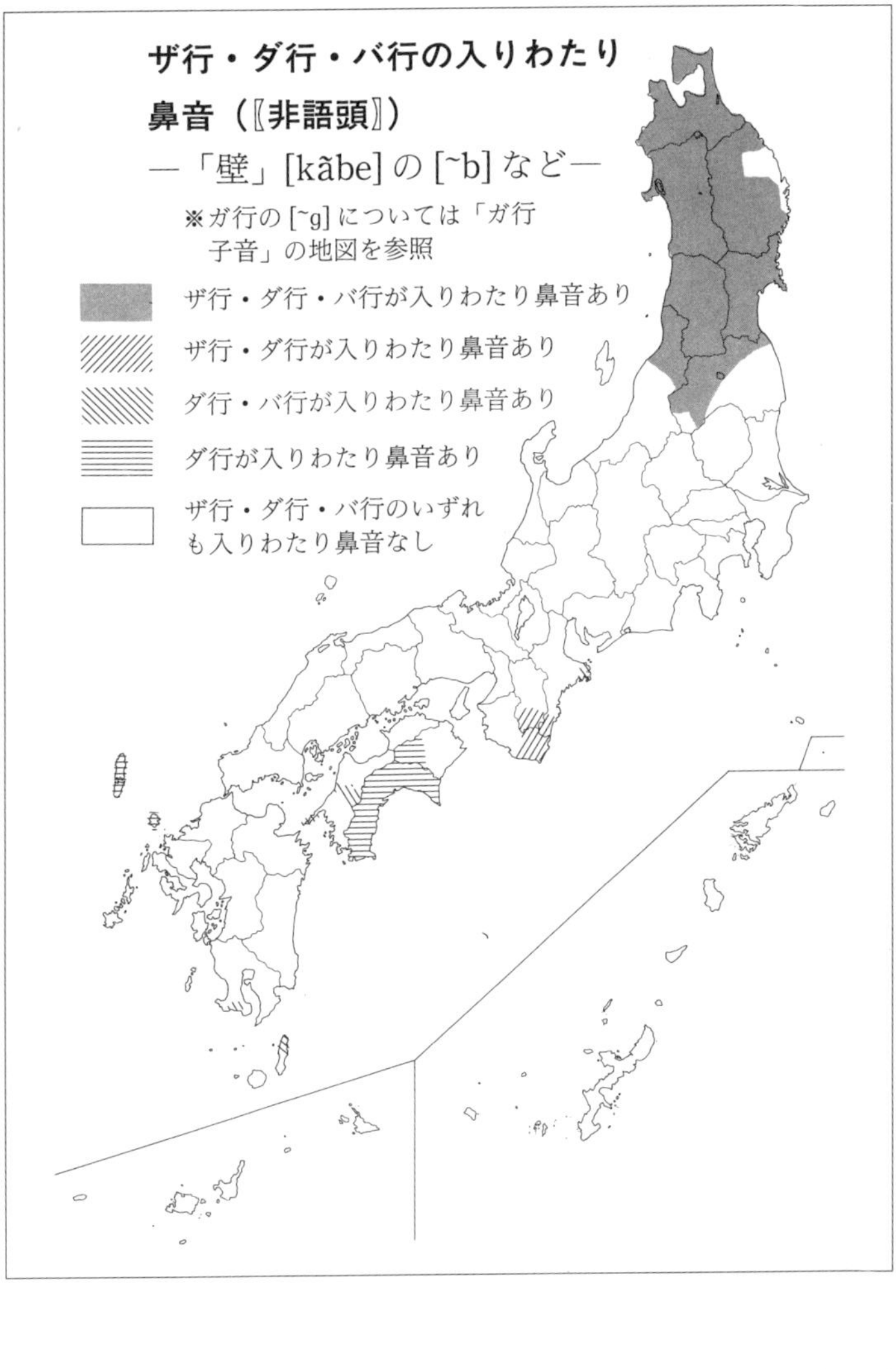
ザ行・ダ行・バ行の入りわたり
鼻音（〚非語頭〛）
—「壁」[kãbe] の [~b] など—
※ガ行の [~g] については「ガ行子音」の地図を参照
ザ行・ダ行・バ行が入りわたり鼻音あり
ザ行・ダ行が入りわたり鼻音あり
ダ行・バ行が入りわたり鼻音あり
ダ行が入りわたり鼻音あり
ザ行・ダ行・バ行のいずれも入りわたり鼻音なし

ザ行・ダ行・バ行の入りわたり鼻音

非語頭のザ行、ダ行、バ行の音が入りわたり鼻音を伴って発音される、つまり「膝」がヒンザ、「窓」がマンド、「株」がカンブ、のように発音される現象が、東北地方や三重・奈良・和歌山・愛媛・長崎・鹿児島県の一部、そして高知県などに見られる。東北地方ではザ・ダ・バ行のすべて、和歌山県南部ではザ・ダ行、三重・愛媛県の一部などではダ・バ行、高知県ではダ行に入りわたり鼻音が聞かれる。これらの発音は日本語の古音の名残と考えられ、後にガ行鼻濁音に変化したガ行音とあわせて、古くは非語頭の濁音すべてが入りわたり鼻音を伴っていた可能性を示すものである。

326

ハ行四段動詞の音便形

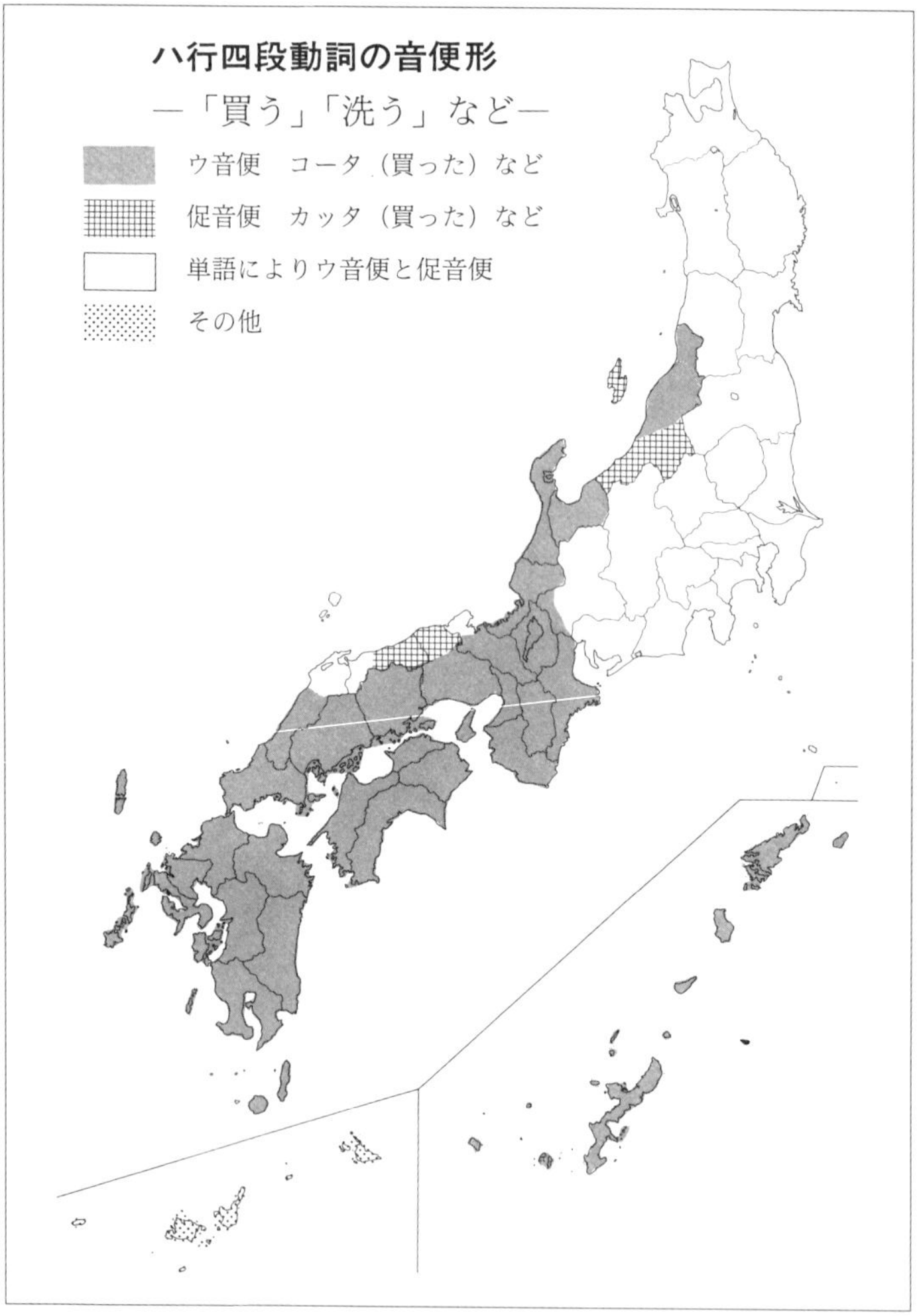
ハ行四段動詞の音便形
―「買う」「洗う」など―
ウ音便　コータ（買った）など
促音便　カッタ（買った）など
単語によりウ音便と促音便
その他

ハ行四段動詞の音便形

ハ行四段動詞の音便は、岐阜県と北陸三県、滋賀・三重両県の県境を境として、東の促音便と西（山陰地方は例外的に促音便も）のウ音便の対立が見られる。この対立は、「買う（買ふ）」を例にとると、カフィタリ［kaΦitari］（買ひたり）が、東日本と山陰の一部では、カフィタリのフィの母音、狭母音のイが脱落することによって子音連続が生じ、カッタのように促音便化し、西日本では、カフィタリがハ行転呼音でカウィタリとなり、次いで母音イが脱落するとともに唇音退化によりカウタとなり、さらにアウ連母音のオ列長音化でコータのようにウ音便化したものと考えられる。

サ行四段動詞のイ音便

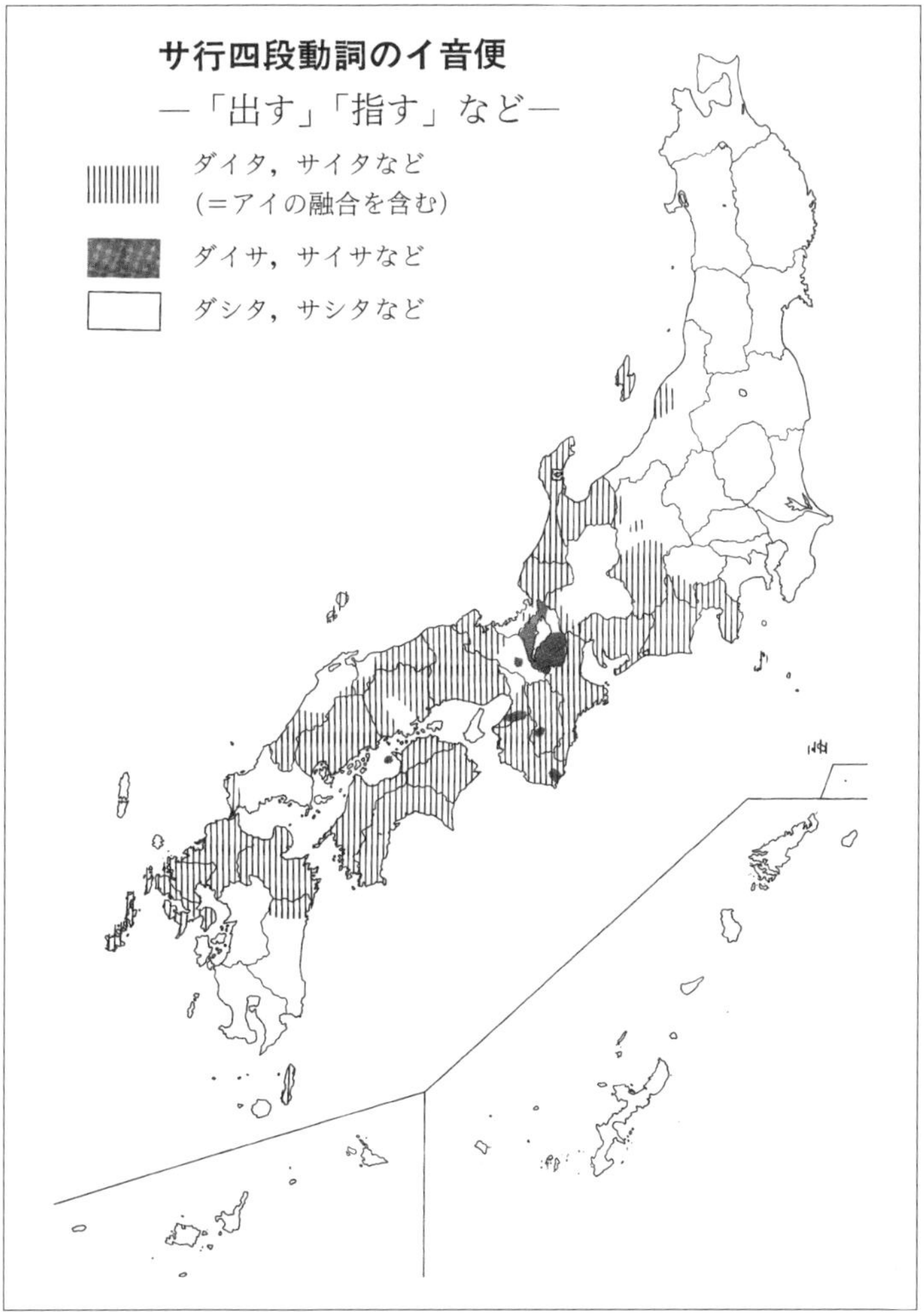
サ行四段動詞のイ音便
—「出す」「指す」など—
ダイタ，サイタなど
(=アイの融合を含む)
ダイサ，サイサなど
ダシタ，サシタなど

サ行四段動詞のイ音便

サ行四段動詞の音便は、「出した」「指した」にあたる形が、そのままダシタ・サシタとなる、東日本と九州南部から沖縄地方にかけての非音便地域と、ダイタ・サイタのようにイ音便化した（ただし、サ行四段動詞でも一部イ音便化しない語がある）地域に分かれる。サ行四段動詞のイ音便は、平安時代に入って中央語（京都語）に生じた一連の音便現象の一つとして、例えばダシタ（出した）のシの子音が脱落する形で生じた、発音上の労力軽減化現象である。分布から見て西日本のみに生じた音便現象と考えられる。ハ行四段動詞のウ音便と比べ、サ行イ音便は急速に衰退しつつある。

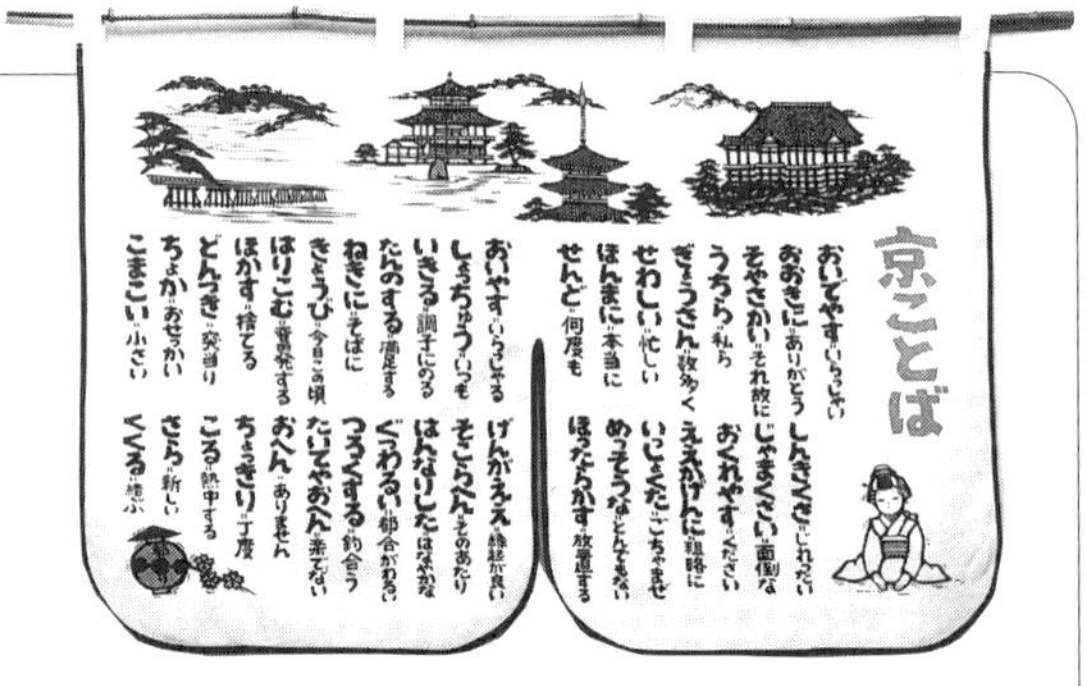

京都のことば

平均的日本人は京都のことばに対して「やわらかい」「ゆったりしている」「女性的」といったイメージを抱いている。しかし、このイメージはかなり拡大されたものであり、実際に京都の庶民の日常会話を録音テープなどで聞くと、かなり早口で、ごつごつした側面もある。おそらく「古都」「祇園」「東男に京女」のような表現に象徴されるイメージが先行しているのであろう。

有名な「京の菜飯」（または「京のお茶漬け」）ということばがある。訪問先で昼時になり、「お茶漬けでもどうぞ」と言われ、「そんならいただきまひょうか」と答えようものなら「あほと違うか」ということになる。「京都の下駄めし」ということばもあるそうだ。帰りがけに下駄を履く段になって「お昼でもどうどす」と言われる。その気はまるでないのにことばだけでもてなすのである。これも京都人に対する世間一般の固定観念のあらわれと思われる。

方言の基礎知識

方言の研究 330
東西方言の対立 332
方言周圏論 334
標準語、共通語 336
表現法の地域差 338
江戸語と東京語 340
方言と文学 342
方言辞典・方言集 344
方言の将来 346
新方言 348
気候と方言 350
方言イベント 352
気づかずに使う方言 354
各地の挨拶表現 356
文献国語史と方言国語史 358
文末詞 360
方言の誕生 362
方言録音資料 364

方言の研究

方言には地域方言と社会方言があるが、ここでは、ことばの地理的変種としての方言（地域方言）を扱う。地域方言を対象とする場合、その研究内容には以下のようなものがある。

一 基礎的研究

1 資料の収集

各地の方言の単語を集めて方言集を作るのが、代表的な例である。伝統的方言の衰退が進む現在、方言語彙や自然な方言談話の記録（録音・録画と文字化・解説）などが基本的かつ重要な作業である。今後はビデオ録画などによる言語随伴行動などの記録も推進されるべきであろう。

二 静態的研究（記述的研究）

2 語彙の研究

共通語と一致する語形も含め、特定方言の語彙の総体が研究対象となる。単なる方言語彙の収集にとどまらず、詳しい意味の記述（意味論的研究）のほか、語形、語種、語構成、また文法的・文体的特色などが対象となる。特定方言語彙の史的変化も扱われてよい。

3 文法の研究

特定方言の形態論的・構文論的研究から、語用論的研究、談話分析に及ぶ。部分的な研究にとどまらず、特定方言全体の中に位置づけつつ推進することが望ましい。特定方言文法の史的変化も扱われてよい。

4 音韻の研究

方言音声の音声学的・音韻論的研究から、アクセント論・プロミネンス論・イントネーション論まで、広く意味の研究、また文法研究のうちの特に文末表現の研究とも関連し、近年の音声分析機器やコンピュータの発達により、実験音声学、音響音声学の立場からの研究の進展も期待される。特定方言音韻の史的変化も扱われてよい。

三 動態的研究

5 比較方言学的研究

ヨーロッパで発達した比較言語学の手法を、全国諸方言に適用する研究分野である。わが国では、特にアクセントの分野で大きな成果をおさめたが、琉球方言の研究については未開拓な面も少なくなく、さらに今後の成果が期待される。文献国語史以前の日本祖語に遡る可能性も秘めている。

331 方言の研究

6　方言地理学的研究

言語地理学的研究とも呼ばれる。ことばの地域差を地図に描き、その地理的分布の様相に言語外的条件をも考慮しつつ、各表現の誕生・発展・衰退の跡を推定する方法である。わが国では柳田国男の『蝸牛考』を嚆矢《こうし》とし、戦後は一九六〇年代以降、『日本言語地図』を代表とする全国規模の方言地図や、各地域での方言地図に基づく研究が行われる。近年ではコンピュータを利用した方言地図作成も様々試みられつつある。

7　社会方言学的研究

社会言語学的研究の方言への適用である。我が国では戦後すぐの国立国語研究所による言語生活研究に始まり、一九七〇年代以降盛んになる。各地の複雑な方言状況、方言と共通語の共存状況、伝統的方言の変容、ことばの運用面の地域差、言語随伴行動など、広範な内容を対象としつつ、方言を社会との関わりの中で考察しようとする分野であり、方言研究の一大潮流となりつつある。

8　対照方言学的研究

特定方言と別の特定方言（あるいは共通語や過去の一時期の日本語）との対照からスタートする方法。特定方言のみを見ているだけでは気づかれにくい特色が、複数の方言の対照によって浮かび上がってくることが期待できる。言語運用上の対照なども今後の課題であろう。

四　総合的研究

9　方言区画論

方言の分類、そして各方言がこの国土にどのように展開しているかが論じられる。同時に、分類原理・手順・階層・史的発展などが考究される。東条操は、言語の史的展開の時代区分にあたるとし、この方言区画論を方言研究の中核に据えた。明治期の国語調査委員会が発見した東西方言の境界から出発した研究分野であり、その後、戦後一九五〇年代から六〇年代頃、特に盛んであった。

10　方言論

方言研究はいかに学問として構築されるかが論じられる。また、方言とは何か、その位置づけ、方言はどのように形成されたかもここで扱われる。最も基本的な部分ながら、我が国では、この分野の掘り下げは未だ不十分であり、今後に期待したい。

以上の内容は、方言研究が紛れもなく言語学の一部であることを如実に物語っている。

東西方言の対立

奈良時代の昔から、当時の中央語である近畿地方のことばと東国のことばが違っていたことは、『万葉集』の東歌（巻一四）や防人歌（巻二〇）に収められた東国出身者の詠んだ歌から確認できる。平安時代以降になると、それは都人の東国語への蔑みの感情として露呈してくる。

現代においても、そうしたことばの東西対立は、東京語を中心とした共通語と関西方言の違いなどで、日常多くの日本人の意識するところである。

近世初頭、キリスト教布教のために日本を訪れたジョアン・ロドリゲスはその著『日本大文典』（一六〇四～一六〇八）の中で日本の諸方言に言及して、関東方言について次のような記述を残している（土井忠生訳、一九五五による）。

○三河、（Micaua）から日本の涯にいたるまでの東、（Figasi）のちほうでは、一般に物言ひが荒く、鋭くて、多くの音節を呑み込んで発音しない。（以下略）

○打消には Nu（ぬ）の代りに動詞 Nai（ない）を使ふ。（以下略）

後者は西部方言の打消形「書カン（ヌ）」と東京方言の「書カナイ」の対立を指摘したもので、ロドリゲスの記述は、方言の東西対立を学問的に、かつ具体的に取り上げた最初のものとして注目される。

両方言の対立については、明治三九（一九〇六）年、国語調査委員会『口語法調査報告書』によって学界の取り上げるところとなり、「仮ニ全国ノ言語区域ヲ東西ニ分タントスル時ハ大略越中飛騨美濃三河ノ東境ニ沿ヒテ其境界線ヲ引き此線以東ヲ東部方言トシ、以西ヲ西部方言トスルコトヲ得ルガ如シ（以下略）」といった記述により、初めて具体的にその大まかな境界線の位置が明らかにされた。

その後、一九五〇年代には牛山初男によって文法的事象のいくつかについて東西両方言の境界線が、一九六〇年代には国立国語研究所『日本言語地図』で語彙における東西対立の状況が、明らかにされ、そして現在、国立国語研究所『方言文法全国地図』によって、文法・表現法についての状況が明らかにされつつある。

従来のこうした研究成果から、東西の対立分布を示すものを音韻・文法・語彙のそれぞれについて数例ずつ挙げてみよう。各項目ごとに／の上が東部方

東西方言の対立

言、下が西部方言の特徴あるいは方言形である。
〈音韻〉
・母音の無声化　無声化しやすい／無声化しにくい
・母音ウの音声　平唇の[ɯ]／円唇の[u]
・アクセント　東京式／京阪式
〈文法〉
・動詞の音便形　カ（買）ッタ／コ（買）ータ
・形容詞の音便形　シロ（白）クなる／シローなる
・断定の助動詞　雨ダ／雨ヤ・雨ジャ
・否定の助動詞　書カナイ／書カン・書カヘン
〈語彙〉
・「一昨日」　オトトイ／オトツイ
・「煙」　ケム・ケブ／ケムリ・ケブリ
・「明明後日」　ヤノアサッテ／シアサッテ
・「居る」　イル／オル

以上はいわゆる伝統的方言における東西対立の例である。もっとも、これら各事象ごとの境界線の位置は一様ではなく、それぞれに微妙な違いをみせている。

ところで、明治以降に使われ始めたと思われる新しいことばの中にも次のような東西対立分布を見せるものがあり、東西差を生み出す要因の根強いことを思わせる。
〈新しい東西対立〉
・「ワイシャツ」　ワイシャツ／カッターシャツ
・「画鋲」　ガビョー／オシピン
・「学区」　ガック／コーク・コーカ
・「メンチカツ」　メンチカツ／ミンチカツ

東西方言の対立が生じた要因としては、日本アルプスという自然地理的障害の存在や、長い歴史の中で形成されたであろうことば以外の地域差を含めた東西差、さらには日本語の古層に原因を求める考え方などがある。

方言の共通語化が進むと将来は、若い世代から、また公的場面から、東西の方言差は徐々に縮まっていくかもしれない。

しかし、東京方言（共通語）は関東方言や東北方言の中に、また、京阪方言は北陸方言や中国・四国・九州方言の中に浸透していく傾向も見られ、今後も東西のことばの対立は根強く続いていくものと予想される。

334

方言周圏論

方言周圏論

方言の全国的分布を眺めると、一地方に見られる語が、かけ離れた別の地方にも分布するという場合が多い。

たとえば、「とんぼ」の図（三九三ページ参照）では全国に広く分布するトンボの語をはさんで、アケズやアッケなどの語が東北地方と九州・沖縄地方に見られる。

このように中央に語形Bがあり、その両側に語形Aが分布するという分布形態を、方言学・方言地理学の分野では「周圏分布」またはABA分布と呼ぶ。そして、現在Bが分布している地域にもAが分布していた時代があり、のちに中央でBが生まれた結果、ABA分布が形成されたと推定する。このような考え方を「方言周圏論」という。

日本の方言について、この分布に注目し、「方言周圏論」を唱えたのは民俗学者の柳田国男である。柳田は通信調査によって全国の「かたつむり」の方言を集め、ABCDEDCBAという複雑な周圏分布が見られることを発見した。そして、この分布は、すべての語が京都付近で生まれ、A→B→C→D→Eの順序に水の波紋のように周辺に広がっていった結果であると解釈した（三七五ページ参照）。

周圏分布（ABA分布）が認められるとき、Aが古くBが新しいと推定することを「方言周圏論を適用する」という。しかし、ABA分布が見られても、つねにAが古いとは限らない。周圏論適用には例外もある。

方言周圏論は「言語記号の恣意性」という言語学の大原則の上に成り立っている。それは「意味と形式との結びつきは恣意的（arbitrary）である」という原則である。「恣意的」は「偶然的」あるいは「非必然的」と言いかえてもいい。

ことばは意味と形式とが結びついたものである。共通語（東京方言）では「雨」という意味はアメという形式と結合しているが、無数に近い音の組合せの中からアメという形式が選ばれたのは、まったく偶然にすぎないのである。青森でも鹿児島でも「雨」をアメと言うが、かけ離れた地域でアメというとばが別々に生まれる確率はゼロに近い。したがってアメ（雨）はどこかの地域で生まれて広がったものと推定する。これが方言周圏論の根底にある原理である。

方言周圏論

　しかし、共通の発想によってかけ離れた地域で同じことばが作られることがある。たとえば「はげあたま」の地図（四九ページ）を見ると、「ヤカンアタマ」という表現が各地に散在している。もしヤカン（薬缶）ということばが全国で使われているなら、禿頭を薬缶に見立てたヤカンアタマという表現が各地で生まれることはありうると考えられる。したがって、中央に連続的に分布するハゲアタマという語に対してヤカンアタマの方が古い表現であるとみなすのは危険である。

　意味のずれによって各地で同じ語が生まれることもある。

　「灰」の図ではアク・ハイ・アクという周圏分布が見られるが、これは「灰汁」を意味するアクが各地で「灰」の意味にずれたものであって、周圏論は適用できないのではないかと考えられている（三〇七ページ参照）。

　語形変化によって周圏分布が生じる場合にも周圏論は適用できない。

　デーコン・ダイコン・デーコンというＡＢＡ分布が見られてもこれに周圏論を適用してデーコンの方が古いとすることは無理である。

　物の移動や移住などに伴って、方言が途中の地域を飛び越えて、飛火的に他の地域に伝播することがある。この場合も周圏論を適用できない。「カボチャ」を意味するボーブラが西日本から秋田県に飛火した例（一六九ページ参照）や、醤油製造業者や漁師の移住・交流などによって、オーキニ（ありがとう）、ベニツケユビ（薬指）、スクモ（もみがら）などの西日本の方言が千葉県にもたらされた例などがある。

　北海道には函館・松前などの道南地方を除いて、主として明治以降に全国各地からの移住が行われ、各地の方言がもたらされた。したがって、たとえば、西日本と北海道に同じ語が分布していたとしてもこれに周圏論を適用することはできない。

　江戸時代の移封（お国替え）によって方言が飛火することもある。愛媛県の宇和島市内では「来なさい」をキサイと言うが、これは伊達秀宗の一族が宮城県の仙台から宇和島に移封したことによって仙台弁が持ち込まれたものである。

標準語、共通語

Standard language の訳語としての「標準語」という名称を日本で最初に用いたのは、岡倉由三郎である。岡倉は明治二三（一八九〇）年、『日本語学一斑』で、

社会変動の模様により、他を悉く凌ぐに至らんには、その用ゐ来れるもの、直に標準語の位置を占め、爾余は皆、方言となり果つるの外なし。故に標準語となり、方言となるは、其思想交換の具として優劣あるが為ならず、常に、之を用ゐる者全体が、政治上の都合により、上下するにつれ、定まるものなり。

と記し、標準語の位置にすわる言語は、その言語自体の内的な要因によってではなく、あくまで外的な社会的要因によって客観的に決まるのだと主張した。

この五年後の明治二八（一八九五）年に、帝大教授、上田万年が、雑誌『帝国文学』創刊号に「標準語に就きて」という論文を発表する。上田は当時二十九歳の若きエリートであった。この論文のなかで上田は、イギリス、ドイツ、フランス、イタリアなどヨーロッパの先進国において、それぞれどのような過程で標準語が発達し確立したかを概観しながら、わが日本においても美しい洗練された標準語が育ってゆくべきことを強調する。

願はくは予をして新に発達すべき日本の標準語につき、一言せしめたまへ。予は此点に就ては、現今の東京語が他日其名誉を享有すべき資格を供ふる者なりと確信す。たゞし、東京語といへば或る一部の人は、直に東京の「ベランメー」言葉の様に思ふべけれども、決してさにあらず、予の云ふ東京語とは、教育ある東京人の話すことばと云ふ義なり。且つ予は、単に他日其名誉を享有すべき資格を供ふとのみいふ、決して現在名誉を享有すべきものといはず。そは一国の標準語となるには、今少し彫琢を要すべければなり。

この論文は、各方面に大きな影響を及ぼした。「標準語」という名称がわが国に定着したのはこの論文を契機とするとまでいわれる。

石黒魯平は、『標準語』（昭和二五年）の中で「標準語」を、

東京語を土台にして、能率的に、合理的に、情味的に、知性的に、倫理的に、それを高いものにして使をオと、日本民族各員が追求する理想的言

337

標準語、共通語

語体系と規定し、それは、つねに追い求め続けるもので、ついに到達できない〝理想〟であるとした。

一方、戦前の標準語教育に対する反発、すなわち日本政府が標準語の普及にイデオロギーの教育をからませて強制的に上から押し付けてきたことに対するアレルギーもあって、戦後新たに「共通語」という用語が登場してきた。「共通語」は一般に、「国内に方言差があっても、それを越えて異なった地方の人々が意志を通じあうことのできる言語」とされる。

「共通語」は、Common language の訳語であるが、しかし、これは原義的には、異なった言語間のコミュニケーションに使われる第三の言語のことを指すものである。たとえば、インドネシア各地で通用するマレー語、東アフリカにおけるスワヒリ語などである。英語は世界の多くの地域で共通語として機能している。したがって、日本での用法はその原義に照らして、ややレベルを異にした使い方であるわけである。

なお、現代では、この「共通語」と「標準語」は別のものと定義され、『国語学大辞典』(昭和五五年)には、次のようにある。

共通語は現実であり、標準語は理想である。共通語は自然の状態であり、標準語は人為的につくられるものである。したがって、共通語はゆるい規範であり、標準語はきびしい規範である。言いかえれば、共通語は現実のコミュニケーションの手段であるが、標準語はその言語の価値を高めるためのものである(柴田武執筆)。

しかし一方、「共通語」に関しては、次のような見方もある(『国語学研究事典』昭和五二年)。

このように、共通語の名称が一般化すると、当初、標準語と区別した概念が曖昧となり、ただ、昔の「標準語」を「共通語」と新しいことばに言い換えただけになっているとすればあまり意味がない。また、一方、理念としての対立があるはずと言っても、実際の言語の実体が、標準語と共通語でほとんど同形であってみれば、例えば、「方言の共通語訳」というような場合、わざわざ「共通語」という用語を使う必要があるかどうかという問題もあり、この用語の一般化とともに研究者の間では学術用語としての反省もなされつつある(加藤正信執筆)。

表現法の地域差

本書所載の方言地図は単語の地域的バラエティーを示したものであるが、そのほか、音声的特徴や文法的特徴にも明瞭な地域差（分布）の見られることはよく知られている。しかし、表現法（言いまわし）の地域差についてはまとまった資料がない。

ここでは、いくつかの例をあげてみよう。

福島県南会津郡の山村では山の斜面での作業が多いが、この地域での「フーケーミルナ」は、今や「足もとに気をつけよ」と同義であるという。子どもが転びそうになったら、その子が実際は風景を見なかったとしても「ダカラフーケーミルナと言ッタジャナイカ」と叱るそうだ（飯豊毅一による）。

岐阜県北飛騨地方には「オツケ、マンマ、チャ、クダイ」という表現があり、直訳すれば「汁と飯と茶を一緒に下さい」であるが、真意は「女手が足りなくて食事のしたくにも不自由するから、早く嫁を探してほしい」と独身の男性が母親に暗示することばだという（荒垣秀雄『北飛騨の方言』）。

土佐には「頭へ日が入る」という表現があり、「かんかん照りに歩いたもんじゃきに頭へ日がはいった」のように用いる。ほかに「腹へ日が入る」という言い方もあり、これは、夏に腹をこわして下痢状態になることを言うそうだ（土居重俊『土佐なまり』）。

変わった表現法に「逆さことば」がある。三重県員弁郡北勢町田辺（旧名）では、驚いた時には、大きいものを「小さい」、早いことを「遅い」と言う。母親たちが「こんど来られた先生は、ほんとうに小さいもんか。そしておまけに歩くのに遅いもんか」と話し合っていれば、これは背が高く足早に歩く先生のことを話題にしているのだという（柴田武編『お国ことばのユーモア』）。

この種の表現は三重県以外に、高知県各地や千葉県富津市からも報告されている。富津では、驚いた時などには「大きい」ことを「チイセヤ」と表現することがあり、土地の人が近くの町に帽子を買いに行き、「チイセヤ」と言ったら、もっと大きいのを出されて困ったという話もあるそうだ（『言語生活』346）。

また、山形県温海温泉で、三六年ぶりに同級生に会うことになった老婦人が「マンジ、オモシイグネゴド、ドーシイバイイヤ」と叫んだ。直訳すれば

339

表現法の地域差

「まあ、面白くないわ、どうしたら良いかしら」であるが、その真意は「何という、うれしさ、どうしたら良いかしら」であるという（『言語生活』347）。

あいさつ表現は全国的に極めて多彩である。人の家を訪ねた時の言いまわしもいろいろあるが、東北各地では近所の家にずかずかと入って（本人が目の前に居ても）「イタカ」と声をかける。これに対して家の主人は「イタイタ」と応ずるのである。

山形では、子どもが友人を遊びに誘うとき、友人の家の前で大声で「ホーホー」と叫ぶ。

岐阜県坂内村では、子どもが遊びをやめて帰りたいとき「アバヨ」と言うと、相手が「シナヨ」と応ずるという。このアバヨ・シナヨは多少音形を変えつつ全国的に存在するらしい。

まじないのことばにも各地に独特のものがある。東京地方では一人が汚いものに触れると、他の者が「エンガチョエンガチョ」とはやし立てる。エンガチョ（またはエンガ）の者にさわられると、その者もまたエンガ（チョ）になる。これからのがれるには両手で輪をつくってつなぎ合わせ、「エンガチョキッタ」（古くはエンガミョウジョウキッタ）と唱えながらその輪を引き離す。

「アブラウンケンサワカフーフー」というかゆみ止めのまじないが島根県地方に行われているが、『綜合日本民俗語彙』によると、島根県邑智郡では正月一五日に「アブラウンケイソバノカワ」と書いた札を田畑に立てる。この日はアブラウンケイという神の祭日で、田畑に害を与える鳥獣を追い払う日でもある。これはアビラウンケンソワカという唱え詞が変形したものだという。

忌詞（いみことば）にも独特の成句表現がある。「オ山サ行ク」（青森県上北郡野辺地）、「カネニナル」（和歌山県熊野）、「芝三枚カブル」（飛驒）、「広島へ行ク」（広島県厳島）、「山コトバニナル」（新潟県岩船郡朝日村三面《みおもて》）はいずれも「死ぬ」の忌みことばである。「オ山」は恐山を指し、「カネ」は死んだ蚕をカネゴと言うことと関係がある。「芝三枚カブル」は死人の火葬後に芝をかぶせる風習による。「広島へ行ク」は宮島が神地なので、死者は必ず広島へ移すことによる（楳垣実『日本の忌みことば』）。

江戸語と東京語

江戸時代には士農工商の身分制度が確立していたため、それがことばの使い方にも反映していた。武士のことばと町人のことばには大きな相違があり、町人層でも知識階級に属する人々と庶民とではことばの使い方に著しい差があった。壁を隔てて相手が見えなくても、ことばを聞いていれば、その人がどういう階層の人物かわかるというほど階層差ははなはだしく、こうした状況は江戸ばかりでなく地方都市にまで及んでいたようである。

江戸語研究の資料としては、『浮世風呂』『浮世床』『春色梅児誉美』などがしばしばとりあげられる。このような文化文政期（一八〇四～一八三〇）の滑稽本や、天保（一八三〇～一八四四）以後の人情本によって、今日、我々は完成された江戸語の姿を知ることができる。また、幕末に刊行されたアーネスト・サトウの『会話篇』（一八七三）やブラウンの『日本語会話』など外国人の日本語学習書も重要な資料であり、後に標準語につながっていくことばが見られる。

一般に江戸語の特色という場合、多くは庶民階級のことばに見られる現象を指している。具体的に主な特色を示すと、音韻的には「セケー（世界）」「ケール（蛙）」「オモシレー（面白い）」「オセール（教える）」「ワリー（悪い）」のように「アイ」「アエ」「オイ」「イエ」「ウイ」などの連母音が「エー」「イー」となる音訛現象や、「テイシ（亭主）」「シンジク（新宿）」のように「シュ」「ジュ」が「シ」「ジ」に、「カシ（菓子）」「ガンジツ（元日）」のように「クヮ」「グヮ」が「カ」「ガ」となる、いわゆる拗音の直音化現象などが顕著である。また、「ハイ（蝿）」「エバル（威張る）」のようなイとエの混同、「テノゴイ（手拭い）」「アスブ（遊ぶ）」のようなウとオの混同、「シバチ（火鉢）」「シト（人）」のようなヒとシの混同も見られる。そのほか、「ウルサクッテ」「今ッカラ」など促音の添加が多いのも特徴的である。

文法の面では二段活用の一段化やサ変動詞の四段化などが見られる。

ところで、江戸語は、関東方言を基盤として、上方語的特色を取り入れながら形成されたといわれている。江戸時代の初期には、一般庶民のことばは近在のことばと大きな違いはなく、東国語的特徴が多かったが、東海地方から移り住んだ武士団を中心に、

江戸語と東京語

上層階級においては上方語的色彩の濃いことばが形成されることになる。こうして方言雑居の状態からいろいろなものを取捨選択しながら江戸語が形成されていく。たとえば、「京へ筑紫に板東さ」といわれる方角を表す格助詞についても、東国方言の「さ」ではなく、上方の「へ」が江戸語にとりいれられ、逆に、理由を表す「さかい（に）」はとりいれられず、東国で使われていた「から」が江戸語に入る。また、「寒ウテ」「早ウテ」のような音便形や「オル（居る）」などの上方語的特色が「オサムウゴザイマス」「オハヨウゴザイマス」「オリマセン」という一部の表現形式の中にだけとりいれられたものもあり、これらは現代の東京語の基盤ともなっている。なお、現在多用されている、「です」「ます」ということばは町人が使った例は多いが、武家の間では品の良くないことばという意識が強く、代わりに「でございます」「であります」などが用いられていた。

明治に入って江戸から東京へと移り変わると、主に武家屋敷があった山の手には、地方から若い官僚たちが住むようになり、ことばに大きな影響を与えることになる。下町においても、人情本に使われるようなことばを使っていた人たちと地方から上京してきた人々とが合流して東京の新しいことばが形成されていく。こうして東京語は山の手ことば・下町ことばという対立においてとらえられることになるが、明治三十年代に入ると、山の手ことばを中心とした口語文が国定教科書にとりいれられ、一般にはこれが標準語と考えられるようになる。

山の手ことばが、他の様々なことばや文化的な要素とからみあいながら次第に洗練され現代の共通語が生まれたわけである。現在は、山の手ことばと下町ことばとの対立は次第に希薄になりつつあるが、それでも「アブネー（危ない）」「サミー（寒い）」「ジバン（襦袢）」「コンダ（今度は）」「行ッチマウ（行ってしまう）」「シバチ（火鉢）」「コケラ（鱗）」といった江戸語の伝統をひく、いわゆる東京方言が今なお下町に残っている。

現代の東京語をとらえる場合には、全国共通語の基盤としての東京における言語現象と、「下町ことば」に代表される東京方言という二つの側面を考えなければならない。

方言と文学

ＮＨＫの大河ドラマ『翔ぶが如く』の鹿児島弁が話題になったことがあった。方言の登場回数のみならず、より本物の方言に近付いていているという点で「本物指向」を感じさせていたというのである。なんといっても字幕（スーパーインポーズ）で共通語訳がついたのは新鮮であった。方言ドラマに字幕が付いたのは初めてではなく、以前やはりＮＨＫで井上ひさしの『国語元年』を放送した時も使われていた。また、ドラマでは鹿児島方言がどの程度本物に近いかということも話題であった。本物らしさの程度が他県の人間にはわからないだけに気になるところであるが、地元鹿児島の人に言わせればまだまだであったようである。一般にドラマの方言はどこの地方ともわからないような使い方がなされており、たとえばズーズー弁にしているから東北弁ですと言わんばかりなのを聞くことがある。ある程度共通語化の加工を経るのはいたしかたないとしても、あまりに作られ過ぎたものや、国籍ならぬ方言籍不明の方言を聞くのもかえって興ざめな気がするものである。

最近ではより本物を求める傾向が強いが、昨今のグルメブームやエスニックブームも単に高級指向というだけではないだろう。少し前から外国の人名や地名などを現地の発音に従う現地音主義が徹底してきているが、「本物指向」は日常使っていることばである方言にまで及んできていると見るのは穿ち過ぎであろうか。

微妙な音声を仮名文字で表すことがむずかしいこともあり、文学に方言が登場することはそれほど多くはない。鹿児島方言といえば、徳富蘆花の『不如帰』（明治三一〜三二年）にこんな場面がある。

「だッて、あんまりです、実際あんまりです」

「あんまいぢやッて、もう後の祭（まつい）ぢやなッか。あつちも承知して、きれいに引き取つたあとの事ぢや。この上どうすッかい。女々しか事をしなはッと、親の恥ばッかいか、卿（おまへ）の男が立つまいが」

これは、川島武男と、妻浪子を追い出した母親との口論の場面である。保守的な母親の頑固で気丈な様子が、方言を使うことによってより一層あざやかに描かれている。とくに、多用される促音が母親の口吻をよく伝えており、表現効果を挙げている。方

方言と文学

言はまさに生の息づかいを感じさせてくれるのである。

方言が思い起こされる文学で最もポピュラーなのは夏目漱石の『坊っちゃん』（明治三九年）であろう。『坊っちゃん』といえば「なもし」。四国松山が舞台であり、「なもし」は松山方言として有名である。「もちつと、ゆるゆると遣《や》つて、おくれんかな、もし」／「イナゴは温《ぬく》い所が好きぢやけれ、大方一人で御這入りたのぢやあろ」……。「坊っちゃん」の発する「べらんめえ」の語が、江戸っ子らしい短気な性格をよく表しており、ゆったりとしたぬくもりをも感じさせる松山方言とのやりとりはなんとも対照的で面白みにあふれている。

南から今度は北へ飛べば、青森県津軽出身の作家太宰治の『雀こ』（昭和一〇年）には、「長え長え昔《むが》噺《しこ》、知らへがな。／山の中に橡の木いつぽんあつたずおん。／そのてつぺんさ、からす一羽来てとまつたずおん」などの津軽方言が見られる。岩手出身の宮沢賢治の詩『永訣の朝』（大正一三年）の方言だけを抜き出してみると、「あめゆじゆとてちてけんぢや」／「うまれでくるたて／こんどはこたにわりやのごとばがりで／くるしまなえよにうまれてくる」がある。それらにはもはや方言の卑俗感はない。方言の透明な響きと土地に根を降ろした存在感があるだけである。共通語とは違った独特のニュアンスを表現できるのも方言の魅力である。

文学の中で方言の使用が話題になったものとして、井上ひさしの『吉里吉里人』（昭和五三年）を覚えている人も多いであろう。岩手県一ノ関が舞台であるが、井上が山形生まれで仙台ですごしていることもあり、岩手方言を中心にかなり本格的な東北方言が楽しめる。この作品は方言とその共通語訳という問題を文字の上で巧みに成功させているが、それは漢字とルビの使用法による。

「俺達《おらだつ》も最初《とつぱじめ》はお前様《めさ》ど同じ夢ば見だったもんだ。それに何《ぬ》とも、はァ、気味《ちみ》ッコ悪《わり》くてなっす。だども慣れで来《く》っと、これが仲々《ながなが》捨てたもんで無《ねー》。肛門感覚《こーもんかんかぐ》って言《ゆ》うやつがこの開発《けーはち》されで……」

ルビや仮名で方言を表しながら、それに対する訳を漢字が示してくれているといった二重の構成になっているのである。これならその方言を知らない人も、方言を味わいながら読み進めることが可能である。もっと取り入れられてもいい手法ではなかろうか。

方言辞典・方言集

方言語彙を網羅的に収載し、標準語訳などをつけて辞典ふうに排列・記述したものを方言辞典（または方言辞書）という。方言辞典は、その対象地域の規模の大小により、全国の方言語彙を収載した「全国方言辞典」、一県下の方言語彙や市町村単位の方言など比較的広域を対象にした「地域方言辞典」、特定地点（特定個人）の語彙を記載した「地点方言辞典」などに分けることができる。「方言辞典」は「方言集」と呼ばれることもあるが、後者は前者よりも規模の小さなもの、また、独立した一書をなさず、方言誌・民俗誌・郷土誌などと併載されているものを指すことが多い。

方言辞典・方言集が記述・編纂されるようになったのは江戸中期以降のことである。一地方の方言集として現存最古のものとされる『仙台言葉以呂波寄』（一七二〇）以降、各地の地域方言集が刊行、もしくは稿本として執筆された。また、わが国最初の全国方言集である『物類称呼』（詳しくは『諸国方言物類称呼』。別名『和歌連俳諸国方言』）も刊行された。

江戸期の地域方言集は、京都や江戸に住む者が地方に赴任したおりに、あるいは、地方の者が江戸に出仕したおりに体験した、両地方のことばの違いを対比的に記したものが多い。また、全国方言集については、その直接の執筆動機は不明であるが、当時隆盛をきわめた本草学や、俳諧の分野における方言への関心が背景として考えられる。

明治期に入ると、近代国家樹立のために国語の統一の必要性が叫ばれるようになった。そのためには方言研究をまず進めるべきことが明治一七（一八八四）年に三宅米吉により提唱され、この気運に乗じて、明治二〇年前後には『人類学雑誌』などに各地の方言語彙が断片的に載るようになった。さらに、明治三五（一九〇二）年、上田万年を主査とする国語調査委員会が文部省に設置され、翌年、標準語の選定を目的の一つに掲げて全国方言調査を企画し、各府県に方言調査票を送って報告を求めた。この調査を契機として、明治後期には教育界を中心として方言訛語調査の気運が興り、大小さまざまの方言集が全国各地で刊行、あるいは稿本として執筆された。

大正期には方言研究は一時停滞するが、昭和期に入ると、東条操・柳田国男・服部四郎らの活躍によ

345 方言辞典・方言集

って再び方言研究の火の手があがり、方言語彙収集も一段とさかんになった。戦後は、まず、東条操により、明治以降最初の全国規模の辞典である『全国方言辞典』（一九五一）が、その索引の『（標準語引き）分類方言辞典』とともに刊行された。本書はそれまでに刊行された各地の方言集を集大成したものである。なお、その後に刊行された多くの方言集を加えて集成し、現行最大規模の全国方言辞典である『日本方言大辞典』（全三巻）が一九八九年に刊行された。本書の第三巻はコンピュータを駆使して作成された標準語引き索引である。

戦後の県単位の方言辞典には、県内各地の方言集を集成したものに『島根県方言辞典』（一九六三）、『神奈川県方言辞典』（一九六五）、『山形県方言辞典』（一九七〇）、『香川県方言辞典』（一九七六）、『大分県方言辞典』（一九七九）、『埼玉県方言辞典』（一九八九）があり、著者の調査資料を主とするものに『栃木県方言辞典』（一九七七）、『北海道方言辞典』（一九八三）、『高知県方言辞典』（一九八五）などがある。

なお、『沖縄語辞典』（一九六三）以降、標準語と同一の語、あるいはこれと音韻的に対応するものを含めて、地域語として用いられる全語彙を記述すべきであるという考え方が提唱され、この観点から編纂された方言辞典も数種刊行されている。この場合は、特定個人の方言（idiolect）の語彙を中心に、その意味・用法を記述するのがふつうである。この種の辞典で最大規模のものは山浦玄嗣編著『ケセン語大辞典』（上下二巻・二〇〇〇）である。この書には「軍艦」「空調」のような共通語形を含む三万四千語の単語が収録され、そのすべてに方言文の用例が付いている。

方言辞典の生命はその資料性にある。したがって出典または方言話者の素性を明記することが必要であるが、この点についての配慮を欠いたものも多い。

昭和期以降は語釈のほかに用例を付したものが多いが、感情語、感覚語、擬音・擬態語など抽象度の高い語彙については、適切な用例が不可欠である。

標準語引き索引の作成には多くの困難を伴うが、不完全なものでも、あった方が便利である。意味分野別索引もあるにこしたことはないが、むずかしければ、標準語引き索引の中で意味的に関連する項目（たとえば「怠け者」と「不精者」）を相互に参照させる方式がよい。

方言の将来

今日ほど方言の衰退が大衆に意識されている時代はないだろう。

昔は方言調査に行くと、「なんのために方言を調査するのか」「方言など研究してなんの足しになるのか」という質問を受けることが多かった。今では、どこのお年寄りも「自分たちの言葉を後世に残してほしい」と、進んで調査に応じてくれる。

新聞の投書も「方言を笑うな」から「方言を大切に」に変わった。

大分県豊後高田市の「方言弁論大会」や山形県三川町の「全国方言大会」の催しも、このような方言衰退意識が背景にある。

本書に略図として収録した『日本言語地図』は一九〇三（明治三六）年以前に生まれた人の言葉を採集したものである。すなわち、この地図に載っている方言は、明治・大正時代に全国各地で使われていた言葉である。共通語化の進んだ今日、これらの伝統的方言は、急速に失われつつある。

読者の皆さんも、本書に載っている方言を見て、自分の郷里でこんな言葉は聞いたことがないと、首をかしげる場合も多いのではないだろうか。

しかし、将来、方言が全面的に失われるかといえば、それはありえないと思う。一見方言の衰退のように見えるものの実態は、むしろ共通語使用能力の増加なのであって、今日では、老いも若きも場面に応じて、方言と共通語とを、無意識に、しかも、たくみに使い分けている。そればかりか、若者たちの間では「新しい方言」さえ生まれており、東京も例外ではない。

東京新方言の例としてよくあげられることばに「ウザッタイ」がある。これはもともと神奈川県や東京多摩地方の方言で、「（蛇などを見て）気味がわるい」という意味だった。しかし、東京の若者は「顔に髪の毛が下がってウザッタイ」「今日は会社に行くのがウザッタイ」のように、「気分が悪くて面倒だ」の意味で用いている。

東京には周辺の方言が多数流入し、若者を中心に使われている。東京に流入する新方言には、多摩地方から入るもの（ウザッタイなど）、中部地方の方言が横浜を経由して入るもの（〜ジャンなど）、北関東の方言が千葉方面から入るもの（チッケタ＝じゃけんぽん）などのルートがあるといわれるが、こ

347 方言の将来

のうちの横浜ルートが最も盛んであり、他の例では、「（電車を待つ列などへの）ヨコハイリ＝割り込み」がある。この語は神奈川県の若者のほとんどが用いており（年配者は使わない）、最近は東京でも若者を中心に使われはじめている。

このような若い世代を中心とする方言の変化（方言の改新、新方言の発生）は全国的に見られる。この際、文化の中心地の大方言が小方言地域に侵入する傾向が見られ、とくに、関西方言の西日本方言圏（北陸・中国・四国・九州）への侵入が著しい。

たとえば、断定の助動詞の「ダ」（良い天気ダ）は、九州方言では元来「ジャ」が主流であったが、九州地方の若者が関西方言形の「ヤ」を用いつつあることが『九州方言の基礎的研究』（一九六九）に早くも見られ、現在では、九州の若者の大部分が「ヤ」を用いているのではないかと推定される。

国立国語研究所の一九七二年の調査では、熊本県南部の高年層（六〇歳以上）の多くは「ナンボ（＝いくら）」「大根をタク（＝煮る）」を共通語と誤認しており、これも関西方言の九州地方への侵入を示す例である。

また、中方言が小方言地域に侵入する例もあり、たとえば、九州北部方言（福岡県など）の接続助詞の「ケン（＝から）」（雨ガ降リヨルケン）は九州南部（鹿児島県など）の「デ」の地域に侵入する傾向が見られる。

このように、方言は変化しながら生きつづけていく。テレビの普及や電車・航空機・自動車などの発達によって地域性は希薄になり、『日本言語地図』に見られるような複雑な方言分布はなくなるだろうが、若者言葉の台頭、新方言の発生、方言どうしの接触による改新方言の誕生などによって日本語の多様性は保持されるであろう。

ことばは使用するうちに次第にすりへっていく。それを補い、老朽化した言語に活力を与えるものが方言である。現在の東京語が方言をとりいれつつあるように、過去においても中央語・共通語は周囲の方言によって新たな生命を与えられてきた。もし、日本に方言がなくなれば、それは、日本語自体の衰退につながっていくのではないだろうか。

新方言

「新方言」に関する研究は、一九六九年に国立国語研究所が行った糸魚川グロットグラム調査に始まるといってよい。「ものもらい」のメボイタや「肩車」のカッカリドンチャンなど、従来の方言形にかわり若年層で生まれた形式を「新しい方言」と名付けた。

井上史雄氏は、こうした地方において今なお勢力を広げつつある新しい方言に着目して「新方言」と名付け、新方言であることの条件として、次の三点を挙げている。

(1)現在の若い世代に向けて使用者が増加しつつあること

(2)地元でも「方言」扱いされていること（改まった場面での使用者が少なくなること）

(3)語形が標準語・全国共通語と一致しないこと

山形県鶴岡市では「どこに（行くか）」に対応する「ドサ」に対し、若い世代で「ドハ」が広がりつつある。山形県東部では「（見）ンベ」にかわって「（見）ッペ」などが広がりつつある。西日本各地の若い世代では「書カナンダ」「書カザッタ」などにかわって「書カンカッタ」という新しい形式が広がりを見せている。

日常会話で使用頻度の高いと思われる強調の表現「とても、大変」にあたる言い方は、次に挙げるように各地で新しい形式を生み出している（かっこ内には主な使用地域を示してある）。

・ナマラ（北海道・新潟）
・デラ（名古屋）
・ムチャ（大阪）
・ブチ（広島・山口）
・チカッパ、チカッパイ（福岡・長崎）
・イジ（長崎）
・シンケン（大分）
・ムシャンゴツ（熊本）
・ワッゼ、ワッゼー（鹿児島）
・テゲ（宮崎）
・シニ（沖縄）

こうした現象は東京でも見られる。以下に東京の新方言の例を挙げてみよう。

・違カッタ（違っていた）
・鳥ミタク（鳥みたいに）
・イクナイ（良くない）

349

新方言

・イカッタ（良かった）
・ワカンナイ（わからない）
・見チッタ（見てしまった）

チガカッタは動詞「違う」の過去形を示すのに、「高い」「うれしい」などの形容詞の過去形と同じように扱ってカッタを付けて生じた形式である。「〜みたい」も、語尾が形容詞と同じイであることから、「高く」「うれしく」と同じように〜ミタクの形を生み出してしまった。形容動詞「きれいだ」の打消し形をキレクナイと言うのも同様の変化である。

イクナイ、イカッタは、共通語の形容詞「良い」の終止形「よい」に対応する別形式の「いい」が他の活用形にも波及して生じた形式である。

ワカンナイ、見チッタはいずれも発音を簡略化させた変化である。

これらの形式はいずれも、もともと東北や北関東で使われていたもので、標準語・共通語の基盤である東京に、地方から新しい言い方が逆流して入り込んできた例である。

こうした現象は文法や音声だけには限らない。「気味が悪い」という意味の八王子・多摩地区の方言ウザッタイが「面倒だ、わずらわしい」と意味を変え、埼玉・神奈川で「大儀だ」を意味するカッタルイが「疲れた」の意味にかわって入り込むなど、発生源がどこであろうと新鮮でインパクトの大きい表現は若者の間に広がりやすいといえるだろう。東京で普及したこれらの形式は、ウザイ、タルイという短縮形への変化を経て全国へ波及しつつある。

北海道で生まれて東京に進出したことばもある。「打ち身による内出血で皮膚の一部が青黒く変色した部分」を指すアオタンがその例である。「生まれつきのあざ」と語形による区別がなかったことから受け入れやすかったわけである。

中部地方の方言が横浜を経由して都内に侵入した例としては、文末詞の〜ジャンがよく知られている。この語は山梨・長野・静岡などの伝統的な方言が横浜の若者の間に取り入れられ、その後東京に広まったといわれている。

こうしてみると、共通語化の波が全国へ押し寄せることによって方言が衰退するばかりではなく、まだまだ全国各地で新しい方言も誕生しているのである。

気候と方言

東北弁が早口でわかりにくいのは、寒い土地柄のため、口を開いている時間を少しでも短くしようとして自然にそうなったのだという話を複数の東北人から聞いたことがある。東北弁には音節数や語数の少ない簡潔な表現が多く、それも寒さのためだという人もいる。そのときよく引かれる例は、「ドサ?」「ユサ」(「どこに行くのですか」「風呂に行くところです」)という会話である。また、東北方言では、「シ」と「ス」、「ジ」と「ズ」、「チ」と「ツ」の区別がないものが多く、その場合、「寿司」と「煤」、「知事」と「地図」、「土」と「筒」は同音語になってしまう。このような特徴も、寒さのため口の開きや舌の動かし方が粗雑になったために生じたとする俗説がある。

東北地方に見られるこれらの特徴を気候と結び付けて論じることはこじつけにすぎない。「火事」を「クヮジ」、「舵」を「カジ」のように区別して発音する現象は全国各地の方言の中に認められるが、このような、現代標準語には見られない、いわば「より複雑な音の区別」は、青森、秋田などの東北北部にも顕著に存在する。

一方、沖縄諸島では母音の数が少なく、標準語のイ段とエ段の音はイ段の音に、ウ段とオ段の音はウ段の音に統合されている場合が多い。たとえば、沖縄県那覇市の方言では、「嫁」も「弓」も「ユミ」と発音される。つまり、寒い地方ほど発音が粗雑になり、音の体系が単純化しているということはできない。

方言の発音と気候とを結びつけることは困難であるが、気候と関係のある語彙については、地域の特色が方言の語形や方言の分布に反映する場合が多い。「非常に寒い」「冷え込む」の意味で東北各地に使われる「シバレル」ということばは、骨にまでしみいるような北国の寒気を適切に表現するものであるが、これに対応する他の語形を標準語の中に求めることはできない。

「凍る」を意味する方言には、「シバレル」「シミル」「コゴル」「イテル」などがある(五ページ参照)。しかし、沖縄諸島や伊豆の八丈島では「凍る」を意味することばがない。この地方では凍結現象そのものがなく、したがって、その名称も存在しがたいのであろう。次に述べる「しもやけ」(霜焼)では、

気候と方言

八丈島および奄美大島以南にその名称がなく、「つらら」（氷柱）では無表現の地域がさらに広がり、種子島・屋久島以南のほか、九州南部や紀伊半島東部にもその名称を知らない者がいる。

次に、方言の分布模様が気候と密接に関係している例として、「しもやけ」の分布を眺めてみよう（八五ページ参照）。

「シモヤケ」という語形は関東から中国地方東部にかけての本州の太平洋側に分布し、そのほか、福岡・大分などにも見られる。「シモヤケ」に対抗する大勢力は「ユキヤケ」で、主として秋田から島根にかけての本州の日本海側（および宮城県）に分布する。この「ユキヤケ」の分布領域は、日本の豪雪地帯にほぼ一致している。

「シモヤケ」や「ユキヤケ」よりも古いと考えられる語は、山形と九州に周圏分布を見せている「シモバレ」である。東北北部・石川・岐阜などの「シミバレ」「シンバレ」も「シモバレ」の変化したものであろう。

ところで、東京で「ユキヤケ」と言えば、「雪に反射する光で皮膚が黒くなること」である。「しもやけ」を「ユキヤケ」と呼ぶ地方では、この意味での「ゆきやけ」を何と言っているのだろうか。たぶん、それにあたる名称がないのではないか。雪とともに生活する人々にとって「ゆきやけ」はごく日常的な現象であり、それに命名する必然性はないと思われるからである。

気候とかかわりのある方言として、「ふくろうの鳴き声」をあげよう。この擬声語の分布は全国的にきわめて多様であるが、日本海側には、「ノロスケホーセー」（秋田）、「ノリツケホーセー」（山形西部・新潟・岐阜・福井・滋賀）、「ノリツケホーソー」（京都北部・兵庫北部・鳥取東部・島根）のようなノリツケホーセー類が集中的に分布している。このノリツケは洗濯の「糊付け」であって、この鳥が「糊を付けて干せ」と鳴いて翌日の晴天を予告するのだと解するところが多い。ノリツケホーセー類の分布領域はユキヤケの領域ときわめて類似していることが注目される。冬に晴天の日が少なく、洗濯物が気になるがゆえに、ふくろうの鳴き声もそのように表現するのかもしれない。

方言イベント

一九七〇年代の後半頃から「方言ブーム」とも呼ぶべき現象が全国で起こっている。各地の土産物店では趣向を凝らした様々な方言グッズが並び、ショッピングモールや施設の名称に方言を用いることも少なくない。こうした動きは、メディアの発達や交通網の整備によって地方色が薄れていく中で、地方らしさを残している方言に期待が集まり、失われていく方言の価値を見直し、保護しようという意識が各地で高まっていることを示している。方言大会、方言祭りの開催、方言の日の制定、方言川柳や方言短歌、方言詩集の出版等々、様々なジャンルにわたって方言をテーマにしたイベントや活動が全国各地で企画されている。

山形県庄内地方に位置する三川町では、「おらほさ、来いちゃ、聞げちゃ、しゃべれっちゃ、お国自慢」をキャッチフレーズに、毎年一一月二三日を「方言感謝の日」と定め、「歴史」「食」「衣装」など、さまざまなテーマをもとに、方言のもつ魅力や文化を探るユニークなイベント「全国方言大会」を開催している。一九八七年の第一回大会以来、今日まで毎年開催され、「方言の里」を宣言するなど活気がある。

大分県豊後高田市では、方言という「言葉の文化」に光を当てることで、忘れられようとしている言葉の美しさ、豊かさを伝えていくため、またこの大会を通して地域づくりに活かしていくために「何でんかんでん言うちみい」を合言葉に「大分方言まるだし弁論大会」を開催している。一九九八年には「第一三回国民文化祭・おおいた98」の行事の一環として、「全国方言まるだし弁論大会」が開かれ、北海道から沖縄まで一八都道県の代表二〇人が参加した。

奄美大島の名瀬市では、失われつつある島口（＝方言）の保存・伝承を目的として一九八〇年から「島口大会」が開催され、現在でも「シマゆむた大会」と名前を変えて続いている。民話、創作話し、体験談などを島の方言で自由に表現するもので、この種のイベントの先駆けである。また、奄美大島では、子どもと年配者の交流を深めるための手段として、島口を話す訓練の場の提供を目的に「子ども島口大会」も開催されている。

沖縄の八重山諸島に位置する竹富島では、中学生

方言イベント

に竹富島の方言の大切さを学ばせる目的で、日頃考えている事や疑問に思っていることなどを方言で述べる「テードゥンムニ大会」を行っている。

このような方言を活用した催しは、子どもたちに地元の方言の大切さを学ばせようとする効果も十分に発揮している。

また、方言を使った演劇活動も各地で活発に行われている。岩手県気仙地方では、一九九三年にケセン語劇団「竈けァし座」が旗揚げした。秋田県角館町の演劇サークル「どんちょ」は創作方言劇の上演を続けている。一九九四年に落成した「角館・はっぽん館」が方言劇を志向する集団の拠点にもなっているようだ。北海道の熊石町青年団体協議会では、童話のシンデレラを方言に改めた「スンデレラ」を上演し、さらには、ユニークな活動として、方言のテレホンサービス(「NOW NOW 方言・くまいしことば」)も行っている。

青森県では、津軽方言詩人の第一人者、故高木恭造氏の命日である一〇月二三日を「津軽弁の日」に制定、津軽弁の詩、短歌、川柳、エッセイ等を一般から募集して方言による文芸コンクールを実施している。

十七音の郷土文芸では、宮城県の「仙台郷土句会」や鹿児島県の薩摩狂句を伝える「渋柿会」が、それぞれ句会の開催や作品の発表を継続的に行うなど活発である。

大阪市の市民の集まりである「なにわことばのつどい」では、大阪弁の勉強会を開いたり、方言かるた・双六の作成など地道な活動を続けている。

金沢弁による観光ボランティアガイド「まいどさん」は観光客に好評のようだ。

一九八七年には「名古屋弁を全国に広める会」が結成され、旗揚げ公演を行った。

このように楽しみながら方言を保護しアピールしようとする活動が盛んになってきていることは見逃せない。

大阪府が「大阪ことば大番附」を作成したり、情報誌『オオサカなんでも質問箱』の中で「大阪ことば」について解説を行ったりと、自治体も方言のアピールに積極的である。ラジオやテレビの地方局には方言番組や方言ニュースなどの企画も少なくない。

方言の担い手たちが、自らの方言を地元の特産品として全国へ発信し、あるいは無形文化財として保護していこうという時代になってきたといえよう。

気づかずに使う方言

現代では、誰もが方言と共通語を場面によって使い分けている。しかし、子細に観察すると、地方の人たちが話す共通語は、アクセントやイントネーション、ときには文法の面でも方言的な特徴を含んでいる。それは意志の伝達の障害にはならないが、スタイルの面で地方色を感じさせるという程度のものである。

このような方言色混じりの共通語を「地方共通語」と呼ぶことがある。

地方共通語形とは、地方出身の人たちが非共通語（方言）と気づかずに使う言語形式である。言いかえれば、共通語と誤認して使っている方言である。

国立国語研究所が熊本県球磨川沿岸地域で高年層を対象に行った調査によれば、値段をたずねるときの「いくら」の項目では、「近所の店で買物をするとき」という場面では標準語形の「イクラ」を使用する者が多く、「東京のデパートで買物をするとき」という場面になると方言形の「ナンボ」を使用する者が多いという一見奇妙な結果が得られた。また「（大根を）煮る」の項目でも「親しい友達と話すとき」は「ニル」を、「東京に行ったとき」という場面では「タク」を使用する傾向が見られた。これは、ナンボやタクが関西（近畿）の方言であり、九州地方の人たちが関西方言に威信（prestige）を感じているために、関西方言の形式を全国共通語形と誤認したものと解釈される。したがって、このナンボやタクも熊本地方における地方共通語形と認められる。

このような地方共通語形の例は、他の地方については北海道における「起きる」「見る」の命令形「オキレ」「ミレ」、同可能表現の「オキレル」「ミレル」、「（手袋を）ハク」という形式などが有名である。国立国語研究所が北海道富良野市民を対象に昭和三四年と同六一年に行った調査によれば、「（手袋を）ハク」を使用すると答えた者は、三四年が九六％、六一年が九四％で二七年間ほとんど変化がなく、後者の調査では約二〇％の者が（手袋を）ハクを全国共通語だと思っている。

右に述べた例は地域社会の成員の多くが方言を共通語と誤認した例であるが、個人的体験としての誤認例も多い。

M氏（昭和六年生まれ）は茨城県水海道市の出身であるが、東京の大学に入るまでマンネンピッ（万

355 気づかずに使う方言

年筆）を共通語と思って疑わなかったという。エンピッとの関係から見ればマンネンピッを共通語と思い込むのは無理からぬところであろう。似たような例としては静岡・愛知など中部地方におけるイタダキマシタ（「ごちそうさま」の意）がある。これも、イタダキマス・イタダキマシタというパターンであるから、共通語のイタダキマス・ゴチソウサマ（デシタ）よりも整合性がある。

言語学者のＳ氏（大正七年生まれ、名古屋出身）は「先生が本をヨンデミエル」のような「〜シテミエル」の敬語形式を共通語と思っていたという。補助動詞としての「〜シテミエル」ではなく、「先生がミエタ」のような敬語動詞としての用法は共通語と認められるから、この誤認も起こるべくして起こったものである。このような一見個人的誤解に見える例も、その地方の多人数を調査してみれば、実は地域社会全体にかかわる現象であり、地方共通語形の一種と認められる場合が多いのではないかと推察される。

山形県では「犬カラ追いかけられた」「猫カラひっかかれた」のように、共通語とは異なる文脈で「カラ」を使用する者が多い。また、東北地方出身の者は、先に辞去するときに「オサキシマス」と挨拶する傾向がある。東京では「お先に」あるいは「お先に失礼します」であって「オサキシマス」とは言わないので、これも方言的用法といえる。

この種の「気づかずに使う方言」は共通語と語形が同じで（または似ていて）意味・用法の異なる語形について起こりやすい。そして、その例は枚挙にいとまのないくらい多い。「ごみをナゲル（捨てる）」（東北）、「米を水にウルカス（浸す）」（東北）、「行カナキャナイ（行かなければならない）」（東北）、「冷蔵庫に牛乳をナオス（しまう）」（九州）、「手をカジッタ（引っかいた）」（山梨ほか）、「自転車のウラ（うしろ）に乗る」（栃木）、「忘れ物を持ちに行く（取りに行く）」（山梨）、「ドアに指をツメル（はさむ）」（大阪）、「電車がツム（混む）」（三重）、「パーマをアテル（かける）」（大阪ほか）などはその例である。

その多くは方言辞典に記載されていない。

各地の挨拶表現

挨拶は地域社会の人間関係を維持していくために欠かせない言語行動である。伝統的方言では全国各地に多様な挨拶表現が見られるが、その中のいくつかを紹介しよう。

まず、**新年の挨拶**について。

「オメシトーゴイス。コトシモヨロシクオネゲーシヤスモノ」（山梨）はオーソドックスな新年の挨拶である。「イートシナッス」（山形）、「ケッコーナハルデゴザイマス」（新潟）、「エートシュー（よい年を）トリンサッタヤ」「ウィー（よい）ソーグヮチデービル（正月でございます）」（沖縄）のように「良い年（正月）をことほぐ表現」も全国的に存在する。

「ヤラタナシ」（その返事として）「フッキバンブク」（東京都利島）というのは何やら古めかしい。「ヤラタナシ」は「アラタナシ」とも言い、「新しい」の意味。「フッキバンブク」は「福貴万福」ではないかという。

子どもの誕生を祝うことばには、サッソクウマレテ、ヨーダデナー（長野）キータラ、アネヤマー（嫁さんが）ヤスイヨロコビシタソーデ（福井）コレニャー、マメニナッチャタゲナ（山口）のように、安産を祝う表現が多い。オカルクナッテ、オメデトーガンシタ（群馬）ホンニ、コナタ、ニオロシ、アンタテンナンター（佐賀）などにも、素朴な表現の中に、産婦の苦労をねぎらう率直な感情がうかがわれる。

訪問の挨拶については、ゴメンクナンシェ（岩手）、ゴメンシテタンシェ（秋田）、ゴメンシテケラッシャエ（山形）、ゴメンナンショ（栃木・群馬）、ゴメンシテタモレ（滋賀）、ゴメンナサレマセ（山口）のような「ごめんください」類のほか、エスタガ（宮城）、エダガエ（福島）、オラシテカ（石川）、オイデルカヨ（高知）、オッドカ（熊本）のような「居るか」類が多い。

そのほか、オタモー（千葉）、モーシ（福岡）、ユルシテクレ（奈良）、オユルシ（和歌山）、オヨロシサンセ（山口）、オイローシ（長崎）、ゴジャメン（御赦免）ナハレー（徳島）、メイヤゲモソ（参りあ

各地の挨拶表現

げ申そう〉（鹿児島）など、興味深い表現が各地に見られる。

別れの挨拶については、ユルトヤスメヒ（青森）、ヤスミヤレ（八丈島）、オヤスミマンショー（愛知）、イコワッサレヨ（長崎県五島）、ヨコワッシャイ（宮崎）のような「やすみなさい」「憩いなさい」の類や、シズカニイテクナンシェ（秋田）、ソロソロイッテゴザレ（岐阜）、ヨージンシツカーサイ（広島）など、「気をつけて」の類が多い。

「オシズカニ」の表現は全国的に見られるが、これは「ごゆっくり」の意味である。

そのほか、「ソイジャ、イキイタソワ」（八丈島）、「ンダラ、ワカエマス（別れます）」（奈良）、「ホイデワ、イグヨ」（千葉）、「イチャビラ（行きましょうね）」（沖縄）のような「失礼します」にあたる表現や、「マダ、モッショ」（秋田）、「マタ、イキアウベーヤ」（千葉）、「インマ、ゴアンソ」（鹿児島）、「アシタヨ」（山形県庄内地方）、「オミョーニズ」（仙台）、「ノッチョナ」（鹿児島県種子島）など、「また会おう」の類が各地に見られる。「マダ、モッショ」は「また物しましょう」に由来するという。「インマゴアンソ」は「じきに会いましょう」、「アシタヨ」「オミョーニズ」は「明日」の意味である。

別れの挨拶に見られる「おやすみなさい」「気をつけて」「失礼します」「また会おう」などの表現類型は、いずれも共通語でも使われるものであり、それが各地の方言形式に置きかえられているわけである。

別れの挨拶の中でも使われる**「ありがとう」の類**には、オショーシナ（山形県米沢市）、ゴッツォーサマ（宮城・群馬・富山）、キノドクナ（富山）、オーキニ（近畿）、ダンダン（島根）、チョージョー（熊本）、カタイゲナ（かたじけなく）ゴザッタゾ（長崎県五島）、ニフェーデービル（沖縄）などがある。

以上に記した各地の挨拶表現の中にはかなり古めかしい表現があり、それらは次第に消滅の運命にあるものと推定される。

文献国語史と方言国語史

日本語の歴史は、主として年代がわかる文献資料を使って研究され、明らかにされている。文献の日付の順に並べられた言語現象の時間的前後関係を解釈していくものである。その言語は、資料的制約もあって実質的には中央語（奈良、京都、上方、江戸、東京など）に限られる。一般に国語史（日本語史）という時は、このような文献資料を中心として編まれた文献国語史をさしている。文献とはいえ、そこに記録された言語現象が実際の言語変化をすべて正確・忠実に投影しているとは限らないので、そこには一定の解釈と推定が加わることになる。また、文献国語史は文献のある地域しか明らかにできないから、歴史的に中央であった地域以外の日本語の状況は、十分にはわからないという面がある。

一方、方言から歴史的変遷過程を明らかにする方法がある。言語地理学（方言地理学）と比較言語学である。言語地理学は、方言地図の解釈から言語現象の変遷過程を推定するものである。方言分布の解釈には様々な法則を適用するが、代表的なものはドーザの唱えた「地域連続の法則」「辺境残存の原則（側面地区の原則）」であり、また、柳田国男の「方言周圏論」である（「方言周圏論」参照）。これは「田舎に古い言葉が残る」「辺境に古語が残存する」というかたちで古くから意識されていたものでもある。周圏分布は、方言の地理的分布パタンの一つに過ぎない。周辺で偶然に同じ語が生れることもあれば（「俚言多元発生説」）、中心地の方が規範意識が強いために古態を保持し、中央の規制を受けにくい周辺ほどそれぞれ独自に変化改新（「方言孤立変遷論」）を進めやすいという場合もある。比較方言学は、比較言語学の方法によって一国の方言の体系をなす根幹部分における規則的変化を比較考察し、体系としての派生関係を説明するものである。それゆえ、あくまで体系としての変遷であるので、必ずしも実際のその地域での方言の変遷を意味するとは限らない。その点では、個々の言語事象も取り上げ、あくまで実際の地域における変遷から離れることがない言語地理学とは性格を異にする。

方言そのものは年代がわからないので前後関係だけの歴史である。文献国語史による歴史と言語地理学・比較方言学による歴史は一致しないこともある。それには様々な理由が考えられるが、一つには文献

359

文献国語史と方言国語史

に記録されたものは主に書き言葉（書記言語）が中心であるのに対し、方言は話し言葉（口頭言語）であり、文体的相違が影響していると考えられている。

また、文献国語史は、基本的に中央語の歴史をたどる。中央語が移動しても一般には、例えば、近世前半の上方語から近世後半の江戸語へと地域を移動させて歴史を編むことになる。しかし、これは方言から見れば、近世前半の上方（関西）方言と近世後半の江戸（関東）方言を、一続きの同じ時間軸と考えて並べたことになる。互いに並行して近世前半の江戸方言と近世後半の上方方言はそれぞれ別に変遷しているのである。厳密な意味での地域毎の日本語（方言）の変遷が、資料の有無の問題とは別に、理論的には問題となってくる。それゆえ、あくまでそのような地域毎の方言の歴史という意味で「（地域）方言史」という言い方がなされることもある。一方、文字に留められてきた言葉こそ伝えられるに相応しいと考えられ選ばれた言葉であり、また、記録されたものとして後代の日本語への影響は大きかったであろう、それゆえ、そのような文献の言葉こそ歴史の中心を占めた日本語と見なし得る、という考え方もあり得る。

ところで、例えば、「糸」を表す語は、文献では奈良時代から見られるイト（外来語が語源として考えられている）くらいしか見られない。しかし、方言分布（「糸」「木綿糸」の図参照）の言語地理学的解釈からは、イトより周辺に分布するカナ→ソ→イトの順番が読み取れる（ソも外来語「苧《チョ》」か）。カナもソも古くは麻（麻糸）を表した語と考えられ、絹糸や木綿糸よりも古い段階に糸を表し得た語と推定される。文献の外来のイトのみを「国語」の歴史と見るか、多様な日本語の変遷の過程で最終的にイトが選ばれ残ったと見るか。そこには、「国語」「日本語」「方言」、また、「歴史」というものへの「史観」という問題も横たわっていることがわかる。

仮に、「日本語」の歴史を、文化的中央における「国語」をつくってきた言葉の歴史ばかりでなく、それと各地域毎における「方言」の歴史とを含めた総体としてとらえるとするならば、文献国語史と方言国語史との両方の観点から総合的に歴史を把握していく必要もでてくる。それは、言語史としては、文章語に偏る傾向のある文献国語史と、口頭語が中心となる方言国語史それぞれの文体的位相的偏りを、客観的相対的に補正する作業であるともいえよう。

文末詞

文末詞には、疑問、禁止、感動、注意、同意、確認などさまざまな種類があるが、これらは、付属している文の内容についての話し手の心的態度を表している。

方言の文末詞は全国的にきわめて多彩であり、各地域の方言らしさを際立たせている。

まず、共通語の「〜ね」にあたる言い方を見てみよう。共通語の「ね」には、相手に同意を求める（「今日は良い天気だね」）、軽い主張や念押し（「出かけてくるね」）、軽い詠嘆の気持ち（「すばらしい景色ね」）などの用法があるが、各地では次のような形式が使われている。

- 〜キャ（青森）
- 〜ナハン（岩手）
- 〜チャ（富山）
- 〜エナ（岐阜）
- 〜ナモ（愛知）
- 〜ホン（滋賀）
- 〜ノシ（和歌山）
- 〜ノンタ（山口）
- 〜ナモシ（愛媛）
- 〜ナター（佐賀）

なお、「あのねえ」にあたる間投詞としての言い方には、「あのナモ」（名古屋）、「あのナン」（岡崎）、「あのノン」（豊橋）、「あのミー」（奈良）、「あのノシ」（和歌山）、「あのネータ」（山口）などの表現がある。

次に共通語の「〜よ」にあたる言い方を見てみよう。この「よ」は、「そんなことないよ」「早く帰りなさいよ」のように文末にあって、強意、断定、念押しの気持ちを表す。

各地では次のような形式を用いて表現される。

- 〜チャ（岩手、宮城、新潟）
- 〜サー（千葉）
- 〜シ（山梨）
- 〜コテ（新潟）
- 〜ザ（福井）
- 〜ジ（長野）
- 〜ニ（長野、静岡、三重）
- 〜シテ（三重）
- 〜ワダ（三重）
- 〜エ（京都）

文末詞

・〜ラ（和歌山）
・〜ジョ（徳島）
・〜タイ（福岡）
・〜バイ（福岡、熊本）
・〜ジー（宮崎）
・〜ド（宮崎、鹿児島）

このうち、〜エ（京都）、〜ジョ（徳島）は主に女性が使う表現で、〜ジ（長野）は敬意を含んだ表現であるようだ。

疑問の意を表す場合にも、次のように各地でさまざまな表現がある。

・兄ちゃんえたゲー〔いるかい〕？（栃木）
・どこ行くガヤ〔行くの〕？（石川）
・知っとたケ〔知っていたの〕？（富山、石川）
・どっちにするソ〔するの〕？（山口）
・学校行くんケ〔行くのか〕？（徳島）
・面白いデ〔面白いですか〕？（徳島）
・なんしょんノイヤ〔しているのか〕？（香川）
・どきー行くヘ〔行くのですか〕？（大分）

熊本では、「（昨日テレビを）見たか」という疑問の意味を表す場合に、ミタヤ、ミタナのように〜ヤ、〜ナが用いられるが、くだけた場面では〜ヤを多用し、場面の改まり度が高くなるほど、〜ヤにかわって〜ナの使用が増えるという待遇差が見られる。

なお、岡山県の倉敷地方では、〜デと〜ワに微妙なニュアンスの違いが見られる。例えば、「雨ニナルワ」と言えば、特に聞き手を目当てとせずに、もっぱら話し手の判断を表明しているのに対し、「雨ニナルデ」の場合は、聞き手に対して話し手の意志を強く伝え、何らかの行動を促すというニュアンスを含んだ表現になる。つまり、言外に「傘を持っていった方がよい」あるいは「今は出かけない方がよい」といった含みを感じさせる表現ということになる。

このほか、山梨の〜チョは「危ないから行っチョ〔行くな〕」のように「禁止」を表し、岡山の〜ニーは「だれがこうちゃろうニー〔買ってやるものか〕」のように「反語」を表している。

長崎の〜ゲナは「この間から病気じゃったゲナと〔病気なんだって〕」のように伝聞を表している。

方言の誕生

方言は日々流転の世界である。古い表現は次第に使われなくなり、隣の地域から伝播してきた新しい方言が古い方言と入れ替わったり、新旧の方言が混ざりあわさった混血方言が生まれることもある。また、民衆が自由な発想により新しい方言を創り出すこともある。このような新しい方言の誕生にはいろいろなケースがある。

まず、「**混交**」と「**複合**」について。

「混交（コンタミネーション）」とは、二つの語形が衝突したときに、一方の前部と他方の後部が組み合わされて新しい語形ができる現象である。「肩車」の地図（一五七ページ参照）で東京付近に見られるカタグルマは周囲のカタウマとテングルマの混交によって生まれた語形と考えられる。「塩辛い」の地図（一八七ページ参照）で静岡県に見られるショッパライはショッパイとカライ（またはシオカライ）との混交形であろう。

「複合」とは、二つの語形がそのまま接合することである。東北地方で「ばった」のことをトラボという地域とハッタギという地域の接触地帯にトラボハッタギという複合形が見られる。「凧」の地図（一六一ページ参照）では、タコとハタの接触地帯にタコバタが分布する。

次に「**民衆語源**（**民間語源**）」について。

これは、民衆が方言形の語源を自由な発想によって解釈し、その結果、新しい語形を創り出すことをいう。

目の病気である「ものもらい」の地図（六二ページ参照）では、メボイト（語源はメ＋ホイト（＝乞食））という方言が全国に広がっているが、新潟県糸魚川地方では、若年層を中心にメボイタという新方言が生まれている。その語源を尋ねると「痛い病気だから」と答える者が多い。

「あさっての翌々日」の地図（三二ページ参照）では青森・岩手・山形にココノサッテが見られる。これは「あさっての翌日」を意味するヤノアサッテの「ヤ」を「八」と解釈したことによって生まれた語形であろう。青森県では「あさっての翌々日」をキササッテまたはキシャサッテと言うが、キシャサッテの「キシャ」を「汽車」と解釈して、その次の日はデンシャサッテだと答えた人がいる。

次に、音の位置が入れ替わる「**音位転倒**」という現象がある。

サザンカ（山茶花）はもとはサンザカと言っていたが、音位転倒によってサザンカとなった。

新潟県県北部では、にわとりの「とさか」をトカサと言う。これも音位転倒によって生まれたと解釈できるが、あるいは「笠」などの語源意識がはたらいているのかもしれない。とすれば、これも民衆語源の一種ということになる。

意味の異なる類似の語形に引かれて語形が変化する現象を「**類音牽引**」という。

岩手県では「たんぽぽ」をデデッポポなどと呼ぶが、これはタンポポがチャンポポ、テンポポなどと変化していく過程で山鳩の鳴き声に引かれて生まれたと考えられる。

「**誤れる回帰**」という現象がある。

「過剰修正」"hypercorrection"などとも呼ばれ、ある語形を方言形（なまった語形）であると誤解して、それを正しい形になおそうとした結果、あらたな方言形が創り出される現象をいう。

北海道では「キャベツ」をカイベツと言っていた。これはキャの音を「だいこん」がデャーコンになるような訛りであると誤解して、それを「正しい形」に直そうとした結果生まれたものと考えられている。

ある語が音韻変化その他の要因によって別の語と同形になり同音語ができる現象を「**同音衝突**」という。その結果、一方が語形を変えて衝突を避ける場合が多い。

「灰」の図（三〇七ページ参照）で東北地方にアクが多いのは、この地方では「イ」と「エ」の区別がなく「灰」と「蠅」が同音になるため、それを避けるためにアクを多く採用したものと考えられている。

東北地方では「シ」と「ス」を発音の上で区別しない。そのため「梨」と「茄子」が同音になってしまう。そこで「梨」をキナス、「茄子」をハタケナスと呼んで区別することがある。

二つの語形が衝突したとき、両者の間で「意味の分担」が生じることがある。「地震」を意味する語は古くは「なゐ」であった。古いナイと新しいジシンが衝突したときに、九州では、ジシンは「大きい地震」、ナイは「小さな地震」を意味するという意味の分担が生じている。

364

方言録音資料

方言録音資料

日常会話の音声を録音し、テキスト化したものを「談話資料」と言い、その全国規模の方言談話資料の代表的なものとして『全国方言資料』と『方言談話資料』の二つが挙げられる。

『全国方言資料』は、NHKが一九五二年からおよそ二〇年をかけて全国一四一の地区で収集・録音した方言資料をまとめたもので、一九七二年に全一一巻が完結している。最新版は一九八一年版をデジタル化したもので、すべてのページの画像データと音声資料がCD－ROMに収録されている。内容は、自然談話による「自由会話」や、朝・夕・祝儀などのあいさつを中心に八場面を設定した談話で、一四一地区別に収録されており、全国各地の方言特徴を捉えることができる。

『方言談話資料』は、国立国語研究所が一九七四年から一九七六年にかけて「各地方言資料の収集および文字化のための研究」という目的のもとに全国各地で方言による談話を録音し、それを文字化してまとめたものである。成果は、『国立国語研究所資料集　一〇　方言談話資料』全一〇冊（カセットテープ付、秀英出版、一九七八〜一九八七）として刊行されている。

このほか、録音テープは添付されていないが、国立国語研究所はなしことば研究室が中心となって研究用資料として作成された『方言録音シリーズ』全一五冊（一九六五〜一九七二）もある。方言談話の文字化資料であり、標準語訳が付されている。

また、一九七七年度から一九八五年度にかけて、文化庁による「各地方言収集緊急調査」が実施された。これは、各都道府県教育委員会と各地の方言研究者が全面的に協力し、日本全国四七都道府県について各五地点ずつ計二〇〇地点、約四千時間にも及んだ方言談話の収録事業である。高年層同士の自然談話を中心に、高年層と若年層の対話を含み、話者の年齢、性、社会的地位などの属性を考慮しており、伝統的方言の最後の姿が残されているもので、文化財として記録・保存するという点において意義がある。近年、この報告資料の音声・文字化データを「全国方言談話資料データベース」として公開する計画が開始された。各都道府県につき一地点、計四七地点の老年層男女の自然会話を選び、その地の伝統方言がもっともよく現れていると思われる部分を

方言録音資料

三〇〜五〇分程度データベース化した、『日本のふるさとことば集成』（全二〇巻、国書刊行会）の刊行が二〇〇一年より始まった。

各地で独自の談話資料も公開されている。NHK大分放送局が一九五五年と一九八五年の二回、三〇年の間隔をおいてラジオ番組「大分県方言の旅」を制作した。この時の取材テープをもとに刊行された『方言生活三〇年の変容』（上・下巻、カセットテープ八本付、桜楓社、一九九三）は、大分県内を中心に二四地点の、老年層、青年層、少年層の方言会話を収録し、文字化と標準語訳、注釈をつけたものである。

また、研究者個人が方言録音資料を整理している例もある。

山口幸洋編『方言文資料記録』一〜八、『NHK全国方言資料研究テキスト』一〜三、『全国方言談話資料集』一〜四、『全国方言談話資料集・日本昔話編（一）』など、自然談話資料を記録・保存しようという考えのもと精力的に作業が進められている。

このほか、雑誌『AQUA』で「愛知県方言談話資料」が掲載されているのをはじめ、『名古屋・方言研究会会報』や小野米一編『国語学報告』一〜三などもある。

一九八八年〜一九九二年にかけて行われた文部省科学研究費補助金重点領域研究「日本語音声における韻律的特徴の実態とその教育に関する総合的研究」では、全国約百地点の方言の同一テキストによる音声のデータベース化がなされた。一型アクセント方言の談話資料や琉球列島の民話と昔語りを収録し、文字化したものなど多数の成果が公刊されている（本書付録のCD「お国ことばで聞く桃太郎」はこの研究の成果である。また、富士通ビー・エス・シー発売のCD－ROM盤「方言ももたろう」もある）。

なお、NHKの二〇〇〇年・放送七五周年事業として「記録事業ふるさと日本のことば」がスタートし、各都道府県の支局が制作した番組が二〇〇〇年から二〇〇一年にかけてオン・エアされた。

以上のような資料のほかにも、昔話・民話・落語・演説・わらべ歌・歌謡・芝居など公開されずに埋もれている貴重な録音資料も多いだろう。

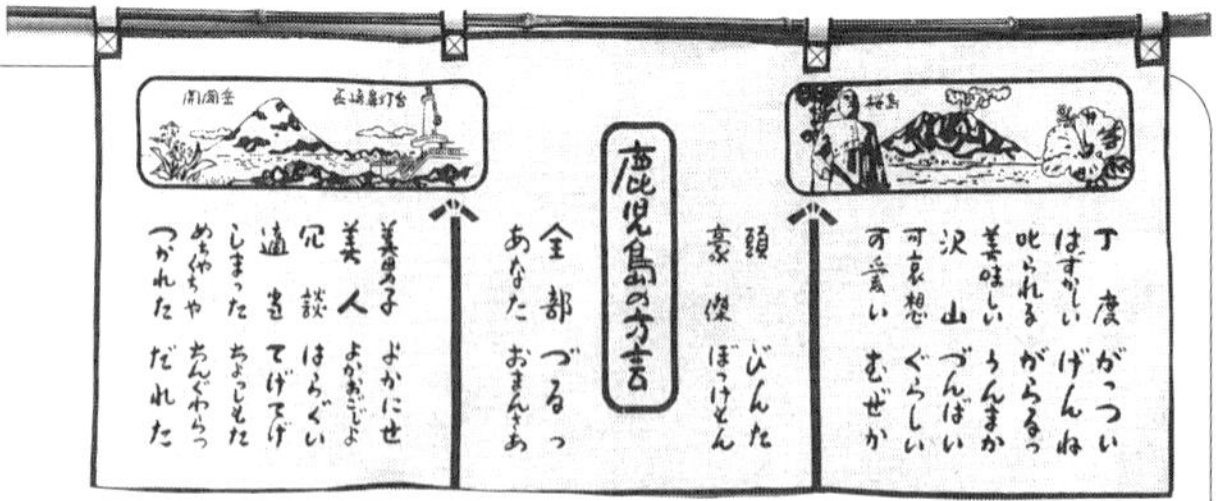

薩摩のことば

薩摩弁は共通語からの言語的距離（相違度）のきわめて大きい方言であり、その会話をよその地方の人が聞くとまるで外国語のようにも聞こえる。九州方言の中でも特異な性格を有し、島津藩が他藩の隠密を見破るために領内のことばを変えたという伝説がまことしやかに語られている。一九九〇年に放送されたＮＨＫの大河ドラマ『翔ぶが如く』では薩摩弁のせりふに標準語の字幕をつけて話題を呼んだ。

この方言のわかりにくさの最大の要因は発音の特色にある。鹿児島地方の方言では語末の母音［i］と［u］が規則的に脱落する。たとえば、「靴」「屑」「首」「口」はともに「クッ」と発音され、「水が流れる」は「ミッガナガルッ」となる。

『翔ぶが如く』でもよく使われた「オマンサア」は敬意の高い対称代名詞（あなた）であり、対等の相手には「ワイ」を用いる。自称代名詞には「オイ」と「アタイ」があり、後者のほうが丁寧な言い方である。

日本最高峰の国語大辞典。全十三巻完結。

○五十万項目を収録した日本最大の国語辞典。
○四十年の歳月をかけて、三千人の専門家が協力。
○用例数、百万例。「初版」の用例に新たに約二十五万例増補。
○用例の出典にはその成立年、刊行年の表示を実現。
○言葉の深奥に迫る語誌欄を約五千項目新設。
○方言項目を大幅に増補。収録語数は約十万語。
○同訓異字欄、表記欄、上仮名欄などを新設。辞書欄を増補。
○百科事典としても十分に役割を果たす、多角的な編集。

編集委員（五十音順）
北原保雄（筑波大学長）　久保田淳（白百合女子大学教授）
谷脇理史（早稲田大学教授）　徳川宗賢（前学習院大学教授）　林　大（元国立国語研究所所長）
前田富祺（神戸女子大学教授）　松井栄一（前東京成徳大学教授）　渡辺　実（京都大学名誉教授）

◎全巻セットセール実施中

詳しくはお近くの書店でおたずねください。

全巻ご購入の方へ専用書架贈呈

〈送料・梱包料として2、000円をご負担いただきます。申込締切＝2002年12月31日（当日消印有効）〉

全巻揃定価：本体195、000円＋税
定価（各）：本体15、000円＋税
造本・体裁：B5判変型／一巻平均1456頁

日本最大。五十万項目、百万用例。
世界に誇る座右の大辞典。

日本国語大辞典

第二版
全13巻

小学館

◉「日本国語大辞典」の公式ウェブサイト〈日国.NET〉　http://www.nikkoku.net
詳しいパンフレットを用意しました。ご請求ください。〒101-8001　東京都千代田区一ツ橋2-3-1　小学館マーケティング局・宣伝係

監修　佐藤亮一（さとうりょういち）

1937年東京都生まれ。
東北大学大学院博士課程単位取得。国立国語研究所言語変化研究部第一研究室室長、フェリス女学院大学教授を経て、現在、東京女子大学教授。専門分野：方言学、社会言語学。主な編著書：『日本言語地図』（共編、大蔵省印刷局）『日本方言大辞典』（共編、小学館）『生きている日本の方言』（新日本出版社）『都道府県別　全国方言小辞典』（編著、三省堂）など。

お国ことばを知る　方言の地図帳

〈「方言の読本」（一九九一年八月一日発行）の増補改訂版〉

二〇〇二年七月二〇日初版第一刷発行

監修　佐藤亮一
編集　小学館辞典編集部
発行者　藤波誠治
発行所　株式会社　小学館
〒101-8001　東京都千代田区一ツ橋二—三—一
電話　編集　03—3230—5194
制作　03—3230—5333
販売　03—3230—5739
振替　00180—1—200
印刷所　凸版印刷株式会社
製本所　株式会社難波製本

装幀　難波園子　レイアウト　栗原靖子　校正　牧野　晶
編集担当　神永　曉　制作企画　横山　肇　資材　池田　靖
書籍制作　久保哲郎　宣伝　下河原哲夫　販売　森部真理子

ISBN4-09-504152-8

CD
『お国ことばで聞く桃太郎』解説

・ＣＤ『お国ことばで聞く桃太郎』は、昔話「桃太郎」を日本各地の方言で語ったものである。
・巻末のページからは、共通語による「桃太郎」を掲げ、ついで各地の方言による「桃太郎」の中の語句の意味、および各方言の特色をまとめた。
・このＣＤは、平成一年度文部省科学研究費補助金重点領域研究「日本語音声における韻律的特徴の実態とその教育に関する総合的研究」（研究代表　杉藤美代子）の音声データベースをもとに作成したものである。

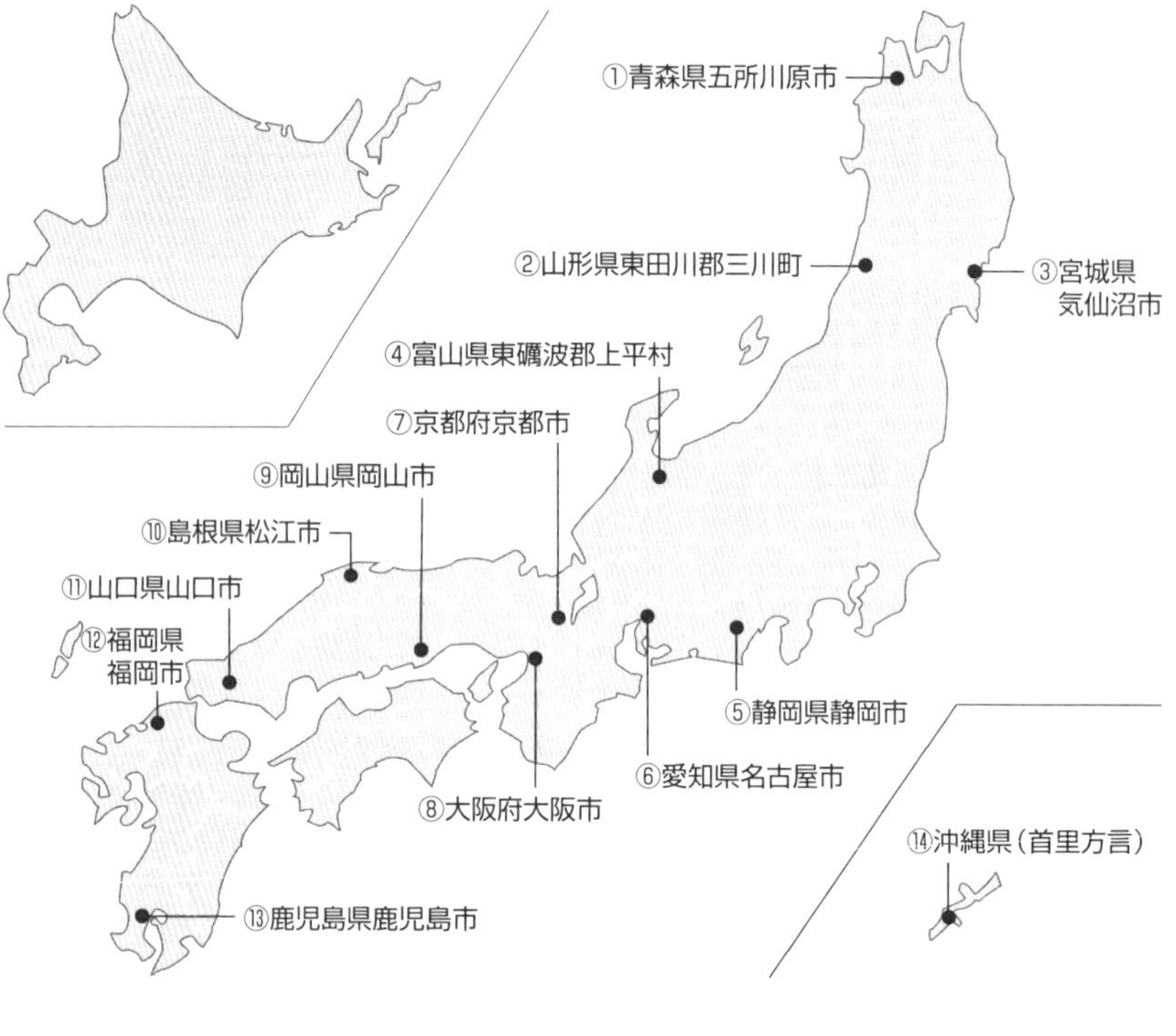
①青森県五所川原市
②山形県東田川郡三川町
③宮城県
気仙沼市
④富山県東礪波郡上平村
⑦京都府京都市
⑨岡山県岡山市
⑩島根県松江市
⑪山口県山口市
⑫福岡県
福岡市
⑤静岡県静岡市
⑥愛知県名古屋市
⑧大阪府大阪市
⑭沖縄県（首里方言）
⑬鹿児島県鹿児島市

CD『お国ことばで聞く桃太郎』解説

共通語による「桃太郎」

むかし　むかし　あるところに
おじいさんと　おばあさんが　ありました。
おじいさんは　山へ　しばかりに
おばあさんは　川へ　せんたくに　行きました。
おばあさんが　せんたくを　していると
川上から　大きな　ももが
どんぶらこ　どんぶらこと　流れてきました。
おばあさんは　その　ももを　ひろって　家へ　かえりました。
おばあさんが　ももを　切ろうとすると
ももが　ふたつに　われて
中から　大きな　男の子が　生まれました。
おじいさんと　おばあさんは　その　子に
桃太郎という　名前を　つけました。

青森県五所川原市

【語句解説】

・ジサマ　おじいさん。
・バサマ　おばあさん。
・アッテイダド　いたそうだ。
・シテイダキャー　していたとき。
・データランダ　大きな。
・ハラッテ　拾って。
・キルキナッタキャ　切ろうとすると。

【方言の特色】

・東北では、「ヤマサ」（山へ）、「カワサ」（川へ）のように、場所・方向を表す「～へ」「～に」というとき「サ」を使う現象が見られる。
・「ムガシ」（むかし）、「アルドゴニ」（あるところに）のように「カキクケコ」「タチツテト」の音が語中では「ガギグゲゴ」「ダヂヅデド」と濁って使われるのも東北地方に見られる特色である。

CD『お国ことばで聞く桃太郎』解説

山形県東田川郡三川町

【語句解説】

・ジサマ　おじいさん。　・バサマ　おばあさん。
・オッキ　大きい。　・エ　家。
・ハヤソトシタバ　切ろうとしたら。「ハヤス」は「切る」の意。

【方言の特色】

・青森県五所川原市と同じように、「ヤマサ」（山へ）の「サ」や、「ムガシ」（むかし）の「ガ」の発音などの特徴が見られる。
・「タギモノ　トリサ」（たきものをとりに）などのように、「〜を」を省略する。
・「シェンダク」（せんたく）のように、共通語の「セ」の音が「シェ」となる。
・「ナメ」（なまえ）のように ai や ae の音がeとなる。

宮城県気仙沼市

【語句解説】

・イェサ　家に。　・キッペトシタッケ　切ろうとすると。

【方言の特色】

・東北の他の地方と同様に「ムガシ」「アルドゴ」など、語中のカ行音やタ行音が濁音になる。
・「ヤマサ」「カワサ」のように助詞の「サ」を用いる。
・「拾って」の発音が「シロッテ」に近い音になる。

富山県東礪波郡上平村

【語句解説】

・ジーサ　おじいさん。　・ババサ　おばあさん。

【方言の特色】

・「イヤタトヨ」（おられたそうだ）、「イキヤッタトヨ」（行かれたそうだ）、「キロートシヤッタラ」（切ろうとなさったら）のように「〜ヤル」という敬語が見られる。
・「洗濯」が「センダク」と濁る。これは西日本に広く見られる特色である。
・「モモタローユー」のように引用の「ト」を省略する現象（ト抜け現象）は近畿地方を中心に広く見られる特色である。
・「名を」を「ナーオ」と発音するように、１音節語が伸びる現象も西日本的である。

CD『お国ことばで聞く桃太郎』解説

静岡県静岡市

【語句解説】

・**ジージー**　おじいさん。　・**バーバー**　おばあさん。

・**イキャー**　大きい（「イカイ」の変化）。

・**アカ**　赤ん坊。

【方言の特色】

・「ミャー」（前）、「ヤミャー」（山へ）、「アリャーモン」（洗いもの＝洗濯）のように ai や ae の音が融合して、拗音化する。

・「バーバーン」（おばあさんが）、「モモン」（桃が）のように、助詞の「が」が「ン」になる。

愛知県名古屋市

【語句解説】

・**ゴザッテ**　いらっしゃって。ゴザルは「いる」の尊敬語。

・**イカシタ**　行かれた。シは「～なさる」の意の「しゃる」から。

・**チャットー**　素早く。

・**ツケサシタゲナ**　付けられたそうだ。サシは「～なさる」の意の「さっしゃる」から。

【方言の特色】

・「イカシタゲナ」「ウマレタゲナ」のように、「～（だ）そうだ」という意味のゲナを使う。

・静岡市と同様に、「ミャーニチ」（毎日）、「キャーラシタ」（帰られた）など、ai や ae の音が拗音化する。名古屋市を中心とする地域の方言の大きな特徴の一つ。

京都府京都市

【語句解説】

・**イハリマシタ**　いらっしゃいました。「ハル」は尊敬語。

【方言の特色】

・「ツケタンヤ」（つけたんだ）のように「～だ」というときに「ヤ」を使う。京都をはじめ、近畿地方に広く見られる現象。

・「ウマレタンヤデ」（生まれたんだよ）のように「～だ（よ）」などと意味を強めるときには、文末に「デ」をつける。

・東京式のアクセントと異なるものが多いのも特色の一つ。たとえば、東京式アクセン

トでは「ヤマエ」「カワエ」と言うところを「ヤマエ」「カワエ」と発音するなど。

大阪府大阪市

【方言の特色】

・「オッテント」「イッテント」のように「～だそうだ」の意味で「～テント」を用いている。
・「洗濯」が「センダク」と濁る（西日本方言の特色）。
・「ヤマエ」「カワエ」というアクセントの特色は京都と同じ。

岡山県岡山市

【語句解説】

・**センタクオショールト**　洗濯をしていると。「ショール」は「シヨル」の変化。「～ヨル」は進行・継続をあらわす。
・**イニマシタ**　帰りました。「イヌル」は「帰る」の意味。

【方言の特色】

・「アルトケー」（あるところへ）、「ヤメー」（山へ）、「タキギュー」（たきぎを）、「カウェー」（川へ）、「ソノケー」（その子に）のように連母音の融合がいちじるしい。
・「ヒローテ」（拾って）のような動詞のウ音便形が見られる（西日本方言の特色）。

島根県松江市

【語句解説】

・**トントンムカシ**　昔話をはじめるときのきまり文句。
・**オジジ**　おじいさん。　・**オババ**　おばあさん。
・**カウェー**　川へ。
・**センタクオシチョート**　洗濯をしていると。「シチョート」は「シチョル」（している）という進行・継続をあらわす表現。

【方言の特色】

・「アートコニ」（あるところに）、「シバカーニ」（しばかりに）のように、語中の r の音が脱落して、連母音の au や ai が aa になる現象が見られる（aru→au→aa／kari→kai→kaa）。
・「イキタゲナ」（行ったそうだ）のように、「行く」の過去形が「イッタ」ではなく、「イキタ」という形になる。また「ゲナ」という伝聞表現がある。

CD『お国ことばで聞く桃太郎』解説

山口県山口市

【語句解説】

・**ジーチャン**　おじいさん。　・**バーチャン**　おばあさん。
・**イッチャッタトイノー**　行ったそうだ。トイノーは「～（だ）そうだ」の意。
・**インジャッタ**　帰った。イヌルは「帰る」の意。

【方言の特色】

・「オッタイノー」のように、「居る」を「オル」と言う。このような「オル」は、西日本で広く使われている。
・「シチョル」（している）、「キヨッタ」（来た）のように、進行・継続を表すチョルやヨルを使う。
・「ヒローテ」（拾って）のような動詞のウ音便形が見られる。西日本方言の特色。

福岡県福岡市

【方言の特色】

・「オンシャッタゲナ」（おられたそうだ）、「イキンシャッタゲナ」（行かれたそうだ）のように、尊敬をあらわす「～ンシャル」や伝聞をあらわす「～ゲナ」を用いる。
・「オジーサンナ」「オバーサンナ」のように、助詞の「は」にあたる部分が前の「ン」の音と融合して「ナ」になっている。
・「シェンタクバ」（洗濯を）のように「を」にあたる助詞の「バ」を用いる。また共通語の「セ」を「シェ」と発音する。

鹿児島県鹿児島市

【語句解説】

・**オイヤッタチワイ**　いらっしゃったそうだ。オイヤッタは「おりやった」の変化した語。
・**ヤマセー**　山へ。　・**シバカイケ**　芝刈りに。
・**フトカー**　大きい。フトイは「大きい」こと。

【方言の特色】

・「コッヂャッタ」（ことだった）のように、「～だ」と言うときにヂャを使う。ヂャは「である」の変化したもの。ことばの音が「ッ」と詰まる形になるのは、鹿児島方言の大きな特徴の一つ。
・「シチョヤッタラ」（していられたら）のように継続を表す「チョル」や、尊敬を表す「ヤル」を用いる。

・「ナガレッツキモシタ」（流れてきました）のように、「ました」と言うときに、モシタを使う。
・「フトカー」（ふとい）のように、形容詞の語尾「イ」が「カ」になる。

沖縄県（首里方言）

【語句解説】

・**タンメー**　おじいさん。　・**ンメー**　おばあさん。
・**メンシェービータン**　いらっしゃいました。
・**タムン**　たきぎ。　・**チンチュルカー**　着物。
・**マギサル**　大きい（連体形）。終止形はマギサン。
・**チャービタン**　来ました。
・**サカスンディィサビタクゥ**　割ろうとすると。
・**ターチ**　二つ。
・**アティッテーンソール**　あどけない顔の。幼い。
・**イキガワラビ**　男の子。

【方言の特色】

・「トゥクルンカイ」（ところに）、「ヤマンカイ」（山へ）のように、「〜に」「〜へ」と言うときに、ンカイを使う。
・「ムム」（桃）、「ナガリティ」（流れて）のように、オ段の音がウ段に、エ段の音がイ段になる。

協力（「桃太郎」の収録）
青森県五所川原市（佐藤和之）・山形県東田川郡三川町（佐藤亮一）・宮城県気仙沼市（加藤正信）・富山県東礪波郡上平村（真田信治）・静岡県静岡市（山口幸洋）・愛知県名古屋市（下野雅昭）・京都府京都市（田原広史）・大阪府大阪市（田原広史）・岡山県岡山市（吉田則夫）・島根県松江市（都染直也）・山口県山口市（添田健治郎）・福岡県福岡市（陣内正敬）・鹿児島県鹿児島市（木部暢子）・沖縄県（首里方言）（上村幸雄）

方言五十音順索引

本書の解説文中でとりあげた方言と標準語を抽出して五十音順に配列し、掲載したページを示した。なお、方言は片仮名で、標準語は平仮名で示した。

あ

ア……218
アー……86
アウダヌファ……282
アカ……52
あか……86
アカイ……228
アギ(タ)……72
アギ(ト)……72
アク……206
アグシ～……118
アクタ……212,242
アクダ～……118
アグ(タ)……72
アクツ……92
アクト……92
アクバイ……206
あぐらをかく……118
アグロ……218
アケージュー……292
アケズ……292
アゲ(ト)……72
あご……72
アゴタ……72
アザ……94
あざ……96
あざになる……100
アサティヌナーチャ……28
アジ……296
アシガキ……158
アシケンケン……158
アシコギ……158
アシコンコン……158
アジマサン……182
アズクミ～……118
アズクラ……118
アズケル……134
あぜ……218
アタビチ……278
アタビチャー……278
あたま……46
アタリバチ……196
アチキー……178
アックイ……92
アッコ……92
アッコイ……92
アド……92
アドゲン……92
アドジリ……92
アナガー……208
アハー……86
アバライ……229
アファサン……188
アブシ……218
アブタ～……118
アマイ……188
あまい……182
アマカ……182,188
アマキャ……182
アマグリ……24
アマサン……182,188
アマチコイ……182
アマラッシャル……22
アマル……22
アメル……101
アメンボー……6
アモーレー……24
アヤ(コ)……150
アユル……22
あらい……229
アラクタイ……229
アラコイ……229
アラッポイ……229
アラヌカ……176
アランムン……132
アル……114
アワイ……188
アンザイリシュン……118

い

イ……296
イカ……160
イガ……312
イカイ……224,229,231

方言五十音順索引

イカノボリ……160
イガワ……208
イキ……108,178
イギ……178,296,312
イグスリカク……106
イグチカク……106
いくつ……244
イクラ……244
いくら……220
イグラ(モチ)……264
イケ……208
イゲ……102,178,296,312
イコ……52
イゴロヒク……106
イシクナギ……284
イシタタキ……284
イシナンゴ……150
イシバチ……196
イシャユビ……80
イズマカク……118
イズマリ～……118
イズミ……208
イセイモ……162
イセバチ……196
イタ……114
イタグラカク……118
イタグラメ～……118
イタブラ～……118
イチドリ……150
イテル……4
いど……208
イナウ……137,144
イナガミ……262
イナグ……40
いなずま……18
イナビカリ……18
イノコ……208
イバラ……312
いびきをかく……106
イビセー……112
イボガエル……280
イボジリ……290
イボムシ……290
イボラモッケ……280
イムンツィブル……48
イモ……202
イモノコ……164
イラ……270
イリキ……52
イリコ……52,270
イリチ……52
いる……114
イロコ……52
インノクソ……60

う

ウーウシ……252
ウーユビ……74
ウガミ……16
ウグロ……264
ウグロモチ……264
ウゴロモチ……264
うし……248
ウシグヮー……254
ウシツル……126
ウシヌクヮ(ー)……254
ウシノコ……254
ウシノコッコ……304
ウシメ……248
ウシンビキ……304
ウス……132
うすい……188
ウスカ……188
うそ……132
ウソッポ……132
ウタキ……16
ウタル……126
ウチコミ……208
ウツクシク……130
ウッサゴト……132
ウッスル……126
ウッチャユル……22
ウッチャル……126,142
ウティーン……22
ウティルン……22
ウドゥルチュン……110
ウナカミ……262
ウナグ……40
ウナタヌファ……282
ウナミ……250
ウナメ……250
ウナン……250
ウノ……250
ウプ……224
ウファスン……122
ウフィ……224
ウブー……122
ウプガーン……122
ウフユビ……74
ウマイ……182
ウマカチカチ……304
ウマグヮー……260
ウマヌクヮー……260
ウミジルシ……96
ウメボシ……90
ウヤユビ……74
ウルゴメ……170
ウルシ(ネ)……170
うるち……170
ウルム……100
ウロ……322
ウロコ……52
うろこ……270
ウワコ……230
ウワツリ……230
ウン……114

方言五十音順索引

ウ(ン)グラ……264

え

エ……296
エガキ……296
エキ……178
エギ……178
エズ……296
エズイ……112
エスカ……112
エタ……316
エチゴイモ……162
エノイモ……164
エバ……296
エバリ……296
エボシ……288
エリカミ……262
エリガミ……262
エンバ……292

お

オイネル……120
オウ……120,122
オウシ……252
おうし……252
おうま……258
オーキー……229,231
おおきい……224
オームシ……268
オカミナリ……20
オガメ……290
(オ)カンダチ……20
オギョーギスル……116
オグラ……264
オグロ……264
オゴシ……92
(オ)コンメ……150
オサガリニナル……22
オサラ(イ)……150
オジャミ……150
オジル……135
オス(ウシ)……252
オソ……132
オゾイ……112
オソガイ……112
おそろしい……112
オタグラ～……118
おたまじゃくし……282
オチゴサン……156
オチサス……22
オチヤル……22
オチラス……22
オチル……135
おちる……22
オチンスル……116
オッカナイ……112
オッコチル……22
オットイナ……32
オッパイコ……152
おつり……230
オツル……22
おてだま……150
オテヤル……22
オデユビ……74
オテラス……22
オテル……22
オテントー……10
オトガイ……72
オトカエル……22
オトケル……22
オドケル……110
オトコウシ……252
オトコウマ……258
オトコベコ……252
オトコユビ……74
オドシ……232,233
オトツイ……32
おととい……32
オトトイナ……32
おとといのばん……35
オドユビ……74
オドロク……110,136
オトロシー……112
オトロシカ……112
オナガミ……262
オナゴ……40
オナゴウシ……250
オナゴウマ……256
オナゴベコ……250
オナベ……250
オナミ……250
オナメ……250
オニクラ……152
オニ(コ)……152
おにごっこ……152
オニゴト……152
オニヤイ……152
オビエル……110
オヒカリ……18
オビコ……284
オヒトツ……150
オヒメサン……60
オブ……122
オブー……122
オブケル……110
オボケル……110
オホ(ドリ)……286
オミヤ……16
(オ)ミヤ(ノ)キ……16
オモテ……54
オモラ……264
オヤエコロ……152
おやゆび……74
オ(ー)ユビ……74
オリヤル……22

方言五十音順索引

オリル……22
オル……114
オワエ(ゴ)……152
オン(ウシ)……252
オンガメ……290
オ(ン)ゴロ(モチ)……264
オンジル……135
オンタ……258
オンタ(ウシ)……252
オンツ……252
おんな……40
オンナウシ……250
オンナウマ……256
オ(ン)ナメ……250
おんぶする……122
オンブル……122

か

カ(ー)……190
カー……208,230
カーラケ(バチ)……196
カイシャ……130
ガエキ……150
カエシ……230
ガエラゴ……282
カエリ……230
カエル……282
かえる……278
ガエル……278
カエルノコ……282
ガエロ……282
かお……54
カオリ……190
カカシ……232
かかし……233
カカジラス……22
カガス……196
カガツ……196
かかと……92
カガト……92
カガミ……2
カガミッチョ……272
カク……137,204
かぐ……104
カクネコ……154
カクレガッコ……154
カクレカンジョー……154
カクレゲーコ……154
カクレコ……154
カクレゴ……154
カクレゴト……154
カクレボ……154
カクレンコ……154
かくれんぼ……154
カザ……190
(カサ)ドーサイ……280
カザム……104
カサワクド……280
カザン……210
カジェ……321
カシカマル……116
カシク……204
カシグ……204
カシコマル……116
カシマル……116
カシラ……46
かす……138
ガス……103,214
カズエル……128
カズク……120,124,137
カズネル……128
カズム……104
カスル……138
カゼマキ……8
カセル……138
かぞえる……128
カゾム……104
かたあしとび……158
カタウマ……156
カタグ……124,137,144
カタクマ……156
カタグル……137
かたぐるま……156
カタゲル……124
かたつむり……274
カタネル　120,124,137,144
カタミーン……144
カダン……210
カチミエー……152
かつぐ……124,137,144
カッタ……326
カツネル……120
カッフィ～……154
カド……92,234
カナイト……235
カナバチ……196
カナヘビ……272
カネコ(ー)リ……2
カバ……190
カピトゥズ……160
カビュン……104
カブト……288
カブン……104
かぼちゃ……168
ガマ……280
カマギッチョ……272,290
かまきり……290
カマリ……190
カマル……104
カマロワ……104
かみなり……20
カミ(ノケ)……262
カム……104
カライ……186
カライモ……166
カラウ……120,122

方言五十音順索引

カラスリ……138
カラスン……138
ガラッパグサ……298
カラツモノ……200
カラツヤキ……200
カルー……120,122
カワ……208
カワズ……278
カワラスズメ……284
カンギ……262
カッゴ……319
カンジ……262
カンジュ……262
ガンジョー……258
カンジョースル……128
カンジル……4
カンダチ……24
カントイモ……162
カンナミ……20
カンニ……262
カンバレ……84
カッブ……325

き

キアシ……148
キイー……236
きいろい……236
キウ……318
キカ……236
ギジギジ……50
キチ……170
キナ……34
キナ(イ)……236
キニュー……34
キニョー……34
キヌ……296
きのう……34
キノーノ〜……36
キノーノバン……35
キノコ……288
きのこ……310
キビサ……92
キビショ……90
キビス……90,92
キビソ……92
キフ……318
キブシ……178
キボ……294
キムグチ……88
ギャーノコ……282
ギャワズ……278
きゅう……98
キューシューイモ……162
キョートイ……112
キョラサ……130
キリ……50
ギリギス……50
ギリ(ギリ)……50
キリバン……194
キリブサ……92
キレ……216
きれいになる……130
キワラ……27
キン……296
キンカ・アメ……48
キンカイモ……162
キンカニナル……101
キンカン……48
キンナ……34
キ(ン)ナカ……236
キンニャ……34
キンニョー……34
キンノー……34

く

クイ……102,312
クィーン……139,140
クイブチ……174
クイマイ……174
クイリョー……174
クギクサイ……192
クケ……239
クサグ……104
クサビラ……310
クサム……104
クサル……238
クジナ……306
グジナ……306
クスシユビ……80
クスベ……94
くすりゆび……80
クソヘビ……266
クチナ……268
クチナワ……266,268
クチバシ……64
クチバタ……64
クチハビ……266
クチハミ……266
クチハメ……266
クチビラ……64
くちびる……64
クチビロ……64
クチベタ……64
クチベラ……64
クッチャメ……266
クティ……324
クドイ……186
クナ……306
クビ(コ)ノリ……156
クブ……294
クブガシ……296
クボ……216,294
クボメ……294
グマウマグヮー……260
クマリッコイゴッケー　154

方言五十音順索引

くも……294
グモ……294
くものいと……296
クリユン……139,140
くるぶし……90
クルミ……90
クルル……139,140
クレ……316
クレル……139
くれる……140
クロ……218
クロコブシ……90
クロジ(ニ)ナル……100
クロッポシ……94
クロブシ……90
クヮーウ(ー)シ……254
クヮー(ウ)マ……260
クヮダン……210
クヮッキン〜……154
クンドゥ……324

け

ケアロッパ……298
ゲーノコ……282
ケーボ……294
ゲーラゴ……282
ケサカ……288
ケシネ……174
ケシネゴメ……174
ケッコーニ……130
ケ(ッ)チャカ……288
ケ(ー)ト(ー)……288
ケブ……178,237
ケブリ……237
ケム……178,237
けむり……237
ケル……139,140
ケン……288,296
ケンケン……158
ゲンド……92

こ

ゴアサッテ……30
こうし……254
コウジ……254
こうま……260
コージ……254
コーシューイモ……162
ゴーシューイモ……162
コータ……326
コーベ……46
ゴーマリ……268
コーライ(キビ)……205
こおり……2
こおる……4
コーレーグス……203
コガレクサイ……192
コギクサイ……192
コケ……52,86,239,270,310
こげくさい……192
コケザ……270
コケツ……86
コゲツキクサイ……192
コケラ……270
コゴリ……2
コゴル……4
コシ……230
ゴショイモ……162
コショー……203
ゴス……140
コスイ……226
コズク……108
ゴタ……103
コッコウシ……254
コッコウマ……260
コッコベコ……254
コッコマッコ……260
コッコユビ……82
コッテ……252
コツボ……210
ゴッポ……86
コテ……252
コテベコ……252
コデユビ……82
ゴト……280
ゴド……212
コトイ……252
ゴドイモ……162
コトヤケ……96
コドユビ……82
コヌカ……172
コビ……86
コビクサイ……192
コビツキクサイ……192
コブ……294
コベコ……254
コボ……254
コマ……258
コマイ……226,241
こまかい……241
コマガカッカダウマカッカ……304
ゴミ……214
ごみ……103,212,242
コメヌカ……172
ゴモク……103,212,242
コヤユビ……82
こゆび……82
ゴロスケ……286
ゴロタヒク……106
ゴロチョー……286
ゴロッチョ……286
ゴロヒク……106
コワイ……112
コワイ……141

方言五十音順索引

ゴンド……212
ゴ(ン)ド……103
コンニチ……10
コンニャ……37
こんばん……37
コンボ(ー)……254
ゴンボ……86
コンヤ……37

さ

サーグ……108
ザイ……2
サイタ……327
サイバン……194
ザエ……2
サガ……318
サガル……22
サギアシ……148
サキノバン……35
サクズ……172
サクバ……102
さくばん……36
ササクレ……102
サ(ー)サッテ……28,30
ササラ……102
サシアウ……137
サシタ……327
サシユビ……76
サスリ……86
サダチ……24
ザック……150
サッパリ……130
サッピ……102
サッポライモ……162
さつまいも……166
さといも……164
サハチ……196
サブキ……108
ザブリ……24
サミー……315
サヤヌカ……176
サラ……50
サラヤノアサッテ……30
サルキッキ……156
サルボンボ……156
サルマワシ……156
サワチ……196
サンドイモ……162
サンニョースル……128
サンニョーユビ……76

し

しあさって……28
シアサッテ……28,30
ジーガチバガチ……304
シェナカ……321
しおからい……186
シオハイー……186
シガマ……2
ジカヨーマイ……174
シグレ……24
シコクイモ……162
ジゴクソバ……298
ジジバナ……304
シジューカラ……284
じしん……12
した……66
シダガミ……262
シタキ……68
シタケ……68
シダゲ……262
シダッケ……262
シダ(ノケ)……262
シタベラ……66
シタベロ……66
シックナギ……284
シバレル……4
シマキ……8
シミバレ……84
シミル……4
シモガネ……2
シモグリ……2
シモバレ……84
シモブクレ……84
しもやけ……84
じゃがいも……162
ジャガタライモ……162
シャクゴメ……170
ジャグサ……298
シャコ……150
ジャコロシ……298
シャシャラマゴ……44
シャブキ……108
シャブク……108
シャボク……16
ジューミタミター……284
ジューヤク……298
ジュジュマキ……50
シュン……147
しょう……120
ジョー……206
ジョーホー……322
ショームナイ……188
ショコナウ……120
ショッパイ……186
ショッパライ……186
ショニ……284
ショル……120
ジョロカク……118
ジョンジョン……156
ションバイ……186
シラジ……196
シリ(コ)ユビ……82
シリフリ……284
シルシ……96

方言五十音順索引

ジロボタロボ……304
シンゴ……158
シンシューイモ……162
ジンジョースル……116
シンバレ……84

す

スイ……184
スイー……184
スイカ……184
ズイキ（イモ）……164
スイバリ……102
すえる……147
スカイ……184
スガ・シガ……2
スガマ……2
すぎな……302
ズクズク……300
ズクズクボー……300
ズクズクボーシ……300
ズクニュー……46
スクブ……176
スクボ……176
ズクボーシ……300
スクモ……176
ズクンボー……300
スケンギョ……158
スコタン……46
スダ……262
スダガミ……262
スッカイ……184
すっぱい……184
スッポイ……184
ステル……142
すてる……126
ズベ……48
ズベタ……48
スボ……103,212,214
ズホ……132
すみれ……304
スモートリグサ……304
スモートリバナ……304
スユル……147
スラゴト……132
スリギネ……198
すりこぎ……198
スリコギネ……198
スリコギボー……198
スリコバチ……196
スリヌカ……176
すりばち……196
スリボー……198
スル……147
ズル……137
すわる……116

せ

ゼー……2
セーダイモ……162
せき……108
せきれい……284
せきをする……108
セク……108
セタラウ……120
せともの……200
セハソンスル……146
セマチ……216
ゼンゴ……270
ゼンコジイモ……162
センザイ……210
センダイイモ……162
センタクスル……145

そ

ソーシ……102
ソーヒ……102
ゾーヤク……256
ソゲ……102
ソソクレ……102
ソッピ……102
ソニ……284
ソバエ……24
ソメ……232,233
ソラゴト……132
ソラッペ……132

た

た……216,243
ター……216
ターク……180
タージ……317
ダイタ……327
ダイバヌブトゥ……198
タイモ……164
たいよう……10
ダイロ……274
ダウマ……256
タカ……160
タカアシ……148
タカシロ……78
タカソー……78
タカタカユビ……78
タカタロー……78
タカバタ……160
タキタカユビ……78
タク……180
たく……204
タケ……310
ダケ……310
たけうま……148
タケンマ……148
たこ……160
タゴク……108

方言五十音順索引

タゴル……108
ダシタ……327
タシロ……243
ダス……139,140
タダイモ……164
タダゴメ……170
タチガミ……262
タツ……160
タッコ……216
タッペ……2
タツマキ……8
たてがみ……262
タテル……147
タバラ……243
タブイグミ……174
タフグ……282
ダマ……256
タマガル……110
タマゲル……110
タルキ……6
タルヒ……6
タロッペ……6
タン……108
ダン……216
タンナカ……216,243
タンノバクド……280
タンパ……68
ダンブリ……292
タンペ……68
タンボ……292
タンポ……306
ダンボ……292
タンポコ……306
たんぽぽ……306

ち

チアユル……22
チーサイ……241
ちいさい……226
チイビ……82
チク(ラッポ)……132
チチグサ……306
チチベコ……252
チチンドリ……284
チッチャイ……226
チャック……150
チャビン……48
チャワン(モノ)……200
チャンポコ……306
チャンポポ……306
チュラク……130
チョーズヌカ……172
チリ……50,214
チリーヌーヌ……26
チロロ……156
チンカラ……158
チンガラ……158
チンチロ……308
チンチン……158

つ

ツ……70,270
ツイベ……208
ツイリ……14
ツー……68,270
ツカマエ(オニ)……152
ツギグサ……302
ツギナ……302
ツキヤマ……210
ツク……300
つくし……300
ツクツク……300
ツクツクシ……300
ツクツクボーシ……300
ツクナム……116
ツクバウ……116
ツクバム……116
ツクバル……116
ツクボーシ……300
ツケコラス……22
ツコクル……22
ツコケラス……22
ツジ……50
ツジカゼ……8
ツジマキ……50
ツジマキ(カゼ)……8
ツズ……68,70
ツダミ……274
ツヅ……68
ツバ……64
つば……68
ツバキ……68
ツブラメ……274
ツボ……210
ツボドコ……210
ツボニワ……210
ツボノウチ……210
ツボマエ……210
ツボヤマ……210
つむじ……50
つむじかぜ……8
つゆ……14
ツユリ……14
ツラ……54,62
ツララ……2
つらら……6
ツリ……50
ツリー……208
ツリイド……208
ツリカワ……208
ツリン……208
ツル……137
ツルイ……208
ツルガイモ……162
ツル(ノ)マゴ……44

方言五十音順索引

ツルベ……208
ツワ……68
ツンジカゼ……8
ツンナメ……274

て

ティダ……10
ティントー(サマ)……10
ティンバウ……26
デーロ……274
デカイ……224,231
デデコケ……306
デデッポ……306
テノコ……172
テホ……132
デホ……132
デヤル……22
テン……98
デンギネ……198
テングルマ……156
デングルマ……156
テンゴメ……294
デンジ……243
デンダイ……243
テンツ……132
デンデン……156
デンデンムシ……274
てんとう……10

と

ド……322
トゥ……324
とうがらし……203
とうもろこし……205
トーイモ……166
トーキビ……205
トーザイ(ウマ)……260
トーザイコ……260
トージ……317
トーゼーベコ……254
ドーテンスル……110
トーナス……168
トーネー……260
トカギリ……272
トカケ……272,290
トカゲ……290
とかげ……272
トカサ……288
トカ(ン)キリ……272
トカンギリ……272
トギ……312
トキャク……272
ドクスラ……132
どくだみ……298
ドクロ……46
とげ……102,312
トケサル……22
トケル……22
ドゲン……92
ドコ(ドコ)ツイダ……302
ト(ー)ザイ……254
とさか……288
ドシコ……220
ドタマ……46
トッサカ……288
ドドウマカチカチ……304
ト(ー)ネゴ……260
ト(ー)ネッコ……254
ト(ー)ネッコ……260
トモ……92
とりおどし……232
トリカゲ……272
トリガミ……262
トリコノフシ……90
トリコブシ……90
トリサカ……288
ドンク……280
ドンクノコ……282
ドンドロ(サマ)……20
ドンドン……156
トンバ……292
ドンビキ……278
ドンブ……292
とんぼ……292

な

ナーバ……310
ナイ……12
ナイパヌブトゥ……198
ナエ……12
ナオス……143
ナガアメ……14
ナガシ……14
ナカズル……137
ナガセ……14
ナカタカユビ……78
ナカタロー……78
ナカドル……137
ナガムシ……268
ナガメ……14
ナガモノ……268
なかゆび……78
ナキリ……194
ナゲル……126
ナゼ……322
ナチグリ……24
ナナシユビ……80
ナバ……310
ナハヤシ……194
ナビチキクサイ……192
ナベノツル……26
ナマイタ……194
ナメクジ……274
なめくじ……276

方言五十音順索引

ナメクジラ……276
ナメクジリ……276
ナメト……276
ナメラクジ……276
ナルカミ（サマ）……20
ナレモン……200
ナンキン……168
ナンコ……150
ナンゴ……150
ナンチチカザ……192
ナンバ……203
ナンバ（キビ）……205
ナンバン……203
ナンボ……244
ナンボ（ー）……220
ナンリョー……6

に

ニール……180
におい……190
ニオウ……104
ニカ……176
ニガナ……306
にじ……26
ニチリン……10
ニッテン……10
ニドイモ……162
ニナウ……137,144
ニュージ……26
ニューバイ……14
ニョーバ……40
ニョーボ（ー）……40
ニル……204
にる……180
ニワ……234,245,246
にわ……210
ニワカアメ……24

ぬ

ヌーマガマ……260
ヌカ……176
ぬか……172
ヌジ……26

ね

ネ……12
ネイキスル……106
ネエ……12
ネカ……176
ネグスリカク……106
ネゴ……318
ネコドリ……286
ネショ（ー）……40
ネバ……296
ネバシ（ワタ）……222
ネバリ（ワタ）……222
ネバ（ワタ）……222
ネマル……116,118
ネル……120

の

ノカ……176
ノビ……96
ノブ……96
ノブヤケ……96
ノメ……60
ノリツケ……286
ノロスケ……286
ノンメ……60

は

ハー……208
はい……206
ハイボー……206
ハイモ……164
バカ……60
バカスン……180,204
ハギュン……101
ハギルン……101
ハグル……101
はげあたま……48
ハゲチャビン……48
はげる……101
ハゲロワ……101
バス……132
ハソンスル……146
ハダ……270
ハタエ……318
ハダカダイロ……276
ハダカナメクジ……276
ハダカナメト……276
ハタガミ……20
ハダカメーメー……276
ハタ（コ）……160
ハタヘ……318
バッコ……248
ハナイキスル……106
ハナオトスル……106
ハナガ……190
ハナグラタテル……106
ハナグルマカク……106
（ハナゴト）スル……106
ハナナラス……106
ハネ……230
ハハクロ……94
ババジャコ……282
ハビ……266
ハビロイモ……164
ハブ……268
ハミ……266
ハメ……266

方言五十音順索引

ハヤシ……16
はやし……27
ハヤテ……24
ハラ……132
バラ……102,312
ハラタチ……290
ハリ……312
はんまい……174
ハンマイゴメ……174
ハンリョー……174

ひ

ヒ……10
ビードロ……6
ヒーヒーマゴ……44
ピーヒョロ……156
ヒーフー……150
ヒェナカ……321
ヒカヒカ……18
ピカピカ……18
ヒカリ……18
ピカリ……18
ヒカリモノ……18
ヒガンボー(シ)……300
ヒガンボーズ……300
ビキウシ……252
ビキウマ……258
ひきがえる……280
ヒキゴト……280
ヒキダ……280
ビキドゥン……252
ビキノコ……282
ヒキワタ……222
ヒグル……86
ヒコ……42
ヒコマゴ……42
ヒコユビ……82
ヒザオル……116
ヒザクム……118
ヒザタテル……116
ヒザマズク……116
ヒジューリ……18
ビタグラ～……118
ビッキ……278
びっくりする……110
ビッコ……282
ヒッチャユル……22
ヒトサシ……76
ひとさしゆび……76
ビビクニ……156
ヒブガシ……294
ひまご……42
ヒューガイモ……162
ヒューマゴ……42
ピョーマリ……154
ヒョーロー……174
ヒラクイイシュン……118
ヒラクチ……266
ヒレ……270
ビロ……68,70
ヒンカチ……284,304
ヒング……86
ビンゴ……162
ヒンザ……325
ビンタ……62
ビンタ・クビ……46
ヒンバ……256
ビ(ン)ビ(ン)コ……156

ふ

ファーウマ……260
ファーヌーマ……260
ブー……122
ブーブーダク……160
フーユビ……74
フクダ(ロ)ビキ……280
ふくろう……286
フクロク……286
フケ……86
ふけ……52
ブジキ……174
フスベ……94
フチカタ……174
フチマイ……174
ブチャル……142
ブチャ(ー)ル……126
ブチル……100
フディー……18
フトイ……224,229
ふとい……231
フドゥイ……18
ブル……114
フルタ……280
フルダ……280
フルツク……286
フ(ン)グリ……308
フンディ……324

へ

ベー……248
ベーコ……248
ヘービ……268
ヘーブ……268
ベーボー……248
ヘーミ……268
ベコ……248,254
ベコッコ……254
ベコノコ……254
ヘタ……66
ベチノコ……254
ヘッビ……268
ヘッピ……268
ヘナカ……321
ベニサシユビ……80

方言五十音順索引

ベニツケユビ……80
ヘバ……296
へび……268
ヘビグサ……298
ヘビメ……268
ヘブ……268
ベブ……248
ベベノコ……254
ベ(ー)ベンコ……254
ヘミ……268
ベラ……66
ベロ……66,68,70
ヘンビ……268
ベ(ン)ベ(ン)コ……156
ヘンボ……290,292

ほ

ボイ……292
ホイト……60
ボイヤイ……152
ほお……62
ボー……248
ホーカス……126
ホーカル……126
ホークロ……94
ホーシ……300
ホーシ(ノ)コ……300,302
ホータ……62
ホータネ……62
ホータブ……62
ホータン……62
ホータ(ン)ボ……62
ホーベタ……62
ホーベラ……62
ボーリ……292
ホール……126
ホガ……190
ホカス……126
ホカル……126
ホキ……178
ホ(ー)クボドリ……286
ほくろ……94
ホグロ……94,96
ホケ……178
ほこり……214
ボサ……214
ボス……214
ホソイ……226
ほそい……240
ホソビ……94
ホッカイドーイモ……162
ボッコ……248
ホッタブ……62
ホッペタ……62
ホデリ……18
ボ(ー)フラ……168
ボ(ー)ブラ……168
ホヤケ……96
ホラ……132
ホリヌキ……208
ホロスケ(ドリ)……286
ホロンコ……260
ホ(ン)イモ……164
ホングリ……308
ボンボスル……122

ま

マーグヮー……260
マーヌクヮー……260
マイ……50
マイカゼ……8
マイ(ゲ)……56
マイツジ……50
マイマイ……50,274
マイモ……164
マエ……56
マエゲ……56
マカスン……204
マガンコ……6
マキ……50
マキカゼ……8
マキギリ……50
マギサン……231
マキマイ……50
マキマキ……50
マキメ……50
マゲ……56
マシゲ……198
マタマガ……42
マタマゴ……42
マタンマガ……42
マチ……216
マチジ……50
まつかさ……308
マツカサボーズ……308
マツカシラ……308
マツカ(ッ)チャ……308
マツカッツァ……308
マツクグリ……308
マッコッコ……260
マツコボシ……308
マッタクー……160
マツ(ッ)ブグリ……308
マツ(ノ)コンボ……308
マツノボンコ……308
マツノボンボ(ン)……308
マツ(バ)グサ……302
マツフグリ……308
マツボックリ……308
まないた……194
マナク……58
マナコ……58
マナチャ……194
マヒゲ……56
マヘビ……266

方言五十音順索引

マミアイ……56
マミエ……56
マミゲ……56
まむし……266
マメクジラ……276
マユ……296
まゆげ……56
マヨ(ゲ)……56
マレベコ……254
マ(ワ)シギ……198
まわた……222
マン……296
マンゲ……56
マンド……325

み

ミーウシ……250
ミー(ウ)マ……256
ミーサン……268
ミーヌーマ……256
ミゴトニ……130
みずおち……88
ミズオトシ……88
ミズクサイ……188
ミズクミドリ……284
ミゾオチ……88
ミタミター……284
ミドゥ……324
ミドゥム……40
ミミ……310
ミヤ……296
ミュージ……26
ミョージ……250
ミン……310
ミ(ン)チムヌ……103

む

ムギマキドリ……284
ムグラ……264
ムグラモチ……264
ムグロ……264
ムグロモチ……264
ムシ……268
ムシノクチ……88
ムナモト……88
ムミガラ……176
ムラサ……24
ムラサメ……24

め

め……58
めうし……250
メウジ……250
めうま……256
メカ(イ)ゴ……60
(メ)カンジン……60
メグリ……198
メゲ……56
メコジキ……60
メス(ウシ)……250
メス(ウマ)……256
メッパツ……60
メ(ノ)モノ……103
メバチコ……60
メボイト……60
メラ(ウシ)……250
メロ……40
メロウシ……250
メロウマ……256
メン……54
メン(ウシ)……250
メン(ウマ)……256
メンタ……250,256
メンチリ……103

も

モーガ(ンコ)……6
モーン……248
モグサ……98
もぐら……264
モグロ……264
モチバナ……306
モッケ……278,280
モドシ……230
モノ……102
モノサシユビ……76
ものもらい……60
モホ(ドリ)……286
もみがら……176
モミヌカ……176
もめんいと……235
モモザネ……90
モモブシ……90
モモラ……264
もり……16
モロコシ……205
モンガラ……176
モンゴロ……264
モ(ン)モラモチ……264

や

ヤイト……98
ヤエヒ……98
ヤカン……48
ヤカンニナル……101
ヤキツキクサイ……192
ヤキモノ……200
ヤク……147
ヤサイゴ……44

方言五十音順索引

ヤシ……98
ヤジ……296
ヤシハゴ……44
ヤシハマゴ……44
やしゃご……44
ヤシャマゴ……44
ヤシャラマゴ……44
ヤシロ……16
ヤゼン……36
ヤ(ー)チュ(ー)……98
ヤ(ー)ツ……98
ヤドーシ……268
ヤド(モリ)……280
ヤナサッテ……28
ヤニアサッテ……28
ヤネ……296
ヤネアサッテ……28
やのあさって……30
ヤノアサッテ……28
ヤ(ー)ヒ……98
ヤマ……16,27
ヤマ(コ)……288
ヤル……140
やる……139
ヤローウシ……252
ヤンマ……292

ゆ

ユイ……12
ユーカ……28
ゆうだち……24
ユーダチ(サマ)……20
ユーベ……36
ユーヤ……36
ユキアシ……148
ユキアシダ……148
ユキヤケ……84
ユクシ(ムヌイ)……132
ゆげ……178
ユダリ……70
ユダレ……68,70
ユツ……208
ユド……208
ユリ……12
ユンハイ……26

よ

ヨーズ……70,160
ヨーダチ……20,24
ヨーチュー……160
ヨーチョー……160
ヨーラク……6
ヨゴレ……86
ヨサリ……37
よだれ……70
ヨダレ……68
ヨド……70
ヨノメ……60
ヨボシ……288
ヨム……128
ヨメアザ……96

ら

ライ(サマ)……20
ライサマアメ……24

り

リッパニ……130
リューキューイモ　162,166
リンリキシャ……322

れ

レンギ……198
レンゲ……198

ろ

ロジ……210

わ

ワカス……180
ワカスン……180
ワクド……280
ワクドグサ……298
ワクドビキ……280
ワクビチ……280
ワリー……315
ワンビキ……280

ん

ンギ……102,312
ンゴミ……319
ンブー……122